U0945723

主　编：龙卫球

副主编：李　昊

撰稿人：丁海俊　窦海阳　雷震文　李　超　李付雷　李金镂
　　　　刘志阳　谭佐财　唐　超　王　琦　魏振华　徐博翰
　　　　徐建刚　徐　伟　叶　锋　赵精武　周友军

民法典权威解读丛书

丛书主编 龙卫球

中华人民共和国
民法典

·人格权编与侵权责任编释义·

龙卫球 ◎ 主编

ZHONG HUA REN MIN GONG HE GUO
MIN FA DIAN
REN GE QUAN BIAN YU QIN QUAN ZE REN BIAN SHI YI

中国法制出版社
CHINA LEGAL PUBLISHING HOUSE

总　序

《中华人民共和国民法典》（以下简称《民法典》）由第十三届全国人民代表大会第三次会议通过，标志着中华人民共和国第一部民法典终于浮出水面。《民法典》的出台意义重大，意味着我国民法通过改革开放近四十年的发展提升到一个法典化时期，而法典化以体系成熟、规范稳定为特点。《民法典》可谓凝聚了中华人民共和国成立以来几代人的立法智慧，是我国民法自晚清开始继受发展以来的一个重要里程碑，其立于历史的累积之上，同时具有鲜明的中国特色和临机发挥，可谓当代民法中继受和本土化发展融合极为突出的一个典范。

《民法典》既出，学理解释和司法解释大显身手的大好时机也就到来了。《民法典》立得好固然重要，但是从其终极意义来讲，或者从一部民法典的实施效果来讲，学理解释、司法解释发达不发达、完备不完备，往往更加重要。近期和今后一段时间之内，可以预计关于《民法典》的释义甚至评注乃至更加复杂的各类法律阐释类作品会大量出现，其意义都在于提供学理解释。我国民法学日趋繁荣已然可期。

本丛书起意于此，旨在以学理解释定位，立足法条释义，面向法律适用，力求通过简洁阐释的方法，依次揭示各法条的规范对象和问题，扼要说明其历史演化基础并加以变化对比，明晰其制定理由，剖析理论和立法政策争议，明确若干适用要点等，以及必要时加入典型案例分析，可谓竭力以自己所掌握的方法论为基础，重点在体系解释和目的解释的基础上，提出关于《民法典》逐条式的理解。编者期待，本丛书可以激扬新时代民法解释学的智慧火花，有助于《民法典》的有效实施和准确适用。

龙卫球

2020 年 6 月 5 日

前　言

本书囊括《民法典》人格权编和侵权责任编两个分编的释义。这两个部分的单独成编，是我国《民法典》此次体系创新的重要体现，贯彻了我国当代民法立法观念关于人格权、侵权责任相对独立的体例思想。《民法典》编纂中，人格权的独立成编存在争议，但侵权责任单独成编似乎没有多少反对声音。无论如何，相关的体系创新观念对于解读我国《民法典》特别是该两分编的相关条文具有特殊意义，但是其本身也具有不少理解上的分歧，因此可以想象在学理上和实践中会引发很多新的适用见解。这是本书将两编合并解读的一个重要原因。此外，两编之间存在一种特殊关联，侵权责任编是就民法上所有类型的绝对权保护建立的一般责任，因此对于作为绝对权利和法益重要类型的人格权，自然要一体适用之。从作为裁判规范的角度而言，人格权编的规定本身是不完全规范，最终需要通过侵权责任相关规定加以补全，反之当涉及将侵权责任用来保护人格权之时，也是如此。实际上，人格权编既规范了人格权的确权，也广泛规范了人格权的保护，因此与侵权责任发生密切关联，其存在的大量行为规范以及民事责任形式的规定都可以说是构成侵权责任编的特别规范或者其一部分。这也是本书将两编合并解读的另一个重要原因。

首先，关于人格权编。人格权立法单独成编的意义，除了表达了对于人格权在当今民法中应当更加受到重视之外，同样重要的是也表达了对于当今人格关系基于复杂化发展而应当更加明确地加以规定的必要。人格权在当代社会呈现出明显的外溢性，高度社会化背景下人格权溢出现象加剧，使得人格权规范不能只是简单的保护规定，寥寥几则侵权法条文远远不能满足当今人格权保护的要求，而应该体现为更为复杂的规范，其中人格权及其关系确认的规范越来越有必要。一方面，人格权溢出导致人格权关系化或外在化，使得人格权产生复杂的外部边界确认或界定的需求。《民法典》通过人格权单独成编，引入更加具体的关系规则，确认或者规定所谓各类人格关系的界限，包括在特定场景中相关主体基于人格权的行为界限，如生命权、健康权、身体权等在接受医疗条件下会产生包括知情同意等在内的特殊关系规则等。另一方面，人格权外部化又不能绝对实证化。人格权虽然溢出形成具体关系，但仍然不失特殊伦理品格，所以立法在因外在化需要而确认关系边界、规定相应保护机制的同时，必须兼顾人格权的伦理要求，尊重其兼具公共秩序规范的属性。在这个意义上，相关法律设计不可过于机械，法律适用也要保持伦理的警觉和灵活性。此外，人格权本身不能简单看成宪法上的人权或基本权利的直接转化，《民法典》对于人格权的规定，对于促进人权发展当然具有直接帮助，但是本身以独特的私人法律关系方式来促进人格权的实现和保障。

人格权编的内容共六章51个条文。第一节是一般规定，此后五节规定了具体人格权。人格权编在确认自《民法通则》以来就得到承认的生命权、身体权、健康权、姓名权、名称权、肖像权、名誉权、荣誉权等具体人格权之外，同时顺应时代发展做出了重大扩展和发展。其一，第992条第2款确认了一般人格权，符合当代人格权不断发展的趋势。其二，将司法实践已经确立的死者的人格权益（第994条）纳入规定。其三，针对人格权保护的复杂性，确立相应保护规范。第998条引入动态体系论对侵害人格权的民事责任加以弹性处理，第995条、第1000条规范了相应的民事责任，第997条确立了禁令制度，第996条规定违约引发的精神损害赔偿等。其四，人格权编关注了人格权利化也可能诱发限制人格权或者忽略人格伦理的风险，强调了人格权不得放弃、转让或者继承（第992条）。其五，顺应当代社会发展，扩张确认人格法益，明确与公共利益的关系。例如，第二章“生命权、身体权、健康权”规定了禁止性骚扰，禁止剥夺、限制他人的行动自由，或者非法搜查他人身体；第三章“姓名权和名称权”，规定了网名等参照适用姓名权和名称权保护的有关规定；第四章“肖像权”规定了禁止深度伪造肖像，将之纳入肖像权保护，也禁止深度伪造他人声音，对于声音的保护参照肖像权规定；第五章“名誉权”规定了行为人为公共利益实施新闻报道、舆论监督等行为，影响他人名誉的，不承担民事责任。其六，回应科技时代的人格权挑战，特别处理了人格权与生物科技、医学科技应用的关系。包括：明确禁止任何人体交易（第1007条）；严格规范研究新药、医疗器械或者发展新的预防和治疗方法所需要临床试验的条件和程序（第1008条）；严格规范从事与人体基因、人体胚胎等有关的医学和科研活动（第1009条）。同时，人格权编规定了“隐私权和个人信息保护”（第六章），适应信息科技背景下的新型人格保护需要。其中最重要的是对应信息处理者设计的两条义务规定，以及对应个人信息主体设计的一条权利规定，它们合成为一种新型人格确认和保护机制。因为这个原因，立法最后没有采取部分学者主张的“个人信息权”概念，而是使用了“个人信息保护”这一更加中性也更具有包容性的表述。

其次，关于侵权责任编。侵权责任是民事责任的重要类型，也可以说是最一般的类型。此次侵权责任不仅独立成编，破除了债法的统一体例，而且在各分编的排列上放到了第七编的兜底位置，这种体系创新势必导致释义的复杂。将侵权责任作为最后一编的做法，沿袭了自《民法通则》以来形成的“民事主体——民事权利——民事行为——民事责任”四位一体的立法体例，表现出与作为债法核心组成部分的合同编相当的疏离感，具有强烈的作为民事权利保障基础责任规范的色彩，成为合同权利之外民事权利的一般救济。

侵权责任编在内容上共十章95个条文，涉及侵权责任编的一般规定、损害赔偿、责任主体的特殊规定和各种具体侵权责任等，既继承了2010年《侵权责任法》的基本规则，又作出了明显的新的发展。其一，在总则体例上打破了《侵权责任法》的既有章节，合并了后者的前三章，形成了以“一般规定”和“损害赔偿”为中心的责任构成和责任形式的结构，特别是将抗辩事由纳入责任构成，并将责任形式限定为损害赔偿，体现了侵权责任与债之间的关联。其二，在分则体例上，侵权责任编基本沿袭了《侵权责任法》的结构，但将“环境污染责任”和“物件损害责任”两章章名扩展为“环境污染与生态破坏责任”和“建筑物和物件损害责任”，回应了生态保护和大众利益的需求。其三，在具体规则上，侵权责任编的大部分法条是从《侵权责任法》《最高人民法院关于审理人身损害赔偿案件适用法律若干问题的解释》《最高人民法院关于确定民事侵权精神损害赔偿责任若干问题的解释》《最高人民法院关于审理利用信息网络侵害人身权益民事纠纷案件适用法律若干问题的规定》《最高人民法院关于审理道路交通事故损害赔偿案件适用法律若干问题的解释》《最高人民法院关于审理环境侵权责任纠纷案件适用法律若干问题的解释》承袭或修订而来，网络侵权规则还吸收借鉴了《电子商务法》的相关规定。其中，有20个法条完全沿用了《侵权责任法》的规定；有24个法条为对《侵权责任法》的非实质性修订，主要是标点符号、文字表述的修订或调整；有41个法条系对《侵权责任法》的实质性修订，实质性修订内容主要是完善了侵权责任的构成要件（要求造成损害）（第1165条、第1166条）、限制公平责任的适用范围（第1186条）、完善抗辩事由（第1240条、第1243条、第1246条）、完善预防高空抛物的侵权责任制度（第1254条）、明确过错推定规则（第1256条、第1258条）等；有15个法条系新增规定（其中5条来自司法解释），主要新增了“自甘风险”（第1176条）、“自助行为”（第1177条）、“侵害人格物的精神损害赔偿”（第1183条第2款）、“知识产权侵权的惩罚性赔偿”（第1185条）、“委托监护情形下的侵权责任”（第1189条）、“定作人责任”（第1193条）、“网络侵权中的反声明规则”（第1196条）、“用人者责任和违反安全保障义务责任的追偿权”（第1191条第1款、第1192条第1款、第1198条、第1201条）、“机动车交通事故责任”（第1211条、第1212条、第

1213条)、“好意搭乘情形的侵权责任减轻规则”(第1217条)、“污染环境和破坏生态的惩罚性赔偿制度”(第1232条)、“生态环境修复责任”(第1234条、第1235条)等。

编者期待，本书有助于《民法典》人格权编、侵权责任编的有效实施和准确适用。北京航空航天大学法学院李昊教授协助笔者为本书进行了编辑组织工作，邀请一批活跃于人格权法和侵权责任法领域的国内优秀学者撰写释义。笔者作为主编，尽力保障全书写作，努力贯彻方法论上的一致性和整体水平上的均衡性，但因为组织撰写的时间略为匆忙，协调和校对不足在所难免，敬请见谅，欢迎指正。同时，感谢中国法制出版社和韩璐玮等编辑高效而耐心的工作。

龙卫球
2020年8月26日

目　录

Contents

人格权编

第一章　一般规定

第二章　生命权、身体权和健康权

侵权责任编

第一章 一般规定

第二章 损害赔偿

第三章 责任主体的特殊规定

第四章 产品责任

第五章 机动车交通事故责任

人格权编

第一章 一般规定

【导读】

本章是对人格权法的一般规定，共13个条文，分别规定了人格权编的调整对象和范围、人格权的定义、人格权受法律保护、人格权的专属性、人格权的许可使用、死者人格利益的保护、侵害人格权的民事责任、违约精神损害赔偿、侵害人格权的诉前禁令、侵害精神性人格权民事责任的利益衡量规则、合理使用他人人格要素、侵害人格权民事责任与替代执行方式、身份权的参照适用等。对于本章的理解适用，整体上应当注意以下方面：

首先，本章需要在人格权法独立成编的背景下理解。按照《德国民法典》五编制的体例，并无独立的人格权编，对于人格权的保护主要是通过债法中侵权责任的规定。因此，人格权法律规则也较为简略，立法尚未按照提取公因式的立法技术对其进行细致规定。虽然我国属于成文法国家，但并没有完全采纳《德国民法典》五编制的体例，而是根据中国民事制度的需要选择采用七编制，并将人格权独立成编。独立成编以后，人格权法获得了充分的条文空间，《民法典》可以在细化人格权的享有、利用和保护规则的基础上，按照总分结构对其进行分层规定，从而丰富完善人格权制度体系。而本章的“一般规定”既是人格权编的起始，也是人格权编的“总则”内容，对于各章中的具体人格权规则具有统领作用。在一定程度上可以说，本章决定了整个人格权编的精神气质和体系结构，是理解适用人格权法的关键所在。

其次，从现实效果来看，本章很大程度上是对过往立法和司法经验的总结概括，也积极回应解决了实践中新出现的问题。从规范来源上看，除个别条文继受自既有法律外，本章基本上都属于新增条文，要么是对之前经过长期实践检验行之有效的司法解释进行法律化的结果，如侵害精神性人格权的利益衡量规则、侵害人格权民事责任与替代执行方式等；要么是对现实问题的积极回应，典型如违约精神损害赔偿制度、停止侵害人格权禁令、人格权的许可使用等制度。

最后，就《民法典》的逻辑体系来说，《民法典》是一个层层嵌套的总分结构，具有多个体系层次，在法律适用过程中需要通过复杂的体系整合和合理的体系解释。就本章来说，解释适用时需要注意三个方面的体系关联：其一，本章属于“一般规定”，但其仅仅对人格权编具有辐射效力，相对于总则编仍属具体制度的展开，应当受到总则编相关规定的指引和规制。一方面，当本章没有规定时，总则编中许多规定，包括民法基本原则、法律行为制度、诉讼时效等规定都可以适用于人格权编。另一方面，对本章的解释不得违反总则编所确立的价值立场，如人格利益许可使用不得违背公序良俗原则。其二，人格权编与相邻各个分编之间的关系。虽然《民法典》将人格权独立成编，但对人格权的保护并不仅仅交由人格权编来担当，还应当结合其他各个分编来共同完成，尤其是侵权责任编。以侵害人格权行为为例，民事主体不仅可以在侵害发生时依据人格权编第995条行使消除危险、停止侵害、排除妨害等人格权请求权，还可在侵害发生后依据侵权责任编第1165条请求行为人承担损害赔偿责任。另外，人格权编的规定还对婚姻家庭中的身份权具有参照适用的效力，当《民法典》总则编、婚姻家庭编和特别法没有作出规定时，法官可以参照适用人格权编相关规定来调整身份权关系。其三，相对于人格权编其他各章规定来说，本章属于上位规则，可以弥补具体规定的不足。

第九百八十九条　【人格权编的调整对象和范围】 本编调整因人格权的享有和保护产生的民事关系。

【释义】

本条是关于人格权编的调整对象和范围的规定，明确了人格权编调整“因人格权的享有和保护产生的民事关系”。众所周知，在此之前并无独立的人格权单行法，《民法典》把人格权法独立成编尚属首次，故而本条属于新增条文。从规范性质上来说，本条属于说明性条文，其意义不是直接对民事主体赋权或者设定义务，而是对于特定事项（人格权编适用对象和范围）加以说明。具体来说，本条具有以下方面的含义：

首先，本条规定“因人格权的享有和保护产生的民事关系”暗含了这样一个前提，即人格权是一种民事权利。在学理中，针对人格权的权利属性存在一个重大争议，即人格权究竟为宪法上的基本权利还是民法中的民事权利。比如，有学者认为，人格权从来就不是一种由民法典创制的权利：当具体人格要素（生命、名誉、隐私等）向较为概括的人格要素（安全、自由、人格尊严）“归位”时，人格权的宪法性质即表露无遗。人格权在当代社会的发展尤其是一般人格权的确立，是人格权之基本权利属性的最好证据。[①] 但主流观点认为，人格权制度是对有关生命健康、名誉、肖像、隐私等人格利益加以确认并保护的法律制度，是20世纪特别是第二次世界大战以来形成发展的一项新型民事法律制度。[②]《民法典》承认人格权为民事权利具有如下优势：其一，它与宪法人格权的功能不同，前者旨在防免第三人的侵害，后者则旨在抵御国家对人格权的侵犯；其二，民法若不规定人格权，法院只能以宪法为保护人格权的法律基础，势必又面临法院不能适用宪法规范作出民事判决的障碍。[③] 本条规定回应了这一争论，以立法的形式明确承认人格权属于民事权利，为通过民法手段保护人格权奠定了法律基础。

其次，本条表明人格权编是对《民法总则》中关于民事权利规定的具体展开。《民法总则》第5章“民事权利”规定了各种类型的民事权利，包括物权、债权、身份权、知识产权、股权、人格权等，它们共同构成民事权利体系。其中，第109条和第110条规定民事主体享有各项人格权，具有宣示确认意义。作为《民法典》的重要分则，人格权编进一步详细规定了因人格权的享有和保护产生的民事法律关系，这是对《民法总则》内容的完善细化，符合《民法典》总分结构的逻辑体系。

再次，人格权的权利内容主要为享有和保护。人格权的客体是人格利益，这是与生俱来的，并且是人之所以为人的自然基础，具有固有性的特征。正是基于人格权的固有性，民事主体拥有的人格权是由法律先天赋予的，这与财产权可以通过动态的法律行为或者事实行为后天取得具有明显不同，本条中的“享有”一词体现了人格权的静态性。在民事主体享有人格权后，其面对的问题就是如何保护这种权利状态，主要表现为防止他人侵害其人格权以及被侵害后获得相应的救济。换句话说，人格权具有消极防御的属性，即排除他人的一切妨害。不过，随着经济社会的发展，人格权的内容已经超出静态享有和消极保护的范围，而是日益具有积极利用的特征，这不仅体现在精神性人格权的积极使用上，也体现在物质性人格权的必要支配上。比如，民事主体将自己的姓名、肖像许可他人使用的行为。本条对人格权内容的表述仅仅包括“享有”和“保护”，而没有顾及积极“行使”，具有不足。

最后，本条的适用本身具有独特性，旨在发挥对于相关事项做出甄别或确定

---

① 尹田：《论人格权的本质——兼评我国民法草案关于人格权的规定》，载《法学研究》2003年第4期。

② 王利明：《人格权制度在中国民法典中的地位》，载《法学研究》2003年第2期。

③ 王利明：《人格权法中的人格尊严价值及其实现》，载《清华法学》2013年第5期。

的指引效应，法官可以据以寻找裁判案件的法律依据。一方面，根据不同类型民事关系的法律性质，民法典民事关系大体分为物权关系、合同关系、侵权责任关系、人格权关系、婚姻家庭关系、继承关系六种类型，唯有人格权关系才会适用人格权编的规定；另一方面，对于特定的案件，即使属于“因人格权的享有和保护产生的民事关系”的范畴，除适用人格权编的法律规定外，可能还需结合适用其他各编的规定，典型如对人格权受到侵害时的救济就需要适用侵权责任编第1165条过错责任和第1179条人身损害赔偿范围的规定。

【相关案例】

于某明等与于某林骨灰安置纠纷案①

五原告与被告于某林系同母异父的兄弟姐妹。被告于某林父亲去世时于某林尚不足3个月，后于某林的母亲孙某英与于某分结婚并生育六名子女（长女于某平已病故）。为了家庭和睦，孙某英于2007年3月6日立下遗嘱并经沭阳县公证处公证，内容为：“我的后事全部由于某峰（分）和我所生的六名子女料理，其他人不得干涉。”2010年1月20日，母亲病故，被告于某林带多人到原告于某明处，准备强行将母亲的遗体抢回家中，经茆圩派出所处理，协调原、被告就争议提交法院裁决，待法院裁决后再决定母亲的后事料理。被告于某林辩称，本案不属于法院受案范围。

本案的争议焦点是骨灰安置纠纷的法律性质是否属于法院受案范围。

一审法院认为，本案系祭奠权纠纷。祭奠权是民事主体基于亲属关系而产生的一种对死者表示追悼和敬仰的权利，其权能表现为举行悼念、葬礼，处理遗体，办理安葬等。祭奠权是死者的人身权益的延续，死者的近亲属对死者的人身权益享有独立的精神利益，孙某英的后事由原告于某明、于某军、于某楼、于某兰、于某梅料理，被告于某林不得妨碍。于某林不服提起上诉。

二审法院认为，本案系平等民事主体之间关于人身关系的争议，应属人民法院民事案件受理的范围。死者近亲属对骨灰的安置应首先尊重死者的遗愿，既然死者生前对自己所有财产的处分都得到《继承法》等法律的尊重，那么死者对具有很强人身性的骨灰所作出的安排更应予以尊重。因此，判决驳回于某林的上诉，维持原判。

---

① （2011）宿中民终字第0161号。

【关联法条】

《民法典》第 109 条、第 110 条、第 1165 条、第 1179 条

（撰稿人：李付雷）

第九百九十条　【人格权的定义】人格权是民事主体享有的生命权、身体权、健康权、姓名权、名称权、肖像权、名誉权、荣誉权、隐私权等权利。

除前款规定的人格权外，自然人享有基于人身自由、人格尊严产生的其他人格权益。

【释义】

本条是关于人格权定义的规定，旨在宣示确认民事主体所享有的人格权利，属于新增规定。具体来说，本条将人格权分为具体人格权和一般人格权两种类型，第 1 款列举了理论和实践中具有典型性的具体人格权类型，第 2 款规定自然人基于人身自由和人格尊严还享有其他人格利益，也就是学理上所称的一般人格权。在理解适用本条的过程中，应当注意以下几点，兹分述如下：

首先，从条文逻辑结构来看，本条采用的是个别列举具体人格权加一般人格权兜底的方式。优点在于，《民法典》可以在直观宣示确认民事主体所享有的各项人格权的同时，借助于一般人格权来涵盖未被列举的其他人格利益，保障定义的周延性。不过，这一做法也存在一些弊端：其一，由于所列举的各项具体人格权几乎都已囊括在《民法总则》第 110 条之中，造成二者之间的重复，违背民法典体系所要求的简明性。其二，这种列举本身的必要性存在疑问。由于立法者的预见能力是有限的，无论列举得多么详细，都无法通过列举的方式确定人格权概念的内涵外延和适用标准。也就是说，本条并没有揭示出人格权的本质特征，不属于对人格权的真正定义。究其原因，人格权作为诸多利益和权利的混合体，人们无法从中抽象出能够反映人格权本质且又能准确表达人格权边界的概念，因此人格权一开始就成为一个模糊的、内容不确定的概念。[①]

① 邹海林：《再论人格权的民法表达》，载《比较法研究》2016 年第 4 期。

其次，具体人格权是以具有社会典型公开性的人格利益为客体，通过法律被固定下来的人格权，这种人格利益一定是具体的、个别的，而不是一般的、抽象的。[①] 虽然本条第1款列举了多种具体人格权类型，但这并不能涵盖所有的具体人格权，因为具体人格权的范围处于变动不居的状态之中，有可能会随着人格权保护的需要而逐渐增加。尤其是近几十年以来，随着互联网信息技术的迅猛发展，一些新类型的人格利益不断被法律确认为具体人格权加以保护，这主要呈现出两个特点：一是人格权的保护范围越来越宽，二是保护对象从物质性人格权扩展至精神性人格权。但是，具体人格权的拓展并不是一蹴而就的，它有一个逐渐发展成熟的过程，通常是由"其他人格利益"发展成熟而来的，隐私权就是一个典型例子。1986年《民法通则》明确规定民事主体享有多项人格权，对人格权的保护具有里程碑意义，却未提及隐私权。自1989年"荷花女"案件发生以来，最高院颁布一系列的司法解释以侵害名誉权的方式间接达到了保护隐私权的目的，包括《最高人民法院关于死亡人的名誉权应受法律保护的函》《最高人民法院关于审理名誉权案件若干问题的解答》第7问第3款、《最高人民法院关于审理名誉权案件若干问题的解释》第8问、《最高人民法院关于确定民事侵权精神损害赔偿责任若干问题的解释》第1条和第3条，从而为立法确立隐私权为具体人格权奠定了基础。

最后，一般人格权，是相对于具体人格权而言的，是以民事主体全部人格利益为标的的总括性权利，它是指民事主体依法享有并概括和决定其具体人格权的一般人格利益。[②] 在学理上，一般人格权最初来源于德国著名的"读者来信案"，并经由学说和裁判的归纳概括而形成。通过承认一般人格权属于《德国民法典》第823条第1款中与生命、身体、健康、自由和财产所有权并列的其他绝对权利，司法机关自己授权给自己，把道德规范提升为法律规范，并使违反它的人承担损害赔偿责任。[③] 在法律适用过程中，一般人格权具有重要的补充功能，它相当于一个"筐子"，凡民法典明示的人格权类型之外的人格利益受侵害案例一律装入这个"筐子"，依侵犯一般人格权追究侵权责任。[④] 需要注意的是，由于一般人格权不像具体人格权那样具有较高的典型性，权利人如要通过一般人格权来保护自己的人格利益，往往需要承担更高的证明责任。

---

① 杨立新：《中华人民共和国民法典释义与案例评注：人格权编》，中国法制出版社2020年版，第8页。

② 王利明、杨立新、姚辉：《人格权法》，法律出版社1997年版，第26页。

③ ［德］霍尔斯特·埃曼：《德国法中一般人格权的概念和内涵》，载《南京大学法律评论》2000年春季号，法律出版社2000年版。

④ 梁慧星：《中国民法典中不能设置人格权编》，载《中州学刊》2016年第2期。

【相关案例】

社工明星性骚扰维权案[①]

2018年7月27日，受“Metoo”运动鼓舞，受害人刘某（化名）在公众号“女泉”上匿名发出公开举报信，称2015年夏天，汶川地震时被多家媒体称为“坚守灾区最久的志愿者”的社工明星刘某在“一天公益”的温江工作站内对其强行拥抱，实施性骚扰。本案争议焦点是性骚扰侵犯了何种类型的人格权。2019年6月11日，法院对此案进行判决，被告刘某存在性骚扰行为，要求被告在判决结果生效之日起十五日内，向原告当面以口头或书面方式赔礼道歉。在2018年12月12日，最高人民法院发文将“性骚扰损害责任纠纷”列为独立的民事案件案由，本案是性骚扰作为独立案由后法院审理的第一个案例，意味着我国对性骚扰争议的处理开启司法渠道。以往若须将性骚扰立案，其案由往往不够清晰准确，不论是名誉权还是一般人格权，都未必能够准确描述性骚扰给受害者带来的损害。另外，《民法典》第1010条规定了性骚扰的民事责任，为性骚扰受害者寻求司法保护提供了依据，也为法院处理性骚扰纠纷提供了依据。

【关联法条】

《民法典》第110条、第1010条，《最高人民法院关于死亡人的名誉权应受法律保护的函》，《最高人民法院关于审理名誉权案件若干问题的解答》第7问第3款，《最高人民法院关于审理名誉权案件若干问题的解释》第8问，《最高人民法院关于确定民事侵权精神损害赔偿责任若干问题的解释》第1条、第3条，《德国民法典》第823条第1款

（撰稿人：李付雷）

第九百九十一条　【人格权受法律保护】民事主体的人格权受法律保护，任何组织或者个人不得侵害。

---

① 第九届（2019年度）十大公益诉讼案件之六，https：//www.lawbus.net/articles/1244.html，2020年8月13日访问。

【释义】

本条是对人格权受到法律保护原则的规定，这是《民法总则》第 3 条规定法律保护民事权利在人格权编的具体化，属于新增条款。从规范性质上看，本条是人格权法律制度内在价值体系的宣示，旨在指引当事人和法官理解适用人格权法律规定。由于本条没有法律后果，属于不完全法条，不得单独作为案件裁判的法律依据。具体来说，理解适用本条应当注意以下方面，兹分述如下：

首先，人格权法制度体系旨在保护人格尊严，本条是“以人为本”思想的体现。在传统民法体系中，不论是“法学阶梯”模式还是“学说汇纂”模式，都是以财产关系为中心，其所规定的人的制度都是从“主体”的角度而言的，着眼点在于解决主体参与法律关系的资格与能力，并没有肯定人格权的独立地位，在价值上对人的地位重视不够①，具有“重物轻人”的倾向。而在现代民法中，人格权制度的勃兴是最为重要的发展趋势，世界各国都普遍强化了对人格权的保护，我国也不例外。② 本条正是对于民法加强人格权保护趋势的回应，从而实现“人物并重”，体现民法典的人文关怀。

其次，“民事主体”的范围应当包括法人。通常认为，人格权具有人身专属性，权利主体以自然人为限，不包括法人，原因有二：其一，作为人格权客体的人格要素，诸如身体、健康、生命、隐私，肖像等，都是自然人的物质或精神需要，与自然人不能须臾分离；其二，人格权植根于康德的理性哲学，具有极为明显的伦理内涵，它以实现人的尊严和自由发展为目标。但是，法人乃是社会的客观存在，不仅有权利能力、行为能力，而且要有名称以与其他组织相区别、可以因社会对其好的评价获得名誉、甚至得到政府好的评价给予某种荣誉。③ 因此，法人同样具有保护人格权的需要，并且得到了立法的认可。自《民法通则》时期，我国民法就已经承认法人人格权，并有条件地赋予法人名称权、名誉权、荣誉权等人格权。《民法通则》第 120 条第 2 款规定，法人的名称权、名誉权、荣誉权受侵害的，有权要求停止侵害，恢复名誉，赔礼道歉，并可以要求赔偿损失。《民法典》继受了《民法通则》的做法，在第 1013 条规定“法人、非法人组织享有名称权”，明确肯认法人人格权。

最后，本条并不排斥对胎儿、死者等非民事主体的人格利益进行保护。自然

---

① 陈华彬：《中国制定民法典的若干问题》，载《法律科学》2003 年第 5 期。
② 王利明：《论人格权独立成编的理由》，载《法学评论》2017 年第 6 期。
③ 刘士国：《论主体地位人格与人格尊严人格》，载《法律科学》2016 年第 2 期。

人的生老病死是一个漫长的过程，虽然他们在出生前和死亡后不具有民事主体的资格，但对胎儿和死者人格利益的保护仍然对于保护人的尊严和自由发展具有重要价值，具体内容详见《民法典》第16条、第994条。

【相关案例】

田某与林某胜生命权、健康权、身体权纠纷案①

2018年8月6日15时许，林某胜与田某因田某欠付林某胜运费一事发生口角，其间林某胜索要运费，田某以货物丢失为由拒付，继而双方发生肢体接触，后林某胜用拳头击打、脚踢等方式殴打田某，导致田某受伤。本案争议焦点是林某胜是否应当承担田某遭受的全部损失。一审法院认为，公民的人格权受法律保护，任何人不得侵犯，田某、林某胜因经济纠纷发生口角争执，均未采取稳妥、理智的方式处理，导致事态严重恶化，以致发生肢体接触，导致田某受伤，在此事件中田某本身亦有一定的过错，可适当减轻林某胜的责任，结合已查明的事实，应以林某胜承担80%赔偿责任为宜。田某不服，认为林某胜应承担全部责任，提起上诉。二审法院认为，林某胜主张田某欠付其运费在先，但双方之间的经济纠纷应当通过合法方式妥善解决，而不能作为实施殴打行为的合理合法的理由，双方产生肢体冲突并非经济纠纷必然导致的后果。结合公安机关认定林某胜用拳头击打、脚踹等方式殴打田某并给予林某胜罚款五百元的行政处罚，而未对田某进行行政处罚的事实，不能认定田某对于林某胜对其进行殴打并致其损害的后果存在引发过错，故不能减轻林某胜的赔偿责任。田某要求林某胜就其合理损失承担全部赔偿责任，合法有据，应予支持。

【关联法条】

《民法总则》第3条、第16条、第994条、第1013条，《民法通则》第120条第2款

（撰稿人：李付雷）

第九百九十二条　【人格权的专属性】人格权不得放弃、转让或者继承。

① （2020）鲁10民终536号。

【释义】

本条是关于人格权行使规则的规定，人格权是专属于民事主体的，法律禁止民事主体通过放弃、转让或继承的方式把人格权分离出去。在学理上，本条规定称为人格权的专属性，属于新增规定，可以从以下方面进行理解适用。

首先，人格权系以人格为内容的权利，人格指人的尊严及价值，即以体现人的尊严价值的精神利益为其保护客体，与其人本身具有不可分的密切关系，属于一种专属权。[①] 具体来说，人格权的专属性具有如下表现：其一，人格权为民事主体所固有。相对于物权、债权等财产性权利来说，民事主体获得人格权乃是基于人的出生、法人设立这一法律事实而先天取得，而无须借助于法律行为、事实行为等来继受取得。更重要的是，人格权与民事主体资格相依附，只要民事主体具有人格就会享有相应的人格权，既不会因自身行为而剥离，也不会被其他组织、个人所侵夺。其二，人格权具有道德性。人格权是以康德—黑格尔的理性哲学为正当性基础的，康德—黑格尔哲学对理性的推崇为人格平等和身份解放奠定了基础，以至于人格权在后世的发展始终带有强烈的伦理色彩。按照这一观点，没有理性的东西只具有一种相对的价值，只能作为手段，因此叫作物；而有理性的生灵叫作人，因为人以其本质即为目的本身，而不能仅仅作为手段来使用。[②] “那些构成我的人格的最神秘的财富和我的自我意识的普遍本质的福利，或者更确切地说，实体性的规定，是不可转让的。”[③] 其三，人格权是构成人格的基本前提，这是民事主体资格所必须的。人格权所致力于保护的法律利益，诸如生命、身体、健康、姓名、肖像、声音等，都是人在一定社会条件下所必须的一些物质和精神基础，民事主体一旦丧失这些人格要素将会使得人的主体性和人格尊严丧失殆尽。

其次，本条是行为规范，旨在指引民事主体合理行使人格权利，不得放弃、转让或者继承人格权。究其原因，虽然人格权具有排除他人干涉乃至于侵害的绝对权特征，却是民事主体所固有的专属权利。其一，民事主体可以事先同意他人侵害其人格权益，从而阻却侵害行为的违法性，却不得放弃人格权。比如，病人

---

① 王泽鉴：《人格权保护的课题与展望——人格权的性质及构造：精神利益与财产利益的保护》，载《人大法律评论》（2009 年卷），法律出版社 2009 年版。

② ［德］伊曼努尔·康德：《道德形而上学原理》，苗力田译，上海人民出版社 2005 年版，第 53 页。

③ ［德］黑格尔：《法哲学原理》，范扬、张企泰译，商务印书馆 1961 年版，第 73 页。转引自杨彪：《不可让与性与人格权的政治经济学：一个新的解释框架》，载《法律科学》2015 年第 1 期。

签署手术同意书。其二，不可转让性，许多人格权益能够满足民事主体的物质和精神需要，典型如生命、健康、隐私等，不得与人相分离而被让与。其三，不可继承性，人格权与民事主体资格相始终，始于出生，终于死亡。在自然人死亡后，其民事主体资格随之终结，人格权也会因失去依附而消失，不发生继承的问题。

再次，本条不只是行为规范，还是法官据以决定法律行为效力的裁判规范。在实践中，如果民事主体违反本条规定将人格权予以放弃、转让和继承的，就可能会引发纠纷。其中，一个重要争议就是当事人放弃、转让和继承人格权的行为是否有效，这就涉及如何认定法律行为的效力。《民法典》第 153 条规定，违反法律、行政法规的强制性规定的民事法律行为无效，但是，该强制性规定不导致该民事法律行为无效的除外。问题在于，虽然本条属于强制性规定，但其是否会导致违反该规定的法律行为无效。也就是说，本条究竟是属于效力性强制性规定，还是管理性强制性规定。从立法目的来看，本条禁止民事主体放弃、转让和继承人格权，旨在防止人的异化，从而沦为实现某种目的的手段，违背人的主体性。因此，本条应属效力性强制性规定，当事人违法放弃、转让或继承人格权的行为无效。

最后，虽然法律禁止民事主体放弃、转让和继承人格权，从而导致人格权与民事主体的彻底分离，却依然允许民事主体通过特定方式许可他人在一定范围内使用其人格要素。这种许可使用并不是“转让”人格权的行为，权利人仍然享有人格权本身，同时有权获得法律的保护救济，详见《民法典》第 993 条。

【相关案例】

周某婴与梁某计算机网络域名侵权案①

原告周某婴系鲁某先生之子，于 2008 年年初发现被告注册了以“鲁某”命名的中文域名，即“鲁某 . cn”。争议域名注册于 2004 年 3 月 26 日，现在梁某名下，有效期至 2010 年 3 月 26 日。2009 年 1 月 16 日，周某婴的委托代理人张某在公证员的监督下，启动浏览器 Microsoft Internet Explorer 上网，在地址栏输入 www. google. cn，进入“谷歌”网站首页面，在“搜索栏”内输入“金垒电子商务事务所”，页面显示第一个搜索结果为“金垒电子商务 www. IT88. cn”，点击该

① （2011）高民终字第 76 号。

搜索结果，弹出一个新页面，页面下方显示“金垒电子商务事务所”，“最新大量‘××123’型域名全部对外转让，价格50元起!!!”金垒电子商务事务所系梁某在个体经营中所使用的字号。原告请求法院判令：（1）依法判令被告立即停止使用“鲁某.cn”的侵权行为；（2）依法判令上述域名移转由原告注册使用；（3）判令被告赔偿原告因本案支出的合理费用6000元。本案争议焦点是周某婴可否继承鲁某的姓名权。一审法院认为，“鲁某精神”是中华民族共同的文化遗产，不能成为谋取商业利益的工具。梁某将争议域名用于商业用途，以及将“鲁某．中国”标价出售的行为，均构成侵权行为，依法应当承担停止侵害、赔偿损失的民事责任。周某婴作为鲁某先生之子，有权继承鲁某先生的物质遗产，亦对鲁某先生的姓名、名誉等享有精神利益，有权维护鲁某先生的姓名不受侵害。但是，姓名权本身作为人格权的一部分，随着自然人死亡而消灭，不发生继承的问题。因此，周某婴对于鲁某先生的姓名并无专有的权利。周某婴要求将争议域名移转给自己名下，无任何法律依据，不予支持。梁某不服一审判决，主张其注册、使用、转让涉案域名具有合法性，提起上诉。二审法院认为，周某婴作为鲁某的近亲属有权维护基于鲁某姓名所形成的人格利益。梁某将含有“鲁某”的争议域名用于商业用途，以及将“鲁某．中国”列入“域名出售或出租”列表的行为，属于以违反社会公共利益、社会公德的其他方式侵害死者姓名的行为，构成侵权，上诉请求不予支持。

【关联法条】

《民法典》第153条、第993条

（撰稿人：李付雷）

第九百九十三条　【人格权的许可使用】 民事主体可以将自己的姓名、名称、肖像等许可他人使用，但是依照法律规定或者根据其性质不得许可的除外。

【释义】

本条是关于人格权的许可使用的规定，亦称为人格权的商业化，它是指在市场经济社会，人格权的某些权能可以由权利人许可他人使用，在人格权遭受他人非法利用的情形下，权利人也可以请求财产损害赔偿。[①] 虽然人格权的许可使用已经在实践中经过长期存在，并且学理也进行了广泛而深入的讨论，但以立法形式明确承认民事主体有权许可他人使用人格权在我国仍属首次，故而本条属于新增规定。对于本条的理解适用，需要注意以下几个方面：

首先，人格权许可使用的正当性基础。传统民法理论认为，人格权系以人的精神利益为其保护内容，是一种非财产性权利，其不具有转让性和继承性[②]，这就导致人格权不能成为交易对象，详见《民法典》第 992 条。但在市场经济条件下，人格权的商业化日益成为市场中的普遍现象，使得人格权中的财产价值得到充分发挥。尤其是公众人物，他们通过授权许可他人以商业目的使用自己的姓名、肖像等人格权益，可以获取丰厚的价金，同时亦能令被许可人从中获取商业上的利益，促进经济的发展。正是基于这一认识，世界上大多数国家都承认人格权的许可使用制度，本条规定顺应了人格权发展的趋势。尽管如此，人格权的许可使用并不会导致人格权本身的商品化，其只是“借助民事权利法定的制度工具将部分人格利益外化为‘权利客体’，使这些人格利益与自然人的固有人格利益发生分离，以实现自然人对这些人格利益的处分”。[③] 也就是说，虽然人格权的许可使用与人格权具有一定关联，但其本质乃是将部分具有财产价值的人格利益予以剥离，然后通过商业化手段进行处分或交易，并没有损害人格权所具有的精神价值。

其次，从规范目的上来看，本条是赋权性规定，旨在授权民事主体将具体人格权中所包含的具有财产价值的人格利益许可他人使用，从而获取相应的对价。但是，各国民法所采用的制度模式却存在显著差异，大体可以分为如下两种：

一是美国法中的公开权，这是一项财产性权利，是指权利人可以采用商业化手段授权他人公布其肖像、姓名、声音等可以识别自身的人格要素的权利。二是德国法中的人格权，这一模式承认人格权具有财产价值，并通过判例和理论形成完善的人格权商业化规则。这两种模式最大的差别就是是否创设独立的财产性人格权，美国法对人格利益的保护主要是借助于隐私权概念，尚没有形成完善的人格权体系，故而脱胎于隐私权新设财产性公开权；而德国法本已具有人格权规则体系，只需扩张人格权的财产内涵和使用效力，便可达到认可人格权商业化的目的。我国的人格权制度取法于大陆法系，已经形成较为完善的人格权概念体系，

---

① 王利明：《人格权法的新发展与我国民法典人格权编的完善》，载《浙江工商大学学报》2019 年第 6 期。

② 王泽鉴：《人格权法：法释义学、比较法、案例研究》，北京大学出版社 2013 年版，第 252 ~ 253 页。

③ 邹海林：《再论人格权的民法表达》，载《比较法研究》2016 年第 4 期。

故而人格权许可使用制度采取的是德国模式。

最后，可以进行许可使用的人格权范围。虽然人格权的现代发展表现出从消极防御向积极利用的转变，但可以用于许可使用的人格权的范围是有限的，仅有姓名、与之相类似的名称或称号、肖像以及典型身体特征等标表性人格权所保护的人格利益可以通过商业化手段进行许可使用。标表性人格利益具有如下特征，一是具有可商业化的财产价值，二是可以通过法律权利手段外化为可利用的标的，不会导致人格权本身的异化。相反，其他类型的人格权则难以成为许可使用的对象：肉体性的生命权、健康权因为直接关乎人的主体资格，一旦成为商品化人格权的客体将导致人类被奴役的命运，因此不能够被商业化。而纯精神性的人格权因为其中不包含或包含很少的财产性要素，因而几乎没有商品化的价值，也不适合作为商品化人格权的客体。①

【相关案例】

黄某与雅娜公司合作合同纠纷案②

2000 年 6 月 10 日，雅娜公司与黄某签订《合作协议》，约定：经双方友好协商，黄某同意雅娜公司在平面印刷品上使用其肖像，双方之间的一切费用都由金蒂公司一次性结算支付，今后双方没有经济上的关系等。此后，金蒂公司支付黄某酬金 33000 元，黄某为雅娜公司拍摄了一组宣传照片。2005 年 11 月 7 日，雅娜公司向黄某发函，要求黄某再次来广州重新拍摄一组宣传照片，但黄某未予理睬。2005 年 9 月 23 日的《化妆品报》，刊登了黄某为凯芙兰品牌化妆品宣传的照片一幅，雅娜公司的客户致函雅娜公司对黄某代言其他化妆品品牌提出异议。雅娜公司遂向原审法院起诉，请求判令：一、确认双方签订的《合作协议》有效，雅娜公司可以继续使用黄某肖像；二、黄某继续履行合同义务，并为雅娜公司重新拍摄一组照片；三、黄某赔偿雅娜公司损失 1 万元；四、由黄某承担本案诉讼费。

本案的争议焦点是雅娜公司是否有权继续使用黄某的肖像。

一审判决认为：雅娜公司与黄某签订的《合作协议》合法有效。该协议约定雅娜公司可在平面印刷品上使用黄某的肖像，而且没有约定使用期限，因此，雅娜公司仍有权继续使用黄某的肖像。由于黄某在上述协议履行期间已为雅娜公司

---

① 瞿灵敏：《论商品化人格权》，载《东方法学》2014 年第 1 期。

② （2006）穗中法民二终字第 2031 号。

拍摄了照片，且协议未约定拍摄照片的次数，故应视为黄某已履行了合同义务。因此，雅娜公司要求黄某再次为其重新拍摄照片的请求没有法律依据，原审法院对该项诉请依法予以驳回。黄某代言其他化妆品品牌，由于上述协议中并无约定黄某代言其他化妆品品牌的禁止性规定，雅娜公司对有关行业惯例缺乏证据证明，且行业惯例也不能对当事人产生强制性的约束力。因此，原审法院对雅娜公司要求黄某赔偿损失1万元的诉讼请求依法予以驳回。黄某不服，提起上诉，二审法院驳回上诉，维持原审判决。

【关联法条】

《民法典》第992条

（撰稿人：李付雷）

第九百九十四条　【死者人格利益的保护】死者的姓名、肖像、名誉、荣誉、隐私、遗体等受到侵害的，其配偶、子女、父母有权依法请求行为人承担民事责任；死者没有配偶、子女且父母已经死亡的，其他近亲属有权依法请求行为人承担民事责任。

【释义】

本条是关于死者人格利益保护的规定，死者身后的人格利益应当受到法律保护，并采取死者近亲属保护的方式。在规范来源上看，本条是对死者人格利益保护相关司法解释的继受完善，包括《最高人民法院关于确定民事侵权精神损害赔偿责任若干问题的解释》第3条、《最高人民法院关于审理名誉权案件若干问题的解答》第5条。对于本条的理解适用，应当注意以下方面：

首先，法律保护死者人格利益是对人格权的延伸保护。人格权与民事主体资格共始终，它们都会伴随着自然人的死亡而一起丧失，但死者的人格利益并不会因此而完全消失。相反，人格利益在自然人死亡后还会延续存在，如果任由他人予以侵害，不但会严重损害人的尊严，违反法律的人文关怀，还会违反社会善良风俗，有损公共利益。民法的任务是保护人的尊严，除了要保护自然人生前的人格权之外，还要把这种保护延伸到其死后的人格利益，这是人格权保护的应有之义。

其次，法律采用近亲属间接保护的方法。在《民法典》颁布之前，理论和实践已经对死者人格利益的保护达成共识，最高人民法院以司法解释的方式明确承认死者人格利益受到法律保护。就其正当性基础来说，理论中提出了各种各样的学说来解释说明法律保护死者人格利益的原因，主要包括死者权利保护说、死者法益保护说、近亲属权利保护说、人格利益继承说、家庭利益说、人格权延伸保护说等。由于理论基础的不同，对死者人格利益保护的法制模式也有明显差异，大体可以归结为直接保护和间接保护两种模式：直接保护说认为法律所要保护的是死者本身的人格权，由于死者已经无法行使诉权，故应由死者生前指定的人或者近亲属来行使诉权；间接保护说则认为法律目的是保护与死者有密切关联的生者的精神利益，使生者有权请求精神损害赔偿。在《民法典》颁布之前，由于立法缺乏保护死者人格利益的直接依据，最高人民法院的立场出现摇摆不定，或者采用直接保护说（“荷花女案”），或者混合使用间接说和直接说（“海灯法师案”“李四光案”“彭家珍案”），导致法律适用的混乱。本条规定死者的“近亲属有权依法请求行为人承担民事责任”，实际上采纳了间接保护说，具有合理性。一方面，自然人死亡后便已失去主体意识，既不能享有利益，也无法遭受损害，真正遭受损害的只能是生者。另一方面，死者的近亲属无疑是最适当的人选，因为从伦理情感上来说，他们与死者最为亲近、最有动力来维护死者的人格利益不受侵害，也最有可能因死者人格利益被侵害而导致利益受损。[①] 需要注意的是，对于那些侵害死者人格利益导致损害公共利益的行为，典型如侵害英雄烈士的姓名、肖像、名誉、荣誉，则应适用《民法典》第185条的规定，由相关组织提起诉讼。

最后，本条没有规定死者人格利益的保护期限，这不代表没有期限限制，而是交由司法机关确定。如上所述，《民法典》对死者人格利益的保护采用近亲属间接保护模式，其保护期限原则上应根据近亲属的寿命来确定，即法律只在死者的近亲属生前对其人格利益予以保护，近亲属死后将不再保护。不过，有学者主张对死者人格利益的保护期限应当进一步区分为精神利益和财产利益：对死者人格精神利益的保护实质上是对近亲属精神利益的保护，应以死者近亲属的生存时间为限；死者人格的财产利益是其生前人格权的财产权能的转化，对商业化利用程度较高的姓名、肖像等财产利益，可类推适用《著作权法》中的死者死亡后50年作为保护期限；对于商业化利用程度不高的其他人格利益，则可以交由法院依据社会现实，根据个案情况作出适当判断来确定保护期限。[②]

---

① 张善斌：《死者人格利益保护的理论基础和立法选择》，载《江汉论坛》2016年第12期。
② 杨巍：《死者人格利益之保护期限》，载《法学》2012年第4期。

【相关案例】

“荷花女”名誉权纠纷案①

吉某贞出生在上海一个曲艺之家，曾红极一时，1944 年病故。1985 年起，魏某林拟以吉某贞为原型人物创作小说。创作中，魏某林曾几次寻访了陈某琴（吉某贞之母）、吉某利（吉某贞之弟），了解吉某贞生平及其从艺情况，并索要了其生前照片。1987 年年初，这部由魏某林自行创作，总计约 11 万字的小说《荷花女》完稿，并被投稿于《今晚报》。小说在内容中使用了吉某贞的真实姓名和艺名，内容除部分写实外，还虚构了部分有关生活作风、道德品质的情节。1987 年 6 月，陈某琴向天津市中级人民法院起诉，以魏某林未经其同意在创作发表的小说《荷花女》中故意歪曲并捏造事实，侵害了已故艺人吉某贞和自己的名誉权，《今晚报》未尽审查义务致使损害扩大为由，提起诉讼，要求停止侵害，恢复名誉，赔偿损失。

本案的争议焦点是法律是否保护死者吉某贞的人格利益。

法院认为，参照文化部颁发的《图书、期刊版权保护试行条例》第 11 条“关于作者死亡后，其署名等权利受到侵犯时，由作者的合法继承人保护其不受侵犯”的规定精神，认定公民死亡后，虽然丧失了权利能力，但其生前享有的名誉权利仍受法律保护。损害死者名誉的同时，也会使其在世亲属的名誉受到损害。因此公民死亡后，其名誉权受到侵害时，有直接利害关系的亲属有权提起诉讼，故“荷花女”之母陈某琴有权提起诉讼。魏某林所著《荷花女》体裁虽为小说，但作者使用了吉某贞和陈某琴的真实姓名，其中虚构了有损吉某贞和陈某琴名誉的一些情节，其行为侵害了吉某贞和陈某琴的名誉权；《今晚报》报社对使用真实姓名的小说《荷花女》未作认真审查即予登载，致使损害吉某贞和陈某琴名誉的不良影响扩散，应承担相应的民事责任。天津中院判令，魏某林和《今晚报》报社分别在《今晚报》上连续三天刊登道歉声明，为吉某贞、陈某琴恢复名誉，消除影响，并各赔偿陈某琴 400 元。同时魏某林停止侵害，其所著小说《荷花女》不得再以任何形式复印、出版发行。《今晚报》报社、魏某林不服，向天津市高级人民法院提起上诉。天津市高级人民法院在认定天津中院判决合法的基础上，主持双方达成调解协议。

---

① 载《人民法院报》2018 年 12 月 18 日，http：//rmfyb. chinacourt. org/paper/html/2018 - 12/18/content_ 146967. htm？ div =0，2020 年 8 月 13 日访问。

【关联法条】

《最高人民法院关于确定民事侵权精神损害赔偿责任若干问题的解释》第 3 条,《最高人民法院关于审理名誉权案件若干问题的解答》第 5 条,《民法典》第 185 条,《著作权法》第 36 条,《图书、期刊版权保护试行条例》第 11 条

（撰稿人：李付雷）

第九百九十五条　【侵害人格权的民事责任】 人格权受到侵害的，受害人有权依照本法和其他法律的规定请求行为人承担民事责任。受害人的停止侵害、排除妨碍、消除危险、消除影响、恢复名誉、赔礼道歉请求权，不适用诉讼时效的规定。

【释义】

本条是关于侵害人格权的民事责任的规定。根据民事责任性质的不同，权利人享有的请求权可以分为侵权责任请求权和人格权请求权两大类型，二者相互配合共同实现保护人格权的目的。从规范来源上看，本条继受自《民法通则》第 120 条，并在此基础上对两种请求权进行区分完善。具体来说，对于本条的理解适用，主要包括以下方面：

首先，本条第 2 句规定的人格权请求权是一个重要的绝对权请求权类型。所谓人格权请求权，是指民事主体在其人格权受到侵害、妨害或者有妨害之虞时，有权向加害人或者人民法院请求加害人承担停止侵害、排除妨害、消除危险、恢复名誉、赔礼道歉等责任，以恢复人格权的圆满状态的权利。[①] 人格权是绝对权，具有排他性，可以对抗任意第三人。一旦人格权的圆满状态遭受第三人的不法侵害，权利人都有权请求行为人停止侵害行为，以恢复此种圆满支配状态，这是绝对权的应有之义。而且，权利人在行使这一请求权的时候，并不以满足过错、损害后果等侵权责任要件为前提。本条在侵权责任请求权之外规定独立的人格权请求权，除了可以加强对人格权的保护之外，还能完善由物权请求权、人格权请求权和知识产权请求权组成的绝对权请求权体系。

---

① 王利明:《论人格权请求权与侵权损害赔偿请求权的分离》, 载《中国法学》2019 年第 1 期。

其次，侵权责任请求权和人格权请求权的分工协调。在传统的潘德克顿民法体系中，对于人格权的保护主要由《侵权责任法》承担，即要求侵害人承担损害赔偿责任。在《民法典》颁布之前，《侵权责任法》第 15 条统一规定了停止侵害、排除妨碍、消除危险、返还财产、恢复原状、赔偿损失、赔礼道歉、消除影响、恢复名誉等责任方式，虽然可以扩充侵权责任法的保护手段，却容易造成请求权体系上的混淆。在司法实践中，部分法官误以为以上所有责任承担方式的适用要件都是相同的，故在权利人主张停止侵害、排除妨碍、消除危险等绝对权请求权时依然要求行为人有过错，并认可诉讼时效的抗辩，导致不同请求权的混用。为纠正这一弊端，本条依据人格权保护的法律效果和救济方法的不同，分别规定了侵权责任请求权和人格权请求权，侵害人格权行为发生以后的损害赔偿问题应当适用《民法典》第 1179 条侵权损害赔偿的规定，而损害发生之前的停止侵害、排除妨碍、消除危险等绝对权请求权则属于人格权请求权，应当适用本条第 2 句。这一区分有其功能基础，损害赔偿请求权旨在弥补事后发生的损害，绝对权请求权则是防患于未然，以长葆人格权之圆满状态，二者在归责原则、诉讼时效等方面均有重大差异，其协调分工有助于强化对人格权的事前保护，更为周全地保护人格权。

最后，人格权请求权不受诉讼时效的限制。究其原因，人格权请求权是绝对权，只要人格权受到妨害或者具有遭受损害之虞，权利人就有权随时提出请求，要求行为人停止侵害、排除妨碍、消除危险、消除影响、恢复名誉、赔礼道歉，以恢复权利人对其人格利益的圆满支配状态。其实，《民法典》第 196 条第 1 项已经作出规定，权利人请求停止侵害、排除妨碍、消除危险不适用诉讼时效，其适用范围当然包括人格权遭受侵害的情形。有疑问的是，消除影响、恢复名誉、赔礼道歉所救济的乃是已然发生的损害，使其恢复到损害发生之前的状态，与损害赔偿的性质较为接近，不受诉讼时效的限制似乎不妥。其合理性在于，作为非财产性的行为责任，它们是人格权被侵害的补救措施，非金钱价值所能衡量和替代，不应因时间的经过而受到限制。①

【相关案例】

张某立与公交公司侵害人格权案②

原告张某立 1978 年参军，1979 年参加对越自卫反击战时头部受伤，导致右

---

① 石佳友：《人格权立法的进步与局限——评〈民法典人格权编草案（三审稿）〉》，载《清华法学》2019 年第 5 期。

② （2007）郑铁民初字第 59 号。

侧听力受损致残，1982 年原告复员到郑州铁路局工作，河南省民政厅为其发放了“中华人民共和国残疾军人证”。2007 年 1 月 20 日 15 时许，原告张某立持“中华人民共和国残疾军人证”搭乘被告的 25 路公交车时，车长对原告证件审验后认为是假证，强迫原告投币，原告无奈，在车内乘客对其猜疑、谴责的议论中被迫投币 1 元。2007 年 1 月 25 日 12 时许，原告张某立持“中华人民共和国残疾军人证”搭乘被告的 87 路公交车时，车长审查原告证件后声称证件为假，并将证件没收。由于张某立据理力争，该车长没收证件的行为没有实现。于是该车长说：“有些人就是为省一块钱，花一百块去街上办假证，值不值得。”引起其他乘车人员对原告行为的质疑。2007 年 1 月 20 日和 25 日公交车上连续发生的两次“假证”事件，给原告的生活造成了一定的影响，原告再乘坐公交车时会产生恐惧，感到在自己周围有异样的眼光和议论。

本案的争议焦点是被告应当向原告承担的民事责任。

法院经审理后认为，残疾军人凭“中华人民共和国残疾军人证”免费乘坐市内公共汽车，是国务院《军人抚恤优待条例》中的明确规定，是国家对残疾军人进行抚恤优待的一项具体措施。被告工作人员在不具备鉴定证件真伪能力的情况下就在公众面前将原告的合法证件认定为假证，强迫原告购票，并以语言损害原告的名誉，贬低原告的人格，侵犯了原告的人格尊严权，给原告精神上造成伤害。被告应向原告赔礼道歉并给予适当的精神损害赔偿。考虑到本案中被告的过错程度，侵害的手段、场合，造成的后果及事发地的平均生活水平等因素，原告 5000 元的精神损失费要求过高，可酌情给予 1000 元的精神损害赔偿。

【关联法条】

《民法通则》第 120 条，《侵权责任法》第 15 条，《民法典》第 196 条、第 1179 条

（撰稿人：李付雷）

第九百九十六条　【违约精神损害赔偿】因当事人一方的违约行为，损害对方人格权并造成严重精神损害，受损害方选择请求其承担违约责任的，不影响受损害方请求精神损害赔偿。

【释义】

本条是关于违约精神损害赔偿的规定。长期以来，我国立法不承认在违约领域请求精神损害赔偿，这是我国民法首次以立法形式承认受损害方可获得违约精神损害赔偿，属于新增规定。对于违约精神损害赔偿的理解适用，具体包括以下几个方面：

首先，违约精神损害赔偿又称为非财产损害，是指民事主体基于违约行为遭受的精神损害主张损害赔偿的救济制度。相比于财产损害赔偿，精神损害赔偿具有显著差异，具体如下：其一，精神损害赔偿以造成人身损害为前提，唯有权利人受到人身损害时，才有权主张精神损害赔偿。其二，精神损害赔偿其实并非对损害的赔偿，它更多的是一种货币化的补偿和精神安慰，主要是针对侵犯人格权的救济，针对的是所谓精神痛苦，是对受害人的抚慰。[①] 因此，精神损害赔偿的数额可能不高，常常是象征性的。其三，精神损害赔偿具有很强的人身专属性，不能与权利主体相分离，故而不能被转让或继承。

其次，违约精神损害赔偿有助于提升对人格权的保护程度。在《民法典》颁布之前，民法规定没有违约精神损害赔偿制度，学理通说持否定态度，并且得到了司法解释在特定合同类型中明确拒绝支持违约精神损害赔偿。比如，《最高人民法院关于审理旅游纠纷案件适用法律若干问题的规定》第 21 条规定："旅游者提起违约之诉，主张精神损害赔偿的……人民法院不予支持。"在因违约造成人格权损害的案件中，权利人只得依据《民法总则》第 186 条选择违约责任或侵权责任中的一种来提起诉讼，如果选择违约责任就要放弃精神损害赔偿，选择侵权责任则要承担证明对方存在过错的责任，尤其是在产品责任中亦不能获得对产品本身的赔偿，常常会把权利人置于两难境地。人格权编承认违约精神损害赔偿可以拓展权利人请求违约救济的赔偿范围，通过违约责任全面获得救济，从而破解违约责任和侵权责任竞合的困境。其实，违约精神损害赔偿制度也契合了《民法典》第 993 条规定的人格权许可使用的规定，能够为民事主体因被许可人违约遭受精神损害的情形提供充分救济，促进其积极行使人格权。

再次，严重性的要件。根据本条规定，民事主体如要请求违约精神损害赔偿，须以遭受"严重"精神损害为前提。根据《最高人民法院关于确定民事侵权

---

① 石佳友：《人格权立法的进步与局限——评〈民法典人格权编草案（三审稿）〉》，载《清华法学》2019 年第 5 期。

精神损害赔偿责任若干问题的解释》第1条、第4条、第9条以及相关司法实践情况，如要法官认定构成“严重”精神损害，侵害具有人格象征意义的纪念物需要永久性灭失或者毁损，侵害物质性人格权需要造成死亡或者残疾，侵害精神性人格权则要造成精神疾病，工作生活受到干扰等。法律设置“严重”性要件的目的是控制诉讼，避免滥诉现象的发生，减轻侵害人的诉讼负担。不过，设置如此之高的“严重”要求，则不利于对人格权的保护，甚至会放纵侵害人格权的行为。相反，取消“严重”这一限制条件后，可以通过象征性赔偿或停止侵害、恢复名誉、赔礼道歉等方式赔偿精神损害，不至于加重加害人的经济负担。①

最后，计算方法具有主观性。违约精神损害赔偿所调整的情形十分广泛，包括疼痛和痛苦、生活乐趣的丧失、身体伤残、名誉降低、身体的不便和不舒适、社会关系的丧失，等等。以上各种各样的精神损害具有高度的主观性，无法精确计算，只能由法官在个案中具体酌定。根据《最高人民法院关于确定民事侵权精神损害赔偿责任若干问题的解释》第10条的规定，法官应当综合考虑多种因素，包括侵权人的过错程度、侵害手段、场合、行为方式、损害后果、侵权人的获利情况、侵权人经济状况、受诉法院所在地平均生活水平等因素。

【相关案例】

赵某新等与李某国侵权纠纷案②

原告赵某新、张某娟为结婚事宜于2006年10月与被告李某国约定，由李某国为赵某新、张某娟提供结婚礼仪服务，服务项目包括提供主持人、婚礼摄像（含光盘制作）等。之后，赵某新、张某娟向李某国支付了婚庆服务费1570元。2006年11月3日，赵某新、张某娟按婚期举行了婚礼，李某国虽于婚期的当日提供了相关服务，但至今录像片段未向赵某新、张某娟交付，致使二原告的结婚场景无法再现，给原告精神上造成了伤害。据此，原告赵某新、张某娟请求法院判令被告李某国退回原告为此交付的婚庆服务费1570元，并赔偿精神损失10000元。

本案的争议焦点是原告是否有权请求违约精神损害赔偿。

法院认为，原告赵某新、张某娟为筹办婚礼与被告李某国婚庆礼仪中心人员签订的服务合同意思表示真实、该合同具有法律效力。李某国应该按照合同的约定向赵某新、张某娟提供优良的服务项目。赵某新、张某娟婚庆场面的录像内容

---

① 谢鸿飞：《精神损害赔偿的三个关键词》，载《法商研究》2010年第6期。

② （2007）涧民二初字第63号。

是其结婚纪念的重要组成部分，李某国作为提供服务的一方当事人应向原告赵某新、张某娟提供优质的录像内容。但李某国至今没有提供原告赵某新、张某娟婚庆场面的录像材料，其行为已经构成合同上的违约，应承担相应的违约责任。因此，原告要求被告退还服务费的请求应予支持，但对精神损失费的请求过高，部分请求予以支持。依据《合同法》第406条及相关法律规定，判决如下：一、被告李某国于判决生效后10日内退回原告赵某新、张某娟服务费1570元；二、被告李某国于判决生效后十日内向原告赵某新、张某娟赔偿精神损失费1000元。

【关联法条】

《民法典》第186条，《最高人民法院关于审理旅游纠纷案件适用法律若干问题的规定》第21条，《最高人民法院关于确定民事侵权精神损害赔偿责任若干问题的解释》第1条、第4条、第9条、第10条

（撰稿人：李付雷）

第九百九十七条　【侵害人格权的诉前禁令】民事主体有证据证明行为人正在实施或者即将实施侵害其人格权的违法行为，不及时制止将使其合法权益受到难以弥补的损害的，有权依法向人民法院申请采取责令行为人停止有关行为的措施。

【释义】

本条是关于侵害人格权的诉前禁令的规定，旨在预防人格权损害的发生和扩大，属于新增规定。所谓侵害人格权的禁令，是指在人格权正在遭受侵害或者即将遭受侵害的情形下，如果不及时制止侵害行为，将导致损害后果迅速扩大或难以弥补，此时，权利人有权请求法院发布禁止令，以责令行为人停止相关侵权行为。[①]《民法典》规定侵害人格权的诉前禁令制度，可以强化法律对人格权的保护，充分彰显人格权的价值和功能，意义重大。

首先，侵害人格权的诉前禁令契合了人格权保护的特殊性。相比于财产损失，人格权损害具有不可逆转性，一旦发生侵害行为，就会造成不可弥补的损

① 王利明：《论人格权保护的全面性和方法独特性——以〈民法典〉人格权编为分析对象》，载《财经法学》2020年第4期。

失。因此，人格权法更注重事前预防，从而将损失控制在萌芽状态。作为一种损害预防措施，虽然侵害人格权的诉前禁令制度无法终局性地明确当事人之间的权利义务关系，却能够赋予受害人向法院申请责令侵害人停止有关行为的权利，防止损害的发生和扩大，从而强化对人格权的保护。从比较法上看，在人格权遭受威胁或者持续侵害的情形下，几乎所有的法律体系中都采用了禁令制度，以防止损害后果的扩大。① 在《民法典》颁布之前，我国没有规定侵害人格权的诉前禁令制度，依然有个别法院采用了诉前禁令制度来保护人格权。比如，在2013年发生的“钱钟书书信案”，某拍卖公司公告称将要拍卖钱钟书的私人信件，并事先举办了预展活动。得知该信息后，钱钟书的妻子杨季康向法院申请诉前禁令，法院作出裁定禁止拍卖公司实施侵害著作权行为，该公司随后宣布停拍。由于当时法律尚未规定侵害人格权的诉前禁令制度，法院只得依据知识产权保全的方式要求拍卖公司停止侵害行为，但这并不周全，可能无法对许多侵害人格权的行为提供救济。《民法典》规定侵害人格权的诉前禁令制度，能够弥补立法漏洞，完善对人格权的保护。

其次，侵害人格权的诉前禁令的适用条件。如前所述，诉前禁令并不能够终局性地决定两者之间的权利义务，而是法院基于权利人单方面的申请对行为人所做的限制，有可能会不当损害其行为自由。为了避免过度限制行为自由，法律对人格权主体申请诉前禁令设置了严格的适用条件，具体如下：其一，“行为人正在实施或者即将实施侵害行为”。对于正在实施的侵害行为比较容易认定，问题在于即将实施的侵害行为尚未实际发生，应当如何认定。此时，法官应当按照社会通常看法，来判断侵害行为发生是否具有较高的盖然性，并且可能会给权利人带来损害。其二，“不及时制止将使其合法权益受到难以弥补的损害”，这就要求损害具有紧迫性，并且无法通过损害赔偿事后进行弥补。其三，侵害行为无须构成侵权责任。诉前禁令是保护人格权的重要方式，与《民法典》第995条规定的人格权请求权的性质较为接近，权利人申请诉讼禁令无须行为人主观具有过错。但是，为了保障司法权威和行为自由，申请人应当具有较高的胜诉可能性。其四，法院可以基于个案情况酌情要求申请人提供一定的担保。权利人申请诉前禁令后，行为人就无法从事相关行为，可能会遭受重大损失。比如，在“钱钟书书信案”中，拍卖公司事先已经进行大量准备工作，花费大量人力物力。为了防止申请人错误申请诉前禁令，导致行为人遭受损失，而无法事后赔偿的情形，法院可以要求申请人提供一定担保，也能督促权利人慎重申请诉前禁令。

---

① 王利明：《民法典人格权编草案的亮点及完善》，载《中国法律评论》2019年第1期。

最后，诉前禁令的法律效力，法院基于申请作出诉前禁令后，行为人应当按照禁令要求停止侵害行为。与此同时，申请人还应在合理时间内提起诉讼，如果申请人未在合理时间内提起诉讼的，诉前禁令将会自动失效。

【相关案例】

杨某康（笔名杨某）与中贸圣佳公司、李某强诉前禁令案①

钱某书（已故）与杨某康系夫妻，钱某书、杨某康与李某强系朋友关系，二人曾先后致李某强私人书信百余封，该信件本由李某强收存，但是2013年5月，中贸圣佳公司发布公告表示其将于2013年6月21日举行“也是集——钱某书书信手稿”公开拍卖活动，公开拍卖上述私人信件。为进行该拍卖活动，中贸圣佳公司还将于2013年6月8日举行相关研讨会，2013年6月18日至20日举行预展活动。杨某康认为，钱某书、杨某康分别对各自创作的书信作品享有著作权。钱某书于1997年3月4日病故。钱某书去世后，其著作权中的财产权由杨某康继承，其著作权中的署名权、修改权和保护作品完整权由杨某康保护，发表权由杨某康行使。杨某康主张，中贸圣佳公司及李某强即将实施的私人信件公开拍卖活动，以及其正在实施的公开展览、宣传等活动，将侵害杨某康所享有和继承的著作权，如不及时制止上述行为，将会使杨某康的合法权益受到难以弥补的损害，故向法院提出申请，请求法院责令中贸圣佳公司及李某强立即停止公开拍卖、公开展览、公开宣传杨某康享有著作权的私人信件。

本案的争议焦点是杨某康是否有权申请停止拍卖活动的禁令。

法院依据修改后的民事诉讼法关于行为保全的规定作出了禁令裁决：中贸圣佳公司在拍卖、预展及宣传等活动中不得以公开发表、展览、复制、发行、信息网络传播等方式实施侵害钱某书、杨某康、钱某书写给李某强的涉案书信手稿著作权的行为。裁定送达后，被申请人中贸圣佳公司随即发表声明，“决定停止2013年6月21日‘也是集——钱某书书信手稿’的公开拍卖”。

【关联法条】

《民法典》第995条

（撰稿人：李付雷）

---

① 载《最高人民法院公报》2014年第10期。

第九百九十八条 【侵害精神性人格权民事责任的利益衡量规则】 认定行为人承担侵害除生命权、身体权和健康权外的人格权的民事责任，应当考虑行为人和受害人的职业、影响范围、过错程度，以及行为的目的、方式、后果等因素。

【释义】

本条是关于侵害精神性人格权民事责任的利益衡量规则的规定，逐一列举了多项需要综合考量的具体因素，属于新增规定。从规范性质上看，本条属于裁判规范，旨在为法官裁判人格权纠纷提供了具体的指引和参考。

首先，根据所保护人格要素属性的不同，人格权可以分为物质性人格权和精神性人格权，前者主要包括生命权、身体权和健康权，后者则为姓名权、名称权、肖像权、声音权、名誉权、荣誉权、隐私权和个人信息等权利。本条采用“除生命权、身体权和健康权外的人格权”这一表述，实质上是以立法的形式承认物质性人格权和精神性人格权的区分，并对它们采取不同的保护方法。究其原因，物质性人格权是自然人最基本、最重要的权利，具有强烈的伦理色彩，法律给与强制保护。因此，民事主体不可放弃、转让或继承物质性人格权，也不得积极许可他人。与之不同，精神性人格权是自然人对于精神性人格要素的不可转让的支配权，其主要是为了满足人们对正当精神需要而确立的一项权利。[①] 随着社会的发展和科技的进步，精神性人格权逐渐表现出一定的财产价值，形成所谓人格权商品化现象。能够商品化的人格权，其客体其实是作为主体的人之符号化，并不触及人之伦理价值根本核心。[②] 因此，对于精神性人格权，法律并不像对物质性人格权的保护那样绝对，而是要在协调和平衡人格权与其他利益之间冲突的基础上，采用比例原则进行相对化地保护。

其次，在法律适用过程中，法官需要采用利益衡量的方法，综合考虑行为人和受害人的职业、影响范围、过错程度以及行为的目的、方式、后果等多种因素来判定侵害精神性人格权的民事责任。所谓利益衡量，也称为利益考量、利益平衡，实际上是在各方利益发生冲突时，对社会公共利益、当事人的利益等各种利

---

① 许凯：《论跨国侵害精神性人格权的法律适用》，载《浙江社会科学》2013 年第 3 期。

② 郭明龙：《精神性人格权之定性——兼论〈侵权责任法〉第二十条对人格权立法之推进》，载《人民论坛》2012 年第 8 期。

益进行考量，以寻求各方利益的妥当平衡，实现社会公平正义。[①] 简言之，利益衡量实际上就是一种价值衡量，对于何种利益居于优先顺位的判断，就是一种评价的表现。就表面而言，利益衡量的存在至少有两个原因：一是法律的“漏洞”，即面对变动不息、无限复杂的社会，立法者无力以一次立法解决所有的问题；二是因为制定法是以语言文字为载体的，而语言并非精密的表意工具，容易出现多义、歧义的情况。从根本上说，法律中的价值判断源于其实质理性品格，这主要指立法者将其主观认定的社会公认的实体价值固定于法律规范之中，并在司法当中根据主观的社会正义价值标准来解决纠纷。[②] 就侵害精神性人格权纠纷来说，涉及人的尊严、公众的行为自由、公共利益等多种价值之间的冲突协调，法官应当在评价不同价值优先顺位的基础上，综合确认行为人的民事责任。以侵害公众人物的隐私权为例，虽然公众人物具有完全的民事主体资格，并且享有完全的精神性人格权，但是他们的职业多为演艺明星、艺术家、官员等，获得的关注度远超常人，承担职责常常会涉及公共利益或者国家利益，公众具有知情权，应当接受公众的监督，故而公众人物应当对他人侵害其隐私权承担一定的容忍义务。不过，一旦他人对公众人物隐私权的侵害超出公共利益和国家利益的需要，仍然需要承担相应的侵权责任。

最后，从功能目的来看，本条属于说明性条文，其本身并不能独立用来确定侵害精神性人格权的民事责任。在具体案件中，法官应当结合《民法典》第1165条来认定行为人是否构成侵权责任，不可单独依据本条来裁判。

【相关案例】

黄某某与岳某某侵害名誉权纠纷案[③]

原告因交通事故与案外人赵某等之间存在系列纠纷，因未履行裁判文书确定的法律义务，被列为失信被执行人。2017年11月22日，赵某实名发布新浪微博博文“久等了！请看什么是教科书式的耍赖！#唐山黄某某#”和涉案视频。该视频经过多个网络大V转发，多家媒体跟进报道迅速引发全国性舆论关注。在此过程中，岳某某作为网络大V和执业律师，在查询了失信人名单及公开信息后，转发了涉案视频并发表了博文。2017年11月28日，岳某某向赵某提供法律咨询服

---

① 王利明：《民法典人格权编草案的亮点及完善》，载《中国法律评论》2019年第1期。

② 参见［美］马克斯·韦伯：《经济与社会》（下卷），林荣远译，商务印书馆1997年版，第15～16页。

③ 北京互联网法院成立一周年发布十大热点案件，https://www.bjinternetcourt.gov.cn/zn/case-7.html，2020年8月13日访问。

务，2017 年 12 月 6 日其接受赵某委托，代理原告与赵某等人之间因涉案交通事故发生的系列纠纷案件，并就该系列纠纷案件持续发表系列博文，内容为诉讼案件进展情况及相关法律法规的解读。原告主张，赵某发布的涉案视频存在不实内容，岳某某作为网络大 V 和知名律师，转发涉案视频并发表系列博文的行为，侵害了原告的名誉权和隐私权，请求法院判令岳某某停止侵权、赔礼道歉，另赔偿精神损害赔偿金、经济损失等各项费用共计 40 万元。

本案的争议焦点是岳某某是否应当承担侵权责任。

法院认为，岳某某的身份存在从事件旁观者到知情者、相关者的转变。在身份转变前，岳某某经核查转发的涉案视频不存在侮辱内容和与常理不符的情况，尽到了较高的注意义务，并无不当之处。岳某某身份转变后，由于其有条件了解相关案件情况，能够对转发的涉案视频是否涉嫌侵权进行判断，故其既应对新发表言论负有更高的注意义务，又需对其此前转发的涉案视频重新审查判断。岳某某在身份转变后发布的博文有合理的事实依据，未对原告进行侮辱、诽谤，未侵犯原告的名誉权。岳某某此前转发的涉案视频，在其知情的范围内不存在失实内容。即便岳某某的身份发生转变，其亦不负有删除义务。因此，法院判决驳回原告全部诉讼请求。

【关联法条】

《民法典》第 1165 条

（撰稿人：李付雷）

第九百九十九条　【合理使用他人人格要素】为公共利益实施新闻报道、舆论监督等行为的，可以合理使用民事主体的姓名、名称、肖像、个人信息等；使用不合理侵害民事主体人格权的，应当依法承担民事责任。

【释义】

本条是关于合理使用他人人格要素的规定，旨在调和个人人格权保护与公共利益需要之间的冲突，属于新增规定。根据本条规定，行为人无须承担民事责任。从规范性质上看，本条属于原则性的宣示条款，不具有直接适用的效力，行为人如要提出抗辩其因公共利益合理使用他人人格要素不构成侵权，还应当结合

《民法典》第1020条、第1025条、第1026条、第1036条、第1039条的具体规定。

首先，行为人对他人人格权的使用必须是基于公共利益需要。私权保护与公共利益需要的冲突是一个历久弥新的话题。对此，现代民法经过长期的发展适应，已经形成基本的价值共识，那就是摒弃私权绝对的原则，转而奉行私权社会化，即有条件地允许行为人根据公共利益的需要对私权进行限制。就人格权益来说，社会化意味着人格利益不仅是个体的尊严和自由，也包括群体的尊严和自由，如何充分尊重个体的人格利益同时不影响群体利益，是人格利益社会化不可回避的矛盾。[①] 以个人信息为例，虽然法律对个人信息采取了保护立场，但与个人信息相关的利益主体及其利益关系非常复杂多样，如果严格限制其他主体对个人信息的利用，则个人数据就无法成为一项真正的财产，不但会阻碍数据产业的发展，还会对经济运行机制、社会生活方式和国家治理能力产生不良影响。因此，《民法典》在对个人信息提供保护的同时，还在第1036条和第1039条规定了个人信息共享规则。

其次，行为人使用他人人格要素必须要在"合理"限度内，即满足比例原则的要求。所谓比例原则，又称为"最小侵害原则""禁止过度原则""平衡原则"等，最初是一项行政法原则，后又扩展使用民法领域，是指行政机关行使自由裁量权时，应在全面衡量公益与私益的基础上选择对相对人侵害最小的适当方式进行，不能超过必要限度。比例原则的核心是对手段和目的之间的关联性进行评价取舍，包含合目的性、必要性和均衡性三个方面，这也正是审查行为人使用他人人格要素行为是否"合理"的三个关键步骤：第一，合目的性要求行为人使用他人人格要素必须适合于公共利益的实现，如果与公共利益无关，就违反了合目的性要求。第二，必要性原则是在数个可供实现公共利益的手段中，选择对他人人格权益影响最小的方式，能匿名就不实名，能将肖像模糊化就不用清晰肖像等，禁止用"大炮打麻雀"。第三，均衡性原则要求行为人对他人人格利益的使用与其所追求的目的之间必须要相称，在效果上不能不成比例。

最后，合理使用他人人格要素是新闻媒体侵权的抗辩事由。新闻媒体是言论自由的重要表现形式，因其在舆论监督方面起到了重大作用，大多数国家都以立法的形式保障新闻自由。随着公民权利意识的提高，逐渐开始注重对自身名誉权、隐私权、肖像权等人格权的保护，越来越多地主张新闻媒体侵权。媒体侵权的本质是媒体行使新闻自由权时对人格权构成了侵害。但是，从媒体的职责功能来看，其承担着表达自由的使命和特定的社会职责，保障着普通民众知情权和表

---

① 孟勤国：《人格权独立成编是中国民法典的不二选择》，载《东方法学》2017年第6期。

达权的发挥。[①] 为平衡新闻自由（表达自由）与人格权保护之间的冲突，法律规定合理使用他人人格要素制度，可以作为媒体侵权的抗辩事由。针对新闻媒体使用他人人格要素的情形，有学者曾经总结出以下抗辩事由：1. 事实基本真实；2. 权威消息来源；3. 连续报道；4. 报道特许发言；5. 公正评论；6. 满足公众知情权；7. 公众人物；8. 批评公权力机关；9. 公共利益目的；10. 新闻性；11. 受害人承诺；12. 为本人利益或者第三人利益；13. "对号入座"；14. 报道、批评的对象不特定；15. 配图与内容无关；16. 已尽审查义务；17. 已经更正、道歉；18. 如实报道；19. 转载；20. 推测事实与传闻；21. 读者来信、来电和直播；22. 文责自负。[②]

【相关案例】

施某某等与徐某某肖像权、名誉权、隐私权纠纷案[③]

本案的争议焦点是徐某某所发微博是否构成侵害原告的人格权。

原告张某某、桂某某系原告施某某亲生父母，李某某系张某某表姐。2013 年 6 月 3 日，经安徽省来安县民政局收养登记后，施某某由李某某、施某某夫妇收养。2015 年 4 月 3 日 21 时 15 分，徐某某在其新浪微博上（用户名为"朝廷半日闲"）发表如下内容（配原告施某某受伤的照片九张）："父母南京某区人，男童于 6 岁合法收养，虐待行为自去年被校方发现，近日，班主任发现伤情日渐严重，性格也随之大变，出现畏惧人群等心理行为，班主任及任课老师在多方努力无果后，寻求网络帮助。恳请媒体和大伙的协助。希望这个孩子通过我们的帮助可以脱离现在的困境。"之后，徐某某将其删除，后来又二次上传。被告徐某某在其新浪微博二次上传的同一组九张照片中有三张反映了人的头面部，二次上传照片时均对头面部进行了模糊处理，九张照片已不具有明显的可识别性。被告徐某某发表的新浪微博在网络上和媒体上被多次报道。法院认为，被告徐某某在原告施某某受伤害后，为保护未成年人利益和揭露可能存在的犯罪行为，依法在其微博中发表未成年人受伤害信息，符合社会公共利益原则和儿童利益最大化原则，这一网络举报行为未侵犯施某某的肖像权、名誉权、隐私权，未侵犯原告张某某、桂某某的名誉权、隐私权。

---

① 俞里江：《司法实践中媒体侵权基本抗辩事由分析》，载《法学杂志》2011 年第 8 期。

② 杨立新：《中华人民共和国民法典释义与案例评注：人格权编》，中国法制出版社 2020 年版，第 55 页。

③ 载《最高人民法院公报》2016 年第 4 期。

【关联法条】

《民法典》第 1020 条、第 1025 条、第 1026 条、第 1036 条、第 1039 条

（撰稿人：李付雷）

第一千条 【侵害人格权民事责任与替代执行方式】行为人因侵害人格权承担消除影响、恢复名誉、赔礼道歉等民事责任的，应当与行为的具体方式和造成的影响范围相当。

行为人拒不承担前款规定的民事责任的，人民法院可以采取在报刊、网络等媒体上发布公告或者公布生效裁判文书等方式执行，产生的费用由行为人负担。

【释义】

本条是关于侵害人格权民事责任及其替代执行方式的规定。从规范来源上看，本条具有长期的实践基础，属于对既有法律规定的继受。早在《民法通则》颁布之时，第 134 条第 1 款就规定了“消除影响、恢复名誉、赔礼道歉”的民事责任承担方式，后又得到《侵权责任法》第 15 条第 1 款的确认。随着司法实践中侵害人格权案件的增多，“消除影响、恢复名誉、赔礼道歉”的履行方式逐步得到了细化完善，并获得了司法解释的确认。《最高人民法院关于审理利用信息网络侵害人身权益民事纠纷案件适用法律若干问题的规定》第 16 条规定：“人民法院判决侵权人承担赔礼道歉、消除影响或者恢复名誉等责任形式的，应当与侵权的具体方式和所造成的影响范围相当。侵权人拒不履行的，人民法院可以采取在网络上发布公告或者公布裁判文书等合理的方式执行，由此产生的费用由侵权人承担。”本条正是在此基础上修改而来。具体来说，在解释适用本条规定的过程中，应当注意以下方面：

首先，在法律属性上，“消除影响、恢复名誉、赔礼道歉”属于恢复原状的范畴。原因在于，恢复名誉、消除影响、赔礼道歉针对的是损害结果而非妨害行为，是事后的救济措施而非事前的预防措施。[①] 虽然人格权侵害后果具有不可逆

① 杨立新：《中华人民共和国民法典释义与案例评注：人格权编》，中国法制出版社 2020 年版，第 59 页。

转性，但通过以上救济措施可以在一定程度上抚慰受害人，减轻其精神痛苦，这是立法者在可能范围内对受害者提供的力所能及的救济。多年来，无论在立法上还是在司法实践中，均被证明是行之有效的针对人格权侵权的救济形式，实践中被广泛采用。[①] 有争议的是，赔礼道歉作为一种民事责任方式，是否会损害侵害人的不表意的言论自由。有观点认为，赔礼道歉的心理基础是良心或自向性的负罪感和他向性的悔恨情感。法院判决赔礼道歉并强制执行，有可能和公民的宪法权利（如表达自由）发生冲突，并且违反了文明法律保护人格尊严之一般价值追求，不符合比例原则。[②] 这一争议的核心是人格权保护与言论自由之间的利益冲突，二者并无绝对的优劣之分，故而立法机关可以出于保护人格权的目的对言论自由进行限制，只要这种限制本身是正当合理的即可。

其次，侵害人格权的民事责任方式应当符合“相当性”的要求，这主要体现在两个方面：其一，法官在选择承担责任的方式时应当考虑侵权的行为方式。虽然本条把消除影响、恢复名誉和赔礼道歉三种责任方式进行并列规定，但它们所对应的侵权行为性质存在差异，法官不能随意选择。消除影响、恢复名誉针对的是诽谤，是事实陈述问题，赔礼道歉针对的是侮辱，是意见表达问题；前者可以强制被执行人澄清事实而还原真相，后者无法强制被执行人真诚悔过并致歉，只能通过判决宣示正义。[③] 其二，民事责任应与侵权行为造成的影响相对应，既包括侵害行为所影响的地理领域，也包括受害人遭受的精神痛苦程度。比如，行为人在朋友圈中诽谤受害人的，法官通常只需要求行为人在朋友圈中澄清事实，无须通过登报方式来消除影响。

最后，在人民法院作出消除影响、恢复名誉、赔礼道歉的判决后，如果行为人拒不执行的，强制执行是必要措施。但是，以上责任承担方式，尤其是赔礼道歉，“具有自我补偿和道德恢复功能，为其悔过提供了一个表达的场域”。[④] 如果法律强制行为人赔礼道歉，不但无法达到这一效果，还有可能会过度损害行为人的不表意自由。因此，本条规定人民法院可以采用替代执行措施，在报刊、网络等媒体上发布公告或者公布生效裁判文书，这样一方面不会过度侵害行为人的不表意自由，另一方面也可以抚慰受害人所遭受的精神痛苦，最大程度上修补其精神创伤，不失为一种适中措施。

---

① 黄薇：《中华人民共和国民法典人格权编解读》，中国法制出版社 2020 年版，第 55 页。

② 吴小兵：《赔礼道歉的合理性研究》，载《清华法学》2010 年第 6 期。

③ 张红：《不表意自由与人格权保护——以赔礼道歉民事责任为中心》，载《中国社会科学》2013 年第 7 期。

④ 葛云松：《民法上的赔礼道歉责任及其强制执行》，载《法学研究》2011 年第 2 期。

【相关案例】

周某驰与中建荣真公司肖像权、姓名权纠纷案[①]

2017 年 1 月 11 日，被告中建荣真公司的官网（www.360cssl.com）首页显示“把森林带回家七天毛坯变豪宅省心省工省时省力”的宣传广告。该宣传广告边上配有原告周某驰的照片，下方注有“城市森林携手‘某爷’一起见证生态墙板真功夫”的文字。2017 年 1 月 13 日，原告周某驰委托律师向被告中建荣真公司发送律师函，内容为：贵司在官网（www.360cssl.com）上发布了“城市森林携手‘某爷’一起见证生态墙板真功夫”的宣传广告，并在网站首页以及 VI 展示中使用了我方委托人的照片，用于公司招揽生意。根据《中华人民共和国民法通则》第 120 条规定：公民的姓名权、肖像权、名誉权、荣誉权受到侵害的，有权要求停止侵害，恢复名誉，消除影响，赔礼道歉，并可以要求赔偿损失。贵司未经同意使用我方委托人的艺名及照片用作商业宣传，构成侵权，应当承担侵权责任。本案争议焦点是被告应否承担赔礼道歉责任以及相应的履行方式。法院认为，被告未能举证证明获得原告肖像权或姓名权的使用许可，其以营利为目的，在网站、杂志的宣传广告上使用原告的肖像和姓名（艺名），且突出显示，构成对原告肖像权和姓名权的侵犯。公开赔礼道歉的范围应与侵权行为造成的影响程度相适应，结合被告使用原告照片的侵权形式、范围、内容等具体情节，原告要求被告在其官网（www.360cssl.com）、《旅伴》杂志上刊登致歉声明的该部分主张，法院予以支持。

【关联法条】

《民法通则》第 134 条，《侵权责任法》第 15 条，《最高人民法院关于审理利用信息网络侵害人身权益民事纠纷案件适用法律若干问题的规定》第 16 条

（撰稿人：李付雷）

第一千零一条　【身份权的参照适用】对自然人因婚姻家庭关系等产生的身份权利的保护，适用本法第一编、第五编和其他法律的相关规定；没有规定的，可以根据其性质参照适用本编人格权保护的有关规定。

---

① 载《最高人民法院公报》2020 年第 2 期。

【释义】

本条是关于身份权参照适用人格权法的规定。观诸我国民事立法，本条首次使用“身份权”的概念，并明确了相关的法律适用规则，属于新增规定。在规范性质上看，本条是说明性条文，并没有为民事主体赋予权力和施加义务，而是旨在指引法官定位适用于特定案件的法律规则，以更好地解决法律纠纷。

首先，法律之所以允许身份权参照适用人格权编的相关规定，是因为二者具有很高的共性，故而在权利保护方面形成了许多共通规则，参照适用可以提高对身份权的保护程度，同时增强《民法典》各个分编之间的体系关联。具体言之，人格权和人身权具有如下共同之处：首先，在某种意义上，身份权派生于人格权。现代的身份权是一种私权，是建立在人格独立的基础之上的，是从身份到契约又到身份演化而来的一种身份权。如果没有对人格平等、人格独立、人格尊严的重视，身份权则仍然集中于夫权、父权，没有现代意义上的配偶权。① 其次，人格权和身份权共同构成人身权，它们都与民事主体自身具有密切关联，属于专属性权利，原则上应当共同适用《民法典》第 992 条不能放弃、转让和继承的规定。再次，二者同属绝对权，民事主体可以自主行使权利，排除他人的干涉，并受到排除妨害、消除危险等绝对权请求权的保护，不受诉讼时效的限制。最后，二者都是非财产性权利，具有强烈的伦理道德色彩。也就是说，不同于法律对于财产权利所采取的自由态度，身份权和人格权都会受到法律的强制性保护，民事主体所享有的自由也相对较少。在行使身份权和人格权的过程中，一旦民事主体违反法律规定，便很有可能面临法律行为无效的后果。

其次，“参照”适用实质上是准用，法律性质上属于“授权式类推适用”。因此，本条对法官不具有强制适用的效力，而是交由法官在个案中自主判断是否在身份权中类推适用人格权规定。其实，“参照”本身就是立法技术尚不成熟周延的结果，才会选择使用类推适用来弥补演绎能力的不足，从而导致法律体系上的松动。这种立法上的松动带来的效果就是，法官拥有很大的自由裁量权来决定是否“参照”适用，这会导致司法上的不一致，使同案同判的正义要求难以实现。为此，法官“参照”适用人格权规定来裁判身份权案件的，应当受到如下限制：首先，在法律适用顺序上，人格权编的相关规定仅具有兜底作用，法官应当优先

① 最高人民法院民法典贯彻实施工作领导小组主编：《中华人民共和国民法典人格权编理解与适用》，人民法院出版社 2020 年版，第 122 页。

选择适用《民法典》第一编、第五编和其他特别法的相关规定，不得径直“参照”适用人格权法。其次，并不是所有的人格权法规定都能参照适用于身份权中，法官如要参照适用人格权法中的规制，必须承担说理责任，证明所要“参照”适用的人格权法规定与特定的身份权具有相同性质。

最后，在法律适用过程中，法官不能忽略身份权与人格权的区别，以避免不当“参照”适用人格权法情形的发生。在价值取向上，身份权是以家庭为本位，旨在保障婚姻家庭共同体的和谐稳定，而人格权则是以个人为本位，以保障人的尊严和自由发展为依归。如果根据身份关系主体之间利益的平衡，参照适用人格权保护的规定不符合有关身份权利保护的整体价值取向的，就不能参照适用人格权保护的规定。[①] 比如，《民法典》第993条规定民事主体可以许可他人使用人格权，这是民事主体自由发展其人格权的结果，与身份权的家庭本位理念不相符合，故而不得参照适用于人身权中。

【相关案例】

李某与邓某等人格权纠纷案[②]

邓某等7人合伙在湖南省桂阳县青兰乡开发大顺有色金属矿。2007年8月，该矿雇请李某之夫谢某到该矿做工，工种为大转打掘进。2007年11月7日凌晨3时许，谢某下班后受邓某等人指示乘坐矿斗车从井下返回地面，因矿斗车脱轨，谢某从矿斗车车斗里摔出受伤。2011年9月26日，谢某对自己的损伤是否对性生活有影响，向湖南省湘雅司法鉴定中心提出鉴定申请。2011年9月30日，湖南省湘雅司法鉴定中心作出湖南湘雅司鉴［2011］临鉴字第1075号法医学鉴定意见书，认为谢某的损伤情况对性生活有影响。2011年5月25日，李某诉至法院，请求判决邓某等7人赔偿精神损害抚慰金10万元。

本案的争议焦点是李某因丈夫失去性能力获得损害赔偿的法律依据。

一审认为，婚姻是男女双方以永久共同生活为目的，以夫妻的权利义务为内容的合法结合，在婚姻关系中，配偶双方有与对方进行性生活的权利和义务。本案中李某由于丈夫受到损害，造成性功能障碍，给李某的夫妻性生活造成了伤害，生活幸福指数下降。对李某主张的精神损害抚慰金，应酌情支持。据实际情况判决赔偿10000元。邓某不服一审判决，以李某不是本案赔偿权利人等理由提

① 黄薇：《中华人民共和国民法典人格权编解读》，中国法制出版社2020年版，第62页。

② （2013）郴民一终字第532号。

起上诉，二审法院认为：李某作为已婚妇女，与丈夫正常的性行为是其应有的权利，且该权利属于人格权范畴。本案中鉴定机关的鉴定结论可以证实李某的该权利受到侵害，应属《最高人民法院关于确定民事侵权精神损害赔偿责任若干问题的解释》第 8 条规定的“严重后果”，李某有权获得赔偿。因此，二审法院驳回上诉，维持原判。

【关联法条】

《民法典》第 992 条、第 993 条，《最高人民法院关于确定民事侵权精神损害赔偿责任若干问题的解释》第 8 条

（撰稿人：李付雷）

第二章　生命权、身体权和健康权

【导读】

本章是对生命、身体和健康法益保护的确认，并将生命权、身体权和健康权作为独立的人格权类型予以保护，体现了其民事权利属性。生命健康权既是一种宪法性权利，但也应受民法保护。生命、健康和对自己身体的权利在法律上是人格权的组成部分，保护这些利益是维持人格的基本前提。

过去立法中，对生命健康权仅以总括性的表述进行确权，未对概念进行定义性的规定。但学界主流观点认为，《民法通则》第98条所保护的生命健康权应当是包括生命权、健康权和身体权这三项人格权。[①]《民法典》人格权编第二章不仅就此三种物质性人格权——生命权、身体权和健康权——制定了明确的对应规范，确定了它们重要的法典地位，还提高了身体权的地位，将保护身体权条款置于健康权之前。随着现代社会医学技术的发展，身体权的地位不断提高，自然人通过行使对自己身体的自主支配和决定权，可以将身体及组成部分捐赠、用于科学实验，以救助他人、挽救生命。因此，应重视身体权的保护，保护公民参与社会关系的载体，从而实现自然人的社会价值和自身价值。

此外，本章条文对该三类权利所包含的内容作出了清晰的说明，扩展了生命权、身体权和健康权这三类重要人格权的具体内容。生命权将维护生命尊严纳入保护范围，身体权包括维护行动自由，健康权保护对象包含了心理健康，完整地保护了每一个自然人的人格尊严和自由。

生命权、身体权和健康权作为物质性人权是以自然人的物质性人格利益为客体的人格权，生命权是身体权和健康权的基础，无生命则无从谈健康权和身体；身体权作为生命权和健康权的载体，无身体，生命和健康将无处依托；而健康权又是另外两种权利的保障。在具体司法案件中，三者往往是相互交织在一起的，对其进行准确的划分会引起适用问题。但是，这都并不影响其拥有各自独立人格

---

① 王利明：《人格权法新论》，吉林人民出版社1994年版，第284页；梁慧星：《中国人身权利制度》，载《中国法学》1989年第5期；杨立新：《人身权法论》，中国检察出版社1996年版，335页以下。

权内容。[①]

《民法典》还针对一些时代发展中的关于物质性人格权的热点问题——法定救助义务、人体捐赠、人体临床试验、基因胚胎研究、性骚扰和行动自由——进行了明确的规范，为人格权保护奠定和提供了充分的法律基础。本章所涉条文对上述行为的内容、行使和利用、限制等方面进行了细化规定，第1005条是特殊救助义务的一般性规定，要求负有法定救助义务的主体，在自然人生命、身体和健康权受到紧迫威胁时应当及时施救。这一规定强化了对自然人基本人身权利的保护，体现了《民法典》的人文精神和人文关怀。第1006条和第1007条对自然人人体组成部分以及遗体的支配权作出规定，明确禁止人体买卖，既维护了权利人的知情权，又尊重了权利人的自主决定权，同时兼顾了社会利益。为保护临床试验中受试者的生命、身体和健康权，本章第1008条规定了关于为研制新药、医疗器械或者发展新的预防和治疗方法进行人体试验的基本准则，限定了此类活动的严格前提条件。此外，对于同样涉及人体生命健康安全的基因编辑、人工胚胎等新技术的发展，第1009条要求从事人体基因、人体胚胎等有关医学和科研活动的组织或个人，不但必须要遵循法律、行政法规等相关规定，还要固守科学伦理之底线。人格权是一个不断发展的开放体系，对人体胚胎、基因、遗体的保护，实际上就是增加了对新型人格权益的保护。对医疗新技术在人体上的应用活动进行规制，则是对同时具有尊严属性和伦理属性的生命权、身体权的延伸保护。第1010条是《民法典》首次对性骚扰行为的表现形式作出规定，为之后司法实践中认定性骚扰时提供了一定的适用标准，强调了机关、企业、学校等单位预防和制止性骚扰的责任义务。《民法典》生效后，自然人在单位因性骚扰遭受损害，而单位未制定相关规章制度或采取相应措施预防性骚扰行为的，受害人向单位主张相应的赔偿责任变得有法可依。第1011条明文规范了不得以非法拘禁、非法搜身来限制、剥夺个人的行动自由和侵害个人的人格尊严。

本章共计10项条文规定，加强了人格权的保护力度，回应了时代发展的热点问题，彰显了以人为本的法治精神。

第一千零二条　【生命权】自然人享有生命权。自然人的生命安全和生命尊严受法律保护。任何组织或者个人不得侵害他人的生命权。

① 许中缘、黄娉慧：《论生命健康权的宪法性与民法化》，载《长江论坛》2018年第2期。

【释义】

生命权在民法中具有独特的地位，它甚至超越了一般民事权利的范畴，是宪法所保障的基本人权。无论是物质性的人格权，还是精神性的人格权，都是以生命权的存在为前提。即便以主体所拥有的一切权利或利益也无法换回生命，侵害生命权会导致主体权利能力的丧失，自然人一切权利随之消灭，其损害无法准确计量，生命权优先于其他权利在逻辑上不证自明。人类建立社会、改造自然、创造财富都是以具有生命为前提，因此生命不仅对人的本身具有价值，而且对于整个社会具有价值。国家制定一切法律的最终目的可归结到对生命权的保护。

法学上的生命专指自然人的生命，是维持人体生存的基本物质活动能力。①《民法典》人格权编将生命权作为第一项具体的人格权，体现了生命权是自然人的最高人格利益、具有最高人格价值和最高保护位阶。在民法上，将生命权作为独立的人格权加以确认，是我国历来的立法传统。由民法加以确认和保护的意义在于，确立生命权优先于其他人格权的规则，强化对生命权的救济，明确有关机构和个人的义务和责任，利于对生命权的限制法定化。②

一、生命权的内容

本条将生命权规定为一项独立的人格权加以保护，并将生命权的内容概括为“生命享有权”“生命安全受法律保护”与“生命尊严受法律保护”三部分。

1. 生命享有权。每个人是自己生命权的享有者，生命始于出生终于死亡。

2. 生命安全维护权，是权利人保持其生命、防止他人危害其生命的权利。③因此，该生命安全维护权不仅包括对生命利益享有的消极维护权，还包括在遭受侵害时所享有的积极防卫权，如自力救济。但权利人行使这一权利，应当依照法定程序进行，是生命权人为保护生命安全所必须时行使。当生命置于危险时，自然人还有权向司法机关、行政机关或负有法定救助义务的组织或个人请求救济。

3. 生命尊严是人格尊严的组成部分，作为人格尊严的具体展开，发挥着丰富生命权的内涵、补充目前不被生命权所涵盖的生命利益的作用。内容上主要包括生的尊严和死的尊严。但因自然人没有选择出生的权利，因而个人对生的尊严维

---

① 马特主编：《人格权法案例评析》，对外经济贸易大学出版社 2012 年版，第 81 页。

② 王利明：《人格权法研究》，中国人民大学出版社 2018 年版，第 266 页。

③ 杨立新：《从生命健康权到生命权、身体权、健康权——〈民法典〉对物质性人格权规定的规范创新》，载《扬州大学学报》2020 年第 5 期。

护是很难做到的，通常由社会和其父母予以保障。[①] 维护死的尊严是实现尊严价值的核心，维护死的尊严才能增加生命尊严的积极性和主动性，承认自然人依照自己的意志决定自己有尊严地死去，以更好地保护生命权。本条文将生命尊严纳入生命权的保护内容，为生前预嘱、临终关怀以及安乐死等制度的建立和实施提供了立法依据。[②]

二、侵害生命权的民法救济

当有非法侵害生命的行为和危害生命危险发生时，自然人有权请求停止侵害，并采取相应的措施排除妨碍。

根据本法第1179条的规定，侵害他人造成死亡的，不仅应当赔偿医疗费、护理费、交通费、营养费、住院伙食补助费等治疗和康复支出的合理费用以及因误工减少的收入，还应当赔偿丧葬费和死亡赔偿金。而生命权的受害人因侵权行为致死导致其民事主体资格丧失，无法进行基于民法规定的请求权基础进行自我救济，此时将被侵权人死亡情况下的赔偿请求权人分为两种情况：经济损失赔偿由死者近亲属、被抚养人和丧葬费支付人主张；精神损害赔偿由死者的近亲属主张，亲人的生离死别致使近亲属的精神遭受巨大创伤，故有权请求加害人支付精神抚慰金。

【相关案例】

汪某美与某塑胶有限公司生命权纠纷案[③]

未成年人杨某是汪某美的女儿。2011 年 7 月 12 日下午，仪征市遭遇暴雨。当日 15 时 40 分左右，杨某骑电动自行车途径某路段时，被汹涌而出的河水卷入路旁的水塘中后，又被卷入与水塘相连的某涵洞中，因该涵洞与地下沟渠相连，故直至第二天中午11 时左右，已溺水死亡的杨某才在距事发地段两公里的沿山河中被发现。事发地点西侧地势较高，西北方约 100 米处系一南北走向的河道，该河道西侧系某塑胶有限公司厂区，该公司用围墙将河道围入厂区；该河道南端有一直径约 500mm 的涵管作为出水口，向南出水。事发当日，天降暴雨，暴涨的河水冲开河道南端的围墙后，越过地面倾泻到道路上，致骑车经过的杨某溺水死亡。

本案的争议焦点为某塑胶有限公司擅自砌墙将河道引入厂区妨碍行洪导致洪

---

① 杨立新：《从生命健康权到生命权、身体权、健康权——〈民法典〉对物质性人格权规定的规范创新》，载《扬州大学学报》2020 年第 5 期。

② 杨立新：《我国民法典人格权立法的创新发展》，载《法商研究》2020 年第 4 期。

③ 载《最高人民法院公报》2017 年第 6 期。

水毁墙夺路溺死他人，应否承担赔偿责任。

审理法院认为，根据《防洪法》第22条规定，禁止在河道、湖泊管理范围内建设妨碍行洪的建筑物、构筑物，禁止从事影响河势稳定、危害河岸堤防安全和其他妨碍河道行洪的活动。某塑胶有限公司未经批准，擅自砌建围墙将部分河道围入厂区，并且在南北两端设网养鱼，造成该段河道行洪不畅，是最终导致洪水毁墙夺路，造成受害人杨某溺水死亡的主要原因。因此，杨某的死亡非不可抗力所致，某塑胶有限公司的非法行为与杨某的生命权受损害事实之间具有因果关系，应当承担侵权责任。

【关联法条】

《治安管理处罚法》第45条，《国家赔偿法》第34条

（撰稿人：李金镂）

第一千零三条　【身体权】 自然人享有身体权。自然人的身体完整和行动自由受法律保护。任何组织或者个人不得侵害他人的身体权。

【释义】

本条是对身体权概念和内容的规定。过去立法中，身体权因与生命权、健康权遭受侵害时的法律效果较为接近，因此未在条文规范中明确表述，直至《民法典》才规定了自然人享有身体权。[①]《民法通则》第98条所保护的自然人生命健康权，最早的观点认为仅包括生命权和健康权。倘若只承认自然人享有生命权、健康权，在实践中侵害既没有造成死亡后果，也没有造成伤害后果，则无法对其进行民法保护。[②] 经过理论界和实务界的努力，生命健康权应包括身体权的主张成了主流观点，这也为《民法典》规定这三种物质性人格权做好了充分准备。而《民法典》的又一创新是，将身体权置于健康权之前，标志着《民法典》认为身体权是仅次于生命权的一项重要具体人格权。

---

① 在司法实务上，最先确认身体权概括在生命健康权之中、是独立的具体人格权的，是《最高人民法院关于确定民事侵权精神损害赔偿责任若干问题的解释》第1条，它明确规定自然人因生命权、健康权、身体权遭受非法侵害，向法院起诉请求赔偿精神损害的，人民法院应当依法予以受理。

② 杨立新：《论公民身体权及其民法保护》，载《法律科学》1994年第6期。

一、身体权的内容

身体权，是自然人享有的维护其身体组成部分完整，并支配其肢体、器官和身体组织的具体人格权。法律上的身体强调了完整性、完全性、自由性。

本条文将身体权的内容写上“行动自由”这个人身自由的概念，是对第 990 条规定的人身自由是一般人格权的法理基础于身体权领域的具化。人身自由包括身体行动的自由与精神活动的自由，而身体权中的行动自由仅强调对人之身体自由行动的保护。

有学者指出，将行动自由作为身体权的内容，是因为在人格权编规定的人格权中，只有人格尊严（《宪法》第 38 条）和人身自由（《宪法》第 37 条）是宪法规定的权利，在将这两个宪法权利即公权力转化为民法的私权利时，立法者将其抽象化，规定在《民法总则》第 109 条，使它们都成为一般人格权的内容，而将具体人格权规定在第 110 条，其中没有人身自由权。这就成了一个先例，《民法典》人格权编仍然依此先例，把人身自由和人格尊严写在第 990 条第 2 款，确定为一般人格权的性质，因而使得人身自由无法成为独立的具体人格权，最后不得不将行动自由放在身体权的规定中，并且在第 1011 条专门规定了侵害行动自由的救济方法。这种做法并不科学，不符合人格权法的基本原理。① 确切地说，身体权内容应包括的是维护身体的完整性和身体利益支配权。②

1. 维护身体的完整性，任何人不得破坏自然人的身体完整。对身体组织的破坏，倘若是针对人体没有痛觉神经的组织而实施的侵害行为，因未造成痛楚，不认为是对健康权的侵害，而应认定为对身体权的侵害，如刮掉他人头发、眉毛、体毛，剪掉指甲等。如果身体的物质或成分只是暂时脱离身体，以便以后根据法律主体的意愿重新整合，那么即使在与身体分离期间，它们也会与身体形成一个功能单元（如自体移植的皮肤或骨髓部分、为受精而取出的卵细胞）。

2. 支配自己身体的组成部分，自然人在法律准许的情况下对肢体、器官和身体组织有适当的支配权。自然人将属于自己身体组成部分的血液、皮肤、器官转让给他人，正是自然人对身体利益支配权的体现。但自然人对身体组织的可支配范围和内容，需要根据法律规定在合法的范围内进行，且符合社会公共利益和公共道德。出于营利目的，进行器官买卖或代孕，即为自然人超出身体合理支配权的范围，不当行使身体权。

---

① 杨立新主编：《中华人民共和国民法典释义与案例评注：人格权编》，中国法制出版社 2020 年版，第 1003 条；杨立新：《从生命健康权到生命权、身体权、健康权——〈民法典〉对物质性人格权规定的规范创新》，载《扬州大学学报》2020 年第 5 期。

② 杨立新主编：《中国民法典释义与案例评注：人格权编》，中国法制出版社 2020 年版，第 1003 条。

二、身体权受侵害

生命权受侵害，则是以不可逆转、不可恢复的生命丧失为标准的；但身体权受侵害，表现为身体实质完整性和形式完整性的破坏，是有可能恢复的。受害人有权依法请求侵害其身体权的加害人承担相应的侵权责任。受害人行使该权利，可以直接向加害人请求，也可以直接向人民法院起诉。侵权责任的成立同样必须具备违法行为、损害事实、因果关系和过错四个要件。

毋庸置疑，医疗过错会致使身体损害。但当以适当方式进行医疗救助不能构成身体损害，因为治疗的目的本身并非造成身体受损，而是为了恢复健康，至少是为了减少痛苦。当充分了解患者情况后，未经患者有效地作出同意而进行治疗，此时则并非对身体完整性的侵害，而是对患者自主决定权的无视。

侵害身体权还可能伴随着财产利益的损失和精神损害。例如，美发模特因侵权人剪掉一撮头发，致使短期无法从事行业工作，此为财产利益的损失；因被拘禁或搜身，对受害人造成精神痛苦，此为精神损害。

【相关案例】

戴某与李某一般人格权纠纷案①

2019 年 1 月 21 日至 2019 年 2 月 13 日，15 岁的原告戴某陆续三次到被告李某所开的“复刻刺青”文身店进行大面积文身。其中，第一次文身系原告为了覆盖原告身上原有的文身，第二、三次文身的图案有手臂上的花、树叶、手枪，支付费用 1135 元。原告父母发现其文身后，为避免对原告办理入学造成影响，原告于 2019 年 7 月 3 日到长沙美莱医疗美容医院签订协议并进行文身清洗，共花费 18000 元。

本案的争议焦点为李某对戴某进行文身的行为是否构成侵权。

一审法院认为，自然人之皮肤系其身体的组成部分，文身是对人体皮肤进行侵入、改造的行为，因此文身所涉及的是身体的完整性以及自然人自由支配身体组织的权利。年仅 15 岁的未成年人，以其年龄和智力尚不能清楚判断文身对自己身体和人格利益带来的损害和影响，该行为不属于可以独立实施纯获利益的民事行为或者与其智力状况相适应的民事行为。李某作为从事文身的经营者，理应知道文身直接构成对身体的侵害、改造，在未确认戴某系成年人，或戴某虽系未成年人但未取得其法定代理人同意的情况下，即对戴某进行文身，是侵害戴某身体

① （2019）湘 01 民终 13696 号。

权的行为，存在重大过错，应承担侵权责任。二审法院对一审判决理由予以肯定，认为戴某的监护人没有尽到应尽的监护管理义务，没有及时发现和制止戴某的行为，对损害的发生也有过错，应适当减轻侵权人李某的责任。

【关联法条】

《治安管理处罚法》第43条，《国家赔偿法》第33条，《精神卫生法》第28条，《妇女权益保障法》第37条

（撰稿人：李金镂）

第一千零四条　【健康权】 自然人享有健康权。自然人的身心健康受法律保护。任何组织或者个人不得侵害他人的健康权。

【释义】

我国民法历来对自然人健康权的保护存在以下条款：《民法通则》第96条规定，公民享有生命健康权；《最高人民法院关于确定民事侵权精神损害赔偿责任若干问题的解释》第1条规定，自然人因生命权、健康权、身体权遭受非法侵害，向人民法院起诉请求赔偿精神损害的，人民法院应予受理；《侵权责任法》第2条也将身体权纳入了侵权责任法所保护的民事权益中。

一、健康权的内容

在国际人权法中，健康权很早就被确认为基本人权。但由于健康并无世界公认的统一标准，因此健康权是一个被频繁使用但含义上却颇不明确的概念。① 过去有学说将健康权的内容分为身体健康维护权、劳动能力保持权和健康利益支配权。② 如此定义，是将健康的定义局限于人的机体生理机能，忽视了健康的心理、社会因素。更准确地来说，应采用世界卫生组织对健康的定义："健康不仅为健康或羸弱之消除，而系体格、精神与社会之完全健康状态。"③ 由此，健康不仅仅是指躯体健康，还包括心理、社会适应、道德品质相互依存、相互促进、有机结

① 岳远雷：《论公民健康权的国家基本责任》，载《中国医学伦理学》2007年第3期。

② 杨立新：《人格权法》，法律出版社2005年版，第156页。

③ 参见1946年6月19日至7月22日在纽约召开的国际卫生会议通过、61个国家代表于1946年7月22日签署（《世界卫生组织正式记录》第2号第100页）并于1948年4月7日生效的世界卫生组织《组织法》的序言。自1948年以来，该定义未经修订。

合的。而健康权即为维持此种体格、精神与社会之完全健康状态的权利。根据本条文第 2 句“自然人的身心健康受法律保护”的表述，《民法典》人格权编对健康权的保护客体同样不仅限于生理健康，对于心理健康这种精神上的活动亦予纳入了保护范围。

根据条文表述，健康权包括两个层面的内容：一是自然人保持自己身体和心理健康的权利。在生理机能、功能出现不正常状况时，有请求医疗、接受医治的权利，使健康状态恢复到原有状态；二是自然人健康遭受不法侵害时，享有受法律保护的请求权。侵害他人健康权，致健康状况受到损害，受害人有权依法请求加害人承担相应的民事责任，情节严重构成犯罪的，将依法追究加害人的刑事责任。

在一定程度上，健康权权利人可以适当处理自己的健康利益，前提是不违反法律和公序良俗以及不严重损害自身健康。① 例如，在以下关于人体试验、器官捐献的规定中，允许自然人参与此类可能对自身健康带来风险的活动，尊重和保护自然人的自我决定权，但同时基于社会公共利益和伦理要求，对这类活动开展制定了基本原则。又如，订立以将健康毫无意义地置于危险状态为内容的合同，应当认定为无效。②

二、侵害健康权的民事责任

侵害健康权而承担侵权责任，必须具备以下构成要件：首先，必须存在侵害健康权的行为。不作为的侵害健康权行为，也是侵害健康权的重要行为方式。例如，医护人员怠于治疗。其次，损害侵害健康权的事实。维持人体生命活动的生理机能和功能受到损害，或心理和感情遭受创伤和痛苦无法进行日常生活。再次，确定侵害行为与损害事实之间存在因果关系。侵害健康权的不法行为与健康权受损的事实之间，需具备因果关系。判断因果关系的标准，应采相当因果关系理论。按照社会生活的经验和知识水平判断，通常从某行为中发生某结果是一般的、相当的时候，就承认因果关系的存在。最后，过错。在侵害健康权责任构成中无特殊要求，故意、过失均可构成。在适用无过错责任原则的案件中，则无须具备过错要件。

侵害健康权所负担的民事责任主要包括请求停止损害、排除妨碍、消除危险，若造成损害，还应承担财产损害赔偿甚至精神损害赔偿责任。依据本法第 1179 条的规定，人身损害赔偿的项目包括医疗费、护理费、交通费、住院伙食补

---

① 李晨义、项定宜、李浩：《人格权体系研究》，人民出版社 2016 年版，第 101 页。

② 最高人民法院民法典贯彻实施工作领导小组主编：《中华人民共和国民法典人格权编理解与适用》，人民法院出版社 2020 年版，第 145 页。

助费等为治疗和康复支出的合理费用，以及因误工减少的收入。若造成残疾的，还应赔偿辅助器具费和残疾赔偿金。依据本法第1183条，侵害自然人人身权益造成严重精神损害的，被侵权人有权请求精神损害赔偿。

【相关案例】

高某玉与地铁公司健康权纠纷案①

2012年6月29日，原告高某玉携带一名免票儿童在被告地铁公司所属新街口地铁站乘车，原告刷卡进站时腹部与进站闸机扇门接触后受伤，当日即到中国人民解放军南京军区南京总医院（以下简称军区总院）就诊。经诊断，原告系腹部闭合伤、急性弥漫性腹膜炎、回肠穿孔等疾病，施行回肠双造口等治疗。原告在军区总院、南京市中医院诊治，共计住院治疗53天。因向被告主张医疗费等费用未果，原告遂诉至法院，要求判令被告赔偿原告医疗费36362.67元、护理费12000元、住院伙食补助费1060元、营养费1800元、交通费800元、残疾赔偿金59354元、精神损害抚慰金10000元。

本案的争议焦点为地铁公司是否因未尽到安全保障义务，对乘客的损伤承担赔偿责任。

审理法院认为，公民的生命健康权受法律保护。被告地铁公司作为地铁站和检票闸机的管理人，应当在乘客进站乘车过程中履行相应的安全保障义务，其不仅要保证闸机的正常运行，还要对乘客进站安全通过闸机的方式进行必要的引导。本案中，被告未对免票乘客及其随行人员如何安全进站进行合理的安排和管理，导致原告高某玉携带免票儿童刷卡进站时，在无法得知安全进站方式的情况下与闸机接触后受伤，故原告的受伤与被告未尽到安全保障义务存在因果关系，被告应当对原告的受伤承担相应的侵权责任。

【关联法条】

《精神卫生法》第27条、第83条，《妇女权益保护法》第38条、第46条，《未成年人保护法》第21条、第35条、第38条

（撰稿人：李金镂）

① 载《最高人民法院公报》2015年第9期。

第一千零五条　【物质性人格权受侵害时的法定救助义务】 自然人的生命权、身体权、健康权受到侵害或者处于其他危难情形的，负有法定救助义务的组织或者个人应当及时施救。

【释义】

本条明确了负有法定救助义务的组织或个人应当及时救助生命权、身体权、健康权处于危难情形中的自然人，其他人格权不在法定救助义务的保护范围。生命权作为最高人格利益，理应受到法律最严密的保护。而当身体权、健康权受到威胁损害时，倘若他人怠于施救，则可能危及自然人的生命权，因此本条文将三者并列，以实现对人身安全的全面保障。

我国公法上有一些专门性法律、行政法规等规定，特定的职业人员对人身安全遭受威胁或侵害的自然人负有法定的救助义务。本条之规定，不仅为自然人设置了具体的请求权基础，亦为我国《民法典》中的转介条款，使法官在具体民事案件的裁判过程中可通过此通道条款斟酌适用其他管制型规范。[①] 目前，法定救助义务的义务来源主要有以下几类：（1）公安、武警、消防等人员的救助义务。该义务源于《人民警察法》《人民武装警察法》等规定，公安、武警、消防等人员不得以危害自身利益等理由主张免除该义务。（2）船长的救助义务。《海商法》第 174 条明确规定："船长在不严重危及本船和船上人员安全的情况下，有义务尽力救助海上人命。"（3）医疗机构及其医务人员的救助义务。《执业医师法》第 24 条规定："对急危患者，医师应当采取紧急措施进行诊治；不得拒绝急救处置。"（4）承运人的救助义务。《民法典》第 822 条规定："承运人在运输过程中，应当尽力救助患有急病、分娩、遇险的旅客。"承运人救助义务是合同附随义务和法定义务，倘若在运输过程中有能力采取救助而对旅客的安危不闻不问，有悖于善良道德风俗，也与客运合同的基本原则和合同目的相违背。（5）家庭成员间的救助义务。家庭成员之间的救助义务到底属于道德义务还是法定义务，学界一直争议不断。亲属之间的扶养和赡养义务不同于救助义务，扶养或赡养是与经济上的援助相联系的，与保障生命健康权意义上的"救助"有本质区别。但必须注意的是，不同于要求普遍大众负担救助义务，具有亲密关系的家庭成员承担救助义务的可行性和可期待性都更强。在刑法判决中，大多数都肯定了未对置于

① 张红：《民法典之生命权、身体权与健康权立法论》，载《上海政法学院学报（法治论丛）》2020 年第 2 期。

现实危险的配偶予以施救将构成不作为犯罪。考虑到家庭成员之间见危不救的社会危害性，建议应当将基于人身关系的特定性（如血缘和婚姻）而存在的紧密生活共同体之间的互相救助从道德义务上升为法律义务。（6）因安全保障义务而产生的救助义务。特定情况下公共场所的管理人或者群众性活动的组织者，对于进入该场所或参与活动人未尽到安全保障义务，致使其生命权、身体权、健康权受到侵害或处于其他危难情形的，安全保障义务人此时负有救助义务。按照危险发生的不同阶段，安全保障义务分为危险预防义务、危险消除义务和发生损害后的救助义务。在司法实践中，不仅应考虑安全保障义务人在损害发生后是否采取了积极的救助措施，还应考虑安全保障义务人实施危险救助的时间和方法，采取救助措施的时间越早，方法越得当，从而将损害尽可能减小，安全保障义务人的责任也就越小。（7）先行行为产生的救助义务。虽然先行行为并未直接导致最终损害，但若先行行为使他人处于危险之中或升高了危险，先行行为与最终损害之间存在相当因果关系，则行为人因不履行救助义务而应承当相应的责任。例如，成年人与未成年人去游泳，在未成年人发生溺水时，依据《未成年人保护法》第6条规定，保护未成年人是其他成年公民的责任，因此该成年人因一起游泳这一先行行为，引发了其救助这一行为义务。救助义务既包括亲自实施，也包括协助遭遇危险的人向第三人或专业人员求助；当损害已经发生，行为人应当履行通知义务，即通知受害人的亲属或公权机构、专业机构等。

值得注意的是，本条是对特定主体负有救助义务的规定，并未确立一般救助法定义务。在比较法上，有些国家的法律规定，在特定情形下对身处危难之中的他人进行救助是公民的义务，在有能力实施救助且不给自己带来潜在危险或不违反其他重要职责的情况下，未尽义务提供援助，将承担相应的民事甚至刑事责任。确立一般救助法定义务，显然是道德义务对法律提出的更高要求，根据目前我国法律规定，不负有法定救助义务的单位或个人，在基于道德对深陷危难的他人进行救助，造成救助人损害的，应当适用本法第184条规定，免除责任。

【相关案例】

张某海与王某青生命权、健康权、身体权纠纷案[①]

张某1与张某鹏等五人均系关堤乡小介山村村民。2018年12月3日18时许，张某1约张某鹏、张某泰一同到该村“自家饭店”吃饭，其间三人共饮白酒

① （2019）豫07民终4847号。

近三斤。至21时许，张某1和张某鹏将张某泰送回家，张某1又提出要打扑克，张某鹏就电话联系张某2、张某庆，张某2又电话联系张某哲，五人共同到张某哲家。至23时许，因张某1饮酒过多，加上时间较晚，张某哲担心影响家人休息，就让张某1等人离开。在从张某哲家二楼下楼梯时，走在前面的张某1不慎摔倒。张某鹏、张某哲、张某2、张某庆见状将张某1扶起，并将其抬回张某1家中。次日13时许，张某1被发现意识障碍，呼之无应答，伴呕吐，后被送往新医三附院住院治疗，经诊断为重度颅脑损伤、脑疝晚期、应激性溃疡、消化道出血、误吸窒息、吸入性肺炎。2018年12月13日，张某1经抢救无效死亡，死亡原因被确定为外伤后重度颅脑损伤，住院治疗共计9天，花去医疗费74027.88元。张某1父母张某海、王某青以张某鹏等五人未尽到安全保障等义务为由诉至法院，要求其承担赔偿责任。

本案的争议焦点为共同饮酒发生致人损害后果，共饮人没有尽到合理注意义务的，是否应当及在何种程度上承担损害赔偿责任。

一审法院认为，饮酒本身也是一种带有危险性的活动，共同饮酒开启了这种危险活动，共同参与饮酒者就应对共同危险行为承担防范的义务，即同饮者相互间负有规劝、提醒、照顾的义务，如果共同饮酒人未尽上述义务，则应当视为一种不作为的侵权行为，应承担相应法律后果。作为完全民事行为能力人的张某1应当预见到过量饮酒的危害后果并应对自身行为加以控制，但其仍然过量饮酒，酒后对自身安全疏忽大意，导致其不慎摔伤死亡，张某1本人应承担主要责任；共同饮酒人张某鹏、张某泰虽不存在恶意劝酒行为，但未尽到提醒、劝阻义务以及饮酒后的护送、通知、照顾义务，存在一定的过错；张某哲、张某鹏、张某2、张某庆明知张某1过量饮酒，行为不能自控，而疏于防范，致使张某在张某哲家下楼时摔倒，且未及时将张某1摔倒的情况告知其家人，导致张某1最终因外伤后重度颅脑损伤死亡，存在一定的过错。因此，该四人对损害结果的发生应承担相应民事赔偿责任。二审法院维持了一审判决。

【关联法条】

《海商法》第38条，《人民警察法》第21条，《人民武装警察法》第18条，《执业医师法》第24条，《消防法》第5条、第44条，《消费者权益保护法》第18条第2款，《最高人民法院关于审理人身损害赔偿案件适用法律若干问题的解释》第6条

（撰稿人：李金镂）

第一千零六条　【人体细胞、组织、器官和遗体的捐献】 完全民事行为能力人有权依法自主决定无偿捐献其人体细胞、人体组织、人体器官、遗体。任何组织或者个人不得强迫、欺骗、利诱其捐献。

完全民事行为能力人依据前款规定同意捐献的，应当采用书面形式，也可以订立遗嘱。

自然人生前未表示不同意捐献的，该自然人死亡后，其配偶、成年子女、父母可以共同决定捐献，决定捐献应当采用书面形式。

【释义】

本条是关于自然人进行人体组织、人体器官捐献原则的规定。人体捐献是自然人行使身体权的一种具体形式。在过去立法中，关于人体器官捐赠的条文多数存在于《人体器官移植条例》等行政法规中，《民法典》人格权编确立人体器官及遗体捐献的基本原则，也是其亮点之一。

一、人体及器官的法律属性

存活于活体体内的人体组织器官应属于身体权的客体范围，是自然人行使身体权时支配的对象，其具有很强的人格属性。用于移植而脱离人体的细胞、器官和组织，是指从人体分离后，在植入新的人体之前的人体细胞、器官和组织，其在输入后又成了人体的组成部分，同样具有人格属性。而与人身分离期间所存在的人体组织、细胞和器官，具有物的一般特征，能够为人所支配和控制。但脱离人体的细胞、组织、器官，作为一种特殊的物，属于生命物格，应受到法律最高力度的保护。[①] 其原因在于，在脱离人体期间，其仍具有一定的生命力和活性，以待移植。这些物一旦与人的活体有机结合在一起，则属于人身权保护的客体。此外，这类物具有绝对的特定性、稀缺性。与遗体分离的细胞、组织和器官同样是一类特殊的物。

尸体在法律上属何种性质，一直存在很大的争议。主流观点采尸体所有权说，该学说主张，尸体是一种物。[②] 法律上的物必须首先作为所有权的标的受到

---

① 杨立新、曹艳春：《脱离人体的器官或组织的法律属性及其支配规则》，载《中国法学》2006 年第 1 期。

② 支持的观点参见：杨立新：《民法物权制度研究》，法律出版社 2008 年版，第 121 页；葛云松：《死者生前人格利益的民法保护》，载《比较法研究》2002 年第 4 期；梁慧星：《民法总论》（第二版），法律出版社 2004 年版，第 88 页；崔建远等编著：《物权法》，清华大学出版社 2008 年版，第 30 页；张良：《浅谈对尸体的法律保护》，载《中外法学》1994 年第 3 期。

所有权的保护，自然人死亡后，尸体的所有权应由与死者具有特殊情感关系的近亲属享有。[①] 但对该物行使所有权，必须严加限制，并不能完全适用民法上所有权制度的相关规定，如不得抛弃，仅有埋葬、禁忌、管理、捐赠等内容。[②] 还存在部分观点采身体权保护说或身体延伸保护理论说。前者主张非法损害、利用尸体，仍然是侵害身体权的行为[③]；后者主张尸体为延续身体法益的客体，对此以身体权的延伸保护予以解释更为恰当，且符合一般社会观念。[④] 身体保护说和身体延伸保护说事实上是反对将遗体作为物并在此基础上成立所有权的学说，但自然人的民事权利能力始于出生，终于死亡，死者既已死去，便丧失了民事权利的主体资格，其如何对权利能力消灭之时产生的尸体享有权利。因此，该两种学说显然与基本法理有悖。自然人生前有权支配其身体，自然有权决定其死后遗体的处置。此并非该自然人对尸体享有所有权的表现，而是对生前躯体的支配，但此时人的生命尚在，身体是生命的载体，对身体的处分不能危及人的生命，故此受到一定的限制，只有在人死后，对身体的该项支配处分行为才发生效力。法律保护自然人通过遗嘱的形式决定死后遗体照管、利用与安置的权利，是对死者生前人格利益的尊重。

二、人体捐献的自主决定原则和无偿原则

本条规定部分沿用了《人体器官移植条例》第 7 条第 2 款和第 8 条第 2 款的内容，在内容上将捐献客体范围由“人体器官”扩大至“人体细胞、人体组织、人体器官、遗体”，以及将“人体器官捐献应当遵循自愿、无偿的原则”修改为“有权依法自主决定无偿捐献”，规定了人体捐献的自主决定原则和无偿原则。自主决定权，是指任何组织或个人不得强迫、欺骗、利诱他人作出捐献。捐献人体细胞、人体组织、人体器官、遗体是涉及自然人生命、身体及健康的重大决定，因此行为人必须具备完全民事行为能力，对自己的思想、言论以及行为具有成熟的认知能力，能够理性地自我判断和情绪控制，按照自身意愿而不受他人外在的限制及胁迫作出捐赠。强迫他人捐赠人体组织、细胞及器官，强迫他人作出捐赠遗体表示，构成侵权行为，应当承担侵权责任。

各国立法一般明文规定禁止未成年人捐献器官，因为器官移植手术会伴随一定

---

① 杨立新：《民法物权制度研究》，法律出版社 2008 年版，第 121 页；杨立新、曹艳春：《论尸体的法律属性及其处置归责》，载《法学家》2005 年第 4 期。

② 李安刚：《也论尸体的民法保护》，《当代法学》2001 年第 8 期；梁慧星：《民法总论》（第二版），法律出版社 2004 年版，第 88 页；崔建远等编著：《物权法》，清华大学出版社 2008 年版，第 30 页；申卫星：《论遗体在民法教义学体系中的地位——兼谈民法总则相关条文的立法建议》，载《法学家》2016 年第 6 期。

③ 杨立新、王海英、孙博：《人身权的延伸法律保护》，载《法学研究》1995 年第 2 期。

④ ［德］施瓦布：《民法导论》，郑冲译，法律出版社 2006 年版，第 95 页。

的风险，甚至引发并发症导致健康状况下降。另外，未成年人身体处于发育最佳时期，对摘取器官后的承受能力和被摘器官移植后的未来健康需求等许多方面尚有不确定性的特点。不仅如此，在未成年人尚不具备足够的判断能力，对器官移植的后果难以具有足够清醒的认知和理解的情况下，容易遭到其他人的怂恿或欺骗，诱使其捐献自己的器官，无疑是对未成年人生命、身体、健康权益的侵害。立法倡导公民自愿捐赠器官的前提条件应当是不会对捐赠者造成健康方面的损抑，而且不会产生或可能产生其他负面效应。《人体器官移植条例》第 9 条明文规定，任何组织或者个人不得摘取未满 18 周岁公民的活体器官用于移植。该条例仅禁止未成年人进行活体器官捐赠，并未禁止未成年人进行尸体器官捐赠。且本条第 3 款也赋予了父母在未成年人死亡后可以共同书面作出捐赠决定的权利。因此，未成年人死亡后，父母作为未成年人的监护人作出的有效捐赠决定分为两种：第一种，是对未成年人决定的书面形式追认，未成年人生前作出器官捐赠的决定在得到监护人追认时，捐赠决定有效；第二种，是在未成年人死亡后，父母共同书面作出决定。

人身自由被剥夺的完全民事行为能力人同样具有捐献器官的权利。剥夺人身自由的对象是人的身体行动自由，并没有剥夺其身体完整权和处分权，在人身自由剥夺期间应尊重其对身体器官支配的决定。[①]

人体捐赠的另一原则为无偿性，该原则亦为确认禁止进行人体器官的买卖。无偿是指不能通过捐献行为而获取一定的经济利益，强调两者之间不存在对价关系。[②] 人体器官、组织捐赠无偿性原则是联合国反复重申并被各国立法严格贯彻的医疗及法律准则。

本条第 2 款前半句规定了人体捐赠表示的书面形式要件，后半句是承认死者生前有权通过遗嘱捐赠自己遗体的权利。

三、近亲属的决定权

本条第 3 款赋予近亲属捐献家属遗体的决定权。该决定权背后的权利依据正是近亲属对遗体享有所有权。死者生前明确表示反对将其遗体进行捐赠时，死者家属便无权再捐赠死者的遗体。任何人都不得以违背死者意愿或公序良俗的方式对遗体自由使用、收益和处分。在自然人生前未作出捐赠明示，也未表示拒绝死后捐赠时，本条第 3 款规定延续了《人体器官移植条例》第 8 条第 2 款的内容，采取近亲属享有推定同意权的形式，因近亲属与死者关系最为紧密，可了解死者生前的意愿，有权以书面形式共同决定是否进行捐赠。同时，应当注意的是，本

① 韩大元、于文豪：《论人体器官移植中的自我决定权与国家义务》，载《法学评论》2011 年第 3 期。

② 王利明：《人格权重大疑难问题研究》，法律出版社 2019 年版，第 408 页。

条第 3 款中被推定的捐赠主体未限定为完全民事行为能力人，显然扩大了捐献主体的范围。但应考察是否存在部分近亲属滥用同意权的可能，必须所有的近亲属共同出具书面性质的同意决定才能进行遗体捐赠。

在现代医疗上，需要越来越多的器官进行移植手术，而器官的最大来源就是尸体，人死亡后进行器官捐献则显得十分重要，各国都鼓励甚至采取强制措施规定人死亡后须进行器官捐献。供教学科研的受捐遗体对医学教育研究有不可替代的作用，本条文的设计实则是鼓励人体器官及遗体的捐赠，符合时代传递正能量的主旋律。但考虑到我国目前传统观念对尸体捐赠的影响，对人体捐赠的立法规定仍应谨慎，要求所有近亲属共同一致同意正是体现。

【相关案例】

易某某、廖某某与某雅医院医疗损害责任纠纷案[①]

2015 年 9 月 14 日 17：00 时左右，某雅医院 OPO 组织工作人员向患者家属建议捐献，随之易某某、廖某某自愿签署了《潜在器官捐献者家属知情同意书》《脑死亡判定患者家属申请书》《脑死亡判定患者家属知情同意书》《中国人体器官捐献登记表》，代表捐献者（易某某与廖某某的女儿）作出决定，死后无偿捐献肾脏、肝脏，某雅医院安排患者亲属告别，并由其父母签订自愿出院、放弃治疗同意书。9 月 14 日晚 8 时多某雅医院宣告患者死亡，并成功进行器官摘除手术。2015 年 9 月 24 日，易某某、廖某某向某雅医院提交书面“请求”希望医院能解释他们心中的困惑，帮助他们走出失独的阴影，此时易某某才得知器官捐献手术成功，且当时某雅医院张榜公布的捐献人员名单内未将易某某和廖某某的女儿列入，亲属至今不知道有几人受益。

本案的争议焦点之一为长沙某雅医院是否应当向易某某和廖某某支付精神损害抚慰金。

一审法院认为，易某某、廖某某遵循女儿意愿捐献器官，其行为体现了女儿及其父母奉献社会的无私大爱，某雅医院理应对其父母予以慰藉和人文关怀，以缓解他们失去爱女的痛苦，考虑到某雅医院未依规在人体器官捐献完成后 7 日内向易某某、廖某某通报捐献结果，也未及时将其女儿名字录入该院张榜公布的捐献者名单，存在工作失误，应对易某父母予以适当补偿，一审法院酌情确定为 60000 元。二审法院基于同样的理由，对该 60000 元的赔偿予以认可。

---

① （2017）湘 01 民终 1092 字。

【关联法条】

《献血法》第 2 条，《人体器官移植条例》第 7～10 条

（撰稿人：李金镂）

第一千零七条　【禁止买卖人体细胞、组织、器官和遗体】禁止以任何形式买卖人体细胞、人体组织、人体器官、遗体。

违反前款规定的买卖行为无效。

【释义】

本条是关于禁止人体商业交易的条款。人体器官移植作为一项 20 世纪生物医学工程领域具有划时代意义的技术，在医学和法律实践方面的成熟取得了举世瞩目的重大进展，但是随之而来也有围绕器官移植引发的复杂的伦理和法律问题，禁止人体交易是国际社会中各国立法的一致立场。一方面，通过器官移植手术使得一些身患大病的人得到重获健康的机会，人体教学科研为医疗技术发展更是功不可没。另一方面，器官受体与供体数量差距悬殊，器官供体的不足造成器官移植市场混乱，客观上导致了器官买卖黑市的产生。随着黑色产业链的发展，盗窃人体器官、组织贩卖人体器官、欺骗他人捐献器官等非法行为时有发生，严重威胁了人民群众的健康安全以及公共卫生的管理秩序。为适应打击人体器官移植危害行为的客观需要，我国《刑法修正案（八）》新增组织出卖人体器官罪等其他内容，这是我国首次将人体器官移植犯罪行为纳入了刑法规制的范围之内。而早在我国 2007 年颁布的《人体器官移植条例》，在第 3 条就已明确指出，任何组织或个人不得以任何形式买卖人体器官，不得从事与买卖人体器官有关的活动。《民法典》人格权编在本条中重申了禁止人体器官商业交易原则，并将禁止人体交易的客体具体扩展为人体细胞、人体组织、人体器官和遗体。同时，本条实质上是对第 1006 条所规定的人体捐赠无偿性原则的重申。[①]

在关于人体交易的争议中，不乏存在“应合法化说”的声音，其论证依据在

---

① 中国审判理论研究会民事审判理论专业委员会编著：《民法典人格权编条文理解与司法适用》，法律出版社 2020 年版，第 125 页。

于，人体交易能使更多人获得救助，通过市场规则调整更有利解决供需的严重不平衡问题。此外，人体交易合法化体现了对出卖人身体自我决定权的保护。[①] 但事实上，人体交易合法化反而会不利于保障自然人的自主权。因为供体出售器官等行使的自主权往往是受经济挟持的自主权，这一自主权不应获得法律上的确认。[②] 贫穷的人在困顿的条件下可能以出售自己器官求得生存，而有钱有势的人能优先获得器官延续生命，这一不平等性的极端体现，将触发公民健康权、生命权被严重侵害，也使得社会对道德与尊严的追求受到挑战。况且，处理自己身体的自由要受到两个道义论规范的制约：一是不能伤害他人，二是不能损害人的尊严。即使供体本人表示同意，并不能阻却人体交易行为的违法性。因为，器官买卖的实质是将人身体的一部分异化、商品化，而人体就是各种器官的集合体，如果肾、肝、脾、肺可以定价，那么一个人终将作为总体而被定价，将道义伦理下的人变成商品是对社会风俗的一种侵害。

此外，人体器官买卖与民法对生命、身体、健康权的规定相违背。器官的出售者或贩卖者往往是为了获得较高的财产利益，而并非出于挽救他人生命健康之目的，很容易发生供体的病史和遗传史被隐瞒，可能对器官移植供体以及受体的生命安全与健康造成损害。最严重的是，在人体买卖的产业链下，面对高额的利润，会诱发大量未经他人同意以暴力或诱骗的形式强制摘取他人器官的不法行为，侵害自然人保持自身身体完整及支配自身身体的权利。而遗体买卖是对死者近亲属人格利益和善良风俗的损害。目前我国还有部分地区存在着配阴婚、结阴亲的陋习，因此滋生了部分不法分子以出卖尸体的方式获取非法利益，侵犯了死者及家属的民事权益。遗体作为一种特殊的物，不能成为财产权的客体，不能适用物权的一般规则，其本身体现了一定的精神利益，寄托了近亲属的个人感情、对死者的怀念、死者和生者的尊严，也体现了一定的善良风俗。[③]

本条第 2 款特别明确了人体买卖行为法律上的无效性。依据本法第 153 条规定，违反法律、行政法规的强制性规定或违背公序良俗的民事法律行为无效。无效的法律行为将产生如恢复原状、返还原物、赔偿损失等法律效果。但在人体交易中，倘若作为标的的人体器官、组织等已被移植或破坏，则属于本法第 157 条中规定的不能返还情形。值得注意的是，我国现行的器官移植法律制度并未明令

---

① 刘劲松：《人体器官交易能否“合法化”——难以跨越的伦理学之坎》，载《自然辩证法研究》2011 年第 8 期。

② 刘长秋：《人体器官买卖的法律规制研究》，载《自然辩证法研究》2012 年第 12 期。

③ 王利明：《人格权法研究》，中国人民大学出版社 2018 年版，第 299 页。

禁止接受器官一方对供体家属自行进行补助，这种少许的物质馈赠或人道救助经济补偿，不应当认定为器官买卖。[①]

人体倘若变成了商品，是对人类价值的极大贬损。民事活动应当尊重社会公德，不得损害社会公共利益，对人体器官、遗体等特殊物的权利行使，必须符合公序良俗的要求。遏制人体交易需要法律、行政调控等多手段相互配合，一方面加大宣传力度，鼓励公民改变传统观念，自愿捐献人体器官；另一方面需要民法、刑法及行政法多个部门法共同介入，全方位打击人体买卖行为。

【相关案例】

范某军等与309医院医疗服务合同纠纷案[②]

范某于2016年3月5日因尿毒症至309医院行同种异体肾移植术，术后出现移植肾功能延迟恢复情况，于2016年12月11日死亡。其妻范某菊、其儿子范某军、范睿某以及其女范丽某称范某主张在进行肾移植前向309医院支付了肾源费35万元，后309医院退回14万元。另经法院询问，309医院称无法提供支付21万元相关花费明细，称根据伦理规范是需要保密的。309医院另称，器官保存等成本应由范某负担，范某支付的费用是交给供体用于相应花费的。

本案的争议焦点为家属所支付的肾源费是否有权主张医院返还。

审理法院认为，我国现行的器官移植法律制度倡导自愿、无偿的器官捐献原则，明令禁止器官买卖，但并未禁止接受器官一方对供体家属自行进行补助。309医院已经向范某家属告知要获得肾源进行肾脏移植需向供体提供部分经济补偿，范某家属表示同意并自愿将相应金额交付309医院。309医院在收到相应费用后为范某寻找到肾源、进行了肾脏移植手术，并将多余金额返还给了范某用于支付住院押金，故可以认定309医院已经完成了自己应尽的义务，现范某军、范某菊、范睿某、范丽某要求返还肾源费并支付相应利息的诉讼请求于法无据，法院不予支持。

---

① 中国审判理论研究会民事审判理论专业委员会编著：《民法典人格权编条文理解与司法适用》，法律出版社2020年版，第125页；黄薇主编：《中华人民共和国民法典人格权编释义》，法律出版社2020年版，第85页。

② （2018）京01民终1357号。

【关联法条】

《刑法》第 234 条之一

（撰稿人：李金镂）

第一千零八条 【人体临床试验的伦理审查与知情同意权】 为研制新药、医疗器械或者发展新的预防和治疗方法，需要进行临床试验的，应当依法经相关主管部门批准并经伦理委员会审查同意，向受试者或者受试者的监护人告知试验目的、用途和可能产生的风险等详细情况，并经其书面同意。

进行临床试验的，不得向受试者收取试验费用。

【释义】

本条是对研制新药物、医疗器械或者发展新的预防和治疗方法需要进行人体临床试验的基本原则作出的规定。

根据中国国家药品监督管理局发布的《药品临床试验质量管理规范》，人体临床试验是指，任何在人体（患者或健康受试者）进行药品的系统性研究，以证实或揭示试验用药物的作用、不良反应及（或）试验药物的吸收、分布、代谢和排泄，目的是确定试验药物的疗效与安全性。由于试验对象是人体，试验关系到受试者的生命安全，因此必须严格遵循伦理道德及实验设计的基本原则和方法，积极、谨慎、认真、细致，并有相应的预防措施。

在 2018 年 9 月公布的《民法典各分编（草案）》第 789 条第 1 款中，对规范临床试验的目的限定为“有关科研机构等开发新药或者发展新的治疗方法”，而本条第 1 款将此类活动的规范范围扩大为“为研制新药、医疗器械或者发展新的预防和治疗方法”，这样更符合医疗科技发展的实际需求，能更好地推动医学进步，保障医疗科技更安全地应用于临床。①

一、尊重受试者的知情同意权

受试者的知情同意权是与临床试验固有风险联系在一起的，受试者有权知晓

① 中国审判理论研究会民事审判理论专业委员会编著：《民法典人格权编条文理解与司法适用》，法律出版社 2020 年版，第 131 页。

自己准备参与的试验的各种信息，是因为临床试验本身具有高风险性，用于试验的药品、医疗设备或治疗技术等都尚未投入临床应用，副作用、不良反应等都未得到确认。因此，临床试验的申办者和研究者必须遵循“告知后同意”原则。

受试者的知情同意权是临床试验中的核心之一，其内容包括知情权和同意权两个部分。知情权的保证是以研究者的告知义务为前提。告知不应仅仅是研究者通过格式条款的单方面提供信息或者受试者被动接受信息签署知情同意书这样一个单一过程，而应是一个包括研究者的告知、受试者的理解与询问、研究者的再告知等一系列阶段的过程。研究者应当就试验目的、试验手段和方法，以及试验的预期利益和可能潜在的风险等有关受试者切身利益的一切试验信息告知受试者。由于药品医学试验多涉及专业术语，而受试者一般不具有相应的专业知识，因此知情同意书签订过程中，必须对专业术语作出一般注解，表达应通俗易懂，应给受试者充分的时间了解和思考。受试者只有在充分知悉试验相关信息的基础上才能作出真实的意思表示，以自主决定是否参与试验。相较于患者知情同意权所对应的医生说明义务，研究者的说明义务作为一种先合同义务履行应具有更加严格的告知标准，应以受试者的生命健康利益为优先。

保护受试者的同意权是基于尊重和保护受试者的人格尊严和合法权益，尊重和保障受试者的自主决定权，该自主决定原则要求任何人不得使用胁迫、诱骗及其他外力手段使受试者作出同意表示。对于无行为能力、限制行为能力的受试者，研究者应当向其监护人履行告知义务，并征得监护人的书面同意，才能对其进行试验活动。试验期间，如研究方案、范围、内容等可能影响受试者参加试验的信息发生变化时，应当及时告知受试者或者其监护人，研究者应当在此获取受试者或其监护人签署的知情同意书。当限制民事行为能力人有一定的自主决定能力，对受试行为有一定的认知，除了监护人的同意之外，还需要考虑受试者本人的意愿，需要取得受试者本人的同意。① 此外，知情同意书并不能作为认定研究者侵权责任时免责的证据。在临床试验中因过错（如告知义务履行瑕疵、研究方案瑕疵和违反法定研究程序等）造成损害时，不能凭借受试者签订的知情同意书要求其自担风险。

但本条未明确规定，受试者在其同意表示作出之后是否可以反悔，撤销其作出的同意表示。根据我国《药物临床试验质量管理规范》第 24 条第 13 项规定，受试者有权在试验的任何阶段随时退出试验而不会遭到歧视或报复，其医疗待遇

① 黄薇主编：《中华人民共和国民法典人格权编释义》，法律出版社 2020 年版，第 91 页。另参见徐喜荣：《论人体试验中受试者的知情同意权》，载《河北法学》2013 年第 11 期。

与权益不会受到影响。《医疗器械临床试验质量管理规范》第25条也规定，受试者有权在临床试验的任何阶段退出并不承担任何经济责任。因此，考虑到临床试验应尊重受试者的人格尊严，应当允许受试者在任何阶段无条件退出研究。单方拒绝、反悔、解除权正是法律保护自愿原则的充分体现。

二、应依法获批及获得伦理委员会审查同意

进行临床试验的先置条件是，依法经过相关主管部门的批准，经过医疗机构的伦理委员会审查同意。例如，《药品管理法》第19条第1款规定，开展药物临床试验，应当经国务院药品监督管理部门批准。《医疗器械监督管理条例》第19条第1款规定，第三类医疗器械进行临床试验对人体具有较高风险的，应当经国务院食品药品监督管理部门批准。伦理委员会是由医学专业人员、法律专家及非医务人员组成的独立组织，其职责为核查临床试验方案及附件是否合乎道德，旨在保护受试者的尊严、安全和合法权益，促进生物医学研究规范开展。倘若受试者的权益受到侵犯，应当明确临床试验的申办者和研究机构为赔偿主体，而伦理审查委员会未尽到相应的审查义务也应当作为赔偿的主体。具有伦理属性的伦理委员会应当严格保持独立性和中立性，固守学术伦理底线，确保客观公正地进行伦理审查。

三、不得收取任何费用

本条第2款规定，进行临床试验的，不得向受试者收取试验费用。临床试验所有费用都应由申办方提供，包括临床试验药品、受试者检查费等所有费用。

本条款关于临床试验范围、程序及基本原则的规定，都旨在提高受试者在药物临床试验研究活动中的保护地位，从而有效地保护受试者权益，保证医疗药物试验活动的有序开展。

【相关案例】

黄某林与某爱医院医疗损害责任纠纷案①

黄某林于2012年2月28日至2012年3月26日在某爱医院住院治疗，在入院当天的病历中记载：病史报告人黄某林，病史记录时间2012年2月28日21：28，主诉（代）论语、行为古怪、生活懒散10年、加重3个月，无药物过敏史，体格检查中的皮肤黏膜、五官、胸廓、心脏等项目正常。入院当天，黄某林的父亲黄某在医院的《受试者知情同意书》上签名，同意书中打印有“本研究的目的是比

① （2019）粤01民终22996字。

较国产布南色林片与利培酮片治疗精神分裂症的有效性和安全性……本研究已获得国家食品药品监督管理局的批准……如果您同意参加本研究，签署了知情同意书，您的研究医生将对您进行检查，以确定您是否符合本研究的要求……对于随机性研究，您将被随机分配到两组中的任意一组布南色林组或利培酮组……医生和申办者医药公司将尽力预防和治疗由于本研究可能带来的损伤，申办者将对试验相关的损伤治疗费用及相应的经济补偿等”内容。

2012 年 3 月 26 日，黄某林到南方医科大学南方医院入院治疗，入院记录中记载初步诊断为重型多形红斑型药疹和未定型分裂症。2012 年 5 月 31 日，黄某林到中山大学附属第三医院入院治疗，于 2012 年 7 月 10 日出院，出院诊断为大疱性类天疱疮、肺部感染、胸腔积液、精神分裂症，皮肤病理活检提示为非特异性皮炎。其后黄某林先后到广东省皮肤医院、华侨医院、暨南大学附属第一医院东圃分院等地方进行治疗和康复，在 2015 年 7 月 25 日的广东省皮肤病医院出院记录中记载：黄某林诊断为大疱性类天疱疮、脂肪肝、前列腺钙化。截至 2015 年 7 月 29 日，黄某林共支付医疗费 232581.36 元，住院治疗 380 天。2016 年 3 月 7 日，黄某林被鉴定为无民事行为能力人。

黄某林主张，其未签署过案涉临床试验的《受试者知情同意书》，某爱医院及申办方的医药公司未告知案涉临床试验情况及面临的风险。根据临床试验记录，案涉病症是在服用临床试验药物当天出现的，之后逐步加重，因此应由某爱医院和医药公司对其遭受的一切损失进行赔偿并支付相应的精神抚慰金。

本案的争议焦点为：黄某林所受的涉案损害与其服用涉案试验药物利培酮之间是否存在因果关系，如存在因果关系，其原因力大小应如何确定。

一审法院审理中，由某司法鉴定中心出具的《鉴定意见书》中作出说明：某爱医院在病人第一周试验用药期出现不良事件时，已记录并对症处理，符合诊疗常规；第二周试验用药期出现轻度不良事件，医院给予处理，符合诊疗常规，未予退出临床试验；第三周试验用药期病人皮疹加重，考虑与药物过敏相关，某爱医院及医药公司报不良事件，予以停止临床试验；3 月 26 日，病人未见好转，医药公司定义为严重不良事件符合规定。因此，《鉴定意见书》认定某爱医院及医药公司的处理，无违反相关规定即诊疗常规，某爱医院及医药公司对黄某林的诊疗行为与黄某林的目前后果之间不存在因果关系，原因力为无因果关系（过错参与度为 0）。

一审法院认为，在药物临床试验的过程中，必须对受试者的个人权益给予充分的保障，并确保试验的科学性和可靠性。受试者的权益、安全和健康必须高于对科学和社会利益的考虑。研究者负责作出与临床试验相关的医疗决定，保证受试者在试验期间出现不良事件时得到适当的治疗。研究者有义务采取必要的措施以保障受试者的安全，并记录在案。在临床试验过程中如发生严重不良事件，研究者应立即对受试者采取适当的治疗措施，同时报告药品监督管理部门、卫生行政部门、申办者和伦理委员会，并在报告上签名及注明日期。

黄某林在试验过程中的不良事件程度是逐步升级的。某爱医院作为专业医疗机构，对黄某林在临床试验期间突发的皮疹采取常规手段未有改善的情况下，如及时停用该种药品并邀请皮肤病专科医院的医生会诊，则有可能控制黄某林皮肤病病情的恶化，故一审法院认为，黄某林的损害结果与某爱医院的诊疗行为应当存在一定因果关系。另外，根据《药物临床试验质量管理规范》第39条的规定，以及《受试者知情同意书》中也约定了“医生和申办者丽珠集团丽珠制药厂将尽力预防和治疗由于本研究可能带来的损伤，申办者将对试验相关的损伤治疗费用给予相应的经济补偿”，但是医药公司至今没有对黄某林给予相关的损伤治疗费和相应的经济补偿，其行为明显违反了《受试者知情同意书》约定的合同义务。因此，综合考量“国产布南色林片与利培酮片治疗精神分裂症的多中心随机双盲双模拟平行对照临床试验”的研究目的、合同的义务、某爱医院的治疗应对措施和黄某林的自身原因等因素，一审法院认定医药公司作为药品临床试验的申办人，应该对黄某林的损害承担60%的赔偿责任，某爱医院对此承担连带赔偿责任。

二审法院认为：1. 根据某爱医院的病历资料等显示黄某林的整个发病过程来看，在无证据证实其在进行药物试验或入院之前即存在涉案疾病的情况下，其在药物试验过程中突发此病，并逐步加重，其服药与发病之间在时间上存在高度吻合，因服药所致发病的可能性较大。

2. 在上述过程中，某爱医院及医药公司已按规定报轻度不良事件，亦考虑与药物过敏相关，并最终因此停止药物试验，一定程度上构成了对涉案因果关系的自认。

3. 根据《药物临床试验质量管理规范》第39条之规定及《受试者知情同意书》中的约定，某爱医院与医药公司应对涉案医药实验可能带来的损伤尽力预防和治疗，但本案黄某林出现涉案不良后果后，甚至某爱医院和医药公司也认为该不良后果与黄某林服用实验药物有关的情况下，某爱医院仍在2012年3月26日为其办理出院手续，并无证据证实某爱医院和医药公司对黄某林的损害进行治疗或予以经济补偿，此违反了其法定和约定的义务，具有明显过错。

4. 审查涉案鉴定意见，亦显示大疱性类天疱疮（BP）的病因未明，鉴定机构仅引用利培酮的不良反应予以证实该疾病并非服用利培酮所致，难以令人信服。

5. 大疱性类天疱疮（BP）系器官特异性自身免疫病，其发病及病情发展与黄某林自身具有必然联系。

6. 至于黄某林的法定代理人其父黄某称其未签署过案涉临床试验的《知情同意书》及某爱医院、医药公司没有告知过案涉临床试验情况及面临的风险，依据不足，本院不予确认。

因此，二审法院判决，因黄某林所受涉案损害与其服用涉案药物利培酮之间存在因果关系具有高度盖然性，且其原因力较大，故酌定医药公司对黄某林涉案损失承担90%之责任，某爱医院承担连带责任。

【关联法条】

《执业医师法》第26条、第37条，《药品管理法》第21条、第23条，《医疗机构管理条例》第33条，《涉及人的生物医学研究伦理审查办法》第4条、第5条、第7条、第11～13条，《药物临床试验质量管理规范》第5条、第23条

（撰稿人：李金镂）

第一千零九条　【从事人体基因、人体胚胎等有关的医学和科研活动时的义务】从事与人体基因、人体胚胎等有关的医学和科研活动，应当遵守法律、行政法规和国家有关规定，不得危害人体健康，不得违背伦理道德，不得损害公共利益。

【释义】

本条是关于与人体基因、人体胚胎等有关的医学和科研活动的基本原则之规定。要求从事人体基因和人体胚胎等有关的医学和科研活动时，必须遵守法律，不得危害人体健康，不得违背伦理道德，否则就要承担责任。

人体基因，又称遗传因子，是制约生物体遗传性状的，存在于细胞内有自体繁殖能力的遗传单位，是具有特定的核苷酸及其排列顺序的核酸区段，储有特定遗传信息。[①] 司法实践中，"人体基因"应当包含线粒体及其他可以遗传的周边物

① 武广华、刘云祥等主编：《中国卫生管理辞典》，中国科学技术出版社2001年版，第228页。

质，甚至可以包括基因组，以及含有人体基因组、基因等遗传物质的器官、组织、细胞等一切人类遗传资源材料。[①] 人体胚胎是指由受精卵发育而成后在母体内初期发育的幼体。与该两种相关的医学和科研活动应当涵盖基因鉴定、基因诊断、基因治疗、基因克隆以及与人体胚胎干细胞等有关的治疗性研究和生殖性研究等。该类别的医学和科研活动，应当以治疗疾病和提升人类福祉为目的，不得违反社会道德和危及特定人员和全人类的健康利益。

本条规定主要包括以下内容：

第一，尊重人格尊严。基因信息，是自然人的基本信息，涉及人格尊严、人性自由、生命健康、个人隐私等人格法益。“承认和坚持人类的尊严和自由”应始终作为人体基因研究的一项基本原则。[②] 禁止基于个人遗传特征的歧视，禁止对自然状态下的人类基因组或者胚胎进行商业化利用，以减少物化人格的危机。[③] 在遗传技术发展的条件下，可以干预操纵人类怀孕、分娩和死亡，一个人在生命的不同时期，都有可能出现与遗传资源有关的法律问题。因此，要求这些受科学和技术干预操纵的医学科研活动不得侵犯某一个人的人权、基本自由或尊严，必须坚持个人利益和社会福祉高于单纯的科学利益的原则。例如，禁止非医学需要进行胎儿性别鉴定和选择性别的人工终止妊娠，禁止对人类生殖细胞进行生育目的的基因编辑。

第二，尊重当事人的隐私，保护相关的个人信息。基因含有自然人人体中的大量信息，保护基因隐私是每个自然人的权利。每个人的基因不尽相同，任何两个人只要检测几个 DNA 不同区域的单核苷酸多态性位点就可以进行区分，因此基因信息是人固有的最大隐私。用于医疗科研活动的基因信息，倘若变成不只是治疗疾病的手段，被不当公开或不法分子利用谋取不当利益，可能会给一个人的求职、升学、医疗、保险生活乃至生存造成不良后果。例如，通过基因检测分析出一个人的性格、身高体重、体能、智力甚至生老病死，一旦这些信息被泄露，都可能造成其在求职、投保、婚恋中受到基因歧视。从事人体基因、人体胚胎等有关活动，应尊重当事人的隐私，对与其个人有关的遗传信息应当加以保密。

第三，保护当事人的知情同意权。如同人体临床试验一样，参与到与人体基

① 中国审判理论研究会民事审判理论专业委员会编著：《民法典人格权编条文理解与司法适用》，法律出版社 2020 年版，第 141 页。

② 中国审判理论研究会民事审判理论专业委员会编著：《民法典人格权编条文理解与司法适用》，法律出版社 2020 年版，第 143 页。

③ 黄薇主编：《中华人民共和国民法典人格权编释义》，法律出版社 2020 年版，第 94 页。

因、人体胚胎等有关的医疗和科研活动中的被研究者，有权要求研究机构和个人详细告知该医学和科研活动的性质、采集目的、用途、对健康可能产生的影响、个人隐私保护措施及被研究人所享有的各项权利等。只有征得被研究者自愿、知情和明确表示的同意书，有关机构和个人才能从事与人体基因、人体胚胎等有关的医学和科研活动。

人体基因具有物质与信息的一体性、高价值性与高风险性并存的特征，并由此衍生出人格法益，是自然人人格特征映射在其上的利益，包含对人格尊严、人性自由等人类共同和普遍的人权的尊重以及对个体性状、健康状况等生命关键信息的知情和维护。[①] 因此，有关人体基因侵权认定应当坚持严格责任原则，无论机构或个人是基于故意还是过失，倘若因其不法行为在医疗科研活动中致使损害的产生，都应当依法承担相应的责任。

人造胚胎是经过生物科学技术手段对其基因信息片段进行编辑修改，使得胎儿出生的过程受到人为干预，胚胎所承载的人类遗传物质被人为修改。但这项改变，首先，将破坏自然分配下的争议，力图打造一个完美无缺的基因体系，将会给占据特权地位的阶层基于自己利益创造出所谓的完美人类打开大门，基因编辑技术可能将变成富人的专利，从而在源头上导致社会的不公平和失衡。其次，在基因编辑技术尚未成熟的情形下贸然对人类生殖细胞进行生育目的的基因编辑，无疑会加大医疗风险发生的概率，对婴儿个体、人类后代以及人类共同体的利益都将产生不可预知的双重风险。

《人胚胎干细胞研究伦理指导原则》第 4 条规定："禁止进行生殖性克隆人的任何研究。"第 6 条规定："进行人胚胎干细胞研究，必须遵守以下行为规范：（一）利用体外受精、体细胞核移植、单性复制技术或遗传修饰获得的囊胚，其体外培养期限自受精或核移植开始不得超过 14 天。（二）不得将前款中获得的已用于研究的人囊胚植入人或任何其他动物的生殖系统。（三）不得将人的生殖细胞与其他物种的生殖细胞结合。"

《民法典》人格权编第 1009 条对从事与人体基因、人体胚胎等有关的医学和科研活动的法律底线作出了明确规定，是我国首次在民事立法中作出基础性规定规范此类问题。该类活动危害人体健康、违背伦理道德的，应根据情节轻重，须依法承担民事责任、行政责任、刑事责任。

---

① 中国审判理论研究会民事审判理论专业委员会编著：《民法典人格权编条文理解与司法适用》，法律出版社 2020 年版，第 142 页。

【相关案例】

基因编辑婴儿案[①]

2016 年以来，南方科技大学原副教授贺某奎得知人类胚胎基因编辑技术可获得商业利益，即与广东省某医疗机构张某礼、深圳市某医疗机构覃某洲共谋，在明知违反国家有关规定和医学伦理的情况下，仍以通过编辑人类胚胎 CCR5 基因可以生育免疫艾滋病的婴儿为名，将安全性、有效性未经严格验证的人类胚胎基因编辑技术用于辅助生殖医疗。贺某奎等人伪造伦理审查材料，招募男方为艾滋病病毒感染者的多对夫妇实施基因编辑及辅助生殖，以冒名顶替、隐瞒真相的方式，由不知情的医生将基因编辑过的胚胎通过辅助生殖技术移植入人体内，致使 2 人怀孕，先后生下 3 名基因编辑婴儿。

深圳市南山区人民法院一审认定，3 名被告人未取得医生执业资格，追名逐利，故意违反国家有关科研和医疗管理规定，逾越科研和医学伦理道德底线，贸然将基因编辑技术应用于人类辅助生殖医疗，扰乱医疗管理秩序，情节严重，其行为已构成非法行医罪。根据 3 名被告人的犯罪事实、性质、情节和对社会的危害程度，依法判处被告人贺某奎有期徒刑三年，并处罚金人民币三百万元；判处张某礼有期徒刑二年，并处罚金人民币一百万元；判处覃某洲有期徒刑一年六个月，缓刑二年，并处罚金人民币五十万元。

【关联法条】

《人类遗传资源管理条例》第 2 条、第 7 ~ 10 条，《基因工程安全管理办法》第 2 条、第 3 条、第 30 条

（撰稿人：李金镂）

第一千零一十条　【性骚扰的民事责任与单位的预防义务】违背他人意愿，以言语、文字、图像、肢体行为等方式对他人实施性骚扰的，受害人有权依法请求行为人承担民事责任。

---

① “基因编辑婴儿案”贺某奎因非法行医罪被判三年，载中国法院网，https：//www. chinacourt. org/article/detail/2019/12/id/4750322. shtml，2020 年 8 月 3 日访问。

机关、企业、学校等单位应当采取合理的预防、受理投诉、调查处置等措施，防止和制止利用职权、从属关系等实施性骚扰。

【释义】

本条对性骚扰的构成要件、表现形式及法律责任作出了具体规定。性骚扰作为一个世界性的热点社会问题和法律问题，在未列入《民法典》人格权编予以规范时，因无从界定被侵害的权利性质，司法对侵害人的责任认定与追责上缺乏针对性，致使受害人无法获得有利的法律救助渠道和救济方式。本条文对性骚扰的认定标准和民事责任作出规定，填补了我国对性骚扰民事法律上救济途径的空白。同时，使得性骚扰日益得到社会重视，使人们对于性骚扰的认识更为清晰，提高人们制止性骚扰的意识。

一、性骚扰的构成要件

构成性骚扰必须具备以下要件：1. 必须以言语、文字、图像、肢体行为等方式对他人实施了与性有关的骚扰行为，这些行为通常是犯罪行为以外的违法行为。性骚扰作为一种性侵害行为，包括言语文字上的性骚扰，也包括行动上的性骚扰。言语文字是指以下流语言文字挑逗对方，向其讲述个人的性经历、黄色笑话或色情文艺内容等；“肢体行为”包括故意触摸、碰撞、亲吻对方脸部、乳房、腿部、臀部、阴部等性敏感部位；此外还有设置环境方式，在工作场所等周围布置淫秽图片、广告等，使对方感到难堪也被认定为性骚扰。对于性侵犯行为的方式本条文使用了不完全列举，多种多样的性骚扰行为表现方式被“等”所涵盖。

2. 性骚扰行为必须指向特定的人。不同于此前《妇女权益保护法》中界定的性骚扰受害者为妇女，本条文未对侵害人和受害人的性别加以限制，男女都是本条保护的对象。性骚扰成立与否，在于当事人是否欢迎他人实施的某种与性有关的行为。[①] 因此明确指向受害者的行为才可以列入性骚扰的范围。性骚扰行为本身成立与否并无客观标准，每个自然人因民族、种族、文化传统等因素影响会对性以及有关方面问题的认知存在不一致。例如，在多人面前泛泛而谈黄色笑话，或者在工作环境中张贴艳丽照片，一部分人认为不到性骚扰的程度，仅能说明该行为人品行有问题，甚至认为不应避讳谈性，而另一部分人则认为明显构成性骚扰。此时，倘若法院认定构成性骚扰，就会让人难以理解和接受。只有在认为该

---

① 靳文静：《性骚扰法律概念的比较探析》，载《比较法研究》2008 年第 1 期。

行为已经构成性骚扰程度的该部分人，作出表示该行为并不受欢迎，而行为人仍然继续该行为时，应认定其主观上存在过错，行为变成具有针对性，则构成性骚扰。① 性对象的指向在今天的社会文化中，应成为性骚扰构成中的一个关键因素。在针对特定的人作出行为时，只要该“不受欢迎的性举动”让对方感到不舒服，便构成性骚扰。司法实践中在审视这一主观体验时，可采用客观的标准，即是否令一般第三人感到不舒服或敌意。

3. 必须违背了受害人的意愿。是否违背他人意愿，需要在具体个案中结合当事人之间的关系、当事人的具体行为方式等予以具体判断分析。对于未成年人意愿的认定，应当区别于成年人。根据我国《刑法》第236条的规定，14周岁是我国法律拟制的、个人在法律上能够对性行为作出有效同意的最低年龄。对不满14周岁的幼女，由于其身心发育不成熟，缺乏辨别是非的能力，对性的后果不理解，因此低于14周岁的人并不具有表达自己对于他人实施的与性有关的行为不欢迎这一相应表达能力。在性骚扰实施者对这一群体作出行为时，应采用过错推定原则，由行为作出人承担举证责任。

对比2018年9月公布的《民法典各分编（草案）》第790条之表述“违背他人意愿，以言语、行动或者利用从属关系等方式对他人实施性骚扰的，受害人可以依法请求行为人承担民事责任”，正式稿中删除了“利用从属关系”这种方式，行为人是否利用了特定关系实施性骚扰不再在考量范围。不应将性骚扰的范围局限于以权力为背景的行为模式中，从而忽略了非权力背景下的性骚扰行为。

二、性骚扰的民事责任

本条文并未明晰法律是否在要求性骚扰实施者承担侵权责任时，必须以性骚扰行为产生客观的损害结果为前提。本条文只是将性骚扰行为纳入侵害人格权益的情形之中，并规定了用人单位的侵权责任，但并没有对归责原则、第三人过错、性骚扰实施者与用人单位之间的侵权责任的分担等作出规定，这些都必须结合《侵权责任法》予以规制。性骚扰侵权责任的成立，必须具备一般侵权行为的四个责任构成要件：侵害行为、损害事实、因果关系和过错。对于过错要件，要求行为人实施行为必须是出于故意，过失不构成性骚扰的侵权行为。在性骚扰案件中，要求受害人证明侵权人的故意实属困难，因此行为一旦发生，只要行为人不能证明受害人有所承诺，就应当认为行为人主观有故意。行为人主观是一种带有性目的、性意识的故意，该故意包括直接故意和间接故意，即行为人明知自己

① 中国审判理论研究会民事审判理论专业委员会编著：《民法典人格权编条文理解与司法适用》，法律出版社2020年版，第147页。

带有性目的的行为违背受害人的主观意志并造成其反感，并且希望该结果发生或放任该结果的发生。

法律上确定性骚扰造成的损害后果，需首先明确性骚扰侵犯的客体权益。性骚扰是对人格权的侵害，但规制性骚扰到底在保护何种人格权益，《民法典》人格权编将规制性骚扰的条文置于第二章生命权、身体权、健康权，是否是将性利益作为身体权中行动自由的具体内容中的一项。

有学者认为，按照《民法典》人格权编的规范逻辑，将性骚扰视为对自然人身体权的侵犯，以身体权保护自然人部分性自主利益，亦符合比较法中身体权业已由消极防御权能的传统地位逐步转变为涵盖积极利用权能的新型人格权趋势。[①] 也有观点认为，性骚扰行为是对他人人格尊严的冒犯，而人格尊严由一般人格权予以保护。而反对的观点则认为，将规制性骚扰行为的规范在本章中予以规定，导致了性利益属于身体权内容这一误解的产生。事实上，性骚扰行为，是侵害自然人性自主权的违法行为。应当在理论上确认，性利益本身不是身体权的内容，性骚扰行为侵害的并非身体权，而是作为独立具体人格权的性自主权。[②] 性骚扰侵害受害人的人格权或人格尊严，甚至身体上和精神上的损害都是基于受害人的性自主权受到侵害。人格权编无意规定更多的具体人格权，因而权且将其规定在生命权、身体权和健康权一章中。实际上，这只是权宜之计，是不得已而为之。[③] 由于性骚扰行为本身是多种行为的集合，因此，在具体案件中，性骚扰可能侵犯了受害人的不同权利，包括名誉权、劳动权、平等就业权等，一般性骚扰行为，都可能涉及对他人健康权、贞操权、人身自由权以及人格尊严权的侵犯。

性骚扰的侵权责任方式是停止侵害、赔礼道歉和赔偿损失。涉及名誉受损的，还应当依据名誉权保护的相关条款要求其恢复名誉、赔偿损失等。根据《妇女权益保障法》第 58 条的规定，对妇女实施性骚扰构成违反治安管理行为的，受害人可以提请公安机关对违法行为人依法给予行政处罚，也可以依法向人民法院提起民事诉讼。《治安管理处罚法》也对性骚扰相关的违法行为，作出拘留或罚款等处罚规定。

---

① 张红：《民法典之生命权、身体权与健康权立法论》，载《上海政法学院学报（法治论丛）》，2020 年第 2 期。

② 杨立新：《从生命健康权到生命权、身体权、健康权——〈民法典〉对物质性人格权规定的规范创新》，载《扬州大学学报》，2020 年第 5 期。

③ 杨立新：《民法典规定生命维护权为生命权内容的正确性——兼与否定民法典人格权编的主张商榷》，载《东方法学》2020 年第 4 期。

三、单位防范、制止和处置性骚扰的义务

我国过去的立法虽涉及性骚扰，但并没有明确单位防止和制止性骚扰的义务，此亦属于《民法典》人格权编的一大亮点。《民法典》接受了大众在草案公布后对本条的建议，明确列举了单位包含哪些主体，具体指向了较容易发生性骚扰的上下级及师生关系领域，使得这一规定在防止职场和校园性骚扰方面更有针对性。此外，《民法典（草案）》（二次审议稿）第790条第2款规定："用人单位应当在工作场所采取合理的预防、投诉调查、处置等措施，防止和制止利用从属关系等实施性骚扰。"三审稿中删除了"工作场所"的表述，一方面，是因为在正式稿中，对于单位主体进行了具体性列举，将学校包含在内，由此预防和制止性骚扰行为不仅限于职场。另一方面，职场上的性骚扰可能也并非发生在工作场所。

《民法典》生效前，对于大多数职场性骚扰规定多存在于《劳动法》和《侵权责任法》之中。性骚扰案例不断涌现，但由于立案难、取证难、赔偿难这三大性骚扰案件的特点，使得绝大多数性骚扰案件的受害者权益无法得到保障。在大量的校园、职场性骚扰中，因为性骚扰的表现形式如黄段子、下流的动作等行为很难保留证据，且职场中的上下属、校园中的老师与学生等，彼此之间存在权利和地位上的不平等，导致后者因从属关系受到前者的牵制，由此使得性骚扰发生变得更为隐蔽和不易被察觉，受害人不敢发声或寻求不到可救济的途径，从而导致更加恶劣的社会后果。因此，要求单位和学校作为取证容易一方，又作为实施者的用人单位身份，让其承担更重的民事责任义务能更好地预防和制止性骚扰行为的发生。此外，职场性骚扰行为的发生，既损害了受害者的人身权益，也损害了其劳动权，这也是用人单位应为职场性骚扰的发生采取相关措施的正当性所在。

在《民法典》出台后，用人单位有义务建立和完善一套全流程的反性骚扰机制，应利用其本身方便及时取证的优势，从预防、制止到事后补救更为有利地保护被骚扰者，保护处于弱势或被动地位的受害方，遏制和惩戒性骚扰行为。学校与其他机关、企业等单位在采取合理措施方面应有区别，学校中应设置性骚扰的内部申诉处置机制，加强性骚扰防范教育和宣传。

值得注意的是，当单位未能有效防止、及时制止性骚扰，未采取积极措施对被骚扰者进行保护时，本条未规定单位应否承担何种民事责任。当员工因性骚扰遭受损害，应当有权向单位主张相应的赔偿责任，要求用人单位因疏于反性骚扰管理而承担一定的民事赔偿责任。涉及性骚扰实施者作为直接侵权人与雇主作为间接侵权人的数人侵权行为，两者之间的侵权责任分担则是需要进一步在侵权责任法条款中进行细致分析的问题。

【相关案例】

晨某公司与方某劳动争议纠纷案[①]

因接到公司女员工匿名投诉公司内数名女员工受到方某的性骚扰，晨某公司派公司人事部门的工作人员负责调查，在没有提前通知的情况下逐一让与方某有工作上接触的12名女员工接受访谈，形成《员工调查访谈》。其中有7名被访谈女员工表示有被方某骚扰过，该7名女员工陈述了被骚扰的时间和曾经被骚扰的内容包括被方某摸手、摸胸、摸腰、摸肩膀、拍屁股、扯上衣、故意近距离接触、用手频繁摸女员工身体或者语言上说一些不当的话等；有2名女员工陈述知道或亲眼见过方某骚扰其他女员工；另5名被访谈女员工表示方某没有对其本人性骚扰，其中1名女员工陈述见过方某对他人动手动脚，觉得不舒服，工作中会刻意避开方某。

根据以上《员工调查访谈》，为保障公司女员工合法权益，晨某公司基于方某的性骚扰行为严重违反法律法规和晨某公司制定的规章制度，于2018年7月16日，由人事部发出《解除劳动合同通知工会函》，就与方某解除劳动合同的事情，提请工会作出意见。2018年7月17日，工会委员会作出同意晨某公司根据有关法律法规和公司章程制度解除与方某劳动关系的决定。

方某认为晨某公司仅凭一面之词诬告其性骚扰，草率解除劳动合同违法，故提起劳动仲裁，请求晨某公司支付11个月的工资作为经济补偿，并额外支付未提前书面通知解除劳动关系的一个月的工资。仲裁裁决晨某公司向方某支付解除劳动关系的经济补偿46200元，驳回了其他仲裁请求。晨某公司不服该仲裁裁决向法院起诉。

本案的争议焦点为，晨某公司基于认定员工方某存在性骚扰公司女员工行为解除劳动合同，是否需要向方某支付解除劳动关系的经济补偿。

一审法院判令晨某公司向方某支付解除劳动关系的经济补偿46200元。二审法院撤销了一审法院作出的民事判决，改判晨某公司无须向方某支付解除劳动关系的经济补偿。

二审法院判决理由：第一，方某对女同事存在不正当行为。根据双方的陈述和提交的证据，考虑到在工作场所性骚扰的隐蔽性和隐私性，结合日常生活经验，二审法院对晨某公司进行调查核实方某确实存在对多名女员工进行性骚扰的

---

① （2019）粤06民终8281号。

行为予以采信。《妇女权益保障法》第40条明确规定，禁止对妇女实施性骚扰。受害妇女有权向单位和有关机关投诉。该立法的原意旨在加强对受害妇女的保护，在赋予受害妇女投诉权益的同时，也赋予了接到投诉的单位和有关机关积极调查并妥当处理的义务和责任。如果在用人单位接到受害妇女的投诉后，开展内部调查确认投诉属实，且报用人单位工会批准后，依据《员工手册》的有关规定，以劳动者严重违反用人单位规章制度为由作出解除劳动关系的决定，仅仅因为受害妇女基于隐私和自身安全考虑不愿意出庭作证，就不采信用人单位提供的能够相互印证的证据，裁决用人单位属于违法解除双方劳动关系并判令用人单位支付违约解除的经济补偿金，显然与《妇女权益保障法》的立法原意不符。综上，二审法院认为，晨某公司解除与方某之间的劳动关系，属于合法解除，无须向方某支付经济补偿金。

【关联法条】

《治安管理处罚法》第44条、第67条，《妇女权益保障法》第40条、第58条

（撰稿人：李金镂）

第一千零一十一条 【侵害行动自由和非法搜查身体的民事责任】以非法拘禁等方式剥夺、限制他人的行动自由，或者非法搜查他人身体的，受害人有权依法请求行为人承担民事责任。

【释义】

本条明文规定不得以非法拘禁、非法搜身来限制、剥夺个人的行动自由，否则行为人将承担相应的民事责任。本条包含了两种类型的侵害人格权行为：一是“以非法拘禁等方式剥夺、限制他人的行动自由”；二是“非法搜查他人身体”。

一、非法拘禁等方式剥夺、限制他人的行动自由

根据本条条文表述，非法拘禁侵害了他人的行动自由，实质上侵害的是本章第1003条所指的自然人的身体权。《刑法》第238条规定，非法拘禁罪是指以拘押、禁闭或者其他强制方法，非法剥夺他人人身自由的犯罪行为。公民按照自己的意志自由支配自己活动的权利，是公民的一项基本权利。

非法剥夺、限制行动自由可以采取直接形式，直接拘束人的身体本身，如捆

绑、锁链；也可以采取间接形式，间接拘束人的身体，剥夺其身体活动自由，如监禁、扣押。此外，非法拘禁不限于有形的、物理的强制方式，采取无形的、心理的方法，诸如胁迫被害人、利用其恐怖心理或利用被害人的羞耻心理，同样可以构成非法拘禁。

在现实生活中普遍存在的平等主体之间侵害身体自由权情形，侵权人之所以选择特定关系人作为非法拘禁行为的对象，往往是针对该特定关系人提出特定的准民事纠纷性质之要求，如债权人逼迫债务人偿还债务，婚姻家庭中发生逼迫之纠纷等。即使债务是合法性债务，债权人的债权受法律所保护，债务人的身体自由权也并不因此受债权人的拘束。即使双方就限制债务人身体自由作出某种约定，此种约定也因为违反法律和公序良俗而无效。

非法拘禁在主观方面表现为故意，并以剥夺他人人身自由为目的。倘若侵权人在进行拘禁行为时，被侵权人未清楚意识或不能清楚意识到拘禁行为的存在，则不构成拘禁。① 因为身体自由受到限制不同于财产损害，权利人只有意识到受到限制，权利人的人格利益才能真正受损。

但是并非在任何情况下都不能对他人行动自由作出剥夺或限制。依照法律规定，被法律授权的单位可以依法限制或剥夺自然人的人身自由，作出依法逮捕、拘留等；但享有法定权限的国家机关及其工作人员违反法定程序剥夺和限制他人自由，同样构成非法拘禁。因此，认定非法拘禁的客观性要求是必须以非法性为前提，须违反法律所规定的关于自然人身体自由权的保护及对自然人合法自由和权利的禁止性规定。

监护人出于教育和监督被监护人的目的，对被监护人进行一定范围的合法“监禁”应当符合比例原则，目的和手段必须具有适当性、必要性和均衡性。精神病人身体自由权的限制——对精神病人的监禁，尽管监护人基于监护职责可在特定情形下限制精神病人的人身自由，但这些措施不应沦为持续的、无期限的日常监禁。仅仅认定“精神疾病”并不能正当地将一个人违背其意愿予以监禁，并将其无期限地予以监护型拘禁。

当民事主体正在遭受他人危害其民事权利，给其带来损害威胁或者现实损害时，如果不对侵权人的人身自由进行限制，则可能造成被侵权人或者其他人的合法权益遭受侵害或者继续遭受侵害，当被侵权人或者第三人有能力通过限制侵权人的人身自由制止损害事实发生，则应当赋予被侵权人或者第三人享有这样的权利。这包含自力救助行为，也包括正当防卫的行为。

---

① 张新宝：《侵权责任法原理》，中国人民大学出版社 2005 年版，第 201 页。

因非法拘禁致使行动自由权受到侵犯时，被侵权人可以主张精神损害赔偿，保护自己的精神利益。在司法实践中，该类别案件倘若单纯属于民事诉讼的侵害人身自由权纠纷，法院普遍支持受害人因侵害而主张的精神损害赔偿。非法拘禁行为在达到相当严重的程度时构成非法拘禁罪，并因此遭受刑事处罚。涉及刑事附带民事诉讼时，受害人主张其人身自由权受到侵害而要求赔偿精神损害，往往得不到法院的支持。在非法拘禁严重程度已达到刑事犯罪的案件中，受害人可以基于本条文提起民事诉讼，请求非法拘禁实施者承担物质上和精神上的双重损失。但过去的司法实践中，法院一般不予支持其精神损害赔偿之诉，2012 年通过的《最高人民法院关于适用〈中华人民共和国刑事诉讼法〉的解释》第 138 条规定，已经明确排除了刑事附带民事纠纷案件中精神损害赔偿的适用。

二、非法搜查他人身体

搜查身体是指对他人的肢体、器官和其他组织进行查看、摸索、掏翻、血液和体液检查、DNA 鉴定等其他各种行为。[①] 非法搜查他人身体应属侵犯自然人人格尊严和身体权的行为。身体的完整性，包括形式上的完整和实质上的完整，禁止非法搜查自然人身体，就是维护自然人身体的形式完整。身体的形式完整，体现在自然人对自己身体支配的意念，自然人是否接受自己的身体被检查，原则上仅由自身意志决定。依法搜查，是职务授权行为，相关规定存在于如《刑事诉讼法》第 136 条、第 139 条所规定的人身搜查，《治安管理处罚法》第 87 条和《人民警察法》第 12 条所规定的人身检查，《出境入境管理法》第 66 条规定的人身检查等中。依照上述条款进行搜身，具有阻却违法的效力，不构成非法搜查。

非法搜查公民身体，故意和过失均可构成，情节严重的构成非法搜查罪，应当追究刑事责任。在实践中，非法搜查多发生于消费者和经营者之间。有些经营者以消费者存在疑似盗窃行为为由，对消费者进行搜身，给消费者的名誉、精神等造成了极大的困扰。这类案件中，经营者的行为往往伴随着非法拘禁，存在限制消费者行动自由的行为，甚至还会对消费者的身体健康造成伤害。《民法典》生效后，非法搜身情节轻微未构成刑事犯罪的，实施人不但需要接受治安管理处罚，受害人还可以基于第 1011 条提起民事诉讼，请求责任人承担物质上和精神上的双重损失。

---

① 周伟：《宪法基本权利——原理 · 规范 · 应用》，法律出版社 2006 年版，第 102 页。

【相关案例】

某超市与刘某生命权、健康权、身体权纠纷案①

2018年4月17日10时许，刘某在某超市溜达时，被该超市保安贾某拦截，怀疑刘某拿橘子，并对刘某进行了搜身，搜身后没有发现刘某偷拿东西，刘某即离开。除搜身过程外，超市员工再没有与刘某有其他身体接触和骂人行为。2018年4月17日16时35分，刘某到绥棱县公安局镇北派出所报案，举报被告某超市保安贾某对其搜身行为，贾某对其行为认可，绥棱县公安局下达棱公（北）刑罚决字（2018）147号行政处罚决定书，决定对贾某进行行政拘留十日并处罚款五百元。刘某于2018年4月17日18时，因胸闷心悸等症状进入绥棱县人民医院住院治疗，花费住院治疗费用1133.77元，救护车车费120元，急诊诊查费46元。2018年4月18日18时41分，刘某以冠状动脉粥样硬化心脏病、陈旧性心肌梗死、急性心功能不全、心功能IV级、2型糖尿病等症在哈尔滨医科大学附属第二医院入院治疗，于2018年4月28日出院。花费救护车费用1850元，医疗费用8501.51元。但由于双方未就协商赔偿事宜达成一致。刘某为维护合法权益，诉请法院依法判令某超市向其赔礼道歉并予以赔偿。

本案的争议焦点为，刘某住院治疗与某超市对其非法搜身的侵权行为是否存在因果关系，以及是否应当支持刘某所提出的精神损失赔偿请求。

一审法院认定，因刘某无法提供原告住院治疗与某超市的非法搜身之间的因果关系证据，对刘某的赔偿医疗费用的诉讼请求未予支持。同时，认定某超市的侵权行为并未对刘某造成严重后果而未支持精神损失赔偿诉求。二审法院维持了一审法院关于医疗费用赔偿的判决，但判决某超市赔偿刘某精神损害抚慰金10000元。

二审法院认为，某超市的保安并不具有执法权，其搜查刘某身体并非履行职务授权行为。中华人民共和国公民的人格尊严不受侵犯，某超市对刘某非法搜身行为，侵犯了刘某的人格尊严权。依据《最高人民法院关于确定民事侵权精神损害赔偿责任若干问题的解释》第8条第2款规定：因侵权致人精神损害，造成严重后果的，人民法院除判令侵权人承担停止侵害、恢复名誉、消除影响、赔礼道歉等民事责任外，可以根据受害人一方的请求判令其赔偿相应的精神损害抚慰金。依据《最高人民法院关于确定民事侵权精神损害赔偿责任若干问题的解释》

① （2019）黑12民终463号。

第10条规定：精神损害的赔偿数额根据以下因素确定：（一）侵权人的过错程度，法律另有规定的除外；（二）侵害的手段、场合、行为方式等具体情节；（三）侵权行为所造成的后果；（四）侵权人的获利情况；（五）侵权人承担责任的经济能力；（六）受诉法院所在地平均生活水平。依据以上六项因素，法院判决该超市赔偿刘某精神损害抚慰金10000元。

【关联法条】

《宪法》第37条，《立法法》第8条，《刑法》第238条、第244条，《消费者权益保护法》第27条，《治安管理处罚法》第40条、第41条，《妇女权益保护法》第37条，《国家赔偿法》第3条，《精神卫生法》第5条、第30条、第31条，《劳动法》第96条

（撰稿人：李金镂）

第三章 姓名权和名称权

【导读】

本章以“姓名权和名称权”为题，对该两项权利作出较为全面和明确的规定。其中，姓名权是自然人享有的依法决定、使用、变更或者许可他人使用自己姓名的权利。名称权则是法人、非法人组织享有的依法决定、使用、变更、转让或者许可他人使用自己名称的权利。两项权利虽然包含一定的身份利益、财产利益内涵，但其客体主要以标识民事主体并将其与其他主体相区分为基本功能，应归于人格权范畴。

本章规定主要沿袭自《民法通则》第99条和《最高人民法院关于贯彻执行〈中华人民共和国民法通则〉若干问题的意见（试行）》第141条，共分为6条。其主要内容包括：

其一，姓名权的确权和内容列举。明确姓名权的主体为自然人，其权利内容包括姓名决定权、姓名使用权、姓名变更权和姓名许可使用权，同时，以“依法”和“不得违背公序良俗”为要求，对自然人姓名权的行使作出了明确的限制。

其二，名称权的确权和内容列举。规定名称权的权利主体包括法人和非法人组织，其权利内容包括名称决定权、名称使用权、名称变更权、名称转让权和名称许可使用权。

其三，关于姓名权和名称权主要侵害方式的列举。其中，关于“任何组织或者个人不得……侵害”的规定，明确了姓名权和名称权的绝对权属性，而将姓名权和名称权的主要侵害方式明确列举为干涉、盗用和假冒等，不但有助于增强对该两项权利的保护，而且对于保护其他社会主体的基本行为自由也具有积极的意义。

其四，关于自然人姓氏选择的规定。沿袭《全国人民代表大会常务委员会关于〈中华人民共和国民法通则〉第九十九条第一款、〈中华人民共和国婚姻法〉第二十二条的解释》的规定，明确原则上应当随父姓或者母姓，同时对自然人可以在父姓和母姓之外选取其他姓氏的例外情形作出列举，具体包括：选取其他直系长辈血亲的姓氏，因由法定扶养人以外的人扶养而选取扶养人姓氏，有不违背公序良俗的其他正当理由。基于对少数民族文化传统和风俗习惯的尊重，本条规定，少数民族自然人的姓氏可以遵从本民族的文化传统和风俗习惯。

其五，关于姓名和名称登记及二者变更法律效力的规定。基于保护其他民事主体利益和维护社会公共秩序、公共利益的需要，除法律另有规定外，自然人决定、变更姓名，或者法人、非法人组织决定、变更、转让名称的，应当依法向有关机关办理登记手续。同时，鉴于姓名或者名称变更前后，民事主体的同一性，规定民事主体变更姓名、名称的，变更前实施的民事法律行为对其具有法律约束力。

其六，关于姓名、名称扩张保护的规定。基于其基本功能的同质性，将笔名、艺名、网名、译名、字号、姓名和名称的简称等纳入姓名权和名称权保护的范围，可以参照适用姓名权和名称权保护的有关规定。同时，明确以上民事主体文字标识获得保护的前提：具有一定知名度和被他人使用足以造成公众混淆。

第一千零一十二条　【姓名权】自然人享有姓名权，有权依法决定、使用、变更或者许可他人使用自己的姓名，但是不得违背公序良俗。

【释义】

本条是关于自然人姓名权的规定。

对姓名的保护最早可追溯至公元前200年，《摩奴法典》第八卷第271条规定，“如果他以侮辱方式提到他们的名和种姓，可用十指长的刺刀，烧得通红，穿入他的口内”。[①] 罗马法、日耳曼法甚至《法国民法典》《日本民法典》对此皆未有明确的规定。[②] 直至19世纪中叶，在法国判例中，姓名权方获得认可。而其在私法体系中的规范确认则首见于《德国民法典》。该法典第12条规定，“如有使用姓名权的权利经他人提出异议，或被他人不正当使用同一姓名以致利益被侵

① 《摩奴法典》，[法] 迭朗善译，马香雪转译，商务印书馆1982年版，第196页。

② 值得注意的是，虽缺乏对其的权利性确认，但关于姓名的规定在罗马法中也并非无迹可寻。譬如，在《民法大全》中便曾就姓名的决定和变更问题有较为详细的说明：“正如开始时个人可以自由地起名、姓和称号（praenomen）以便相互区分一样，姓名的改变也不给清白的人造成危险。因此，如果你是自由人，根据一般的规定，就不禁止你在不欺诈他人的情况下依法改变姓名和称号，只要由此不会产生任何妨害。”参见 [意] 桑德罗·斯奇巴尼选编：《民法大全选译·人法》，黄风译，中国政法大学出版社1995年版，第27页。

害时，权利人得请求除去其侵害，如有继续侵害的危险时，权利人得提起禁止使用的诉讼”。受此影响，《瑞士民法典》（第 29 条、第 30 条）、《意大利民法典》（第 7 ~9 条）、《土耳其民法典》（第 25 条）、《葡萄牙民法典》（第 72 条、第 74 条）等也纷纷就姓名权的保护作出了专门规定。

在我国，《大清明律草案》第 52 ~55 条曾就姓名的登记、更改和侵害责任等作出规定，明确将姓名权作为一种私法权利加以保护。1929 年《中华民国民法典》第 19 条则规定，“姓名权受侵害者，得请求法院除去其侵害，并得请求损害赔偿”。新中国成立后，1980 年《婚姻法》第 10 条规定，“夫妻双方都有各用自己姓名的权利”。《民法通则》第 99 条第 1 款规定，“公民享有姓名权，有权决定、使用和依照规定改变自己的姓名，禁止他人干涉、盗用、假冒”。《最高人民法院关于贯彻执行〈中华人民共和国民法通则〉若干问题的意见（试行）》第 149 条规定，盗用、假冒他人名义，以函、电等方式进行欺骗或者愚弄他人，并使其财产、名誉受到损害的，侵权人应当承担民事责任。《收养法》《广告法》和《侵权责任法》等亦分别就养子女的姓氏、姓名的营利性使用和侵害姓名权的民事责任等问题作出明确规定，形成了较为完整的姓名权保护体系。《民法典》在总结既有立法和司法经验的基础上，对姓名权的内涵作出更为全面和明确的规定。

对于本条规定应作如下理解：

一、姓名权的法律属性

在社会生活中，作为“自然人表征自己、区别他人的符号”①，姓名实际承担着多方面的社会功能。譬如，有人类学学者指出，姓名承担了代表群体或者个体、表明等级身份、规范婚姻关系、弥补命运缺憾、指代特殊事物、体现社会评价、凝聚文明精华等社会功能。② 由此，对于姓名权的法律属性，与论者间难免存在不同的认识。譬如，有学者指出，姓名在法典化前的等级社会中表征了一定的身份关系，也正是姓名“表明等级身份的功能”决定了“姓名可以成为身份权的客体”。③ 虽然，随着等级制度的消弭，姓名已不复表征身份尊卑的作用。但是，在现代社会，姓名的身份定位功能在家族和亲属之间仍一定程度地存在和体现着。④ 姓名权因此也被视为一种特殊的兼有人格权与身份权属性的权利。⑤ 特别

① 王利明：《人格权法研究》（第三版），中国人民大学出版社 2018 年版，第 362 页。
② 何晓明：《姓名与中国文化》，人民出版社 2001 年版，第 8 ~16 页。
③ 袁雪石：《姓名权本质变革论》，载《法律科学》2005 年第 2 期。
④ 黄薇主编：《中华人民共和国民法典人格权编解读》，中国法制出版社 2020 年版，第 106 页。
⑤ 李永军：《论姓名权的性质与法律保护》，载《比较法研究》2012 年第 1 期。

是在部分域外学者看来，姓名权的发生多源于亲属关系，应为亲属权的一部分。①“他人提起的姓名诉讼也会涉及的民事身份诉讼。”② 又譬如，有学者基于“姓名”具有外在性，是一种消费符号，能够与主体分离的特点，以及姓名商业化利用日益普遍的现象认为，姓名除可作为人格权客体外，也可作为财产权的客体。③而在德、法等国的民法理论和司法实践中，也曾出现将姓名视为所有权或者无形财产权客体的主张和做法。④

现代私法理论与实践对于姓名权的人格权属性已鲜有争议。按照当前较为主流的观点，姓名权之所以被认为是自然人的人格权，主要缘于姓名对权利主体的表征和标识功能。⑤“姓名的作用就在于使人们在一般交往包括法律交往中相互识别。”⑥ 而自生活实际出发，“标识自己、区别他人”则是自然人作为独立民事主体参与社会交往、构建法律关系的基本前提，姓名所标表的个体化，也正是实现法律意义上权利享有者和义务承担者同一性的基础。⑦ 因此，诚如学者所言，“姓名权有关个人对外活动之全般作用”⑧，“姓名权的形式是维持一个人的个性所必不可少的”⑨，“有无独立的姓名是公民人格是否独立的标志”。⑩ 同时，个人在以姓名标识自己并进行社会活动的过程中，也将自己在社会活动中形成的人格图像归属于姓名，并通过姓名表征出来。⑪ 以实践来看，对权利主体的印象、评价多以其姓名为基础而形成。个人的姓名经过长期使用，对该人来说，成为其人格象征，并成为其人格的一部分。⑫ 因此，诚如日本学者鸠山秀夫所言，将个人与他人进行区别是该个人所拥有的人的利益中最为重要的利益之一，所以，民法为了保护人的利益，在承认人格权时，认可作为重要的人的利益一部分的姓名权，符合法典的宗旨。⑬

至于姓名权中的身份利益和财产利益内涵。首先，不可否认，姓名尤其是

---

① 王利明：《人格权法研究》（第三版），中国人民大学出版社 2018 年版，第 371 页。

② 张明安：《法国民法：法国人格权法（上）》，清华大学出版社 2016 年版，第 389 页。

③ 袁雪石：《姓名权本质变革论》，载《法律科学》2005 年第 2 期。

④ 马特、袁雪石：《人格权法教材》，中国人民大学出版社 2007 年版，第 229 页。

⑤ 张红：《人格权各论》，高等教育出版社 2015 年版，第 7 页。

⑥ ［德］拉伦茨：《德国民法通论》（上册），王晓晔等译，法律出版社 2004 年版，第 158 页。

⑦ 周秀娟、李畅、郑路：《人格权法热点问题研究》，光明日报出版社 2018 年版，第 150 页。

⑧ 徐谦：《民法总论》，上海法学编译社 1933 年版，第 105 页。

⑨ 陈忠诚：《姓名权论》，载中国台湾地区《新法学》第 2 卷第 1 期。

⑩ 王利明主编：《中国民法典学者建议稿及立法理由 · 人格权编、婚姻家庭编、继承编》，法律出版社 2005 年版，第 82 页。

⑪ 张素华：《论姓名权纠纷的裁判乱象与类型梳理》，载《四川大学学报（哲学社会科学版）》2018 年第 3 期。

⑫ 张红：《人格权各论》，高等教育出版社 2015 年版，第 7 页。

⑬ ［日］鸠山秀夫：《日本债权法各论》，岩波书店 1920 年版，第 880 页。

姓，迄今依然可以起到一定的家族或血缘身份表征功能。但是，姓名权主要并非对姓氏及纯粹家族法上的利益提供保护，而是在于保护个体之于他人的区分。[①] 而且，按照学者的说法，身份权（如抚养权、赡养权等）主要基于亲属关系而非姓名选择而产生，不应将姓名权直接划入身份关系的范畴。[②] 其次，虽然随着对其商业化利用的现象日益普遍，姓名的经济价值不容忽视，但也不应因此否认姓名权的人格权属性。一方面，姓名权财产利益是指作为自然人人格标识之一的姓名被用作企业名称、产品或服务之标识，用作企业、产品或服务之宣传或姓名本身构成产品或服务之一部分或全部时，能给拥有该姓名之自然人带来的物质利益。[③] 其原因不是姓名权具有双重属性，而是姓名权中的客体即姓名利益具有双重属性，既有精神利益，又有财产利益。[④] 另一方面，姓名作为符号，虽然是人的"身外之物"，但姓名权所保护的其实并不是该"身外之物"，而是姓名所指示的自然人的人格。[⑤] 姓名权的本质是对姓名与姓名主体对应关系的支配，以自然人创设、保有和使用对应关系为内容，重点在于保护姓名识别和表征功能的正确发挥。[⑥] 因此，尽管它表现出一定的财产利益，但是它以自然人的人格为基础，从性质上看，它是人格权的一部分，与姓名权精神利益相对应，而不是财产权。[⑦]

二、姓名权的内容

第一，姓名决定权，也称"命名权"，是自然人自主决定以哪些文字符号作为其姓名即人外在标识的权利。姓名决定权是姓名权最基本的权利，是其他权利内容的根源。[⑧] 决定自己的姓名是自然人的基本人权，也是主体自治和自律的表现。[⑨] 姓名决定权的行使须以权利主体具有相应的行为能力为前提。按照我国《户口登记条例》第 7 条的规定："婴儿出生后一个月以内，由户主、亲属、抚养人或者邻居向婴儿常住地户口登记机关申报出生登记。弃婴，由收养人或者育婴机关向户口登记机关申报出生登记。"未成年自然人的姓名权主要由其父母或其他监护人代为行使。但此乃父母行使亲权的表现，是父母实施亲权的代理行为，

---

① 李永军、项斌斌：《民法典编纂背景下姓名权与其他"人格权"的区分——兼及我国民法典人格权编的立法建议》，载《浙江工商大学学报》2019 年第 2 期。

② 杨立新主编：《人格权立法报告》，知识产权出版社 2005 年版，第 317 页。

③ 张善斌、冯兴俊：《姓名权财产利益的法律保护》，载《法商研究》2002 年第 4 期。

④ 杨立新：《人格权法》，法律出版社 2015 年版，第 177 页。

⑤ 朱庆育：《民法总论》，北京大学出版社 2013 年版，第 396 页。

⑥ 张素华、宁园：《论姓名权与个人信息利益保护的区分》，载《河北法学》2019 年第 7 期。

⑦ 张善斌、冯兴俊：《姓名权财产利益的法律保护》，载《法商研究》2002 年第 4 期。

⑧ 周秀娟、李畅、郑路：《人格权法热点问题研究》，光明日报出版社 2018 年版，第 152 页。

⑨ 孙宪忠主编：《民法总论》，社会科学文献出版社 2010 年版，第 115 页。

并非意味着对未成年人姓名决定权的否定。[①]

第二，姓名使用权，是自然人使用自己姓名进行社会活动的权利。日本学者认为，每个人对自己姓名的使用不受他人干涉，当他人超越权限范围擅自使用自己姓名时，可以对此加以禁止。[②] 就其具体内容而言，首先，姓名使用权包括自然人在特定场合中依法决定是否使用其姓名的自由。正如学者所言，在自我使用中，还包括不使用自己姓名的自由。[③] 其次，姓名使用权包括姓名的使用选择权。本法第 1017 条规定，自然人的笔名、艺名、网名、译名、字号在满足一定条件时亦属姓名权保护范围的背景下，除法律法规有明确规定时，权利主体可根据其在不同场合中的利益需要自由选择使用何种姓名作为其人格标识。最后，姓名使用权也包括自然人要求他人以正确的姓名指称自己的权利。[④] 譬如，按照《越南民法典》第 1283 条第 2 款的规定，公民有不使用自己姓名的权利，同时也有权要求他人正确使用自己的姓名。当然，姓名使用权虽被视为“自然人对自己姓名的专有使用权”[⑤]，但并非意味着对他人使用自己姓名的绝对排斥。诚如学者所言，“姓名起了就是让他人叫的”。[⑥] 无论是传递信息还是发表意见，社会已经形成了这样的观念：不带有恶意伤害目的而使用他人姓名无违于道德，亦无违于法律。[⑦]

第三，姓名变更权，是自然人依法改变其姓名的权利。姓名变更权系姓名决定权的自然延伸。甚至有学者认为，自然人的姓名决定权是通过姓名变更权来实现的。但值得注意的是，姓名的变更仅是权利主体人格标识的变更，并不意味着其主体身份的改变，更不应影响自然人原有权利义务的享有和承担。以变更姓名的方式企图规避责任、逃脱制裁的，不被准许。[⑧] 而且，鉴于自然人已经参与各种法律关系，其姓名的改变必然会涉及他人和社会的利益，须对变更行为加以必要的限制。[⑨] 譬如，有学者指出，虽然变更姓名的行为仅依单方意思表示，但其表示须经公示，否则不得对抗第三人。[⑩] 同时，根据本法第 1016 条和《户口登记条例》第 18 条的规定，对于已登记的正式姓名的变更，姓名权人或监护人应当向登记机关申请变更登记。

---

① 杨立新主编：《中国人格权法立法报告》，知识产权出版社 2005 年版，第 316 页。
② ［日］五十岚清：《人格权法》，［日］铃木贤、葛敏译，北京大学出版社 2009 年版，第 119 页。
③ 张红：《民法典之姓名权立法论》，载《河北法学》2019 年第 10 期。
④ 李永军：《论姓名权的性质与法律保护》，载《比较法研究》2012 年第 1 期。
⑤ 杨立新：《人格权法》，法律出版社 2015 年版，第 178 页。
⑥ 徐国栋：《民法总论》，高等教育出版社 2007 年版，第 329 页。
⑦ 刘文杰：《民法上的姓名权》，载《法学研究》2010 年第 6 期。
⑧ 张红：《民法典之姓名权立法论》，载《河北法学》2019 年第 10 期。
⑨ 王利明：《人格权法研究》（第三版），中国人民大学出版社 2018 年版，第 376 页。
⑩ 杨立新：《人身权法论》，人民法院出版社 2006 年版，第 472 页。

第四，姓名许可权，即许可他人使用自己的姓名的权利。自然人对姓名的使用包括自己使用和授权他人使用，由此看来，许可权应是姓名使用权的题中应有之义。同时，许可权是实现姓名财产价值的主要方式。按照学者的说法，姓名权财产利益直接体现为一定的物质利益，该物质利益可以通过姓名的许可使用、作价投资或权利人的直接使用来实现。① 但是，姓名的许可使用不等同于权利的转让或处分。作为人格权的姓名权是自然人的专属权利，依据本法第992条的规定，不得放弃、转让或者继承。关于姓名使用的许可授权契约乃债法上的约定，并未创设一种物权性的权利，使用人不因此成为姓名权的主体，仅被授权行使姓名权人的权利。②

三、姓名权的限制

权利应受必要限制是现代法治的基本立场。而姓名除表征自然人的人格和身份外，也承载着丰富的社会价值③，在社会交往和社会管理中发挥着基础性的功能。“姓名为国家将个人纳入国家管理体系中发挥着社会定位的功能，为国家进行社会管理提供方便，同时防止利用姓名破坏社会关系进而扰乱公共秩序。”④ 因此，在强调对自然人基于姓名而享有的人格利益进行保护的同时，亦应对其决定、使用和变更姓名的行为加以必要的限制。值得注意的是，鉴于《民法典》总则编第8条已就“民事主体从事民事活动，不得违反法律，不得违背公序良俗”作出了专门规定，在《民法典》起草的过程中，起初并未就姓名权行使的限制作出专门规定，但是，针对实践中多发的取名乱象，立法机关在本条规定中再次对此作出明确和强调。⑤

依据本条规定，对于姓名权的限制主要体现在要求自然人依法行使其权利和不得违背公序良俗两个方面。其中，所谓依法行使姓名权在实践中主要体现在对姓名的决定和变更的限制上。根据我国《居民身份证法》第4条的规定，“居民身份证使用规范汉字和符合国家标准的数字符号填写。民族自治地方的自治机关根据本地区的实际情况，对居民身份证用汉字登记的内容，可以决定同时使用实行区域自治的民族的文字或者选用一种当地通用的文字”。但是，其也实际体现在对姓名使用权行使的要求上。譬如，依据法律的规定，在某些情况下，自然人必须使用正式的姓名，如在有关书面文书和证件上的签字。⑥ 而在域外，《越南民

① 张善斌、冯兴俊：《姓名权财产利益的法律保护》，载《法商研究》2002年第4期。
② 王泽鉴：《人格权法》，北京大学出版社2013年版，第117页。
③ 王歌雅：《姓名权的价值内蕴与法律规制》，载《法学杂志》2009年第1期。
④ 张新宝、吴婷芳：《姓名的公法规制及制度完善》，载《法制与社会发展》2015年第6期。
⑤ 黄薇主编：《中华人民共和国民法典人格权编解读》，中国法制出版社2020年版，第112页。
⑥ 王利明：《人格权法研究》（第三版），中国人民大学出版社2018年版，第375页。

法典》第28条第2款便明确规定，个人负有以有权国家确认的姓名设立和实施民事权利义务的义务。虽然，按照一般理解，本条强调的“依法”决定、变更、使用主要针对正式姓名而言，即居民身份证、户口登记、人事档案等法律规定或者记录中的姓名。[①]“非正式姓名的决定、使用和变更不受法律限制，但应遵守公序良俗。”[②] 甚至有学者认为，关于姓名决定权和姓名使用权，本条冠以“依法”二字，似乎将姓名权的客体限缩为自然人的正式姓名（须依法选取和使用），不符合姓名决定与使用权的本意。[③] 但实际上，即便对非正式姓名决定和使用亦应满足基本的“合法性”要求。对于违反法律强制性规定或侵害他人合法权利的姓名权行使行为，如以造成公众混淆为目的恶意以他人已具有较大知名度的姓名为艺名、笔名的行为，应为法律所不允，至少不应受到姓名权的保护。此外，虽然我国目前有关姓名权规制的规范文件众多，效力层级也不一[④]，但是以姓名决定权为例，按照宪法学者的观点，其不是作为普通民事权利的姓名权，而是作为宪法基本权利的姓名权，属于自己决定权的范畴。[⑤] 对姓名权的限制，应体现主观权利的防御功能，除宪法或基本法律构成的客观价值秩序作出的限制外，其他法律法规以及国家机关无权再行限制。[⑥]

姓名权的行使应当受到公共秩序和善良风俗的限制。《全国人民代表大会常务委员会关于〈中华人民共和国民法通则〉第九十九条第一款、〈中华人民共和国婚姻法〉第二十二条的解释》规定，“公民依法享有姓名权。公民行使姓名权，还应当尊重社会公德，不得损害社会公共利益”。而根据学者观点，公序良俗作为一项民法基本原则，具有模糊性与不确定性，在中国这样一个地域广泛、人口众多、民族众多的国家背景下，判断公序良俗的内涵和外延，不应机械地套用某一学术标准，而应当根据公序良俗本身的时间性、地域性、民族性等属性特点综合判断，充分发挥其对法律的补充作用。[⑦]

---

① 黄薇主编：《中华人民共和国民法典人格权编解读》，中国法制出版社2020年版，第109页。

② 刘士国主编：《中华人民共和国人格权法律条文建议附理由》，中国法制出版社2017年版，第110页。

③ 温世扬：《民法典人格权草案评议》，载《政治与法律》2019年第3期。

④ 刘练军：《姓名变更及其规范再造：类案的考察与启示》，载《西部法学评论》2019年第6期。

⑤ 刘远征：《论作为自己决定权的姓名权——以赵C姓名权案为切入点》，载《法学论坛》2011年第2期。

⑥ 曹相见：《姓名权限制的规范解读》，载《法学论坛》2011年第2期。

⑦ 宋天一、陈光斌：《从“北雁云依案”看“姓名决定权”与社会公序的价值冲突——兼论公序良俗的规制》，载《法律适用》2019年第6期。

【相关案例】

赵 C 与鹰潭市公安局月湖分局公安行政登记案①

原告赵 C 出生后用该姓名进行了户籍登记，2005 年，原告赵 C 用该姓名进行了第一代居民身份证登记，被告鹰潭市公安局月湖分局对该姓名予以核准，并于 2005 年 6 月 16 日签发了居民身份证。2006 年，被告依据公安部的统一规定，进行第二代身份证换发工作时，却以《公安部关于启用新的常住人口登记表和居民户口簿有关事项的通知》（公通字〔1995〕91 号）中“常住人口登记表和居民户口簿应使用国务院公布的汉字简化填写，民族自治地区可使用本民族的文字或选用一种当地通用的民族文字填写”的规定，而原告姓名中的名字是汉语拼音字母，属禁止使用的范畴为理由，拒绝为原告使用该名字换发第二代身份证。原告赵 C 诉请法院判决被告作出核准并签发其继续使用赵 C 为姓名换发第二代居民身份证的具体行政行为。

本案的争议焦点为：1. 赵 C 姓名中的英文字母“C”是否符合《居民身份证法》及《国家通用语言文字法》规定的数字符号；2. 取名“C”是否损害社会管理秩序；3. 公安部门在赵 C 继续申请使用外文（英文）字母“C”作为其名的前提下，拒绝为其换领第二代身份证，是否符合法律规定。

本案一审法院认为，姓名权属于公民的人身权利，只要不违反法律、法规或规章的禁止性规定，不违反公序良俗，就可以使用。《居民身份证法》第 4 条第 1 款规定：“居民身份证使用规范汉字和符合国家标准的数字符号填写。”第二代《居民身份证》是由汉字、数字、符号三种元素组成的。原告赵 C 的“赵”是规范汉字，名“C”既是英文字母，又是汉语拼音字母，也是一种符合国家标准的数字符号，因此，原告赵 C 的姓名是符合法律规定的。判决责令被告鹰潭市公安局月湖分局允许原告赵 C 以“赵 C”为姓名换发第二代居民身份证，并在法律规定的期限内办理完毕。

被告不服一审判决，向江西省鹰潭市中级人民法院提起上诉。本院在审理过程中，上诉人鹰潭市公安局月湖分局与被上诉人赵 C 自愿达成和解协议：被上诉人赵 C 同意变更姓名后使用规范汉字依法申请变更登记；上诉人鹰潭市公安局月湖分局免费并协助被上诉人赵 C 办理变更后的居民户口簿、居民身份证和因变更姓名而导致更名事项的身份证明文件。上诉人鹰潭市公安局月湖分局以此为由，申请撤回上诉。

---

① （2008）鹰行终字第 5 号。

【关联法条】

《居民身份证法》第 4 条，《国家通用语言文字法》第 17 条、第 18 条

（撰稿人：雷震文）

第一千零一十三条　【名称权】法人、非法人组织享有名称权，有权依法决定、使用、变更、转让或者许可他人使用自己的名称。

【释义】

本条是关于法人、非法人组织名称权的规定。名称权是法人及非法人组织就其用以确定和代表自身并区别于他人的符号和标记所享有的权利。①

纵观历史，名称的最初形态是合伙中的字号，起初只是一个事实，在法律上并不被看作权利，也不受私法的保护。直至近代，在民商分立的国家，如日本，在商法典中开始对商号权予以确认；而民商合一的国家，如我国民国时期，则采取对姓名权扩大解释的方法，将商号权概括在姓名权之中。② 我国《民法通则》首次将名称权确定为一项独立的民事权利。该法第 99 条第 2 款规定，“法人、个体工商户、个人合伙享有名称权。企业法人、个体工商户、个人合伙有权使用、依法转让自己的名称”。《民法典》基本延续了《民法通则》的做法，并对姓名权的主体和权利内容作出了更为全面的规定。

关于名称权的法律属性，学理上素有争议。譬如，有学者指出，法人的名称权、名誉权等权利无精神利益，实质上是一种财产权③；人格权无力载负企业法人名称权所具有的直接、厚重的财产利益，以《保护工业产权巴黎公约》第 1 条和《建立世界知识产权组织公约》第 2 条分别将名称作为“工业产权”和“知识产权”保护对象的规定来看，应当顺应国际潮流，将企业名称视为知识产权。④

---

① 王利明：《人格权法研究》（第三版），中国人民大学出版社 2018 年版，第 390 页。

② 王占明：《企业名称权的法律再定位——兼论企业名称权与商标权的冲突解决》，载《法学》2003 年第 2 期。

③ 尹田：《论法人人格权》，载《法学研究》2004 年第 4 期。

④ 蒙俊、何小平、范湘莲：《试论企业法人名称权性质与继承》，载《广西政法管理干部学院学报》2001 年第 3 期。

但是，按照目前主流的观点，名称权是法人或非法人组织作为民事主体资格的重要组成部分，没有名称，法人或非法人组织即无法作为民法主体从事民事活动。[①]名称权是保证法人能够发挥预期作用的前提条件，所以其与法人具有本质上的联系，与那些只是与法人具有偶然性联系的债权与物权相比，可以被称为是法人的人格权。[②] 名称权虽具有一定的财产属性，但其只是名称权的派生性质，并非本质属性。[③]

值得注意的是，在民事立法和理论研究中，存在着一种将名称权视为姓名权对应物的倾向。譬如，有学者认为，无论是自然人或法人均享有姓名权，自然人叫姓名权，法人叫名称权。[④] 在姓名权上，虽然民法在形式上回避使用相同字眼，使用了“名称权”的概念，但不能掩饰其试图与自然人在法权配给上一一对应的初衷。[⑤] 民法关于公民姓名权保护的法理原则，同样适用于企业。[⑥] 但主流观点则认为，名称权与姓名权存在着诸多的区别，前者不能为后者所概括。[⑦] 除主体不同外，虽本条与上条对两项权利内容的列举多有雷同，但在权利的具体实现方式上也实际存在着较为明显的差别。以名称的决定和变更权为例，虽然依据本条规定，法人、非法人组织亦享有决定和变更自己名称的权利。但是，根据《企业名称登记管理规定》第 3 条的规定，企业名称在企业申请登记时，由企业名称的登记主管机关核定。企业名称经核准登记注册后方可使用，在规定的范围内享有专用权。该规定第 6 条至第 9 条同时还对企业名称的数量、组成结构、内容和文字等作出了明确的规定。同时，根据《国务院行政机构设置和编制管理条例》第 16 条的规定，“国务院行政机构及其司级内设机构的名称应当规范、明确，并与该机构的类型和职能相称。国务院行政机构及其司级内设机构不得擅自变更名称”。法人、非法人组织在名称的决定和变更权行使上实际须受到更多的限制。

其实，仅就本条与第 1012 条规定来看，名称权与姓名权便存在明显不同，前者包含了可转让性的内容。“名称权的可转让，是名称权与姓名权的重要区别。”[⑧]

---

① 刘士国主编：《中华人民共和国人格权法律条文建议附理由》，中国法制出版社 2017 年版，第 130 页。

② 薛军：《法人人格权的基本理论问题探析》，载《法律科学》2004 年第 1 期。

③ 黄薇主编：《中华人民共和国民法典人格权编解读》，中国法制出版社 2020 年版，第 114 页。

④ 曹康：《人身权基本知识》，天津大学出版社 1990 年版，第 25 页。

⑤ 王占明：《企业名称权的法律再定位——兼论企业名称权与商标权的冲突解决》，载《法学》2003 年第 2 期。

⑥ 盛杰民：《对企业名称权的法律思考》，载《法商研究》1997 年第 6 期。

⑦ 王利明：《人格权法研究》（第三版），中国人民大学出版社 2018 年版，第 406 页。

⑧ 最高人民法院民法典贯彻实施工作领导小组主编：《中华人民共和国民法典人格权编理解与适用》，人民法院出版社 2020 年版，第 198 页。

众所周知，权利的转让与许可使用不同，前者意味着权利主体的变更，即出让人丧失转让的权利，而受让人则成为该项权利的新主体。在不少学者看来，名称权的可转让性是其财产权属性的重要体现。[①] 名称权在性质上应属于人格权，但却同时具有某些无体财产权的属性，最明显的就是名称权所具有的转让性。[②] 但是，并非所有组织的名称权皆具有自由转让的内容。譬如，按照《民法通则》第 99 条第 2 款的规定，有权转让其名称的主体只包括企业法人、个人合伙和个体工商户，非企业法人的名称不得转让。[③]《民法典》虽然在本条中删除了此项关于主体范围的限制，但是，以实践来看，非营利组织尤其是机关法人、事业单位法人名称权的转让难免须受到严格的限制，甚至不得转让。而即便是企业等营利法人名称的转让，以域外相关立法来看，亦须以满足一定条件为前提。譬如，按照《日本商法典》第 15 条规定，“商人的商号，仅限于与营业一起或在废止营业时转让”。《德国商法典》第 23 条亦规定，“商号不得与使用此商号的营业相分离而出让”。而我国《企业名称登记管理规定》第 23 条第 1 款则规定，“企业名称可以随企业或者企业的一部分一并转让”。按照学者的解释，此处的“可以”应理解为“应当”或“必须”。[④]

【相关案例】

天津中国青年旅行社与天津国青国际旅行社擅自使用他人企业名称纠纷案[⑤]

“天津青旅”是天津中国青年旅行社的简称（未登记）。2007 年，《今晚报》等媒体在报道天津中国青年旅行社承办的活动中已开始以“天津青旅”简称指代天津中国青年旅行社。天津青旅在报价单、旅游合同、与同行业经营者合作文件、发票等资料以及经营场所各门店招牌上等日常经营活动中，均使用“天津青旅”作为企业名称的简称。

2010 年年底，天津青旅发现通过 Google 搜索引擎分别搜索“天津中国青年旅行社”或“天津青旅”，在搜索结果的第一名并标注赞助商链接的位置，分别显示“天津中国青年旅行社网上营业厅 www. lechuyou. com 天津国青网上在线营业厅，是您理想的选择，出行提供优质、贴心、舒心的服务”或“天津青旅网上

① 马俊驹：《人格和人格权理论讲稿》，法律出版社 2009 年版，第 295 页。
② 姚辉：《人格权法论》，中国人民大学出版社 2011 年版，第 160 页。
③ 杨立新：《人格权法》，法律出版社 2015 年版，第 185 页。
④ 罗昆：《名称转让制度刍议》，载《财经法学》2019 年第 4 期。
⑤ （2011）二中民三知初字第 135 号。

营业厅 www. lechuyou. com 天津国青网上在线营业厅，是您理想的选择，出行提供优质、贴心、舒心的服务”，点击链接后进入网页是标称天津国青国际旅行社乐出游网的网站，网页顶端出现“天津国青国际旅行社－青年旅行社青旅/天津国旅”等字样，网页内容为天津国青旅游业务信息及报价，标称网站版权所有：乐出游网－天津国青，并标明了天津国青的联系电话和经营地址。同时，天津青旅通过百度搜索引擎搜索“天津青旅”，在搜索结果的第一名并标注推广链接的位置，显示“欢迎光临天津青旅重合同守信誉单位，汇集国内出境经典旅游线路，100%出团，天津青旅 400－611－5253 022. ctsgz. cn”，点击链接后进入网页仍然是上述标称天津国青乐出游网的网站。

该案的争议焦点为企业对于没有登记注册的企业简称可否视为企业名称予以保护。

法院生效判决认为，对于企业长期、广泛对外使用，具有一定市场知名度、为相关公众所知悉，已实际具有商号作用的企业名称简称，可以视为企业名称予以保护。擅自将他人已实际具有商号作用的企业名称简称作为商业活动中互联网竞价排名关键词，使相关公众产生混淆误认的，属于不正当竞争行为。

【关联法条】

《农业专业合作社法》第 12 条，《反不正当竞争法》第 6 条，《公司法》第 7 条、第 8 条，《合伙企业法》第 14 条、第 15 条

（撰稿人：雷震文）

第一千零一十四条　【禁止侵害姓名权和名称权】任何组织或者个人不得以干涉、盗用、假冒等方式侵害他人的姓名权或者名称权。

【释义】

本条是关于禁止侵害他人姓名权和名称权的规定。

从权能的角度来看，姓名权包括积极权能和消极权能两个方面内容。所谓积极权能，是指姓名权人享有决定、使用和依照规定改变自己姓名的权能；所谓消极权能，是指权利人在其权利受到损害或遭受妨害的情况下，有权提出停止侵

害、排除妨害、赔偿损失等请求，以保护并实现其权利。[①] 名称权亦是如此。本法第1012条和第1013条旨在对姓名权和名称权积极权能的列举，而本条内容则应属于二者消极权能的范畴，明确规定了侵犯姓名权和名称权的三种主要行为方式：

其一，干涉，即无正当理由干涉他人对姓名的决定、使用、变更或者许可他人使用的权利，无正当理由干涉法人或者非法人组织对其名称的决定、使用、变更或者许可他人使用的权利。[②] 其中，对于姓名权的干涉，在实践中，较为常见的情形包括父母（特别是继父母）对未成年子女姓名决定权的干涉和不正当干涉他人使用与自己相同姓名的行为。[③] 而负有登记职责的机关无合法理由，拒绝为自然人或法人、非法人组织办理姓名或名称登记（包括变更登记）的行为，也可在一定程度上视为对其姓名权或名称权的不当干涉。

其二，盗用，盗用他人姓名实施的行为，可能是将他人姓名用于行政事务的办理，或从事民事法律行为。实践中，前者多表现为行为人未经许可或授权，将姓名权人之姓名用于工商登记、缴纳税款。后者多表现为行为人擅自在法律文书上签署他人姓名。[④] 盗用法人或非法人组织名称的情形基本与此相同，而且，按照《反不正当竞争法》第6条第2项的规定，擅自使用他人有一定影响的企业名称（包括简称、字号等）、社会组织名称（包括简称等），引人误认为相关商品或服务与他人存在特定联系的行为，不但构成对法人和非法人组织名称权的侵害，也属于法律所禁止的不正当竞争行为。

其三，假冒，是指不享有使用他人姓名的人擅自使用他人姓名，意图在从事某种活动中不使用自己姓名而使用他人姓名，从而掩盖自身身份。[⑤] 假冒他人姓名与盗用他人姓名均属非法使用他人姓名并侵害权利人姓名的行为。二者的区别主要在于：盗用的结果通常表现为直接损害被盗用者的利益；而冒用姓名者常常并不直接损害被假冒者的利益，而只是为了谋取个人的非法所得。[⑥] 假冒名称权的行为除常见的在自己的产品、服务、信函等上标上其他法人或非法人组织的名称以欺骗受众的情形外，还包括以与他人名称相类似或易混淆的文字作为自己的

---

① 王利明主编：《中国民法典学者建议稿及立法理由·人格权编、婚姻家庭编、继承编》，法律出版社2005年版，第82页。

② 黄薇主编：《中华人民共和国民法典人格权编解读》，中国法制出版社2020年版，第120页。

③ 最高人民法院民法典贯彻实施工作领导小组主编：《中华人民共和国民法典人格权编理解与适用》，人民法院出版社2020年版，第200~201页。

④ 张红：《民法典之姓名权立法论》，载《河北法学》2019年第10期。

⑤ 刘士国主编：《中华人民共和国人格权法律条文建议附理由》，中国法制出版社2017年版，第110页。

⑥ 姚辉：《人格权法论》，中国人民大学出版社2011年版，第158页。

名称或注册商标以及其他非法用途，即所谓的“仿冒”行为。[①]

值得注意的是，本条关于姓名权和名称权侵害方式的列举主要沿袭自《最高人民法院关于贯彻执行〈中华人民共和国民法通则〉若干问题的意见（试行）》第141条的规定，但与该条不同的是，本条在对盗用、冒用姓名和名称的责任构成中删去了关于“造成损害”的要求。按照目前较为主流的解释，自然人姓名被冒用、盗用本身就伴随着“被盗用”“被冒用”这类侵害后果的发生，所以判定姓名权侵权只需要客观上存在侵权行为即可，不需要造成其他诸如精神或者财产上的损失。[②]

同时，针对本条规定，有学者指出，侵害行为的类型的提取是不可能穷尽且完美的，对姓名权的侵害救济条款只作行为方式上的描述，未免有所缺失，应以权益损害的类型而非侵害行为方式作为侵害姓名权民事责任承担的判断依据。[③]此种说法不无道理，毕竟，以实践来看，司法审判中已多有出现且民法理论也已有较多讨论的“恶意重名”问题，便难以为本条所列举的三种方式所涵盖。[④]而且，鉴于姓名作为民事主体人格标识的功能，许多对自然人隐私权、名誉权、荣誉权、受教育权甚至是财产权的侵害往往是以“擅自使用”或者“假冒”他人姓名的方式实现的。[⑤]以行为方式作为姓名权的判断标准，难免容易造成权利保护范围的模糊，混淆姓名权与其他权利保护的边界。因此，也有学者指出，尽管姓名表征姓名主体的人格，但并不意味着姓名承载了其他类型的人格利益，更不应将姓名权之外的其他人格权益纳入姓名权的保护。[⑥]而有学者则以德国法为借鉴，认为应将“同一性利益”（即禁止他人将姓名用于指称他人而造成混淆的利益）“个性化利益”（即防止“归属上混乱”的功能）和经济利益作为姓名权保护的范围。[⑦]此种观点颇值得参考，依我国学者王泽鉴教授所言，同一性及个别化系姓名权的两种主要功能，为法律所要保护的利益，使权利人使用其姓名的权利不受他人争执、否认、不被冒用而发生统一性及归属上的混淆。[⑧]

---

① 王利明：《人格权法研究》（第三版），中国人民大学出版社2018年版，第413~414页。

② 石冠彬：《姓名权侵权纠纷的裁判规则研究》，载《当代法学》2018年第3期。

③ 张红：《民法典之姓名权立法论》，载《河北法学》2019年第10期。

④ 张红：《人格权各论》，高等教育出版社2015年版，第95~96页。

⑤ 刘文杰：《民法上的姓名权》，载《法学研究》2010年第6期。

⑥ 张素华：《论姓名权纠纷的裁判乱象与类型梳理》，载《四川大学学报（哲学社会科学版）》2018年第3期。

⑦ 陈龙江：《德国民法对姓名上利益的保护及其借鉴》，载《法商研究》2008年第3期。

⑧ 王泽鉴：《人格权法》，北京大学出版社2013年版，第135页。

【相关案例】

湖南王某文与河北王某文等侵犯著作权、不正当竞争纠纷案①

原告湖南王某文系国家一级作家，擅长撰写官场小说，在全国范围内享有较高知名度，其1999年创作的小说《国画》，被“中华读书网”称为十大经典反腐小说的代表作。被告河北王某文原名王某山，后改名为王某文。改名后，被告河北王某文发表长篇小说《国风》，该书封面标注的作者署名为“王某文”，封面三下方以小号字刊登的作者简介为：“王某文，男，38岁，河北遵化人氏，职业作家，发表作品近百万字，小说因触及敏感问题在全国引起较大争议。”发行商中元公司给书商配发的该书大幅广告宣传彩页上，以黑色字体标注着“王某文最新长篇小说”“《国画》之后看《国风》”“华龄出版社隆重推出”“风行全国的第一畅销小说”等内容。

本案的争议焦点是：1.《国风》一书是否为假冒他人署名的侵权作品；2. 发行《国风》一书是否构成不正当竞争。

本案生效判决认为，被告在原告湖南王某文成为知名作家后，将自己的姓名改为王某文，该改名行为符合法律规定。《国风》一书的作者署名“王某文”，其来有据，是正当行使著作权中的署名权，不是《著作权法》第47条第8项所指的假冒他人署名，不侵犯湖南王某文的著作权。但是，被告通过署名和作者介绍把《国风》一书与湖南王某文联系起来，借湖南王某文在文化市场上的知名度来误导消费者，从而达到推销自己作品的目的的行为构成不正当竞争。

【关联法条】

《反不正当竞争法》第6条

（撰稿人：雷震文）

第一千零一十五条　【自然人的姓氏选取】自然人应当随父姓或者母姓，但是有下列情形之一的，可以在父姓和母姓之外选取姓氏：

（一）选取其他直系长辈血亲的姓氏；

---

① 载《最高人民法院公报》2005年第10期。

（二）因由法定扶养人以外的人扶养而选取扶养人姓氏；

（三）有不违背公序良俗的其他正当理由。

少数民族自然人的姓氏可以遵从本民族的文化传统和风俗习惯。

【释义】

本条是关于自然人姓氏选取的规定。

姓名包括姓和名两部分，其中，姓是一定血缘遗传关系的记号，标志着个体自然人从属于哪个家族的血缘系统[①]，具有一定的身份利益属性。[②] 甚至，诚如学者所言，姓氏作为群体区分的手段，承担着国籍、世系和血缘上的识别功能；姓氏世代相袭，具有血缘区分、宗族观念之意义，已构成社会秩序与伦理道德之一部分。[③] 是以，域外立法大多就自然人的姓氏决定权作一定限制，明确自然人姓氏选取的范围。譬如，1804 年颁布的《拿破仑法典》首次规定，全体公民必须代代相承使用一个不变的家姓。当时规定的主要原则如下：（1）嫡出子女姓父姓；（2）非嫡出子女姓确定关系的父（或母）的姓；（3）非婚生子女姓母亲的娘家姓；（4）弃婴的姓由收养机构决定指出，姓氏选取体现着血缘传承、伦理秩序和文化传统，公民选取姓氏涉及公序良俗。[④]《德国民法典》第 1616 条规定，"子女以其父母的婚姻姓氏为出生姓氏"。《阿尔及利亚民法典》第 29 条亦规定，"任何人均应有一个姓氏及一个或数个名字。子女应该随父姓"。我国《婚姻法》第 22 条规定，"子女可以随父姓，可以随母姓"。而针对实践中出现的因公民在父姓和母姓之外选取姓氏（即所谓"第三姓"）而引发的纠纷，经最高人民法院提请，全国人大常委会曾就《民法通则》第 99 条第 1 款和《婚姻法》第 22 条的适用作出了专门的立法解释。本条即沿袭全国人大常委会的立法解释，在《民法典》中就自然人的姓氏选择问题作出的明确规定。

对于本条应作如下理解：

其一，自然人原则上应当随父姓或者母姓。从其最初的立法本意看，《婚姻法》第 22 条的规定旨在突出父母对子女姓氏决定的平等，进一步体现男女平等

---

① 杨立新：《人格权法》，法律出版社 2015 年版，第 176 页。

② 李永军：《论姓名权的性质与法律保护》，载《比较法研究》2012 年第 1 期。

③ 曹相见：《姓名权限制的规范解读》，载《法学论坛》2011 年第 2 期。

④ 李家骅、龚黎：《外国人的姓名（七）——法国人的姓名》，载《世界历史》1979 年第 6 期。

和家庭地位平等的原则，不涉及公民姓氏选取范围的问题。[①] 全国人大常委会却对其以后者为解释，各中缘由或许正如学者所言，公民原则上随父姓或者母姓符合中华传统文化和伦理观念，符合绝大多数公民的意愿和实际做法。[②] 而且，从社会管理和发展的角度来看，子女承袭父母姓氏有利于提高社会管理效率，便于管理机关和其他社会团体成员对姓氏使用人的主要社会关系进行初步判断。[③]值得注意的是，对本条中的“父母”应作广义理解，包括生父母、养父母和有扶养关系的继父母。毕竟，按照本法第1072条第2款的规定，继父或者继母和受其抚养教育的继子女间的权利义务关系，适用本法关于父母子女关系的规定。而本法第1112条则更是明确规定，养子女可以随养父或者养母的姓氏，经当事人协商一致，也可以保留原姓氏。

其二，自然人可以在父姓和母姓之外选取姓氏的例外情形。具体包括：（1）选取其他直系长辈血亲的姓氏，可以选择祖父、祖母、外祖父、外祖母，同时，不限于三代以内，家谱能够表明为直系长辈血亲的，都可以选为其姓氏。[④]（2）因由法定扶养人以外的人扶养而选取扶养人姓氏，此种规定客观上有利于鼓励法定扶养人以外的其他人进行扶养，同时也容易融洽扶养人与被扶养人之间的关系。[⑤]（3）有不违背公序良俗的其他正当理由，如僧人还俗、姓本身具有侮辱性等情形，可以在不违背公序良俗的情况下改姓。[⑥] 按照学者的解释，若在父姓和母姓之外选取姓氏则必须有不在列举条款之内的正当且必要的理由，并不违背公序良俗，其正当性与必要性应该与列举条款所列举的情况相当。[⑦]

其三，少数民族自然人的姓氏可以遵从本民族的文化传统和风俗习惯。少数民族姓名本身就和汉族有诸多不同之处，而且不同的民族之间又存在巨大差异。以蒙古族为例，蒙古族的姓和名是分开的，姓氏是祖上传下来的，名字是某一个蒙语单词的汉化。蒙古族在日常生活中，姓名一般不带姓，即便在办理身份证时也不冠姓氏。[⑧] 作为一国多民族国家，我国以民事基本立法的方式规定少数民族

---

① 黄薇主编：《中华人民共和国民法典人格权编解读》，中国法制出版社2020年版，第130页。

② 王利明、程啸：《中国民法典释评·人格权编》，中国人民大学出版2020年版，第263页。

③ 杨立新主编：《中华人民共和国民法典释义与案例评注：人格权编》，中国法制出版社2020年版，第143页。

④ 袁雪石：《民法典人格权编解释论》，中国法制出版社2020年版，第377页。

⑤ 中国审判理论研究会民事审判理论专业委员会：《民法典人格权编条文理解与司法适用》，法律出版社2020年版，第174页。

⑥ 黄薇主编：《中华人民共和国民法典人格权编解读》，中国法制出版社2020年版，第130页。

⑦ 宋天一、陈光斌：《从“北雁云依案”看“姓名决定权”与社会公序的价值冲突——兼论公序良俗的规制》，载《法律适用》2019年第6期。

⑧ 范景萍：《“你的姓名谁做主”——对散居少数民族姓名权保护的困惑及思考》，载谢晖主编：《民间法》（第十二卷），厦门大学出版社2018年版，第221页。

自然人的姓氏可以遵从本民族的文化传统和风俗习惯，充分体现了对少数民族文化传统和风俗习惯的尊重，对于增进民族团结具有十分积极的意义。

【相关案例】

北某依与燕山派出所公安行政登记案①

原告北某依父亲名为吕某峰，母亲名为张某峥。因酷爱诗词歌赋和中国传统文化，吕某峰、张某峥夫妇二人决定给爱女起名为北某依，并以北某依为名办理了新生儿出生证明和计划生育服务手册新生儿落户备查登记。2009 年 2 月，吕某峰前往燕山派出所为女儿申请办理户口登记，被民警告知拟被登记人员的姓氏应当随父姓或者母姓，即姓“吕”或者姓“张”，否则不符合办理出生登记条件。因吕某峰坚持以北某依为姓名为女儿申请户口登记，被告燕山派出所遂依照《婚姻法》第 22 条之规定，于当日作出拒绝办理户口登记的具体行政行为。

本案的争议焦点为：自然人能否在父母姓氏以外选择其他姓氏，是否有权在传统姓氏以外创造新的姓氏。

本案生效判决认为，公民选取或创设姓氏应当符合中华传统文化和伦理观念。仅凭个人喜好和愿望在父姓、母姓之外选取其他姓氏或者创设新的姓氏，不属于《全国人民代表大会常务委员会关于〈中华人民共和国民法通则〉第九十九条第一款、〈中华人民共和国婚姻法〉第二十二条的解释》第 2 款第 3 项规定的“有不违反公序良俗的其他正当理由”。

【关联法条】

《全国人民代表大会常务委员会关于〈中华人民共和国民法通则〉第九十九条第一款、〈中华人民共和国婚姻法〉第二十二条的解释》，《户口登记条例》第 18 条

（撰稿人：雷震文）

第一千零一十六条　【姓名、名称的登记及其变更的法律效力】自然人决定、变更姓名，或者法人、非法人组织决定、变更、转让名称的，应当依法向有关机关办理登记手续，但是法律另有规

① （2010）历行初字第 4 号。

定的除外。

民事主体变更姓名、名称的，变更前实施的民事法律行为对其具有法律约束力。

【释义】

本条是关于姓名和名称登记及二者变更法律效力的规定。

对于本条规定应作如下理解：

其一，民事主体姓名和名称的登记。民事主体以姓名或名称为标识参与社会生活。姓名和名称既是表征民事主体人格的文字符号，也是明确权利义务归属的重要依据。民事主体基于维护其人格利益的需要固然享有依法决定、变更自己姓名和名称以及转让自己名称的自由，但是，出于保护其他民事主体利益和维护社会公共秩序、公共利益的需要，亦负有以一定方式将其对姓名和名称的决定、变更和转让公示以为他人知晓的义务。而登记即一种重要的公示手段，具有较强的公信力。登记公示的价值在于既便于有利害关系的交往相对人了解情况以保护其利益，也便于国家对民事主体依法进行必要的监督管理，以实现对社会经济秩序有效调控的需要。①

我国现行法律和法规对姓名和名称的登记已作出较为明确的规定。譬如，《户口登记条例》第 7 条规定，婴儿出生后一个月以内，由户主、亲属、抚养人或者邻居向婴儿常住地户口登记机关申报出生登记。弃婴，由收养人或者育婴机关向户口登记机关申报出生登记。同时，该条例第 18 条规定，公民变更姓名，依照下列规定办理：（1）未满十八周岁的人需要变更姓名的时候，由本人或者父母、收养人向户口登记机关申请变更登记；（2）十八周岁以上的人需要变更姓名的时候，由本人向户口登记机关申请变更登记。

《企业法人登记管理条例》和《企业名称登记管理规定》等对企业名称的注册登记、变更登记、转让登记作出了较为具体的规定。并且，依据《企业名称登记管理规定》第 26 条的规定，企业使用未经核准登记注册的企业名称从事生产经营活动或擅自改变、转让、出租自己的企业名称的，还应承担相应的行政处罚责任。而《社会团体登记管理条例》第 12 条也明确将名称列为社会团队的登记事项之一。据此，除该条例第 3 条规定的参加中国人民政治协商会议的人民团

① 中国审判理论研究会民事审判理论专业委员会编著：《民法典人格权编条文理解与司法适用》，法律出版社 2020 年版，第 177 页。

体、由国务院机构编制管理机关核定，并经国务院批准免于登记的团体、机关、团体、企业事业单位内部经本单位批准成立、在本单位内部活动的团体等免于登记的社会团体外，其他社会团体组织名称确立和变更也须向登记机关办理登记。

值得注意的是，姓名登记与名称登记表现为不同的法律性质：作为一种事实行为的行政登记，姓名登记是公安机关对相对人就其姓氏与名字的设定、变更等情况记载于册以便备查，并作为将来社会管理活动的参考依据。姓名登记本身并不能赋予申请人（相对人）某种权利或资格，因而不属于行政许可。同时，姓名登记并不能直接设定行政法上的权利义务，故亦不属于行政确认范畴。① 而名称登记，以企业名称的登记为例，作为商事登记的一部分，依学界和实务界的普遍观点，应属为行政许可范畴。② 并且，姓名登记和名称登记在法律效力上也存在明显不同：姓名登记应采取登记对抗主义，非经登记的，不得对抗善意第三人；名称登记则应采取登记生效主义，非经登记，不产生法律效力。③ 例如，按照《企业名称登记管理条例》第 3 条的规定，“企业名称在企业申请登记时，由企业名称的登记主管机关核定。企业名称经核准登记注册后方可使用，在规定的范围内享有专用权”。

其二，姓名和名称变更对民事主体原有权利义务关系的影响。无论是自然人还是法人或者非法人组织，姓名或者名称都是其人格的文字标识，指代的就是自己，在姓名或者名称变更后，只是指代的文字标识发生了改变，所指代的自然人、法人或者非法人组织并未改变，仍为同一主体。④ 基于此，民事主体在姓名或名称变更前实施的民事法律行为应当仍然继续对其产生法律约束力。⑤ 以变更姓名的方式企图规避责任、逃脱制裁的，不被准许。⑥ 相应地，受让名称也不意味着对出让人原有权利义务的概括承受，除民事主体的合并、分立以及出让人与双方当事人另有明确约定的情形外，转让名称的民事主体在转让名称前实施的民事法律行为，对受让人名称权的民事主体没有约束力。⑦

---

① 刘练军：《姓名登记规范研究》，载《法商研究》2017 年第 3 期。

② 叶林：《试论商业登记的法律性质》，载《中国工商管理研究》2011 年第 11 期。

③ 袁雪石：《民法典人格权编解释论》，中国法制出版社 2020 年版，第 393 ~ 394 页。

④ 杨立新：《人格权编草案二审稿的最新进展及存在的问题》，载《河南社会科学》2019 年第 7 期。

⑤ 王利明、程啸：《中国民法典释评 · 人格权编》，中国人民大学出版 2020 年版，第 268 页。

⑥ 张红：《民法典之姓名权立法论》，载《河北法学》2019 年第 10 期。

⑦ 杨立新主编：《中华人民共和国民法典释义与案例评注：人格权编》，中国法制出版社 2020 年版，第 146 页。

【相关案例】

天元公司申请执行金种子公司买卖合同纠纷申诉案[①]

2004 年 5 月 10 日，天元公司向法院起诉金牛公司等请求给付货款。法院生效判决金牛公司须对天冠公司承担清偿责任后，金牛公司向安徽省工商行政管理局申请公司变更登记，公司名称变更为金种子公司。南阳中院于 2012 年 3 月 7 日作出（2005）南中执字第 47－2 号执行裁定：变更金种子公司为本案被执行人，金种子公司应向申请执行人清偿债务 1763564.31 元及利息。金种子公司不服提出执行异议，南阳中院于 2012 年 8 月 16 日作出（2005）南中执字第 47－3 号执行裁定，驳回金种子公司的执行异议，金种子公司不服向河南高院申请复议。河南高院复议审查认为，被执行人金牛公司在执行过程中更名为金种子公司，南阳中院依法作出（2005）南中执字第 47－2 号执行裁定，变更金种子公司为被执行人并无不当。金种子公司不服河南高院裁定，向最高人民法院申诉。

本案的争议焦点之一在于：南阳中院裁定变更被执行人金牛公司为金种子公司是否符合法律规定。

最高人民法院复议认为，被执行人金牛公司在执行中更名为金种子公司。依照本院《最高人民法院关于适用〈中华人民共和国民事诉讼法〉若干问题的意见》第 273 条“在执行中，作为被执行人的法人或者其他组织名称变更的，人民法院可以裁定变更后的法人或者其他组织为被执行人”的规定，南阳中院在执行中裁定变更金种子公司为被执行人，符合法律规定。

【关联法条】

《公司法》第 7 条，《居民身份证法》第 11 条

（撰稿人：雷震文）

第一千零一十七条　【姓名、名称的扩张保护】具有一定社会知名度，被他人使用足以造成公众混淆的笔名、艺名、网名、译名、字号、姓名和名称的简称等，参照适用姓名权和名称权保护的有关规定。

---

① （2013）执监字第 100 号。

【释义】

本条是关于姓名、名称扩张保护的规定。

姓名权保护的客体并不限于自然人在户籍机关正式登记的姓名，还包括自然人使用的能够用来确定和代表其个人特征的其他名称。“姓名的作用就在于使人们在一般交往包括法律交往中相互识别。”[①] 因此，凡在社会交易及生活上具有识别性功能的标志，均应纳入受“姓名权”保护的范围。[②] 虽与身份证实际在公安机关登记且在身份证上记载的名字不同，但因被使用人长期在社会公开使用，公众已经将其与使用人紧密联系起来，故此时的笔名、艺名或别号等也具有与姓名一样标识使用人的作用。[③] 法定姓名和其他“姓名”的区别关键在于：法定姓名经过登记故而作为公法权利义务和社会普遍管理的唯一符号，其他“姓名”不具有这种公法上的意义，但这并不意味着其他“姓名”不受私法上姓名权的保护。[④] 在域外民事立法中，对正式姓名以外的自然名称加以保护的例子不乏其见。譬如，《意大利民法典》第 9 条规定，当自然人所适用的笔名与姓名具有同等的重要性时，可以取得姓名权的保护。而我国澳门特区“民法典”第 82 条第 4 项也规定，笔名及其他识别个人身份之方式，如具有知名度，则享有赋予其本人姓名之相同保护。而我国大陆地区，虽有学者指出，童年的乳名以及绰号不属于姓名。[⑤] 但是，不少学者认为，对此不应一概而论。判断一个符合或者称呼能否成为姓名权客体，关键并不在于该符号或者称呼的表现形式，而是在于它们能否标表某个特定的人。[⑥] 只要是能够代表某人、表现某人的符号，即可成为其姓名权的客体。[⑦] 法人、非法人组织的字号、简称等亦是如此。按照《反不正当竞争法》第 6 条的规定，经营者不得擅自使用他人有一定影响的企业名称（包括简称、字号等）、社会组织名称（包括简称等），引人误认为是他人商品或者与他人存在特定联系。

但是，并非任何与特定民事主体存在联系的文字符号皆可得视为其姓名或名称。一般认为，“只有那些具有明显的个性特征，能够代表某人、表现某人的符

---

① ［德］拉伦茨：《德国民法通论》，王晓晔等译，法律出版社 2004 年版，第 158 页。

② 王泽鉴：《人格权法》，北京大学出版社 2013 年版，第 119 页。

③ 中国审判理论研究会民事审判理论专业委员会编著：《民法典人格权编条文理解与司法适用》，法律出版社 2020 年版，第 186 ~ 187 页。

④ 张新宝、任彦：《姓名的公法规制及制度完善》，载《法制与社会发展》2015 年第 6 期。

⑤ 梁慧星：《民法总论》（第五版），法律出版社 2017 年版，第 94 页。

⑥ 姚辉：《人格权法论》，中国人民大学出版社 2011 年版，第 154 页。

⑦ 王利明主编：《中国民法典学者建议稿及立法理由 · 人格权编、婚姻家庭编、继承编》，法律出版社 2005 年版，第 323 页。

号，才能成为其姓名的客体”。[①] 而依据本条规定，民事主体的笔名、艺名、网名、译名、字号、姓名和名称的简称等欲成为姓名权和名称权的保护范围，则至少应当满足两个方面的条件：

其一，具有一定社会知名度。姓名和名称以标识民事主体为基本功能，故作为姓名或名称的文字符号，首先应以为他人所知悉为前提。而且，作为姓名权和名称权等绝对权保护的客体，以维护其他社会主体基本行为自由为考虑，要求自然人的笔名、艺名、网名、译名等受法律保护以被公众知悉、具有一定社会知名度为前提也颇为必要。而对于知名度的判断，依司法实践的检验，主要需要关注两个标准：其一是知名度的广度，即公众知悉的比例；其二是知名度的深度，即公众知悉的程度。[②] 当然，此处所说的“社会公众”并不当然泛指一般的社会公众，而应当是相关领域的社会公众。[③] 凡在一定地域范围内能够明确无误地指向特定自然人的称谓，都是姓名权的客体。[④] 同时，此种知名度的保持还应当满足一定的时间要求[⑤]，令公众能借此与特定自然人建立稳定的对应关系。[⑥]

其二，被他人使用足以造成公众混淆。在《民法典》起草的过程中，有学者指出，“与姓名……受到同等保护”不单指侵害后的事后救济，亦指其决定、变更与使用等积极的权能行使。强调以足以造成公众混淆作为对笔名、艺名、网名等保护的前提，难免存在漏洞。[⑦] 此种观点虽有一定道理，但颇值商榷。正如学者所言，如果个人笔名、艺名等的使用不会使社会公众产生混淆，就表明该个人称号不足以标识个人的身份，其也难以受到法律保护。[⑧] 而且，在重名重姓现象既为法所不禁，生活中也极为常见的背景下[⑨]，对民事主体登记姓名和名称以外的人格标识符号的保护，若不以“足以造成公众混淆”为条件，难免导致姓名权和名称权保护的范围过度扩张，不利于对社会基本行为自由的维护。当然，判断“足以造成公众混淆”的标准应以多元化，如商品或服务领域，民事主体所处地域，知识背景、商业背景等皆属应考量的因素。[⑩]

---

① 姚秋英：《人格权研究》，中国政法大学 2012 年版，第 169 页。

② 最高人民法院民法典贯彻实施工作领导小组主编：《中华人民共和国民法典人格权编理解与适用》，人民法院出版社 2020 年版，第 228 页。

③ 王利明、程啸：《中国民法典释评 · 人格权编》，中国人民大学出版 2020 年版，第 274 页。

④ 张善斌、冯兴俊：《姓名权财产利益的法律保护》，载《法商研究》2002 年第 4 期

⑤ 中国审判理论研究会民事审判理论专业委员会：《民法典人格权编条文理解与司法适用》，法律出版社 2020 年版，第 187 页

⑥ （2017）京 0105 朝民初字第 1832 号。

⑦ 张红：《民法典人格权编立法论》，法律出版社 2020 年版，第 130 页

⑧ 王利明、程啸：《中国民法典释评 · 人格权编》，中国人民大学出版 2020 年版，第 274 页。

⑨ 刘文杰：《民法上的姓名权》，载《法学研究》2010 年第 6 期。

⑩ 袁雪石：《民法典人格权编解释论》，中国法制出版社 2020 年版，第 397 页。

【相关案例】

乔丹、国家知识产权局商标行政纠纷案①

乔丹为篮球运动明星，自1984年起被《当代体育》《体育博览》《新体育》《篮球》《体育世界》《中国新闻周刊》《中学生百科》《中国广告》《经营与管理》等众多我国媒体所报道。其多被称为“迈克尔·乔丹”，在部分媒体的篮球运动相关报道中，也以“乔丹”指代。乔丹公司于2001年3月21日获准注册第1541331号“乔丹”商标，核定使用在国际分类第25类“服装；游泳衣；鞋；爬山鞋；帽；袜；皮带（服饰用）；舞衣；婚纱；睡眠用眼罩；防滑鞋底”等商品上。

乔丹于2012年以损害其姓名权等为由，向国家工商行政管理总局商标评审委员会（以下简称商标评审委员会）提出申请，请求撤销乔丹公司在多个商品类别上注册的“乔丹”“QIAODAN”等多项商标。商标评审委员会裁定驳回其申请。乔丹不服而提起行政诉讼。

本案的争议焦点为争议商标的注册是否损害了乔丹主张的在先姓名权和肖像权，违反了《商标法》第32条关于“申请商标注册不得损害他人现有的在先权利”的规定。

2014年至2015年，北京市第一中级人民法院、北京市高级人民法院分别进行了一审、二审，乔丹均败诉。

最高人民法院再审认为：自然人就特定名称主张姓名权保护的，该特定名称应当符合以下三项条件：其一，该特定名称在我国具有一定的知名度、为相关公众所知悉；其二，相关公众使用该特定名称指代该自然人；其三，该特定名称已经与该自然人之间建立了稳定的对应关系。本案现有证据足以证明“乔丹”在我国具有较高的知名度、为相关公众所知悉，我国相关公众通常以“乔丹”指代再审申请人乔丹，并且“乔丹”已经与再审申请人之间形成了稳定的对应关系，故再审申请人就“乔丹”享有姓名权。

【关联法条】

《反不正当竞争法》第6条

（撰稿人：雷震文）

① （2018）最高法行再32号。

第四章 肖 像 权

【导读】

本章是关于肖像权的规定。肖像权，是指自然人以自己肖像的利益为内容的权利。其是一种具有维护个性作用并且具有可克减性和较大商业化价值的人格权。随着现代数字技术的发展，肖像得以摆脱有形物质载体的束缚，获得了更加丰富的表现形式。但与此同时，现代技术也对肖像权的保护提出了更加严峻的挑战，社会生活中对肖像权的侵害方式日趋多元，负载于肖像之上的利益也越发多元化。以此为背景，《民法典》人格权编以专章形式对肖像权的内容、侵害肖像的方式、肖像权的合理使用以及肖像的商业化利用等作出较为系统和全面的规定，以期充分回应时代需求，切实保护自然人的肖像人格利益。

本章包含6个条文，其主要内容包括：

其一，关于肖像权内涵的规定，肖像权的主体只能是自然人，客体则是通过影像、雕塑、绘画等方式在一定载体上所反映的特定自然人可以被识别的外部形象。肖像权的内容包括自然人对肖像的制作权、使用权、公开权和许可使用权。

其二，关于肖像侵害方式的规定，在明确肖像权人对自己肖像享有独占性和排他性的制作、使用和公开权的同时，将对肖像权的主要侵害方式规定为丑化、污损和利用信息技术手段伪造他人肖像（如AI换脸）三种主要类型。鉴于肖像权与著作权冲突问题比较突出，本章专门就对肖像权人的倾斜保护作出了明确规定。

其三，关于肖像合理使用规则的规定，明确列举出五种无须经肖像权人同意即可对其肖像加以合理利用的情形。并且，以“在必要范围内”“不可避免地”等限制，较为清晰地表达了肖像的合理使用应当贯彻比例原则的立场。

其四，关于肖像许可使用合同解释的规定，在明确肖像权人可将其肖像许可他人使用的同时，针对肖像商业化利用实践中常见的合同纠纷，对许可使用合同的解释规则作出明确规定，并规定对有争议的使用条款“应当作出有利于肖像权人的解释”，立场鲜明地表达了对肖像权人应予倾斜保护的态度。

其五，关于肖像使用合同解除规则的规定，以是否存在关于许可使用期限的约定为标准，对不同情形下肖像许可使用合同解除权的分配、行使方式和法律后果作出明确规定，以图在合理平衡合同双方利益的同时，为肖像权人提供较为周延的保护。

其六，关于姓名许可使用和声音保护的规定。以参照适用肖像权许可使用和保护有关规定的方式，分别为姓名的许可使用和自然人声音的保护提供必要的规则指引，充分彰显出《民法典》的体系效应。

第一千零一十八条【肖像与肖像权的内涵】 自然人享有肖像权，有权依法制作、使用、公开或者许可他人使用自己的肖像。

肖像是通过影像、雕塑、绘画等方式在一定载体上所反映的特定自然人可以被识别的外部形象。

【释义】

肖像权，是指自然人以自己肖像的利益为内容的权利。① 肖像权是标表性人格权的一种重要类型②，也是随着摄影等技术发展而被逐渐认可的人格权类型。本条第 1 款宣示了自然人享有肖像权，这就确认了作为独立人格权的肖像权。

概括而言，肖像权具有如下特征：

第一，它是具有维护个性作用的人格权。肖像权的实现在于维护个人外观造型的自我支配性。③ 而且，从根本上来说，肖像是个性的表现，是个人特定化的标识，所以，肖像权具有维护个性的价值，应当将其归入标表性人格权。

第二，它是可克减的权利。肖像权具有可克减性，基于正当事由可以限制肖像权。尤其是为了社会公共利益的需要，可以使用他人肖像，如公安机关为了通缉犯罪嫌疑人而使用其肖像。④

第三，它是具有较大商品化价值的权利。在民法上，不少人格要素（如姓名、名称、声音）都可以被商品化利用，肖像也是其中之一。因此，肖像权兼具精神价值和财产价值，是具有较大商品化价值的权利。

本条第 1 款明确了肖像权的主体限于自然人。肖像是自然人与生俱来的，所

---

① 龙显铭：《私法上人格权之保护》，中华书局 1958 年版，第 93 页。

② 周友军：《侵权法学》，中国人民大学出版社 2011 年版，第 112 页。

③ 龙卫球：《民法总论》，中国法制出版社 2001 年版，第 329 页。

④ 苏号朋：《民法总论》，法律出版社 2006 年版，第 217 页。

以，其自出生至死亡都享有肖像权。法人和非法人组织没有肖像，也就不能成为肖像权的主体。问题是死者是否是肖像权的主体，从实践来看，侵害死者肖像时有发生。例如，在我国曾发生的鲁迅肖像权案中，被告擅自制作并出售带有鲁迅肖像的产品，就属于侵害死者肖像的行为。我国《民法典》第994条就死者肖像的保护作出了明确规定。不过，在理论上，侵害死者肖像的情形，究竟是侵害了死者的人格利益，还是侵害了其近亲属的人格权益（如其近亲属的一般人格权），在理论上还可以继续探讨。

本条第2款明确了肖像权的客体，即肖像的具体内涵。按照第2款的规定，“肖像是通过影像、雕塑、绘画等方式在一定载体上所反映的特定自然人可以被识别的外部形象”。这一规定可以解读为如下三层含义：一是肖像是对人的外部形象的再现，且应当存在于一定的载体之上。受科技水平的限制，传统民法往往强调肖像的有形物质载体。但是，随着近年来数字技术的迅速发展及网络的应用，不再需要有形的物质载体。[①][②] 具体来说，呈现自然人外部形象的方式包括影像、雕塑、绘画等。在实践中，通过漫画的方式再现的自然人的外部形象也属于肖像。二是肖像应当可以识别特定的自然人。这就是肖像可识别性的特点。[③] 可识别性的判断，应当从社会一般人的角度进行，而不能从特定人的角度进行，尤其是不能从被呈现外部形象的人自己的角度来进行。例如，在一个案件中，原告谢某从照片中仅有的四肢和躯干识别出了自己，但是，从社会一般人的角度来看，是无法识别出谢某的，因此，该照片不能认定为是谢某的肖像。[④] 在我国司法实践中，争议较大的是演员对其扮演的角色形象（如孙悟空、还珠格格等）是否享有肖像权。我认为，这一问题的解决应当结合“可识别性”的判断，并考虑角色形象与特定自然人之间是否有稳定的对应关系。三是肖像所再现的不限于面部形象，而是外部形象。“外部形象”意味着，肖像并非局限于面部形象，自然人的整体外貌形象均可作为肖像的内容。[⑤]“肖像是一个自然人形象的标志，除面部特征外，任何足以反映或者可以识别特定自然人的外部形象若不纳入肖像权的保护范围，都很有可能对该自然人的人格尊严造成威胁。”[⑥]一般来说，肖像是人的面部形象的摹写。但随着社会的发展，肖像的内涵逐步扩大，也包括对人的面部的一部分，以及人的面部以外的身体部位的摹写，如手、腿等部位。凡是足以

---

① 苏号朋：《民法总论》，法律出版社2006年版，第216页。

② 龙显铭：《私法上人格权之保护》，中华书局1958年版，第93页。

③ 龙卫球：《民法总论》，中国法制出版社2001年版，第329页。

④ 北京市高级人民法院编：《审判前沿：新类型案件审判实务》，法律出版社2003年版，第139页。

⑤ 张红：《民法典之肖像权立法论》，载《学术研究》2019年第9期。

⑥ 黄薇主编：《中华人民共和国民法典人格权编解读》，中国法制出版社2020年版，第142页。

识别具体自然人的外部形象（如背影），都可以作为肖像的摹写对象。所以，本条第2款强调肖像是指自然人可以被识别的“外部形象”，这使得肖像的概念具有开放性，能够因应社会的发展。

需要指出的是，在我国，自姚明起诉可口可乐公司侵犯其肖像权案开始①，学者还提出了集体肖像的概念。所谓集体肖像，是指数个人的肖像并存于一个载体上构成一个完整的、独立于个体的肖像。② 这一概念对于解决实践中的集体肖像纠纷具有一定的解释力。集体肖像权需要肖像权人共同行使，这一点类似于民法物权中的共有关系。任何一个人未经他人同意，只能使用集体肖像中的个人部分，但不得处分整个集体肖像。③

【相关案例】

蓝某与王朝饭店、北京电影制片厂肖像权纠纷案④

2001年，原告蓝某在王朝饭店就餐时，发现该餐厅摆放着电影《茶馆》中其个人扮演的“秦二爷”的剧照，认为被告侵害了自己的肖像权。王朝饭店提出，其使用的剧照已经取得电影《茶馆》制片人即北京电影制片厂的同意。北京电影制片厂则提出，电影《茶馆》的著作权归其所有，其享有许可他人使用的权利；而且，角色形象不等于角色扮演者的个人形象，原告蓝某不能代替角色享有角色的肖像权。

该案的争议焦点为演员对其扮演的角色形象是否享有肖像权。

一审法院认为，在该案中，扮演“秦二爷”角色的表演者（即原告蓝某）的面部形象特征清晰，该剧照不仅令一般公众辨别出是电影《茶馆》中的镜头，而且令一般公众分辨出扮演“秦二爷”角色的表演者是原告蓝某，从识别性的角度看，原告对剧照享有肖像权。

【关联法条】

《民法典》第990条、第1019条

（撰稿人：周友军）

---

① 王镜宇、徐济成：《小巨人肖像上了可口可乐罐》，载《新民晚报》2003年5月16日，第10版。
② 王利明：《人格权法》（第二版），中国人民大学出版社2015年版，第259页。
③ 王利明：《人格权法》（第二版），中国人民大学出版社2015年版，第261页。
④ （2002）东民初字第6226号。

第一千零一十九条 【侵害肖像权的具体表现形式】 任何组织或者个人不得以丑化、污损，或者利用信息技术手段伪造等方式侵害他人的肖像权。未经肖像权人同意，不得制作、使用、公开肖像权人的肖像，但是法律另有规定的除外。

未经肖像权人同意，肖像作品权利人不得以发表、复制、发行、出租、展览等方式使用或者公开肖像权人的肖像。

【释义】

本条第 1 款就侵害肖像权作出了规定。概括而言，第 1 款的规定，可以从侵害肖像权的积极权能和消极权能两个角度来理解。

从肖像权的积极权能来看，未经肖像权人同意而进行制作、使用、公开肖像的行为，都构成侵害肖像权的积极权能。此处的肖像权人同意应当属于受害人同意的范畴，属于准法律行为。肖像权人的同意可以是明示的同意，也可以是默示的同意。如果肖像权人是被监护人，应当由其监护人表示同意，但对于八岁以上的未成年人可以征求其意见。具体来说，从肖像权积极权能受侵害的角度，侵害肖像权的行为包括如下三种类型：

其一，未经同意而制作他人肖像。这一行为侵害了肖像制作权能。肖像制作权能，是指自然人自己或许可他人通过摄影、雕塑等方式呈现自己外部形象的权能。虽然也有学者认为，肖像的制作是人的自由，法律上没有禁止的必要。[①] 不过，我国多数学者认为，肖像权之中包括肖像制作权能，未经肖像权人的同意，任何人不得擅自制作其肖像[②]，我国《民法典》采多数学者的立场。这一做法有其积极意义，如果肖像权不包括肖像制作权能，那么，没有制作肖像以前，主体就不享有肖像权。这与人格权与主体相伴的特点相违背。另外，在我国实践中，偷拍现象较为常见，这一规定有助于解决实践中的问题。

其二，未经同意而使用他人肖像。这一行为侵害了肖像使用权能。肖像的使用权能，是指自然人自己利用其肖像，并可以让他人利用自己肖像的权能。肖像

---

① 转引自龙显铭：《私法上人格权之保护》，中华书局 1958 年版，第 102 页。

② 龙显铭：《私法上人格权之保护》，中华书局 1958 年版，第 95 页；苏号朋：《民法总论》，法律出版社 2006 年版，第 216 ~ 217 页；刘士国主编：《中华人民共和国人格权法律条文建议附理由》，中国法制出版社 2017 年版，第 146 页。

使用权能首先是权利人自行使用其肖像的权利，只要不违反法律的强制性规定和公序良俗，都是允许的。因为肖像的使用具有经济价值，所以，肖像权人可以允许他人使用其肖像。未经同意使用他人肖像，可以是商业性使用，也可以是非商业性使用。例如，未经某明星的允许，而在商品的包装上使用其肖像。广义来说，使用肖像也可以包括公开肖像。但结合本条将“使用”肖像与“公开”肖像区分规定的做法，应当解释为，本条中的“使用”肖像不包括“公开”肖像在内。需要指出的是，我国《民法通则》第 100 条曾规定：“公民享有肖像权，未经本人同意，不得以营利为目的使用公民的肖像。”但这一做法对肖像权的保护是不充分的，违背肖像权制度的设立目的。《民法典》吸收了学者的见解，改变了《民法通则》的不当做法。

其三，未经同意而公开他人肖像。这一行为是对肖像公开权能的侵害。肖像的公开权能，是指自然人自己将肖像公之于众，或者允许他人将其肖像公之于众的权能。从实践来看，侵害他人肖像公开权能的行为，可以表现为通过出版、展览、上网等方式。

本条第 1 款还从肖像权消极权能的角度，明确了侵害肖像权的行为，也就是“以丑化、污损，或者利用信息技术手段伪造等方式侵害他人的肖像权”。所谓肖像权的消极权能是指肖像权的不可侵害性。具体来说，本条列举了三种侵害肖像权消极权能的行为：一是丑化肖像。例如，在他人肖像上添加胡须、眼镜、黑斑等方式丑化他人。[①] 丑化肖像的情形可能同时构成侵害肖像权人的名誉权。当然，是否同时构成侵害名誉权，以肖像权人的社会评价是否降低为标准。二是污损肖像。例如，以焚烧、撕扯等方式侵害他人肖像。[②] 污损肖像的情形，可能同时构成侵害他人对肖像载体所享有的所有权。三是利用信息技术手段伪造。它包括通过 P 图、AI 换脸等方式进行的侵害肖像权的行为。

从实践来看，肖像权与著作权冲突问题比较突出，为此，本条第 2 款专门确立了二者冲突时的解决规则。权利冲突是法律上的重要问题。正如吴经熊教授所言，“如果能够通过法律承认和保护人类的所有利益，那是极其美妙之事。但事实是，利益之间不断冲突”。[③] 所以，法律必须解决好利益冲突和权利冲突问题。在实践中，著作权往往会与肖像权发生冲突。例如，照相馆未经顾客同意，将顾客的照片用于广告宣传。按照本条第 2 款的规定：“未经肖像权人同意，肖像作品权利人不得以发表、复制、发行、出租、展览等方式使用或者公开肖像权人的

---

① 王利明：《人格权法》（第二版），中国人民大学出版社 2015 年版，第 253 页。
② 王利明：《人格权法》（第二版），中国人民大学出版社 2015 年版，第 253 页。
③ 吴经熊：《吴经熊法学文选》，中国政法大学出版社 2012 年版，第 46 页。

肖像。”本条在著作权人和肖像权人之间，作出了倾斜保护肖像权人的规定，符合本编保护自然人人格尊严的立法目的。此外，本条第2款中的“肖像作品权利人”除了肖像作品的著作权人以外，解释上还可以包括肖像作品的所有权人。

另外，从实践来看，著作权与隐私权的权利冲突是更为突出的问题。例如，在数年前曾发生的一起案件，北京画家王甲给王乙拍摄了一组裸照，并根据照片创作了《尘》系列油画作品，受到业内好评。随后，油画被公开展览、刊登、拍卖。王乙认为王甲侵犯了她的隐私权等权利，遂向湖南省湘潭市雨湖区法院提起诉讼，要求对方立即停止侵权行为、登报赔礼道歉，并赔偿50万元。对此问题，理论上存在不同的看法。《民法典》人格权编对此也没有规定，形成了法律漏洞。笔者认为，对于此类案件，法院可以类推适用《民法典》第1019条第2款的规定，明确隐私权优先于著作权，从而强化对人格尊严的保护。

【相关案例】

缪某与徐某及辽宁美术出版社肖像权纠纷案[①]

原告缪某是被告徐某所在的学院签订的合同制模特，以其自身人体形象供学院师生绘画学习，被告徐某是学院的教授，按照学院安排的课堂教学任务，创作了《双女人体》一画。后来，徐某在辽宁美术出版社出版了该画作。

该案的争议焦点为未经肖像权人同意，肖像的著作权人是否可以出版其作品。

一审法院认为，被告徐某基于其所在学院与原告缪某的合同，而享有对原告的人体肖像制作权，其对因此创作的画作享有著作权。然而，学院与原告之间并没有对超过合同规定的使用另行作出约定，所以，被告徐某在合同规定之外使用《双女人体》画作应当征得肖像权人的同意。

【关联法条】

《民法典》第995条、第1065条、第1083条

（撰稿人：周友军）

---

① 最高人民法院中国应用法学研究所编：《人民法院案例选·2004年民事专辑》（总第48辑），人民法院出版社2005年版，第363页。

第一千零二十条　【肖像合理使用的特殊规则】 合理实施下列行为的，可以不经肖像权人同意：

（一）为个人学习、艺术欣赏、课堂教学或者科学研究，在必要范围内使用肖像权人已经公开的肖像；

（二）为实施新闻报道，不可避免地制作、使用、公开肖像权人的肖像；

（三）为依法履行职责，国家机关在必要范围内制作、使用、公开肖像权人的肖像；

（四）为展示特定公共环境，不可避免地制作、使用、公开肖像权人的肖像；

（五）为维护公共利益或者肖像权人合法权益，制作、使用、公开肖像权人的肖像的其他行为。

【释义】

人格要素的合理使用，是基于社会公共利益的需要而进行的人格权限制。我国《民法典》人格权编第 999 条确立了人格要素合理使用的一般性规则。[①] 不过，考虑到肖像合理使用的特殊性，本条专门规定了肖像合理使用的特殊规则，旨在实现肖像权人的利益与社会公共利益的平衡。

从比较法上来看，肖像合理使用的规则也被广泛认可。例如，《德国艺术与摄影作品著作权法》第 23 条、《意大利版权法》第 97 条、《加拿大魁北克省民法典》第 36 条、《埃塞俄比亚民法典》第 28 条等都确立了肖像合理使用的规则。[②] 我国《民法典》总结司法实践经验并借鉴域外的普遍做法，确立了肖像合理使用的规则，这也可以理解为是侵害肖像权的违法阻却事由。在这些情况下，即使未取得受害人的同意，行为也是合法的。本条规定不仅有利于实现社会公共利益，而且为合理使用他人肖像提供了清晰的法律边界，从而保障肖像权人的合法权益。[③]

依据本条的规定，在下列五种情形下可以进行肖像的合理使用，不需要经过

---

① 黄薇主编：《中华人民共和国民法典人格权编解读》，中国法制出版社 2020 年版，第 51 页以下。
② 张瀚涛：《肖像合理使用的理论探索》，载《学术交流》2006 年第 2 期。
③ 张瀚涛：《肖像合理使用的理论探索》，载《学术交流》2006 年第 2 期。

肖像权人的同意：

一是为个人学习、艺术欣赏、课堂教学或者科学研究，在必要范围内使用肖像权人已经公开的肖像。例如，艺术学院的学生为了临摹的需要，而使用他人在网络上公开的照片。这一规定是为了保障艺术创作的自由、科学研究的自由、学术的自由等。①

二是为实施新闻报道，不可避免地制作、使用、公开肖像权人的肖像。这一规定是为了保障新闻报道的自由。例如，媒体为了报道“影响2005年的人物”而使用了刘翔的照片，因为这是一个新闻报道，照片的使用只要说明肖像的来源和原作者，就是合理使用。

三是为依法履行职责，国家机关在必要范围内制作、使用、公开肖像权人的肖像。例如，公安机关在通缉犯罪嫌疑人时使用其照片。国家机关依法履行职责体现了国家和社会公共利益，具有优先正当性。②

四是为展示特定公共环境，不可避免地制作、使用、公开肖像权人的肖像。例如，为了展示演唱会现场、体育比赛现场等，不可避免地拍摄和公开了他人的肖像。因为在这种情况下，当事人仅是特定环境的点缀，而且，要逐一征求当事人的同意也不现实。③

五是为维护公共利益或者肖像权人合法权益，制作、使用、公开肖像权人的肖像的其他行为。例如，老人走失时，为了寻找该老人而使用其照片发布寻人启事。本项规定实际上是一个兜底条款。④

需要指出的是，本条在规定肖像合理使用时，使用了“在必要范围内”“不可避免地”的表述，这些表述都意味着，肖像的合理使用应当贯彻比例原则。在法官判断是否构成合理使用时，必须坚持比例原则，准确地认定。

【相关案例】

贾某与青年电影制片厂肖像权纠纷案⑤

该案的争议焦点为在电影拍摄过程中为展示特定公共环境而摄入了自然人，是否侵害了该自然人的肖像权。在电影《秋菊打官司》之中，正在街边卖东西的

---

① ［日］五十岚清：《人格权法》，［日］铃木贤、葛敏译，北京大学出版社2009年版，第139页。

② 张红：《民法典之肖像权立法论》，载《学术研究》2019年第9期。

③ 张红：《民法典之肖像权立法论》，载《学术研究》2019年第9期。

④ 黄薇主编：《中华人民共和国民法典人格权编解读》，中国法制出版社2020年版，第151页。

⑤ （1993）海民初字第3991号。

贾某被摄入镜头，并且在电影播放之中被定格表现达到4秒钟。影片放映后，贾某曾多次致函《秋菊打官司》影片的拍摄单位之一青年电影制片厂及该片导演张某，质询为何未征得本人同意，擅自拍摄并在《秋菊打官司》中使用其肖像，均未获答复。1993年年底，贾某以青年电影制片厂为被告，向北京市海淀区人民法院提起侵害肖像权之诉。

一审法院认为，贾某在公共场所从事个体经营，身处社会公共环境之中，身份明确，形象公开。青年电影制片厂出于影片创作需要，拍摄街头实景时摄入其肖像，并无过错。该人物镜头的拍摄与使用应被列入合理的直接允许的范围。因此认为，被告未经贾某本人同意，拍摄并使用其肖像，具有社会实践的合理性，且不违背现行法律关于保护公民该项权利的禁止性规定，故不构成对原告贾某肖像权的侵害。

【关联法条】

《民法典》第999条、第1065条

（撰稿人：周友军）

第一千零二十一条　【肖像合理使用合同】当事人对肖像许可使用合同中关于肖像使用条款的理解有争议的，应当作出有利于肖像权人的解释。

【释义】

本条是关于肖像许可使用合同的规定。

肖像许可使用合同，是指肖像权人与肖像授权使用人签订的就肖像使用范围、期限、使用费用等问题进行约定的合同。[①] 通过合同的方式将自然人的肖像许可他人使用，是肖像许可使用最为常见的方式。肖像许可使用合同可能是有偿合同，也可能是无偿合同。

肖像的许可使用系人格权许可使用的重点内容，因此本条款的存废问题也在立法过程中引发了较大的争议。其中反对观点认为，人格权不应属于可以被经济利用的权利，否则构成了对人格权保护的矮化。而且，人格权的商业化利用也与

① 黄薇主编：《中华人民共和国民法典人格权编解读》，中国法制出版社2020年版，第154页。

人格利益的商业化利用存在区别。[①] 赞成者则提出，人格权的商业化利用是人格权积极权能的重要内容，而且此种商业化利用也是现实发展的需要，在人格权编规定相关规则，有助于填补侵权法无法对人格利益许可使用合同纠纷作出规制的漏洞。[②] 最终，立法者一来，考虑到现实的需要，因为实践中不少名人都在许可他人使用自己的肖像（以明星肖像进行代言），此种做法既能产生经济价值，也不违反公序良俗；二来，也考虑到了立法的延续和传承。简言之，《侵权责任法》第 20 条规定被侵权人的损失难以确定的，可以按照侵权人的获益计算赔偿数额，这实际上肯定了人格权许可使用可以产生经济效益；三来，立法者也借鉴了国外的经验，两大法系国家，均有人格利益商品化的相关规定。[③] 基于此，立法者采纳了后者的观点，将肖像的许可使用规定于人格权编中。

肖像许可使用合同虽然是发生在平等主体之间的交易关系，但肖像使用人对肖像权人人格利益进行使用的范围和使用的方式，将直接影响到肖像权人的人格尊严与人格自由。比如，当对肖像的使用方式和范围约定不明确时，双方很可能发生争议，为充分保护肖像权人的合法权益，本条专门就肖像许可使用合同的解释规则作出规定，目的即在于强化对人格权的保护。[④] 根据本条规定，肖像许可使用合同在发生争议时，应当作出有利于肖像权人的解释，以保护肖像权人的合法权益。此种解释方式实际上是合同的一般解释方法外的特殊解释方法。通常而言，当当事人对合同发生争议时，应当根据本法第 466 条的规定，即应当按照所使用的词句，结合相关条款、行为的性质和目的、习惯以及诚信原则，确定合同条款的含义。本条规则系特殊规则，规范目的在于通过特殊解释方法直接干预具体案件当事人之间的关系，排除不利于肖像权人的解释结果，以维护利益平衡。[⑤]

另外，也有学者指出，肖像的许可使用合同与著作权许可使用合同存在较为密切的关联，本条在立法技术和立法精神上也与《著作权法》有关著作权许可使用的规定相贯通，因此在解释方法上可以相互借鉴。例如，权利许可需要明示，未明示应推定未许可，此种解释方式就属于有利于权利人的解释，应该被纳入本条所述的“有利于肖像权人的解释”的范围。[⑥]

---

① 邹海林：《再论人格权的民法表达》，载《比较法研究》2016 年第 4 期。

② 王利明：《人格权的属性：从消极防御到积极利用》，载《中外法学》2018 年第 4 期；王叶刚：《民法典人格权编的亮点与创见》，载《中国人民大学学报》2020 年第 4 期。

③ 黄薇主编：《中华人民共和国民法典人格权编解读》，中国法制出版社 2020 年版，第 153 页。

④ 王叶刚：《民法典人格权编的亮点与创见》，载《中国人民大学学报》2020 年第 4 期。

⑤ 张红：《民法典之肖像权立法论》，载《学术研究》2019 年第 9 期。

⑥ 杨立新主编：《中华人民共和国民法典释义与案例评注：人格权编》，中国法制出版社 2020 年版，第 168 页。

【相关案例】

刘某与宝马公司肖像权纠纷案[①]

刘某系知名运动员，其曾与宝马公司签署《合作协议》授权宝马公司使用其肖像。宝马公司在与刘某解除《合作协议》后，继续使用刘某的肖像，宝马公司则认为，案涉图片推送于《合作协议》生效期间，宝马公司使用刘某肖像符合合同约定。后刘某以宝马公司侵犯其肖像权为由，向法院提起侵害肖像权之诉。

该案的争议焦点为：宝马公司发布案涉图片时尚在刘某授权其使用期间，在双方协议终止后未进行删除，是否属于未经同意使用刘某肖像；案涉图片的使用是否存在营利目的，是否属于侵犯肖像权。

法院生效判决认为，从价值衡量角度来看，自然人的人身自由、人格尊严受法律保护，肖像权属于自然人专属的绝对权利。刘某作为其肖像的权利人，宝马公司主张对他人肖像的使用已经取得授权应当对此负举证责任。本案中，在《合作协议》没有明确约定协议解除后宝马公司可以继续在自媒体平台上保留含有刘某肖像宣传图片的情况下，应当作出有利于肖像权人的解释，即代言协议解除后，宝马公司应当及时删除案涉图片，避免实践中出现代言期间较短，但相关宣传图片被长期使用的极端现象，如此有利于对自然人人格权、人格尊严的保护。

【关联法条】

《民法典》第993条、第999条、第1065条

（撰稿人：雷震文）

第一千零二十二条　【肖像使用合同的解除】当事人对肖像许可使用期限没有约定或者约定不明确的，任何一方当事人可以随时解除肖像许可使用合同，但是应当在合理期限之前通知对方。

当事人对肖像许可使用期限有明确约定，肖像权人有正当理由的，可以解除肖像许可使用合同，但是应当在合理期限之前通知对

① （2020）京03民终4725号。

方。因解除合同造成对方损失的，除不可归责于肖像权人的事由外，应当赔偿损失。

【释义】

本条是关于肖像使用合同的解除的规定。根据本条第 1 款的规定，当事人对肖像许可使用期限没有约定或者约定不明确的，任何一方当事人可以随时解除肖像许可使用合同，但是应当在合理期限之前通知对方。该款赋予了双方当事人在合同没有约定期限或者约定不明确的情况下，任意解除肖像许可使用合同的权利，但保留了必要的通知期限。关于通知期限的具体认定，即何为“合理期限”，立法者进行了保留，而将相应的认定权交给了司法机关，具体根据个案进行处理。

本条第 2 款则是针对当事人对肖像许可使用期限有明确约定的情况下，如何解除合同问题作出的规定。根据该条规定，即使当事人之间对肖像许可使用期限进行了明确约定，但只要肖像权人有正当理由，仍然可以行使任意解除权，但仍需遵守在合理期限内的通知义务。相较于本条第 1 款规定的情况，本款仅赋予了肖像权人以任意解除权，而肖像使用人则不具有此种权利。当然，如果此种解除给对方造成损害的，除非解除权人有充分的免责事由，否则应当赔偿对方当事人因此遭受的损失。

本条规定的合同解除方式，同样是本法合同编规定的一般解除规则中的例外规则。简言之，通常而言合同成立后，当事人之间应当认真遵守，此为合同严守原则。因此，赋予肖像权人任意解除合同的权利，是对合同严守原则的突破，必须要有正当理由。本条之所以如此规定，仍然是为了倾斜保护人格权权利人的利益。也正是基于本条乃是一般原则之外的特殊规定，因此在表述上以“正当理由”“合理期限”“赔偿损失”等对此进行适当的限制，以追求利益平衡。

至于本条规定的正当理由的确定，可以参照本法合同编第 563 条规定的情形进行确定，即包括因不可抗力致使不能实现合同目的；在履行期限届满前，当事人一方明确表示或者以自己的行为表明不履行主要债务；当事人一方迟延履行主要债务，经催告后在合理期限内仍未履行；当事人一方迟延履行债务或者有其他违约行为致使不能实现合同目的等。另外，正当理由也不限于前述情况，如即使对方当事人没有构成重大违约，而只是一般违约，肖像权人也可以解除合同。[①]

① 黄薇主编：《中华人民共和国民法典人格权编解读》，中国法制出版社 2020 年版，第 156 页。

当然，如果肖像权人不能证明其有正当理由要求解除合同的，则构成对约定的违反，应当依法承担违约责任。给对方当事人造成损失的，应当承担赔偿责任。

【相关案例】

瓦某与阿尔滨俱乐部肖像权解除协议纠纷案[①]

瓦某与阿尔滨俱乐部签订工作合同。同日，瓦某与阿尔滨公司和阿尔滨俱乐部签订肖像权协议。协议对期限、肖像权使用费等进行了约定。因阿尔滨俱乐部和阿尔滨公司未履行个人肖像权解除协议约定的付款义务，瓦某委托律师陆某春向阿尔滨俱乐部和阿尔滨公司发送《律师函》催告付款，但后者仍未支付，瓦某诉至法院要求解除合同。

该案的争议焦点是瓦某能否要求解除肖像权许可协议。

法院生效判决认为，双方当事人签订的工作合同、肖像权协议以及针对两份合同的解除合同均为双方真实意思表示，合法有效。虽然工作合同与肖像权合同在合同主体及内容方面具有关联性，但是不能否认合同的独立性和有效性。无论是工作合同还是肖像权协议均包含独立的合同权利义务，双方当事人均应依照合同行使权利、履行义务。肖像权解除协议明确约定：如阿尔滨公司未履行上述义务，基于瓦某的书面要求，阿尔滨俱乐部在2014年3月试图向瓦某的银行账户汇款10万欧元，由于名称的英文错误未能汇出，且没有证据证明该错误是由瓦某造成的，作为汇款人输入名称错误导致未能汇出款项的责任应由其自身承担。

【关联法条】

《民法典》第563条、第566条、第999条

（撰稿人：雷震文）

第一千零二十三条 【姓名的许可使用与声音的保护】

第一千零二十三条　【姓名的许可使用与声音的保护】对姓名等的许可使用，参照适用肖像许可使用的有关规定。

对自然人声音的保护，参照适用肖像权保护的有关规定。

① （2015）辽民三终字第00252号。

【释义】

本条是关于姓名许可使用和声音保护的规定。自然人的姓名与肖像一般，都可以对个人的特征进行充分表征，即都属于标表型人格权。此类人格权属于商业化利用的主要对象。本法第993条规定，民事主体可以将自己的姓名、名称、肖像等许可他人使用，但是依照法律规定或者根据其性质不得许可的除外。但本编在关于姓名权的章节中，没有对姓名权的许可使用专门作出规定，因此本条第1款以准用条款，规定对姓名等的许可使用，可以参照肖像许可使用的规定。准用肖像许可使用合同的规则，既有助于司法实践的操作，又能够有效节省立法的篇幅。另外，本条的“等”字，则主要是考虑到还有法人、非法人组织的名称权也可以参照肖像权的相关规定。[①]

对自然人声音的保护，属于全新内容，《民法典（草案）》（二次审议稿）新增了本条第2款的规定，亦即规定自然人声音保护参照适用本章规定。早于2005年时，就有学者提出，应当通过创设独立的声音权，以进一步加深民事主体对声音利益的认知，更好地保护当事人的权利，预防侵权和确定损害赔偿。[②] 同时，比较法上也有诸多对声音利益进行保护的规定。但反对意见认为，声音不具有显著的可识别性，很难构成一种具体的人格权，而且扩张对于声音的保护，容易被权利人滥用，对他人的行动自由和表达只会产生影响。立法者吸收了各方的观点，一来，声音确实代表了自然人的人格特征，特别是对于一些声音特殊的配音演员、播音员等自然人来说，声音更是彰显了其人格特征，如一些著名的播音员、表演艺术家等。对这些具有一定识别性的声音若不加以保护就有可能对该自然人的人格尊严造成损害。二来，声音虽还不足以构成一种具体的人格权，但若对声音一概不予保护，任由他人随意复制、模仿、伪造特定自然人的声音，确有可能对该自然人的人格尊严造成较大的损害，特别是随着人工智能技术和大数据技术的发展，利用信息技术手段“深度伪造”他人声音的情形不但会严重损害该自然人的人格尊严而且还具有极大的社会危害性。[③] 基于此，《民法典》人格权编确立了对自然人声音的保护规则，并规定其可以参照肖像权保护的相关规定。

需要注意的是，对于自然人的声音的保护，并非作为权利进行保护，因此虽然本条规定可以参照肖像的保护规则，但肖像保护规则中部分基于肖像是一项具

---

① 黄薇主编：《中华人民共和国民法典人格权编解读》，中国法制出版社2020年版，第157页。

② 张红：《民法典之肖像权立法论》，载《学术研究》2019年第9期。

③ 黄薇主编：《中华人民共和国民法典人格权编解读》，中国法制出版社2020年版，第158页。

体人格权方才得以适用的规则，在对声音的保护方面并不适用。而如果自然人的声音遭到侵害，本条规范就得以作为请求权基础得到适用。

在学理解释上，也有学者指出，本条实际上规定了声音权，声音权是一个独立的人格权类型，而非人格利益。作为声音权客体的声音，与商标具有共同的特点，就是作为标识能够较为有效地降低消费者搜索商品的成本。因此，声音在这一点上具备成为财产的潜力。这一点和以往所认识的人格权只是消极的权利不同，因而使得声音权能够成为一种积极人格权，可以公开化，成为人格性财产权的客体。①

【相关案例】

戚某与贝琪公司等肖像权纠纷案②

原告戚某，系我国内地影视演员、歌手，在社会上具有一定知名度。戚某所在的留白时代公司与贝琪公司签有一份服务合同。合同约定，戚某在小红书推送中发布植入深海鱼胶原蛋白产品文案及视频1次，视频时长不超过1分钟；贝琪公司为此需支付856000元费用；戚某按照本合同提供或产生的所有作品中的肖像权及声音权利，均属留白时代公司及戚某永久单独所有。贝琪公司销售的商品介绍中分别发布了涉案2张侵权图片，经比对，涉案侵权图片与涉案戚某照片原图一致。被告贝琪公司当庭陈述确认使用了涉案2张形象照片及“戚某同款”的表述。

该案的争议焦点是被告的行为是否侵犯了原告的肖像权、声音权。

法院生效判决认为，贝琪公司经营的店铺，未经戚某同意，使用其肖像图片及姓名宣传销售涉案商品，已构成对原告戚某姓名权、肖像权的侵害，应承担相应侵权责任。戚某所在的留白时代公司与贝琪公司签订的服务合同约定：戚某按照合同提供或产生的所有作品中的肖像权及声音权利，均属留白时代公司及戚某永久单独所有，未经任何一方事先书面许可并支付相应费用，另一方不得使用本合同项下的作品用于商业广告之用，亦不得在任何销售渠道或线下经销渠道中以任何目的使用该作品。

【关联法条】

《民法典》第1165条

（撰稿人：雷震文）

---

① 杨立新主编：《中华人民共和国民法典释义与案例评注：人格权编》，中国法制出版社2020年版，第168页。

② （2019）浙0192民初1596号。

第五章　名誉权和荣誉权

【导读】

本章对名誉权和荣誉权两种权利类型予以规范，第 1024 条至第 1030 条均系名誉权的规范内容，主要包括名誉权的内容、名誉权保护的限制，以及三种特殊的名誉权侵权方式：作品侵害名誉权、媒体报道内容侵害名誉权、信用评价上侵害名誉权。第 1031 条系荣誉权的规范内容。二者均属于评价性人格权，是精神性人格权的重要内容，名誉权和荣誉权所保护的人格尊严主要是通过他人的积极评价而获得的。名誉、荣誉是民事主体在社会生活中价值实现、尊严保持甚至自身发展的重要内容。侵害名誉权的责任承担方式，首先需要援引本章关于救济方式的特别规定，本章没有规定的，适用第一章的一般规定。

名誉权较早在世界范围内就已得到广泛认可和保护。在古代法早期，名誉权便作为重要的精神性人格权受法律保护。《汉谟拉比法典》第 2 条、《十二铜表法》第 8 表等对名誉权保护均有体现。无论是在大陆法系抑或英美法系，名誉权均作为一项基本民事权利被确认。① 在比较法上，荣誉权通常被吸收到名誉权中或者行政褒奖制度中予以规定。我国是继受了前苏联将荣誉权单列为一种民事权利的立法例。《民法通则》对名誉权、荣誉权制度作了初步规定，将其列为人身权的具体权利类型，随后也出台了一些相关的司法解释和解答。《侵权责任法》第 2 条第 2 款将名誉权、荣誉权作为一项民事权益纳入保护范围。

本章的特点及亮点概括如下：

其一，本章对名誉权、荣誉权的保护不仅仅针对自然人、法人，而是包括了一切民事主体，非法人组织也被纳入保护范围，这有别于《民法通则》第 101 条、第 102 条的规定。保护法人、非法人组织的名誉权、荣誉权，可以促进正当竞争，有利于生产发展、培育文明风尚。法人或者非法人组织名誉权是否受到损害，应当以法人或非法人组织商品声誉和商业信誉的社会评价是否受到贬损作为判断依据，而非依据被侵权人的主观感受。如能够证明存在侵害法人或非法人组

---

① 张红：《人格权各论》，高等教育出版社 2015 年版，第 258 页。

织商业信誉和商品声誉的行为，并且该侵权行为为第三人所知悉，就可以推定法人或非法人组织名誉权受损害的事实客观存在。此时侵权人如主张法人或非法人组织名誉权损害事实不存在的，应承担相应的举证责任。[①]

其二，确立了合理核实义务的判断标准。《民法典》第1026条在总结司法实践的基础上发展出了6项判定行为人是否尽到合理核实义务的考量因素。该规定不仅对于统一司法裁判标准具有重要意义，而且在法律规范中明确提出具体考量因素，有助于公众形成合理的行为预期，对实施新闻报道、舆论监督等行为的机构优化工作质量十分有益。

其三，确立了“准回应权”规则。在网络环境中，发布针对他人的侮辱、诽谤言论比在现实世界更容易完成，且具有传播的便捷性，很容易得到他人的围观、评论和传播。[②] 但与此同时，信息传播自由以及满足公民知情权变得非常重要，因而在网络环境下应当注重名誉权的保护与信息传播自由之间的平衡。[③] 有鉴于此，在网络技术迅速发展的当下，需要思考名誉权保护的新方式，《民法典》第1028条提供了名誉权保护的新思路——“准回应权”规则。

其四，契合信用体系建设与完善的社会需求。市场经济是信用经济。当下有关政府部门正在推行的社会信用体系的建设是信用经济发展的契机，国家正在进入“无信不立”的时代。无论是自然人还是法人、非法人组织，其信用评价对于其自身的发展具有重要意义，积极的社会评价将会给其带来间接的经济利益。《民法典》第1029条作出了规定，对民事主体的信用评价予以保护。

第一千零二十四条　【名誉权及其客体】民事主体享有名誉权。任何组织或者个人不得以侮辱、诽谤等方式侵害他人的名誉权。

名誉是对民事主体的品德、声望、才能、信用等的社会评价。

【释义】

本条第1款系从名誉权的积极预防权能和消极防御权能两个方面作出规定，第2款系首次在立法上对名誉的概念与内容进行界定。名誉权的客体应当为名

① 豪嘉利公司与洋马公司名誉权侵权纠纷案，（2017）最高法民终362号。

② 张新宝：《互联网上的侵权问题研究》，中国人民大学出版社2003年版，第26页。

③ 王利明：《我国民法典重大疑难问题之研究》（第二版），法律出版社2016年版，第206页。

誉，迥异于一般标表型人格权之客体，精神性人格权调整对象不直接针对相关的人格利益。名誉为公众对民事主体的社会评价，缺乏可支配性与可交易性，并不直接产生财产利益。对本条作如下理解：

第一，关于被害人的范围。其一，被害人包括自然人、法人、非法人组织。《民法通则》第 101 条“公民、法人享有名誉权，公民的人格尊严受法律保护，禁止用侮辱、诽谤等方式损害公民、法人的名誉”仅规定了公民、法人的名誉权，忽视了非法人组织的名誉权保护。《最高人民法院关于审理名誉权案件若干问题的解释》第 1 条承认了其他组织的名誉也受法律保护。本条将名誉权受保护的主体统称为“民事主体”，有利于所有民事主体的名誉权保护。其二，民事主体包括胎儿和死者。人格权不同于人格，后者直接与民事权利能力衔接，但人格权编还将胎儿及死者的人格利益纳入保护范围。《民法典》第 16 条规定“涉及遗产继承、接受赠与等胎儿利益保护的，胎儿视为具有民事权利能力。但是，胎儿娩出时为死体的，其民事权利能力自始不存在”。基于对法典体系性的考量，胎儿的名誉应当纳入胎儿利益保护的范畴。例如，散布不实言论，诬指某胎儿系其已婚之母与婚外第三人所孕，便构成对胎儿名誉的侵害。当然，胎儿以将来出生为活体为限。死者的名誉也应受到保护。① 但需要注意的是，不同于《最高人民法院关于审理名誉权案件若干问题的解答》第 5 问答确立的被侵权人近亲属均可向人民法院提起诉讼的规则，《民法典》第 994 条确立了死者近亲属请求行为人承担侵权责任的顺序，只有在其没有配偶、子女且父母已经死亡的情况下，其他近亲属才有权依法请求承担民事责任。其三，名誉权被侵害之人，须为特定，侵权行为必须针对特定之人，包括个人或一定范围之人。对不特定的集体之人则不成立侵害名誉，如泛指医师收受红包、律师没有职业道德、和尚不守清规等。②

第二，侵权主体包括国家行政、司法机关。侵权主体包括自然人、法人和非法人组织，国家行政、司法机关属于《民法典》第 97 条的机关法人，在承担行政职能时侵害民事主体的名誉权行为应予以规制，民事主体的名誉权应当得到救济。在《最高人民法院关于民事、行政诉讼中司法赔偿若干问题的解释》第 13 条中就已经确认了这一点：“违法采取司法拘留措施的，按国家赔偿法第二十六条规定予以赔偿。造成受害人名誉权、荣誉权损害的，按照国家赔偿法第三十条规定，在侵权行为影响的范围内，为受害人消除影响、恢复名誉、赔礼道歉。”

---

① 王泽鉴：《人格权法：法释义学、比较法、案例研究》，北京大学出版社 2013 年版，第 154 页。
② 王泽鉴：《人格权法：法释义学、比较法、案例研究》，北京大学出版社 2013 年版，第 154 页。

第三，名誉权侵权以过错为要件，过错的判断应采主客观相结合的方式。名誉侵权通常将过错区分为故意与过失。主观恶意被当作认定侵权成立的要素之一。行为人如果能够预见侵害行为会给权利人的名誉造成损害，却放任了损害后果的发生，则认定有过错。尤其是在网络环境中，即便是轻微疏忽发布的不实言论，也可能会导致严重的后果。区分故意与过失具有实践意义，如在新闻报道中，媒体在主观上具有重大过失将承担较重的侵权责任，但在涉及公共利益或者履行舆论监督职能时，行为人主观上存在重大过失或者故意才承担民事责任。[①]在司法裁判过程中，如何认定故意与过失并非易事，需结合案件的各种要素，并以其他要件为佐证，方为妥当。[②]

第四，名誉是社会公众对民事主体的评价，通常是正面的社会评价。具体到不同民事主体而言，名誉权保护的范围和内容亦有所区别，而且名誉权内容会随着社会生活的变化而有所发展和充实。法人的名誉，也称为商业信誉，指有关其商业或职业道德、资信、生产能力、资产状况、商品质量或服务质量等诸方面的综合社会评价。[③] 自然人享有名誉权之权能最具一般性和完整性，其他民事主体名誉权的行使和保护以必要性为原则，可以参照自然人名誉权进行法律适用。[④]但需要指出的是，以自然人人格尊严为核心的名誉权并不同于以纯粹经济利益为核心的法人商誉或信用。[⑤] 非法人组织之名誉界定可借鉴法人名誉的内容。随着互联网的发展，虚拟世界的"社会评价"也可纳入名誉权保护客体范畴，但应对此予以一定限制，也即虚拟世界的身份较容易与现实世界的主体身份建立联系，未经披露真实身份的博客网名不具有独立的身份人格权，而更多的是具有民法上物的一些基本属性。[⑥]

第五，将"侮辱、诽谤"作为侵害名誉权的一种主要行为表现，是我国民事立法和相关司法解释的惯常表达，也是相关著述的通说。一般认为，侮辱是指以暴力、谩骂、讲话或其他方式贬低他人人格、毁损他人名誉的行为。[⑦] 诽谤是指

---

① 王利明、杨立新主编：《人格权与新闻侵权》，中国方正出版社1995年版，第590页。

② 张红：《人格权各论》，高等教育出版社2015年版，第281~282页。

③ 梁慧星：《民法总论》，法律出版社2009年版，第96页。

④ 张红：《民法典之名誉权立法论》，载《东方法学》2020年第1期。

⑤ 王利明主编：《中国民法典学者建议稿及立法理由·人格权编、婚姻家庭编、继承编》，法律出版社2005年版，第118页。

⑥ 葛江虬：《论网络虚拟名誉及其民法保护》，载《河南大学学报（社会科学版）》2017年第4期；赵兴宏：《网络伦理学概要》，东北大学出版社2008年版，第192页。另可参见张某诉联众公司侵权纠纷案，（2004）吉中民一终字第728号，载国家法官学院、中国人民大学法学院编：《中国审判案例要览·2005年民事审判案例卷》，人民法院出版社2006年版，第390~396页。

⑦ 王利明：《人格权法研究》（第三版），中国人民大学出版社2018年版，第490~491页。

捏造事实、不实陈述、不当评论等，包括口头诽谤和文字诽谤，诽谤的范围，无须较大范围的散布，以第三人知悉为最低限度。

第六，关于侵害名誉权的民事责任与行政责任、刑事责任的关系。名誉权不仅具有民法上的保护利益，还具有行政法、刑法上的保护利益。对于较为严重的侵害名誉权行为，可能触犯行政管理规范，甚至构成《刑法》第243条（诬告陷害罪）、第246条（侮辱罪、诽谤罪）。当事人在公共场所受到侮辱、诽谤，以名誉权受侵害为由提起民事诉讼的，无论是否经公安机关依照《治安管理处罚条例》处理，人民法院均应依法审查，符合受理条件的，应予受理。当事人提起名誉权诉讼后，以同一事实和理由又要求追究被告刑事责任的，应中止民事诉讼，待刑事案件审结后，根据不同情况分别处理：对于犯罪情节轻微，没有给予被告人刑事处罚的，或者刑事诉讼已由原告撤回或者被驳回的，应恢复民事诉讼；对于民事诉讼请求已在刑事附带民事诉讼中解决的，应终结民事案件的审理。[①]

【相关案例】

李某平与艺术学院、振泽律师事务所名誉权侵权纠纷案[②]

2003年12月1日，被告艺术学院下属的产业开发部与原告李某平签订协议，聘用李某平为艺术学院下属培训中心的副主任，主管美术培训。次年5月1日，双方续签一份协议书，约定继续聘任李某平为该培训中心副主任，并约定李某平每年上交艺术学院无形资产使用费15000元。2005年10月28日，艺术学院单方决定终止与李某平签订的上述协议。此后，李某平仍然在艺术学院培训中心从事美术培训工作。2006年7月7日，双方发生矛盾，艺术学院培训中心向李某平发出书面通知，要求李某平办理移交手续。当月15日，艺术学院又委托被告振泽律师事务所发表涉案律师声明。该所律师仅依据艺术学院的单方陈述，未经向原告作必要的了解、核实，即在《扬子晚报》发布了题为“艺术学院培训中心授权律师声明”的公开声明，其内容如下：“艺术学院常年法律顾问李某兵、赵某英律师受艺术学院艺术培训中心委托，发表律师声明如下：艺术学院艺术培训中心是由艺术学院申请设立经江苏省教育厅备案的高校培训机构。培训中心对外招生收费均开具加盖艺术学院财务专用章的江苏省行政事业性收费收据，对外签订合同

① 《最高人民法院关于审理名誉权案件若干问题的解答》第2~3条。

② 载《最高人民法院公报》2008年第11期（总第145期）。

均加盖培训中心公章。李某平既非艺术学院人员也非培训中心人员，培训中心从未授权李某平个人代表培训中心对外开展活动，对李某平个人以培训中心名义对外开展的任何活动均不予认可。特此声明！振泽律师事务所律师李某兵、赵某英律师。”后该声明又被艺术学院培训中心网站转载，截至开庭之日尚未被删除。

本案的争议焦点为律师事务所律师声明失实是否构成侵害他人名誉权。

南京市中级人民院认为：名誉，是指社会对自然人或法人的综合评价。名誉权是指公民或法人依赖自己的名誉参与社会生活、社会竞争的权利。良好的名誉是公民或法人参与社会生活、社会竞争的重要条件，对名誉的侵犯必然直接妨害、影响公民或法人参与社会竞争的资格，因此，法律保护公民或法人的名誉权不受他人侵犯。本案中，上诉人艺术学院、振泽律师事务所共同发表涉案律师声明，在未明确指明起止时间的情况下，模糊、笼统地宣称被上诉人李某平“既非艺术学院人员也非培训中心人员”“培训中心从未授权李某平个人代表培训中心名义对外开展活动”，该声明内容与事实不符。艺术学院、振泽律师事务所应当预见自己的行为可能发生损害李某平名誉的后果，但仍在报刊、网站刊载涉案律师声明，致使李某平的社会评价降低。艺术学院、振泽律师事务所的上述行为不具有抗辩事由或阻却违法的事由，已构成对李某平名誉权的侵害。

【关联法条】

《宪法》第38条，《民法典》第16条，《民法通则》第101条，《最高人民法院关于审理利用信息网络侵害人身权益民事纠纷案件适用法律若干问题的规定》第11条，《最高人民法院关于审理名誉权案件若干问题的解答》第2条、第3条、第5条，《刑法》第243条、第246条，《最高人民法院关于民事、行政诉讼中司法赔偿若干问题的解释》第13条，《最高人民法院关于贯彻执行〈中华人民共和国民法通则〉若干问题的意见（试行）》第140条、第150条、第151条

（撰稿人：谭佐财）

第一千零二十五条　【新闻报道、舆论监督等影响他人名誉行为的免责及除外条款】行为人为公共利益实施新闻报道、舆论监督等行为，影响他人名誉的，不承担民事责任，但是有下列情形之一的除外：

（一）捏造、歪曲事实；

（二）对他人提供的严重失实内容未尽到合理核实义务；

（三）使用侮辱性言辞等贬损他人名誉。

【释义】

本条规定了侵害名誉权的免责事由，基于对名誉权保护与言论自由的平衡而对名誉权作出的限制。也即本来侵害了他人名誉权的言论因符合“为公共利益实施新闻报道、舆论监督等行为”这一条件而免责。另外，本条还设置了绝对侵权的三种情形。本条规定是对我国审判实践经验的总结，免责事由属于正当行使权利的行为，实施这些行为即便在客观上对他人的名誉造成损害，但基于公共利益和正当行使权利的考量，可能不符合侵犯名誉权的构成要件或者侵犯名誉权情节轻微，行为人不承担责任。①

关于本条，作如下理解：

首先，侵犯名誉权的免责条件：第一，行为人的目的是对公共利益的保护，以公谋私的行为致使他人名誉受损不在此列。第二，该行为属于新闻报道或者舆论监督以及其他具有社会正义性（履行法律或道德上义务）的行为，因此这里的“等”应为“等外等”，立法者无法穷尽免责行为类型，仅列举新闻报道和舆论监督两类在实践中出现纠纷频率较高的情形，除此之外还包括各级人大代表、政协委员在各种会议上的发言不受法律追究等情形。新闻自由、舆论监督均是公民知情权的体现，对于公民参与社会治理、参政议政具有重要意义。因此，从事正当的新闻报道、舆论监督，基本内容属实，评论公正的，可免除其侵权责任。第三，影响应当轻微，不可达到侵害或损害名誉权的程度方能免责。此处使用“影响”而未使用“侵害”或“损害”，但“影响”也有重大、中度、轻度和轻微之分，此处应该是轻度或轻微的意思。

因新闻报道侵犯他人名誉权的纠纷在实践中较为常见，特以新闻报道为例理解本条。一般性的新闻报道即便对他人名誉造成一定影响，也不承担法律责任，如对白恩培受贿案进行报道、对知名影星私生活不检点进行报道。当媒体报道内容涉及公共事务（公共利益）时，法院对新闻媒体的行为应更加宽容；当新闻媒体侵权行为有明显的商业动机时，法院对媒体的处置则更为严厉。司法实践中也

① 王利明主编：《中国民法典学者建议稿及立法理由·人格权编、婚姻家庭编、继承编》，法律出版社2005年版，第124页。

多持这一观点。[①] 本条从事实陈述、程序要求、意见表达三个方面进行了免责条件的限制。其一，行为人对自己收集或他人提供的内容进行加工，达到捏造事实、歪曲事实的程度，事实陈述与真实明显不符，且行为人的加工行为可被推定为具有主观恶意，行为人需承担法律责任。其二，行为人对他人提供的内容负有合理的核实义务但未予核实，推定行为人具有重大过失，需承担法律责任。其三，在意见表达上，通过使用侮辱性言辞方式使他人名誉受损应承担侵权责任，语言修辞不能超越适当的限度，修辞的适当标准应以普通人能够接受的程度为界限，应符合语言客观真实的基本要求。一旦超出了社会公认的道德标准，也就超出了适当的修辞范畴，可能构成对他人名誉权的侵害。[②] 但若该方法不具有侮辱性，如对某人的姓名、年龄、性别、民族或照片登载错误，仅须予以更正即可，不构成侵犯他人的名誉权。

其次，对“公共利益”的理解。公共利益的判定具有灵活性，需要结合具体的法律情境进行具体判断，但也并非无章可循。衡量名誉权纠纷中公共利益的重要原则之一应是所涉言论是否有助于促进公共言论的自由表达，是否有助于鼓励公众和媒体对公共权力开展舆论监督，是否有助于推动公民对社会事务的公共参与。有学者提出的涉“公共利益”言论的类型可资借鉴：（1）有关公职人员履职行为或履行公共职能的舆论监督言论；（2）就有关司法审判发表观点；（3）就大众关心的事项和公共议题进行评论。[③]

其中，公众人物的名誉权保护问题与公共利益关系密切，公众人物经常引导着社会群体社会主流价值观的形成。公众人物包括政府官员、知名艺人、知名企业家等具有社会影响力的群体。“公众人物”概念作为“公共利益目的”之下的一种工具性概念，系对“公共利益”把握的具体化，便于法官识别言论者的行为是否基于社会公共利益目的。如言论涉及公众人物，法院更容易推断相关言论可能涉及社会公共利益，公众人物与公共利益有关的事务不受名誉权、隐私权保护；反之则相反。[④] 对公众人物的名誉权保护有所克减是世界通行做法。但公众人物无法完全与公共利益挂钩，对公众人物发表的言论未必与公共利益具有相关性。例如，捏造、散布知名艺人与他人发生性关系的事实。

向纪律监督机关反映情况、向司法机关控告检举揭发等公民监督行为是法律

---

① 徐剑、葛岩：《中国媒体名誉侵权司法裁判的实证分析》，载《现代传播》2015 年第 5 期。

② 鑫盛宏公司与福清电视台、魏某振名誉权纠纷案，（2013）湖民初字第 662 号，载《人民司法·案例》2016 年第 32 期。

③ 李延枫：《论名誉权诉讼中的公共利益原则》，载《北方法学》2020 年第 1 期。

④ 李颖：《网络侵犯人格权司法实务中的热点、难点问题》，载《全球传媒学刊》2017 年第 2 期。

赋予公民的合法权利。但任何权利都不得滥用，不得以行使权利为名而对他人进行诬告陷害。在司法程序中，没有事实根据错误起诉他人一般并不会构成侵害名誉权。但是，行为人具备损害他人名誉的主观恶意而捏造、歪曲事实控告他人，结果确已损害他人名誉权的，应当承担相应的侵权责任。即便经司法机关审查不存在该事实应还其清白，但司法程序通常耗时较长，在此期间仍可能会对他人名誉造成损害，行为人应承担侵权责任。例如，行为人捏造事实以他人涉嫌触犯强奸罪而向公安机关控告。若完全没有任何根据进行诬告陷害，属于严重的侵权行为。

【相关案例】

余某中与《新闻出版报》社侵害名誉权纠纷案①

余某中陆续发表了针对《钢铁是怎样炼成的》进行分析、评论的文章，随后《新闻出版报》刊登了署名钟某渔的《由批评编校差错所引发的论争》文章，对余某中的观点进行了针锋相对的批评，报社并配发编者按。余某中以报社侵犯其名誉权而诉至法院。

本案的争议焦点为：报社引用他人文章，就他人文章或观点展开讨论，发表相反意见，是否构成侮辱、诽谤。

南京市中级人民法院认为：报纸作为新闻媒介，就他人的文章或观点展开讨论，是办报的一种形式。被上诉人《新闻出版报》社发表的“钟文”及“编者按”中，既没有捏造事实对上诉人余某中进行诽谤，也没有侮辱余某中的人格，故不构成对余某中名誉的侵害。余某中的上诉理由，主要是认为“钟文”和“编者按”表达观点的方式不当。而在有关争论中，争论双方在表达自己的观点时，只要不构成侮辱、诽谤，就不能认定侵犯他人的名誉权，要求其承担民事责任。

【关联法条】

《最高人民法院关于审理名誉权案件若干问题的解释》第3条、第5条、第6条、第7条，《最高人民法院关于审理名誉权案件若干问题的解答》第6条、第7条

（撰稿人：谭佐财）

---

① 载《最高人民法院公报》2003年第2期（总第82期）。

第一千零二十六条 【合理核实义务的认定因素】认定行为人是否尽到前条第二项规定的合理核实义务，应当考虑下列因素：

（一）内容来源的可信度；

（二）对明显可能引发争议的内容是否进行了必要的调查；

（三）内容的时限性；

（四）内容与公序良俗的关联性；

（五）受害人名誉受贬损的可能性；

（六）核实能力和核实成本。

【释义】

本条系对合理核实义务认定因素的列举，旨在为本法第1025条的合理核实义务提供确定标准，有助于统一司法裁判标准。本条列举了判定是否合理核实义务的六个因素，需对其进行综合判断，这其实是动态体系论在立法中的运用。

相较于2019年12月全国人大常委会审议的民法典草案，本条作了重大调整：（1）将草案中的“审查”改为“核实”，因为“审查”要求行为人须对内容进行实质审查，“核实”更倾向于形式上的要求。从历史解释来看，立法者倾向于对实施新闻报道、舆论监督等行为自由的保护。（2）删除了第2款“行为人应当就其尽到合理审查义务承担举证责任”，该举证责任倒置的规定对行为人提出了较为苛刻的要求，由行为人自己证明其尽到了合理核实义务的举证责任通常是比较困难的。由此可以看出，立法者竭力在名誉权保护与新闻、舆论等自由保护之间取得平衡。

本条主要规范的是实践中较为常见的传播平台或者转载者未经核实报道或者发表不当言论损害他人名誉的行为。具体分析如下：

1. 内容来源的可信度：本项主要针对内容来源的考虑，如果行为人从某一值得信赖的地方获取信息，并据此作出相应的评论，即使有碍于他人名誉，亦无须承担民事责任，如行为人作出评论之事实依据来源于权威部门。[①] 可具体从获取途径、提供主体等方面判断。从非官方的途径或者可信度明显不高的途径获取的“小道消息”，可信度明显不足；提供主体方面，实名者比匿名者提供的内容可信度更高[②]、专业的比非专业的可信度更高、与所指向的当事人不具有竞争等关系

① 张红：《民法典之名誉权立法论》，载《东方法学》2019年第1期。

② 世奢会公司诉新京报社、刘某名誉权纠纷案［（2014）三中民终字第07694号］，载《人民司法·案例》2016年第29期。

者比具有该关系者可信度更高。尤其是涉及专业性的内容须由专业人士判断，非专业人士提供的涉及专业性较强的内容可信度不足，如患者称“××医院医生医术不精，医德败坏，使用不必要的高价药品”。

2. 对明显可能引发争议的内容是否进行了必要的调查：明显可能引发争议的内容客观上较容易识别，行为人应当预见到发布该内容可能引发严重的后果，行为人若故意或者放任该争议内容的传播而侵犯他人名誉，主观上可被推定为恶意。调查应当追求真实客观，但不要求事无巨细地查清该争议内容，因此调查的内容、手段应当符合比例原则。比如，记者对某生化公司造成严重水污染进行报道，应当实地查看、走访调查，但不必完全查清污染的具体情况，这属于行政机关的职责范围。

3. 内容的时限性：新闻媒体的报道通常具有时效性，如果属于突发事件，且需要立即进行报道回应社会关切。报道若有不实之处，相关名誉权主体也应对此予以容忍，要求予以更正即可。但还有一些新闻报道不具有时效性的，如深度报道、特写、宣传、纪实文学等，行为人负有进一步核实的义务。

4. 内容与公序良俗的关联性：若该内容与公序良俗有直接联系，行为人较容易判断该内容将可能对公序良俗产生影响，行为人应当负有更高的注意义务，如报道具有较高知名度的社会名流的性丑闻。例如，微梦公司、网易公司与焦某强、霍某华名誉权纠纷案中，以“影射”的方式直指知名影星存在不正当性关系，鉴于发生不正当性关系是可受社会人伦道德及主流价值观非难的情事，足以损害他人的名誉从而降低社会评价，法院据此认定行为人构成对霍某华的名誉侵权。①

5. 受害人名誉受贬损的可能性：考虑受害人名誉受贬损的可能性并非意味着名誉权侵权责任不以“损害后果”作为构成要件，而是将该可能性作为推定行为人行为过错的考量因素。例如，公众人物承负着更多的社会责任与义务，其必然会受到社会舆论的关注、监督甚至是批评，名誉受贬损的可能性较大。因此，在公开传播公众人物相关信息时应当秉持谨慎、客观的态度，同时说明信息的合法来源，如因其对公众人物的人格形象的错误描述，使社会公众产生误

① （2017）京01民终6460号，网易公司经营的网易网站娱乐频道“深水娱”专稿中发表了第5期标题为《横店昔日风月：上百男星曾涉嫖留案底》的文章，称一位在横店拍摄过多部金庸小说改编古装戏的H姓台湾男演员在拍一部电视剧期间“涉嫖”。在该文章引得20余万名网络用户跟帖参与讨论，其中不少网友认为该“H姓男演员”指向霍某华。焦某某是新浪微博账号“函数公”的实名认证者，其实名认证内容为：娱乐评论人，就职于华谊工作室。2015年1月30日，焦某某发布微博转载网易公司文章，并称其中的“H＝霍某华”，即直指霍某华存在不正当性关系。

读从而造成公众人物社会评价降低的，则该行为构成侵犯名誉权。[①] 具体而言，本项的“可能性”可从以下几个方面进行判断：（1）内容直接包含侮辱性言辞；（2）受害人的性别、职业、民族、社会知名度等；（3）内容涉及对他人人格的评价；（4）拟对内容的发布途径和影响范围；（5）大众关注度。受害人名誉受贬损可能性越大，行为人的注意义务越高。

6. 核实能力和核实成本：行为人的核实能力是判断其是否尽到合理核实义务的重要标准。若不考虑行为人的核实能力而一刀切地课以核实的义务则可能会加重其义务。因此，应当根据行为人的专业程度和能力、知识水平、调查资质、调查该内容的难度等判断其核实能力。例如，专家学者较之一般民众掌握更多的专业知识，其应对言论内容的精准度、发表言论场合的适合性以及言论的影响度有更为清晰的认识和把握，应当更为审慎、严谨。[②] 行为人尽到合理核实义务应当考虑核实成本，核实成本应当与内容的影响具有相当性。若该内容将会直接或者间接给行为人带来较大的经济价值，行为人的核实成本标准应当相应提高，但若该内容仅作公共利益之用，对行为人不应过分苛责，以保护其社会职能的正当行使。

当然，本条对是否尽到合理核实义务的认定因素属于不完全列举，立法无法穷尽实践中可能需要考量的所有因素，需要留待司法实践予以丰富和完善。

【相关案例】

康达公司与工商报、省医疗公司侵害法人名誉权纠纷案[③]

省医疗公司经理在接受工商报记者采访时表示该公司从康达公司购买的许多大型设备存在质量问题，康达公司还存在以高出国家牌价的价格销售商品等问题。记者根据上述采访内容，写出《应加强对医疗器械产销监督的管理》的新闻稿，经工商报编辑部审核后予以发表。后经查实，康达公司均属合法经营，并不存在该公司反映的问题。

本案的争议焦点为：报社的报道内容失实给他人名誉造成损害的是否构成名誉权侵权？对他人反映的情况未加核实，向报社提供内容失实的信息，给他人名誉造成损害的是否构成名誉权侵权。

西安市中级人民法院认为：原审被告工商报对记者撰写的批评稿件，未经

① 张某谋诉华夏出版社、黄某阳名誉权纠纷案，（2010）高民终字第411号。

② 天士力公司诉李某达名誉权纠纷案，（2014）津高民一终字第28号。

③ 载《最高人民法院公报》1990年第2期（总第22期）。

核实便在报纸上点名批评被上诉人康达公司，致使报道内容失实，给康达公司名誉造成损害，其行为侵犯了康达公司的名誉权，应当承担民事责任。上诉人省医疗公司对他人反映的情况，未经核实，随意提供给报社；特别是文章见报后，明知康达公司有不同意见，还向报社致函追认所反映的情况基本属实，亦属侵权行为。

【关联法条】

《最高人民法院关于审理名誉权案件若干问题的解释》第3条、第5条、第7条，《最高人民法院关于审理名誉权案件若干问题的解答》第6条

（撰稿人：谭佐财）

第一千零二十七条　【文学、艺术作品侵害名誉权的民事责任】行为人发表的文学、艺术作品以真人真事或者特定人为描述对象，含有侮辱、诽谤内容，侵害他人名誉权的，受害人有权依法请求该行为人承担民事责任。

行为人发表的文学、艺术作品不以特定人为描述对象，仅其中的情节与该特定人的情况相似的，不承担民事责任。

【释义】

本条是关于文学、艺术作品侵害名誉权的民事责任的规定。

《最高人民法院关于侵害名誉权案件有关报刊社应否列为被告和如何适用管辖问题的批复》（1988年1月15日）认为："报刊社对要发表的稿件，应负责审查核实。发表后侵害了公民的名誉权，作者和报刊社都有责任，可将报刊社与作者列为共同被告。"在《最高人民法院关于范应莲诉敬永祥等侵害海灯法师名誉权一案有关诉讼程序问题的复函》第4条中，最高人民法院又指出："根据民事诉讼法（试行）第十一条规定和本案的具体情况，不宜追加新华通讯社作为被告参加诉讼。"1989年12月12日，《最高人民法院关于徐良诉上海文化艺术报社等侵害名誉权案件的函》认为："被告赵伟昌根据传闻，撰写严重失实的文章……被告《上海文化艺术报》未经核实而刊登该文，造成了不良后果，两被告的行为均已构成侵害徐良的名誉权……应酌予赔偿。"1991年5月13日，《最高人民法

院关于胡骥超、周孔昭、石述成诉刘守忠、遵义晚报社侵害名誉权一案的函》认为："本案被告刘守忠因与原告胡骥超、周孔昭、石述成有矛盾，在历史小说创作中故意以影射手法对原告进行丑化和侮辱，使其名誉受到了损害。被告遵义晚报社在已知所发表的历史小说对他人的名誉造成损害的情况下，仍继续连载，放任侵权后果的扩大。依照《中华人民共和国民法通则》第101条和第120条的规定，上述二被告的行为已构成侵害原告的名誉权，应承担侵权民事责任。"1993年的《最高人民法院关于审理名誉权案件若干问题的解答》第9条总结、归纳、提炼了我国丰富的裁判规则，确定了描写的"特定人"标准，并被本条所继承。[①]这些都构成了本条的立法渊源。

实践中，通过文学、艺术作品侵犯他人名誉权的纠纷日渐增多。由于文学、艺术作品来源于生活又高于生活，具有一定的虚构性。通常认为，作品中的人物往往不是生活中某一个特定人物的简单再现，应该是经过作者的加工、处理的虚构人物。虽然文学、艺术作品的自由表达是文化自由与繁荣、居民精神生活丰富的重要内容，《宪法》第47条明确公民有进行科学研究、文学艺术创作和其他文化活动的自由。国家对于从事教育、科学、技术、文学、艺术和其他文化事业的公民的有益于人民的创造性工作，给以鼓励和帮助。但不能否认文学、艺术作品引发名誉权侵权纠纷的现实存在。作品侵害名誉权须解决名誉权保护与文学创作自由之间的冲突，因此其侵权行为的判定备受关注。文艺作品的创作并非不受法律规制而随意发挥，国务院颁布的《出版管理条例》第25条明确规定："任何出版物不得含有下列内容……（八）侮辱或者诽谤他人，侵害他人合法权益的……"因此，进行文艺创作仍应当恪守法律底线，借文艺创作的自由之名侮辱或诽谤他人是法律所无法容忍的。

本条仅对文学、艺术作品侵害名誉权作出规定，未对科研论著予以规范。原因在于，科研论著以严谨性、科学性为基本要求，从事科研工作的人员通常会秉持更为审慎的态度。但无法否认的是，仍存在在科研论著中借科研之名侮辱、诽谤他人的情况，包括对真实案例中的人物、社会公众人物、其他科研工作者等。

---

① 《最高人民法院关于审理名誉权案件若干问题的解答》第9条："问：因文学作品引起的名誉权纠纷，应如何认定是否构成侵权？答：撰写、发表文学作品，不是以生活中特定的人为描写对象，仅是作品的情节与生活中某人的情况相似，不应认定为侵害他人名誉权。描写真人真事的文学作品，对特定人进行侮辱、诽谤或者披露隐私损害其名誉的；或者虽未写明真实姓名和住址，但事实是以特定人或者特定人的特定事实为描写对象，文中有侮辱、诽谤或者披露隐私的内容，致其名誉受到损害的，应认定为侵害他人名誉权。编辑出版单位在作品已被认定为侵害他人名誉权或者被告知明显属于侵害他人名誉权后，应刊登声明消除影响或者采取其他补救措施；拒不刊登声明，不采取其他补救措施，或者继续刊登、出版侵权作品的，应认定为侵权。"

在该类情况下，按照“举轻以明重”的文义解释规则，在科研论著中若以真人真事或者特定人为描述对象，含有侮辱、诽谤内容，侵害他人名誉权的，仍可构成名誉侵权。

作品侵害名誉权的构成与一般侵权责任的构成在形式上并无本质区别。但基于作品侵权的特殊性，以下三点需要注意：

第一，认定是否构成名誉侵权，关键在于判定该作品是否足以使一般第三人将该作品直接与特定主体相关联的效果。(1) 以“真人真事”为描述对象并不意味着以“真名”为必要条件，含有诽谤内容的文学、艺术作品未直接使用特定人的真名，但是其内容直接以真人真事为原型、含沙射影地指向特定人，仍可构成名誉侵权。(2) 只要通过描述的事实足以直接对应上特定人，仍属于以特定人为描述对象。需要注意的是，文学、艺术作品中的人物名称与真实的人名重合，行为人并不具有主观恶意的情况下，该行为不构成名誉侵权。

第二，该作品具备公开性。虽然自创作完成之时作者便享有著作权，但若该作品未予以公开发表且未为一般第三人所知晓，那么即便该作品中包含侮辱、诽谤的内容也无法认定为侵权。① 其根据在于，一方面，未予公开发表或让一般第三人所知晓，表明行为人尚不具备主观恶意；另一方面，亦不符合造成名誉损害的后果要件。

第三，该文艺作品需要足以造成他人对受害人评价降低。如果该文艺作品不存在捏造或者歪曲事实，而是将特定人的道德败坏、品行恶劣等事实予以展现，且满足该事实并不为一般第三人所知晓，这可能会侵犯该特定人的隐私权；而若道德败坏、品行恶劣等事实昭然若揭，且该事实已导致其社会评价低下，行为人在文学艺术作品中直接描述该人物及事项，并不会导致其社会评价的显著降低，由此不满足作品侵害名誉权的条件。

【相关案例】

胡某超等与刘某忠、《遵义晚报》社名誉权纠纷案②

被告刘某忠因与原告胡某超、周某昭、石某成有矛盾，在历史小说创作中故意以“影射”手法对原告进行丑化和侮辱，使其名誉受到了损害。被告《遵义晚

① 张红：《文学作品中的名誉权及侵权责任》，《中南民族大学学报（人文社会科学版）》2012 年第 6 期。

② 本案经由贵州省高级人民法院请示最高人民法院后，最高人民法院作出答复，参见《最高人民法院关于胡骥超、周孔昭、石述成诉刘守忠、遵义晚报社侵害名誉权一案的函》（［1990］民他字第 48 号）。

报》社在已知所发表的历史小说对他人的名誉造成损害的情况下，仍继续连载，放任侵权后果的扩大。

本案的争议焦点为：在小说创作中，作者使用“影射”的手法对他人进行侮辱和丑化的，是否构成侵权，报社在明知上述事实后仍继续连载的，是否构成侵权。

赤水市人民法院认为：文学艺术创作是公民的自由，国家对公民在文学、艺术事业中有益于人民的创造性工作，给以鼓励和帮助。公民在行使文学艺术创作自由的权利时，不得损害其他公民的合法的自由和权利。《民法通则》第101条规定：“公民、法人享有名誉权，公民的人格尊严受法律保护，禁止用侮辱、诽谤等方式损害公民、法人的名誉。”被告刘某忠因与三原告素有矛盾并怀疑攻击自己的匿名油印件出自三原告之手，曾扬言要以铅印的文章报复。被告在创作《周西成演义》中，采用姓相同名相近、体型外貌等突出特征相似的方法把作品中的三个人物与三原告联系起来加以丑化，使熟悉三原告的读者一看便知这三个反面人物是影射三原告的，在当地给三原告的人格尊严造成不良影响，使三原告的名誉受到损害。《周西成演义》公开发表后，被告还公开对人说过把三原告写进演义中是有原因的。因此，被告侵害三原告名誉权的故意是明显的，依法应当承担侵权的民事责任。被告以作品中的三个人物纯属虚构，没有侵害原告名誉造成损害的情况下，仍继续连载，使损害后果扩大，亦应承担一定的民事责任。

【关联法条】

《宪法》第47条，《出版管理条例》第25条，《最高人民法院关于审理名誉权案件若干问题的解答》第9条

（撰稿人：谭佐财）

第一千零二十八条　【媒体对失实报道内容的更正和删除义务】

民事主体有证据证明报刊、网络等媒体报道的内容失实，侵害其名誉权的，有权请求该媒体及时采取更正或者删除等必要措施。

【释义】

本条规定了媒体报道内容失实时受害人名誉权补救的方式。该条确立的补救方式与比较法上的通行做法保持了一致。本条的立法目的在于，避免名誉权遭受

侵害的后果无法及时挽回，将名誉权遭受侵害的可能性在传播环节中予以控制，有效地实现对受害人名誉权遭受侵害的救济。本条通过明确受害人的要求媒体采取更正或删除该内容的权利，可以避免媒体消极对待受害人的权利诉求。

媒体作为新闻传播媒介而非内容当事人，因此无法如当事人那般对事实真相认识清楚。赋予受害人请求其改正错误的权利既是对受害人名誉的有效保护，同时亦能降低其作为新闻媒介的风险。本条确认了要求更正与删除的权利，但应当属于不完全列举。比较法上，多规定了回应权（right of reply），回应权是指定期出版的媒体（包括报刊、电台、电视台等）如有涉嫌损害他人人格之报道，则被报道者有权作出回应。奥地利《媒体法》第 9 条、《瑞士民法典》第 28 条、《德国民法人格与名誉保护新规则法草案》的主要内容之一亦为回应权。[①]《出版管理条例》第 27 条第 2 款规定了媒体的答辩义务："报纸、期刊发表的作品内容不真实或者不公正，致使公民、法人或者其他组织的合法权益受到侵害的，当事人有权要求有关出版单位更正或者答辩，有关出版单位应当在其出版的报纸、期刊上予以发表；拒绝发表的，当事人可以向人民法院提起诉讼。"这其中的要求"答辩"权，其实就包含了回应权的因素。本条虽未明确规定回应权，但"采取更正或者删除等必要措施"为回应权融入名誉权保护提供了规范性根据。[②] 这可以理解为一种"准回应权"。《民法典》并未明确请求采取改正措施权利的行使方式、行使时间等具体内容，这些内容不能一概而论，如涉及专业判断的内容时，媒体作出更正、删除或其他措施的决定所需时间会更长，因此，该内容留待司法实践去探索为宜。

除了本条之外，人格权编的多个条款都规定了更正、删除规则（第 1029 条、第 1037 条）。更正、删除措施是保护人格权的独特方式，受害人在行使该项权利时，既不需要证明行为人具有过错，也不需要证明该行为构成名誉侵权，如此可及时制止不法行为的发生，维护其人格权益。"权利人在请求更正和删除时，既不需要通过诉讼的方式进行，也不需要证明自身损害以及行为人的过错，这就有

---

① 1959 年《德国民法人格与名誉保护新规则法草案》第 20 条规定："公开制造或者传播适于侵害他人人格的事实性声言者，有义务毫不迟延地在该他人的要求下，以其制造或者传播声言同样的方式，或者在该同样的方式不可能或不适宜的情况下，以其他方式公开该他人的反驳。该反驳须限于事实构成的阐述，并在内容与范围上是适当的。对于该反驳同时发表言论者，必须以事实声言为限。在如下情况下，请求权不构成：①在该反驳明显不真实的情况下，或者基于其他原因对于反驳的公开不存在正当利益的情况下；②在声言是在法庭程序中制造或者传播的情况下；③在涉及立法机关的议员的表达或者涉及立法机关对于会议的报告，并根据特别规定，免除了对于表达或者报告的责任的情况下。在权利人知道声言已经公开制造或者传播之后一个月内，但最迟在公开告知三个月内没有要求公开反驳的，即丧失请求权。"

② 石佳友：《人格权立法的进步与局限——评〈民法典人格权编草案（三审稿）〉》，载《清华法学》2019 年第 5 期。

利于强化对受害人的保护，预防损害后果的进一步扩大”。[①]

受害人需要提交相应的证据以证明媒体报道内容失实的事实。但是，问题在于，受害人提交的证据需要在多大程度上使其权利能够被媒体所认可？也即，需要达到什么样的证明标准？媒体自由报道是新闻自由的重要内容，放任媒体报道将有可能侵害他人名誉权，但若对媒体苛以过重注意义务，又将影响到基本权利的行使。因此，在证明标准上应当协调好媒体自由与名誉权保护之间的关系。受害人应当将其掌握的可用以证明该媒体报道失实的所有相关证据提供给媒体，以便其尽快核实。所提供的证据应达到可与该报道内容形成矛盾关系的程度。譬如，媒体报道某篇科研论文涉嫌抄袭，论文作者提供该文章的查重报告；再如，媒体报道某篇科研论文的实验数据涉嫌造假，作者提供详细的实验记录数据。

因受害人确已掌握充分证据但未予提供或者故意迟延提供而致使媒体未及时采取相应改正措施的，由受害人自行承担因其自身原因导致该报道扩大对其不利影响的后果。但无论如何，行为人及媒体的侵权责任并不会因为媒体已采取更正或者删除等措施而予以免除，其侵权责任的判定仍然按照名誉权侵权的规则予以判定（《民法典》第1024条、第1025条、第1026条），但本条应当作为行为人及媒体减轻责任的考量因素，若媒体在收到更正或删除的通知后立即改正，并未造成较大范围内的名誉损害，法院可酌情判定媒体不承担侵权责任。

【相关案例】

新浪公司、中经报社与网易雷火公司名誉权纠纷案[②]

2016年2月1日，《中国经营报》在其纸媒及电子报和官网上刊登一篇题为《跨境电商命门凸显网易考拉现自营危机》的报道。文章开篇即称“网易考拉又陷入售假漩涡”，随即以一位周先生的“假货爆料”为新闻由头，称其为“考拉假货的当事人”，再铺陈开来，指称“网易考拉海购”销售假货，并称“网易考拉现自营危机”。新浪财经频道和科技频道全文转载了上述文章，并将标题改为《网易考拉陷售假漩涡跨境电商进货渠道坑多水深》《跨境电商命门凸显网易考拉现售假危机》。网易雷火公司以中经报社、新浪公司共同侵犯其名誉权为由，起

① 王利明：《论人格权保护的全面性和方法独特性——以〈民法典〉人格权编为分析对象》，载《财经法学》2020年第4期。

② （2017）京01民终5483号，本案被收录于《海淀区法院涉网络名誉权案件审判白皮书（2013－2018）》中的十大典型案例，载北大法宝，http：//www. pkulaw. cn/upload/pdf/lfbj/11526/海淀法院2013－2018涉网络名誉权审判白皮书. pdf，2020年9月4日访问。

诉要求立即停止侵权、消除影响、赔礼道歉，并赔偿经济损失及合理支出共计100万元，同时提出行为保全申请并提供担保金50万元，要求责令中经报社停止在《中国经营报》电子报和网站发布涉案报道文章，责令新浪公司停止在新浪网上更名转载的两篇涉案报道。

本案的争议焦点之一为：如中经报社及新浪公司的行为构成侵权，应当如何承担侵权责任。

北京市海淀区人民法院认为：中经报社及新浪公司发表及转载涉诉报道构成对网易雷火公司名誉权的侵犯，应当承担停止侵权、赔礼道歉、消除影响、恢复名誉、损害赔偿的侵权责任。因中经报社原发涉诉报道与新浪公司在新浪网财经频道及科技频道转载涉诉报道均已删除，网易雷火公司申请撤回了要求中经报社、新浪公司停止侵权的诉讼请求，故法院对此不持异议。至于赔礼道歉、消除影响、恢复名誉，法院将综合考虑中经报社及新浪公司的主观过错、侵权情节、损害后果等因素，判定中经报社及新浪公司进行赔礼道歉、消除影响、恢复名誉的方式和范围。关于赔偿损失的数额，如前分析，涉诉报道造成了对网易雷火公司的负面评价，足以阻遏作为潜在消费者的第三人与网易雷火公司发生交易联系，降低部分人在网易考拉海购平台购物的意愿，从而会直接或间接影响网易雷火公司的经济收入；此外，《中国经营报》及新浪财经频道和科技频道都是在全国范围内具有较大传播影响力和影响范围的媒体，其涉案行为会给网易雷火公司造成广泛的不利影响。根据《最高人民法院关于审理利用信息网络侵害人身权益民事纠纷案件适用法律若干问题的规定》第18条第1款规定，被侵权人为制止侵权行为所支出的合理开支，可以认定为财产损失。因此，根据本案为制止侵权的合理性与必要性以及案件的复杂程度、律师的工作、翻译的工作、本案标的大小等因素酌情考虑网易雷火公司为维权支出的公证费、律师费、翻译费等合理费用。同时，根据该条文第2款规定，在被侵权人因人身权益受侵害造成的财产损失或侵权人因此获得的利益无法确定的，人民法院可以根据案情在50万元以下范围内确定赔偿数额。因此，法院综合考虑以上因素，确定损害赔偿额为50万元，由中经报社及新浪公司在前述责任比例范围内予以赔偿。北京市第一中级人民法院予以确认。

【关联法条】

《民法典》第1194条、第1195条、第1196条、第1197条，《关于严防虚假新闻报道的若干规定》第1条、第2条、第3条

（撰稿人：谭佐财）

第一千零二十九条　【民事主体对自己的不当信用评价享有的救济权利】民事主体可以依法查询自己的信用评价；发现信用评价不当的，有权提出异议并请求采取更正、删除等必要措施。信用评价人应当及时核查，经核查属实的，应当及时采取必要措施。

【释义】

本条是与信用评价相关的名誉权保护制度。我国台湾地区“民法”第195条第1款规定：“不法侵害他人之身体、健康、名誉、自由、信用、隐私、贞操，或不法侵害其他人格法益而情节重大者，被害人虽非财产上之损害，亦得请求赔偿相当之金额。其名誉被侵害者，并得请求恢复名誉之适当处分。”将信用作为一项与名誉并列的人格权益予以保护。我国台湾地区民法对信用采广义理解，包括了与名誉无关的信用，如诬指某企业经营不善、拖欠工资、即将迁往外地。我国台湾地区民法学者多以信用权进行归纳。[①] 但《民法典》将信用评价归列为名誉的一项内容（《民法典》第1024条第2款），采取了狭义上的信用评价概念，即只有该信用评价关涉名誉时方属本条规范范围。因其在实践中的重要性和特殊性，《民法典》在第1029条、第1030条予以特别规范。所以，在法律适用上，本条属于信用评价的特别规定应当优先适用，但仍可适用关于名誉权的一般规则。

信用乃个人在经济上的评价，具有优劣之分，而信誉系长期积累的成果，与人格发展具有密切关系。信用评价兼具人格精神利益及财产利益，但更为主要的利益是财产利益。个人的信用评价的重要性在当下愈发突出，征信信息直接影响其获得贷款、申领信用卡等金融服务，甚至对其求学、就业、出国等越来越多的领域产生影响。银行等金融机构作为个人征信信息的重要提供者，应当严格遵守相关监管规定，真实、准确、及时地报送征信信息，避免因信息错误侵犯个人权益。法人或者非法人组织的名誉或商业信誉则直接攸关市场竞争秩序及消费者权益。将信用评价在《民法典》中予以保护，表明基于信用评价的权利由一项侧重于金融征信领域的权利，上升至一项普遍的民事权益，其调整范围有所扩张。

---

① 王泽鉴：《人格权法：法释义学、比较法、案例研究》，北京大学出版社2013年版，第168页。

理论上认为，信用评价是指根据一套能标识市场参与主体偿债能力的指标体系，采用严谨的分析方法，运用简明的文字符号，对市场参与主体履行经济责任的能力和可信任程度进行的综合分析和客观评价，并确定其信用水平的一种经济活动，是建立在定量基础上的定性判断。其实就是对信息的识别和加工过程，是市场经济不可或缺的一种中介服务。① 信用评价系以经济上活动的可信赖性为内容的权利，除支付能力、履约意愿外，尚应包括对商品及服务的评价（市场声誉）在内。但信用评价更多地指向专业机构的专业评价，而非社会公众社会评价。专业机构基于信用主体资产、能力、品格的评价，因其评价方法、模型、数据分析等科学方法的运用，其评价结果应该是客观的、公正的。信用评级机构工作人员因主观过错对信用主体造成不实评价结果，如虚假失信记录造成信用主体贷款不能，是对信用主体的直接经济利益产生影响，而不是对信用主体的无形财产利益产生影响。②

在“网购”盛行的电子商务时代，电子商务经营者的信用评价具有特殊性。平台内经营者往往基于其良好的信用状况而获得相应的交易机会，合理、有效、客观且完整的信用评价制度对电子商务的发展显得尤为重要。《电子商务法》第 39 条对此作出明确规定。电子商务交易中的信用评价是由众多消费者共同形成，既包括消费者的单独评价，也包括众多消费者的评价经过数据分析等程序后获得信用评价的标识，如在淘宝平台获得“口碑好货”的标识。《电子商务法》还明确规定电子商务平台经营者不得删除消费者对其平台内销售的商品或者提供的服务的评价。但反观本条却作出了相反的规定，明确民事主体发现对其信用评价不当时，有权提出异议并请求信用评价人采取更正、删除等必要措施。对此，笔者理解如下：《民法典》与《电子商务法》关于信用评价的规定是一般与特别的关系，《电子商务法》主要规范的是电子商务平台经营者从事电子商务交易的行为。电子商务交易具有交易虚拟化的特征，通过计算机互联网进行交易，交易双方无论是交易磋商还是支付款项等都不需要当面进行，都可以通过计算机互联网完成。因此，电子商务经营者对消费者基于自身体验感受作出的差评应当负有容忍义务。③ 消费者对商家给出的信用评价即便有所失实，商家和平台亦不得将其删除。但基于商业竞争的目的恶意炒作信用、扭曲信用、

---

① 程鑫：《互联网环境下农户诚信评价研究：基于支持向量机方法》，武汉大学出版社 2018 年版，第 34 页。

② 李晓安：《论信用的法权性质与权利归属》，载《法学论坛》2020 年第 2 期。

③ 申某诉王某名誉权纠纷案，(2015) 沪二中民一（民）终字第 1854 号。

制造虚假信用，平台应当进行查处和制裁，并采取删除等必要措施。[①] 在电子商务交易中，因消费者对商家的信用评价应当优先适用《电子商务法》第39条之规定。

需要特别说明的是，涉及信用评价的相关纠纷集中分布在征信机构与信贷主体之间，大部分案件都是因为第三人伪造签名、冒用受害人身份致其信用权益受损而引发诉讼，还有部分案件属于因银行内部工作人员输入错误导致个人信用受损，因超过5年不良记录法定保存期限引发的纠纷。[②] 此类信用评价具有封闭性，他人无权查询（根据现行规定，个人的信用评级如果一年查询超过两次以上将影响其信用等级），信用评价错误并不会导致主体的社会评价降低。[③] 但是，如果在信贷主体请求征信机构采取更正或删除等措施后，征信机构未及时采取相应措施，征信机构应当承担因其迟延行为对信贷主体的损害赔偿责任。

【相关案例】

陈某与甲银行侵权责任纠纷案[④]

甲银行与陈某于2013年3月12日签订《借款合同》。根据合同约定，甲银行于2013年3月13日向陈某发放贷款人民币422万元（以下币种同上），借款期限为12个月。涉案贷款到期时，陈某未按时偿还本息。双方于2014年5月28日达成《和解协议》，就涉案贷款的本金、利息、费用等还款金额及还款期限重新作出约定。陈某在2014年6月、7月、8月均按此《和解协议》偿还了欠款。至2014年9月底，陈某尚欠部分逾期利息、律师费，但甲银行告知其可以减免部分律师费和罚息。2014年9月30日，账户状态为“结清”。2014年10月17日，甲银行以“贷款还清”为由注销涉案抵押权。2015年10月22日，因办理贷款业务，乙银行向征信系统查询了陈某的征信信息，查询的结果显示陈某仍有79353

---

① 全国人大财经委电子商务法起草工作小组编著：《中华人民共和国电子商务法条文研析与适用指引》，中国法制出版社2018年版，第144页。

② 张继红：《个人信用权益保护的司法困境及其解决之道——以个人信用权益纠纷的司法案例（2009－2017）为研究对象》，载《法学论坛》2018年第3期。

③ 石佳友：《人格权立法的进步与局限——评〈民法典人格权编草案（三审稿）〉》，载《清华法学》2019年第5期；周某芳诉中国银行上海分行名誉权纠纷案［（2011）沪一中民一（民）终字第2988号］，载《最高人民法院公报》2012年第9期（总第191期）。

④ （2018）沪民再13号，收录于上海高级人民法院发布的2018年度上海法院金融商事审判十大案例，http：//www. hshfy. sh. cn/shfy/gweb2017/xxnr_ 2016. jsp？ pa = aaWQ9MjAxMzQwNjkmeGg9MSZsbWRtPWxtMTcxz&zd = xwzx，2020年9月4日访问。

元贷款逾期未还。陈某要求甲银行更正其征信信息，但甲银行未予更正。陈某遂起诉请求甲银行变更其征信信息，并要求其承担损害赔偿责任。甲银行在诉讼期间更正了征信信息，但认为该错误信息没有得到广泛传播，并未侵犯其个人名誉，故不构成侵权。

本案的争议焦点为错误记载的信用信息的广泛传播是否是构成侵权的条件。

上海市高级人民法院认为，信用是社会其他成员对民事主体经济上的评价，是以经济生活中的可靠性或支付能力为内容。与名誉权相比，信用虽然也是一种社会上的评价，但两者的保护范畴不同，在其构成要件上也存在差异。我国《征信业管理条例》第40条规定，向金融信用信息基础数据库提供或者查询信息的机构未按照规定处理异议或者对确有错误、遗漏的信息不予更正，给信息主体造成损失的，应依法承担民事责任。该条规定并未将错误信息的广泛传播作为责任构成要件。甲银行以错误信息未广泛传播为由主张不构成侵权的理由，欠缺法律依据。再审申请人为排除侵权行为，历经自行维权和诉讼，产生多项费用，其损失与甲银行未及时更正错误信息的行为之间存在相当因果关系，甲银行应予赔偿。法院酌情确定赔偿金额为1万元。

【关联法条】

《电子商务法》第39条，《最高人民法院关于审理名誉权案件若干问题的解释》第9条

（撰稿人：谭佐财）

第一千零三十条　【民事主体与信用信息处理者之间关系的法律适用】民事主体与征信机构等信用信息处理者之间的关系，适用本编有关个人信息保护的规定和其他法律、行政法规的有关规定。

【释义】

本条属于引致性规范，信用信息本质上就属于个人信息的内容，有学者甚至认为由于信用权的核心是特定征信机构对个人信息的使用与处理，而不是社会一般人对信息主体的评价，因此应该迁移到个人信息一章之下，而不应置于名誉权

的框架之下。[①] 我国法上的信用评价不仅属于名誉权保护的一项内容，而且具备个人信息的基本属性（不同于同属名誉权保护的品德、声望、才能等评价），《民法典》设两个条文分别规范名誉权属性和个人信息属性的立法体例具有法典体系上的科学性。

民事主体与信用信息处理者之间的关系，除了适用《民法典》关于个人信息保护的规定之外，还可以适用《网络安全法》《商业银行法》《征信业管理条例》《刑法》等关于个人信息保护的规定。因此，信用信息处理者不当处理民事主体的信用信息，可能承担民事、行政甚至刑事责任。

本条为民事主体与信用信息处理者之间的关系的以后发展留有余地，如正在制定的个人信息保护法在将来可予以适用。但本条明确了引致的范围仅限于本编有关个人信息保护的规定和其他法律、行政法规的有关规定，不包括地方性法规和部门法规，如中国人民银行颁布的《个人信用信息基础数据库管理暂行办法》以及正在拟定的征信机构管理办法和个人征信业务管理规定将无法直接作为裁判依据，但可作为说理内容。

由于个人信息保护的对象仅包括自然人，因此仅自然人可适用本编有关个人信息保护的规定：个人信息处理的原则和条件（第1035条）、处理个人信息免责事由（第1036条）[②]、个人信息主体的权利（第1037条）[③]、信息处理者的安全保障义务（第1038条）；而法人、非法人组织同样会涉及与征信机构等信用信息处理者之间的关系，但只能适用其他法律、行政法规的规定。例如，《中小企业促进法》第23条第1款规定："国家支持征信机构发展针对中小企业融资的征信产品和服务，依法向政府有关部门、公用事业单位和商业机构采集信息。"由此，征信机构收集民事主体的信用信息具有了法律根据。此外，将被纳入失信被执行人名单的被执行人记录载入征信系统并予以公开，系法律赋予法院和相关征信机构的权利。[④]

---

① 石佳友：《人格权立法的进步与局限——评〈民法典人格权编草案（三审稿）〉》，载《清华法学》2019年第5期。

② 《最高人民法院关于审理利用信息网络侵害人身权益民事纠纷案件适用法律若干问题的规定》第12条。

③ 《最高人民法院关于审理利用信息网络侵害人身权益民事纠纷案件适用法律若干问题的规定》第14条。

④ 葛晓燕：《公布失信被执行人的有关信息符合法律规定》，载新华网，http://www.xinhuanet.com/politics/2019lh/2019-03/12/c_1210080007.htm，2020年8月5日访问；另可参见《民事诉讼法》第255条规定："被执行人不履行法律文书确定的义务的，人民法院可以对其采取或者通知有关单位协助采取限制出境，在征信系统记录、通过媒体公布不履行义务信息以及法律规定的其他措施。"

【相关案例】

赵某等侵犯公民个人信息罪案[①]

金华市金东区人民检察院指控：2016 年 5 月至 2018 年 3 月，在金华市嘉恒房产公司上班的被告人朱某立，先后将在公司办公电脑中获取的包含姓名、手机号码等涉及公民个人信息 10 个文档，共计 12621 条信息，通过 QQ 邮箱发送给被告人方某用于贷款推销业务，从中非法获利人民币 1000 元。2017 年至 2019 年，被告人方某将从朱某立处获得的包含姓名、联系电话等内容的 6873 条公民个人信息，提供给被告人赵某用于贷款推销业务。2018 年 11 月，被告人付某辉在担任温州银行金华分行信贷部客户经理期间，利用职权便利，从温州银行内部系统“数据仓库”内导出包含姓名、联系电话、信用卡开户日期、信用额度等内容的公民个人信息，共计 6294 条，后通过微信发送给被告人赵某用于贷款推销业务。2018 年至 2019 年年初，被告人赵某将从方某、付某辉处获得的公民个人信息，整理后通过微信发送给章某、叶某等人。其中向叶某提供公民个人信息 13603 条，向王某 1 提供公民个人信息 6294 条，向潘某提供公民个人信息 6294 条，向孟某提供公民个人信息 6294 条，向章某提供公民个人信息 8830 条。

本案的争议焦点为错误记载的信用信息的广泛传播是否是构成侵权的条件。

金华市金东区人民法院认为：被告人赵某、朱某立、方某、付某辉违反国家有关规定，向他人提供公民个人信息，情节严重，其行为均已构成侵犯公民个人信息罪，依法应当追究其刑事责任。公诉机关指控的罪名成立，本院依法予以支持。被告人付某辉将在履行职责过程中获得的公民个人信息提供给他人，依法应从重处罚。

【关联法条】

《民事诉讼法》第 255 条，《中小企业促进法》第 23 条，《商业银行法》第 29 条、第 30 条，《刑法》第 253 条之一，《最高人民法院、最高人民检察院关于办理侵犯公民个人信息刑事案件适用法律若干问题的解释》，《最高人民法院关于公布失信被执行人名单信息的若干规定》第 8 条

（撰稿人：谭佐财）

---

① （2019）浙 0703 刑初 233 号。

第一千零三十一条　【荣誉权】民事主体享有荣誉权。任何组织或者个人不得非法剥夺他人的荣誉称号，不得诋毁、贬损他人的荣誉。

获得的荣誉称号应当记载而没有记载的，民事主体可以请求记载；获得的荣誉称号记载错误的，民事主体可以请求更正。

【释义】

本条第1款对民事主体享有荣誉权予以积极确认，并列举了非法剥夺他人荣誉称号和诋毁、贬损他人荣誉两种侵害荣誉权的方式。第2款系对荣誉权的特别救济方式的规定。

通常认为，荣誉是基于特定民事主体在社会生产生活中的突出表现或贡献，特定的机关或组织，给予某一公民或法人的一种特殊的美誉或称号，它不是每个公民或法人都享有的，须依赖于主体实施一定的行为，做出一定的成绩，方可取得，并依一定程序而剥夺。[①] 例如，《惩治军人违反职责罪暂行条例》第24条规定："对于危害重大的犯罪军人，可以附加剥夺勋章、奖章和荣誉称号。"学界和实务界对荣誉权的性质看法不一。有的认为荣誉权为身份权[②]，有的认为荣誉权为人格权。[③] 甚至有观点认为，荣誉权既非人格权亦非身份权。[④] 人格权论者认为，荣誉即为好的名誉，体现的是一种人格利益，因此，荣誉权应属人格权。身份权论者认为，荣誉并非人人享有的，并非维护主体的人格所必须的权利，不具有普遍性，因而荣誉权应属于身份权。亦有论者认为，荣誉权实际上并非一种民事权利，不属于民事问题，不应获得民事救济。如果不当剥夺荣誉而导致社会评价降低，可通过名誉权进行救济。[⑤]《日本民法典》第710条规定的财产外损害的赔偿仅以身体、自由和名誉为保护对象，并无荣誉保护之规定。我国台湾地区"民法"也未将荣誉权纳入人格权保护之列。但若贸然取消荣誉权可能会对公众

---

① 杨立新：《人身权法论》（修订版），人民法院出版社2002年版，第100页。

② 杨立新：《人身权法论》（修订版），人民法院出版社2002年版，第100页；又如高某与孟某名誉权、荣誉权纠纷案，（2018）苏01民终9549号，法院认为：荣誉权系民事主体对其获得的荣誉及其利益所享有的保持、支配的基本身份权。

③ 梁慧星：《中国民法经济法诸问题》，法律出版社1991年版，第73～74页。

④ 姚明斌：《褪去民法权利的外衣——"荣誉权"三思》，载《中国政法大学学报》2009年第6期。

⑤ 李永军：《民法总则》，中国法制出版社2018年版，第340～343页；叶金强：《〈民法总则〉"民事权利章"的得与失》，载《中外法学》2017年第3期。

产生“荣誉权不受保护”的反向思维，徒增普法成本，而且出于对历史的尊重和公民既有权利的保护，荣誉权应予以保留。[①]

首先，公民、法人和非法人组织均可作为荣誉权的主体。荣誉既可由一人单独享有，也可由多个主体共同享有。荣誉权的内容既包括精神利益，也包括物质利益，本条重点明确了其精神利益并不意味着荣誉权的物质利益不受保护。例如，应该给付依法获得的物质奖励。通过司法实践，还确立了以下规则：由集体参赛获得的荣誉和奖项应由集体共同享有，奖品为一个整体不宜分割的，可根据全体成员的贡献大小作价并处理，获奖荣誉由集体共同享有，个人代表团体参赛获得的荣誉仍由全体成员享有，突出个人的贡献可在物质奖励上予以优待。[②]

其次，荣誉权与名誉权具有显著的识别特征。在实践中，却存在二者混用的情形，将本属于名誉权纠纷的案件以荣誉权纠纷立案。[③] 虽然名誉与荣誉均是他人对民事主体的社会评价，且某一行为可能同时损害他人名誉和荣誉，但仍应对二者予以区分。荣誉是社会组织给予的评价而非一般社会评价，荣誉是一种积极评价而非消极评价，是正式评价而非随意评价，是需要通过民事主体的积极行为方可获得而非自然产生。[④]

再次，侵害荣誉权的形态可因荣誉授予者和非授予者的不同而有所区分。荣誉授予者的侵害形态为非法剥夺荣誉称号、不承认其授予的荣誉、应当记载而未记载或者记载错误等情形。实践中存在荣誉授予者擅自将荣誉证书收回且毁损，法院认定侵犯荣誉权。[⑤] 对此，笔者持反对意见，荣誉证书等荣誉标志物的毁损灭失并不会产生荣誉消灭的后果，荣誉的消灭须经特定的程序方可完成。非荣誉授予者的侵害形态主要为诋毁、贬损该荣誉，非荣誉授予者基于其特定的评价标准而不认可其他机构或组织授予的荣誉不构成侵犯荣誉权。还需要注意的是，荣誉权的获得不属于民法规范的范畴，这已得到了私法理论的认同，因而民法典的荣誉权规范并不保护荣誉的获得，而只保护荣誉权的维持。[⑥]

最后，死者荣誉的保护问题。《民法典》第 185 条的英烈条款规定了侵害英雄烈士的荣誉且损害社会公共利益的，应当承担民事责任。由死者不享有民事权

---

① 姚辉、叶翔：《荣誉权的前世今生及其未来——兼评民法典各分编（草案）中的相关规定》，载《浙江社会科学》2020 年第 3 期。

② 鞠某等与郭某荣侵害荣誉权案［（1994）锡民终字第 74 号］，载最高人民法院应用法学研究所编：《人民法院案例选（分类重排本）：民事卷 6》，人民法院出版社 2017 年版，第 3483 ~ 3486 页。

③ 铜川市印台区农村信用合作社与许某斌荣誉权纠纷案，（2019）陕 02 民终 461 号。

④ 王利明主编：《中国民法典学者建议稿及立法理由·人格权编、婚姻家庭编、继承编》，法律出版社 2005 年版，第 130 页。

⑤ 汶上农商行与康某柏荣誉权纠纷案，（2019）鲁 08 民终 1207 号。

⑥ 杨立新：《人格权法》，法律出版社 2011 年版，第 560 页。

利推论得出死者人格权利不受保护的结论是不妥当的和不负责任的，也不符合现今各国的立法实践。[①] 因此，无论是一般的死者还是英雄烈士均应得到人格权的保护。问题在于，侵害英雄烈士的荣誉是否应该由检察机关提起公益诉讼？就现有法律规范来看，尚无法律授权检察机关具备对此类事项提起公益诉讼的权力。有学者也提出，不得随意扩张国家机关的职权范围。[②] 但在实践中，不乏检察机关以侵权人的行为损害社会公共利益为名提起公益诉讼的案例。[③] 考察《民事诉讼法》第55条第2款及《最高人民法院、最高人民检察院关于检察公益诉讼案件适用法律若干问题的解释》中也未将损害英雄烈士的荣誉等且损害社会公共利益的情形明文规定为公益诉讼的范围。而且《民法典》第994条明确了侵犯死者荣誉等权利时请求权主体为死者近亲属，并未特别规定公益诉讼的情事。

【相关案例】

葛某生与洪某快名誉权、荣誉权纠纷案[④]

《炎黄春秋》杂志社执行主编洪某快在财经网发表《小学课本〈狼牙山五壮士〉有多处不实》一文。文中写道：据《南方都市报》2013年8月31日报道，广州越秀警方于8月29日晚间将一位在新浪微博上“污蔑狼牙山五壮士”的网民抓获，以虚构信息、散布谣言为由予以行政拘留7日。所谓“污蔑狼牙山五壮士”的“谣言”原本就有。据媒体报道，该网友实际上是传播了2011年12月14日百度贴吧里一篇名为《狼牙山五壮士真相原来是这样!》的帖子的内容，该帖子说五壮士“5个人中有3个是当场被打死的，后来清理战场把尸体丢下悬崖。另外2个当场被活捉，只是后来不知道什么原因又从日本人手上逃了出来”。2013年，第11期《炎黄春秋》杂志刊发洪某快撰写的《“狼牙山五壮士”的细节分歧》一文，亦发表于《炎黄春秋》杂志网站。该文分为“在何处跳崖”“跳崖是怎么跳的”“敌我双方战斗伤亡”“‘五壮士’是否拔了群众的萝卜”等部分。文章通过援引不同来源、不同内容、不同时期的报刊资料等，对“狼牙山五壮士”事迹中的细节提出质疑。

---

① 杨东：《民法总则中加入“英烈条款”是重大进步》，载光明网，http：//theory. gmw. cn/2017－04/23/content_ 24261556. htm，2020年7月26日访问。

② 李宇：《民法总则要义：规范释论与判解集注》，法律出版社2017年版，第873～874页。

③ 李某翰与吴某涛荣誉权纠纷案，（2019）浙01民初1126号。

④ （2016）京02民终6272号，本案被遴选为最高人民法院第99号指导性案例。

本案的争议焦点为：洪某快发表的案涉文章是否侵犯了葛某生之父葛某林的名誉、荣誉权益。

北京市第二中级人民法院认为，洪某快发表的《小学课本〈狼牙山五壮士〉有多处不实》《“狼牙山五壮士”的细节分歧》两篇案涉文章，以考证“在何处跳崖”“跳崖是怎么跳的”“敌我双方战斗伤亡”以及“‘五壮士’是否拔了群众的萝卜”等细节为主要线索。洪某快在文中援引了资料并注明出处，从资料内容看，洪某快以不同时期的材料、相关当事者不同时期的言论为主要证据。对于言论的分析、理解，应当放到特定的语境下，探究言论的原意并努力查证该言论是否具有其他证据予以佐证，同时应尽可能穷尽关于同一问题的其他研究资料，对资料进行综合分析判断。案涉文章在没有充分证据的情况下，以引而不发的手法，在多处作出似是而非的推测、质疑乃至评价……满足公众的知情权与保护公民的人格权不受侵害并不矛盾。洪某快提出的满足公众知情权的行为，是建立在否认狼牙山五壮士英勇抗敌事迹和舍生取义精神这一基本事实基础上，且这种否认无确凿真实的证据，这就决定了他的所谓“满足公众知情权”的行为不可避免地会成为误导社会公众的侵权行为……洪某快撰写的案涉文章侵害了葛某林的名誉和荣誉，侵害了社会公共利益，违反了法律规定，洪某快的行为已经超出了法律允许的范围，不受法律保护。

【关联法条】

《民法通则》第 102 条，《民法典》第 185 条、第 994 条，《妇女权益保障法》第 42 条，《英雄烈士保护法》第 22 条、第 23 条、第 25 条、第 26 条，《消防救援衔条例》第 3 条，《国家勋章和国家荣誉称号法》，《最高人民法院关于贯彻执行〈中华人民共和国民法通则〉若干问题的意见（试行）》第 150 条、第 151 条

（撰稿人：谭佐财）

第六章　隐私权和个人信息保护

【导读】

本章为隐私及个人信息保护的专章规定，共计8条，本章对隐私权的内容、隐私的定义、禁止侵害隐私的典型行为等内容作了规定，我国隐私权经历了从“名誉权保护”到“隐私利益保护”，再到现如今的“隐私权保护”的发展过程。《民法总则》第110条第1款明确规定了隐私权，但并未列举具体的侵害行为。这一章对侵害隐私权的典型行为作出了更为系统的规定，并对个人信息的定义，处理个人信息所应遵循的规则，信息主体对个人信息所享有的权利，处理个人信息的免责情形等内容作了规定，明确个人信息的处理活动应当遵循“合法、正当、必要原则”，尤其要关注对处理个人信息免责情形的规定，第1036条明确了处理个人信息不承担民事责任的三类情形。是对《民法典》第1035条个人信息处理基本原则的补充性规定，达成自然人的个人信息权益与信息处理者的信息处理权益之间的平衡，由此促成人格权编有关个人信息保护规则与《民法典》整体宗旨的一致性，第1037条关于个人信息权益的规定，明确自然人享有查阅、复制、更正、删除的具体权益，进一步细化了自然人如何行使和保护个人信息权益。

第一千零三十二条　【隐私权】自然人享有隐私权。任何组织或者个人不得以刺探、侵扰、泄露、公开等方式侵害他人的隐私权。

隐私是自然人的私人生活安宁和不愿为他人知晓的私密空间、私密活动、私密信息。

【释义】

本条是关于隐私权内容以及隐私定义的规定。我国隐私权经历了从“名誉权保护”到“隐私利益保护”，再到如今“隐私权保护”的发展过程。[①]“隐私权”的用语第一次在法律文本中出现，是在2005年修改的《妇女权益保障法》中，该法第42条第1款明确规定，“妇女的名誉权、荣誉权、隐私权、肖像权等人格权受法律保护”。[②] 2009年《侵权责任法》第2条所列举的民事权益即包括了隐私权[③]，至此，隐私权作为一种民事权利，在民事基本法中得到明确。基于隐私权制度本身的功能和价值与社会现实的需要，《民法典》人格权编在本条增加规定了隐私权。

对本条的理解，总体上应当把握三大关键点。

其一，根据本条第1款前半段，任何一个自然人均享有隐私权。自然人对隐私的权利主要体现在四个方面：一是隐私隐瞒权，即权利主体有权对自己的隐私进行隐瞒，不使其为他人所知，这是维持自然人的人格利益之所需，而非不诚实的表现。二是隐私利用权，指权利主体为满足自己在精神、物质层面的需求，有权对自己的个人隐私进行积极的利用，其中既包括自己利用个人隐私，如撰写传记或利用自身形象进行绘画、摄影等，也包括对他人收集自己个人信息的同意，如允许银行、保险公司等收集自己的信息。三是隐私支配权，指权利主体有权按照自己的意愿，对自己的隐私进行支配，包括公开自己的部分隐私、同意他人进入或察知属于自己隐私的领域、准许他人利用自己的隐私等。[④] 四是隐私维护权，即权利主体享有维护自己的隐私不受他人侵犯的权利，这属于一种消极防御性质的权利，具体体现在当权利受到侵害时，权利人可通过自力救济，要求侵权人停止侵犯其隐私权，或权利人有权请求司法机关予以保护。[⑤]

其二，本条第1款后半段进一步明确规定了其他民事主体对权利人隐私权保护的消极义务，并列举了刺探、侵扰、泄露、公开等侵害隐私权的方式。

其三，本条第2款明确界定了隐私的内涵。关于隐私概念的界定，主要有私人领域说、私人秘密说、私人信息说、生活安宁和秘密说、开放性定义说等观点，迄今尚无统一定论。本条将隐私界定为“自然人的私人生活安宁和不愿为他人知晓的私密空间、私密活动、私密信息”，根据该定义，隐私包括四个部分的内容：

一是私人生活安宁。本条在《民法典人格权编（草案）》的一、二、三审

---

① 张红：《人格权各论》，高等教育出版社2015年版，第430页。

② 《妇女权益保障法（2005修正）》第42条。

③ 《侵权责任法》第2条。

④ 杨立新：《人格权法》，法律出版社2015年版，第260页。

⑤ 丁春燕、李正华：《人格权法十八讲》，武汉大学出版社2019年版，第210页。

阶段均未包含私人生活安宁这一内容，审议中有观点提出，维护私人生活安宁、排除他人非法侵扰应是隐私权的一项重要内容，最终通过的人格权编采纳了该意见，由此，私人生活安宁被纳入隐私权的范畴。私人生活安宁包括私人住宅的安宁、私人住宅以外其他私人空间的安宁、日常生活安宁与通讯安宁。[①]作为一种特殊的隐私，私人生活安宁受侵害的方式与其他隐私类型不同，它不一定以公开的方式被侵害，也不一定涉及“私人秘密”问题。私人生活安宁主要反映的是权利人的私人生活免受他人的打扰或侵扰的权利，这些侵害方式主要采取偷窥、尾随、跟踪、窃听、刺探、电话和短信骚扰以及不可量物侵扰等方式。[②] 以往针对侵犯私人生活安宁的案件，只能通过行政手段，或以相邻权维权，如垃圾广告、广场舞扰民等，在私人生活安宁纳入隐私权范畴后，电话骚扰、散发传单等任何破坏个人生活安宁的现象，都可能被认定为是对隐私权的侵犯。

二是私密空间。私密空间是指个人的隐秘范围，如私人住宅就是典型的私密空间，此外，私人办公室、私家车、行李箱、旅行居住的宾馆客房、私人的衣服口袋等私人所能支配的空间范围也属于隐私权保护的客体。除了有形的空间以外，无形的空间也属于个人的私密空间，如自己内心的某一个角落，随着互联网技术的发展，网络虚拟空间也被涵盖于本条所规定的“私密空间”范畴，如私人电子邮箱、不对外公开的 QQ 空间、微信朋友圈等。因此，凡是私人可支配的私密空间场所，无论有形或是无形，均属于个人的私密空间。[③]

三是私密活动，即自然人所进行的与公共利益无关的个人活动，如日常生活、家庭活动、婚姻活动、男女之间的性生活等活动。[④] 个人活动的自由是隐私权的重要体现，在合法的前提下，个人有权以自己的意志活动、自主选择生活方式、自主决定私人事务，他人无权以任何方式进行干涉或侵扰。

四是私密信息，即通过特定形式体现出来的有关自然人的病历、财产状况、身体缺陷、遗传特征、档案材料、生理识别信息、行踪信息等自然人不愿为他人所知晓的信息，包括个人的身高、体重、三围、婚恋情况、学习成绩、缺点、家庭住址在内的，个人不愿意为他人知晓的所有个人情况、资料。

---

① 王利明：《生活安宁权：一种特殊的隐私权》，载《中州学刊》2019 年第 7 期。

② 刘保玉、周玉辉：《论生活安宁权》，载《当代法学》2013 年第 2 期。

③ 丁春燕、李正华：《人格权法十八讲》，武汉大学出版社 2019 年版，第 208 页。

④ 黄薇主编：《中华人民共和国民法典人格权编解读》，中国法制出版社 2020 年版，第 197 页。

【相关案例】

庞某与东航、趣拿公司隐私权纠纷案①

原告庞某委托鲁某在趣拿公司下辖平台订购了东航机票1张，所选机票代理商为星旅公司。订单详情页面登记的乘机人信息为庞某的姓名及身份证号，联系人信息、报销信息为鲁某及其手机号。10月13日，原告的手机却收到短信，告知原告该航班已取消。鲁某与东航客服确认该次航班正常，并提示原告收到的短信应属诈骗短信。10月14日晚19：43，鲁某被东航客服告知该航班已取消。庞某诉至法院，主张趣拿公司和东航泄露的隐私信息包括其姓名、手机号及行程安排，要求趣拿公司和东航承担连带责任。

本案关键争议焦点为原告庞某的姓名、电话号码及行程安排等是否属于隐私权客体。

一审法院经审理后认为，趣拿公司和东航在本案机票订购时未获取原告庞某手机号码，现无证据证明趣拿公司和东航将庞某过往留存的手机号与本案机票信息匹配予以泄露，且趣拿公司和东航并非掌握庞某个人信息的唯一介体，法院无法确认趣拿公司和东航存在泄露庞某隐私信息的侵权行为，故判决驳回原告庞某的全部诉讼请求。原告不服提出上诉。

二审法院认为，首先，姓名、电话号码及行程安排等事项属于个人信息。其次，行程安排属于私人活动信息，从而应该属于隐私信息，可以通过本案的隐私权纠纷主张救济。此外，本案中诈骗分子掌握了庞某的姓名、手机号和行程信息，从而形成了一定程度上的整体信息，所以才能够成功发送诈骗短信。因此，本案中，即使单纯的庞某的姓名和手机号不构成隐私信息，但当姓名、手机号和庞某的行程信息（隐私信息）结合在一起时，结合之后的整体信息也因包含了隐私信息（行程信息）而整体上成为隐私信息。因此，二审法院认为本案涉及的姓名、电话号码及行程安排等事项可通过隐私权纠纷而寻求救济。

【关联法条】

《民法典》第110条、第111条，《最高人民法院关于确定民事侵权精神损害赔偿责任若干问题的解释》第1条

（撰稿人：赵精武）

---

① 最高人民法院发布第一批涉互联网典型案例之五：（2017）京01民终509号。

第一千零三十三条　【隐私权侵害行为】除法律另有规定或者权利人明确同意外，任何组织或者个人不得实施下列行为：

（一）以电话、短信、即时通讯工具、电子邮件、传单等方式侵扰他人的私人生活安宁；

（二）进入、拍摄、窥视他人的住宅、宾馆房间等私密空间；

（三）拍摄、窥视、窃听、公开他人的私密活动；

（四）拍摄、窥视他人身体的私密部位；

（五）处理他人的私密信息；

（六）以其他方式侵害他人的隐私权。

【释义】

本条是对禁止从事的侵害他人隐私权的主要行为的规定。《民法总则》第 110 条第 1 款明确规定了隐私权，但并未列举具体的侵害行为。《民法典》人格权编新增了本条规定，在前述第 1032 条的基础上，对侵害隐私权的典型行为作出了更为系统的规定。

对本条的理解，主要从以下几点进行分析：

第一，本条第 1 款是对侵害通信安宁具体行为的规定。对个人生活安宁的侵害，经常借助通信工具实现，电话骚扰即实践中较为典型的侵害私人生活安宁的行为类型。在现代社会，随着即时通信和互联网技术的发展，电话、短信、微信骚扰问题逐渐为社会所关注，尤其是诈骗电话、诈骗短信，不仅严重影响个人的私人生活安宁，而且可能给受害人造成人身、财产损害。例如，在“李某娟与沈某琴侵扰生活安宁纠纷案”中，被告在长达九天的夜间内，频繁向原告住宅打骚扰电话，严重干扰了原告和家人的正常生活，致使原告由于休息不好而紧张失眠并影响了工作。被告对原告的此类电话骚扰行为，侵扰了原告生活安宁的权利，依法应承担相应的民事责任。[①] 在骚扰电话、垃圾邮件等日益泛滥的现代社会，本条亦是对此类现实问题的一个积极回应。

第二，根据本条第 2 款，进入、拍摄、窥视他人的住宅、宾馆房间等私密空间属于侵犯隐私权的行为。住宅、宾馆房间等私密空间属于本法所规定的隐私概念范畴内，2019 年，曾有媒体报道，情侣入住某宾馆后发现多处摄像头。《民法典》审议期间，多方强烈要求法律对此类行为进行规范。2019 年，人格权编草案

---

① （2001）郯民初字第 251 号。

三审时，对本条规定进行了专门的修改，禁止任何组织或者个人非法拍摄他人居住的宾馆房间，回应了这一社会热点问题。

第三，本条第 3 款保护的是个人的私密活动，禁止以拍摄、窥视、窃听或公开他人私密活动的方式侵害他人隐私权。个人的私密活动是自然人进行的与公共利益无关的个人活动，如个人的日常生活、家庭生活、社会交往乃至婚外恋等，都可归于私密活动的范畴。个人私密活动的自由是隐私权的重要体现，因而具有隐私保护的价值。本款对于实践中常见的侵犯他人私密活动的行为类型进行了列举，根据本款，非法监视他人的日常生活、性生活或跟踪他人等，均属于侵犯隐私权的行为。需要强调的是，本款所禁止的“拍摄”行为是一个广义的概念，包括“录制”。

第四，本条第 4 款禁止拍摄、窥视他人身体的私密部位。个人身体的私密部位也属于个人的私密空间，是隐私权保护的客体，对他人身体私密部位进行偷拍、窥视等，都可构成对他人隐私权的侵犯。侵害身体隐私较为突出的领域是医疗领域，因此在进行诊疗时，医院应确保暴露身体隐私部位的诊疗活动有响应的遮挡、隔离措施。而为了诊治、教学需要，拍摄患者身体私密部位或同实习医生对患者私密部位观摩、见习等行为，则是严重侵害他人的隐私权的行为。①

第五，本条第 5 款是对未经同意擅自处理他人信息的行为的禁止性规定。大数据面前，公众“裸奔”已成为常态，与之相对的是立法、司法保护的乏力。本款将处理他人的私密信息列为侵犯隐私权的行为，体现了立法对私密信息的重视与保护。本款中，对他人私密信息的“处理”包括获取、收集、删除、公开、买卖等方式。

第六，本条第 6 款属于兜底条款。法律往往具有滞后性，随着现代科技的发展，侵害隐私权的行为方式将会不断增加，面对层出不穷的侵犯个人隐私权的新型案件，法官也常常感到“捉襟见肘”。因此本条在列举前述五种典型行为类型之后，另规定兜底条款，以避免疏漏。

【相关案例】

徐某与沈某隐私权纠纷案②

徐某、沈某是邻居，沈某在其房屋西侧、东侧均安装了摄像头，其中西侧的摄像头正对着徐某房屋前的公共区域与徐某进出房屋的通道。徐某以沈某安装摄

---

① 张红：《人格权编立法论》，法律出版社 2020 年版，第 84 页。

② （2015）沪一中民一（民）终字第 2620 号。

像头的行为侵犯其隐私权为由，向法院提起诉讼。

该案的争论焦点为，被告在房屋周边安装摄像头的行为是否侵犯原告的隐私权。

一审法院认为，沈某侵犯徐某隐私权的前提是沈某摄像头摄入的内容系属徐某私人生活安宁或私人信息秘密范畴。首先，根据在案证据可以认定沈某安装上述监控摄像头的目的系保护自家财产安全，而非刻意拍摄录入徐某在小区中的行动路径等。其次，徐某在小区公共道路的行走系暴露于公众视野中的行为，非属个人隐私范畴，沈某通过监控录像对自家财产安全进行监控的同时即使附带录入徐某在小区公共场所中的行动，亦属其在保护自家财产安全时所不可避免的结果。而徐某的主张则系属沈某对其在公共场所中的公开行为不当利用后所可能产生的后果，然徐某并未提供证据证明沈某已进行了该类不当利用，亦无证据可以使法院确信沈某会进行该类不当利用。综上所述，徐某在公共场所的行动非属私人生活安宁或私人信息秘密范畴。一审法院依法驳回了徐某的诉讼请求，徐某不服，提起上诉。

二审法院经审理后认为，就安装摄像设施而言，会涉及公共利益以及他人的隐私等合法权益，因此当事人在安装前，一定要慎之又慎，并在必要时获得许可或者申请有关单位进行安装，并要考虑较少涉及他人。本案中，沈某在有其他方案可选择的前提下，不拆除目前已安装的摄像设施并不恰当，故本院认定沈某应当拆除该摄像设施。

【关联法条】

《侵权责任法》第 62 条，《治安管理处罚法》第 42 条，《刑法》第 245 条、第 252 条。

（撰稿人：赵精武）

第一千零三十四条　【个人信息的定义】 自然人的个人信息受法律保护。

个人信息是以电子或者其他方式记录的能够单独或者与其他信息结合识别特定自然人的各种信息，包括自然人的姓名、出生日期、身份证件号码、生物识别信息、住址、电话号码、电子邮箱、健康信息、行踪信息等。

个人信息中的私密信息，适用有关隐私权的规定；没有规定的，适用有关个人信息保护的规定。

【释义】

本条是关于个人信息的定义及个人信息保护与隐私权之关系的规定。民法学界一直有主张个人信息保护立法的观点，但直到2016年6月《民法总则（草案）》初审稿出台时，个人信息保护也并未被纳入民事立法。2016年8月，“徐某玉电信诈骗案”[①] 发生后，个人信息保护条款再次引起民法学者的关注。于是，当年11月公布的《民法总则（草案）》二审稿即新增了个人信息保护的条款，说明立法者开始意识到个人信息保护立法的必要性，对该类案件进行了及时的回应，但同时也给相关条款打上了仓促上阵的烙印。《民法典（草案）》审议期间，在各界的共同努力下，我国民事立法中关于个人信息保护的制度体系更加健全。

本条包含以下几点理解：

首先，本条明确了个人信息受法律保护。本条第1款明确宣示，自然人的个人信息受法律保护。对于是否将“个人信息”作为一项权利予以保护，即设立“个人信息权”，立法过程中曾经有过争议，最终本法采用的是“个人信息保护”的表述。诚然，信息主体控制自己个人信息不被违法处理或滥用的权利，是个人信息保护制度运行的基石。然而在大数据时代，个人信息权的设置未必是实现个人信息保护的最佳途径。一来，信息主体的有限理性易导致个人信息权的设立初衷无法达到。随着智能应用技术的日益普及，人们已经默认甚至习惯了个人信息被获取、使用与处理。为享受智能技术带来的便利，信息主体只能同意自己的信息被收集，加上信息具有天然的流动性、易复制性，实践过程中信息主体对于个人信息的控制极可能流于形式，实质上难以达到设立个人信息权、加强个人信息保护的目的。[②] 二来，个人信息权的设置不利于信息社会产业的发展。大数据时代的个人信息已经成为信息产业重要的新型生产要素，信息共享为大数据产业的发展提供了极大便利，而固化的信息控制机制并不利于信息时代产业的发展。[③] 故而，出于对信息主体利益与数据共享利用之间关系平衡等诸多方面的考量，本法最终选择了“个人信息保护”的表述。

其次，本条对个人信息进行了界定。个人信息的内涵在比较法上主要有三种观点，一是关联型定义，将所有与个人相关联的信息界定为个人信息；二是隐私权定义，即个人不愿向外透露或者较为敏感不愿为他人所知的信息属于个人信

---

① （2017）鲁13刑初26号。

② 周汉华：《个人信息保护的法律定位》，载《法商研究》2020年第3期。

③ 郭如愿：《大数据时代民法典人格权编对个人信息的定位与保护》，载《人民论坛》2020年第9期。

息；三是可识别型定义，即凡是可直接或者间接地与已识别或可识别的特定自然人相关的信息即为个人信息，这也是较多数国家与地区立法所采观点。我国相关法律法规大多也将“可识别性”作为个人信息的重要判断标准。2012 年发布的《全国人民代表大会常务委员会关于加强网络信息保护的决定》第 1 条将“能够识别公民个人身份和涉及公民个人隐私的电子信息”界定为个人信息，该条体现了个人信息的核心特征，即“可识别性”，但其仅以抽象概括的模式定义个人信息的内涵，仍有待进一步完善。[①] 2013 年颁布的《电信和互联网用户个人信息保护规定》（以下简称《个人信息保护规定》）第 4 条采取了“列举加概括”的模式，在强调个人信息可识别性特征的同时，列举出了用户姓名、出生日期、身份证件号码、住址、电话号码、账号和密码等个人信息的表现形式，较为全面地界定了个人信息的内涵。《网络安全法》第 76 条以《个人信息保护规定》第 4 条为基础，沿用了“列举加概括”的定义模式，将个人信息界定为“以电子或者其他方式记录的能够单独或者与其他信息结合识别自然人个人身份的各种信息，包括但不限于自然人的姓名、出生日期、身份证件号码、个人生物识别信息、住址、电话号码等”，至此，较为准确且基本能与现代信息技术发展相适应的“个人信息”定义在我国现行法基本确定，并为《民法典》所承续。与《网络安全法》第 76 条相比，本条新增了电子邮箱地址和行踪信息两大类型，符合现代技术发展的趋势与个人信息保护的要求。

此外，本条第 3 款将第 1032 条规定的隐私权与个人信息保护进行了区分。结合隐私的定义可知，个人信息与隐私的范围往往存在交叉：一方面，许多尚未公开的个人信息本身即属于隐私的概念范畴，如未公开的私人住址；另一方面，数字化技术的发展使得许多隐私具备了“可识别性”，从而该类隐私可能因此被纳入个人信息的概念范畴，如个人通讯隐私。[②] 立法者未将个人信息涵盖于隐私权保护之下，主要是考虑到兼顾个人信息保护与信息合理流通均应是《民法典》作为民事基本法律的应有之义，因为个人信息虽体现的是人格利益，但同时也是信息社会的重要资源，二者不可偏废。故本条第 3 款规定，若个人信息可由其他具体人格权所涵摄时，则优先适用其他人格权的规则，如对作为隐私的私密信息，首先应适用隐私权的保护规则；在没有相关规定的情况下，即适用个人信息保护的规定。

---

① 王洪亮：《〈民法典〉与信息社会——以个人信息为例》，载《政法论丛》2020 年第 4 期。

② 王利明：《论个人信息权的法律保护——以个人信息权与隐私权的界分为中心》，载《现代法学》2013 年第 4 期。

【相关案例】

朱某与百度隐私权纠纷案①

朱某在浏览相关网站过程中发现，利用百度搜索引擎搜索“减肥”“丰胸”“人工流产”等关键词并浏览相关内容后，在一些网站上就会相应地出现“减肥”“丰胸”“人工流产”的广告。朱某认为，被告未经其知情和选择，利用网络技术记录和跟踪了其所搜索的关键词，将其兴趣爱好、生活学习工作特点等显露在相关网站上，并利用记录的关键词，对其浏览的网页进行广告投放，侵害了原告的隐私权。

本案的争论焦点为，网络活动踪迹是否属于个人隐私，百度通过 Cookie 记录原告朱某的偏好信息是否侵犯其隐私权。

一审法院认为，隐私权是自然人享有的私人生活安宁与私人信息依法受到保护，不被他人非法侵扰、知悉、收集、利用和公开的权利。本案中，百度利用 Cookie 技术收集朱某信息，并在朱某不知情和不愿意的情形下进行商业利用，侵犯了朱某的隐私权。

二审法院则认为，百度在提供个性化推荐服务中运用网络技术收集、利用的是未能与网络用户个人身份对应识别的数据信息，该数据信息的匿名化特征不符合“个人信息”的可识别性要求。网络用户通过使用搜索引擎形成的检索关键词记录，虽然反映了网络用户的网络活动轨迹及上网偏好，具有隐私属性，但这种网络活动轨迹及上网偏好一旦与网络用户身份相分离，便无法确定具体的信息归属主体，不再属于个人信息范畴。经查，百度个性化推荐服务收集和推送信息的终端是浏览器，没有定向识别使用该浏览器的网络用户身份。虽然朱某因长期固定使用同一浏览器，感觉自己的网络活动轨迹和上网偏好被百度收集利用，但事实上百度在提供个性化推荐服务中没有且无必要将搜索关键词记录和朱某的个人身份信息联系起来。因此，二审法院判定朱某的网络活动轨迹不属于个人隐私，撤销了一审法院的判决。

【关联法条】

《民法典》第 111 条，《刑法》第 253 条之一，《网络安全法》第 44 条、第 74 条、第 76 条，《消费者权益保护法》第 14 条、第 29 条、第 56 条，《全国人民代表大会常务委员会关于加强网络信息保护的决定》第 1 条

（撰稿人：赵精武）

---

① （2014）宁民终字第 5028 号。

第一千零三十五条　【个人信息处理的原则和条件】处理个人信息的，应当遵循合法、正当、必要原则，不得过度处理，并符合下列条件：

（一）征得该自然人或者其监护人同意，但是法律、行政法规另有规定的除外；

（二）公开处理信息的规则；

（三）明示处理信息的目的、方式和范围；

（四）不违反法律、行政法规的规定和双方的约定。

个人信息的处理包括个人信息的收集、存储、使用、加工、传输、提供、公开等。

【释义】

本条是关于个人信息处理原则和条件的规定，明确个人信息的处理活动应当遵循“合法、正当、必要原则”。本条属于新增条款，是对《民法总则》第111条“自然人的个人信息受法律保护”的必要补充，并未以具体人格权的形式规定自然人对个人信息享有的民事权益类型，而是以信息处理者的法定义务形式规定个人信息保护的基本原则。本条性质上属于原则性条款，其意义在于明确包括精准营销、用户画像、人脸识别等个人信息处理行为的一般性原则，并提供判断信息处理者是否履行“合法、正当、必要原则”的具体判断标准。因此，该条在《民法典》个人信息保护规则体系中具有承上启下的功能作用，既对《民法典》第一章所规定的基本原则进行特别规定，同时还与个人信息处理活动的例外情形相互衔接，旨在填补立法对未来个人信息处理活动预见不足所造成的法律空白，在司法实践中发挥个人信息处理相关事项法律性质的原则指引效应。

本条包括以下几点理解：

首先，明确规定了合法、正当和必要是一般个人信息处理活动应当遵循的基本原则，这与《网络安全法》第41条第1款规定的“网络运营者收集、使用个人信息，应当遵循合法、正当、必要的原则”脉络相承。该条虽然没有直接对“合法、正当和必要原则”的具体内容作出明确规定，但基于文义解释和体系解释的立场，“合法原则”是指信息处理者在从事个人信息处理活动时应当严格遵守包括《民法典》《网络安全法》等法律法规在内的有关个人信息保护的相关规定，不得违反强制性义务。“正当原则”是指个人信息处理活动的目的和方式

“正当”，满足《民法典》第 5 条至第 8 条规定的“自愿原则”“公平原则”“诚信原则”以及“公序良俗原则”。[①]“必要原则”是指信息处理者的个人信息处理行为应当以满足所提供的服务需要为限，应当尽可能地收集有限的个人信息，故而学理上也称为“最小化收集原则”。[②]

其次，该条采取了“抽象原则 + 具体行为”相结合的规定方式，“合法、正当和必要原则”作为抽象性原则，无法直接作为裁判依据，因此，该条在基本原则之外还规定了 4 项具体法律规则。第 1 项是“同意规则”，信息处理者在处理个人信息之前需要征得自然人同意，只有经过自然人同意的个人信息处理行为才被视为合法且正当的。“同意”本身可以视为自然人授权信息处理者处理个人信息的意思表示，因此，尽管该条没有规定自然人作出“同意”的方式，但结合《民法典》第 140 条的规定，“明示同意”和“默示同意”具备相同的法律效力，自然人的“沉默”只有在满足“法律规定、当事人约定或符合当事人交易习惯”的条件时才可以被视为自然人作出了“同意”的意思表示。此外，因为意思表示的作出需要具备相应的民事行为能力，“同意”还包括监护人所作出的意思表示。第 2 项是“公开规则”，信息控制者在处理个人信息时应当公开具体的处理规则，方便自然人了解个人信息处理行为的性质以及与所享受的产品或服务之间的关系；第 3 项是“明示规则”，要求信息处理者向自然人“明示”个人信息处理的目的、范围和方式。“明示”不等于“公开”，“公开规则”旨在强调信息处理者向不特定自然人公示其个人信息处理的基本规则，包括保护规则、共享规则等内容，而“明示规则”旨在突出信息处理者应当以简单易懂的方式告知特定自然人明确的个人信息处理目的、范围和方式。“明示规则”和“公开规则”均在强调自然人有权知晓个人信息处理活动的具体事项，只有在满足这两项规则背后的“充分知情”，自然人所作出的“明示同意”或“默示同意”才具备相应的法律效力。第 4 项是禁止性条款，个人信息处理行为不得违反包括《民法典》《网络安全法》《电子商务法》在内的法律和行政法规规定，同时个人信息处理活动也不得违背信息处理者与自然人之间的约定事项。

最后，该条对“处理”作广义解释，并未将“收集”与“处理”相提并论，而是统一地将收集、存储、使用、加工、传输、提供、公开纳入“处理”的范畴之中，属于立法技术层面的调整，以此回应未来可能产生的新型数据处理方式。

---

① 有学者认为，“所谓正当，是指进行信息收集和处理的目的和手段要正当，正当的含义不仅仅是指手段目的要合法，更要求手段目的要符合诚实信用的基本原则，并且尽量满足透明的要求，以便当事人能够充分了解相关情况，行使相应权利”。参见谢远扬：《〈民法典人格权编（草案）〉中“个人信息自决”的规范建构及其反思》，载《现代法学》2019 年第 6 期。

② “合法、正当和必要原则”的表述已经成为我国个人信息保护制度的基本理念之一，《网络安全法》第 41 条第 1 款同样规定“网络运营者收集、使用个人信息，应当遵循合法、正当、必要的原则”。

【相关案例】

黄某与腾讯广州分公司、腾讯公司隐私权、个人信息权益网络侵权责任纠纷案①

原告在使用“微信读书”APP时发现，由于使用个人微信账号注册了“微信读书”账号，微信将微信好友关系的相关数据共享至“微信读书”，且在原告未进行自愿授权的情况下，“微信读书”的“关注”栏目下出现了正在使用该软件的微信好友名单。此外，原告在使用过程中从未进行任何“添加关注”，原告的“微信读书”账号中“我关注”和“关注我的”选项页面中出现了大量原告的微信好友，原告与其微信好友在“微信读书”中没有任何关注关系的情形下，也能够互相查看对方书架、正在阅读的读物等信息，原告认为这些信息属于不愿向他人展示的隐私信息，主张被告侵害了原告的个人信息权益和隐私权。

本案的争议焦点为：“微信读书”向原告共同使用该应用的微信好友公开原告读书信息的行为，是否构成对原告个人信息权益或隐私权的侵害。

一审法院经审理后认为，根据《民法总则》第111条和《网络安全法》第43条、第76条第5项被告构成对原告个人权益的侵害。一审法院认为，知情及同意不仅包括信息主体对收集信息内容的知情，还包括对收集、使用的目的、方式和范围的知情及同意，“微信读书”与微信两个软件共用好友关系不符合一般用户的合理预期，“微信读书”中的信息组合（阅读痕迹、点赞记录等）与人格权益密切相关，“微信读书”收集原告微信好友列表，向原告未主动添加关注的微信好友自动公开读书信息，并未以合理的“透明度”告知原告并获得原告同意，构成对原告个人信息权益的侵害。

【关联法条】

《民法典》第111条，《网络安全法》第41条，《电子商务法》第23条

（撰稿人：赵精武）

第一千零三十六条　【处理个人信息的免责情形】处理个人信息，有下列情形之一的，行为人不承担民事责任：

（一）在该自然人或者其监护人同意的范围内合理实施的行为；

---

① （2019）京0491民初16142号。

（二）合理处理该自然人自行公开的或者其他已经合法公开的信息，但是该自然人明确拒绝或者处理该信息侵害其重大利益的除外；

（三）为维护公共利益或者该自然人合法权益，合理实施的其他行为。

【释义】

本条是关于处理个人信息免责情形的规定，明确处理个人信息不承担民事责任的三类情形。本条属于新增条款，是对《民法典》第1035条个人信息处理基本原则的补充性规定，达成自然人的个人信息权益与信息处理者的信息处理权益之间的平衡，由此促成人格权编个人信息保护规则与《民法典》整体宗旨的一致性。本条性质上属于补充性规定，其意义不是倾向保护信息处理者，而是对免责事项加以说明，补充“合法、正当和必要原则”的具体内容，指明自然人对个人信息享有民事权益的边界，避免“民事权益”等抽象概念的泛化。

本条包含以下几点理解：

首先，该条免除的信息处理者（行为人）的民事责任，既包括违约责任，如信息处理者与自然人之间合同关系（用户协议等）规定了处理的范围、方式和目的，信息处理者违反合同约定处理个人信息的，构成违约行为；也包括侵权责任，信息处理者未经自然人同意处理个人信息的，构成对个人信息权益（人格权益）的侵害，适用过错责任原则。而违约责任与侵权责任的竞合情形主要表现为个人信息处理行为违反《民法典》第1035条第4项“双方的约定”，自然人可择一选择要求信息处理者承担民事责任。

其次，该条采取了列举式的规定方式，并没有规定免责的兜底性条款，因此信息处理者有且仅有在这三类情形下才可以不承担民事责任。第一，个人信息处理行为属于“自然人同意”（包括监护人同意）的范围内①，既包括自然人被收集个人信息时的收集范围、处理方式和目的等具体事项；同时，个人信息处理行为还应当具备“合理性”，即信息处理行为应当以满足“同意”事项和个人信息安全为基础。例如，在发生个人信息事件时，信息处理者为了控制损害结果的扩大，及时中断原有的信息服务，属于对信息服务合同的违约，但因为该中断行为是为了确保个人信息安全，也属于自然人“同意”的应有之义，故属于个人信息处理的免责情形。第二，信息处理者在处理自然人自行公开或者通过其他途径公

① 有观点认为，《民法典》规定的“同意”实为“知情同意”规则，该规则是合法处理个人信息的充分非必要条件。参见于柏华：《处理个人信息行为的合法性判准》，载《华东政法大学学报》2020年第3期。

开的个人信息时，满足“合理性”要件则不必承担民事责任。该条实质承认了“默示同意”的形式之一，即自然人以公开个人信息的行为“默示同意”信息处理者合理处理这些个人信息。同时，该条还将以其他方式公开的个人信息视为“公共信息”，允许信息处理者自行决定处理的范围、目的和方式。当然，“公开的个人信息”并不必然等于“法律允许自由处理的个人信息”，在自然人以明示方式拒绝或处理行为本身直接侵害自然人重大利益时，信息处理者仍应当承担民事责任。第三，信息处理者可以在满足“维护公共利益”或“自然人合法权益”的情况不经自然人同意合理处理个人信息。例如，在突发公共事件中，为了保障公民的人身财产利益，信息处理者强制收集、存储和使用公民个人信息的行为属于该项所规定的免责情形。该项将“维护公共利益”列于“自然人合法权益”之前，旨在说明合理处理个人信息存在公共利益与自然合法权益相抵触的情形时，信息处理者应当以“维护公共利益”作为第一顺位保护的法益。

再次，该条第3项并未对“公共利益”的具体内涵作解释，而是赋予法院一定的自由裁量权，根据个案中个人信息处理行为的目的、方式和范围判断是否具备“公共服务属性”。①

最后，该条以免责条款的形式予以适用，属于个人信息保护领域的特殊免责事由，而《民法典》第180条至第182条规定的不可抗力、正当防卫与紧急避险属于一般免责事由。个人信息处理行为不属于特殊免责事由但属于一般免责事由时，信息处理者同样可以以此主张不承担民事责任。

【相关案例】

朱某与百度隐私权纠纷案②

原告在利用家中和单位的网络上网浏览相关网站过程中，发现利用“百度搜索引擎”搜索相关关键词后，会在特定的网站上出现与关键词有关的广告。通过百度网站搜索“减肥”，然后再在地址栏输入www. 4816. com，进入该网站后，网页顶部有一个“减肥瘦身、左旋咖啡”的广告，网页右面有一个“增高必看”的广告，点击“增高必看”广告左下面的“掌印”标识，会出现网址为http：//wangmeng. baidu. com的网页，该网址系“百度网盟推广官方网站”。原告认为，被告的精准网页广告投放的行为侵害了原告的隐私权，使原告感到恐惧，精神高

① 有学者认为，“公共利益保护”应当是基本原则而非例外情形，在司法实践中，“公共利益”既可以是具体的利益（如朱某茂、中华环保联合会与江阴港公司环境污染责任纠纷案），也可以是抽象的利益，如自由竞争秩序等。参见梁上上：《公共利益与利益衡量》，载《政法论坛》2016年第6期。

② （2013）宁民辖终字第238号。

度紧张，影响了正常的工作和生活，主张赔偿精神抚慰金。

本案的争议焦点为：百度未经朱某的知情和选择，利用 cookie 技术记录和跟踪了朱某所搜索的关键词并进行网页广告投放是否构成对隐私权的侵犯。

一审法院认为，隐私权是自然人享有的私人生活安宁与私人信息依法受到保护，不被他人非法侵扰、知悉、搜集、利用和公开的权利。本案中，被告利用 cookie 技术收集原告信息，并在原告不知情且非自愿的情形下进行商业利用，侵犯了朱某的隐私权。

二审法院则认为，本案中的搜索关键词和个性化推广内容与原告不存在特定指向关系，不存在网络侵犯隐私权的基础。并且，关键词检索记录不属于个人隐私的范畴，被告也未向第三人提供、公开原告的信息，故不构成侵害原告隐私权。

【关联法条】

《民法典》第 1035 条，《最高人民法院关于审理利用信息网络侵害人身权益民事纠纷案件适用法律若干问题的规定》第 12 条

（撰稿人：赵精武）

第一千零三十七条　【个人信息权益】 自然人可以依法向信息处理者查阅或者复制其个人信息；发现信息有错误的，有权提出异议并请求及时采取更正等必要措施。

自然人发现信息处理者违反法律、行政法规的规定或者双方的约定处理其个人信息的，有权请求信息处理者及时删除。

【释义】

本条是关于个人信息权益的规定，明确自然人享有查阅、复制、更正、删除的具体权益。该条属于新增条款，细化自然人如何行使和保护个人信息权益。本条性质上属于民事权益条款①，但其意义并不是直接对自然人赋权和规定具体权利，而是以列举的方式明确《民法典》保障自然人个人信息权益的基本方式，对

① 学界对该条的内容存在不同理解，部分学者认为，该条规定具体的查阅权、复制权、更正权和删除权，部分学者则认为，自然人对个人信息享有的是民事权益，而非具体的民事权利。参见程啸：《论我国民法典中个人信息权益的性质》，载《政治与法律》2020 年第 8 期。

《民法典》第 111 条和第 1034 条中“自然人的个人信息受法律保护”的规定加以说明，并为个人信息处理活动中常见法律纠纷提供规范指引。此外，《民法典》全篇并未规定“个人信息权”，因此该条的适用具有独特性，“查阅、复制、更正、删除”应当理解为《民法典》第 990 条第 2 款规定的“其他人格权益”。除此之外，当个人信息处理活动违反“合法、正当和必要原则”时，自然人可以采取除查阅、复制、更正、删除外的行为行使和保护个人信息权益。

该条包含以下几点理解：

首先，明确规定了自然人有权查阅或复制信息处理者所处理的个人信息，这两类权益类似于欧盟《通用数据保护条例》第 15 条规定的数据访问权，即在个人数据被处理时，数据主体（自然人）有权向数据控制者提出查阅其所掌握的个人数据以及与数据处理相关的其他信息的请求。两者实质上可以理解为个人信息处理“知情同意”规则的延伸，只有自然人对个人信息处理活动的具体规则、目的、方式和范围明确知晓，才可能主张“查阅”和“复制”两项权益，因此该款暗含了两项内容——确认环节和访问环节。在确认环节，自然人有权从信息处理者获知自己的个人数据是否正在被处理，如果确认信息处理者正在处理其个人数据，自然人有权获知有关其个人信息处理活动的其他信息。该环节是自然人对“同意”内容的二次确认，确保信息处理者按照法律法规以及双方约定的内容进行个人信息处理活动，这也是该条规定“查阅”的立法目的之一。在访问环节，自然人有权直接访问并复制信息处理者所存储的个人信息。与前一个环节不同的是，该环节旨在补充说明信息处理者提供个人信息处理目录时，自然人选择复制部分处理活动信息则需要信息处理者向自然人提供特定的复制路径。不过，该条并没有对自然人“查阅”和“复制”的方式、范围和目的等事项作出具体规定，也未明确规定信息处理者应当以何种方式满足自然人的查阅和复制请求。结合《民法典》诚实信用原则和公诉良俗原则，此处的查阅和复制行为应当以“合理且必要”为标准，自然人不得滥用其民事权益使信息处理者承担额外费用。例如，自然人过于频繁地重复查阅和复制其个人信息显然违背诚实信用原则。信息处理者同样不得以不合理的方式满足自然人的查阅和复制请求，如在收到自然人复制请求后 1 个月内不予回复或以代码等不易理解的方式供自然人查阅等行为。

其次，明确规定了自然人有权要求信息处理者及时更正错误信息。该条可作两层含义理解：第一，自然人对个人信息享有的民事权益包括信息本身的准确性和完整性，处理的个人信息存在错误时，自然人当然有权要求信息处理者更正错误内容。例如，在银行的社会信用评估中，存在偏差的评估会直接影响自然人办理信贷业务等活动，此时信息处理者（银行）应当根据自然人的请求及时更正错误的个人信息。第二，该条未对更正的范围和方式作出明确规定，但根据《民法典》第1034条关于个人信息的界定，更正的范围主要包括自然人的姓名、出生日期、身份证件号码、生物识别信息、住址、电话号码、电子邮件、健康信息、行踪信息等。由于信息存在错误可能侵害自然人的人身权益或财产权益，信息处理者应当根据自然人的异议内容确定更正的期限。对于确有明确证据证明信息错误的，信息处理者应当立即更正存储的个人信息；对于没有证明材料的自然人异议，信息处理者应当及时告知自然人更正所需的期限，并在核验材料真实性之后即刻作出是否更正的决定。当然，如果存在自然人的更正异议没有任何依据、证明材料伪造等情况，信息处理者可以拒绝更正并告知其事由。

最后，该条第2款规定了自然人在发现个人信息处理行为违反法律、行政法规的规定或者双方的约定时有权要求信息处理者及时删除个人信息。学界常将此项权益与《欧盟通用数据保护条例》第17条的删除权（“被遗忘权”）作比较，该条的适用情形以违法或违约为前提，而欧盟的删除权适用情形还包括自然人同意的撤回、行使反对（自动化决策）权等情形。由于该条未详细说明“删除”的范围和时间，信息处理者应当根据自然人的请求内容决定实际删除的范围，不得留存任何可能“回档”的个人信息记录。如果法律、行政法规对个人信息存储期限有强行性规定，则应当告知自然人拒绝删除的事由以及法定的存储期限。“删除”与“更正”之间属于并列关系，自然人在查阅或复制其个人信息之后可自行决定更正个人信息或直接删除。网络服务商未履行“通知—删除”义务或未停止侵权，应承担对自己行为的侵权责任或对他人侵权扩大损害的侵权责任，其前提是自己或他人的侵权责任成立。

【相关案例】

任某玉与百度公司名誉权纠纷案①

原告曾在陶氏教育从事教育工作，后与该公司解除劳动关系。在此之后，原告发现百度网站出现“陶氏教育任某玉”“无锡陶氏教育任某玉”等字样的内容及链接，陶氏教育声誉不佳，因而原告曾多次要求被告删除相关内容，但被告并未采取任何措施，故提起诉讼，要求被告承担网络侵权责任。

本案的争议焦点为，被告“相关搜索”技术模式及相应服务模式是否侵犯原告一般人格权中所谓的“被遗忘权”（此案也被学界称为中国“被遗忘权”第一案）。

一审法院经审理认为，百度公司在“相关搜索”中推荐的有关任某玉及“陶

① （2015）海民初字第17417号。

氏教育”与相关学习法的词条是对网络用户搜索相关检索词内容与频率的客观反映，属于客观、中立、及时的技术平台服务，并无侵害任某玉前述主张权益的过错与违法行为。

二审法院认为，被遗忘权是欧盟法院通过判决正式确立的概念①，我国现行法律中并无对“被遗忘权”的法律规定，亦无“被遗忘权”的权利类型。原告所主张的作为人格利益的被遗忘权人获得保护，应当证明其在本案中的正当性和应予保护的必要性，但任某玉并不能提供证明。

【关联法条】

《民法典》第111条，《网络安全法》第43条，《电子商务法》第24条

（撰稿人：赵精武）

第一千零三十八条　【信息处理者的个人信息安全保护义务】 信息处理者不得泄露或者篡改其收集、存储的个人信息；未经自然人同意，不得向他人非法提供其个人信息，但是经过加工无法识别特定个人且不能复原的除外。

信息处理者应当采取技术措施和其他必要措施，确保其收集、存储的个人信息安全，防止信息泄露、篡改、丢失；发生或者可能发生个人信息泄露、篡改、丢失的，应当及时采取补救措施，按照规定告知自然人并向有关主管部门报告。

【释义】

本条是关于对信息处理者对其所处理的个人信息所负的安全保护义务之规定，其中第1款规定的是消极的安全保护义务，第2款规定的是积极的安全保护义务。

本条包含以下几点理解：

首先，此处的“信息处理者”依“处理”行为进行识别，且“处理”的内涵应与本法第1035条所指的“收集、存储、使用、加工、传输、提供、公开等”

---

① 在欧盟，确认被遗忘权的判决是Google Spain SL v. Agencia Espaola de Protección de Datos（AEPD）. Case C－131/12。

保持一致，故该条的规范对象是广泛而灵活的。正因为第1035条的“处理”行为以列举加“等”的方式进行规定，本条的“信息处理者”便包含且不限于“信息收集者、控制者”和《网络安全法》中规定的“网络服务提供者”，同时，为可能随时代发展而产生的从事新型“信息处理”活动的主体预留了纳入调整范围的空间。但是基于体系解释，应当排除第1039条中规定的“国家机关、承担行政职能的法定机构及其工作人员”，后者应当依据相应身份受到职权范围和特别规范的调整。

其次，信息处理者的消极安全保护义务集中体现在对其控制的个人信息负担的不作为义务上，即不可采取积极行动“泄露或者篡改其收集、存储的个人信息”。当信息处理者故意泄露、篡改其收集、存储的个人信息时，其行为不仅可能产生民事法律责任，当该行为符合《网络安全法》第64条甚至《刑法》第251条之一的规定时，还会产生相应的行政责任、刑事责任。此外，本条第1款后半句规定了向第三人提供个人信息的条件为经个人信息的来源主体同意，但书规定了符合“经过加工仍无法识别特定个人且不能复原”条件的个人信息，即可不经权利人同意得向第三人提供。该但书规定自《民法典（草案）》三审稿时便从本款的独立但书修改为后半句的但书，显然缩小了不经权利人同意处理个人信息的行为边界，即限于向第三人“提供”的处理行为，而不包括公开、修改等其他处理行为。需要注意的是，此处的“经过加工仍无法识别特定个人且不能复原”以行为时的技术水平为标准，毕竟随着技术的日新月异，没有绝对不可识别和复原的个人信息，尤其是在没有立法明确禁止追溯技术使用的我国大陆地区。

再次，本条第2款规定了信息处理者的积极安全保护义务，即须主动采取必要措施以确保其控制范围内的个人信息安全。具体而言，信息处理者应依据国家划分的安全保护等级，满足配套的国家标准、行业标准的要求，如《信息系统安全等级保护基本要求》，实施相应的安全管理制度，采用配套的必要技术措施。[①]“必要措施”作为兜底性规定，其判断标准需要结合国家标准、行业标准、地方标准、技术水平等因素综合判断。此外，信息处理者还负有及时补救和报告义务。其中，及时补救义务实质上是信息处理者未尽积极安全保护义务之衍生义务。在发生或者可能发生个人信息泄露、篡改、丢失的情形下，个人信息权利人往往缺乏防止损害扩大的能力，而信息处理者具备的资金、技术优势使之能够更加有效地减少各方因个人信息泄露、篡改、丢失而遭受的损害。判断是否“及

① 洪延青：《“以管理为基础的规制”——对网络运营者安全保护义务的重构》，载《环球法律评论》2016年第4期。

时”，要结合个人信息被处理和传播的速度，是否能使损害最小化。[①] 为了保障个人信息权利人的知情权，同时实现多方位的个人信息保护，在个人信息泄露、篡改、丢失发生或可能发生时，信息处理者应当履行报告义务，报告对象包括个人信息权利人和有关主管部门，报告内容包括但不限于危害个人信息的现实情况，以便多渠道解决问题或防范风险。

最后，信息处理者的个人信息安全保护义务是其构成个人信息损害赔偿责任中损害归因的关键。信息处理者负有信息安全保护义务的法理基础同《侵权责任法》第 37 条第 1 款，信息处理者与银行及商场等经营场所的经营者、体育场馆及车站等公共场所的管理者或群众性活动组织者均具备“开启、参与社会交往”以及“给他人权益带来潜在危险”两项核心特征，故均负有排除正在发生的侵害行为且对未来妨害进行审查控制的义务。[②]

【相关案例】

俞某与天猫公司等网络侵权责任纠纷案[③]

原告俞某通过乐某公司的支付宝收款码扫码支付商品价款，但在其将支付完成页面的“授权淘宝获取你线下交易信息并展示”前面的默认勾选√取消时支付宝公司仍将收款后的用户身份识别代码上传到乐某公司的智慧门店平台，而该智慧门店平台系统自动匹配该支付宝用户同时为淘宝网、天猫网用户，并将相关交易信息推送到手机淘宝、手机天猫订单中显示。

该案的争论焦点为各被告之间共享原告的网络购买商品信息是否构成侵权。

一审法院审理后认为，交易信息中包含了商品信息、店铺信息、购买时间、商品价格等，其基础性的信息均来源于用户的交易行为，通过用户的支付信息等痕迹可以形成用户身份识别代码，淘宝公司据此识别用户关联的淘宝账号等，这些信息显然是可以通过与其他信息结合的方式识别出自然人的身份信息，属于个人信息。即便淘宝公司、天猫公司其在《隐私政策》中对可能涉及用户个人信息的情形提前告知和提示用户注意，但其并未针对其提供的本案所涉智慧门店服务专门、明确地告知用户并获取用户的授权。依照《民法总则》第 111 条、《网络安全法》第 41 条和《消费者权益保护法》第 29 条的规定，信息共享行为应当取得个人信息相关权益所有人的知情同意。乐某公司、支付宝公司、淘宝公司、天

---

① 黄薇：《中华人民共和国民法典释义》（下），法律出版社 2020 年版，第 1932 页。

② 解正山：《数据泄露损害问题研究》，载《清华法学》2020 年第 4 期。

③ （2018）京 0108 民初 13661 号。

猫公司在明知其使用智慧门店中个人信息需要事先获得用户授权的情况下，并未实际取得用户授权，使用了俞某的个人信息，该行为侵犯了俞某对其个人信息享有的权益，构成共同侵权，依法应当承担相应的侵权责任。

【关联法条】

《网络安全法》第 42 条，《全国人民代表大会常务委员会关于加强网络信息保护的决定》第 3 ~4 条，《消费者权益保护法》第 29 条，《侵权责任法》第 37 条第 1 款

（撰稿人：赵精武、邓环宇）

第一千零三十九条　【国家机关及其工作人员对个人信息的保密义务】国家机关、承担行政职能的法定机构及其工作人员对于履行职责过程中知悉的自然人的隐私和个人信息，应当予以保密，不得泄露或者向他人非法提供。

【释义】

本条所规定的是国家机关及其工作人员对个人信息的保密义务。

首先，本条的主体是国家机关、承担行政职能的法定机构及其工作人员，承担行政职权的法定机构有国家机关、法律、法规所授权的机构。其次，本条所适用的范围要求限定在履行职责的过程当中，所以如果不是在履行职责的过程当中知悉了自然人的隐私和个人信息，即使是上述主体，也不应当依据本条的要求进行规制，而是应当按照《民法典》第 1038 条的规定进行。

本条是义务性规则，规定了国家机关及其工作人员的保密义务，其中既包括命令性的义务，也包括禁止性的义务，前者在法条中的表述是“应当予以保密”，后者在法条中的表述是“不得泄露或者向他人非法提供”，这两句话的含义是针对该机关和工作人员，要保护履职过程中所掌握的个人信息，不可以泄露，不可以向他人非法提供。首先，“向他人”中的他人，指的是自然人、法人或者其他组织。《民法典》第 1034 条规定自然人的个人信息受法律的保护，不论国家机关将该信息非法提供给除权利人以外的自然人、法人，还是其他组织。其次，法条表述为不得向他人非法提供，换言之，并非所有向他人提供个人信息都是违法的，综观本章，第 1036 条规定了处理个人信息负民事责任的例外情形，该条所说

的“处理个人信息的”中的“处理”，按照第1035条中的解释，包括了个人信息的收集、储存、使用、加工、传输、提供公开等，所以，第1039条所规定的责任排除的情形对于国家机关及其工作人员来说同样适用。

个人信息保护需要发挥公法的作用，个人信息保护不应当仅着眼于个人权利保护，还应当从公法上的社会风险控制这一角度来理解。[①]《民法典》置身于技术飞速发展的科技时代，应当体现出时代特色。《民法典》增加了国家机关及其工作人员对于自然人个人信息的保密义务，既是对已经出现的国家机关及其工作人员泄露个人信息现象的回应，也展现出我国《民法典》对于个人信息的保护的多维度思考。随着个人信息的重要性日益显著，侵犯公民个人信息获取经济利益的现象逐渐增多，其中国家工作人员利用职务的便利非法获取个人信息的社会影响尤为恶劣，除了民法中有相关规定以外，我国还在《刑法》第253条规定了侵犯公民个人信息罪，以便更好地对公民个人信息进行保护。

【相关案例】

韩某等侵犯公民个人信息罪案[②]

2014年年初至2016年7月，上海市疾病预防控制中心工作人员韩某利用其工作便利，进入他人账户窃取上海市疾病预防控制中心每月更新的全市新生婴儿信息（每月约1万余条），并出售给黄浦区疾病预防控制中心工作人员张某某，再由张某某转卖给被告人范某某，直至案发，韩某、张某某、范某某非法获取新生婴儿信息共计30万余条。2015年年初至2016年7月，范某某通过李某向王某某、黄某出售上海新生婴儿信息共计25万余条。2015年6月、7月，吴某某从王某某经营管理的大犀鸟公司内秘密窃取7万余条上海新生婴儿信息。2015年5月至2016年7月，龚某某通过微信、QQ等联系方式，向吴某某出售新生婴儿信息8千余条，分别向孙某某、夏某某二人出售新生儿信息共计7千余条。上海市浦东新区人民检察院于2016年8月18日以韩某等8人涉嫌侵犯公民个人信息罪批准逮捕，11月25日提起公诉。2017年2月8日，上海市浦东新区人民法院以侵犯公民个人信息罪分别判处韩某等8人有期徒刑七个月至两年三个月不等。

该案的争论焦点为贩卖个人信息的数量的量刑标准问题。

从这个案件中不难看出，对于国家机关工作人员，获得大量的个人信息后又进行违法披露的成本非常低，但是收益却很大，在这种利益驱动下，日后一些工

---

① 梅夏英：《〈民法典〉如何保护个人信息》，载《学习时报》2020年9月23日。

② 最高检发布六起侵犯公民个人信息犯罪典型案例之一。

作人员违法侵害公民信息也不足为怪，所以，在处理这种案件时，首先要保证国家公权力机关的介入，进行有效的追诉，对于国家工作人员利用职务便利非法获取公民个人信息进行出售的，构成侵犯公民个人信息罪的，应当从重处罚；同时，事先也要做好充分的预防工作，对于可以接触到大量公民个人信息的员工，要签订相关保密协议，并且严格控制其接触并收集公民个人信息的可能性，以防止类似案件再次发生。

【关联法条】

《民法典》第 1036 条，《刑法》第 253 条

（撰稿人：崔馨元）

侵权责任编

第一章　一般规定

【导读】

本章共15条，是在《侵权责任法》第一章“一般规定”、第二章“责任构成和责任方式”和第三章“不承担责任和减轻责任的情形”的基础上，整合编纂而成的。《侵权责任法》前三章的内容，有些已经在《民法典》总则编中作出规定，如侵权责任承担方式、不可抗力、正当防卫、紧急避险等；有些不需要单独规定，如侵权责任编的立法目的等。经过整合、补充后，将《侵权责任法》前三章的内容合并为本章，作为侵权责任编的一般规定。

本章主要规定了侵权责任编的调整范围（第1164条）、归责原则和构成要件（第1165～1167条）、数人侵权责任规则（第1168～1172条）、免除或减轻责任的事由（第1173～1178条）等内容。结合第七编第二章“损害赔偿”的内容，就涵盖了侵权责任法的总论部分。本编第一章与第二章构成侵权责任法的一般法，而本编第三章至第十章则构成侵权责任法的特别法，在侵权责任编内部适用顺序上是优先适用特别法规则（第三章至第十章），后适用一般法规则（第一章和第二章）。

本章第1164条规定了《民法典》侵权责任编的调整对象。根据其规定，侵权责任编调整的是因侵害民事权益而产生的民事关系。

本章第1165条、第1166条和第1167条分别规定了有损害情形下的过错赔偿责任和无过错赔偿责任，以及无损害情形下的预防型侵权责任。第1165条第1款是侵权责任编关于过错侵权责任的一般条款，是请求权基础规范。第1165条第2款是关于过错举证责任倒置的提示性规定。过错举证责任倒置并不影响过错责任的性质。过错举证责任倒置需要法律的明确规定。第1166条是关于无过错责任的宣示性规定。侵权责任，以过错责任为原则，以无过错责任为例外。根据第1166条的规定，无过错责任须在法律有个别规定时才得适用，因而无过错责任没有一般条款，其采用的是列举式规定。第1167条规定的是无损害情形下的预防型侵权责任一般规定，也有学者认为是绝对权请求权的一般规定。侵权责任的主要承担方式是损害赔偿请求权，但是当绝对权受到侵害或有受侵害之虞时，受害人需要使绝对权恢复到圆满状态，而停止侵害、排除妨碍、消除危险请求权的作用即在于此。停止侵害、排除妨碍、消除危险请求权与损害赔偿请求权相结合，对民事权益给予全方位的保护。

本章第 1168 条至第 1172 条规定了数人侵权的基本规则，其基本沿袭了《侵权责任法》第 8 条至第 12 条的规定，仅在个别用词上作了修改。从立法沿革看，数人侵权规则肇始于《民法通则》第 130 条规定的共同侵权，后经《最高人民法院关于贯彻执行〈中华人民共和国民法通则〉若干问题的意见（试行）》第 148 条补充规定了教唆侵权、帮助侵权，又经《最高人民法院关于审理人身损害赔偿案件适用法律若干问题的解释》第 3 条、第 4 条进一步细化，补充了共同侵权行为、数人分别侵权、共同危险行为的规则，在总结上述规范经验与司法实践的基础上，《侵权责任法》较为科学、合理地设置了数人侵权的规则体系。从规则构成看，本章第 1168 条至第 1172 条分别规定了共同加害行为、教唆帮助行为、共同危险行为、分别侵权承担连带责任、分别侵权承担按份责任，其中前三者属于广义的共同侵权，后两者属于无意思联络的数人分别侵权。理解与适用数人侵权相关规则的关键在于区分共同侵权行为与无意思联络分别侵权，尤其是区分共同加害行为与分别侵权承担连带责任的情形。从比较法基础与司法实践经验看，共同加害行为（即狭义的共同侵权）的认定采客观标准为宜，即除各行为人存在共同过错外，各行为人的行为直接结合造成同一损害亦属于共同侵权。无意思联络数人分别侵权规则的适用，应限于各行为人的行为间接结合造成同一损害情形。作如此区分，既有益于受害人权利救济，符合侵权责任编救济法的立法宗旨，也可避免特殊侵权情形下共同侵权的认定困境，充分发挥共同侵权的制度功效。

本章第 1173 条至第 1177 条是对免除或减轻侵权责任的事由的一般规定。这些一般性的免责事由或减责事由包括与有过失、受害人故意、第三人原因、文体活动中的自甘冒险、自助行为等。第 1178 条规定了对《民法典》和其他法律中的免责事由或减责事由的引致，其中《民法典》总则编中也规定了一般性的免责事由，包括不可抗力、正当防卫、紧急避险、紧急救助等。这些一般性的免责事由或减责事由可以适用于过错责任；在危险责任中能否得到适用则需要考虑各个具体的危险责任的规范目的。

第一千一百六十四条　【侵权责任编的调整对象】本编调整因侵害民事权益产生的民事关系。

【释义】

本条是关于侵权责任编调整对象的规定，其明确了因侵害民事权益产生的民事关系由本编调整。《民法典》调整物权关系、合同关系、人格权关系、婚姻家庭关系、继承关系以及侵权责任关系六种民事关系类型，各民事关系类型的内在共性各不相同。侵权责任关系的共性有以下两点：第一，其民事关系由侵害民事权益而产生；第二，其产生的民事关系为侵权责任。侵权责任编的主要功能在于以侵权责任制裁和预防侵权行为①，并通过侵权责任对民事权益遭受侵害的主体进行补偿，以救济民事主体的合法权益。② 本条是说明性条文，并不直接课以义务。

民事权益为民事权利和民事利益之总称。③ 在德国法上区分权利、法益和利益。权利要求主体与客体可得分离，而法益一般与主体绑定。故所有权是权利，而同为受侵权法保护的生命、身体、健康等则为法益。④ 我国民法上未区分权利和法益，其一概以权利称之。例如，《民法典》第110条第1款规定："自然人享有生命权、身体权、健康权、姓名权、肖像权、名誉权、荣誉权、隐私权、婚姻自主权等权利。"然而《民法典》第992条也规定："人格权不得放弃、转让或者继承"，这说明了我国立法者已经认识到有些民事权利不得与主体分离的性质。

民事权益为侵权责任编的保护对象。《民法典》第120条规定："民事权益受到侵害的，被侵权人有权请求侵权人承担侵权责任。"民事权益又可以分为人身权益和财产权益。《民法典》总则编第五章对受法律保护的民事权益进行了列举。自然人的人身权益包括人身自由、人格尊严、生命权、身体权、健康权、姓名权、肖像权、名誉权、荣誉权、隐私权、婚姻自主权、个人信息权、因婚姻家庭关系产生的人身权利等。法人及非法人组织享有人格权，具体来说是名称权、名誉权和荣誉权。民事主体，不论其为自然人、法人或非法人组织，均享有财产权，包括物权和债权。物权按照其内容可分为所有权、用益物权和担保物权。除此之外，民事主体还可享有知识产权、继承权、股权及其他投资性权利，以及其

---

① 《侵权责任法》第1条。

② 朱庆育：《第三种体例：从〈民法通则〉到〈民法典〉总则编》，载《法制与社会发展》2020年第4期。

③ 程啸：《侵权责任法》(第二版)，法律出版社2015年版，第112页。

④ *Medicus/Lorenz*, Schuldrecht II: Besonderer Teil, 18. Aufl. 2018, § 73 Rn. 1.

他法律规定的民事权益，或基于保护性法律而享有的权益。[①]

侵权责任属于合同外责任。[②] 其不以加害人和受害人之间具有特别关系为前提，而是可以适用于一般社会交往，[③] 而违约责任须以当事人之间具有合同关系为前提。[④] 违约责任较侵权责任更严苛。在德国法上这种严苛性主要体现在三个方面：第一，违约责任可以对纯粹经济损失进行赔偿，而侵权责任则通常不可；第二，合同关系当事人对履行辅助人的行为无条件负担保责任，而在侵权责任中事主对事务辅助人仅以选任和监督存在过失为限承担责任；第三，在违约责任中可归责性的证明责任由违约一方承担，而在侵权责任中过错的证明责任一般由受害人一方承担。[⑤] 在我国法上，履行辅助人责任和用人单位责任均为无条件担保责任。除此之外，其余两点在我国法上亦成立。

除此之外，尚值得思考的是国家赔偿制度同侵权责任之间的关系。《民法通则》第 121 条规定："国家机关或者国家机关工作人员在执行职务中，侵犯公民、法人的合法权益造成损害的，应当承担民事责任。"但是在《侵权责任法》立法过程中，关于上述规定是否纳入《侵权责任法》之中发生了争议。反对者认为，国家赔偿制度系独立制度，其并非民法组成部分，鉴于 1994 年我国颁布了《国家赔偿法》，那么国家赔偿制度即与民法分离。[⑥] 《侵权责任法》搁置了这个问题，相关表述不见于该法律正文中。根据学界有说服力的见解，应当将国家赔偿制度作为侵权责任的特别规定，这种理解有利于受害人之周延保护，即当国家机关工作人员或公共设施导致损害时，若《国家赔偿法》中无相关规定可支持受害人的赔偿请求，则受害人尚可依侵权责任主张损害赔偿以获救济。[⑦] 此说保护受害人周延，并符合民法之平等精神，可资赞同。

---

① 例如，《民法典》第 128 条规定，法律对未成年人、老年人、残疾人、妇女、消费者等的民事权利保护有特别规定的，依照其规定。准此以言，《消费者权益保护法》第 8 条规定的消费者知情权，即为一般民事主体虽不享有、但消费者依法律之特别保护规定而享有的权利。

② 王利明、周友军、高圣平：《中国侵权责任法教程》，人民法院出版社 2010 年版，第 6～7 页。按照卡纳里斯的观点，在德国法上，合同外责任具有多轨性，因此不可将侵权责任与合同外责任画等号，参见 *Canaris*, Grundstrukturen des deutschen Deliktsrechts, VersR 2005, 577, 577 f。尽管如此，卡纳里斯并不否认侵权责任作为合同外责任的性质。这里仍需指出的是，德国法上狭义的侵权行为（Delikt）是指"不法行为"（unerlaubte Handlung），其相当于我国法上的过错责任，不包含危险责任；我国法上所说的侵权责任，一般包含危险责任。因此，我国法上的侵权责任实际上不能对应德国法上的"deliktische Haftung"，而是包含了更广的范畴。即便如此，我国法上的侵权责任还是不能和"合同外责任"划等号，因为还存在无论是过错责任还是危险责任都不能涵盖的合同外责任，如受益人责任，参见《民法典》第 183 条。

③ *Grigoleit/Riehm*, Schuldrecht IV, 2. Aufl. 2017, Rn. 1.

④ 王利明、周友军、高圣平：《中国侵权责任法教程》，人民法院出版社 2010 年版，第 8～9 页。

⑤ *Grigoleit/Riehm*, Schuldrecht IV, 2. Aufl. 2017, Rn. 7.

⑥ 王胜明主编：《〈中华人民共和国侵权责任法〉解读》，中国法制出版社 2010 年版，第 12 页。

⑦ 王利明、周友军、高圣平：《中国侵权责任法教程》，人民法院出版社 2010 年版，第 103～104 页。

侵权责任范畴之内亦包含了不同类型的请求权。首先，应予区分的是侵权损害赔偿请求权和绝对权请求权。[①] 绝对权请求权是指排除对物权、人格权等绝对权的侵害、妨碍或危险，使其恢复圆满状态的请求权，其责任承担方式是停止侵害、排除妨碍、消除危险。[②] 侵权损害赔偿请求权是指被侵权人请求侵权人赔偿其因权利被侵害而遭受的损害的请求权。民事权益遭受侵害，则权利人可能因此而受到损害。损害不限于受侵害之权益本身，亦及于因侵害而生之经济损失和精神损害。[③] 侵权损害赔偿请求权所对应的责任承担方式是损害赔偿，包括恢复原状和金钱赔偿。其次，应予区分的是侵权损害赔偿请求权中不同类型的请求权。如果以责任成立是否以过错为要件作为标准，侵权损害赔偿责任可以区分为过错责任和无过错责任；如果以归责事由作为标准，则侵权损害赔偿责任主要可以区分为过错责任、危险责任、替代责任以及不能归入上述类型的特殊责任，如高空抛坠物责任（《民法典》第1254条）。[④]

【相关案例】

隆成公司与童霸公司侵害实用新型专利权纠纷案[⑤]

本案因童霸公司侵害隆成公司实用新型专利权而引起纠纷。在一起先前案例中，两公司达成调解协议，约定如果再次发现童霸公司侵犯隆成公司实用新型专利的案件，则童霸公司应赔偿隆成公司一百万元。在前案调解协议达成后，童霸公司再度侵犯隆成公司实用新型专利，遂生此案之诉讼。问题在于，本案中隆成公司以侵权损害赔偿为诉讼请求起诉后，能否主张适用前案中达成的赔偿协议，

---

① 程啸：《侵权责任法》（第二版），法律出版社2015年版，第655页；崔建远：《绝对权请求权或侵权责任方式?》，载《法学》2002年第11期；王洪亮：《论侵权法中的防御请求权》，载《北方法学》2010年第1期。

② 程啸：《侵权责任法》（第二版），法律出版社2015年版，第655页。

③ 民事权益之侵害与相继的经济损失和精神损害（结果损害，Folgeschäden）之间存在区别。第一，在侵权法上，民事权益侵害属于责任成立要件，欲使责任成立，权益侵害须可归责于加害人，并且加害人对权益侵害有过失；而相继的经济损失和精神损害则涉及责任范围问题，仅以客观可归责为已足。第二，在损害赔偿法上，根据损害概念之组织说，民事权益之侵害相比于相继的经济损失与精神损害有其独立地位，参见曾世雄：《损害赔偿法原理》，中国政法大学出版社2001年版，第124～126页。

④ 程啸：《侵权责任法》（第二版），法律出版社2015年版，第87～88页；*Canaris*, Grundstrukturen des deutschen Deliktsrechts, VersR 2005, 577, 577 f。卡纳里斯以“责任的伦理基础”这一概念来表达“归责事由”。本文认为，卡纳里斯的表达更为妥帖，因为“归责”（Zurechnung）是指将特定侵害结果归于某行为，属于因果关系范畴，参见 *Grigoleit/Riehm*, Schuldrecht IV, 2. Aufl. 2017, Rn. 87。而“归责事由”中则明显以其他意义使用“归责”的概念。但是由于学界传统上已经习惯于使用归责事由这一概念来表达侵权责任背后不同的法伦理基础，本文沿用此概念。

⑤ （2013）民提字第116号。

要求一百万元的损害赔偿。

本案的争议焦点有二：第一，童霸公司在前案达成调解协议情况下，并不改变行为方式，继续侵害隆成公司的实用新型专利，是否违背了调解协议而承担违约责任，抑或应当承担侵权责任；第二，若童霸公司应承担侵权责任，则前案调解协议中关于损害赔偿的约定是否可以直接适用，以此确定童霸公司侵权损害赔偿责任的范围。

法院认为，本案不属于侵权责任与违约责任竞合的情形，因为违约责任和侵权责任竞合的前提是双方具有“基础的交易合同关系”，而本案中所论及的、在前案中达成的调解协议并非基础性交易合同，而是双方对侵权责任发生后如何承担损失的约定。法院认为，法律并未禁止侵权人和被侵权人就侵权责任承担方式、赔偿数额等预先作出约定。这种约定是有效的，本案中被侵权人据此主张一百万元损害赔偿，应予支持。

【关联法条】

《民法典》第120条、第183条、第187条、第992条、第1165条、第1166条、第1167条

（撰稿人：徐博翰）

第一千一百六十五条　【过错责任】行为人因过错侵害他人民事权益造成损害的，应当承担侵权责任。

依照法律规定推定行为人有过错，其不能证明自己没有过错的，应当承担侵权责任。

【释义】

本条规定的是因过错侵害他人权益而生之损害赔偿义务，该损害赔偿义务属于过错责任（die Haftung für unerlaubte Handlungen），与危险责任相区别。就本条的规范目的而言，其系令加害人为其过错不法行为而负责，责任之正当性在于行为之可责性，其乃自己责任原则的体现。[①] 对加害人课以损害赔偿义务具有补偿

① *Canaris*, Grundstrukturen des deutschen Deliktsrechts, VersR 2005, 577, 580.

损失、预防侵权行为以及抚慰受害人的功能。[①]

本条第 1 款是关于过错责任的一般条款。比较法上就侵权法的一般条款问题有不同的规制模式。例如，法国法采取了“大的一般条款”模式，其以加害行为、损害、因果关系和过错四项要件概括各类侵权责任；而普通法中每一种侵权责任都是由单独的令状确认的，各自具有独特的构成要件，属于列举模式。[②] 德国法所采取的是一种调和上述两种模式的做法，即主要以“三个小的一般条款”概括各类过错责任，同时保留列举一些特殊类型的过错责任作为补充。[③] 德国法的“三个小的一般条款”的体系安排特点是对权利、法益和利益给予不同程度的保护。[④]

学界对我国侵权法在一般条款问题上采何种立场是有争议的。本条第 1 款承继自《侵权责任法》的一般条款，而在《侵权责任法》立法过程中，一些学者主张借鉴德国模式。[⑤] 也有学者主张延续《民法通则》关于一般条款的规定，反对借鉴德国模式。[⑥] 最终立法机关倾向于“大的一般条款”模式。[⑦] 但是在《侵权责任法》一般条款的解释论上，仍有学者认为应当区分民事权利和民事利益，并且分别给予不同程度的保护，其实际上认可德国模式的正当性。[⑧] 有学者认为，我国《侵权责任法》实际上采纳了德国模式。[⑨] 要解决上述争议，首先应回溯到侵权法协调自由与安全这一基本的法政策考虑上。“大的一般条款”对各种利益保护周全，但不免过度限制人的行为自由[⑩]；而不采一般条款的列举规定则挂

---

① MüKoBGB/Oetker, 8. Aufl. 2019, § 249 Rn. 8; Kötz/Wagner, Deliktsrecht, 12. Aufl. 2013, Rn. 56 ff.; MüKoBGB/Oetker, 8. Aufl. 2019, § 253 Rn. 11。一种反驳抚慰作用的观点认为抚慰作用结合了惩罚思想，而惩罚不是侵权责任法的目的，如在危险责任中行为人并未实施违法行为，不应当被惩罚。参见 BeckOK BGB/Spindler, 54. Aufl. 1. 5. 2020, § 253 Rn. 16。

② 程啸：《侵权责任法》（第二版），法律出版社 2015 年版，第 199 ~ 200 页、第 203 ~ 204 页。

③ *Grigoleit/Riehm*, Schuldrecht IV, 2. Aufl. 2017, Rn. 3; *Larenz/Canaris*, Schuldrecht II 2, 13. Aufl. 1994, S. 463.

④ *Canaris*, Schutzgesetze – Verkehrspflichten – Schutzpflichten, in: FS Larenz zum 80. Geburtstag, S. 36 f.

⑤ 章正璋：《中德一般侵权行为立法之比较》，载《比较法研究》2005 年第 6 期；王利明：《侵权法一般条款的保护范围》，载《法学家》2009 年第 3 期；周友军：《论我国过错侵权的一般条款》，载《法学》2007 年第 1 期。

⑥ 张新宝：《侵权行为法的一般条款》，载《法学研究》2001 年第 4 期。

⑦ 王胜明主编：《中华人民共和国侵权责任法解读》，中国法制出版社 2010 年版，第 10 页。

⑧ 程啸：《侵权责任法》（第二版），法律出版社 2015 年版，第 115 ~ 117 页。

⑨ 曹险峰：《我国侵权责任法的侵权构成模式——以“民事权益”的定位与功能分析为中心》，载《法学研究》2013 年第 6 期。

⑩ 例如，根据原《法国民法典》第 1382 条，因过错行为而造成他人损害者，负赔偿之责任。试问商业竞争者以广告侵夺他人市场份额，是否也负赔偿责任呢？此为德国法上对法国式的“大的一般条款”的经典批评，参见 *Kötz/Wagner*, Deliktsrecht, 12. Aufl. 2013, Rn. 98。卡纳里斯正确地指出，一个把人格自由发展视为最重要目标的、一个在许多生活领域赋予竞争以重要意义的法秩序，不可能对财产进行无漏洞的侵权法保护，参见 *Canaris*, Schutzgesetze – Verkehrspflichten – Schutzpflichten, in: FS Larenz zum 80. Geburtstag, S. 36 f。

一漏万，不利于民事权益的保护。[①] 德国模式兼采二者之长，似有可借鉴的余地。德国学者认为，过错责任之一般条款优先保护生命、身体、健康、自由及所有权等，一是因为这些权利或法益对营生甚属重要，其构成了人之实质安全及经济活动的基础；二是因为它们具有社会典型之公开性，对其优先保护不至于伤及一般人的行为自由。[②] 此观点平衡了安全和自由这对基本矛盾，因此在法政策上可资赞同。

立法模式选取上的认识直接影响本条第 1 款的保护范围的认定。本条第 1 款的保护范围是所谓的“民事权益”，其已经比《民法通则》第 106 条第 2 款的保护范围即国家的、集体的财产和他人财产、人身更为具体。而《侵权责任法》第 2 条则对所谓“民事权益”进行了开放式列举，其主要项目仍是绝对权。《民法典》总则编第五章则接续《侵权责任法》第 2 条的工作，将各类民事权益分门别类加以列举，只是第五章的名称改为了“民事权利”。从“人身、财产”到“民事权益”再到“民事权利”，反映了我国法学界对一般条款之保护范围的认识在逐渐加深，其与德国法上的理解渐有合流之势。学界有说服力的见解认为，一般条款应借鉴德国模式，以保护绝对权为主，但也应对其他民事权利和民事利益采取开放态度，但对已经确立的侵权类型应当明确规定。[③] 该观点既明确了绝对权在一般条款中的优先地位，又照顾了法律的新发展，避免了德国法的一般条款保护范围过窄、特别是对人格权保护不力的弱点，可资赞同。准此以言，本条第 1 款的保护范围即所谓“民事权益”是以绝对权特别是人格权和物权为核心的、以其他具有与人格权和物权相当之重要性和社会典型之公开性的民事权利和民事利益为外延的民事权益的集合。

与《德国民法》的“三个小的一般条款”相比，《民法典》侵权责任编缺少违反保护他人之法律的侵权责任和故意以悖于善良风俗方法加损害于他人的侵权责任这两个一般条款，因而有学者指出，若按照德国模式理解我国侵权法中的一般条款，会出现一般条款规则供给不足的问题。[④] 但是在我国法上故意以悖于善

---

① 程啸：《侵权责任法》（第二版），法律出版社 2015 年版，第 203 页。

② *Canaris*, Schutzgesetze - Verkehrspflichten - Schutzpflichten, in: FS Larenz zum 80. Geburtstag, S. 31.

③ 王利明：《侵权法一般条款的保护范围》，载《法学家》2009 年第 3 期。

④ 曹险峰：《我国侵权责任法的侵权构成模式——以“民事权益”的定位与功能分析为中心》，载《法学研究》2013 年第 6 期。

良风俗方法加损害于他人的侵权责任虽然不见于一般条款，却在实践中被承认[①]，并且在司法解释和立法过程中也有近似表达[②]，其中体现出的法理可供参照援引，以弥补立法规则供给之不足。至于违反保护他人之法律的侵权责任，考虑到《民法典》第126条及第127条、第128条的规定明确了通过保护性法律而赋予民事权利的做法，其可以通过本条第1款获得规则支持。

本条第1款系属请求权基础规范，其法律后果为损害赔偿义务。关于其构成要件学说上有不同架构。学界传统上支持所谓四要件说，即以加害行为、损害、因果关系、过错为要件。[③] 较晚近的学说则参考比较法，提出区分权益侵害和损害、并区分责任成立的因果关系和责任范围的因果关系。[④] 本文认为，本条规定的损害赔偿义务的构成要件为权益侵害、加害行为、责任成立的因果关系、违法性、过错、损害以及责任范围的因果关系。前五个要件是责任成立的构成要件，后两个要件是责任范围的构成要件。

权益侵害是指受本条保护的民事权益遭受侵害。本条第1款所保护的民事权益主要是绝对权，其中典型的是人格权和物权。每一类民事权益都有不同的权能，其行使也有各种限制。譬如，若地方法规规定，某市镇建筑物不得超过教堂尖顶之高度，则该规定对土地所有权的行使就有限制。普通法上认为一项权利包含一个“权能束”，此观念可资赞同。[⑤] 因此权利本身预设了得对其进行的干预，而这些干预不是侵害。例如，根据《德国民法》第906条，不动产所有权人对不显著的不可量物的侵入有容忍义务；因此学界有观点认为，在容忍限度内的侵入

---

① “陶某萍与吴某道路交通事故人身损害赔偿纠纷案”，（2001）广汉民初字第832号。该案中，原告陶某萍因交通事故遭受嘴唇裂伤，其主张因“亲吻权”受侵害而遭受精神损害，请求赔偿。法院驳回了其诉讼请求，认为亲吻的愉悦属于人格利益，而利益唯有以故意且悖于善良风俗的方法加以损害时才能救济。其实该案在法律适用上存在错误。因为陶某萍因健康权遭受侵害并遭受精神损害，其精神损害属于精神上的结果损害（psychische Folgeschäden），是可以获得赔偿的。该案判决作成于2001年12月10日，彼时《最高人民法院关于确定民事侵权精神损害赔偿责任若干问题的解释》已经出台，其中第1条也明确赋予健康权遭受侵害的受害人以精神损害赔偿。关于故意侵害他人财产的案件，可参见“广饶县广饶镇一村村民委员会与宋某儒、广饶县乐安商贸城一村管理办公室财产损害赔偿纠纷案”，（2005）东民四终字第6号；“张某祥与沈某华、陶某武等侵权责任纠纷案”，（2018）川34民终109号；“宝飞汽车美容护理行与深水宝安公司侵权责任纠纷案”，（2016）粤03民终10481号等。在这些判例中，法院对故意造成对方财产损害的案件肯认了损害赔偿责任。

② 程啸：《侵权责任法》（第二版），法律出版社2015年版，第116页。

③ 江平、费安玲主编：《中国侵权责任法教程》，知识产权出版社2010年版，第174页。

④ 程啸：《侵权责任法》（第二版），法律出版社2015年版，第215页，第222页。

⑤ ［美］罗伯特·考特、托马斯·尤伦：《法和经济学》，史晋川、董雪兵等译，格致出版社2012年版，第153页。德国法上对所有权的类似观念参见MüKoBGB/Wagner，7. Aufl. 2017，§ 823 Rn. 214。

就不是所有权侵害。[①] 权益侵害方式也因具体权益不同而呈现出规定性。譬如，对所有权的侵害包括任何无权之物理侵害，如毁损、灭失、取走或扣留占有或未经许可而侵害他人不动产；以及法律上的侵害，如无权处分、附合、混合或加工，以及不当之强制执行。[②] 而对所有权使用的妨碍是否构成侵害则应视情况而定。[③] 又譬如，根据《反不正当竞争法》第 9 条规定，对商业秘密的侵害要求特定行为方式。[④] 总之，权益侵害之认定应根据可能受侵害的权益的特点，结合具体的事实情况和法律规定认定。

行为是指受意思支配而表现出来的活动。[⑤] 受物理强制及不受意志支配的反射不是行为。[⑥] 以行为作为责任要件，体现了自己责任原则的要求。[⑦] 自己责任原则要求可以将某一事件的发生归于人的意志。[⑧] 与此相反的是受益人责任，它不以责任主体的行为为要件；责任并不加诸造成了法益侵害的人，而是加诸因为该法益侵害而获利的人。[⑨] 行为的关键要素乃是意思，而行为里的意思以“自然意思”为已足，即以该行为能够受意识控制为已足，不强求该具体的行为事实上是受控制的。[⑩] 至于该自然意思是否应负责任，则由关于责任能力的规定来解决，因此小孩子的行为仍然可以构成过错责任里的行为。[⑪]

行为可分为作为和不作为。以生活事实外观而论，作为体现为积极的行为，

---

① Siehe MüKoBGB/Wagner, § 823 Rn. 214; *Fries*, Delikts – und Schadensrecht, https://www.jura.uni-muenchen.de/personen/f/fries_engel_martin/dateien/deliktsrecht-02.pdf, 2020 年 7 月 24 日访问。不同意见参见 Jauernig BGB/Teichmann, 17. Aufl. 2018, § 823 Rn. 9; BeckOGK BGB/Spindler, 1. 5. 2020, § 823 Rn. 81。反对的意见主要是把第 906 条的容忍义务视为违法性阻却事由。然而德国学者也未能总是清楚区分这两种教义，其观点缺乏一致性，参见 MüKoBGB/Wagner, § 823 Rn. 75。

② *Grigoleit/Riehm*, Schuldrecht IV, 2. Aufl. 2017, Rn. 29 f.

③ 譬如，德国法上的航道阻塞案。该案中，航道因为被告违反交往义务而阻塞，导致船只无法穿行；原告与磨坊主缔结了用船只为其运输的合同，而航道阻塞导致原告三艘船无法驶入磨坊那里的港口，而原告的另一艘船则被困在磨坊那里的港口出不来。德国联邦最高法院对港口外三艘船无法驶入港口未认定所有权侵害，却认定被困在港口内的船的所有权遭到了侵害。参见 BGHZ 55, 153; *Larenz/Canaris*, Schuldrecht II 2., 13. Aufl. 1994, S. 388。我国司法实践中有类似判例，如在原告房屋一侧修筑影响其营商的围墙，法院就不认为是对所有权的侵害，而只是造成了纯粹经济损失，参见“广饶县广饶镇一村村民委员会与宋某儒、广饶县乐安商贸城一村管理办公室财产损害赔偿纠纷案”，(2005) 东民四终字第 6 号。

④ 程啸：《侵权责任法》（第二版），法律出版社 2015 年版，第 191 页。

⑤ 程啸：《侵权责任法》（第二版），法律出版社 2015 年版，第 210 页。

⑥ BGHZ 39, 103.

⑦ *Grigoleit/Riehm*, Schuldrecht IV, 2. Aufl. 2017, Rn. 69.

⑧ ［德］多伊奇、阿伦斯：《德国侵权法》（第五版），叶名怡、温大军译，中国人民大学出版社 2016 年版，第 17 页。

⑨ *Canaris*, Grundstrukturen des deutschen Deliktsrechts, VersR 2005, 577, 580. 但是卡纳里斯同样指出，在受益人责任中意思也不是全然无关紧要的，如在无因管理责任中仍需要行为人的行为不违反事主可得推知的意思，而这是“保留了私法自治的残余”。

⑩ *Grigoleit/Riehm*, Schuldrecht IV, 2. Aufl. 2017, Rn. 69.

⑪ *Grigoleit/Riehm*, Schuldrecht IV, 2. Aufl. 2017, Rn. 69.

如打击、发表言论、占有等；而不作为则体现为消极不为，如沉默、静止等。出于维护人之自由的考虑，原则上不应该令消极静止者承担责任[①]，但是有时出于一些原因，人们有作为义务，此时消极不为便为法律所不许，其构成了法律意义上的“不作为”。作为义务的来源因而是认定不作为的关键。作为义务的来源包括合同、法律规定以及交往义务。[②] 其中交往义务是作为义务的主要来源。所谓交往义务，是指对他人受保护的权利或法益创造或维持了危险源的人，以及承担危险任务的人，有义务采取一切可期待的和适宜的预防措施，以防止该危险现实化。[③] 交往义务源于开启或容忍一段交往、承担任务、先行行为以及照顾和保护义务等。[④]

责任成立的因果关系解决如下问题，即权益侵害是否可以归责于加害人的行为。责任成立的因果关系的检验标准有三个层次：条件说、相当因果关系说以及规范保护目的说。

条件说的标准是，假设一个行为没有发生，则损害结果也就不会发生，那么，该行为就是该损害的原因。（若无则不，Conditio - sine - qua - non）换言之，行为乃是结果的必要条件。条件说有时也称为自然科学上的或者逻辑上的原因。[⑤] 对于不作为侵权而言，条件说的表达则是“若行为人有所作为，则侵害结果就不会发生”。[⑥] 条件说对于认定责任成立的因果关系是不够的，首先，因为其对各类原因一视同仁，对损害原因的认定失之过宽。其次，学说上虽然有认为过错可以起到限制责任的作用，从而主张责任成立的因果关系的认定以条件说为已足者。[⑦] 然而这种观点忽视了一种体系上的不一致：过错的评价不及于责任范围的因果关系，因此在责任范围的因果关系问题上只能指望相当性或者规范保护目的说，那么在责任成立的因果关系上也没有理由采取不同的立场。[⑧] 更主要的是，这种观点忽视了责任成立的因果关系的实质：它是对权益侵害的客观归责，它解决的问题是“这个权益侵害是不是加害人的行为导致的”；而过错则表征行为的可责性，

---

① 程啸：《侵权责任法》（第二版），法律出版社 2015 年版，第 211 页。

② *Grigoleit/Riehm*, Schuldrecht IV, 2. Aufl. 2017, Rn. 69.

③ BGH NJW 2007, 762, 763.

④ 李昊：《交易安全义务论——德国侵权行为法结构变迁的一种解读》，北京大学出版社 2008 年版，第 109 ~ 112 页；*Grigoleit/Riehm*, Schuldrecht IV, 2. Aufl. 2017, Rn. 74 ff。

⑤ *Grigoleit/Riehm*, Schuldrecht IV, 2. Aufl. 2017, Rn. 89.

⑥ *Grigoleit/Riehm*, Schuldrecht IV, 2. Aufl. 2017, Rn. 89.

⑦ ［德］多伊奇、阿伦斯：《德国侵权法》（第五版），叶名怡、温大军译，中国人民大学出版社 2016 年版，第 25 页；Deubner, Rechtsanwendung und Billigkeitsbekenntnis - BGH NJW 1971, 1883, JuS 1971, 622, 623; Schmidt, Schockschäden Dritter und adäquate Kausalität, MDR 1971, 538, 539 f。

⑧ *Grigoleit/Riehm*, Schuldrecht IV, 2. Aufl. 2017, Rn. 93.

它解决的问题是"行为人主观上是不是应为此侵害负责"。[①]

对条件说的限制是相当因果关系说和规范保护目的说。相当因果关系说要求以理想观察者视角来看，行为适足引起损害结果。[②] 从反面来说，即行为不是损害结果的相当原因，如果该行为唯有在特别的、按照事理之通常发展不太可能出现的情况下才导致了损害结果。[③] 相当因果关系说在三种情况下不适用：一者为危险责任，因为依据危险责任的规范目的，其本意就在于防范可能性很小的损害；二者为故意侵害；三者为根据规范保护目的例外地将不太可能出现的损害纳入保护范围的情形。[④] 这些例外昭示了相当因果关系说的局限性，尤其是说明了人们经常需要根据价值判断来决定是否将特定损害结果归责于特定行为。今天学界主流见解认为，相当因果关系说的正当性基础在于它是一种可证伪的假设，即那些极不可能出现的损害通常来说并不属于过错责任规范的保护目的。[⑤] 也就是说，根本性的准则不是相当性，而是规范保护目的。

规范保护目的说则基于这样的思想，即并不是每一种损害都是规范要求避免的；规范是为了防范特定风险，只有这些特定风险现实化造成的损害才是规范要避免的，才可以归责；而不属于规范保护目的的损害只能归于一般生活风险。[⑥] 规范保护目的说被广泛运用，其所牵涉的"规范"也各不相同。[⑦] 就责任成立的因果关系而言，要确定一个权益侵害是否属于被违反的行为规范的保护范围——如果是，则该权益侵害可以归责于违反该规范的行为。[⑧] 首先考虑的行为规范是法律禁止对受保护的民事权益进行直接侵害。[⑨] 因此在直接侵害民事权益的场合，权益侵害可以归责于加害人的行为。其次要考虑的行为规范被称为"交往

---

① *Grigoleit/Riehm*, Schuldrecht IV, 2. Aufl. 2017, Rn. 93. 客观化的过失标准也没有改变过错责任的性质，过错责任大体上仍然以主观上的可责性为要件（卡纳里斯谓之"真正的过错责任"），参见 *Canaris*, Grundstrukturen des deutschen Deliktsrechts, VersR 2005, 577, 579。

② *Grigoleit/Riehm*, Schuldrecht IV, 2. Aufl. 2017, Rn. 94.

③ BGHZ 137, 11, 19.

④ *Grigoleit/Riehm*, Schuldrecht IV, 2. Aufl. 2017, Rn. 95.

⑤ *Grigoleit/Riehm*, Schuldrecht IV, 2. Aufl. 2017, Rn. 95; MüKoBGB/Oetker, § 249 Rn. 117 ff.; *Medicus/Lorenz*, Schuldrecht I, 21. Aufl. 2015, Rn. 683.

⑥ *Grigoleit/Riehm*, Schuldrecht IV, 2. Aufl. 2017, Rn. 97.

⑦ 例如，在违约损害赔偿责任中需要考虑合同的保护目的，参见 *Medicus/Lorenz*, Schuldrecht I, 21. Aufl. 2015, Rn. 682; BGH NJW 1990, 2057。在侵权责任中责任范围的因果关系层面上，需要考虑结果损害是否属于受侵害的民事权益的保护范围，参见 *Grigoleit/Riehm*, Schuldrecht IV, 2. Aufl. 2017, Rn. 97。

⑧ *Grigoleit/Riehm*, Schuldrecht IV, 2. Aufl. 2017, Rn. 97.

⑨ 直接侵害场合的行为规范是一种"结果防范义务"，参见 *Larenz/Canaris*, Schuldrecht II 2., 13. Aufl. 1994, S. 366。

义务”。[1] 在间接侵害的场合，行为人并没有直接侵害他人的权益，只是制造或维持了一种风险，这种风险现实化才导致他人的权益遭受侵害。所谓交往义务，是指对上述风险，创造或维持了风险源的人有义务采取一切可期待和适宜的预防措施以防止该风险现实化。[2] 若行为人违反交往义务，则该特定风险现实化产生的权益侵害就可归责于行为人。[3]

权益侵害具备，存在加害行为，而且权益侵害可归责于加害人行为时，行为该当构成要件（构成要件该当性）。[4]

违法性是本条所规定的过错责任的内在属性。所谓过错责任，实乃不法行为责任，它与危险责任截然区分：危险责任是特定作业造成损害时的法定赔偿义务，但其行为本身却是法律所允许的，而过错责任中的行为是法律所不允许的。[5]

作为过错责任构成要件的违法性主要有三个方面的意义：第一，构成要件该当性推定违法性；第二，违法性阻却事由的检验；第三，一般人格权侵害中的价值衡量。

构成要件该当性可以推定违法性，除非有违法性阻却事由推翻该推定。[6] 从学理上来看，依传统见解，行为引起了权益侵害的事实就可以推定违法性，此为所谓的结果不法说。[7] 行为不法说则对结果不法说提出批评，其认为违法性只能

---

① 间接侵害场合的行为规范即“交往义务”，是一种“风险防范义务”，参见 *Larenz/Canaris*, Schuldrecht II 2., 13. Aufl. 1994, S. 366.。交往义务作为风险防范义务的性质也可以说明为何相当因果关系说与规范保护目的说发生重叠：一般而言，交往义务所提出的行为要求，即防范风险的要求，取决于受保护权益的重要性以及权益受危害的可能性。行为越是有可能导致权益侵害，就越可能违反交往义务；而权益侵害可能性本身也是判断相当性之准绳。参见 *Medicus/Lorenz*, Schuldrecht I, 21. Aufl. 2015, Rn. 683。

② BGH NJW 2007, 762, 763.

③ 例如，某甲将装有亚硝酸盐的玻璃瓶置于厨房，厨师因为无法从外观识别食盐和亚硝酸盐，误将后者放入菜肴中，并造成了食客中毒，则食客的健康侵害就可以归责于甲的行为。尽管甲的行为并不直接侵害他人的健康权，但是其所创造的风险是法律所不允许的，其违反了交往义务；而且，食客的健康侵害正是该风险的现实化，因此该健康侵害可以归责于甲的行为。但是，如果某幼童为了把玩这个玻璃瓶而攀高调料柜，不慎摔伤双腿，则幼童的健康侵害就不能归责于甲的行为，因为这不是甲违反的交往义务所针对的风险的现实化。

④ *Grigoleit/Riehm*, Schuldrecht IV, 2. Aufl. 2017, Rn. 9.

⑤ *Canaris*, Grundstrukturen des deutschen Deliktsrechts, VersR 2005, 577, 577 f. 这种区别在如下场景中得到凸显：尽管核电站经营者在事故发生后应依《民法典》第 1237 条规定赔偿受害人的损害，但是法律并不禁止他经营核电站。与此不同的是，某人将汽车非法停在他人车位上，导致车位主人不得不把车停在收费停车场中，车位主人不仅可以要求非法停车者赔偿损失，还可以依《民法典》第 236 条规定要求非法停车者将车开走。

⑥ *Grigoleit/Riehm*, Schuldrecht IV, 2. Aufl. 2017, Rn. 12.

⑦ RGZ 50, 60, 65 f.; BGH NJW 1963, 953, 954; BeckOGK BGB/Spindler, § 823 Rn. 77; MüKoBGB/Wagner, § 823 Rn. 5; *Larenz/Canaris*, Schuldrecht II 2, 13. Aufl. 1994, S. 364; *Grigoleit/Riehm*, Schuldrecht IV, 2. Aufl. 2017, Rn. 117.

依据行为性质而认定，而且行为只有在违反义务时才具有违法性。① 根据行为不法说，权益侵害本身无法推定违法性。② 通说兼顾了结果不法说和行为不法说，其认为在直接侵害中权益侵害即足以推定违法性，而在间接侵害和不作为侵权中违法性则要求行为人违反了交往义务。③ 通说维系了构成要件该当性对违法性的推定：（1）直接的权益侵害无疑可归责于加害行为，构成要件无疑该当，因此权益侵害足征不法（结果不法）；（2）间接的权益侵害须行为违反交往义务才可归责，因此该当构成要件的行为必然违反交往义务（行为不法）。

尽管构成要件该当性推定违法性，但这种推定可以被违法性阻却事由推翻。违法性阻却事由主要是正当防卫、紧急避险、紧急救助、自助行为、受害人同意等。《民法典》第 181 条和第 182 条分别对正当防卫和紧急避险作出规定，第 184 条对紧急救助作出了规定，第 1177 条则对自助行为作出规定。受害人同意在《民法典》中没有明文规定，但基于自我决定的基本法理，无疑应当得到承认。④

构成要件该当性推定违法性的公式在一般人格权侵害中并不当然成立。这是因为与一般人格权相对的加害行为也受言论自由、新闻自由的保护。⑤ 而且一般人格权相对而言缺乏社会典型之公开性。⑥ 因此只有通过具体利益衡量，认为受害人的利益处于优位时，才可以认定违法性的存在。⑦

过错是对行为人主观心理状态的评价，过错分为故意和过失。⑧ 所谓故意，是指行为人明知行为会发生侵害他人权益的后果，仍希望或放任这种侵害发生的心理状态。⑨ 所谓过失，是指疏于尽交往中必要的注意。认定过失要问的是，行为人运用交往中必要的注意是否可以预见和避免违法侵害的发生。⑩ 交往中必要

---

① BGH NJW 1957, 785; *Nipperdey*, Rechtswidrigkeit, Sozialadäquanz, Fahrlässigkeit, Schuld im Zivilrecht, NJW 1957, 1777, 1777 ff.; BeckOGK BGB/Spindler, § 823 Rn. 77; MüKoBGB/Wagner, § 823 Rn. 6.

② 拉伦茨和卡纳里斯对此举例说，自杀者撞向火车而身亡，此处如果根据结果不法说，认定权益侵害推定了违法性，并且还需要违法性阻却事由来脱责，是显得很奇怪的结论，正确的结论毋宁是火车司机根本没有违法，参见 *Larenz/Canaris*, Schuldrecht II 2, 13. Aufl. 1994, S. 364。

③ BeckOGK BGB/Spindler, § 823 Rn. 77 ff.; *Larenz/Canaris*, Schuldrecht II 2, 13. Aufl. 1994, S. 364.; *Grigoleit/Riehm*, Schuldrecht IV, 2. Aufl. 2017, Rn. 117.

④ 程啸：《侵权责任法》（第二版），法律出版社 2015 年版，第 305 页。

⑤ *Grigoleit/Riehm*, Schuldrecht IV, 2. Aufl. 2017, Rn. 53; BeckOGK BGB/Spindler, § 823 Rn. 71.

⑥ *Grigoleit/Riehm*, Schuldrecht IV, 2. Aufl. 2017, Rn. 39.

⑦ MüKoBGB/Wagner, § 823 Rn. 364.

⑧ 程啸：《侵权责任法》（第二版），法律出版社 2015 年版，第 263 页；王利明：《侵权责任法》（第二版）（上卷），中国人民大学出版社 2016 年版，第 87 页。

⑨ 程啸：《侵权责任法》（第二版），法律出版社 2015 年版，第 264 页；王利明：《侵权责任法》（第二版）（上卷），中国人民大学出版社 2016 年版，第 90 页。

⑩ 程啸：《侵权责任法》（第二版），法律出版社 2015 年版，第 268 页；王利明：《侵权责任法》（第二版）（上卷），中国人民大学出版社 2016 年版，第 90 页。

的注意是客观化的过失标准，它既不是指一般化的、泛泛的注意义务，也不取决于具体行为人依其能力可以达到的注意，而是特定情形下通常要求的那种注意。[①]也就是说，取决于特定交往中所要求的类型化注意。注意义务之确定取决于交往圈子，而不取决于行为人个体是否有所欠缺。例如，一个新手司机也应该尽到对一般司机所要求的注意义务，不得以新手上路为由要求免责。[②] 但是特定群体则可能获得照顾，如针对年轻人、老年人、残疾人可能会适当调整注意义务的强度。[③] 加害人有时也会被归入特定群体中，针对该群体适用更高的注意义务，如专业人士和受过培训的人员等。[④] 注意义务从形式上来看也有不同来源：有的注意义务由法律直接规定，如在医疗服务、交通运输等事业中法律均有关于注意义务的规定[⑤]；有的案件则要求法官参酌具体交往来确定一个谨慎的、明智的人所应当具有的注意，此时注意义务由法官法来确定。[⑥]

在间接侵害和不作为侵权中，构成要件该当性要求行为人违反交往义务，而交往义务本身是一种危险防范义务，其也是通过交往中必要的注意来界定；因此构成要件该当性层面的交往义务之违反，与过错层面的注意义务之违反，在内容上有重合。[⑦] 如果交往义务是在具体案件中根据合理的注意标准确定的，那么违反交往义务事实上就违反了注意义务，因此在过错层面上仅检查责任能力即可。[⑧]如果交往义务是以一般化的方式确定的，如法律直接规定了交往义务，那么对交往义务的违反未必一定意味着对特定场合中的注意义务的违反。[⑨]

损害是损害赔偿义务的当然要件。损害是指对法律所保护的利益的消极影响。[⑩] 通常而言，权益侵害本身即体现为一种损害，如打碎他人的玻璃杯或者撞伤行人等。物的毁损、灭失以及人身伤害等是权益侵害，也是真实损害（直接损

---

① *Grigoleit/Riehm*, Schuldrecht IV, 2. Aufl. 2017, Rn. 147.

② *Grigoleit/Riehm*, Schuldrecht IV, 2. Aufl. 2017, Rn. 148.

③ BGHZ 39, 281, 283; Palandt BGB/Grüneberg, 78. Aufl. 2019, § 276 Rn. 17.

④ 程啸：《侵权责任法》（第二版），法律出版社 2015 年版，第 282 ~ 283 页；王利明：《侵权责任法》（第二版）（上卷），中国人民大学出版社 2016 年版，第 92 页；参见 MüKoBGB/Grundmann, 8. Aufl. 2019, § 276 Rn. 59。

⑤ 王利明：《侵权责任法》（第二版）（上卷），中国人民大学出版社 2016 年版，第 91 ~ 92 页。

⑥ 王利明：《侵权责任法》（第二版）（上卷），中国人民大学出版社 2016 年版，第 92 页；张新宝：《侵权责任法》，中国人民大学出版社 2016 年版，第 37 页；*Grigoleit/Riehm*, Schuldrecht IV, 2. Aufl. 2017, Rn. 149。

⑦ 李昊：《交易安全义务论——德国侵权行为法结构变迁的一种解读》，北京大学出版社 2008 年版，第 363 页。

⑧ *Grigoleit/Riehm*, Schuldrecht IV, 2. Aufl. 2017, Rn. 149.

⑨ *Larenz/Canaris*, Schuldrecht II 2, 13. Aufl. 1994, S. 369 f.

⑩ MüKoBGB/Oetker, § 249 Rn. 16; Grigoleit/Riehm, Schuldrecht IV, 2. Aufl. 2017, Rn. 532.

害)。[①] 权益侵害可能导致其他的损害，如健康权遭受侵害后产生的精神痛苦以及医疗费等，这类损害是结果损害。[②] 权益侵害并不总是造成损害，如行为人违法占据他人停车位，但是在业主使用之前，行为人已经驾车离开，此时所有权侵害固然存在，损害却未发生。[③] 假设业主恰好在行为人非法停车时段归家，由于无法使用停车位而转停于停车场，则停车费用就属于损害，业主可以向行为人主张损害赔偿。

责任范围的因果关系是指损害与权益侵害之间的因果关系。从法政策角度来看，责任范围的因果关系是为了控制赔偿责任的范围。[④] 从逻辑上讲，责任范围的因果关系关涉结果损害的赔偿问题，因为直接损害在责任成立时无疑是可以赔偿的。责任范围的因果关系的检查分为三个层次，即条件说、相当因果关系说以及规范保护目的说。其中条件说、相当因果关系说与责任成立的因果关系中的对应标准并无不同。例如，根据相当因果关系说，若某项损害是权益侵害的极不可能发生的后果，其超出了理想观察者所能预见的范围，则该项损害是不可赔偿的。[⑤] 规范保护目的说在责任成立的因果关系和责任范围的因果关系中却有不同内涵：在前者处，主要应考虑的规范是防范危险的交往义务；在后者处，应考虑损害是否属于被侵害的权益的保护范围。[⑥] 责任成立不需要加害人对责任范围的因果关系和损害有过错，而以加害人对责任成立要件有过错为已足。[⑦]

本条第 2 款是对过错的举证责任的倒置进行提示。过错的举证责任原则上由受害人承担，而当法律有特别规定时，则转而由加害人承担。对过错的举证责任的倒置不影响过错归责原则。[⑧] 本条也明确了过错举证责任倒置的法律保留（“依照法律规定推定行为人有过错”），实际上是禁止通过法官创制过错举证责任倒置的情形。

---

① 曾世雄：《损害赔偿法原理》，中国政法大学出版社 2001 年版，第 124 ~ 126 页。

② 程啸：《侵权责任法》（第二版），法律出版社 2015 年版，第 222 页；*Grigoleit/Riehm*, Schuldrecht IV, 2. Aufl. 2017, Rn. 533。

③ 程啸：《侵权行为法》（第二版），法律出版社 2015 年版，第 215 页。

④ 程啸：《侵权责任法》（第二版），法律出版社 2015 年版，第 222 页。

⑤ *Grigoleit/Riehm*, Schuldrecht IV, 2. Aufl. 2017, Rn. 535.

⑥ *Grigoleit/Riehm*, Schuldrecht IV, 2. Aufl. 2017, Rn. 97.

⑦ 程啸：《侵权责任法》（第二版），法律出版社 2015 年版，第 223 页。

⑧ *Canaris*, Grundstrukturen des deutschen Deliktsrechts, VersR 2005, 577, 579.

【相关案例】

豪嘉利公司与洋马公司名誉权纠纷案①

豪嘉利公司是洋马公司在中国境内非独占地分销洋马发动机及其零配件等的分销商。后因豪嘉利公司拖欠货款，两者发生合同纠纷。洋马公司向其产品用户发送《联络函》，内载“现在我公司与豪嘉利公司之间就特约代理合同的履行发生了纠纷，我公司已向厦门豪嘉利商贸发展有限公司表明如双方不能通过协议解决，我公司即于本月 8 日解除该特约代理合同”。除此之外，豪嘉利公司还声称，洋马公司散布了关于豪嘉利公司的不实信息，如关于其信誉和履约能力方面的虚假信息等。然而该事实主张没有充分证据证实，法院未予采纳。

本案的主要争议焦点在于洋马公司所发布的《联络函》是否侵害豪嘉利公司的名誉权。

法院认为，法人名誉权是对以法人商业信誉和商品声誉为核心的法人全部活动的社会评价。侵害法人名誉权，必须有捏造、散布有损法人商业信誉和商品声誉的虚假事实的行为，包括对经营主体的经济实力、履约能力以及态度、产品质量、服务质量、经营状况、销售状况等经济能力的贬损、误导以及其他施加不当影响的行为。本案中的问题在于《联络函》所陈述的内容是否属于上述侵害法人名誉权的行为。法院认为，《联络函》中客观陈述了洋马公司与豪嘉利公司之间的合同纠纷，并且表达了如果不能通过协议解决就要解除合同的意图，这与事实并不违背，不属于侵害法人名誉权的行为。

【关联法条】

《民法典》第 109 条、第 110 条、第 111 条、第 112 条、第 114 条、第 118 条、第 120 条、第 123 条、第 124 条、第 125 条、第 126 条、第 127 条、第 128 条，《最高人民法院关于确定民事侵权精神损害赔偿责任若干问题的解释》第 1 条、第 2 条

（撰稿人：徐博翰）

---

① （2017）最高法民终 362 号。

第一千一百六十六条　【无过错责任】行为人造成他人民事权益损害，不论行为人有无过错，法律规定应当承担侵权责任的，依照其规定。

【释义】

本条是关于我国法上无过错责任的宣示性规定。无过错责任是指基于法律的特别规定，不以行为人的过错为要件，只要行为人的活动或者其管理的人、物损害了他人的民事权益，除非有法定的免责事由，行为人就要依法承担的侵权责任的总称。[①] 无过错责任是一个集合概念；而各类无过错责任的归责事由并不相同：有的无过错责任以危险为归责事由，这类无过错责任称为危险责任。[②] 有的无过错责任则以控制力作为归责事由，这类无过错责任称为替代责任。[③] 由此可见，各类无过错责任并不具有统一的法伦理基础，反而是体现出归责事由上的多轨性。行为人没有过错时，只有在“法律规定应当承担侵权责任的”情形中，行为人才承担侵权责任，因此无过错责任依赖于法律的特别规定，其乃过错原则的例外，只在特定领域排除了过错原则的适用。[④] 法律对各类无过错责任的规定采取的是列举方法，而非一般条款。综上所述，就侵权责任的归责原则而言，我国法上并不存在内在一致的“无过错责任原则”，而只有建立在一般条款之上的过错原则；无过错责任内在呈现出多轨性，外在呈现出例外性，规制模式呈现出列举性，是不能恰如其分地称之为“原则”的。[⑤]

本条是对无过错责任的宣示性规定，不是请求权基础，无法单独适用。[⑥] 课以无过错责任的案件，适用的是法律关于该无过错责任的具体规定。[⑦]《民法典》中规定的无过错责任主要有监护人责任、用人单位责任、产品责任、机动车交通事故责任、环境污染致害责任、高度危险责任、饲养动物损害责任等。法律规定的各类无过错责任都有相应的免责事由，因此无过错责任并不等同于绝对

---

① 黄薇主编：《中华人民共和国民法典侵权责任编解读》，中国法制出版社 2020 年版，第 13 页。

② 程啸：《侵权责任法》（第二版），法律出版社 2015 年版，第 98 页。

③ 程啸：《侵权责任法》（第二版），法律出版社 2015 年版，第 99 页。

④ 黄薇主编：《中华人民共和国民法典侵权责任编解读》，中国法制出版社 2020 年版，第 16 页。

⑤ 程啸：《侵权责任法》（第二版），法律出版社 2015 年版，第 88 页。

⑥ 黄薇主编：《中华人民共和国民法典侵权责任编解读》，中国法制出版社 2020 年版，第 16 页；程啸：《侵权责任法》（第二版），法律出版社 2015 年版，第 98 页。

⑦ 黄薇主编：《中华人民共和国民法典侵权责任编解读》，中国法制出版社 2020 年版，第 16 页。

责任。[1] 无过错责任可能因为受害人过错而减轻。[2] 无过错责任中往往存在关于责任限额的规定。[3]

【相关案例】

众森公司与第六工程公司因申请诉中财产保全损害责任纠纷案[4]

因众森公司拖欠工程款问题，第六工程公司在前案中起诉要求众森公司偿还欠款并申请了诉中财产保全。本案中，众森公司认为其根据前案调解协议仅应偿还884万余元，而第六工程公司却申请查封众森公司价值高达1.1亿余元的各类财产，属于恶意超标查封，因此主张第六工程公司承担不当财产保全的损害赔偿责任。

本案的争议焦点在于不当财产保全的民事责任的归责原则。

法院认为，本案属侵权责任纠纷范畴，侵权行为以过错责任为原则，无过错责任为例外，无过错责任必须要有明确法律规定才得适用。从《侵权责任法》所规定的无过错责任类型看，并不包含申请诉中财产保全错误的损害赔偿责任。本案中第六工程公司申请财产保全是否构成侵权，是否应承担侵权责任，首先应看其申请财产保全主观上是否存在过错。本案中第六工程公司的查封财产价值未超过其诉讼标的额。因此，第六工程公司不具有通过申请财产保全损害众森公司权利的主观故意。申请保全错误须以保全申请人主观存在过错为要件，不能仅以保全申请人的诉讼请求得到支持为条件。尽管调解协议所确认的还款金额与查封财产价值差距较大，但是上述差距的原因在于第六工程公司在一审法院主持调解下认可了众森公司支付给案外人的款项冲抵众森公司应支付给第六工程公司的工程款。款项能否冲抵及冲抵多少也是在调解中确认的。不能据此认定第六工程公司在申请财产保全时存在超标查封的主观故意。众森公司诉请第六工程公司承担申请诉中财产保全损害赔偿责任依据不足，法院不予支持。

【关联法条】

《民法典》第461条、第1202条、第1229条、第1236条、第1237条、第

---

① 黄薇主编：《中华人民共和国民法典侵权责任编解读》，中国法制出版社2020年版，第15页。
② 黄薇主编：《中华人民共和国民法典侵权责任编解读》，中国法制出版社2020年版，第16页。
③ 黄薇主编：《中华人民共和国民法典侵权责任编解读》，中国法制出版社2020年版，第17页。
④ （2019）最高法民终1787号。

1238 条、第 1239 条、第 1240 条、第 1241 条、第 1242 条、第 1245 条、第 1252 条

（撰稿人：徐博翰）

第一千一百六十七条　【预防型侵权责任的一般条款】侵权行为危及他人人身、财产安全的，被侵权人有权请求侵权人承担停止侵害、排除妨碍、消除危险等侵权责任。

【释义】

一、第 1167 条的体系地位

本条规定来源于《侵权责任法》第 21 条。因为本条也是对责任构成要件的规定，《民法典》侵权责任编编纂时，将本条移动至“一般规定”中，体系上更为科学。从文义解释的角度看，《民法典》第 1165 条规定了过错责任原则，第 1166 条规定了无过错责任原则，第 1167 条规定了危及他人人身、财产安全的责任承担方式。官方解释认为，这三条内容相互衔接、相互补充、相互协调，组成了我国民事侵权责任的基本制度。① 第 1165 条规定了过错责任原则是最常见的侵权责任归责原则，《民法典》侵权责任编在《侵权责任法》第二章“责任构成和责任方式”的基础上，修改为“损害赔偿”一章，这意味着在适用第 1165 条和第 1166 条时，都必须有造成损害的后果。第 1166 条是无过错责任的规定，只有在法律有明确规定时，才能适用该条规定。第 1167 条是基于物权、人格权等绝对权而产生的保护性请求权，不要求有损害结果。②

有学者认为，民法典体现了绝对权请求权与侵权赔偿请求权的区分，但是未分析第 1167 条的地位。③ 有学者认为，《民法典》全面实现侵权责任向“债”的性质回归，将侵权责任独立成编，也不能改变侵权行为产生的后果是侵权之债的属性。表现在：第一，将“造成损害”作为侵权责任构成要件之一；第二，将第七编第二章借助于 11 种的名称改为“损害赔偿”；第三，通过《民法典》其他编规定物权请求权、人格权请求权和身份权请求权等的做法，进一步分清权利保护请求权与侵权请求权之间的界限，确定新生请求权即侵权损害赔偿请求权的属性

---

① 黄薇主编：《中华人民共和国民法典释义》（下），法律出版社 2020 年版，第 2242 ~2243 页。

② 黄薇主编：《中华人民共和国民法典释义》（下），法律出版社 2020 年版，第 2243 页。

③ 程啸：《中国民法典侵权责任编的创新与发展》，载《中国法律评论》2020 年第 3 期。

是侵权之债。[1] 不过，仔细分析会发现，此观点中，漏掉了第1167条的内容，其所谓的“损害作为构成要件之一”，其实只涉及第1165条和1166条，并未考察第1167条的规范内容。所以，不谈第1167条的规定，直接依据前两条就得出侵权责任法回归债法的结论，略显武断。本书作者认为，即使第七编第二章改为“损害赔偿”，但是由于《民法典》总则编第179条和侵权责任编第1167条的存在，不好直接得出结论说我国《民法典》已经改变了2009年《侵权责任法》所确立的大侵权的立法模式。

也有学者认为，《民法典》第1167条是绝对权请求权的一般规定，其与人格权编中的人格权请求权规定和物权编的物权请求权规定，构成一般法与特别法的关系。因此，在妨害人格权或者物权，或者可能妨害人格权或者物权的情形，应该适用人格权编或者物权编的规定，而不应该适用本条的规定。[2] 本书作者认为，第1167条确实可以被看作是绝对权请求权的一般条款，其不仅与人格权编和物权编中的各种绝对权请求权构成一般法与特别法的关系，还与未纳入《民法典》的其他绝对权请求权，如知识产权法中的各种停止侵害请求权，也构成一般法与特别法的关系。此外，救济请求权与民事责任具有同一性，其仅仅是一个问题的两种表述而已，《民法典》第1167条所规定的非损害情形下的预防型侵权责任，适用范围并未将其限制为绝对权，表明这些责任形式可以广泛适用于各种绝对性民事权益，包括但不限于物权、人格权和知识产权等绝对权。[3] 所以，仅仅把第1167条解释为绝对权请求权的一般条款的观点，实际上限制了该条款的适用范围，是不可取的。

二、预防型侵权责任的功能

侵权责任法律制度的作用，可从多个角度阐述，有保护被侵权人的作用，有减少侵权和纠纷的作用，还有预防侵权行为及侵权后果发生的作用。从保护被侵权人的角度看，《民法典》第120条规定，民事权益受到侵害的，被侵权人有权请求侵权人承担侵权责任。这是关于侵权损害后果实际发生的救济，授予被侵权人在其权利受到侵害时享有请求权，规定民事主体在权益受到侵害时该怎么办，如承担赔偿损失、消除影响、恢复名誉、赔礼道歉等具体的民事责任。在侵权行为的后果还没有出现时，赋予被侵权人一定的请求权以发挥预防

---

① 杨立新：《〈民法典〉对侵权责任规则的修改与完善》，载《国家检察官学院学报》2020年第4期。

② 周友军：《民法典侵权责任编的制度发展》，载中国民商法律网，https：//www.civillaw.com.cn/bo/t/? id=36940，2020年8月8日访问。

③ 王利明：《侵权责任法研究》（第二版）（上卷），中国人民大学出版社2018年版，第636页。

性的功能[①]，防止损害后果的扩大，维护被侵权人的合法权益，能够更加及时地、充分地发挥法律的功能，获得更好的社会和法律效果。

与损害赔偿等补偿型侵权责任不同，预防型侵权责任的功能不是为了填补损害，而是要发挥预防损害发生的作用。[②] 王泽鉴先生则明白地说："损害的预防胜于损害补偿。"[③] 冯·巴尔教授则把损害预防上升到了更高的高度上，他说："如果一个国家不授与其法院在'损害尚未发生的期间内'基于当事人的申请提供法律保护措施的职权，这个国家就未尽法律保护的义务。"[④] 同时，冯·巴尔教授还指出："对包括预防性法律保护的简单解释是，预防损害比赔偿好得多……因此，认为预防性法律保护是侵权行为法的必要部分的观点是正确的。"[⑤] 冯·克默雷尔教授也强调："一个由司法实践超越制定法所创造的重大制度是，允许正在面临客观违法侵害的当事人提起预防性的不作为之诉。"[⑥] 我国从 1986 年的《民法通则》第 134 条的民事责任承担方式中的前三项就明确规定了"停止侵害、排除妨碍和消除危险"，只是未明确其适用条件。到 2009 年的《侵权责任法》，除了第 15 条继承了《民法通则》第 134 条的规定之外，还通过增加的第 21 条明确了预防型侵权责任的适用条件。

三、预防型侵权责任的适用条件

1. 预防型侵权责任的归责原则

从第 1165 条的损害赔偿的过错责任原则到第 1166 条的损害赔偿的无过错责任原则，第 1167 条应该被认为是非损害赔偿的无过错责任原则。由此，这三个条款构成了完整的侵权责任的归责原则体系，即损害情形下的过错责任和无过错责任原则，以及无损害情形下的无过错责任原则。只不过，有损害情形下的责任承担方式主要是损害赔偿，而无损害情形下的责任承担方式，原则上仅限于停止侵害、排除妨碍和消除危险，而不包括损害赔偿。

无损害情形下要求侵权人承担无过错责任，并非加重侵权人的负担，因为其责任承担方式仅仅是预防型的侵权责任，换句话说，其承担的仅仅是退出式责

---

① 民事责任发挥预防性功能，参见丁海俊：《民事责任的预防功能》，载《现代法学》2001 年第 2 期；《预防型民事责任》，载《政法论坛》2005 年第 4 期；石佳友：《论侵权责任法的预防职能——兼评我国〈侵权责任法（草案）〉（二次审议稿）》，载《中州学刊》2009 年第 4 期。

② 王利明：《侵权责任法研究》（第二版）（上卷），中国人民大学出版社 2018 年版，第 634 页。

③ 在后来修订的书中，王泽鉴先生专列一节，讨论"预防损害"，参见王泽鉴：《侵权行为》（第三版），北京大学出版社 2016 年版，第 10 页。

④ ［德］冯·巴尔：《欧洲比较侵权行为法》（下），焦美华译，法律出版社 2003 年版，第 158 页。

⑤ ［德］冯·巴尔：《欧洲比较侵权行为法》（上），张新宝译，法律出版社 2003 年版，第 1 页。

⑥ ［德］冯·克默雷尔：《侵权行为法的变迁》（上），李静译，载《中德私法研究》2007 年第 3 辑。

任，而非割让式责任。[①] 对于其本来就不该获得的，或者不该侵占的他人权益，对其施加退出式的责任，并未影响其固有的合法利益。

2. 预防型侵权责任的构成要件

对比第1165条的过错损害赔偿责任和第1166条的无过错损害赔偿责任，本条所规定的侵权责任既不需要损害的实际发生，也不需要考察侵权人是否有过错。受害人请求侵权人承担停止侵害、排除妨碍、消除危险等预防型责任的，不以侵权人的过错、被侵权人受有实际损害为要件。[②]

被侵权人只需要证明，第一，其是合法权益的持有者，包括但不限于所有权人；第二，侵权人有妨害事实，即有危及权益持有者绝对性权益的事实存在；第三，该妨害事实与可能的损害之间存在因果关系。

有学者认为，妨害事实或者行为，需要以违法性为前提[③]，即妨害行为虽然不需要以过错为要件，但是需要证明侵权人的行为违法。但本书作者认为，本身过错与违法性问题在我国侵权法上就未明确，通说认为我国采取了过错吸收违法性的做法[④]，此外即使是合法行为造成损害，如果无抗辩事由的话，依然需要承担赔偿责任。

3. 预防型侵权责任的诉讼时效问题

此前学说多认为所有的侵权责任都是一种债，而债权请求权适用诉讼时效并无异议。但是，如果把预防型侵权责任从损害赔偿责任中区分开来，而认为其是与绝对权请求权类似的制度，那么诉讼时效是否适用就成为了一个问题。而关于该问题的讨论又多数通过物权请求权的时效问题得以体现。

物权请求权应否适用诉讼时效，各国立法上有否定说和肯定说两种。否定说认为物权请求权不应适用诉讼时效，以瑞士为代表。[⑤]《瑞士债务法典》第130条规定，“诉讼时效自债务到期时开始计算。”依此规定，在瑞士，只有债权请求权方能适用诉讼时效，物权请求权不能适用诉讼时效。肯定说认为物权请求权应适用诉讼时效，以德国、我国台湾地区为代表。《德国民法典》第194条第1款规定，“请求他人作为或者不作为的权利（请求权），受消灭时效的拘束。”此处立

---

① 退出式责任与割让式责任，以及退出式请求与割让式请求，参见马俊驹：《民法上支配权与请求权的不同逻辑构成》，载《法学研究》2007年第3期。

② 周玉辉、丁海俊：《侵权责任一般条款再探讨》，载《山东大学法律评论》2011年第1期。

③ 周友军：《民法典侵权责任编的制度发展》，载中国民商法律网，https://www.civillaw.com.cn/bo/t/?id=36940，2020年8月8日访问。

④ 过错与违法性问题，参见王利明：《侵权责任法研究》（第二版）（上卷），中国人民大学出版社2016年版，第361~376页。

⑤ 龙卫球：《民法总论》（第二版），中国法制出版社2002年版，第616页。

法虽然未明确表示物权请求权亦适用诉讼时效制度。但德国学界通说认为，“德国法上，诉讼时效原则上适用于一切请求权”①，因此，物权请求权亦当然应适用于诉讼时效制度。我国台湾地区“民法”第125条规定：“请求权，因十五年间不行使而消灭。但法律所定期间较短者，依其规定。”此处立法亦未明确表示物权请求权应适用诉讼时效制度，但是，我国台湾地区司法实务界多有判例认定物权请求权应适用诉讼时效制度。

本书作者认为，预防型侵权责任所对应的是绝对权侵害行为，而绝对权侵害行为有不同于其他侵害行为的特点，那就是其往往是持续性的。问题不在于其是否适用时效，而是时效的条件是否满足。因为时效的成就需要具备：“时间之经过”和“不行使权利”两个条件。正是权利人可行使权利的当下时间性，导致了消灭时效无法成就“时间之经过”，从而就无法适用消灭时效。所以，不是预防型民事责任不适用消灭时效，而是消灭时效在预防型民事责任中无法成就。②

【相关案例】

中华环保联合会与梁平合作社等环境民事公益诉讼案③

该案的争论焦点为被告是否需要承担停止违法养猪、非法排污行为的民事责任。

梁平养猪场经当地政府批准成立于20世纪末，经营者为陆某梁。2004年10月25日，江阴市长泾镇习礼村村民委员会（甲方）和梁平养猪场（乙方）签订土地租赁协议。2009年7月30日，125名习礼村村民共同申请成立农民专业合作社。2012年6月12日，为解决动物防疫许可证问题，陆某梁申请成立栋梁养殖场。梁平合作社、栋梁养殖场的经营场所、经营项目、人员均相同，实为一体。梁平合作社、栋梁养殖场自经营以来，至今未取得环保部门项目审批，未进行环境影响评价，应配套的环境保护设施未经验收。养殖期间，梁平合作社、栋梁养殖场相继增设沼气池、雨污分流等专业治污设施，但均未通过当地环保、农林部门验收。2015年9月11日，鉴于梁平合作社存在的养殖污染问题，江阴市环境保护局对梁平合作社作出澄环罚书字［2015］第156号《行政处罚决定书》。2015年9月23日，江阴市环境保护局再次对梁平合作社作出澄环罚书字［2015］第188号《行政处罚决定书》。2015年9月30日，长泾镇政府与梁平合作社签订

---

① ［德］迪特尔·梅迪库斯：《德国民法总论》，邵建东译，法律出版社2000年版，第91页。

② 丁海俊：《预防型民事责任》，载《政法论坛》2005年第4期。

③ 载《江苏省高级人民法院公报》2017年第6辑（总第54辑）。

《关停补偿决定书》。

无锡市中级人民法院一审审理认为：梁平合作社、栋梁养殖场已经构成了环境侵权，应当承担停止侵害、排除污染、修复环境的民事责任。关于原告中华环保联合会要求二被告立即停止违法排污行为的诉讼请求，经法院现场勘验和调查，二被告在本案诉讼前已经停止了养殖生猪及排污等行为，故该诉讼请求针对的事实行为已不存在。关于原告中华环保联合会要求二被告立即排除污染、修复土壤的诉讼请求。鉴于本案诉讼中，二被告已向法院提交了土地复耕方案，该方案经被告所在地县级以上人民政府农林部门同意并盖章确认，原告中华环保联合会亦未对该方案提出异议，故对原告的该项诉讼请求予以支持。

【关联法条】

《民法典》第 179 条、第 196 条、第 236 条、第 286 条、第 375 条、第 462 条、第 995 条、第 997 条、第 1205 条

（撰稿人：丁海俊）

第一千一百六十八条　【共同加害行为】 二人以上共同实施侵权行为，造成他人损害的，应当承担连带责任。

【释义】

本条是关于共同加害行为的规定，明确了共同加害行为的构成要件与法律后果。《民法通则》第 130 条规定："二人以上共同侵权造成他人损害的，应当承担连带责任。"该条规定首次在立法上确立了共同侵权的制度规则。《最高人民法院关于审理人身损害赔偿案件适用法律若干问题的解释》第 3 条第 1 款规定："二人以上共同故意或者共同过失致人损害，或者虽无共同故意、共同过失，但其侵害行为直接结合发生同一损害后果的，构成共同侵权，应当依照民法通则第一百三十条规定承担连带责任。"该款规定细化了共同侵权的具体形态。《侵权责任法》第 8 条规定："二人以上共同实施侵权行为，造成他人损害的，应当承担连带责任。"该条规定对先前规定与司法实践进行了整合。本条继承了《侵权责任法》第 8 条的规定，未作修改。

本条与接下来的第 1169 条、第 1170 条、第 1171 条、第 1172 条构成了《民法典》中的数人侵权规则体系，即共同加害行为、教唆帮助行为、共同危险行

为、无意思联络分别侵权行为等。其中共同加害行为、教唆帮助行为、共同危险行为构成广义的共同侵权行为，无意思联络分别侵权造成同一损害后果时亦属数人侵权情形。两者的区别主要在于以下几点：其一，无意思联络分别侵权的行为人之间不存在意思联络；而广义的共同侵权行为人之间往往存在意思联络，典型如共同故意伤害他人，但也可能不存在意思联络，如被帮助人不知他人实施帮助行为时，帮助人与被帮助人之间无意思联络但仍构成广义的共同侵权。其二，无意思联络分别侵权造成的损害后果具有同一性，但未必仅有一个损害后果；而广义的共同侵权行为不要求损害后果具有同一性，如共同故意侵权中各行为人可能分别造成受害人的人身伤害与财产损失，但仍应就所有损害后果共同负责。其三，无意思联络分别侵权的行为人的行为均独立地构成侵权行为；但广义的共同侵权行为因其团体性仅构成一个侵权行为，各行为人的行为未必能独立地构成侵权行为，如共同危险行为中某一行为人的行为，事实上可能与损害后果不存在因果关系。

理解本条尚需要注意以下几点：

首先，侵权行为的主体须为复数，即两人以上。行为人可以是自然人，可以是法人，也可以是非法人组织。非法人组织虽不具备法人资格，但能够以自己的名义从事民事活动，且根据《民法典》第 1191 条规定，非法人组织亦应就其工作人员因执行工作任务造成他人损害的行为承担侵权责任，故非法人组织亦属本条规定的行为主体。同时，相关司法解释亦多有明确规定，如《最高人民法院关于审理涉及公证活动相关民事案件的若干规定》第 5 条规定，公证机构“明知公证证明的材料虚假或者与当事人恶意串通的，承担连带赔偿责任”。[①] 应说明的是，关于数人侵权的相关规则（第 1168 ~ 1172 条）中的行为人，在无明确规定情形下，均应与本条规定作相同理解，即包括自然人、法人及非法人组织。

其次，侵权行为的实施须为共同，即共同实施侵权行为。关于何谓“共同”，是侵权理论与司法实践中的争议焦点。对此，主要存在共同故意说、共同过错说、共同行为说、折中说等观点。[②] 其中前两者又称为主观共同说，共同行为说又称为客观共同说。共同故意说认为，共同加害行为中的共同是指共谋，即共同故意，行为人之间存在意思联络。共同过错说认为，共同侵权行为中的共同不仅

---

① 另外，如《最高人民法院关于审理涉及会计师事务所在审计业务活动中民事侵权赔偿案件的若干规定》第 5 条规定，注册会计师在审计业务活动中存在与被审计单位恶意串通等情形，出具不实报告并给利害关系人造成损失的，应当认定会计师事务所与被审计单位承担连带赔偿责任。

② 程啸：《侵权责任法》（第二版），法律出版社 2015 年版，第 342 ~ 343 页；黄薇主编：《中华人民共和国民法典侵权责任编释义》，法律出版社 2020 年版，第 16 页。

包括共同故意，还包括共同过失。共同行为说认为，共同侵权行为不以意思联络为构成要件，只要数人在客观上有共同的侵权行为，即应承担共同侵权的民事责任。折中说认为，共同侵权行为的构成要件既要考虑各行为人的主观方面，也要考虑各行为人的行为的客观联系。《最高人民法院关于审理人身损害赔偿案件适用法律若干问题的解释》第 3 条第 1 款规定："二人以上共同故意或者共同过失致人损害，或者虽无共同故意、共同过失，但其侵害行为直接结合发生同一损害后果的，构成共同侵权，应当依照民法通则第一百三十条规定承担连带责任。"该规定被认为采取了共同行为说立场。[①]《侵权责任法》第 8 条至第 12 条重新整合了数人侵权的规则体系，其第 8 条规定："二人以上共同实施侵权行为，造成他人损害的，应当承担连带责任。"起草者的说明中指出，该条中的"共同"包括共同故意、共同过失以及故意行为与过失行为相结合。[②] 此观点实际采取了共同过错说立场。《民法典》颁行后，起草者的解读仍保持了上述立场。[③] 最高人民法院则认为，本条与《最高人民法院关于审理人身损害赔偿案件适用法律若干问题的解释》第 3 条第 1 款规定在适用范围上实质等同，即"共同实施"包括共同故意、共同过失及数个行为直接结合而实施的行为。[④]

《民法典》在继承《侵权责任法》的基础上，以有无意思联络为基础，构建了共同加害行为、教唆帮助行为、共同危险行为、无意思联络分别侵权的数人侵权规则体系。对于《侵权责任法》第 8 条（即本条）规定的共同加害行为，有的学者认为，其仅指共同故意，即狭义的共同侵权[⑤]；也有的学者认为，其既包括共同故意，也包括共同过失、故意与过失相结合，即采取立法者解读的立场。[⑥] 存在共同过错情形下，各行为人固然成立共同侵权，但仅以此为限将难以应对复杂的侵权现实。从比较法来看，随着共同侵权制度的不断扩张适用，一些国家和地区对共同侵权逐渐采客观共同说，台湾地区相关实践即为典型例证[⑦]，《欧洲侵权法原则》第 9：101 条规定的共同侵权亦包括无共同意图但损害不可分的数人

---

① 陈现杰：《〈最高人民法院关于审理人身损害赔偿案件适用法律若干问题的解释〉的若干理论与实务问题解析》，载《法律适用》2004 年第 2 期。

② 全国人大常委会法制工作委员会民法室编：《〈中华人民共和国侵权责任法〉条文说明、立法理由及相关规定》，北京大学出版社 2010 年版，第 35 页。

③ 黄薇主编：《中华人民共和国民法典侵权责任编释义》，法律出版社 2020 年版，第 18 页。

④ 最高人民法院民法典贯彻实施工作领导小组主编：《中华人民共和国民法典侵权责任编理解与适用》，人民法院出版社 2020 年版，第 54 页。

⑤ 周友军：《我国共同侵权制度的再探讨》，载《社会科学》2010 年第 1 期；程啸：《论〈侵权责任法〉第八条"共同实施"的涵义》，载《清华法学》2010 年第 4 期。

⑥ 曹险峰：《数人侵权的体系构成》，载《法学研究》2011 年第 5 期；叶金强：《解释论视野下的共同侵权》，载《交大法学》2014 年第 1 期。

⑦ 王泽鉴：《侵权行为》（第三版），北京大学出版社 2016 年版，第 435 ~ 440 页。

侵权。[①] 从司法实践来看，在一些特殊侵权行为或者特殊侵权主体中，本无须考察或者无法考察行为人的主观过错，故而认定共同侵权行为时也仅能凭借客观行为上的关联性。以《民法典》侵权责任编为例，可能存在如下类型：(1) 数个被监护人致人损害情形。因《民法典》没有规定责任能力，法律上难以考量无民事行为能力人、限制民事行为能力人侵权时的过错能力。因此，数个无民事行为能力人或者限制民事行为能力人共同实施侵权行为时，即便无法认定其是否存在共同过错，此时应适用本条与第 1188 条的规定，由其监护人承担连带责任。[②] (2) 数个饲养的动物致人损害情形。数个饲养的动物因追逐打闹造成他人损害的，应适用本条与第 1245 条的规定，由数个动物饲养人或者管理人承担连带责任。[③] (3) 数个污染者的行为结合造成损害情形。数个污染者排放的污染物相互结合造成他人损害的，应适用本条与第 1229 条的规定，由数个污染者承担连带责任。[④] 对此，《最高人民法院关于审理环境侵权责任纠纷案件适用法律若干问题的解释》第 2 条明确规定："两个以上污染者共同实施污染行为造成损害，被侵权人根据侵权责任法第八条规定请求污染者承担连带责任的，人民法院应予支持。"[⑤]

综上而言，为适应司法实践的发展与侵权类型的多样性，本条规定的共同加害行为应属中义的共同侵权行为，不应以行为人主观上存在意思联络（包括共同故意、共同过失、故意与过失相结合）为限，亦应包括行为人因客观上存在行为直接结合而造成他人损害的情形，尤其是在特殊侵权情形下，将客观行为关联认定为共同侵权更为妥当。[⑥]

最后，侵权行为的后果为连带责任，即各行为人对受害人承担连带责任。《民法典》第 178 条第 1 款、第 2 款规定："二人以上依法承担连带责任的，权利人有权请求部分或者全部连带责任人承担责任。连带责任人的责任份额根据各自责任大小确定；难以确定责任大小的，平均承担责任。实际承担责任超过自己责任份额的连带责任人，有权向其他连带责任人追偿。"据此，共同侵权情形下，

---

① 欧洲侵权法小组编：《欧洲侵权法原则：文本与评注》，于敏、谢鸿飞译，法律出版社 2009 年版，第 198～200 页。

② （2016）浙 06 民终 2264 号；（2016）桂 1081 民初 629 号。

③ （2018）苏 0113 民初 3186 号。

④ （2012）甬鄞民初字第 1138 号。

⑤ 该司法解释起草者指出，环境共同侵权包括数个污染行为相结合而实施的行为造成他人损害的情形，即客观上行为关联共同的数人环境侵权行为，也应当属于环境共同侵权行为的范畴。参见沈德咏主编：《最高人民法院环境侵权责任纠纷司法解释理解与适用》，人民法院出版社 2016 年版，第 34～44 页。

⑥ 王泽鉴教授在其《侵权行为》中所列举之客观行为关联共同加害行为的案件类型基本为民法典侵权责任编所规定的特殊侵权行为，如医疗行为、车祸事故、公害（环境污染）、产品责任等。参见王泽鉴：《侵权行为》（第三版），北京大学出版社 2016 年版，第 438～439 页。

受害人可以请求部分行为人或者全部行为人承担侵权责任，部分行为人承担超过自己责任份额的，可以向其他行为人追偿。值得注意的是，《最高人民法院关于审理人身损害赔偿案件适用法律若干问题的解释》第5条规定，赔偿权利人起诉部分共同侵权人的，人民法院应当追加其他共同侵权人作为共同被告。赔偿权利人在诉讼中放弃对部分共同侵权人的诉讼请求的，其他共同侵权人对被放弃诉讼请求的被告应当承担的赔偿份额不承担连带责任。显然，该规定采纳了共同侵权诉讼为必要共同诉讼的观点。尽管该规定有一定合理性，但明显与《民法典》相关实体规范存在龃龉，司法解释整理过程中宜应废除该规定。同时，赔偿权利人只起诉部分共同侵权人时，不应认定其放弃对其他共同侵权人的诉讼请求。

【相关案例】

重庆市人民政府、重庆两江志愿服务发展中心与藏金阁公司、首旭公司生态环境损害赔偿、环境民事公益诉讼案①

2013年12月5日，藏金阁公司与首旭公司签订为期4年的《电镀废水处理委托运行承包管理运行协议》，首旭公司承接藏金阁电镀工业中心废水处理项目，该电镀工业中心的废水由首旭公司使用藏金阁公司所有的废水处理设备进行处理。2014年8月，藏金阁公司将原废酸收集池改造为1号综合废水调节池，传送废水也由地下管网改为高空管网作业。首旭公司自2014年9月起，在明知池中有一根120mm管网可以连通外环境的情况下，仍然一直利用该管网将未经处理的含重金属废水直接排放至外环境。

本案的争论焦点之一是关于藏金阁公司与首旭公司是否构成共同侵权。

审理法院认为，2014年8月藏金阁公司改造废酸池时，未按照正常处理方式对池中的暗管进行封闭，藏金阁公司亦未举证证明不封闭暗管的合理合法性，而首旭公司正是通过该暗管实施违法排放，也就是说，藏金阁公司明知为首旭公司提供的废水处理设备中留有可以实施违法排放的管网，据此可以认定其具有违法故意，且客观上为违法排放行为的完成提供了条件。藏金阁公司知道首旭公司在实施违法排污行为，但却放任首旭公司违法排放废水，同时还继续将废水交由首旭公司处理，可以视为其与首旭公司形成了默契，具有共同侵权的故意，并共同造成了污染后果。综上，根据本案事实和证据，藏金阁公司与首旭公司构成环境污染共同侵权的证据已达到高度盖然性的民事证明标准，应当认定藏金阁公司和

① 指导案例130号，（2017）渝01民初773号，载《最高人民法院公报》2019年第11期。

首旭公司对于违法排污存在主观上的共同故意和客观上的共同行为，二被告构成共同侵权，应承担连带责任。

【关联法条】

《民法典》第 178 条、第 518 条、第 519 条，《最高人民法院关于审理侵害信息网络传播权民事纠纷案件适用法律若干问题的规定》第 4 条，《最高人民法院关于审理环境侵权责任纠纷案件适用法律若干问题的解释》第 2 条，《最高人民法院关于审理人身损害赔偿案件适用法律若干问题的解释》第 3 条

（撰稿人：魏振华）

第一千一百六十九条　【教唆、帮助行为】教唆、帮助他人实施侵权行为的，应当与行为人承担连带责任。

教唆、帮助无民事行为能力人、限制民事行为能力人实施侵权行为的，应当承担侵权责任；该无民事行为能力人、限制民事行为能力人的监护人未尽到监护职责的，应当承担相应的责任。

【释义】

本条是关于教唆、帮助他人实施侵权行为的规定，并且根据被教唆人、被帮助人的民事行为能力区分了不同的责任形态。《民法通则》并未对教唆侵权、帮助侵权作出明确规定。《最高人民法院关于贯彻执行〈中华人民共和国民法通则〉若干问题的意见（试行）》第 148 条规定：“教唆、帮助他人实施侵权行为的人，为共同侵权人，应当承担连带民事责任。教唆、帮助无民事行为能力人实施侵权行为的人，为侵权人，应当承担民事责任。教唆、帮助限制民事行为能力人实施侵权行为的人，为共同侵权人，应当承担主要民事责任。”该条规定首次明确了教唆帮助行为的侵权规则，并根据被教唆、被帮助的对象作了区分。《侵权责任法》在总结司法实践基础上，分两款对教唆帮助侵权作了具体规定，其第 9 条规定：“教唆、帮助他人实施侵权行为的，应当与行为人承担连带责任。教唆、帮助无民事行为能力人、限制民事行为能力人实施侵权行为的，应当承担侵权责任；该无民事行为能力人、限制民事行为能力人的监护人未尽到监护责任的，应当承担相应的责任。”本条规定基本沿袭了《侵权责任法》第 9 条的规定，仅仅

将第 2 款中“未尽到监护责任”修改为“未尽到监护职责”。这一修改虽然没有影响本条的基本适用，但在表述上更为准确，也符合《民法典》第 34 条对“监护”的性质定位。[①]

对照本条第 2 款规定，本条第 1 款中“他人”似指完全民事行为能力人。[②]但理论上被教唆人、被帮助人不应限于自然人，亦应包括法人、非法人组织。由于法人、非法人组织不存在无民事行为能力、限制民事行为能力的状况，故本条第 1 款中的“他人”不仅包括具有完全民事行为能力的自然人，也应包括法人及非法人组织，这也为司法实践所认可。[③] 就此而言，本条第 1 款与第 2 款并非对等关系，前者适用于一般民事主体，后者则仅适用于自然人。

理解本条第 1 款尚需注意以下几点：

首先，教唆人、帮助人实施了教唆、帮助行为，并且被教唆人、被帮助人实施了相应的侵权行为。所谓教唆行为，是指利用言词对他人进行开导、说服，或者通过刺激、利诱、怂恿等方法使该他人从事侵害他人权益的行为。所谓帮助行为，是指给予他人帮助（如提供工具或者指导方法），以使该人易于实施侵权行为。[④] 本条中的教唆、帮助行为可以结合刑法上的教唆、帮助进行理解，但二者也存在重大差异，尤以教唆行为明显。刑法上的教唆行为具有独立性，即使被教唆人没有实施犯罪行为，教唆人的刑事责任仍然成立；但侵权责任以填补客观上损失为主，故民法上的教唆、帮助侵权行为的成立，需以被教唆人、被帮助人实施了侵权行为并造成损害为前提条件。

其次，教唆人、帮助人主观上存在故意。一般情况下，教唆人、帮助人的教唆、帮助行为系其故意作出的，即教唆人、帮助人主观上能够意识到其教唆、帮助行为可能造成的损害后果，并希望或者放任此种后果的出现。[⑤] 如果一些人因过失帮助了他人实施侵权行为，则并非本条规定的帮助行为，其应按照《民法典》第 1165 条承担侵权责任。教唆人、帮助人与被教唆人、被帮助人之间可能存在意思联络，也可能没有意思联络，如被帮助人不知道帮助行为存在，不影响本条规定的帮助行为的成立。

最后，教唆人、帮助人与被教唆人、被帮助人承担连带责任。教唆人、帮助人并无实行行为，本不应承担侵权责任，但如不责令其承担侵权责任将有违社会

---

① 该条第 1 款规定：“监护人的职责是代理被监护人实施民事法律行为，保护被监护人的人身权利、财产权利以及其他合法权益等。”

② 黄薇主编：《中华人民共和国民法典侵权责任编释义》，法律出版社 2020 年版，第 20 页。

③ （2020）沪 73 民终 109 号。

④ 程啸：《侵权责任法》（第二版），法律出版社 2015 年版，第 374 ~ 375 页。

⑤ 黄薇主编：《中华人民共和国民法典侵权责任编释义》，法律出版社 2020 年版，第 20 页。

正义观念，亦不利于受害人之损害救济，故比较法上多有将教唆人、帮助人“视为共同侵权行为人”之规定，如台湾地区“民法”第185条第2款规定造意人及帮助人，视为共同行为人。本条规定虽未明确将教唆人、帮助人“视为共同侵权行为人”，但责令教唆人、帮助人与被教唆人、被帮助人承担连带责任，实际与第1168条所规定的共同加害行为的责任效果相同。就此而言，本条规定的教唆、帮助行为亦可看作广义的共同侵权行为。

本条第2款是针对被教唆人、被帮助人为无民事行为能力人或者限制民事行为能力人的特别规定。在侵权责任法起草及民法典编纂过程中，曾有意见提出根据被教唆、被帮助对象的不同，进一步区分教唆帮助行为的责任形态，亦有意见提出根据教唆、帮助的行为性质，分别规定教唆行为与帮助行为的责任形态。[①]尽管立法者出于侧重外部关系考量，在责任形态上没有进一步区分被教唆、被帮助的对象，也没有区分教唆行为和帮助行为，但并不意味着无民事行为能力人和限制民事行为能力人、教唆行为和帮助行为无差别。在具体适用本条时，仍应注意考察被教唆、被帮助对象的判断力和理解力，以及教唆行为、帮助行为在侵权行为中所起到的作用。[②]

此外，理解本条第2款仍需注意以下两点：

第一，本条第2款与《民法典》第1188条规定的监护人责任不同。《民法典》第1188条第1款规定：“无民事行为能力人、限制民事行为能力人造成他人损害的，由监护人承担侵权责任。监护人尽到监护职责的，可以减轻其侵权责任。”该条规定的监护人责任是替代责任、无过错责任，仅存在减责事由。本条第2款规定的监护人承担的责任是自己责任、过错责任。本条第2款可以看作是被监护人侵权时的特别规定，即被监护人实施侵权行为存在教唆人、帮助人时，适用本条第2款规定而不再适用第1188条规定。应注意的是，当教唆人、帮助人为无民事行为能力人或者限制民事行为能力人时，应适用第1168条、第1188条的规定，由各监护人承担连带的侵权责任。

第二，本条第2款规定的“相应的责任”应是按份责任。所谓相应的责任，即按照监护人的过错程度确定监护人承担责任的份额。监护人“承担相应的责任”与教唆人、帮助人“承担侵权责任”相对应，受害人可以要求教唆人、帮助

---

① 《最高人民法院关于贯彻执行〈中华人民共和国民法通则〉若干问题的意见（试行）》第148条规定：“教唆、帮助他人实施侵权行为的人，为共同侵权人，应当承担连带民事责任。教唆、帮助无民事行为能力人实施侵权行为的人，为侵权人，应当承担民事责任。教唆、帮助限制民事行为能力人实施侵权行为的人，为共同侵权人，应当承担主要民事责任。”

② 最高人民法院侵权责任法研究小组编：《〈中华人民共和国侵权责任法〉条文理解与适用》（第二版），人民法院出版社2016年版，第81页。

人承担全部责任，其有证据证明监护人“未尽到监护职责”时，也可以要求监护人承担相应责任；教唆人、帮助人有证据证明监护人“未尽到监护职责”时，也可以要求监护人承担相应责任；教唆人、帮助人承担全部责任后，有证据证明监护人“未尽到监护职责”时，可以向监护人追偿其应承担的相应部分。实践中，确定监护人的过错程度时可采纳比较过错原则、比较原因力原则和衡平考量原则。如果被教唆的对象为无民事行为能力人时，其监护人的监护难度更大，相应地认定“未尽到监护职责”的难度也更大；如果被教唆的对象为限制民事行为能力人时，其监护人的监护难度更小，相应地认定“未尽到监护职责”的难度也更小。[①]

【相关案例】

钱柜公司与钱一柜公司等侵犯商标权纠纷案[②]

钱柜公司系“錢櫃 CASH BOX”“錢櫃 PARTYWORLD”“钱柜”“钱柜 PARTYWORLD”“CASH BOX 錢櫃 K·T·V”商标注册人。2015 年 8 月 22 日，钱柜公司委托代理人员对錢·櫃 WHYULECHENG·KTV 店的招牌等部分设施进行拍照并以普通消费者身份在该店 868 包厢进行消费，取得盖有钱一柜公司发票专用章的发票一张、商户名称为钱柜乐民超市的 POS 机签购单两张等。钱柜公司起诉认为，钱一柜公司在其企业名称中使用“钱柜”商标等，侵害了钱柜公司涉案注册商标专用权。本案证据保全时取得的 POS 签购单显示收款商户为钱柜乐民超市，即涉案侵权收益系由该超市直接收取，该超市为侵权行为人提供收银服务，构成共同侵权，应承担连带责任。

本案的争议焦点之一为，如钱一柜公司构成侵权，钱柜乐民超市是否构成共同侵权。

一审法院经审理认为，涉案 POS 机签购单显示的商户名称虽为“钱柜乐民超市”，但其与钱一柜公司经营范围存有较大差异，钱柜公司未能证明两者之间存在关联关系，其主张该超市为钱一柜公司提供收银服务，缺乏证据支持。

二审法院经审理认为，涉案 KTV 店消费时取得的两张 POS 机签购单上载明的商户名称均为“钱柜乐民超市”，能够证明该超市提供 POS 机收取涉案侵权收益的事实。钱柜乐民超市经营者程某系钱一柜公司最大的股东，其帮助侵权人收

---

① 最高人民法院侵权责任法研究小组编：《〈中华人民共和国侵权责任法〉条文理解与适用》（第二版），人民法院出版社 2016 年版，第 82 页。

② （2016）皖民终 607 号。参见胡四海：《钱柜公司与钱一柜公司等侵犯商标权纠纷案——故意为商标侵权人收取侵权利益构成共同侵权》，载《人民司法·案例》2017 年第 11 期。

取侵权利益，构成共同侵害涉案注册商标专用权，故对钱柜公司要求该超市承担共同侵权责任的诉讼请求予以支持，判令钱柜乐民超市承担连带赔偿责任。

【关联法条】

《民法典》第178条、第518条、第519条、第1188条，《最高人民法院关于审理侵害信息网络传播权民事纠纷案件适用法律若干问题的规定》第7条，《最高人民法院关于审理利用信息网络侵害人身权益民事纠纷案件适用法律若干问题的规定》第15条

（撰稿人：魏振华）

第一千一百七十条　【共同危险行为】二人以上实施危及他人人身、财产安全的行为，其中一人或者数人的行为造成他人损害，能够确定具体侵权人的，由侵权人承担责任；不能确定具体侵权人的，行为人承担连带责任。

【释义】

本条是关于共同危险行为的规定，包括共同危险行为的构成要件、免责事由以及责任承担。《民法通则》未明确规定共同危险行为。《最高人民法院关于民事诉讼证据的若干规定》率先从程序法上规定了共同危险行为的举证责任分配，其第4条第7项规定“因共同危险行为致人损害的侵权诉讼，由实施危险行为的人就其行为与损害结果之间不存在因果关系承担举证责任”。《最高人民法院关于审理人身损害赔偿案件适用法律若干问题的解释》在此基础上确立了共同危险行为的实体法规则，其第4条规定：“二人以上共同实施危及他人人身安全的行为并造成损害后果，不能确定实际侵害行为人的，应当依照民法通则第一百三十条规定承担连带责任。共同危险行为人能够证明损害后果不是由其行为造成的，不承担赔偿责任。”《侵权责任法》进一步凝练了共同危险行为的构成要件与法律后果，其第10条规定：“二人以上实施危及他人人身、财产安全的行为，其中一人或者数人的行为造成他人损害，能够确定具体侵权人的，由侵权人承担责任；不能确定具体侵权人的，行为人承担连带责任。”本条继承了《侵权责任法》第10条的规定，未作改动。

所谓共同危险行为，是指数人实施危险行为给他人权益造成损害，但损害后果不能确定具体由何人造成的侵权行为。尽管每一行为人均实施了一定行为，但受害人的损害系部分行为人的行为造成，其他行为人的行为与损害后果并不存在因果关系，故不宜概称侵权行为，而称之为危险行为。由于每一行为人的危险行为均有导致他人权益损害的高度盖然性，即其危险行为客观上均足以造成此等损害后果，故共同危险行为又被称为“准共同侵权行为”，系广义的共同侵权行为的类型之一。

理解本条需要注意以下几点：

首先，共同危险行为的构成要件。从主体上看，共同危险行为的主体为复数，这与共同加害行为的主体一致。从主观上看，行为主体之间不存在意思联络，不可能是共同故意，否则可能构成共同加害行为。各行为主体就其实施的行为而言，可能出于故意，也可能存在过失。同时，共同危险行为亦应适用于无过错责任情形。例如，某日傍晚，甲之A犬与乙之B犬在街上追逐奔跑将行人丙撞倒受伤，但不能查明究竟是A犬还是B犬将其撞倒，此时应适用本条关于共同危险行为的规定，由甲乙承担连带责任。[①] 从客观上看，各行为主体均实施了一定的危险行为，并且该危险行为均可造成受害人权益受损的结果，但损害结果却并非所有行为叠加形成，而只是部分行为造成，同时难以认定究竟是哪部分行为人的行为造成的损害后果。鉴于存在具体加害人不明这一情形，为避免受害人陷于因果关系举证困境，本条规定共同危险行为人承担连带责任，从而构成“法定的因果关系推定”。[②] 另需注意的是，如何理解本条前半部分“能够确定具体侵权人的，由侵权人承担责任”之规定？如果能够确定损害系由某一行为人的侵权行为所致，则属于单独侵权，适用《民法典》第1165条或者第1166条及相关条文规定；如果能够确定损害系由部分行为人的侵权行为所致，则属于共同侵权，适用《民法典》第1168条规定。

其次，共同危险行为的免责事由。根据本条规定，共同危险行为与共同侵权行为一样，行为人均须承担连带责任。但行为人能否通过举证证明其不可能是加害人或者其行为与损害结果之间没有因果关系而免责？对此，学界历来存在两种学说，即因果关系排除说与因果关系证明说。前者认为，行为人只需要证明自己没有实施加害行为或者其行为与损害后果之间没有因果关系，即可免责。《最高人民法院关于审理人身损害赔偿案件适用法律若干问题的解释》第4条采取了因

① （2014）西中民少终字第00021号。

② 最高人民法院侵权责任法研究小组编：《〈中华人民共和国侵权责任法〉条文理解与适用》（第二版），人民法院出版社2016年版，第85页。

果关系排除说的立场。[①] 后者则认为，行为人仅证明自己没有实施加害行为或者其行为与损害后果之间没有因果关系尚不能免责，还必须证明谁是真正的加害人。本条明确规定，"能够确定具体侵权人的，由侵权人承担责任；不能确定具体侵权人的，行为人承担连带责任"。其意味着，只有行为人能够举证证明谁是真正的加害人，即只有在确定具体侵权人的情形下，其他行为人方可免责。[②] 其意在避免因所有行为人均举证证明其行为与损害后果之间无法律上的因果关系，而致使受害人陷于无法救济的困境。

最后，共同危险行为的责任承担。根据本条规定，构成共同危险行为的，行为人承担连带责任，即在外部责任承担方面，共同危险行为人与共同加害行为人承担的法律后果相同。根据《民法典》第178条第1款规定，权利人有权请求部分或者全部行为人承担责任。但在内部责任分担方面，共同危险行为人之间与共同加害行为人之间存在明显不同。就共同加害行为人而言，尽管行为人对外承担连带责任，但各行为人对损害后果产生的原因力往往不同，即其各自责任大小可以按照原因力大小和过错程度进行认定，然后根据各自责任大小确定各自应承担的责任份额；只有在难以确定责任大小时，各行为人才平均承担责任。就共同危险行为人而言，具体侵权人尚且不能确定，其责任大小更无法确定。由于各行为人的行为在共同危险行为中造成损害结果的概率相同，而共同危险行为的责任承担又具有不可分割性，故在内部责任划分上各行为人应平均分担。具体而言，根据《民法典》第519条第1款之规定，共同危险行为人之间的责任份额相同。[③]

【相关案例】

纪某与封某刚等财产损害赔偿纠纷案[④]

原告纪某是灌南县德汇花园小区×幢×单元101室业主，被告封某刚、孙某敏、张某东分别是该单元601室、201室、301室业主。2011年10月，原告纪某将家中房屋装修完毕，但一直没有入住。2012年9月5日17时14分许，原告纪某发现其房屋内大量浸水并泡坏室内地板、家具等财物，原告纪某随即报警并报该小区物业公司疏通。物业公司及公安民警赶到现场后发现污水井并未堵塞，而

① 该条规定："二人以上共同实施危及他人人身安全的行为并造成损害后果，不能确定实际侵害行为人的，应当依照民法通则第一百三十条规定承担连带责任。共同危险行为人能够证明损害后果不是由其行为造成的，不承担赔偿责任。"

② 黄薇主编：《中华人民共和国民法典侵权责任编释义》，法律出版社2020年版，第25页。

③ 该款规定："连带债务人之间的份额难以确定的，视为份额相同。"

④ （2012）南民初字第1507号，载《江苏省高级人民法院公报》2013年第4辑。

是1楼下到污水井上方分支管堵塞，进行清掏后发现有塑料纸、大米、豆芽、矿泉水外包装等杂物。另查明，灌南县德汇花园小区×幢×单元101室、201室、301室、401室、501室、601室共用一个下水管道。被告封某刚家人于2012年9月1日入住601室，该小区物业公司也于该日为被告封某刚家人居住的601室提供水电；被告孙某敏亲属于2012年5月1日前后入住201室；在2012年9月5日之前，被告张某东家也已办理301房屋的入住手续。该单元401室、501室无人居住。现无法查明堵塞下水道中的杂物是具体哪家业主所为。原告纪某诉至法院，请求判令三被告共同赔偿原告损失。

本案的争议焦点是：公用下水管道堵塞溢水给业主造成损害的，其楼上各业主是否应当承担连带赔偿责任。

法院经审理认为：本案中原告和三被告系上下楼邻居，原告与三被告居住的房屋也共用一根下水管道，三被告已使用下水管道正常用水，大量杂物堵塞下水管道，导致住在一楼的原告家浸水并泡坏室内地板、家具等财产，因不能确定具体的侵权人，故应该由三被告对原告的财产损失承担连带赔偿责任。本案原告对其所有的房屋未尽到合理的管理义务，室内浸水未及时发现清除，造成损失扩大，其自身也有过错，并因其自身亦在堵点上游，故应减轻三被告的赔偿责任。

【关联法条】

《民法典》第178条、第518条、第519条，《最高人民法院关于审理人身损害赔偿案件适用法律若干问题的解释》第4条，《最高人民法院关于审理道路交通事故损害赔偿案件适用法律若干问题的解释》第13条，《最高人民法院关于民事诉讼证据的若干规定》第4条，《最高人民法院关于充分发挥审判职能作用切实维护公共安全的若干意见》第8条

（撰稿人：魏振华）

第一千一百七十一条　【承担连带责任的分别侵权行为】二人以上分别实施侵权行为造成同一损害，每个人的侵权行为都足以造成全部损害的，行为人承担连带责任。

【释义】

本条是关于无意思联络数人分别侵权而承担连带责任的规定。《民法通则》未规定无意思联络数人分别侵权的情形；《最高人民法院关于审理人身损害赔偿案件适用法律若干问题的解释》第 3 条第 2 款亦仅对无意思联络数人分别侵权承担按份责任作了规定。《侵权责任法》在吸收既有规范的基础上，对无意思联络数人分别侵权的情形作了区分规定，其第 11 条规定："二人以上分别实施侵权行为造成同一损害，每个人的侵权行为都足以造成全部损害的，行为人承担连带责任。"本条继承了《侵权责任法》第 11 条的规定，未作修改。

理解本条规定需要注意以下几点：

首先，二人以上分别实施侵权行为。行为主体为复数，可以是自然人，也可以是法人或者非法人组织，这与共同侵权行为相同。所谓分别实施侵权行为，即各行为人之间不存在意思联络，既没有共同故意也没有共同过失，行为人实施行为时没有认识到还有其他人也在实施侵权行为；同时，各行为人的行为均独立地构成侵权行为，符合一般侵权行为或者特殊侵权行为的构成要件。如何区分共同侵权中的"共同"与分别侵权中的"分别"，是理解与适用数人侵权规则的前提，而如何甄别加害行为直接结合造成同一损害与分别侵权行为间接结合造成同一损害，则是理解与适用数人侵权规则的关键。简而言之，加害行为直接结合具有同时性，且各行为结合是造成损害的唯一原因；而分别侵权行为间接结合往往具有异时性，且各行为均是造成损害的部分原因。[①]

其次，损害后果具有同一性。各行为人的行为给受害人造成了相同的损害后果，即数个侵权行为所造成的损害的性质和内容是相同的。当然，损害后果不一定仅存在一个，可能同时存在数个损害后果，但该损害后果皆由数个侵权行为造成的。例如，甲乙分别从不同方向向丙的房屋放火，造成该房屋烧毁并将该房屋内的丙烧伤。此时，丙既存在人身伤害，也存在财产损失，但该损害与各行为人的行为皆存在因果关系。[②] 而在共同侵权行为中，即使各行为人造成的损害后果不同，各行为人仍对全部损害后果承担连带责任。例如，甲乙同谋烧毁丙的房屋，甲负责将丙从房屋中赶出，乙负责放火，丙在此过程中摔伤，丙的房屋亦被烧毁。尽管此时丙的人身伤害并非乙的行为造成，但因甲乙属于共同侵权，故二

---

① 直接结合与间接结合的具体区别可参见陈现杰：《〈最高人民法院关于审理人身损害赔偿案件适用法律若干问题的解释〉的若干理论与实务问题解析》，载《法律适用》2004 年第 2 期。

② 程啸：《侵权责任法》（第二版），法律出版社 2015 年版，第 381 页。

人对丙的人身伤害与财产损失承担连带责任。此外，如果各行为人给受害人造成的损害是不同的，即使均体现在同一人身或者财产上，亦应属单独的侵权行为，由各行为人就其行为造成的损害承担责任。[①] 如甲放火烧毁丙东边的房屋，第二天乙放火烧毁丙西边的房屋，结果造成丙的房屋全部被烧毁。

再次，每一侵权行为均足以造成全部损害。“每个人的侵权行为都足以造成全部损害”并非是每一侵权行为均实际造成了全部损害的后果，而是指每一侵权行为即便没有其他侵权行为的共同作用，亦有造成全部损害后果的可能性。如甲乙分别从不同方向向丙的房屋放火，造成丙的房屋被烧毁，根据当时的火势等因素可以判断，仅有甲的放火或者乙的放火就足以烧毁该房屋，但事实是甲乙两人的放火共同作用烧毁了该房屋。如果甲的放火或者乙的放火不足以单独地将该房屋烧毁，二者结合相互作用才造成该房屋烧毁的后果，则应适用第1172条的规定。这也是无意思联络数人分别侵权，可能承担连带责任或者按份责任的原因所在。有疑问的是，如果无法判断每个人的侵权行为是否都足以造成全部损害，亦无法确定每个人的责任大小，此时各行为人应如何承担责任？此时为使无辜受害人之权益得到充分救济，宜认定属于“每个人的侵权行为都足以造成全部损害”情形，进而各行为人承担连带责任，此亦为司法实践所认可。[②]

最后，行为人承担连带责任。无意思联络数人分别侵权造成同一损害后果，属于多因一果情形。在每个人的侵权行为都足以造成全部损害时，受害人很难举证证明各行为人的行为在损害后果中的原因力大小，为避免受害人陷于举证困境，本条规定无意思联络的数个行为人承担连带责任。显然，这与共同加害行为人之间承担的连带责任性质不同，后者是法律逻辑使然，而本条规定的连带责任则是政策选择后的技术处理。[③] 当然，这是各行为人的对外责任关系，各行为人之间应按照《民法典》第519条第1款之规定承担相同份额的责任。这与共同危险行为人之间的内部责任承担类似，而与共同加害行为人之间的内部责任承担不同。在对外责任关系方面，连带责任与按份责任应该是排斥的，即承担连带责任的情形下，不应再对外区分各行为人的责任份额。另需注意的是，有些损害后果

---

① 黄薇主编：《中华人民共和国民法典侵权责任编释义》，法律出版社2020年版，第26页。

② （2015）惠中法民四终字第312号。另如《最高人民法院关于审理船舶油污损害赔偿纠纷案件若干问题的规定》第3条第1款规定：“两艘或者两艘以上船舶泄漏油类造成油污损害，受损害人请求各泄漏油船舶所有人承担赔偿责任，按照泄漏油数量及泄漏油类对环境的危害性等因素能够合理分开各自造成的损害，由各泄漏油船舶所有人分别承担责任；不能合理分开各自造成的损害，各泄漏油船舶所有人承担连带责任。但泄漏油船舶所有人依法免予承担责任的除外。”

③ 杨会：《数人侵权责任研究》，北京大学出版社2014年版，第196～198页。

的产生原因可能是复杂的，现已查明的各侵权行为仅仅是造成损害后果的部分原因，则在符合本条规定即各侵权行为均足以造成同一（部分）损害后果的范围内承担连带责任。[①] 同时，另外一些情形下，部分侵权行为足以造成全部损害后果，但另一部分侵权行为仅仅造成部分损害后果，则各行为人在该部分损害后果范围内承担连带责任。[②]

另需注意的是，本条与第 1168 条的关系问题。有学者认为，由于本条与第 1172 条的存在，第 1168 条将不存在解释出“客观关联共同”的可能性[③]；也有学者认为，本条与第 1168 条分别是客观共同侵权与主观共同侵权的典型，而且本条属于份额不明型的客观共同侵权。[④] 对于前者，其在解释数个未成年人实施侵权行为时，认为存在共同过失，应适用第 1168 条，尽管其避免了将第 1168 条解释出“客观关联共同”的问题，但也产生了如何判断未成年人过错能力的新问题；对于后者，本条的适用限制是“每个人的侵权行为都足以造成全部损害”，如果“每个人的侵权行为不足以造成全部损害”且份额不明的，或者无法判断“每个人的侵权行为是否都足以造成全部损害”的，是否适用本条则存在疑问。就此而言，上述两种观点尽管在学理逻辑上较为清晰明了地区分了本条与第 1168 条的各自适用情形，但面对纷繁复杂的数人侵权类型时，有时可能会显得捉襟见肘。既如此，不若从功能主义出发，将客观关联行为纳入第 1168 条的适用范围，以此充分发挥共同侵权的制度功效，避免出现因追求逻辑区分的清晰化而可能带来的规范漏洞。[⑤]

---

① 如“宋某威与光辉公司、光环公司等水污染责任纠纷案”中，审理法院认为，综合考量本案中明显存在导致鱼死亡损害后果的其他原因，且其他原因在案涉因果关系中具有的原因力较大等情形，酌定光辉公司、巨腾公司、学永公司总共承担宋某威养殖损失的 20%。对于该养殖损失的 20%，光辉公司、巨腾公司、学永公司是分别实施排污行为而造成。因光辉公司、巨腾公司、学永公司未就其污染行为是否足以造成全部损害提交足够的证据，故其应在该养殖损失 20% 的责任份额内承担连带责任。参见（2017）苏 03 民终 4055 号。

② 如《最高人民法院关于审理环境侵权责任纠纷案件适用法律若干问题的解释》第 3 条第 3 款规定：“两个以上污染者分别实施污染行为造成同一损害，部分污染者的污染行为足以造成全部损害，部分污染者的污染行为只造成部分损害，被侵权人根据侵权责任法第十一条规定请求足以造成全部损害的污染者与其他污染者就共同造成的损害部分承担连带责任，并对全部损害承担责任的，人民法院应予支持。”

③ 曹险峰：《数人侵权的体系构成》，载《法学研究》2011 年第 5 期。

④ 梁慧星：《中国侵权责任法解说》，载《北方法学》2011 年第 1 期；第叶金强：《解释论视野下的共同侵权》，载《交大法学》2014 年第 1 期。

⑤ 对于本条与第 1168 条之关系的不同解读，实质在于对本条来源的不同认识，认为本条系“客观关联共同”者，实际认为本条源自《最高人民法院关于审理人身损害赔偿案件适用法律若干问题的解释》第 3 条第 1 款后半部分；而认为第 1168 条仍可包括“客观关联行为”者，实际认为本条源自该第 3 条第 2 款。

【相关案例】

曾某清与彭某洪、中国平安保险公司机动车交通事故责任纠纷案①

2011年10月10日19时左右，未知名驾驶人驾驶未知号牌货车与横穿马路的曾某成相撞后逃逸；后有未知名驾驶人驾驶未知号牌机动车碾压倒地的曾某成后亦逃逸。19时5分许，彭某洪驾驶自有的小型轿车途经事发路段时，由于刹车不及时，从已倒在道路中间的曾某成身上碾压过去，随即停车报警。19时21分，医护人员到场，经现场抢救，确定曾某成已无生命体征。2011年11月14日，交警部门出具《道路交通事故认定书》，确定未知名驾驶人均承担事故的全部责任。由于未找到逃逸车辆，曾某成之父曾某清向法院起诉，请求判令彭某洪等赔偿因曾某成死亡造成的各项损失。

本案的争议焦点是关于被告彭某洪是否承担赔偿责任的问题。

一审法院经审理认为，本案肇事逃逸车辆的侵权人与被告彭某洪分别对曾某成实施侵权行为，每个人的侵权行为都足以造成曾某成死亡，故肇事逃逸侵权人与被告彭某洪应承担连带赔偿责任。原告在其他侵权人逃逸的情况下要求被告彭某洪承担赔偿责任符合法律规定，故对原告要求被告彭某洪承担赔偿责任的主张，本院予以支持。被告彭某洪承担赔偿责任后可以向其他侵权人追偿。

二审法院经审理认为，在彭某洪驾车碾压曾某成之前，有未知名驾驶人先后驾车与曾某成相撞并逃逸。未知名驾驶人与彭某洪虽无共同故意或共同过失，但每个人分别实施的加害行为都独立构成了对曾某成的侵权，最终造成曾某成死亡的损害后果，该损害后果具有不可分性，且每个人的加害行为均是发生损害后果的直接原因，即每个人的行为都足以造成曾某成死亡。因此，一审判决确定彭某洪与肇事逃逸者承担连带赔偿责任并无不当。在其他肇事者逃逸的情况下，曾某清请求彭某洪承担所有侵权人应当承担的全部责任，符合法律规定。

【关联法条】

《最高人民法院关于审理人身损害赔偿案件适用法律若干问题的解释》第3条，《最高人民法院关于审理环境侵权责任纠纷案件适用法律若干问题的解释》

---

① 《最高人民法院发布的四起典型案例》，载《人民法院报》2014年7月25日，第3版。

第 3 条，《最高人民法院关于审理道路交通事故损害赔偿案件适用法律若干问题的解释》第 13 条

（撰稿人：魏振华）

第一千一百七十二条　【承担按份责任的分别侵权行为】 二人以上分别实施侵权行为造成同一损害，能够确定责任大小的，各自承担相应的责任；难以确定责任大小的，平均承担责任。

【释义】

本条是关于无意思联络数人分别侵权时承担按份责任的规定，与第 1171 条构成《民法典》无意思联络数人分别侵权的基础规则。《民法通则》未规定无意思联络数人分别侵权的情形。《最高人民法院关于审理人身损害赔偿案件适用法律若干问题的解释》对无意思联络数人分别侵权承担按份责任作了规定，其第 3 条第 2 款规定："二人以上没有共同故意或者共同过失，但其分别实施的数个行为间接结合发生同一损害后果的，应当根据过失大小或者原因力比例各自承担相应的赔偿责任。"《侵权责任法》在此基础上，对无意思联络数人分别侵权的情形作了区分规定，其第 12 条规定："二人以上分别实施侵权行为造成同一损害，能够确定责任大小的，各自承担相应的责任；难以确定责任大小的，平均承担赔偿责任。"本条继承了《侵权责任法》第 12 条的规定，稍作改动，即将原条文中的"平均承担赔偿责任"修改为"平均承担责任"。修改后，用语更为准确，因为根据《民法典》第 1167 条规定，侵权责任的承担方式不仅包括赔偿责任，还包括停止侵害、排除妨碍、消除危险等；同时，也与其他数人侵权责任的表述保持了一致性。

第 1171 条与本条同属无意思联络的数人侵权规则，故以下几个方面均应作相同理解：其一，行为主体为复数，即两人以上；其二，各行为人之间无意思联络，即分别独立实施侵权行为；其三，损害后果具有同一性，即各行为人实施的侵权行为产生了同一损害后果。

第 1171 条与本条的不同之处体现在以下两点：第一，从构成要件上看，第 1171 条要求各行为人的侵权行为均有造成全部损害的可能性，因而各行为人的行为与损害后果之间属于等价的因果关系；本条中各行为人的侵权行为共同作用产生了同一损害后果，故而各行为人的行为与损害后果之间属于累积的因果关系。第二，从责任承担上看，因各行为人的单个行为均足以造成全部损害，故第 1171

条要求各行为人承担连带责任。而本条中各行为人的数个行为是损害后果发生的共同原因，故本条要求各行为人按照责任大小承担按份责任。

综上而言，第1171条与本条实际是对《最高人民法院关于审理人身损害赔偿案件适用法律若干问题的解释》第3条第2款的进一步区分化，即各行为人行为之过失或者原因力均足以造成损害后果时，各行为人均应承担全部责任，对外则承担连带责任，此即第1171条之来源；各行为人行为之过失或者原因力相结合方造成损害后果时，各行为人按照过失大小或者原因力比例确定具体责任份额，此即本条之来源。

此外，理解本条规定尚需注意以下两点：

其一，如何确定各行为人的责任大小。在《民法典》未具体规定如何确定各行为人的责任大小的情况下，《最高人民法院关于审理人身损害赔偿案件适用法律若干问题的解释》第3条第2款可以提供解决思路，即根据行为人的过失大小、侵权行为与损害后果的原因力比例认定各行为人的责任大小，进而确定各行为人的责任份额。① 一般情况下，过失大的行为人，其相应的责任就大；过失小的行为人，其相应的责任就小。相应地，损害后果的直接原因的原因力优于间接原因，产生直接原因的行为人责任就大；损害后果的主要原因的原因力优于次要原因，产生主要原因的行为人责任就大。② 根据本条规定，如果能够根据行为人的过失大小或者原因力比例确定各自的责任份额，则各行为人按照各自的责任份额承担相应的责任。但现实情形往往是复杂的，行为人的主观过错大小及原因力比例有时可能无法查明，如行为人均在侵权行为中死亡。此时，本条推定各行为人对损害后果的发生负同等的过错及同等的原因力，即由各行为人平均承担责任。当然，无意思联络的数人分别侵权时，各行为人之侵权行为构成均依具体情形加以判断，不限于过错侵权，亦包括无过错侵权，在后者则主要考虑原因力比例以确定各行为人责任大小。③ 但需注意的是，在交通事故案件中，保险公司在交强险范围内的赔偿责任不以被保险人的责任大小为依据，如数个保险公司赔偿的，各保险人应在交强险限额内平均承担赔偿责任。④

---

① 最高人民法院民事审判第一庭编：《最高人民法院人身损害赔偿司法解释的理解与适用》（第二版），人民法院出版社2015年版，第61页。

② 如“赵某华与倪某同等因焚烧秸秆引发道路交通事故致其人身损害赔偿纠纷案”中，审理法院认为，行为人违反规定在农田焚烧秸秆致产生浓烟，虽然不是导致交通事故发生的直接原因，但因其严重影响路面安全状况，亦是交通事故发生的原因之一，应当根据其过错程度及原因力大小承担20%的赔偿责任。参见（2014）淮中民终字第0004号。

③ （2015）安市民终字第89号。

④ （2017）粤1623民初186号。

其二，如何协调本条与相关条文的适用。首先，本条与第1168条共同加害行为之间区分适用的关键在于判断各行为人之间是否存在共同过错，如果存在共同过错，则应适用第1168条；不存在共同过错时，考察损害后果是否由各行为人之加害行为直接结合造成，如果损害后果系加害行为直接结合造成，则仍应适用第1168条。其次，本条与第1171条之区分适用的关键在于判断各分别侵权行为人之单独行为是否均足以造成全部损害后果，若是，则应适用第1171条；若否，则应适用本条。如果仅部分行为人之侵权行为足以造成全部损害后果，则该部分行为人就全部损害后果承担连带责任，其他部分行为人仅在其行为可能造成的损害后果范围内承担连带责任。最后，本条仅是无意思联络数人分别侵权的一般规则，存在特别规定时，应优先适用特别规定确定各行为人的责任份额，如《民法典》第1200条规定的教育机构的过错责任，应根据教育机构未尽到教育、管理职责的程度确定其与侵权行为人的责任份额[①]；再如，《民法典》第1193条规定的定作人的过错责任，应根据定作人对定作、指示或者选任的过错程度确定其与其他侵权行为人的责任份额。[②]

【相关案例】

赵某华与万鑫公司、中一公司财产损害赔偿纠纷案[③]

2009年12月29日，赵某华与万鑫公司签订《商品房买卖合同》，约定购买该公司开发建设的万鑫大厦B座的跃层公寓。2011年2月3日0时15分许，万鑫大厦发生火灾，将赵某华屋内物品烧毁。经沈阳市消防局认定，起火原因为：李某（A座的住店客人）燃放的组合烟花落至B座11层室外平台上，引燃铺设在平台上的塑料草坪，造成墙体外表面装饰保温材料燃烧。灾害成因为：由于万鑫大厦外墙保温采用了挤塑板等可燃材料，起火后火势迅速蔓延，形成立体燃烧。中一公司作为万鑫大厦前期物业服务企业，万鑫公司将万鑫大厦竣工验收手续移交至中一公司时开始履行物业服务职责。赵某华向法院起诉请求万鑫公司、中一公司赔偿。

本案的争议焦点为万鑫公司和中一公司应否就万鑫大厦火灾给赵某华造成的财产损失承担赔偿责任。

再审法院认为，万鑫公司作为万鑫大厦建设方、开发商、外墙使用者，是万

① （2014）吉中民一终字第840号。
② （2017）桂民再302号。
③ （2018）最高法民再206号，载《最高人民法院公报》2019年第5期。

鑫大厦消防安全责任主体。万鑫公司未尽到消防安全注意义务，未采取补救措施消减消防隐患，即向购房人赵某华交付房屋，过错明显。物业服务企业应依照相关法规规定和物业服务合同在物业管理区域内承担相应的安全防范工作的义务，对可能危及业主、住店房客等相关特定或者不特定人员的人身、财产安全的事故或隐患应协助做好防范、制止或救助工作。本案中，中一公司未履行法定或约定的安全防范义务。综上，案涉侵权各方没有共同故意或者共同过失，而是各方在不同时期的数个行为密切结合致使火灾发生，进而造成赵某华的损失。二人以上分别实施侵权行为造成同一损害，能够确定责任大小的，各自承担相应的责任，故酌定万鑫公司对赵某华的损失承担40%的赔偿责任，中一公司在赵某华全部损失不超过30%的范围内承担补充责任。

【关联法条】

《最高人民法院关于审理人身损害赔偿案件适用法律若干问题的解释》第3条，《最高人民法院关于审理环境侵权责任纠纷案件适用法律若干问题的解释》第3条，《最高人民法院关于审理道路交通事故损害赔偿案件适用法律若干问题的解释》第13条

（撰稿人：魏振华）

第一千一百七十三条　【与有过失】被侵权人对同一损害的发生或者扩大有过错的，可以减轻侵权人的责任。

【释义】

本条是关于与有过失的法律规定。根据本条规定，受害人对损害的发生或者扩大也有过错的，其损害赔偿请求权将被扣减。[①] 本条所依据的法理是公平精神，因为当损害的发生或者扩大中也有受害人的作用时，让加害人承担全部责任或者直接否定责任都不公平。[②] 与有过失规则矫正了责任法中的“全有或者全无”的法律后果，从而使责任法更具弹性。基于同样法理的规制在我国《民法典》中还包括第591条规定的守约方的减损义务，第592条对双方违反合同或者守约方对

---

① *Grigoleit/Riehm*, Schuldrecht IV, 2. Aufl. 2017, Rn. 613.

② 程啸：《侵权责任法》（第二版），法律出版社2015年版，第721页。

违约损失的发生也有过错的规定，第 157 条对民事法律行为无效、被撤销或者确定不发生效力时双方依各自的过错承担责任的规定，以及第 178 条第 2 款对连带责任人责任份额的规定。①

本条区分了两种情形的与有过失：受害人对损害的发生有过错以及受害人对损害的扩大有过错。② 前者是指在责任成立的因果关系中，受害人的过错行为与加害人的过错行为结合，共同导致了同一损害结果的发生，即“共同的因果关系”。③ 而后者则是指当权益侵害已经发生后，在责任范围的因果关系中，受害人没有采取适当措施避免损失扩大的情形。④ 对责任成立要件和责任范围要件里的与有过失的区分也同样见于合同法，参见《民法典》第 591 条和第 592 条。

受害人对损害发生也有过错的构成要件有二：第一，受害人的行为必须是损害发生的原因（kausal）。⑤共同因果关系的认定应依照责任成立的因果关系的相关内容来确定。例如，村民甲在自家房屋后面的公路旁堆放干柴，而村民乙则将未完全熄灭的炉灰抛洒在路旁，结果引起了柴火燃烧，导致甲的房屋被烧毁。第二，受害人的行为有过错。过错分为故意和过失。受害人虽然故意引起损害发生，但是尚不能完全中断因果关系的，依与有过失规则处理；如果受害人故意引起自身损害的行为中断了因果关系，则构成受害人故意的免责事由，依《民法典》第 1174 条之规定，加害人不承担责任。⑥ 一般而言，过失是指行为人未尽交往中必要的注意。然而受害人过失则不能套用这则定义，因为严格地说受害人对于自身权益并没有真正的法律义务。⑦ 因此，所谓受害人过失中的注意义务，是指理智和正派之人对照顾自身通常应当给予的那种注意义务，是一种不真正义务。⑧ 受害人过错的成立也要求受害人具有责任能力。⑨

受害人与有过失是否适用于危险责任则是有争议的。首先考虑危险责任中受

---

① 德国法上与有过失规则不仅适用于侵权责任，也可以直接适用于合同责任，并且类推适用以解决连带债务人内部的债务分担问题，参见 *Grigoleit/Riehm*, Schuldrecht IV, 2. Aufl. 2017, Rn. 615。

② *Grigoleit/Riehm*, Schuldrecht IV, 2. Aufl. 2017, Rn. 613.

③ 程啸:《侵权责任法》（第二版），法律出版社 2015 年版，第 723 ~ 724 页；*Grigoleit/Riehm*, Schuldrecht IV, 2. Aufl. 2017, Rn. 616。

④ 程啸:《侵权责任法》（第二版），法律出版社 2015 年版，第 724 页；*Grigoleit/Riehm*, Schuldrecht IV, 2. Aufl. 2017, Rn. 631。

⑤ 程啸:《侵权责任法》（第二版），法律出版社 2015 年版，第 723 ~ 724 页；*Grigoleit/Riehm*, Schuldrecht IV, 2. Aufl. 2017, Rn. 616。

⑥ 程啸:《侵权责任法》（第二版），法律出版社 2015 年版，第 300 页。

⑦ *Grigoleit/Riehm*, Schuldrecht IV, 2. Aufl. 2017, Rn. 617.

⑧ *Grigoleit/Riehm*, Schuldrecht IV, 2. Aufl. 2017, Rn. 617; *Medicus/Lorenz*, Schuldrecht I, 21. Aufl. 2015, Rn. 749.

⑨ *Larenz/Canaris*, Schuldrecht I, 13. Aufl. 1982, S. 495; *Grigoleit/Riehm*, Schuldrecht IV, 2. Aufl. 2017, Rn. 618.

害人自甘冒险的情况。德国发生过一起奔马案：马主人出于好意将马交付给原告，原告骑马时被摔伤。德国联邦最高法院认为责任成立，并且以原告与有过失为由令双方分担损失。[①] 但是德国学界却有不同看法，认为自愿骑马被摔伤的风险不属于饲养动物责任的保护范围。[②]《德国道路交通法》第 8 条规定，若受害人在机动车上作业，则车主不承担同法第 7 条规定的车主责任。因此若车主将汽车交付别人驾驶，则驾驶者不得要求车主为其车祸负责，而此情形与奔马案不可谓无相通之处。[③] 德国学界的反对观点值得赞同。由此可见，在危险责任中，受害人的请求权是否因与有过失而被扣减，要根据所涉及的危险责任的规范目的具体探讨。[④]

其次是在危险责任中，受害人也创造了一种危险源，而这种危险源同样使受害人承担危险责任的情形，即所谓“共同作用的业务风险”情形。[⑤] 典型的例子是《德国道路交通法》第 17 条第 2 款规定的双方机动车主分担责任的情形。我国《道路交通安全法》第 76 条第 1 款第 1 项的规定也与之类似。在没有明文规定的情形中，若出现共同作用的业务风险导致损害，则根据德国学界通说，可以类推适用关于与有过失的规定。[⑥]此说可资赞同。

受害人对损害发生也有过错的，受害人之损害赔偿请求权应被扣减。决定扣减的范围时首先考虑原因力（Verursachungsbeitrag），即各行为导致损害结果发生的可能性；其次考虑个人的可非难性，即过错程度。若一方的过错明显压到了对方，则可能出现请求权被完全排除或者扣减完全不发生的情况。[⑦] 例如，《最高人民法院关于审理人身损害赔偿案件适用法律若干问题的解释》第 2 条第 1 款第 2 句规定，侵权人因故意或者重大过失致人损害，受害人只有一般过失的，不减轻赔偿义务人的赔偿责任。

受害人对损害扩大也有过错的构成要件有二：第一，受害人在损害事故发生后未采取适当措施避免损失的扩大；第二，受害人的此项不作为违反了减小损害的不真正义务。[⑧] 此项减损义务不仅存在于侵权法中，也在合同法上存在，如

---

① BGH NJW 1993, 2611.

② *Larenz/Canaris*, Schuldrecht II 2, 13. Aufl. 1994, S. 617; *Grigoleit/Riehm*, Schuldrecht IV, 2. Aufl. 2017, Rn. 619.

③ *Larenz/Canaris*, Schuldrecht II 2, 13. Aufl. 1994, S. 617.

④ 不同的观点参见程啸：《侵权责任法》（第二版），法律出版社 2015 年版，第 727 页。

⑤ *Grigoleit/Riehm*, Schuldrecht IV, 2. Aufl. 2017, Rn. 620.

⑥ OLG Düsseldorf NJW – RR 1999, 1256; *Medicus/Lorenz*, Schuldrecht I, 21. Aufl. 2015, Rn. 751; *Grigoleit/Riehm*, Schuldrecht IV, 2. Aufl. 2017, Rn. 620.

⑦ *Grigoleit/Riehm*, Schuldrecht IV, 2. Aufl. 2017, Rn. 621.

⑧ *Grigoleit/Riehm*, Schuldrecht IV, 2. Aufl. 2017, Rn. 631.

《民法典》第591条的规定。[①]“适当措施”要求受害人采取一切可以期待的努力去尽量减小损失，但是如果措施遭到失败，则结果还是要由加害人承担，因为不真正义务要求受害人采取适当措施但并不要求效果。[②] 受害人违反减损义务，未采取适当措施避免损失扩大的，对损失扩大部分无权请求赔偿。[③] 这就体现了减损规则的法律效果——“要么全有，要么全无”[④]，而这与受害人对损害发生也有过失情形的法律后果不同，后者是根据双方行为的原因力和过错程度来适当分担损失。[⑤] 所谓受害人对损害扩大也有过错，实际上是减损规则在侵权法中的体现。受害人对损害扩大也有过错的，对损害扩大的部分无权请求赔偿，该规则不仅适用于过错责任，也适用于危险责任。

本条依其文义只适用于加害人与受害人关系中，但在特定情况下也可以将第三人过失纳入考虑范围。当涉及间接受害人的损害赔偿请求权时，应考虑直接受害人的过失。[⑥]《最高人民法院关于审理人身损害赔偿案件适用法律若干问题的解释》第2条第1款第1句规定，受害人对同一损害的发生或者扩大有故意、过失的，可以减轻或者免除赔偿义务人的赔偿责任。这里的受害人与赔偿权利人未必一致，受害人的故意或者过失同样可以引起赔偿权利人的请求权被扣减。

与有过失规则可以由法官依职权援引。[⑦] 当损益相抵和与有过失可同时适用时，则应当优先适用损益相抵规则。[⑧]

【相关案例】

曹某锁与锦绣制冰厂提供劳务者受害责任纠纷案[⑨]

本案中曹某锁系锦绣制冰厂工作人员，双方系雇佣关系。曹某锁在工伤发生后继续工作，没有及时就医治疗，造成伤残程度扩大。

本案的争议焦点首先在于，在雇主责任这种无过错责任中，与有过失规则是否可以适用。其次，本案中曹某锁是对损害的发生也有过错，还是对损害的扩大也有过错。

---

① 韩世远：《合同法学》，北京大学出版社2010年版，第331页。

② *Grigoleit/Riehm*, Schuldrecht IV, 2. Aufl. 2017, Rn. 631.

③ 韩世远：《合同法学》，北京大学出版社2010年版，第330页；*Grigoleit/Riehm*, Schuldrecht IV, 2. Aufl. 2017, Rn. 631；MüKoBGB/Oetker, 8. Aufl. 2019, § 254 Rn. 107。

④ 韩世远：《合同法学》，北京大学出版社2010年版，第331页。

⑤ *Grigoleit/Riehm*, Schuldrecht IV, 2. Aufl. 2017, Rn. 631.

⑥ 程啸：《侵权责任法》（第二版），法律出版社2015年版，第725页。

⑦ 程啸：《侵权责任法》（第二版），法律出版社2015年版，第721页。

⑧ 程啸：《侵权责任法》（第二版），法律出版社2015年版，第720页。

⑨ （2016）苏民申985号。

法院认为，雇主责任是无过错责任，但是与有过失在无过错责任中也有适用余地。受害人对于损害的发生或者扩大有过失的，也应该相应地减轻甚至免除加害人的赔偿责任。本案中曹某锁受伤后未及时就医，也未向锦绣制冰厂提出治疗请求，仅按惯例在伤处敷膏药缓解疼痛，造成延误治疗，从而扩大了相应损失。法院认为，延误治疗所造成的扩大损失，应当由曹某锁自行承担。准此以言，法院认为与有过失规则在雇主责任中可以适用，并且本案涉及受害人对损害的扩大也有过错的情形。

【关联法条】

《民法典》第157条、第591条、第592条、第1240条、第1245条

（撰稿人：徐博翰）

第一千一百七十四条　【受害人故意】损害是因受害人故意造成的，行为人不承担责任。

【释义】

本条是关于因受害人故意造成损害而免除侵权责任的法律规定。所谓受害人故意，是指受害人故意给自己造成损害的情形。譬如，自杀者卧轨，正常行驶的火车来不及刹车而导致受害人死亡的情形。

受害人故意是因果关系中的介入因素，它中断了加害行为与损害之间的因果关系，因此行为人无须为损害结果负责。[①] 受害人故意造成自己损害，是出于自己有意识的行为，因此损害结果应归责于受害人。[②] 受害人故意作为免责事由是自己责任原则的体现。[③] 在具体语境下受害人故意能否完全中断因果关系并因此使行为人免责，仍不免产生疑问。例如，人们通常认为，即使行为人的行为导致了受害人精神受挫，但受害人的自杀行为仍是自己意识控制的，因此行为人不负责任。[④] 但是如果加害人所造成的事故引起了受害人的精神病，而受害人在数月

---

① 程啸：《侵权责任法》（第二版），法律出版社2015年版，第298页。

② 陈聪富：《因果关系与损害赔偿》，北京大学出版社2006年版，第112页。

③ 程啸：《侵权责任法》（第二版），法律出版社2015年版，第221页。

④ 陈聪富：《因果关系与损害赔偿》，北京大学出版社2006年版，第112页；程啸：《侵权责任法》（第二版），法律出版社2015年版，第298页。

后自杀身亡，受害人自杀的结果就仍可归责于加害人。[①] 这主要是因为精神错乱者无法辨识和控制自己的行为，其自杀已不再是自愿行为。[②] “传统学说的一般原则是，人类基于自由意识、有意且知悉行为结果而进行之作为或不作为，因该行为发生结果时，即足以中断因果关系”。[③] 精神病人无法辨认和控制自己的行为，故而这种不受控的状态下的举动不构成受害人故意，不能中断因果关系。

受害人故意的构成要件有四：第一，受害人具有责任能力。无法辨认和控制自己行为的人，其行为不能中断因果关系。[④] 第二，受害人主观上有引起自己损害的故意。[⑤] 第三，客观上受害人的故意行为引起了自己的损害。例如，受害人遭暴民无端羞辱，蒙冤含恨，最终决意投湖自尽，然而在前往自杀地点时被违章驾驶的汽车撞死，则本案中不存在受害人故意中断因果关系的情事，而是产生所谓“超越因果关系”问题。[⑥] 第四，衡诸客观情事，受害人故意应能完全中断因果关系。[⑦]

【相关案例】

陈某红与国网公司生命权、健康权、身体权纠纷案[⑧]

本案中申诉人陈某红认为，被申诉人将申诉人的生活用电停了不予恢复，而生活用电是生活保障，既然被申诉人不愿恢复供电，那么变压器就没有作用，于是申诉人就拿老虎钳到变压器处剪断电线，结果被电流击中，丧失劳动能力。被申诉人的恶意停电行为违法，在申诉人没有欠交电费的情况下停电属于恶意，侵害了申诉人的正常生活权利。申诉人因此主张被申诉人承担所有责任。

一审法院查明，陈某红因不满盐城市盐都区大冈镇供电所将其家中电源切断，用老虎钳将变压器接地线剪断，后攀爬至变压器上方，欲剪断变压器高压线时被电流击倒受伤。

本案的争议焦点在于，受害人在停电时拿老虎钳剪电线，结果被电流击中，

---

① 363 N. Y. S. 2d 568. 本案中被告的汽车撞到原告汽车，引起了原告的精神疾病，后原告自杀身亡，法院认为被告的行为仍构成近因（proximate cause），应为原告死亡负责。

② 陈聪富：《因果关系与损害赔偿》，北京大学出版社 2006 年版，第 113 页。

③ H. L. A. Hart & A. Honore, Causation in the Law, 1959, p. 415. 转引自陈聪富：《因果关系与损害赔偿》，北京大学出版社 2006 年版，第 105 页。

④ 程啸：《侵权责任法》（第二版），法律出版社 2015 年版，第 299 页。

⑤ 程啸：《侵权责任法》（第二版），法律出版社 2015 年版，第 299 ~ 300 页。

⑥ 陈聪富：《因果关系与损害赔偿》，北京大学出版社 2006 年版，第 55 ~ 56 页。

⑦ 程啸：《侵权责任法》（第二版），法律出版社 2015 年版，第 300 页。

⑧ （2019）苏民申 6563 号。

该损害结果是应该由供电公司负责，抑或由受害人本人负责。

法院认为，根据《侵权责任法》第 27 条规定，损害是由受害人故意造成的，行为人不承担责任。受害人所受的损害是自身原因所致，其要求被申诉人盐城供电分公司承担责任，于法无据。本案一审、二审法院驳回申诉人陈某红的诉讼请求，并无不当。因此法院驳回申诉人的再审申请。

【关联法条】

《民法典》第 1237 条、第 1238 条、第 1239 条、第 1240 条、第 1245 条、第 1246 条，《道路交通安全法》第 76 条

（撰稿人：徐博翰）

第一千一百七十五条 【第三人原因】损害是因第三人造成的，第三人应当承担侵权责任。

【释义】

本条是关于因第三人原因引起损害而免除侵权责任的法律规定。除本条的一般规定外，《民法典》第 1204 条、第 1233 条、第 1242 条、第 1250 条分别就产品责任、环境污染责任、高度危险物致害责任和饲养动物责任中的第三人原因引起损害的情形作出了特殊规定。

由于“损害是因第三人造成的”这一表述失于宽泛，因此首先应确定本条之适用范围。“损害是因第三人造成的”是指第三人行为是损害发生的真正原因，其中断了被告在先行为与损害之间的因果关系的情形。[①] 诚然，若仅从字面上看，共同侵权、无意思联络数人侵权等都符合“损害是因第三人原因造成的”这一表述；然而这些情形已经由《民法典》第 1168 条至第 1172 条加以规定，并非本条的适用范围。[②]

在过错责任中第三人原因这一免责事由可得适用，而在危险责任中可否适用应依据特定危险责任的规范保护目的而定。这主要是因为危险责任之法理乃是立法者令从事危险作业者为特定风险（作业风险，Betriebsrisiko）承担责任，因此

① 程啸：《侵权责任法》（第二版），法律出版社 2015 年版，第 313 页。

② 程啸：《侵权责任法》（第二版），法律出版社 2015 年版，第 313 页。

损害可否归责取决于规范的保护目的。[①] 例如，《民法典》第 1242 条规定第三人非法占有高度危险物致害的，高度危险物的所有人、管理人应当承担侵权责任，除非其对防止非法占有尽到高度注意义务。例如，危化品仓库仅具有一般安全措施，而第三人盗窃危化品仓库，并且流失的危化品导致其他人损害，则危化品的所有人、管理人就应当为该损害负责，此时第三人行为就不是免责事由。法律如此规定，就是为了对高度危险物的所有人、管理人施加一种义务，令其严加防范哪怕是来自第三人的非法占有风险。《民法典》第 1209 条则表达了相反的精神：它规定在机动车使用人和所有人、管理人不一致的情形中，机动车使用人为交通事故的发生负责，而机动车所有人、管理人仅以其过失为限承担责任。

因第三人原因而免责要求损害是由第三人造成的，即第三人的行为中断因果关系，使损害不可归责于被告。对此的理解应注意以下几点：第一，被告的行为也是损害的原因。若被告的行为和损害全然无关，事故完全是由第三人造成的，则应当由第三人承担责任，不发生免责事由的问题。第二，学说中有认为第三人原因只能中断“法律上的因果关系”或者“责任范围的因果关系”者。[②] 责任范围的因果关系的确是第三人原因这一免责事由的主要适用场合，例如甲开车过失撞伤了乙，乙被送往医院治疗，而仇家丙在医院刺杀了乙。本案中，甲只为乙的健康权受损而负责，却不为死亡结果负责。又如甲开车撞伤了乙，乙在被送往医院途中被醉酒驾车的丙再次撞伤，而丙的撞击导致了本来三个月即可痊愈的乙伤势加重，被迫在医院躺了一年，此时甲只为三个月的损害负责，而丙须为延长的九个月治疗负责。[③] 然而这种观点忽略了含有价值判断的“法律上的因果关系”不局限于责任范围的因果关系中，其也可以在责任成立的因果关系中存在。[④] 既然责任成立的因果关系也包含价值判断，那么为什么责任成立的因果关系不可能因为第三人原因而中断呢？例如，行为人因过失而将汽油洒在街上，而第三人见到后故意点燃这些汽油导致他人受伤，法院就认为行为人将汽油洒在街上，对于第三人因过失而引燃汽油固可预见，然而对于第三人故意点燃汽油则不可预见，因此行为人无须负责。[⑤] 本案中可谓行为人之过失洒出汽油非损害原因欤？行为人不

---

① *Grigoleit/Riehm*, Schuldrecht IV, 2. Aufl. 2017, Rn. 722.

② 程啸：《侵权责任法》（第二版），法律出版社 2015 年版，第 315～316 页。

③ 程啸：《侵权责任法》（第二版），法律出版社 2015 年版，第 316 页。

④ 德国学者多伊奇和阿伦斯认为，在责任成立因果关系中只需要检查条件关系，因为过失为责任成立提供了更好的“责任阀门”。参见［德］多伊奇、阿伦斯：《德国侵权法》（第五版），叶名怡、温大军译，中国人民大学出版社 2016 年版，第 25 页。然而这种观点忽视了因果关系相对于过失所具有的独立意义，并且使得责任成立的因果关系和责任范围的因果关系的处理变得不一致，参见 *Grigoleit/Riehm*, Schuldrecht IV, 2. Aufl. 2017, Rn. 93。

⑤ 137 Ky. 619, 126 S. W. 146 (1910).

负责，似只能以第三人引起损害结果并中断因果关系来解释。[①] 以规范表达方式言之：违反交往义务之行为人可创造一种为法律所不许的危险，如果因偶然或第三人过失而导致这种危险现实化，则行为人须为损害负责；然而若第三人故意利用此等危险情境，使危险现实化而加害他人，则第三人行为足以中断因果关系。若考虑间接侵害，则第三人原因作为免责事由亦可运用于责任成立的因果关系。

第三人原因作用于责任成立的因果关系并且中断行为人开启的因果进程从而使行为人免责固然可能，但应注意《民法典》第1198条和第1201条的特别规定。当涉及第1198条以及第1201条所规定的情形时，第三人行为的介入虽然中断了行为人所开启的因果进程，但是行为人仍需为自己未尽到安全保障义务或者管理职责而承担补充责任，只不过行为人可以向介入的第三人追偿。按照过错侵权责任的一般规定和本条规定的免责事由，行为人本来无须负责；但是根据第1198条和第1201条的规定，法律例外地使行为人承担了补充责任，这是特别法优于一般法（lex specialis derogat legi generali）的体现。此处试举一例：商场对于其门口已结冰的公共路面未尽到除冰义务，结果使得来往行人有滑倒受伤之虞；某甲经过时偶遇熟人某乙，某乙捉弄某甲而推了某甲一把，某甲站立不稳滑倒摔伤。本案中某乙的行为足以中断因果关系，按照本条的规定，商场本来不应负责；但是根据第1198条的规定，商场应承担补充责任，并有权向某乙追偿。

本条的法律后果是第三人行为中断因果关系，损害结果不可归责于行为人。至于第三人的责任，则依照相关法律规定解决。

【相关案例】

李某、龚某与五月花公司人身伤害赔偿纠纷案[②]

本案中上诉人、原审原告李某、龚某及其儿子在被上诉人、原审被告五月花公司所经营的“五月花餐厅”就餐。适逢就餐时发生爆炸，造成二原告受伤，其子身亡。爆炸是由隔壁包间一位医生所携带的、外观是一瓶“五粮液”酒的爆炸物引起的，而这瓶酒则是医生收受的礼物，一审时制造爆炸物并送给医生的犯罪嫌疑人已被抓获。

本案的争议焦点在于，李某、龚某的人身伤害是否可以归责于“五月花餐厅”的行为，抑或应归责于本案中爆炸物制造者的行为。

---

① 陈聪富：《因果关系与损害赔偿》，北京大学出版社2006年版，第105页。

② 载《最高人民法院公报》2002年第2期。

法院认为，由于犯罪活动的突发性和隐蔽性，即使经营者给予应有的注意与防范，也不可能避免刑事犯罪对消费者的侵害。餐厅允许就餐者自带酒水是行业习惯，对于顾客所带酒水的检查不可能像机场安检那样严格。要求服务员识别出爆炸物是不切实际的。上诉人被餐厅木板压伤，但是木板倒塌是犯罪分子制造的爆炸引起的，五月花公司和犯罪分子之间没有共同侵权。因此，本案中不应该令五月花公司承担侵权损害赔偿义务。

【关联法条】

《民法典》第1192条、第1198条、第1201条、第1204条、第1233条、第1250条、第1252条

（撰稿人：徐博翰）

第一千一百七十六条　【受害人自甘冒险】 自愿参加具有一定风险的文体活动，因其他参加者的行为受到损害的，受害人不得请求其他参加者承担侵权责任；但是，其他参加者对损害的发生有故意或者重大过失的除外。

活动组织者的责任适用本法第一千一百九十八条至第一千二百零一条的规定。

【释义】

本条是关于受害人因参加文体活动自甘冒险而免除侵权责任的法律规定。本条系《民法典》新增条款，其以立法形式确立了我国侵权法上的自甘冒险免责事由。

自甘冒险规则在普通法和德国法中均有发展。在普通法中自甘冒险可分为明示自甘冒险、主要的默示自甘冒险、次要的默示自甘冒险等，其各有适用范围。[①] 在德国法上最初将自甘冒险解释为合意免除责任，后又解释为受害人同意阻却违法性。[②] 特别是在参与具有风险的体育运动时，德国法院往往认为受害人对可能

---

① 求金霞：《论自甘冒险情形的法律适用》，华东政法大学2014年硕士学位论文，第4页；杨艳：《侵权法上自甘风险规则研究》，吉林大学2016年博士学位论文，第15～18页。

② 王泽鉴：《侵权行为》，北京大学出版社2016年版，第282页。

的法益侵害进行了同意，或者至少是单方面放弃了对方的责任。[①] 以受害人同意来解释自甘冒险规则的问题在于它拟制了受害人的意思，因为在参加这类体育运动之前参加者通常并没有考虑可能出现的侵害，而且参与者意思的具体内容是无法确定的。[②] 例如，有可能受害人虽然意识到风险的存在，但他并不希望侵害发生，此时拟制所谓的受害人同意，难谓妥当。[③] 而且对于未知的将来事件是很难谈得上受害人同意的。[④] 我国法上的学说也不赞同混淆自甘冒险规则与受害人同意，认为二者在适用领域、受害人对损害的知情程度以及损害是否符合受害人意愿等方面相去较远。[⑤] 德国法上存在另一种对自甘冒险规则的解释，其认为自甘冒险规则可以通过对交往义务的定义来解读，即存在一种遵守运动规则（如足球比赛规则）的交往义务，而当参与者遵守了规则时，他就没有违反交往义务，也无须为损害负责。[⑥] 而且在这类具有一定风险的交往中，规则也常常被轻微打破，因此轻微违规也不能视为违反了交往义务。[⑦] 但是对于那些加害人违反了交往义务的案件，如司机醉酒驾驶汽车而受害人明知该情事却还搭乘其汽车的案例，德国通说则以与有过失规则处理。[⑧] 总之，如果在具有一定风险性的活动中，受害人系自愿参加，并且损害属于法律所允许的风险的现实化，那么加害人可以通过自甘冒险规则免除自己的责任；但是，如果加害人违反交往义务，其创设或维持了一项法律所不允许的风险，那么即使该活动本身有风险且受害人自愿参加，也不能免除加害人的责任，加害人只能考虑通过与有过失规则减轻自己的责任。

本条规定的受害人自甘冒险规则以加害人是否有故意或重大过失为界，区分具有一定风险性的活动中法律所允许的、应当由受害人自己承担的风险和法律所不允许的、应当由加害人负责的风险。前者情形中加害人可以援引自甘冒险规则免除自己的责任（狭义的自甘冒险）；后者情形中加害人只得依与有过失规则减轻自己的责任。本条第 1 款前半句规定的是狭义的受害人自甘冒险，其构成要件有三：第一，其适用于具有一定风险的文体活动场合；第二，须受害人自愿参加活动；第三，加害人的行为不存在故意或者重大过失。故意和重大过失是指对损

---

① BGHZ 63, 140; BGH NJW 2008, 1591; *Grigoleit/Riehm*, Schuldrecht IV, 2. Aufl. 2017, Rn. 110.

② *Grigoleit/Riehm*, Schuldrecht IV, 2. Aufl. 2017, Rn. 110.

③ 王利明：《论受害人自甘冒险》，载《比较法研究》2019 年第 2 期。

④ ［德］克里斯蒂安·冯·巴尔：《欧洲比较侵权行为法》（下卷），焦美华译，法律出版社 2001 年版，第 631 页。

⑤ 黄薇主编：《中华人民共和国民法典侵权责任编解读》，中国法制出版社 2020 年版，第 44 ~ 45 页。

⑥ BGH NJW 2010, 537; *Grigoleit/Riehm*, Schuldrecht IV, 2. Aufl. 2017, Rn. 110.

⑦ Grunsky, Zur Haftung bei Sportunfällen, JZ 1975, 109 ff.; MüKoBGB/Wagner, 7. Aufl. 2017, § 823 Rn. 694.

⑧ *Grigoleit/Riehm*, Schuldrecht IV, 2. Aufl. 2017, Rn. 110.

害的发生而言，而非对违反规则本身而言。应注意的是，受害人自甘冒险不得违背法律的强行性规定，如公序良俗原则。[①] 狭义的受害人自甘冒险的法律后果是侵权责任不成立。

本条第 1 款后半句规定的是受害人自甘冒险，但加害人存在故意或重大过失的情形。此时侵权责任成立，因此加害人只能依与有过失的规定（《民法典》第 1173 条）减轻自己的责任[②]，却不能够完全免除自己的责任。

本条第 2 款是关于具有一定风险的文体活动的组织者的侵权责任的规定。根据该规定，活动组织者的责任适用《民法典》第 1198 条至第 1201 条的规定，即依群众性活动组织者及教育机构所承担的安全保障义务来确定他们的责任。[③] 依照这些相关法律的规定，活动的组织者所要防范的风险，应当是作为组织者所能够控制的、并且合理预见的风险，而不是文体活动中来自各方的风险。譬如，在足球比赛中，如果因为场地有暗坑而使运动员崴伤脚踝，那么比赛组织者就应当根据本条第 2 款结合《民法典》第 1198 条的规定承担侵权责任；反之，如果是因为一方球员严重犯规侵犯对方球员导致其受伤，则比赛组织者就不应当承担责任。[④] 至于活动组织者是否负有关于该文体活动的风险提示义务，则应当视活动性质而定：对于那些已经为公众熟知的运动如足球比赛等，活动组织者无须提示参加者相应的风险；而对于那些存在信息不对称的活动如登山、野外探险等，活动组织者负有风险提示义务。[⑤]

【相关案例】

张某茂与郑某青生命权、健康权、身体权纠纷案[⑥]

原审被告张某茂在足球比赛中冲撞作为守门员的被害人郑某艺，后者倒地后头部着地而死亡。被害人父亲郑某青等亲属遂提起诉讼。一审法院判处张某茂承担 20% 的公平责任，张某茂不服提起上诉。

本案的争议焦点在于足球比赛中正常冲撞所造成的损害是否应依自甘冒险规则而由受害人本人承担。

---

① 黄薇主编：《中华人民共和国民法典侵权责任编解读》，中国法制出版社 2020 年版，第 43 页。

② 王利明：《论受害人自甘冒险》，载《比较法研究》2019 年第 2 期；黄薇主编：《中华人民共和国民法典侵权责任编解读》，中国法制出版社 2020 年版，第 47 页。

③ 王利明：《论受害人自甘冒险》，载《比较法研究》2019 年第 2 期。

④ 王利明：《论受害人自甘冒险》，载《比较法研究》2019 年第 2 期。

⑤ 王利明：《论受害人自甘冒险》，载《比较法研究》2019 年第 2 期。

⑥ （2019）粤 03 民终 7720 号。

二审法院认为，足球比赛作为一种竞技性、对抗性的运动，存在一定的危险性，比赛参与者对此应当有一定的预见性。自愿参与足球比赛的人，在排除对方故意或者重大过失造成损害的情形之外，应当自己承担足球比赛中的风险。本案中被害人郑某艺的死亡是由于其跳起与对面冲撞过来的张某茂争抢头球所致，而张某茂并没有违反足球比赛规则，也没有伤害郑某艺的故意。因此根据体育运动中风险自担的原则，本案中张某茂对郑某艺死亡造成的损失不承担责任。本案中同样不适用公平责任，因为公平责任并非在任何双方均无过错的情形下都可以适用，而是只能适用于例外情形，本案中令张某茂分担20%的损失显然不公平，因此原审判决有误，法院予以纠正。

【关联法条】

《民法典》第1173条、第1198条、第1199条、第1200条、第1201条

（撰稿人：徐博翰）

第一千一百七十七条　【自助行为】合法权益受到侵害，情况紧迫且不能及时获得国家机关保护，不立即采取措施将使其合法权益受到难以弥补的损害的，受害人可以在保护自己合法权益的必要范围内采取扣留侵权人的财物等合理措施；但是，应当立即请求有关国家机关处理。

受害人采取的措施不当造成他人损害的，应当承担侵权责任。

【释义】

本条是关于自助行为的规定。自助行为是指权利人为了保护自己的权利，对他人的自由或财产施以拘束、扣留或毁损的行为。[①] 过去我国法律上没有关于自助行为的规定，不利于保护受害人的合法权益[②]，这个缺陷在《民法典》立法中得到修正。

自助行为是违法性阻却事由。[③] 除自助行为外，违法性阻却事由还包括受害

① 程啸：《侵权责任法》（第二版），法律出版社2015年版，第327页。

② 程啸：《侵权责任法》（第二版），法律出版社2015年版，第327页。

③ *Grigoleit/Riehm*, Schuldrecht IV, 2. Aufl. 2017, Rn. 133.

人同意、正当防卫、紧急避险以及紧急救助等。《民法典》将正当防卫、紧急避险和紧急救助规定于总则编中，在侵权责任编中对自助行为进行了规定。受害人同意虽不见于《民法典》明文，但基于权利人得以处分自己权利的当然之理，受害人同意也是一种违法性阻却事由。《民法典》对于违法性阻却事由虽然缺乏统一的规定，但是在法律解释上却应该肯认正当防卫、紧急避险、紧急救助、自助行为以及受害人同意作为违法性阻却事由的定位。

法律原则上不允许私力救济，否则社会秩序就无法建立，任意使用私力救济会演变为人与人的战争。因此权利人原则上只能请求国家机关的救济，而不得诉诸私力。自助行为的合理性在于，在一些紧迫情况下，权利人诉诸国家机关的救济可能太过迁延，加害人可能因此而逃脱追究，因此法律允许权利人在紧迫时实施一定限度内的私力，在此限度内对他人自由或财产的私力侵害不视为违法行为，不承担侵权责任。

自助行为必须满足严格的条件。首先，自助人是为了保护自己依法可以强制执行的请求权而采取措施，对于不能强制执行的请求权如罹于时效的请求权或赌债等不得采取自助行为。[①] 其次，必须具有紧迫性。本条规定自助行为须满足“不立即采取措施将使其合法权益受到难以弥补的损害”的条件，这是我国法律对于自助行为紧迫性的规定。所谓“不立即采取措施将使其合法权益受到难以弥补的损害”，是指来不及请求国家机关救济，并且如果不采取措施则其请求权将无法实现或者实现起来有明显的困难。[②] 再次，必须采取法律允许的方式。学说上认为自助行为的方式包括暂时拘束债务人、扣留或毁损财产等。[③] 本条第 1 款对行为方式仅举出扣留债务人财物这一种方式，而对是否可以毁损财产或者暂时拘束债务人没有规定。参考学说中的意见以及外国立法例（如《德国民法典》第 229 条），似应认可毁损财产及暂时拘束债务人的行为方式。但由于拘束人身会有很明显的侵犯性，因此应十分慎重。最后，不得超过必要的限度，即自助人应“在保护自己合法权益的必要范围内”采取所谓“合理措施”，而界限的划定则取决于所牺牲的利益同所要保护的利益之间的比较。[④] 合理措施应当对相对人影响最小，如倘若扣押财物即为已足，就不应该拘束人身。[⑤]

---

① 程啸：《侵权责任法》（第二版），法律出版社 2015 年版，第 327～328 页。

② 程啸：《侵权责任法》（第二版），法律出版社 2015 年版，第 328 页；*Grigoleit/Riehm*, Schuldrecht IV, 2. Aufl. 2017, Rn. 133。

③ 程啸：《侵权责任法》（第二版），法律出版社 2015 年版，第 328 页；*Grigoleit/Riehm*, Schuldrecht IV, 2. Aufl. 2017, Rn. 133。

④ 程啸：《侵权责任法》（第二版），法律出版社 2015 年版，第 328 页。

⑤ MüKoBGB/Grothe, 8. Aufl. 2018, § 230 Rn. 1.

自助人也应履行相应义务和承担相应责任。首先，根据本条第 1 款后半句规定，采取自助行为后，自助人应当立即请求有关国家机关处理。自助行为是一种法律允许的暂时性的债权私力保全[1]，因此自助人有报请国家机关处理的义务。若自助人迟延履行此项义务或国家机关驳回其扣留申请，则其必须立刻归还扣留之物、释放拘束之人。[2] 其次，根据本条第 2 款的规定，若自助者采取的措施不当而造成他人损害，则应当承担侵权责任。

【相关案例】

刘某兵与丹东金路通公司、鞍山金路通公司返还原物纠纷案[3]

本案中再审被申请人、一审原告、二审被上诉人刘某兵按揭贷款购买丹东金路通公司销售的经营性车辆，并将该车挂靠在顺通公司名下。2016 年 5 月 14 日，丹东金路通公司与鞍山金路通公司工作人员以刘某兵欠贷款未还为由，将该车拖走，后在未通知刘某兵的情况下将车卖掉。再审申请人、一审被告、二审上诉人丹东金路通公司、鞍山金路通公司辩称，申请人是在替刘某兵偿还贷款后依法行使追偿权，其依法采取自助行为扣留被申请人的车辆，并非不法行为。原审判令申请人赔偿被申请人的停车运营损失不当。

本案的争议焦点在于，债务人不清偿欠款，债权人是否可以私力扣押债务人汽车，并且擅自拍卖以取得清偿。法院认为，自助行为是权利人为保护自己的权利，在情事紧迫而又不能请求国家机关救助的情况下，对他人的财产或人身施加扣押、拘束或其他相应措施，而为法律和社会公德所认可的行为。是否构成自助行为，要从情事的紧迫性、必要性以及有无超过必要限度等方面进行分析。行为人错误实施自助行为或者采取自助行为措施不当的，应当承担责任。本案中，再审申请人没有扣押被申请人车辆并变卖的权利，并且本案中也不具有情事紧迫而又不能请求国家机关救助的情形，再审申请人对扣押及变卖被申请人的车辆属于自力救济的主张不成立。原审法院根据车辆停运期间的损失评估鉴定认定停运损失，并无不当。

---

① Jauernig BGB/Mansel, 17. Aufl. 2018, § § 229 – 231 Rn. 8; MüKoBGB/Grothe, § 230 Rn. 2.

② *Grigoleit/Riehm*, Schuldrecht IV, 2. Aufl. 2017, Rn. 133; MüKoBGB/Grothe, § 230 Rn. 4.

③ （2019）辽民申 5418 号。

【关联法条】

《民法典》第 181 条、第 182 条、第 184 条

（撰稿人：徐博翰）

第一千一百七十八条　【其他减免责任规定的引致】本法和其他法律对不承担责任或者减轻责任的情形另有规定的，依照其规定。

【释义】

本条是对其他关于减免侵权责任的法律规定的引致。《民法典》侵权责任编第一章第 1173 条至第 1177 条分别规定了与有过失、受害人故意、第三人原因、文体活动中的受害人自甘冒险、自助行为五种减轻或者免除侵权责任的事由。但是侵权责任种类繁多，以上列举于侵权责任编第一章（一般规定）中的减轻或者免除侵权责任的规定难谓周全，因此需要引致法律中的其他相关规定来处理减轻或者免除侵权责任的问题。①

法律中其他关于减免侵权责任的规定主要分为两类。第一类是规定于《民法典》总则编中的更为一般的、适用于各类民事责任的减免责任的规定。《民法典》第 180 条至第 182 条分别规定了不可抗力、正当防卫、紧急避险三种免责事由；第 184 条规定了紧急救助的免责事由。以上关于减免责任的法律规定同样可以适用于侵权责任。

另一类减免侵权责任的规定则是更为具体的、适用于特定类型的侵权责任的免责事由，其或是规定于《民法典》物权编、合同编、继承编、侵权责任编等分编中，或是规定于单行法（如《道路交通安全法》）中。② 例如，《民法典》第 316 条规定，拾得人应妥善保管遗失物，因故意或者重大过失而导致遗失物毁损、灭失的，应当承担民事责任。根据该条规定，拾得人仅具有一般过失是无须负责的。又如，《民法典》第 1148 条规定，遗产管理人仅以故意和重大过失为限对继

---

① 黄薇主编：《中华人民共和国民法典侵权责任编解读》，中国法制出版社 2020 年版，第 53 页。

② 黄薇主编：《中华人民共和国民法典侵权责任编解读》，中国法制出版社 2020 年版，第 53 页；程啸：《侵权责任法》（第二版），法律出版社 2015 年版，第 296 ~ 297 页。

承人、受遗赠人和债权人的损害负赔偿责任。[①]《民法典》第 1237 条规定了核事故责任中的免责事由：损害是由战争、武装冲突、暴乱等情形或者受害人故意造成的，民用核设施运营单位不承担责任。一些涉及侵权责任的单行法中也有关于免责事由的规定。例如，《道路交通安全法》第 76 条规定了非机动车驾驶人、行人与有过失的减轻责任事由，以及受害人故意免责事由；又如，《铁路法》第 58 条规定的由于不可抗力或者受害人自身原因导致人身伤亡的免责事由等。单行法中关于免责事由的规定对《民法典》有所补充。例如，《民法典》第 1238 条规定的民用航空器致害责任的免责事由只有受害人故意；然而《民用航空法》却规定损害是由受害人、货物自身原因、战争或者武装冲突所致时，民用航空器经营者不承担责任。[②]

当这些关于免责事由的特别规定同法律的一般规定相冲突时，应遵循“特别法优于一般法”（lex specialis derogat legi generali）的适用原则。[③] 问题在于，如果特殊规定并没有明确排除一般规则的适用，则一般规定是否可以适用？对此问题不能作出概括性的回答，只能依照所涉及的特定侵权责任的规范目的来分析。[④]例如，不可抗力的免责事由不可适用于民用核设施致害责任、民用航空器致害责任。[⑤] 总之，减免责任的事由是否得以适用需要结合具体侵权责任的规范目的进行分析。

【相关案例】

余某与李某招健康权纠纷案[⑥]

本案再审申请人余某与被申请人李某招约定商谈债务问题，在双方见面前，余某约案外人张某俊一同前往并携带刀具。三人见面后，余某示意张某俊用刀架在开车的李某招脖子上，并逼停该车。三人下车后，余某接过刀，后遭到李某招抢夺，导致余某手指受伤。余某又捡起路边反光锥砸向李某招，李某招则持刀砍伤余某。二审法院认定李某招砍伤余某属于正当防卫，不承担赔偿责任，余某不服，遂申请再审。

---

① 黄薇主编：《中华人民共和国民法典侵权责任编解读》，中国法制出版社 2020 年版，第 55 页。

② 程啸：《侵权责任法》（第二版），法律出版社 2015 年版，第 297 页。

③ 本书第 1175 条【释义】；类似见解参见程啸：《侵权责任法》（第二版），法律出版社 2015 年版，第 296 ~ 297 页。

④ 程啸：《侵权责任法》（第二版），法律出版社 2015 年版，第 297 页。

⑤ 程啸：《侵权责任法》（第二版），法律出版社 2015 年版，第 322 页。

⑥ （2018）闽民申 4184 号。

本案的争议焦点在于：李某招夺刀以及持刀挥舞并砍伤余某的行为是否构成正当防卫，是否明显超过必要限度而应承担民事责任。

再审法院认为，余某对李某招造成人身安全的不法侵害在先，而且余某、张某俊一方在人数上占据优势，停车后余某也对李某招进行了攻击，因此法院认定李某招下车后夺刀以及持刀挥舞属于正当防卫，符合常理。法院驳回余某的再审申请，李某招不承担侵权责任。

【关联法条】

《民法典》第 181 条、第 182 条、第 184 条、第 1148 条、第 1237 条，《道路交通安全法》第 76 条，《铁路法》第 58 条

（撰稿人：徐博翰）

第二章　损害赔偿

【导读】

本章是关于损害赔偿的规定，共有九个条文，涉及人身损害赔偿的类型、同一侵权行为造成多人死亡时的赔偿、被侵权人死亡时的请求权主体、侵害人身权益时的损害数额确定、侵权中的精神损害赔偿、财产损害的计算、侵害知识产权时的惩罚性赔偿、公平责任以及损害赔偿金的支付方式等内容。理解本章规定时，应注意把握以下几个方面：

第一，本章的规定主要是针对损害赔偿的范围。损害赔偿包含责任成立与责任范围两个阶段，前者涉及的是损害赔偿请求权是否成立，后者是成立一项损害赔偿请求权后，如何确定其范围。本章是关于损害赔偿成立后的范围确定。在法律适用上，本章的规定不能作为独立的请求权基础。

第二，损害赔偿范围如何确定，首先涉及对损害的认识，也即损害概念的界定。关于损害的概念，本章并没有明确规定。与《侵权责任法》相比，本编的一大变化在于，对侵害与损害做出了明确的区分（第 1165 条）。在此前提下，人身权益或财产（权利）的毁损，应纳入侵害概念之下，对于损害的理解应与之做出区分。学说上以金钱衡量下的差额说作为对损害概念的认识。[①] 在这种理解之下，损害是一种整体的财产差额，而且主要考察的是受害人自身的实际财产差额。[②] 对于损害的这一理解，对损害计算条文（第 1184 条）的适用有直接意义。

第三，对损害概念的认识，与损害赔偿的功能与目的密切相关。损害赔偿的首要功能和目的在于填补受害人的损失，也即损害赔偿的填补功能。在确定损害赔偿范围时，应该以这一功能作为基本的价值立场。在此目的下，损害赔偿范围的确定，应该以完全赔偿作为基本的原则，损害赔偿实现的效果是“如同致损行为未发生之境地”。以损害填补作为损害赔偿的基本功能，对于损害赔偿范围的

---

① 韩世远：《合同法总论》（第四版），法律出版社 2011 年版，第 778 页；最高人民法院侵权责任法研究小组编著：《〈中华人民共和国侵权责任法〉条文理解与适用》，人民法院出版社 2009 年版，第 148 页。

② 曾世雄：《损害赔偿法原理》，中国政法大学出版社 2001 年版，第 120 页。

确定，具有直接而重大的影响。例如，本章关于损害类型的列举（第 1179 条），并不具有封闭性，只要满足侵权损害赔偿的其他要件，都应纳入赔偿范围，以实现损害填补的功能。对于特定损失类型的范围确定，如收入损失的赔偿，从实现损害填补的目的出发，应该以能够证明的实际收入损失作为依据。

第四，除损害填补，损害赔偿还具有预防功能甚至惩罚功能。不同损害赔偿功能的实现，主要通过损害的概念、确定损害的标准等方法。例如，侵权行为的实施，可能给加害人带来获利，其获利可能大于受害人的实际损失。仅仅填补受害人的损失，无法阻吓侵害行为的发生。此时，可以通过对加害人获利的剥夺（第 1182 条）甚至施加额外的惩罚赔偿（第 1185 条），以强化损害赔偿的功能，实现对加害行为的预防及其惩罚。当然，这两项功能毕竟不是损害赔偿的首要功能，其适用范围应受到必要的限制。例如，对于受侵害权利的限制（限于人身权益，第 1182 条），或对于损害后果的限制（限于"情节严重"，第 1185 条）。

第五，损害赔偿的功能定位，对损害概念的认识具有修正作用。差额说比较的是致损事件发生后的实际财产状况与假设致损事件未发生时的假设财产状况，这与损害填补功能中的完全赔偿原则在价值上具有一致性：所谓完全赔偿，衡量的就是假设致损事件从未发生的情况。这种价值层面的一致性，一方面证成了完全赔偿原则与差额说的必要性；另一方面也为差额说的突破提供了理论基础。①差额说作为认识损害的起点，旨在实现损害填补的功能；如果差额说的适用结果违背了损害填补的功能，则有必要对差额说做出修正。从比较法上看，损害概念的客观化（客观损害说）、规范化，是基于损害赔偿功能的实现，对差额说做出修正的重要损害概念，构成损害赔偿法上的重要发展。② 本章规定中，也能看出对差额说的修正。例如，关于精神损害赔偿的规定（第 1183 条），不以财产差额为前提。再如，对收入损失的赔偿，即使受害人无法证明实际的财产差额，也可以参照人均收入标准，确定受害人的损害赔偿请求权范围。这些情形都体现了基于损害赔偿功能和目的的考虑，对财产差额这一损害概念做出必要的修正。

第六，损害赔偿范围的确定，必要时需结合与有过失（第 1173 条、第 1174 条）、损益相抵等制度共同进行。

（撰稿人：徐建刚）

① 徐建刚：《论损害赔偿中完全赔偿原则的实质及其必要性》，载《华东政法大学学报》2019 年第 4 期。

② 王泽鉴：《损害赔偿》，北京大学出版社 2017 年版，第 66～67 页。

第一千一百七十九条　【人身损害赔偿】侵害他人造成人身损害的，应当赔偿医疗费、护理费、交通费、营养费、住院伙食补助费等为治疗和康复支出的合理费用，以及因误工减少的收入。造成残疾的，还应当赔偿辅助器具费和残疾赔偿金；造成死亡的，还应当赔偿丧葬费和死亡赔偿金。

【释义】

本条规定的是人身损害赔偿的损害类型与范围。这一规定来自《侵权责任法》第16条，是对我国司法实践中关于人身损害赔偿制度的总结，明确了人身受侵害时的各项损害项目，以减少法官自由裁量空间，提高法律的稳定性，并实现对受害人的全面保护。

在适用本条时，需要注意以下几点内容：

第一，本条并非独立的请求权基础，只是确定人身损害赔偿范围的辅助性规范。因此，本条适用的前提是，满足侵害人身权利产生损害赔偿请求权的构成要件（第1165条第1款）。此处所称的“人身”，主要指的是生命权（第1002条）、身体权（第1003条）、健康权（第1004条）。

第二，“为治疗和康复支出的合理费用”，虽然使用了“费用”的表述，但在性质上属于受害人的所受损失，也即现场财产利益的减损。①这一损害类型不限于本条列举的“医疗费、护理费、交通费、营养费、住院伙食补助费”[①]，只要是与治疗、康复相关的合理费用，都属于此类。[②] ②是否属于“为治疗和康复支出”，应该从因果关系的角度上进行判断（责任范围的因果关系），而不只是取决于费用支出人的主观目的。③费用是否合理，应借助与有过失规则（第1173条）进行判断。④在证明责任上，所受损失必须以实际发生为前提，通常是在一审辩论终结前已经发生的费用。权利人应该就其主张的损害数额（相关票据等），以及该费用与治疗和康复之间的因果关系承担具体的证明责任；赔偿义务人主张该赔偿数额不合理的，应该就其不合理主张承担举证责任。

第三，因误工减少的收入，在法律性质上属于所失利益。受害人因身体、健

① 《最高人民法院关于审理人身损害赔偿案件适用法律若干问题的解释》（法释〔2003〕20号）第19条、第21~24条。

② 全国人大常委会法工委民法室编：《〈中华人民共和国侵权责任法〉条文说明、立法理由及相关规定》，北京大学出版社2010年版，第59页。

康受侵害，在一定时间内无法正常参加劳动，从而造成工作或劳动收入的减少，可以就此请求赔偿。①误工费的计算，应该根据受害人的误工时间和收入状况进行确定。②受害人有固定收入的，误工费的计算应当按照实际减少的收入计算。在证明责任上，受害人应该就此承担举证责任，证明其实际工作收入的减少，且该收入减少系因加害人的侵害行为所造成。③受害人无固定收入时，应当按照其最近三年的平均收入计算。此时，受害人应就其最近三年的平均收入承担证明责任。④受害人不能证明其最近三年平均收入的，可以参照受诉法院所在地相同或者相近行业上一年度职工的平均工资计算。[①]

第四，因人身伤害造成残疾的，除前述赔偿类型外，还包括辅助器具费和残疾赔偿金。①残疾辅助器具费，是指受害人因残疾造成身体功能全部或部分丧失后，需要配置补偿功能的残疾辅助器具的费用。[②] 在性质上，这一损害类型也属于所受损失，应该由赔偿权利人承担具体的证明责任。在范围上，虽然条文没有明确规定，但也应受本条第 1 句中的“合理性”限制[③]，即赔偿义务人能够证明实际支出的残疾辅助器具费过高的，可以减轻其赔偿义务。②残疾赔偿金，赔偿的是受害人因残疾致使劳动能力丧失或减损而遭受的财产损失，以受害人因侵权行为致残为前提，须经过伤残鉴定予以确定。[④] 财产损失的计算，通常以受害人实际情况为准，具体计算；但根据我国司法实践的惯常做法，采纳的是以抽象计算为原则、具体计算为例外。[⑤] 在法律性质上，采纳的是劳动能力丧失说（而非收入丧失说）。[⑥]

第五，造成受害人死亡的，除了本条第 1 句中的各项损害，侵权人还应当赔偿丧葬费与死亡赔偿金。死亡赔偿金，在性质上存在争议，有精神损害与财产损害两种观点，后者又区分为有扶养丧失说与继承丧失说。[⑦]《最高人民法院关于确定民事侵权精神损害赔偿责任若干问题的解释》将其作为精神损害抚慰金（第 9 条），但在《最高人民法院关于审理人身损害赔偿案件适用法律若干问题的解释》

---

① 《最高人民法院关于审理人身损害赔偿案件适用法律若干问题的解释》（法释〔2003〕20 号）第 20 条。

② 全国人大常委会法工委民法室编：《〈中华人民共和国侵权责任法〉条文说明、立法理由及相关规定》，北京大学出版社 2010 年版，第 60 页。

③ 《最高人民法院关于审理人身损害赔偿案件适用法律若干问题的解释》（法释〔2003〕20 号）第 26 条。

④ 程啸：《侵权责任法教程》（第三版），中国人民大学出版社 2017 年版，第 367 ~ 369 页。

⑤ 《最高人民法院关于审理人身损害赔偿案件适用法律若干问题的解释》（法释〔2003〕20 号）第 25 条。

⑥ 最高人民法院民事审判第一庭编：《最高人民法院人身损害赔偿司法解释的理解与适用》，人民法院出版社 2004 年版，第 438 页。

⑦ 张新宝：《精神损害赔偿制度研究》，法律出版社 2012 年版，第 300 ~ 302 页。

中，改变了这一性质的认识，将其作为财产损害，而且采纳了继承丧失说，是以受害人的收入作为计算赔偿数额的基础（第29条、第31条）。[①] 当然，这里的收入并不考虑受害人的实际收入状况，也不考虑受害人实际上是否有收入，而是以城镇居民人均可支配收入或农村居民人均纯收入作为基准。这在损害赔偿理论上，被称为“规范的损害”，也即脱离实际财产差额的变动，基于法律规范的目的（保护受害人），对损害的概念及其计算方法做出修正。[②]

【相关案例】

太平洋财产保险公司等与瑞驰公司等
机动车交通事故责任纠纷案[③]

张某宽驾驶的大货车与张某香驾驶的车相撞，造成张某香受伤。经交通管理部门认定，张某宽负此次交通事故的全部责任，张某香无责任。张某宽驾驶的大货车在太平洋保险公司投有交强险和500000元不计免赔商业三者险，事故发生在保险期间内，其中交强险各分项赔偿限额分别为死亡伤残赔偿限额110000元、医疗费用赔偿限额10000元、财产损失赔偿限额2000元。

本案涉及因机动车交通事故引发的损害赔偿纠纷，争议焦点是人身损害赔偿的数额及赔偿义务人的确定。

一审法院指出，侵害他人造成人身损害的，应当赔偿医疗费、护理费、交通费、营养费、住院伙食补助费等为治疗和康复支出的合理费用，以及因误工减少的收入。用人单位的工作人员因执行工作任务造成他人损害的，由用人单位承担侵权责任。张某宽与瑞驰公司是劳务雇佣关系，张某宽是在执行工作时与张某香相撞，造成张某香受伤，故此次交通事故的赔偿责任人应为太平洋保险公司和瑞驰公司，其中太平洋保险公司首先在交强险责任限额范围内承担赔偿责任，不足的由太平洋保险公司在商业三者险赔偿限额内按照保险合同予以赔偿，仍不足的由瑞驰公司承担赔偿责任。二审法院进一步认为，就伤残赔偿金赔偿标准，残疾赔偿金主要是对受害人未来收入损失的补偿，残疾赔偿金除地区差异外，还存在农村和城镇标准的区分。在确定残疾赔偿金赔偿标准时，除《最高人民法院关于审理人身损害赔偿案件适用法律若干问题的解释》中涉及的受害人户籍这一因素

---

① 最高人民法院民事审判第一庭编：《最高人民法院人身损害赔偿司法解释的理解与适用》，人民法院出版社2004年版，第438页。

② 朱晓峰：《侵权可赔损害类型论》，法律出版社2017年版，第102页以下。

③ （2019）京02民终字第3232号。

外，还应根据案件的实际情况，结合受害人住所地、经常居住地、收入来源、就业地等因素进行综合判断，可根据户籍证明、居住证明、就业证明、劳动合同、房屋产权证等证据对受害人的居住情况和收入来源情况进行认定。

【关联法条】

《产品质量法》第 44 条，《消费者权益保护法》第 41 条、第 42 条，《最高人民法院关于审理人身损害赔偿案件适用法律若干问题的解释》第 17 条、第 19～30 条

（撰稿人：徐建刚）

第一千一百八十条　【死亡赔偿金】因同一侵权行为造成多人死亡的，可以以相同数额确定死亡赔偿金。

【释义】

本条规定的是同一侵权行为中多人死亡时死亡赔偿金的确定方法。这一规定沿用了《侵权责任法》第 17 条的规定，确立了相同数额的死亡赔偿金，回应了社会舆论对于所谓“同命不同价”的强烈质疑。[①] 这一规定是对我国实践经验的总结，在处理同一事故造成多人死亡案件时，多采取给付所有受害人近亲属固定数额赔偿金，有利于尽快解决纠纷，避免不同赔偿权利人之间产生新的矛盾，致使赔偿问题长期无法解决。[②]

在适用本条时，需要注意以下几点内容：

第一，必须发生在同一侵权行为造成多人死亡的情形下。实践中常见的是重大交通事故、矿难事故、火灾事故等情形。判断是否属于同一侵权行为造成的多人死亡，关键在于侵权行为与死亡结果之间因果关系的认定。在发生争议时，应该由主张适用该条的一方承担证明责任。

第二，本条明确规定，对因同一侵权行为造成多人死亡的，是“可以”以相同数额确定死亡赔偿金，而非“必须”或者“应当”。我国各地经济情况差异较大，个体之间的实际情况也并不相同，一刀切式的标准固然明确，但很难做到合

① 巩固：《社会视野下的死亡赔偿》，载《法学研究》2010 年第 4 期。

② 王胜明主编：《中华人民共和国侵权责任法解读》，中国法制出版社 2009 年版，第 79 页。

理。对此，法官可以根据个案的具体情形，享有一定的裁量空间。当然，从立法史及立法者意图上看，本条旨在避免出现所谓“同命不同价”的争议，法官在做出不同决定，不以相同数额确定死亡赔偿金时，应尽到充分的说明义务。

第三，从文义上看，本条仅限于死亡赔偿金的数额确定，不适用于其他因人身伤亡造成的财产损失类型。[①] 有疑问的是，残疾赔偿金能否类推适用这一规则？这涉及对死亡赔偿金及残疾赔偿金性质的理解。能否将本条规定类推至残疾赔偿金情形，尚待司法实践与学说进一步研究。

第四，以相同数额确定死亡赔偿金，原则上不考虑受害人的年龄、收入状况等个人因素。[②]

需注意的是，虽然对死亡赔偿金的性质存在不同见解，但从立法机关以及司法实践的立场上看，死亡赔偿金并不是对生命的赔偿。[③] 因此，“同命不同价”这一说法，具有明显的误导性。[④]

【相关案例】

弘航公司与王某等海上人身损害责任纠纷案[⑤]

涉案船只发生不明原因沉没，造成三人死亡。事后调查表明，该船系在弘航船业内经过重大翻新改建的无船号、无船舶证书、无船籍港的“三无”船舶。受害人既有农村户籍，也有城镇户籍，引发死亡赔偿金数额认定的纠纷。

本案的争议焦点之一是人身损害赔偿数额的确定，尤其是不同户籍地死亡赔偿金的数额问题。

原审法院指出，死者苏某胜生前户籍地为江苏省连云港市赣榆区石桥镇苏家岭村渔队，属农村居民，原本应按农村常住居民人均可支配收入的标准计算死亡赔偿金。但《侵权责任法》第 17 条规定：“因同一侵权行为造成多人死亡的，可以以相同数额确定死亡赔偿金。”该规定主要适用在同一事故中众多受害人死亡，可以不考虑受害人年龄、收入、居住在城镇还是乡村等个体差异因素，适用同一

---

① 程啸：《侵权责任法教程》（第三版），中国人民大学出版社 2017 年版，第 374 页。

② 全国人大常委会法工委民法室编：《〈中华人民共和国侵权责任法〉条文说明、立法理由及相关规定》，北京大学出版社 2010 年版，第 71 页。

③ 全国人大常委会法工委民法室编：《〈中华人民共和国侵权责任法〉条文说明、立法理由及相关规定》，北京大学出版社 2010 年版，第 62 页；最高人民法院民事审判第一庭编：《最高人民法院人身损害赔偿司法解释的理解与适用》，人民法院出版社 2004 年版，第 16 页。

④ 佟强：《论人身损害赔偿标准之确定——对“同命不同价”的解读》，载《清华法学》2008 年第 1 期。

⑤ （2019）沪民终字第 473 号。

标准确定死亡赔偿金数额，且原则上就高不就低。因本案中一起事故死亡三人，故应考察其余死者的相关情况。根据另案审理情况，在同一起事故中死亡的于某军生前户籍地为江苏省连云港市赣榆区赣马镇东官庄村×号，属农业户口。另一死者刘某贵生前户籍地为山东省临沂市沂水县沙沟镇即发大街×号，且从原工作单位沙沟镇供销社退休，属城镇居民，故死亡赔偿金统一按照江苏省上一年度（原审法庭辩论终结时的上一统计年度）即2017年度城镇常住居民人均可支配收入43622元为标准。这一判决得到了二审法院的支持。

【关联法条】

《最高人民法院关于审理人身损害赔偿案件适用法律若干问题的解释》第29条

（撰稿人：徐建刚）

第一千一百八十一条　【主体消亡时的请求权人】被侵权人死亡的，其近亲属有权请求侵权人承担侵权责任。被侵权人为组织，该组织分立、合并的，承继权利的组织有权请求侵权人承担侵权责任。

被侵权人死亡的，支付被侵权人医疗费、丧葬费等合理费用的人有权请求侵权人赔偿费用，但是侵权人已经支付该费用的除外。

【释义】

本条规定的是被侵权人死亡后，损害赔偿请求权的主体应如何确定。被侵权人因他人加害行为而死亡的，其权利能力消灭（第13条），不具有法律主体资格，无法向行为人主张侵权责任。在此情况下，必须确立请求权的主体。本条沿袭《侵权责任法》第18条的规定，明确了被侵权人死亡或者被侵害单位分立、合并情况下，请求权的归属主体。

在适用本条时，需要注意以下几点内容：

第一，被侵权人为自然人时，请求权主体为该自然人的近亲属。①近亲属向加害人主张侵权请求权的，须满足相应的侵权责任构成要件。本条并非独立的请求权基础。②本条并没有进一步明确近亲属的范围，《侵权责任法》时期立法者认为，为了实现侵权责任的救济与保护目的，应该扩大此处近亲属的范围，除了婚姻编（第1045条第2款）明确规定的近亲属类型，其他与受害人共同生活的家庭成员，或者与受害人有紧密联系的亲属，或者依靠受害人生活的其他亲属，都可纳入本条中近亲属的范围。[①] ③近亲属可主张的请求权，包括两种类型。其一，近亲属自身的请求权，这包括因受害人死亡，给近亲属所带来的精神损害赔偿请求权[②]；或者死亡赔偿金请求权。[③] 其二，受害人在死亡前已经产生的对加害人的损害赔偿请求权。加害行为并未立即造成受害人死亡的，受害人在死亡前可能享有对加害人的请求权，这既包括财产损害赔偿请求权，如已经指出的医疗费等；也包括精神损害赔偿请求权。近亲属主张的请求权，在法律构造上属于权利的继承。而精神损害赔偿请求权在性质上通常认为不具有可继承性。[④] 因此，此处可继承的受害人请求权，仅包括财产损害赔偿请求权。

第二，被侵权人为组织（非自然人）的，在该组织分立或合并的情况下，由继承该组织权利的主体向加害人主张侵权责任。如在公司情形下，公司合并时，合并各方的权利由合并后存续的公司或新设的公司继承（《公司法》第175条）；公司分立的，分立前的债权可有分立后的公司共同享有（类推《公司法》第177条）。

第三，本条第2款规定的是支付相关费用之人，可以向侵权人主张费用请求权。①条文虽然使用“有权请求侵权人赔偿费用”的表述，但该条并非侵权责任的请求权基础。在代为支付医疗费等情形下，费用支出人与侵权人之间并不构成侵权责任的构成要件，不产生独立的侵权损害赔偿请求权。②若代为支付相关费用之人，对被侵权人并无法定义务，在其代为支付相关费用时，与侵权人之间构成无因管理关系，可以根据第979条第1款的规定，主张必要费用（医疗费、丧葬费等）之返还。③若代为支付相关费用之人对被侵权人有法定义务（如近亲属），则应根据本条第1款，向侵权人主张赔偿请求权。④如果侵权人已经向特定近亲属支付了相关费用，实际支出该费用之人，可以向该近亲属主张费用返还请求权。[⑤]

---

① 全国人大常委会法工委民法室编：《〈中华人民共和国侵权责任法〉条文说明、立法理由及相关规定》，北京大学出版社2010年版，第68页。

② 《最高人民法院关于确定民事侵权精神损害赔偿责任若干问题的解释》（法释〔2001〕7号）第7条。

③ 最高人民法院民事审判第一庭编：《最高人民法院人身损害赔偿司法解释的理解与适用》，人民法院出版社2004年版，第16页。

④ 王泽鉴：《侵害生命权之损害赔偿》，载氏著：《民法学说与判例研究》（第4册），中国政法大学出版社2003年版，第318页。

⑤ 全国人大常委会法工委民法室编：《〈中华人民共和国侵权责任法〉条文说明、立法理由及相关规定》，北京大学出版社2010年版，第68页。

【相关案例】

宋某、王某连与杨某华等海上、通海水域人身损害责任纠纷案①

本案涉及因沉船事故造成人身伤亡，进而产生损害赔偿责任的纠纷，争议焦点之一是确定受害人死亡后的请求权主体。根据海事局的认定，涉案船舶超载、超航区航行、配员不足、在航行途中遭遇恶劣天气，导致发生船舶沉没的单方责任事故。其中，船员宋某在事故中失踪，被法院宣告死亡。二审法院指出，本案为海上人身损害责任纠纷，宋某系被侵权人，杨某华、宋某、宋某琴、宋某德和王某香系宋某的近亲属。依照《侵权责任法》第18条第1款规定，在宋某因沉船事故被依法宣告死亡的情况下，杨某华、宋某、宋某琴、宋某德和王某香具有请求侵权人承担侵权责任的权利。

【关联法条】

《民法典》第13条、第979条，《公司法》第175条、第177条

（撰稿人：徐建刚）

第一千一百八十二条　【侵害人身权益时的财产损失的确定】 侵害他人人身权益造成财产损失的，按照被侵权人因此受到的损失或者侵权人因此获得的利益赔偿；被侵权人因此受到的损失以及侵权人因此获得的利益难以确定，被侵权人和侵权人就赔偿数额协商不一致，向人民法院提起诉讼的，由人民法院根据实际情况确定赔偿数额。

【释义】

本条规定的是侵害人身权益时的获益返还。损害赔偿以填补受害人因加害行为所遭受的损害为原则。在确定损害赔偿范围时，以受害人的损害作为请求权范围的依据，体现的是损害赔偿的填补功能。只有在损害无法确定的情况下，才考虑以加害人得利等其他标准作为依据，这是《侵权责任法》第20条的基本规范

---

① （2016）津民终字第375号。

思路。本条改变了《侵权责任法》第20条的规定，将受害人遭受的损害与侵权人的获益并列，受害人可以选择以何者作为损害赔偿范围的计算依据。通过剥夺侵权人的获益，可以更好地阻吓侵权行为的发生。这种改变表明，就侵害人身权益时的损害赔偿，立法者强调了对加害人行为的预防与惩罚目的。在理解本条时，不能忽视这一立法目的的变化。

在适用本条时，需要注意以下几点内容：

第一，本条并非独立的请求权基础，只是侵害人身权益损害赔偿计算的方法。本条所称的“人身权益”，不仅包括身体、生命、健康，也包括姓名、肖像、名誉等其他人格权益。从比较法经验以及司法实践的情况来看，以侵权人获利作为损害计算的方法，不仅发生在人身权受侵害情形下，在知识产权侵权中也颇为常见，如侵害商标权（《商标法》第56条第1款）、专利权（《专利法》第65条第1款）。

第二，本条中的“被侵权人因此受到的损失”，既包括所受损失，如医疗费用等支出；也包括所失利益，如误工费损失等。此处的“损失”，应该从差额说的角度进行理解，需要考察受害人的整体财产状况变动，通过因果关系的判断，确定其财产差额的大小。

第三，本条中“侵权人因此获得的利益”，在判断上也应该进行差额的衡量。①与受害人损害的差额相比，此处侵权人财产的差额衡量，是一种积极的差额。换言之，此处的“利益”，应理解为净利润，通常应扣除加害人一方为此支出的成本。同样的，这一利益与加害行为之间也应该满足因果关系要求。[①] ②以侵害人获益作为请求权范围的依据，在利益状况上与权益侵害型不当得利极为相似。但从体系上看，该条并非不当得利的特殊情形，而只是在侵权损害赔偿中，以得利取代损害这一要件，性质上还是应认定为侵权损害赔偿。[②] 但是在功能上，以得利替代损害要件，引发侵权损害赔偿、不当得利乃至（不真正）无因管理在制度规范上的区分难题，产生明显的体系效应。[③] ③在要件上，被侵害人仍需证明侵权责任的一般构成要件，只是在损害要件中，得以侵权人获利代替之。[④] 如此一来，在法律适用上，权利人选择不当得利作为请求权基础，在要件证明上更为优待。

---

① 孙良国：《人身权侵权获益赔偿的构成要件及其适用》，载《法学》2009年第12期。

② 缪宇：《获利返还论——以〈侵权责任法〉第20条为中心》，载《法商研究》2017年第4期；朱岩：《“利润剥夺”的请求权基础——兼评〈中华人民共和国侵权责任法〉第20条》。反对观点，参见程啸：《侵权责任法教程》（第三版），中国人民大学出版社2017年版，第375页。

③ 张家勇：《基于得利的侵权损害赔偿之规范再造》，载《法学》2019年第2期。

④ 有观点认为，主张以侵权人得利替代损害要件的，应该限于行为人有恶意的情形。参见孙良国：《人身权侵权获益赔偿的构成要件及其适用——兼评〈侵权责任法草案（三审稿）〉第20条》，载《法学》2009年第12期。这一观点缺乏有力的依据。从体系上看，立法者仅将获利作为损害要件的替代，并未对其他要件做出额外变动。

第四，以得利作为损失的替代要件，体现出立法者的政策立场。如果加害人得利与受害人损失相关联，体现的是得利剥夺的补偿性；而在得利超出损失时，得利剥夺则兼具补偿性与惩罚性。从本条规定的体系位置及条文的历史变动看，此处的得利不受损失范围的关联限制，体现出明显的预防与惩罚色彩，构成损害赔偿填补原则的例外。[①] 当然，基于预防与惩罚的功能而加重行为人责任（尤其在超出损失时的得利剥夺情形下），通常在主观要件上有所限定，多以故意作为责任成立的控制门阀。在预防与惩罚思想下，以行为人主观恶性程度区分其责任范围，具有必要的正当性基础。本条没有遵从这一做法，而是在保护对象上将其限于人身权益。对人身权益与财产权益的区分对待，就侵权（损害赔偿）法而言，正当性可能存有疑问。这一做法是否妥当，需留待理论与实践进一步检验。

第五，在被侵权人的损失与侵权人的利益都无法确定的情况下，①被侵权人和侵权人可以就赔偿数额进行协商，协商在性质上属于法律行为，适用关于法律行为效力的一般规定；②在双方无法协商一致且向法院提起诉讼时，应该根据具体情况，由法官综合判断。这一规定赋予了法官较大的裁量空间。实践中，常见的考量因素包括侵权人的过错程度、具体的侵权行为及方式、所造成的后果与影响等。[②]

【相关案例】

周某驰诉中建荣真公司肖像权、姓名权纠纷案[③]

本案涉及对明星肖像权、姓名权侵权纠纷，争议焦点在于被告是否构成侵权以及侵害人身权益的损害赔偿范围如何确定。被告中建荣真公司在官网的宣传广告以及某杂志上发布的广告中，擅自使用了配有原告周某驰肖像和签名的照片，照片上注有小字体文字“周某驰携手城市森林环保产业”等文字，被法院认定为构成侵权。在确定损害赔偿数额时，本案审理法院指出，《侵权责任法》第20条规定，侵害他人人身权益造成财产损失的，按照被侵权人因此受到的损失赔偿；被侵权人的损失难以确定，侵权人因此获得利益的，按照其获得的利益赔偿；侵权人因此获得的利益难以确定的，被侵权人和侵权人就赔偿数额协商不一致，向人民法院提起诉讼的，由人民法院根据实际情况确定赔偿数额。《最高人民法院关于审理利用信息网络侵害人身权益民事纠纷案件适用法律若干问题的规定》第

---

① 张家勇:《基于得利的侵权损害赔偿之规范再造》，载《法学》2019年第2期。

② 全国人大常委会法工委民法室编:《〈中华人民共和国侵权责任法〉条文说明、立法理由及相关规定》，北京大学出版社2010年版，第76页。

③ 载《最高人民法院公报》2020年第2期（总第280期）。

18 条第 1 款规定，被侵权人为制止侵权行为所支付的合理开支，可以认定为《侵权责任法》第 20 条规定的财产损失。合理开支包括被侵权人或者委托代理人对侵权行为进行调查、取证的合理费用。人民法院根据当事人的请求和具体案情，可以将符合国家有关部门规定的律师费用计算在赔偿范围内。第 2 款规定，被侵权人因人身权益受侵害造成的财产损失或者侵权人因此获得的利益无法确定的，人民法院可以根据具体案情在 50 万元以下的范围内确定赔偿数额。法院认为，上述司法解释是适用于在信息网络上实施侵权行为案件的特别规定，而对于案件中同时存在其他类型侵权行为的损害赔偿仍应适用侵权责任法的一般规定。最后，在本案中，原告要求参照可口可乐的代言费用来计算赔偿金额，但其所提供的证据与本案不具有直接关联性，不足以证明所受损失，亦未举证证明被告的获利情况。现原告的财产损失或被告因侵权获得的利益难以确定，双方就赔偿数额亦未能协商一致，法院根据案件实际情况，酌情认定赔偿数额为 58 万元。

【关联法条】

《商标法》第 56 条，《专利法》第 65 条，《最高人民法院关于审理利用信息网络侵害人身权益民事纠纷案件适用法律若干问题的规定》第 18 条

（撰稿人：徐建刚）

第一千一百八十三条 【精神损害赔偿】侵害自然人人身权益造成严重精神损害的，被侵权人有权请求精神损害赔偿。

因故意或者重大过失侵害自然人具有人身意义的特定物造成严重精神损害的，被侵权人有权请求精神损害赔偿。

【释义】

本条是关于精神损害赔偿的规定。损害赔偿的首要功能，在于对已经发生损害的填补。在判断是否存在一项应予填补的损害时，学说上多以财产上差额的有无作为判断依据（差额说）。[①] 原则上，只有在加害行为给受害人带来财产上的消

① 王利明：《侵权行为法研究》（上卷），中国人民大学出版社 2004 年版，第 353 页；最高人民法院侵权责任法研究小组编著：《〈中华人民共和国侵权责任法〉条文理解与适用》，人民法院出版社 2009 年版，第 148 页。

极差额时，才能成立一项损害赔偿请求权。精神损害赔偿是对这一原则的突破，在没有财产差额时，也成立一项损害赔偿请求权。这种例外情形，必须限定在法律明确规定的情况下。本条将精神损害赔偿请求权限定在对人身权益及具有人身意义的特定物之情形，意在限定精神损害赔偿适用的范围。[①]

此外，根据第996条规定，因违约损害对方人格权且造成严重精神损害时，也可主张精神损害赔偿。结合本条规定，立法者对于精神损害赔偿的限定，着眼于被侵害的权利（权益）类型，而非请求权基础的不同。这一立法政策立场的选择，间接回应了“违约可否主张精神损害赔偿”的争议，值得关注。

在适用本条时，需要注意以下几点内容：

第一，精神损害赔偿请求权人，限于自然人。①人身权益遭受侵害的自然人，当然属于本条中的被侵权人。除此之外，被侵权人的近亲属，也可以要求侵权人承担侵权责任（第1181条第1款第1句）。因此，对于本条第1款中的“被侵权人”，应进行目的性扩张，将被侵害人的近亲属也包含在内。②但是，近亲属的精神损害赔偿请求权，仅限于被侵害人死亡的情形[②]；在其他侵害情形下，近亲属不享有本条规定的精神损害赔偿请求权。③强调精神损害赔偿请求权人限于自然人，旨在排除法人或其他组织的精神损害赔偿请求权。精神损害赔偿的实质功能，在于对受害人因人身权益受到严重侵害时产生的精神痛苦进行抚慰，对法人或其他组织的侵害，并不会使之遭受精神上的痛苦，不存在抚慰的可能。[③]

第二，请求精神损害赔偿，须对人身权益造成严重精神后果。①此处的人身权益，既包括各项人格权（第110条），也包括其他人格利益（或一般人格权，第109条），还可能包括某些身份关系中的权益。[④] 对死者人格利益的侵害，也能产生近亲属的精神损害赔偿请求权。[⑤] ②对自然人人身权益的侵害，必须造成严重的精神后果。精神损害赔偿作为例外情形，受到立法者的严格限制。除了侵害对象，在后果上，也要求必须具有严重性。这里的严重性应该严格解释，区分以下不同情形：其一，造成自然人死亡或者残疾，通常可以满足严重性要求。在这种情形下，受害人无须额外证据精神后果的严重性，只需要出现死亡或者残疾的后果，即

① 李适时：《全国人民代表大会法律委员会关于〈中华人民共和国侵权责任法（草案）〉主要问题的汇报——2008年12月22日在第十一届全国人民代表大会常务委员第六次会议上》，载中国人大网，http：//www. npc. gov. cn/zgrdw/huiyi/lfzt/qqzrfca/2010 - 03/01/content_ 1867459. htm，2020年7月24日访问。

② 《最高人民法院关于确定民事侵权精神损害赔偿责任若干问题的解释》第7条。

③ 程啸：《侵权责任法教程》（第三版），中国人民大学出版社2017年版，第387页；最高人民法院《关于确定民事侵权精神损害赔偿责任若干问题的解释》第5条。

④ 《最高人民法院关于确定民事侵权精神损害赔偿责任若干问题的解释》第2条。

⑤ 《最高人民法院关于确定民事侵权精神损害赔偿责任若干问题的解释》第3条。

可主张精神损害赔偿。[①] 其二，因精神上的重大打击造成医学上的精神性疾病，通常也可以满足严重性要求。对此，可由专业机构出具相关意见予以证明。其三，在其他严重侵害情形下，虽不满足前述两种情况，但造成权利人遭受重大的精神痛苦。对于这类情形，具有极强的主观性和不确定性，一方面，权利人须对此承担证明责任；另一方面，法官对此有较大的裁量空间，应该根据社会一般标准，需要结合被侵害的人身权益类型、侵害行为与手段、侵害人的主观状态等因素，综合确定。[②]

第三，本条第 2 款规定的是所谓“人格物”被侵害时的精神损害赔偿。[③] ①这一规定是对我国司法实践长期以来做法的总结。[④] 这一规定明显扩大了精神损害赔偿范围的适用范围，在比较法上鲜有先例。为避免精神损害赔偿请求权的泛化，本款在构成要件上，对侵害“人格物”时的精神损害赔偿请求权做出较大限制。②加害人必须具有故意或者重大过失的主观状态。在以往相关司法解释中，并没有这一限制。增设加害人主观状态的要求，能够限制该款的适用范围，避免精神损害赔偿的滥用。③必须侵害具有人身意义的特定物。精神性痛苦的主观性极强，本款将侵害物的范围限定在具有人身意义的特定物，这通常发生在具有特定亲属关系或亲密关系的人之间。[⑤] ④必须造成受害人严重的精神后果。与以往的司法解释相比，本款删去了造成物“永久性灭失或毁损”的限制，而代之以侵害后果的严重性。这一改变避免了法律适用上的僵化，强调精神后果的严重性而非以物本身的侵害程度为考量因素，更符合精神损害赔偿的实质。

【相关案例】

梁某勤、桂林市房产管理局第四房产管理处与刘某华等财产损害赔偿纠纷案[⑥]

本案系因火灾致使原告房屋被烧毁，原告主张因此产生的各类损害赔偿，争议焦点在于损害赔偿数额的认定，尤其是具有人格象征意义的纪念物品的精神损

---

① 程啸：《侵权责任法教程》（第三版），中国人民大学出版社 2017 年版，第 386 页；《最高人民法院关于确定民事侵权精神损害赔偿责任若干问题的解释》第 3 条。

② 张新宝：《精神损害赔偿制度研究》，法律出版社 2012 年版，第 257 页。

③ 冷传莉：《民法上人格物的确立及其保护》，载《法学》2007 年第 7 期；冷传莉：《“人格物”的司法困境与理论突围》，载《中国法学》2018 年第 5 期。

④ 《最高人民法院关于确定民事侵权精神损害赔偿责任若干问题的解释》第 4 条。

⑤ 实践中有法院认为，档案也属于可以主张精神损害赔偿的特殊物。参见（2017）陕民申字第 941 号。

⑥ （2012）桂市民一终字第 432 号。

害赔偿问题。法院指出，鉴于火灾致使原告的照片、日记等具有人格象征意义的纪念物品毁损，故依据《最高人民法院关于确定民事侵权精神损害赔偿责任若干问题的解释》第4条“具有人格象征意义的特定纪念物品，因侵权行为而永久性灭失或者毁损，物品所有人以侵权为由，向人民法院起诉请求赔偿精神损害的，人民法院应当依法予以受理”的规定，该院对原告要求被告给付精神损害抚慰金的诉请予以支持，但因火灾的发生并非因侵权人的故意行为所致，被告刘某华、贺某香及物价局对原告的损失系承担过失赔偿责任，故原告要求被告赔偿其精神损害抚慰金1万元的诉请金额过高，该费用以3000元为宜。

【关联法条】

《民法典》第109条、第110条、第996条，《最高人民法院关于确定民事侵权精神损害赔偿责任若干问题的解释》第2条、第3条、第4条、第5条、第7条

（撰稿人：徐建刚）

第一千一百八十四条　【侵害财产时的财产损失的计算】 侵害他人财产的，财产损失按照损失发生时的市场价格或者其他合理方式计算。

【释义】

本条规定的是侵害财产时，损害计算的时间点以及计算的标准。根据本条规定，在侵害财产时，损失计算的时间点为损失发生时，计算标准为市场价格或其他合理方式。本条来自《侵权责任法》第19条，根据当时立法者的解释，之所以如此规定，主要是考虑到“如果对于价格标准不作确定，则可能在司法实践中引起混乱，侵权行为发生时、诉讼开始时、诉讼终结时等都可能成为法官考虑的时间点……为了避免司法实践中可能出现的规则运用上的不统一，本条明确了对财产损失的计算标准，规定以财产损失发生的时间点计算赔偿价格”。[①]

在适用本条时，需要注意以下几点内容：

① 全国人大常委会法工委民法室编：《〈中华人民共和国侵权责任法〉条文说明、立法理由及相关规定》，北京大学出版社2010年版，第71页。

第一，从文义上看，本条适用的情形是因侵害财产所发生的财产损失计算。一方面，侵害他人财产，既可能发生财产损失，也可能带来非财产损失（如本编第1183条第2款）；另一方面，财产损失的发生，既可能发生在侵害财产的情形下，也可能发生在侵害人身权益的情形下（如本编第1179条）。如果固守本条文义，其适用范围将受到极大限制。从对损害的理解上，不同类型的损害在计算上应区别对待，如财产损害与非财产损害，在计算上明显不同；但同一损害类型，不宜因侵害对象的不同而存在实质差异。因此，对于财产损害的计算，不应进一步限定在"侵害他人财产"，宜将该条的适用范围扩大到所有的财产损失情形，包括因侵害人身权益造成的财产损失、侵害知识产权造成的财产损失等。这种理解是符合立法者将该条定位为"财产损失计算的规定"这一立法目的。①

第二，本条将财产损失的计算时间点明确为"损失发生时"。按照立法者对《侵权责任法》的解释，损失发生时通常即为侵权行为发生的时间。② 需注意的是，本编第1165条明确区分了"侵害"与"损害"，前者为侵权行为发生时，而后者为损害发生时，二者在时间上并不一定完全重合。从构成要件属性的角度上看，侵害强调的是行为的违法性，损害则为损害赔偿的构成要件。有侵害，不一定有损害；损害的发生，也并非必然以侵害为前提。③ 从体系上看，本条处在"损害赔偿"章节之下，应以字面"损失发生时"为计算时间点，强调与"侵害行为时"的区分。当然，需注意的是，明确固定的时间点，并非对该时间点以外的因素全然不予考虑。④ 对于嗣后案件事实可能的变化情况，法官在做出判决时，可以依据既有的事实及经验将其考虑在内。⑤

第三，以市场价格作为损害计算的标准，参照的标准应该是同类物在市场上的通常价格，如被侵害的是二手物，则以二手市场的通常价格为准。这种计算标准，一般发生在存在市场价格的情形下。如果不存在相关的交易市场，则无法直接适用本条确立的标准，须借助专业机构的鉴定或评估等方式，确定财产损失的范围。

第四，市场价格标准表达的是赔偿受侵害标的物的客观价值，在学说上对应

---

① 全国人大常委会法工委民法室编：《〈中华人民共和国侵权责任法〉条文说明、立法理由及相关规定》，北京大学出版社2010年版，第70页。

② 全国人大常委会法工委民法室编：《〈中华人民共和国侵权责任法〉条文说明、立法理由及相关规定》，北京大学出版社2010年版，第71页。

③ 程啸：《中国民法典侵权责任编的创新与发展》，载《中国法律评论》2020年第3期。

④ 徐银波：《论计算财产损失的基准时——对〈侵权责任法〉第19条的反思》，载《北方法学》2015年第1期。

⑤ Vgl. Lange/Schiemann, Schadensersatz, 3. Aufl., Tübingen 2003, §1, S. 45f.

的是“客观损害说”。[①] 而按照通说见解，对损害的理解应以“差额说”为准。[②] 在差额说下，损害计算的时间点多以程序上的“最后言辞辩论时”[③]，也即我国法上的“庭审结束时”。[④] 差额说对损害的理解与计算方式，更符合损害赔偿的填补功能。因此，有必要时，差额说的损害计算方式可以借助本条规定的“其他合理方式”这一兜底性规定，作为损害计算的依据。此外，在侵害知识产权的情形，其他合理方式通常指的是特别法的规定，如《著作权法》第48条、《专利法》第65条、《商标法》第56条等。

【相关案例】

旭中公司与诚通公司财产损害赔偿纠纷案[⑤]

旭中公司与诚通公司之间签订钢材仓储协议，由于旭中公司管理不善，发生未经许可的钢材提货，致使诚通公司所仓储的钢材数量发生减少，进而主张相应的损害赔偿责任。

本案涉及因钢材买卖、储存产生的财产损害纠纷，争论焦点之一在于涉案钢材的数量及价格认定。

最高人民法院在判决中指出，《侵权责任法》第19条规定，侵害他人财产的，财产损失按照损失发生时的市场价格或者其他方式计算。原判决按照买卖合同约定的价格计算钢材损失的价格不当，旭中公司该上诉理由成立，予以支持。旭中公司、诚通公司二审中提交的证明2012年10月30日钢材市场价格的证据均来源于“我的钢铁网”，内容一致，故对相应的证据予以采信。旭中公司以诚通公司起诉时间作为损失发生时间显然与侵权责任法的规定不符。

---

① 徐建刚：《论使用可能性丧失的损害赔偿》，载《法商研究》2018年第1期。

② 王利明：《侵权行为法研究》（上卷），中国人民大学出版社2004年版，第353页；最高人民法院侵权责任法研究小组编著：《〈中华人民共和国侵权责任法〉条文理解与适用》，人民法院出版社2009年版，第148页。

③ 曾世雄：《损害赔偿法原理》，中国政法大学出版社2001年版，第411页；黄茂荣：《债法通则之二：债务不履行与损害赔偿》，厦门大学出版社2014年版，第205~206页。

④ 《最高人民法院关于民事诉讼证据的若干规定》第44条关于“新的证据”的理解，所谓诉讼程序中“新的证据”，是指“原审庭审结束后新发现的证据”。而根据《最高人民法院关于民事诉讼证据的若干规定》第46条的规定，“案件在二审或者再审期间因提出新的证据被人民法院发回重审或者改判的，原审裁判不属于错误裁判案件”。换言之，在庭审结束之前认定的法律事实，均应作为法官裁判的依据。

⑤ （2017）最高法民终字第863号。

【关联法条】

《民法典》第238条

（撰稿人：徐建刚）

第一千一百八十五条 【惩罚性赔偿】故意侵害他人知识产权，情节严重的，被侵权人有权请求相应的惩罚性赔偿。

【释义】

本条规定的是故意侵害他人知识产权时的惩罚性赔偿。这一规定是本次民法典编纂过程中新加入的条文，体现出对于知识产权保护的重视程度。对知识产权的保护，是保护创新、激发市场主体创造性的必要措施，对于优化营商环境具有重要作用。2019年11月中共中央办公厅、国务院办公厅印发的《关于强化知识产权保护的意见》中明确指出，“加快在专利、著作权等领域引入侵权惩罚性赔偿制度。大幅提高侵权法定赔偿额上限，加大损害赔偿力度。强化民事司法保护，有效执行惩罚性赔偿制度”。[①] 本条规定，是将这一立法政策具体化的体现。在适用本条时，应立足于这一基本的价值立场。

本条可以作为独立的请求权基础适用，但是在具体适用时，应结合特别法的具体规定。在适用本条时，需要注意以下几点内容：

第一，必须发生故意侵害他人知识产权的情形。故意，指的是行为人行为时明知侵害他人的知识产权，仍然实施侵害行为（直接故意），或者放任侵害结果的发生（间接故意）。在一些特别法中，将惩罚性赔偿适用范围限于“恶意”的情形（如《商标法》第63条）。从字面上理解，恶意在程度上更接近直接故意的情形。在民法上，通常不严格区分故意和恶意。从本条的立法目的来看，将故意限定在直接故意（恶意）的情形，可能限制其适用范围。[②]

第二，必须满足情节严重的要求。①从文义上看，主观故意本身即可构成“情节”的一部分，侵权人有无故意，可以是判断情节是否严重的标准之一。

---

① 中共中央办公厅 国务院办公厅印发的《关于强化知识产权保护的意见》，载中央人民政府官网，http：//www.gov.cn/zhengce/2019－11/24/content_5455070.htm，2020年7月24日访问。

② 张广良：《知识产权损害赔偿惩罚体系的构建》，载《法学》2020年第5期。

②但从体系上看，本条将二者分别表述，在解释适用时，宜将此处的“情节”理解为客观要件，也即从行为造成的结果来判断，是否满足情节严重的后果。如此一来，将本条适用的构成要件区分为“主观—客观”两个层次。③因此，本条中的情节严重，主要考量的因素是侵权行为的方式、手段、持续时间、影响范围，侵权人由此获得的非法利益是否巨大，是否多次发生类似的侵权行为，尤其需要考虑的是因此造成的损害后果。[①]

第三，满足前述主观与客观要件时，会产生惩罚性赔偿的法律后果。①被侵权人有权主张惩罚性赔偿，意味着在被侵权人没有主张时，法官不得依职权裁定本条规定的惩罚性赔偿。②本条并没有就惩罚性赔偿的数额做出规定或给出指引。对于侵害知识产权时的惩罚性赔偿，在一些特别法中已经有所体现。例如，在侵害专利的情形下，无法确定权利人损失、侵权人获益以及专利许可费时，可以由法院在一万元至一百万元的范围内进行赔偿数额的裁量（《专利法》第65条第2款）。正在修订的《专利法修正案》（草案），将这一数额提升到十万元以上五百万元以下。侵害商标权时，在难以确定权利人实际损失、侵权人所获利益以及注册商标许可费时，人民法院可以判决五百万元以下的赔偿（《商标法》第63条第3款）。正在修订的《著作权法》（草案）第53条也就侵害著作权时的损害赔偿做出了进一步的规定，细化了损害赔偿计算的方式与标准。

【相关案例】

刘某等与斐乐公司侵犯商标权纠纷案[②]

本案涉及商标权侵权损害赔偿纠纷，争议焦点在于是否构成知识产权侵权，以及侵权损害赔偿范围如何确定。被告中远鞋业公司等未经许可，使用了原告斐乐公司的商标，构成商标侵权。鉴于被告刘某系中远鞋业公司原法定代表人、中远商务公司法定代表人，在无相反证据的情况下，一审法院认为，刘某共同参与了上述生产、销售和宣传的侵权行为，其应与中远鞋业公司、中远商务公司承担连带责任。针对损害赔偿的数额，一审法院指出，原审被告中远鞋业公司、中远商务公司作为同类商品的经营者，理应知晓斐乐公司注册商标的知名度，其生产并且在京东商城、天猫商城、淘宝商城以及自营官方网站所销售的商品上突出使用与涉案商标近似的标志，且销售金额巨大；同时，国家工商行政管理总局商标局早在2010年7

---

① 汤溪贺：《知识产权侵权惩罚性赔偿的难点问题与新探索》，载《中国知识产权（网络版）》2019年11月（总第153期）。

② （2017）京73民终字第1991号。

月19日就以第7682295号商标与第G691003A号商标近似为由，驳回了第7682295号商标在“服装、帽、鞋”上的注册申请，原审被告此时显然已经充分知晓斐乐公司在先注册的“FILA”系列商标。中远鞋业公司、中远商务公司和刘某知道其使用涉案被诉标志可能会给消费者造成严重误导，导致商品来源混淆误认的情况下，仍然继续生产和销售侵权商品，其主观恶意明显，侵权情节严重，应按照中远鞋业公司因侵权获利的三倍确定赔偿数额。二审法院并对此予以确认。

【关联法条】

《商标法》第63条，《专利法》第65条

（撰稿人：徐建刚）

第一千一百八十六条 【公平责任】受害人和行为人对损害的发生都没有过错的，依照法律的规定由双方分担损失。

【释义】

本条规定的是所谓的“公平责任”。根据《侵权责任法》第24条的规定，在受害人与行为人均无过错的情形下，“可以根据实际情况，由双方分担损失”。这一规定击穿了侵权责任的过错要件，违背了损害分担的基本原则，引发学界强烈的批评。[①] 在具体适用效果上，“根据实际情况”的表述使得法官拥有过大的裁量空间，容易造成“和稀泥”式的判决后果，乱象丛生。[②] 本条修正了《侵权责任法》第24条的规定，将所谓“公平责任”适用的范围限定在“依照法律的规定”这一前提之下，在受害人保护与行为人自由之间进行了新的平衡，并向后者做出了倾向，是立法政策的重大修正。[③]

在适用本条时，需要注意以下几点内容：

---

① 余小伟：《“公平责任”是否“公平”——以二十世纪新侵权法理论为视角》，载《政治与法律》2017年第12期；张谷：《论〈侵权责任法〉上的非真正侵权责任》，载《暨南学报（哲学社会科学版）》2013年第3期；张善斌：《公平责任原则适用存在的问题及对策》，载《河北法学》2016年第12期；王文胜：《〈侵权责任法〉中公平原则规则的构造、表达及其反思——从“郑州电梯劝烟案”说起》，载《法治现代化研究》2018年第5期。

② 陈科：《公平责任一般条款的司法适用——以100份侵权案件判决书为分析样本》，载《法律适用》2015年第1期；窦海阳：《侵权法中公平分担损失规则的司法适用》，载《法商研究》2016年第5期。

③ 于飞：《侵权责任编：权益保护与行为自由的平衡》，载《人民法院报》2020年6月11日，第6版。

第一，必须是行为人实施了一定的行为。这里的行为，指的是加害行为。如果行为人并未实施任何加害行为，则不存在适用本条的前提。从司法实践的情况来看，非加害行为人也可能触发本条规定的损失分担，如学校或其他教育培训机构、用人单位或接受劳务方、提供劳务或者帮助的人、场所管理者、共同参与活动者、合同关系人乃至物品所有者等。[①] 这种宽泛的适用，导致“公平责任”在要件上的控制形同虚设，极大地破坏了法律的安定性。

第二，行为人的行为造成了受害人的损害。本条是关于损害分担的规定，必须以产生损害为前提。如果行为人的加害行为造成受害人权利受侵害，但并未因此产生损害，也不存在适用本条的可能。换言之，行为人的行为与受害人的损害之间必须满足因果关系要求。这里的因果关系，至少应包含事实上的因果关系；是否应包含法律上的因果关系，存在疑问。[②] 此外，此处的损失，通常仅包括财产损害，非财产损害仅在法律规定的情形下存在。且精神损害赔偿的目的有明显的惩罚色彩，通常对加害人的主观过错有更严格的要求。[③]

第三，必须受害人与行为人都没有过错。如果存在一方过错，则应该适用过错归责的原则，由过错方承担损害后果。侵权责任的基本出发点是“让损害停留在远处”，也即无论受害人是否有过错，只要不存在可归责于他人的事由，就不应当发生损害的移转（即损害赔偿）。因此，本条所称的双方都没有过错，实质上只需考虑行为人是否无过错。此外，本条的适用必须排除无过错责任的情形。在满足无过错责任的要件下，直接适用法律关于无过错责任的规定。

第四，依据本条进行损失分担，必须“根据法律的规定”。换言之，只有在法律明确规定的情况下，才可以突破侵权责任中过错归责的一般性原理，在行为人一方并无过错的情况下，实现损害的移转。这通常发生在以“补偿”作为损失分担的法条中，如第 182 条第 2 款中紧急避险人的补偿责任、第 756 条与第 758 条第 2 款中承租人的补偿义务、第 1190 条中暂时丧失意识或控制时行为人的补偿责任等。[④]

民法以形式公平为原则、实质公平为例外。《侵权责任法》第 24 条规定，不

---

① 窦海阳：《侵权法中公平分担损失规则的司法适用》，载《法商研究》2016 年第 5 期。

② 肯定观点，参见张家勇：《也论“电梯劝阻吸烟案”的法律适用》，载《法治研究》2018 年第 2 期；反对观点，参见王文胜：《〈侵权责任法〉中公平原则规则的构造、表达及其反思——从“郑州电梯劝烟案”说起》，载《法治现代化研究》2018 年第 5 期。

③ 曹险峰：《论公平责任的适用——以对〈侵权责任法〉第 24 条的解释论研读为中心》，载《法律科学》2012 年第 2 期。

④ 但须注意的是，并非所有出现“补偿”的表述，都与公平责任相关。如见义勇为情形中受益人的补偿义务（第 183 条），高空抛物中可能的建筑物使用人承担的补偿义务（第 1254 条）。前者在性质上可归入无因管理之债，后者“可能的建筑物使用人”并未实施一项加害行为，不满足本条中的“行为人”要件。

必要地扩大了实质公平适用的范围，在体系上造成对侵权责任法的重大冲击，并且在司法实践中引发不良效果。本条的修正，旨在限制公平责任适用的范围。前述各项内容，是适用本条进行损失分担的必要要件，必须同时具备才能引发损失分担的后果。在确定损失分担数额时，应考虑行为的手段、损失大小、影响程度、双方当事人经济状况等因素。①

【相关案例】

李某等与陈某昌、高邮市粮食局海上、通海水域人身损害责任纠纷案②

因运粮货轮发生一起一氧化碳中毒致人死亡事件，但未能查实一氧化碳来源。受害人家属以相关运输公司、江河管理处、粮食局以及粮食所有人等为被告，请求人身损害赔偿。本案涉及的争议焦点在于，被告是否对事故的发生具有过错、是否应承担损害赔偿义务。二审法院指出，本案中，无证据证明袁某扣、陈某昌、粮食局、引江河管理处对案涉中毒事故的发生存在过错，亦无证据证明受害人对事故的发生存在过错，原审基于案件事实，判令各方当事人分担韩义、金某马的部分损失具有一定合理性。但即使是出于对受害人家属的同情和关怀，为了社会和谐稳定，从人情事理角度给予受害人家属救济，也须在法律规定限度内。具体到本案，袁某扣作为案涉水稻的所有人，与案涉运输尚有一定事实关联，原审酌定其补偿的金额相对其他补偿主体属于较高，袁某扣基于人情考虑未提起上诉，对其此种关怀受害人家属的态度，法院予以肯定；陈某昌系受袁某扣委托代为收购粮食，与案涉船舶运输无涉；粮食局作为地方粮食主管机关、引江河管理处作为泰州引江河水利工程管理部门，二者的行政管理行为与案涉事故均不存在关联，因此，原审酌定陈某昌、粮食局、引江河管理处给予受害人家属经济补偿缺乏事实依据。

【关联法条】

《民法典》第182条第2款、第183条、第756条、第758条第2款、第1190条、第1254条

（撰稿人：徐建刚）

① 全国人大常委会法工委民法室编：《〈中华人民共和国侵权责任法〉条文说明、立法理由及相关规定》，北京大学出版社2010年版，第92页。

② （2018）鄂民终字第685号。

第一千一百八十七条　【损害赔偿支付方式】损害发生后，当事人可以协商赔偿费用的支付方式。协商不一致的，赔偿费用应当一次性支付；一次性支付确有困难的，可以分期支付，但是被侵权人有权请求提供相应的担保。

【释义】

本条规定的是损害赔偿的支付方式。损害赔偿的方式有两种：一次性支付与分期支付，后者也称为“定期金支付”。① 本条明确规定了这两种支付方式，并确定了支付方式的优先性，以避免实践中可能产生的争议。本条来自《侵权责任法》第25条，但做出了一些必要的修正。

在适用本条时，需要注意以下几点内容：

第一，当事人可以就损害赔偿支付的方式进行协商。①从法律性质上看，这种“协商”是属于法律行为的一种，通过协商确定损害赔偿费用的支付方式，其效力应受法律行为效力的一般规定（第142条）。无论是对损害赔偿数额的协商（第1182条），还是对损害赔偿支付方式的协商，都属于当事人对自己权利及义务的处分；肯定当事人之间协商的优先性，体现的是对双方意思自治的尊重。②从时间上看，本条将双方协商的时间点限定在损害发生以后。通常来说，只有在损害发生后，双方才能确定损害数额的范围。但是就双方对自己权利或义务的处分自由来看，在损害发生以前，甚至侵害发生以前，也不排除双方关于将来损害赔偿支付方式的预先约定。宜认为本条规定的“损害发生后”，并不具有强制性。

第二，协商不一致时，以一次性支付为原则。损害赔偿的首要功能在于填补受害人因加害行为所遭受的损失，实现损害的移转。因此，通过一次性支付损害赔偿金额，是最符合损害填补功能的支付方式，也能避免分期支付过程中可能产生的争议。

第三，在例外情况下，也可以通过分期支付的方式履行赔偿义务。分期支付作为一种例外情形，仅发生在一次性支付确有困难时。①实践中，加害人可能在经济地位上并不优越，一次性支付赔偿金存在客观上的困难；或者虽然可以做到

① 程啸：《中国民法典侵权责任编的创新与发展》，载《中国法律评论》2020年第3期。

一次性支付，但支付后将不能满足自己或家庭的基本生活需求，或造成企业经营困难甚至破产。在这种情况下，如果不对一次性支付做出变通，将带来较大的副作用，给加害人一方造成过度限制，可能引发权利行使违背诚实信用原则的结果。②这种基于加害人生计考量下的优待，不仅体现在损害赔偿金的支付方式上，甚至也包括损害赔偿数额的确定。[①] ③在程序法上，强制执行过程中也必须保留被执行人及其所扶养家属的生活必须费用（《民事诉讼法》第 234 条第 1 款），体现出类似的法律思想。④在证明责任上，赔偿义务人主张分期支付的，应该就一次性支付存在现实困难承担证明责任。

第四，以分期支付的方式履行赔偿金义务的，请求权人有权要求提供担保。①这里的担保，既包括保证人提供的人保，也包括赔偿义务人自己或他人提供的物保。②《侵权责任法》第 25 条规定，在分期支付的情形下，赔偿义务人应当提供相应的担保。按照这一规定，赔偿义务人必须提供相应的担保才能适用分期支付的方式。但正如上所述，本条关于分期支付的方式，限定在一次性支付确有困难的情形。在这种情况下，赔偿义务人往往也难以提供必要的担保。如果强制性地以提供担保作为分期支付方式的前提，可能在实质上排除了分期支付方式的存在空间。③当然，也不排除在有些情况下，加害人虽然无法一次性支付全部赔偿金，但仍拥有担保财产，或者能够由他人提供人保。在这种情况下，赔偿权利人可以要求其提供相应的担保。在举证责任上，赔偿权利人要求对方提供担保的，应该就对方的担保能力承担相应的说明和证明义务。

总体来说，本条关于赔偿金支付方式的规定，力图在赔偿权利人与赔偿义务人之间达成利益的平衡。原则上以一次性支付为主，以实现损害填补的功能与受害人保护的目的；在例外情况下，也不否定分期支付的可能，以兼顾赔偿义务人的基本生存要求；同时，在分期支付时，赋予赔偿权利人要求提供担保的权利，进一步平衡双方之间的利益状态。这一利益衡量思想，是适用本条的价值基准。

【相关案例】

黄某与单县中心医院医疗损害赔偿纠纷案[②]

本案涉及的是医疗事故产生的损害赔偿纠纷，争议焦点在于原告的损害赔偿范围及支付方式。原告黄某因交通事故受伤，在被告医院治疗。因被告医院抢救

---

① 邓辉、李昊：《论我国生计酌减制度的构建》，载《研究生法学》2015 年第 3 期。

② （2013）鲁民一终字第 333 号。

治疗不当，导致黄某处于植物人状态，经其他医院诊断已不可恢复。原告黄某主张医疗费、精神损害抚慰金等赔偿若干。原审判决支持了原告诉请，并准许原告对于后续治疗费用的诉权。被告医院在上诉状中提出，应判决分期支付才能彰显公平，更有利于患者今后的治疗。再审法院指出，关于赔偿费用的支付方式问题，《侵权责任法》第25条规定，损害发生后，当事人可以协商赔偿费用的支付方式。协商不一致的，赔偿费用应当一次性支付；一次性支付确有困难的，可以分期支付，但应当提供相应的担保。该规定明确了损害赔偿费用以一次性支付为原则，以定期支付为例外的支付方式。本案中，单县中心医院开办资金28000万元，具有一次性支付赔偿费用的能力，单县中心医院关于分期支付的抗辩理由也未提到支付困难问题，而是认为一次性支付没有法律依据，分期支付有利于维护黄某的利益。因此，对于黄某要求一次性支付赔偿费用的请求应予支持。

【关联法条】

《民事诉讼法》第234条，《最高人民法院关于审理人身损害赔偿案件适用法律若干问题的解释》第31条

（撰稿人：徐建刚）

第三章　责任主体的特殊规定

【导读】

本章是关于“责任主体的特殊规定”。以责任主体的特殊性作为章名来涵盖数种不同的侵权责任类型，在比较法上并无先例。我国《侵权责任法》首次采取了此种章节安排，《民法典》延续了这一做法。对于本章，做以下几点说明：

第一，本章的定位。在《民法典》侵权责任编中，本章属于“分则”部分，即属于对具体侵权责任类型的规定。我国《民法典》在体系安排上采取了总分结构模式，这既体现在《民法典》整体结构上，也体现在民法典各分编中。对《民法典》侵权责任编而言，前两章是“总则”部分，第四章“产品责任”以下是分则部分，唯对第三章属于总则抑或分则，存在不同的解读。[①] 本章规定的侵权责任类型包括：监护人责任、用人者责任、网络侵权责任、违反安全保障义务的责任、教育机构责任。鉴于本章在内容上是对数种不同侵权责任类型的汇集，与第四章“产品责任”等章节的差别仅在于侵权责任类型数量的差别，且本章规定的规则无法一般性地适用于所有侵权责任类型中，故应将本章定位为分则。

第二，本章的体系性。本章规定的不同的侵权责任类型相互独立，制度间并无直接的关联性，何以能被统一涵盖于“责任主体的特殊规定”标题下，这取决于对本章体系性的理解。若将本章理解为承担责任的主体有特定性，并非任何主体都可承担此类责任，则能纳入本章标题下的侵权责任类型将非常宽泛，医疗损害责任、饲养动物损害责任等，都可纳入本章之下，故对本章不应作此理解。查本章规定，其在主体方面的特殊之处在于：责任主体往往并非直接实施了侵权行为的主体。换言之，本章规定的责任主体，往往是因其与直接实施了侵权行为的主体间存在特殊的关系，故而需对该主体的侵权行为承担一定的责任。本章涉及的这种特殊关系主要有：监护关系、雇佣关系、帮助关系、安全保障关系、教育

---

① 争议详见王利明：《侵权责任法研究》（第二版）（下卷），中国人民大学出版社 2016 年版，第 14～18 页。

管理关系等。基于这些特殊关系，责任人对他人的行为可能承担的责任形态有替代责任（如监护人责任）、连带责任（如网络服务提供者责任）、补充责任（如安全保障义务人责任）等，不一而足。

第三，本章的内容。就内容而言，本章延续了《侵权责任法》中的多数规则，并进一步丰富了部分规则。相较于《侵权责任法》，本章新增的内容主要有：委托监护情形下监护人和受托人的责任关系、用人单位的追偿权、接受劳务一方的追偿权和补偿责任、定作人的责任、网络侵权中错误通知者的责任和反通知规则、安全保障义务人的追偿权以及教育机构的追偿权。这些规则相较于《侵权责任法》而言是新增规则，但对实务而言，则多数并非新规则，因为多数规则在最高法院发布的司法解释中曾出现过。换言之，这些司法解释中的规则在侵权责任法制定时未被吸收，但《侵权责任法》颁布后，发现这些规则在实务中确有明确规定的必要，故而在此次《民法典》制定过程中，将这些规则吸收进入了《民法典》。

第四，本章的适用关系。本章规则的适用，需注意与《民法典》侵权责任编其他部分间的关系。(1) 本章规则与"侵权责任编"前两章（总则部分）规定不一致的，优先适用本章的规定。比如，本章多涉及数人侵权的情形，而侵权责任编"总则"部分也存在数人侵权的一般规则（《民法典》第1168条至第1172条）。在适用时，应优先适用本章规定。(2) 本章并未建立起各类侵权责任类型的完整责任规则，在相关规则缺失时，可适用一般性规则。比如，本章规定的教育机构责任，仅涉及受害人遭受人身损害的情形，对于遭受财产损害时的责任规则，则未置一词。故在涉及财产损害时，可适用安全保障义务条款，乃至侵权责任"总则"部分的过错责任条款等。(3) 本章的部分规则，可作为各类侵权责任类型中的一般性规则。比如监护人责任，无论在何种侵权责任场合，一旦涉及无民事行为能力人或限制民事行为能力人造成他人损害，则需适用本章监护人责任规则。

第一千一百八十八条　【监护人责任】无民事行为能力人、限制民事行为能力人造成他人损害的，由监护人承担侵权责任。监护人尽到监护职责的，可以减轻其侵权责任。

有财产的无民事行为能力人、限制民事行为能力人造成他人损害的，从本人财产中支付赔偿费用；不足部分，由监护人赔偿。

【释义】

本条是关于监护人责任的规定。监护人责任是指无民事行为能力人和限制行为能力人在造成他人损害时，其监护人承担赔偿责任的特殊侵权责任。也有学者将监护人责任称为法定代理人责任，其理由是未成年人并非一定要设定监护人，而是以其父母作为亲权人承担监护责任。换言之，监护权并非全部产生于监护关系，还产生于亲权关系，故称为“监护人责任”并不周延。形成这种错误的原因是，《民法通则》混淆了监护权与亲权的界限。[①] 但是，考虑到监护概念的使用上已经形成习惯，《民法典》对此未作调整，仍沿用此前的概念而称之为监护人责任。

本条沿袭了《侵权责任法》第32条规定。对于本条的理解，总体上应当把握以下几个关键问题：

第一，我国民法上的监护制度，纯粹为保护被监护人的合法权益，绝对不允许监护人借助监护谋取自身利益。《民法典》第35条第1款规定，“监护人应当按照最有利于被监护人的原则履行监护职责。监护人除为维护被监护人利益外，不得处分被监护人的财产”，所以，监护在本质上为一种职责而非民事权利。[②] 监护人的职责是代理被监护人实施民事法律行为，保护被监护人的人身权利、财产权利以及其他合法权益等。关于监护人履行职责的具体原则与要求：其一，监护人应当按照最有利于被监护人的原则履行监护职责。监护人除为维护被监护人利益外，不得处分被监护人的财产。其二，未成年人的监护人履行监护职责，在作出与被监护人利益有关的决定时，应当根据被监护人的年龄和智力状况，尊重被监护人的真实意愿。其三，成年人的监护人履行监护职责，应当最大程度地尊重被监护人的真实意愿，保障并协助被监护人实施与其智力、精神健康状况相适应的民事法律行为。对被监护人有能力独立处理的事务，监护人不得干涉。

第二，关于监护人责任的归责原则，主要有三种立法模式：一是以法国民法为代表的无过错责任；二是以德国民法为代表的过错推定责任；三是以荷兰民法为代表的根据被监护人的年龄区分监护人的责任。从本条第1款字面意思理解，第一句是关于无民事行为能力人、限制民事行为能力人的监护人责任的一般规定，第二句是关于减轻监护人责任的法定事由。条文中，并未出现“过错”二

---

① 杨立新：《侵权责任法》，北京大学出版社2014年版，第192页。

② 梁慧星：《民法总论》（第五版），法律出版社2017年版，第106页。

字，从解释论而言，监护人责任属于无过错责任。而关于监护人减轻责任的事由，须监护人尽到监护职责，这里需要注意的是，民法典对于监护权产生的根据未作区分，基于亲权而生的监护权如父母对未成年子女的监护权，因未成年子女造成他人损害，父母的监护人责任应为严格的无过错责任，即使尽到监护职责也不产生减轻责任的后果。而对于非因亲权产生的监护权，如《民法典》第 32 条规定公职监护人，在被监护人造成他人损害，公职监护人只要尽到监护职责，就可以减轻其侵权责任。这也是学理上区分亲权与监护权的意义所在。监护人要求减轻责任的，须采取抗辩方式主张，并举证证明自己“已尽到监护职责”，被告未主张减轻责任抗辩的，人民法院不能主动审查是否有减轻责任事由。①

第三，依照本条第 2 款的规定，在赔偿费用的支付上，如果被监护人有财产的，应当从被监护人财产中支付赔偿费用，不足的部分才应由监护人承担。需要注意的是，第 2 款规定仅解决的是赔偿费用从谁的财产中支付的问题，并未改变第 1 款确立的监护人责任的一般原则，第 2 款仅是第 1 款的特殊情况，监护人与被监护人并不形成连带责任。第 2 款不具有一般性的意义，“它所试图处理的是特定情况下监护人与被监护人的利益平衡问题，以及克服监护人与被监护人的财产独立可能导致的对受害人救济落实不利的影响”。② 也有学者持不同意见，认为该款确立了监护人的补充责任，即在被监护人有自己的财产时，应当由被监护人承担首要的责任，被监护人财产不足时，由监护人承担适当的补充责任。③ 对于有财产的被监护人致他人损害，从其财产中支付赔偿费用的，应当由监护人举证证明被监护人有财产的事实。此种情况下，人民法院可以直接判决从被监护人的某项财产中支付赔偿给受害人的费用。对于本条第 2 款的规定，大多数国家的做法是：未成年人是否承担责任关键要其有无责任能力、有无过失，如果没有过失，即使有财产也不承担责任；如果有过失，即使没有财产也要承担责任，待成年之后赚钱偿还父母。④ 父母对于未成年子女所承担的监护责任，司法实践中很少适用这一规则。这一款的主要意义，在于解决父母以外的人员或者单位承担监护人情况下，被监护人给他人造成损害，如果要求监护人承担无过错责任，实践

---

① 梁慧星：《读条文学民法》，人民法院出版社 2017 年版，第 432 页。

② 薛军：《走出监护人“补充责任”的误区——论〈侵权责任法〉第 32 条第 2 款的理解与适用》，载《华东政法大学学报》2010 年第 3 期。

③ 王利明、周友军、高圣平：《中国侵权责任法教程》，人民法院出版社 2010 年版，第 446 页；最高人民法院侵权责任法研究小组编著：《〈中华人民共和国侵权责任法〉条文理解与适用》，人民法院出版社 2010 年版，第 237 页；张新宝：《侵权责任法》（第四版），中国人民大学出版社 2016 年版，第 134 页。

④ 张新宝：《侵权责任法》（第三版），中国人民大学出版社 2013 年版，第 142 页；类似观点还可参见程啸：《侵权责任法》（第二版），法律出版社 2015 年版，第 393 页。

中很多个人或单位可能不愿意承担监护人责任，这对于被监护人的成长和生活会造成负面影响，为了打消这种顾虑，在被监护人尚有财产的情况下，先从被监护人的财产中支付赔偿费用更有制度安排上的意义。[①] 这一规定的优越之处，在于“被监护人承担责任以其拥有财产为限，既可以避免被监护人无力赔偿被侵权人，又可以避免被监护人背负沉重的债务负担而影响其个性成长与未来生活”。[②]

第四，在监护人责任中，责任的承担依然要适用全部赔偿原则等侵权责任的一般规定。监护人的过失能否作为未成年人的与有过失进行过失相抵？司法实务中，最为常见的未成年人与有过失类型是，在未成年人遭受损害的案件中将监护人的过失作为未成年人的过失进行过失相抵。被监护人作为受害人时，如果被监护人和监护人的行为对损害发生或扩大具有原因力，就要酌减被监护人的损害赔偿请求权，背离了全面救济受害人制度设计的初衷。有学者提出，过失相抵应当以受害人具有民事责任能力为要件，同时，监护人的过失不宜被认定为未成年受害人的过失进行过失相抵，应当考虑在监护人和直接加害人之间适用多数加害人规则来处理。[③] 如果监护人教唆或者帮助被监护人实施侵权行为，并非适用监护人责任，而是适用《民法典》第 1169 条第 2 款的规定，“教唆、帮助无民事行为能力人、限制民事行为能力人实施侵权行为的，应当承担侵权责任”。此时，监护人是以教唆人、帮助人的身份出现，故不承担监护人责任。

第五，关于存在数个监护人时监护人的责任承担问题，《民法典》并不以监护人与被监护人共同生活或实际履行监护职责作为确定监护人责任主体的条件，所以当被监护人存在数个监护人时，即使某个监护人并未与被监护人共同生活，也没有实际履行监护职责，这个监护人也应就被监护人给他人造成损害承担责任，这种共同赔偿责任的性质应当是连带责任。例如，父母都是未成年子女的监护人，而父母离婚或分居生活，未负责具体照料未成年子女的父母一方，不能因为与未成年子女共同生活或未履行监护职责而免于承担责任。

【相关案例】

李某等与夏某生命权、健康权、身体权纠纷案[④]

2018 年 8 月 23 日，夏某在长城上游玩时被李某撞倒，致使夏某头部、脸部

---

① 黄薇主编：《中华人民共和国民法典侵权责任编解读》，中国法制出版社 2020 年版，第 101 页。

② 张新宝：《侵权责任法》（第四版），中国人民大学出版社 2016 年版，第 140 页。

③ 缪宇：《监护人过失与未成年人过失相抵》，载《暨南学报》（哲学社会科学版）2013 年第 3 期。

④ （2019）京 01 民终 9901 号。

和腿部受伤。李某是未成年人，事发时13岁。事发后，夏某被送往北京市延庆区医院就医治疗，后于当日转往北京市红十字会急诊抢救中心住院治疗，于2018年8月25日出院，实际住院2天。2018年8月25日，夏某转往江苏省人民医院南京医科大学第一附属医院就医治疗，于2018年8月28日住院，9月3日出院，实际住院7天夏某分别于2018年11月28日、2019年2月20日前往江苏省人民医院南京医科大学第一附属医院复查治疗。夏某的数次治疗遭受了医疗费、误工费、护理费、交通费等损失。夏某向一审法院起诉请求判令李某、李某夫、刘某云承担赔偿责任。

本案争议焦点是，限制民事行为能力人造成他人损害的，监护人承担何种侵权责任。

一审法院认为，限制民事行为能力人造成他人损害的，由监护人承担侵权责任。本案中，夏某在长城上游玩时被李某撞倒，致使夏某人身遭受损害，因李某系限制民事行为能力人，故其父亲李某夫与母亲刘某云作为监护人应承担相应的民事责任。对于夏某的相关经济损失应当予以赔偿。对于夏某诉讼请求中的合理经济损失应以法院核定的数额为准，高出核定数额部分，法院不予支持。庭审中，刘某云对夏某治疗颈椎产生的医疗费提出异议。结合夏某向法院提交的诊断证明、医疗收费票据及住院病历等医疗凭证，其中江苏省人民医院南京医科大学第一附属医院的出院记录上对夏某颈部受伤的病情有明确的记载，法院综合考量事发时间、夏某受伤的部位、就医的过程及先后时间等本案具体情况，可以确信夏某进行颈椎治疗与此次事件具有相当程度的关联性，且其就医时间之间亦具有一定的连续性，同时刘某云对其提出的异议并未提供相应的证据予以证明，故对于刘某云的答辩意见法院不予采纳。判决：一、被告李某夫、刘某云赔偿原告夏某医疗费、误工费、护理费、交通费、住院伙食补助费、营养费合计116998.89元；二、驳回原告夏某的其他诉讼请求。

二审法院认为，《侵权责任法》第32条第1款规定："无民事行为能力人、限制民事行为能力人造成他人损害的，由监护人承担侵权责任。监护人尽到监护责任的，可以减轻其侵权责任。"本案中，夏某在长城上游玩时被李某撞倒，致使夏某头部、腿部等处受到损伤，因李某系限制民事行为能力人，应由李某之监护人对此承担赔偿责任。李某、李某夫、刘某云上诉称夏某在游玩时未加强安全防范意识对自身受到损害也应承担一半责任，但未提交充分证据予以证明，该上诉意见缺乏事实和法律依据，不予支持。夏某于2018年8月25日从北京市红十字会转往江苏省人民医院南京医科大学第一附属医院就医治疗，9月3日出院，出院诊断：1. 颈脊髓损伤伴双上肢不全瘫；2. 颈椎间盘突出；3. 上颌骨骨折；

4. 右侧上颌窦骨折；5. 右侧上颌窦积液；6. 右眼眶壁骨折；7. 头皮血肿；8. 全身多处软组织挫裂伤；此次诊断明确夏某颈部也受到损伤。一审法院根据事发时间、夏某受伤的部位、就医的过程及先后时间等案件具体情况，认定夏某的颈椎治疗与此次事件具有相当程度的关联性并无不妥。李某、李某夫、刘某云上诉称夏某的颈椎治疗与此次事件无关联性，但并未对此提交证据予以证明，二审法院对该上诉意见不予采信。二审法院判决：驳回上诉，维持原判。

【关联法条】

《侵权责任法》第32条，《民法通则》第133条，《最高人民法院关于贯彻执行〈中华人民共和国民法通则〉若干问题的意见（试行）》第159条

（撰稿人：李超）

第一千一百八十九条　【委托监护责任】无民事行为能力人、限制民事行为能力人造成他人损害，监护人将监护职责委托给他人的，监护人应当承担侵权责任；受托人有过错的，承担相应的责任。

【释义】

本条为委托监护时监护人责任的规定。监护职责并不具有属人的专属性，监护人可以将监护职责转移给第三人，这就是委托监护。委托监护责任是指监护人将监护职责委托给他人时，对于被监护人给他人造成的损害，监护人应承担何种责任。

《侵权责任法》对于委托监护责任并无规定。《最高人民法院关于贯彻执行〈中华人民共和国民法通则〉若干问题的意见（试行）》第22条规定："监护人可以将监护职责部分或者全部委托给他人。因被监护人的侵权行为需要承担民事责任的，应当由监护人承担，但另有约定的除外；被委托人确有过错的，负连带责任。"这一规定明确了委托监护中监护人承担无过错责任、受托人在有过错时承担连带责任的规则。但在司法实践中，由于委托监护一般存在于亲属朋友之间，且为无偿监护，而受托人一旦存在过错即须承担连带责任，对于受托人而言责任负担过重，容易导致监护的权利义务失衡，故此，本条规定调整为"受托人

有过错的，承担相应的责任”。在《民法典》编纂过程中，有意见认为，将“受托人确有过错的”明确为“受托人未履行监护职责的”，因为受托人此处不是过错责任问题，而是因违反监护职责导致的替代责任问题。[①] 立法机关对此未予采纳。

对于委托监护的设定，如果当事人之间通过明示的方式订立了以转移监护职责为内容的合同，则认定委托监护较为容易。但在司法实践中，委托监护一般存在于熟人之间，往往通过口头形式，甚至默示形式来设定，这对于判断是否成立委托监护就有些复杂。一般应当考虑以下因素来确定：一是通过事实上监督时间的长短来判断。例如，在假期拜访祖父母、外祖父母或者其他亲戚，未成年人较长时间与这些亲属共同生活，此时这些亲属就是委托监护的受托人；而如果是短时间到亲属家去做客，则不能认为构成委托监护。二是通过事实上的监护是否还承担了监护权中的其他义务如教育义务来判断。例如，孩子被送往寄宿制幼儿园，此时幼儿园承担了监护职责中的其他义务，可以推定存在默示的委托监护。三是通过事实上监护人对被监护人发生影响的范围和强度来判断，通常来说，承担监护职责的人会长期地、全方位地照料被监护人。[②]

委托监护与《民法典》第 33 条规定的意定监护不同，意定监护是在监护领域对自愿原则的贯彻落实，是具有完全民事行为能力的成年人对于自己将来的监护事务，按照自己的意愿事先作出的安排。依照《民法典》第 33 条的规定，具有完全民事行为能力的成年人，可以与其近亲属、其他愿意担任监护人的个人或者组织事先协商，以书面形式确定自己的监护人，在自己丧失或者部分丧失民事行为能力时，由该监护人履行监护职责。而在委托监护中，尽管监护人可以将监护职责全部委托给受托人，即便在此情况下，受托人也不能成为监护人，即监护人只能将监护职责转移给他人，而不能将监护资格转移给他人。而意定监护中，受托人因协议约定而成为监护人。委托监护协议是监护人与非监护人之间确定代行监护职责的协议，而意定监护则是确定监护人的协议。委托监护协议适用于无民事行为能力人和限制行为能力人，而意定监护则由完全民事行为能力人设定。

在委托监护中，责任承担主体有两个，一个是监护人，另一个是受托人。对于监护人而言，不因其将监护职责委托给他人而免除己方的责任，依本条前半句的规定，在委托监护的情况下，监护人仍然要承担就被监护人的行为所应承担的责任，这种责任是无过错责任。对于受托人来说，依本条后半句的规定，其责任

---

① 《民法典立法背景与观点全集》编写组编：《民法典立法背景与观点全集》，法律出版社 2020 年版，第 752 页。

② 周友军：《侵权法学》，中国人民大学出版社 2011 年版，第 457 ~ 458 页。

为过错责任，即受托人有过错的，才承担相应的责任。

监护人与受托人两种责任主体承担的责任是单向连带责任，即混合责任。监护人承担的是对全部损害的赔偿责任，并且是连带责任，只要被害人主张监护人承担全部责任，监护人就必须承担全部赔偿责任。能够证明受托人存在未尽监护职责等过错时，受托人应当在其因过错造成损失的范围内，承担相应的赔偿责任，这种责任性质不是连带责任，而是按份责任，被害人不能向其主张承担全部赔偿责任。① 这是本条规定与《民通意见》第22条规定的显著不同点。就监护人与委托人之间的关系来说，可能存在追偿的问题。在监护人就被监护人的行为承担全部赔偿责任之后，如果受托人履行监护职责有过错，监护人可就受托人过错对应的赔偿范围向受托人追偿。

对于受托人过错的判断，司法实务中须注意严格掌握。从立法原意来看，监护人作为承担责任的主要方，有委托的情况下必须是受托人达到较为严重过错的程度，要把握这样的一种立法精神：监护责任不得轻易转移，毕竟它是一种身份义务。② 人民法院在审理此类案件时应该对受托人有偿、无偿作区别对待。委托监护如果是临时性、无偿性的，受托人履行监护职责过程中如果存在一般过错，不宜由其承担赔偿责任。

【相关案例】

吴某与朱某、曙光学校人身损害赔偿纠纷案③

被告曙光学校是民办寄宿制小学，对在校学生实行封闭式管理。2004年6月13日，原告吴某与被告朱某的监护人分别与曙光学校签订入学协议书，送吴某与朱某入学。同年9月，吴某与朱某成为曙光学校一年级（1）班学生，在同一宿舍住宿。同年12月17日晚10时许，吴某与朱某在宿舍内各自床上休息时，朱某将一枚橘子扔到吴某右眼上，致吴某右眼受伤。吴某受伤后哭泣，老师发现后即送吴某到校医务室治疗。12月底，曙光学校将吴某受伤一事通知给吴某的父母。吴某的父母带吴某先后到建湖县建阳眼科医院、淮安市第一人民医院、淮安市第二人民医院、复旦大学附属眼耳鼻喉科医院治疗，共花去医疗费39592.58元、交通费2040元、住宿费1000元。为给吴某治疗，朱某的监护人垫付过561.60

① 杨立新、李怡雯：《中国民法典新规则要点》，法律出版社2020年版，第622页。

② 中国审判理论研究会民事审判理论专业委员会编著：《民法典侵权责任编条文理解与司法适用》，法律出版社2020年版，第124页。

③ 载《最高人民法院公报》2006年第12期。

元，曙光学校垫付过1万元。经法医鉴定，原告吴某的右眼钝挫伤、右玻璃体积血、右视网膜脱离致右眼低视力1级，伤残程度为10级。

本案的争议焦点为监护人将未成年学生送至学校学习，其监护职责是否转移到学校；在没有委托约定的情况下，是否可以推定学校接受监护人的委托，对到校学习的未成年学生承担起部分或全部监护职责。

淮安市楚州区人民法院认为：监护是基于身份产生的民事权利。当未成年人无父母或其他亲属作监护人时，其父、母所在单位或者其住所地的居民委员会、村民委员会、民政部门等单位，才可能成为监护人。学校不能成为未成年人的监护人。法律对监护人的范围规定很明确，监护关系不容随意设立或变更。故监护人将未成年学生送至学校学习，其监护职责并未转移给学校；学校也不因接受未成年学生到校学习，自然而然地承担起对该学生的监护职责。《民通意见》第22条规定了监护职责可以因委托而转移。监护人如果想将监护职责部分或者全部委托给学校，必须与学校达成明确的委托约定。没有明确的委托约定，不能推定学校已经接受监护人的委托，对到校学习的未成年学生承担起部分或全部监护职责。本案被告曙光学校是一所民办寄宿制小学。与其他实行走读制的学校相比，寄宿制小学只是在学校内部的管理上有所扩展，并未改变其对学生承担教育、管理和保护义务的本质。而学校内部管理上的变化，并不必然导致未成年学生监护职责的转移。在曙光学校与学生家长签订的入学协议中，没有约定家长委托学校对未成年学生履行监护职责。因此，对在校学习的未成年学生，曙光学校没有监护职责。

致害人朱某是无民事行为能力人，朱某致伤他人，朱某的监护人依法是当然的赔偿主体。《最高人民法院关于审理人身损害赔偿案件适用法律若干问题的解释》第7条规定："对未成年人依法负有教育、管理、保护义务的学校、幼儿园或者其他教育机构，未尽职责范围内的相关义务致使未成年人遭受人身损害，或者未成年人致他人人身损害的，应当承担与其过错相应的赔偿责任。第三人侵权致未成年人遭受人身损害的，应当承担赔偿责任。学校、幼儿园等教育机构有过错的，应当承担相应的补充赔偿责任。"曙光学校虽然对在校未成年学生没有监护职责，但有教育、管理和保护的义务。在履行教育、管理、保护义务中，曙光学校如果无过错，则不是本案的责任承担主体；如果有过错，就会成为本案另一责任承担主体，承担与其过错相应的赔偿责任。吴某在2004年12月17日晚10时许受到伤害，此时早已是寄宿学生熄灯就寝的时间。按照曙光学校的管理制度，学校里专门负责学生生活的老师应当对未成年学生的就寝情况进行巡视。事实证明，吴某、朱某等人超过规定时间未入睡，对这一异常情况，曙光学校没有及时发现并管理，以致本可避免的伤害事故发生。伤害事故发生后，曙光学校不仅未给吴某提供及时有效的治疗措施，且滞后10多天才向监护人通知吴某受到伤害的情况，以致吴某伤情加重。曙光学校对未成年学生没有充分履行教育、管理和保护的义务，主观上有一定过错，理当成为本案又一责任承担主体。

淮安市楚州区人民法院判决：原告吴某的医疗费、护理费、住院伙食补助费、营养费、残疾赔偿金、交通费、住宿费、精神损害抚慰金、鉴定费等合计63637.62元，由被告朱某的法定代理人朱善勇赔偿30%，由被告曙光学校赔偿70%。

本案的裁判要旨：根据《民法通则》第16条和《最高人民法院关于贯彻执行〈中华人民共和国民法通则〉若干问题的意见（试行）》第22条的规定，监护人将未成年学生送至学校学习，其监护职责并未转移到学校；学校也不因接受未成年学生到校学习，自然而然地承担起对该学生的监护职责。监护人如果想将监护职责部分或者全部委托给学校，必须与学校达成明确的委托约定。没有明确的委托约定，不能推定学校接受监护人的委托，对到校学习的未成年学生承担起部分或全部监护职责。对在校学习的未成年学生，学校虽然没有监护职责，但有教育、管理和保护的义务。学校履行教育、管理、保护义务不当，以致未成年学生在校园内加害其他未成年学生的，除加害人的监护人应当承担责任外，学校也应当承担与其过错相应的赔偿责任。

【关联法条】

《最高人民法院关于贯彻执行〈中华人民共和国民法通则〉若干问题的意见（试行）》第22条

（撰稿人：李超）

第一千一百九十条　【暂时丧失意识时的侵权责任】 完全民事行为能力人对自己的行为暂时没有意识或者失去控制造成他人损害有过错的，应当承担侵权责任；没有过错的，根据行为人的经济状况对受害人适当补偿。

完全民事行为能力人因醉酒、滥用麻醉药品或者精神药品对自己的行为暂时没有意识或者失去控制造成他人损害的，应当承担侵权责任。

【释义】

本条是关于完全民事行为能力人在暂时丧失意识后侵权责任的规定。暂时丧失意识损害责任，是指完全民事行为能力人因过错暂时丧失意识或失去控制，而给他人造成损害，所应当承担的是一种特殊的侵权责任。

《侵权责任法》第 33 条对于完全民事行为能力人暂时没有意识或者失去控制造成他人损害所应承担的责任作了规定。这里涉及责任能力的问题，责任能力是指自然人对自己从事的加害行为是否需要承担责任的认知能力，是民事主体可归责的原因。责任能力一般也是判断是否具有过错的前提。承认过错能力有助于实现侵权法对人们行为的控制，起到预防损害的作用；也有助于保护未成年人与精神障碍者，一律要求未成年人与精神障碍者就其给他人造成的损害负责，将使他们长期负担债务，妨碍人格发展，还可能发生被认定具有过失而适用过失相抵、减轻侵权人赔偿责任的不公平现象。[①] 立法者则认为，如果规定责任能力，就涉及没有责任能力的行为人造成他人损害的，监护人是否需要承担责任？如果监护人不承担责任，被侵权人的损失得不到弥补，会有悖于我国的国情和现实的做法。多年的司法实践也证明，虽然没有行为人责任能力的规定，但是能够妥善解决无民事行为能力人和限制行为能力人引发的侵权纠纷[②]，所以，没有规定行为人的责任能力。本条完全沿袭了《侵权责任法》第 33 条的规定。适用本条时应注意如下问题：

第一，完全民事行为能力人因自己的过错，导致暂时没有意识或者失去控制造成他人损害，应当承担侵权责任。本条第 1 款中的“过错”作何理解，有学者认为，应当指其对于自己暂时没有意识或失去控制具有过错，而不是指对于造成他人损害具有过错。[③] 这种观点是合理的。例如，长期患有心脏病的人医生禁止其单独外出，但行为人不遵医嘱驾驶摩托车因心脏病发作而陷入昏迷，撞上路边的行人，此时，行为人在昏迷时对他人造成损害，难言有何过错，但其昏迷系因不遵医嘱单独驾车外出所致，不遵医嘱单独驾车外出对于昏迷的发生具有过错。依照本条第 1 款前半句的规定，完全民事行为能力人是由于自身过错导致短暂丧失意识及对自己的控制，对于其在丧失意识后的行为造成他人损害的，承担过错侵权责任。

---

① 程啸：《侵权责任法》（第二版），法律出版社 2015 年版，第 291 页。

② 王胜明主编：《中华人民共和国侵权责任法解读》，中国法制出版社 2010 年版，第 152 页。

③ 王利明：《侵权责任法研究》（第二版）（下卷），中国人民大学出版社 2016 年版，第 61 页。

第二，完全民事行为能力人对于自己暂时没有意识或者失去控制没有过错，根据行为人的经济状况对受害人适当补偿。完全民事行为能力人对自己的行为暂时没有意识或者失去控制造成他人损害，一般依过错归责；但为了平衡各方利益，这里的行为人还须承担公平责任。公平责任本身即对过错责任的补充。本条第1款后半句规定的“适当补偿”，并非完全赔偿，而是人民法院根据案件的具体情况，主要是考虑行为人的财产状况等因素，给予受害人适当的补偿。这里规定的“没有过错”，是指行为人对于其暂时没有意识或者失去控制没有过错。例如，电动车驾驶人因突发心脏病，导致昏迷，撞上路边行人造成损害，行为人没有既往病史，心脏病突发对其来说并无过错。本条第1款后半句规定的行为人“适当补偿”时，行为人必须有财产，这是其承担公平责任的前提。本条的反面解释是，如果完全民事行为能力人暂时丧失意志，对此并无过错，也没有财产，则无须赔偿或补偿。这个结论是否妥当，则需要在司法实践中加以检验，人民法院需要全面审查案件事实，确定是否还有其他承担损害赔偿责任的主体，来弥补对于受害人的不公平，同时也需要社会保险制度的完善来保障受害人的利益。

第三，完全民事行为能力人因醉酒、滥用麻醉药品或者精神药品对自己的行为暂时没有意识或者失去控制造成他人损害的，应当承担侵权责任。第2款是对第1款前半句规定情形进一步的具体化，即这种情况是第1款前半句规定的过错的一种特殊表现形式。因醉酒、滥用麻醉药品或者精神药品对自己的行为暂时没有意识或者失去控制，这种情况下，应认定行为人具有过错。对于原因自由行为，其行为之时虽然没有意思能力，但其实施醉酒、使用麻醉药品等行为时是具有意思能力的，所以，仍然应认定其具有过错。① 行为人因醉酒、滥用麻醉药品或者精神药品对自己的行为暂时没有意识或者失去控制造成他人损害的，不可能只承担侵权责任，还可能承担行政责任，甚至刑事责任。

【相关案例】

尚某蕴与孟某等生命权、健康权、身体权纠纷案②

杨某鸣、孟某系逝者杨某默的父母。2016年10月23日下午，杨某默与尚某蕴因收到好友翟某的邀请，来到金海湖山水文园游艇度假酒店为翟某庆祝生日。尚某蕴与杨某默在大量饮酒后，到窗台上站立，后杨某默坠楼死亡。

---

① 王利明：《侵权责任法研究》（第二版）（下卷），中国人民大学出版社2016年版，第62页。
② （2019）京03民终7204号。

根据尚某蕴在公安局笔录中的陈述："杨某默与我在晚餐期间饮酒后回到各自酒店房间休息，当我得知杨某默一个人在四层住，前去找她，当时有我、杨某默和张某在房间，张某在房门口打电话，我与杨某默在窗户那块聊天，聊天过程中，杨某默用手指着窗外对我说："哎，我想从这出去。"我说："我今天下午来的时候，看见下边挺漂亮的，"并且又说："你要是想出去我陪你。"这屋里就一扇小窗户能打开，在整扇窗户的最左侧，这个窗户离屋地面也就一米左右，是一扇向外推的小窗户，杨某默说完想出去后，我就去给她开窗户，打开后杨某默就站在窗台上，稍微踮一下脚她的右脚就迈了出去，我当时也怕她掉下去，我就用手扶住她的身体，紧接着她的左腿也迈了出去，因为窗外的窗台特别窄，比里屋的窗台窄，都站不下脚，杨某默出去后就后背靠着窗户一步一步地向窗户右边挪，然后我也上去了，也是右腿先出去，然后再迈左腿，我整个身体刚站出窗外，正要往杨某默方向挪动的时候，当时我脚上穿着高跟鞋，右手拿着手机，而且鞋底板是光面的，我右脚不小心滑了一下，这时杨某默就在我右边二十公分左右远，几乎就是挨着，我因为右脚一打滑，我身体就向前冲出去，这时我就用左手拽住窗户框，但还是阻止不了我身体向前的惯性，这时我又本能地用拿着手机的右手拽右边的窗户框，想稳住自己的身体别掉下去，因为当时情急忘记杨某默在我右边呢，所以这时我的右手就不小心碰到杨某默了，当时她什么也没把着，就是因为我右手不小心一碰她，她身体一晃，她就站不稳了，就掉下去了，当时我是想拽住她，但是我手里还拿着手机，所以也没拽住她，就这样她就掉下去了，她刚掉下去后发出"咚"的响声，我知道这是她摔在地上的响声，没过几秒钟，张某就跑了过来，他站在窗户里面说了一声："我靠!"然后又跟我说："你在这等着别动，我下去找她。"紧接着就跑出去救人了，当时我还在窗外，但是我的身体已经稳住了，于是我就左手拽住窗户框，右手拿着手机向楼下照，想看看杨某默摔成什么样子了，但是我也看不见，我当时特别的着急，也哭了，我什么也没多想，就想尽快去救杨某默，于是我也就从楼上跳了下去，跳下去的目的就是想赶紧下去救她，但是我跳下去后就摔晕了。我醒后第一个意识还是想看看杨某默怎么样了，我看到杨某默边上围了好多人，好像是翟某抱着她，剩下还有谁记不清了，当时我也看不清杨某默具体伤成什么样子，只看到杨某默头部流血了，我就大喊，让别人快去救杨某默的话，还蹲在花坛附近抱着头哭，嘴上说着一些比如："我不是故意的…"之类的懊悔的话，但是全说什么就记不清了，后来就有人打急救电话，急救车来了以后，我们就去平谷区医院了，医院开始抢救杨某默，我也在医院看病，再后来你们警察就来了，就给我记笔录了。"

杨某默于2016年10月24日凌晨自酒店410房间坠楼后被送往平谷区医院抢

救，2016 年 10 月 26 日转院至中国人民解放军总医院治疗，于 2017 年 1 月 6 日死亡，共住院 74 天。

本案的争议焦点为，行为人因醉酒对自己的行为暂时没有意识或者失去控制造成他人死亡的如何承担侵权责任。

一审法院认为，根据尚某蕴自己陈述，其与杨某默均大量饮酒，后其与杨某默站在窗外窗台上时因脚滑，情急之下碰到杨某默造成杨某默坠楼，导致杨某默最终死亡的后果。尚某蕴因醉酒导致失去对自己身体控制致杨某默最终坠楼死亡的结果，尚某蕴属于过错侵权，应当承担相应的侵权责任。但杨某默在饮酒后提出去窗外的窗台，并且实施了该行为，因窗户开口最大范围仅 20 厘米，显而易见并非为客人前往窗外所预留，且窗台并非有围挡的阳台，且窗台距离地面有一定高度，如杨某默在清醒的情况下显然不会做出如此举动，故杨某默的上述行为对其后来的坠楼死亡，亦有一定过错。一审法院根据双方各自的过错程度，尚某蕴承担 60% 的责任，杨某默承担 40% 的责任。

二审法院认为，本案中，根据尚某蕴在公安机关所作询问笔录的相关陈述，可以认定其在与杨某默大量饮酒后，两人站在外窗台上时，尚某蕴因穿着高跟鞋脚滑情急之下碰到杨某默，导致杨某默坠楼并最终死亡的后果。尚某蕴虽然否认公安机关询问笔录记载的内容，主张存在指供的嫌疑，询问笔录与其陈述不符，但根据公安机关全部询问笔录，公安机关询问的在场其他人员的陈述能够与尚某蕴在公安机关所作陈述相互印证，故一审法院对于尚某蕴在公安机关所作询问笔录的真实性予以采信，并无不当。根据《侵权责任法》第 33 条第 2 款的规定，本案属于尚某蕴作为完全民事行为能力人，因醉酒对自己的行为暂时没有意识或者失去控制造成杨某默人身损害的情形，故依据上述法律规定，尚某蕴应当承担侵权责任。虽然刑事程序中公安机关并未刑事立案，但刑事责任与民事责任的证明及认定标准并不相同，并不能因刑事未立案而免除尚某蕴应承担的民事责任。尚某蕴主张其因无意识触碰导致杨某默摔落，不应承担侵权责任或仅应适用公平原则承担相应赔偿责任，于法无据，不予采纳。根据上述认定，尚某蕴对于杨某默因死亡造成的损失应承担赔偿责任。但因杨某默自身对于其死亡亦有过错，故一审法院综合全案案情最终认定尚某蕴承担 60% 的赔偿责任及相应的赔偿数额，并无不当。

【关联法条】

《侵权责任法》第 33 条

（撰稿人：李超）

第一千一百九十一条 【用人单位、劳务派遣单位和接受劳务派遣单位责任】 用人单位的工作人员因执行工作任务造成他人损害的，由用人单位承担侵权责任。用人单位承担侵权责任后，可以向有故意或者重大过失的工作人员追偿。

劳务派遣期间，被派遣的工作人员因执行工作任务造成他人损害的，由接受劳务派遣的用工单位承担侵权责任；劳务派遣单位有过错的，承担相应的责任。

【释义】

本条是关于用人者责任中的单位责任，即用人单位责任、劳务派遣单位和劳务用工单位责任的规定。用人者责任又被称为用人责任、雇佣人责任、雇主责任等。用人者责任有狭义和广义之分：狭义的用人者责任，仅指劳动者因执行工作任务或提供劳务造成他人损害时，用人者应当承担责任；广义的用人者责任除了狭义的用人者责任之外，还包括劳动者因执行工作任务或提供劳务而遭受损害时用人者承担的责任。[①] 狭义的用人者责任，既包括民法上的用人者责任，也包括国家赔偿责任。本条规定为狭义的用人者责任，且为用人者责任中的用人单位责任。

用人单位责任是指用人单位（包括劳务派遣单位和劳务用工单位）对工作人员在从事职务活动中致他人损害的行为所应承担的赔偿责任。从本条规定的历史沿革来看，《民法通则》《侵权责任法》以及相关司法解释都有关于用人单位责任的规定。《民法通则》第 43 条规定："企业法人对它的法定代表人和其他工作人员的经营活动，承担民事责任。"第 121 条规定："国家机关或者国家机关工作人员在执行职务中，侵犯公民、法人的合法权益造成损害的，应当承担民事责任。"《侵权责任法》第 34 条规定："用人单位的工作人员因执行工作任务造成他人损害的，由用人单位承担侵权责任。劳务派遣期间，被派遣的工作人员因执行工作任务造成他人损害的，由接受劳务派遣的用工单位承担侵权责任；劳务派遣单位有过错的，承担相应的补充责任。"《最高人民法院关于审理人身损害赔偿案件适用法律若干问题的解释》第 8 条第 1 款规定："法人或者其他组织的法定代表人、

① 程啸：《侵权责任法》（第二版），法律出版社 2015 年版，第 400 页。

负责人以及工作人员，在执行职务中致人损害的，依照民法通则第一百二十一条的规定，由该法人或者其他组织承担民事责任。上述人员实施与职务无关的行为致人损害的，应当由行为人承担赔偿责任。”与上述规定相比，本条规定增加了用人单位追偿权的内容。在《侵权责任法》起草过程中，对于用人单位承担侵权责任后，是否可以向工作人员追偿，曾有较大争议。规定追偿权有其不利因素：一是侵权责任法主要解决对外责任问题，用人单位和工作人员的内部责任可以通过协议等方式来约定；二是如何确定用人单位追偿权的条件比较困难；三是目前我国职工工资水平不高，如果作出追偿权的规定，用人单位可能会将本应由其承担的责任转嫁给职工。因此，《侵权责任法》对于追偿权的问题没有作出规定。[①]但是《最高人民法院关于审理人身损害赔偿案件适用法律若干问题的解释》第9条规定了个人用工时雇主可以向雇员追偿。在《民法典》侵权责任编纂过程中，又有意见提出增加规定用人单位的追偿权有其必要性。因为根据诚实信用原则，劳动者对于用人单位负有忠实和勤勉的义务，当劳动者未尽到基本的注意义务造成用人单位损害的，应当适当承担责任，但追偿的比例应根据过错程度等因素综合考虑，而不应由劳动者承担所有的损害后果，建议以重大过失作为承担责任与否的分界线。[②] 立法者最终采纳了这个建议，在本条第1款增加了“用人单位承担侵权责任后，可以向有故意或者重大过失的工作人员追偿”的规定。

关于用人单位责任的归责原则，本条第1款规定，“用人单位的工作人员因执行工作任务造成他人损害的，由用人单位承担侵权责任”，而没有规定用人者尽到选任、监督义务可以免责，故应为无过错责任。用人单位责任中采无过错责任原则，殊值肯定。世界上多数国家对于用人者责任适用无过错责任原则，少数国家和地区适用过错推定原则。对于用人者责任适用过错推定责任，王泽鉴教授批评，“公平正义言，雇用人利用他人扩大其活动范围，理应承受雇用人侵害他人权利所生损害赔偿责任，始足以保护被害人”[③]。而适用无过错责任原则，有利于保护劳动者，符合现代侵权法保护弱者、保护弱势群体的理念。适用无过错责任还可以促使用人单位更多地通过责任保险来分散化解风险，促使用人单位对劳动者劳动保障的关注，以及培训、监督的加强，更有利于创造和谐稳定的劳资关系。

一、对第1款规定的用人单位责任的理解与适用

《民法典》沿用《侵权责任法》对用人者责任的分类，即对用人者责任分为

---

① 王胜明主编：《中华人民共和国侵权责任法解读》，中国法制出版社2010年版，第163页。

② 黄薇主编：《中华人民共和国民法典侵权责任编解读》，中国法制出版社2020年版，第109页。

③ 王泽鉴：《侵权行为》（第三版），北京大学出版社2016年版，第499页。

单位用人责任和个人劳务关系中的侵权责任。单位用人责任又区分为一般的用人单位责任和劳务派遣中用工单位与劳务派遣单位的责任。本条第 1 款规定的是一般的用人单位责任。

本条规定的“用人单位”，包括企业、事业单位、国家机关、社会团体等，也包括个体经济组织等。这改变了《最高人民法院关于审理人身损害赔偿案件适用法律若干问题的解释》对用人者所作的不合理的区分，该解释对雇主责任中的雇主，解释为仅包括私营企业、三资企业、个体工商户、个人合伙、承包经营户以及个人①，将个人劳务中的侵权责任延伸适用至私营企业、三资企业等。这种分类有违我国社会主义市场经济体制对民事主体平等保护的基本要求，《民法典》摒弃了这种做法。本条规定的“工作人员”，既包括单位的正式员工，也包括临时聘用人员。

本条规定用人单位承担责任的前提是工作人员因“执行工作任务”造成他人损害，显然，与工作无关的行为，即使发生在工作时间内，用工单位也不应承担责任。“执行工作任务”可以分为授权或指示范围内的行为与超出授权或指示范围的行为，对于授权或指示范围内的行为比较容易理解，如果工作人员是按照用人单位的授权和指示从事行为，无论是正常的生产经营活动还是某种特殊活动，只要对他人造成损害，用人单位就应当承担赔偿责任。判断工作人员是否属于执行工作任务，争议最大的就是超出授权或指示范围的活动。这类活动可以分为两类：一是虽有授权或指示，但怠于执行工作任务，或者虽然执行工作任务但其内容和方式违反指示或者命令的。例如，游泳馆的救生员不认真巡查，而是玩手机、发微信，以至于游泳者突发急病无人救援而溺水死亡。二是没有授权或指示，而是利用执行工作任务便利而从事的行为。例如，快递公司的员工利用快递分拣时的便利窃取客户邮寄的包裹中的手机。② 对于工作人员来说，超出授权或指示范围的行为多为故意或重大过失，此种情况下，用人单位承担了替代责任之后，可以依据本条第 1 款第 2 句的规定向工作人员追偿。但就用人单位在何种情况下直接承担侵权责任，则需要进一步探讨。用人单位能否承担责任要考虑以下几个因素：第一，工作人员从事的超出授权或指示范围的行为与工作本身的联络性，如果与工作活动紧密结合，用人单位应当承担责任。第二，工作人员从事的超出授权或指示范围的行为的场所和环境是否与用人单位密切相关，如果工作人员的这种行为正是在工作时间，也是在工作场所之内，工作人员的行为在用人单

---

① 最高人民法院民事审判第一庭编著：《最高人民法院人身损害赔偿司法解释的理解与适用》，人民法院出版社 2015 年版，第 132～133 页。

② 程啸：《侵权责任法》（第二版），法律出版社 2015 年版，第 420 页。

位的监管之下，用人单位应当承担责任。第三，工作人员从事的超出授权或指示范围的行为是否作为用人单位应避免的工作风险，如果工作人员的这种行为正是用人单位所需要防范的问题，用人单位应当承担责任。再如之前的两个例子，游泳馆的救生员与快递公司快递员的行为均是在从事本职工作中，其行为也是发生在工作场所内，其行为也是用人单位所禁止的行为，其行为所造成的损害就应当由用人单位承担，用人单位承担之后可以向行为人追偿。

二、对第 2 款规定的劳务派遣中产生的侵权责任的理解与适用

劳务派遣也称劳动派遣，是指劳务派遣单位与接受劳务的用工单位签订劳务协议，由劳务派遣单位向用工单位派遣工作人员，工作人员接受用工单位的指示和监督并在该单位从事劳务工作。依照《劳动合同法》的规定，劳务派遣单位是《劳动合同法》上的用人单位，应当履行用人单位对劳动者的义务。劳务派遣单位应当与被派遣劳动者订立 2 年以上的固定期限劳动合同，按月支付劳动报酬。作为接受劳务的用工单位，应当履行下列义务：（1）执行国家劳动标准，提供相应的劳动条件和劳动保护；（2）告知被派遣劳动者的工作要求和劳动报酬；（3）支付加班费、绩效奖金，提供与工作岗位相关的福利待遇；（4）对在岗被派遣劳动者进行工作岗位所必需的培训；（5）连续用工的，实行正常的工资调整机制。用工单位不得将被派遣劳动者再派遣到其他用人单位。

劳务派遣中存在三方主体，即劳务派遣单位、接受劳务派遣的用工单位及被派遣的工作人员。而对于工作人员因执行工作任务造成他人损害的，本条第 2 款确立的原则是由接受劳务派遣的用工单位承担侵权责任作为一般原则，而劳务派遣单位仅依过错承担相应责任。考虑到接受劳务派遣的用工单位对被派遣的工作人员进行直接的管理和支配，接受劳务派遣的用工单位对被派遣的工作人员因执行工作任务造成他人损害所承担的为无过错责任。而对于劳务派遣单位来说，虽然它也从劳动者身上获得了利润，与被派遣的工作人员具有利益相关性，“但这种利益链条是通过实际用工单位对被派遣劳动者的使用而实现的，相对而言关系较远”[①]，所以仅在有过错时才承担相应责任。《侵权责任法》第 34 条第 2 款对劳务派遣单位的责任定位为“相应的补充责任”，即首先由用工单位来承担赔偿责任，不能完全赔偿受害人损失时，才应由劳务派遣单位来赔偿。在《民法典》侵权责任编编纂过程中，有意见认为“相应的补充责任”不明确，建议立法明确该责任方式的性质、适用及其与连带责任、按份责任等的区别。[②] 立法者将劳务派

① 张新宝：《侵权责任法》（第三版），中国人民大学出版社 2013 年版，第 142 页。

② 《民法典立法背景与观点全集》编写组编：《民法典立法背景与观点全集》，法律出版社 2020 年版，第 780 页。

遣单位这种责任方式定位为“过错责任”。接受劳务派遣的用工单位与劳务派遣单位两种责任主体承担责任的方式与委托监护中监护人与受托人承担的责任方式类似，也是一种单向连带责任。

需要注意的是，对于工作人员自身遭受损害如何救济，本条没有规定，这与《民法典》第1192条规定的个人劳务关系中的侵权责任明显不同。工作人员在执行工作任务时遭受其他工作人员的侵害，或者因用人单位原因导致工作人员自身遭受损害，均不应适用本条规定，而是应当适用劳动法的相关规定，工作人员通过寻求工伤保险赔偿进行救济。对于工作人员在执行工作任务时遭受第三人的侵害，受害的工作人员既可以主张工伤保险赔偿，也可以向第三人主张侵权责任，但同样不能适用本条的规定。

【相关案例】

名表城与徐某婷劳动合同纠纷案[①]

2007年12月，徐某婷入职名表城，工作岗位为营业员。工作内容主要负责江诗丹顿手表专卖店内的销售工作。2008年8月11日，徐某婷作为乙方与名表城作为甲方签订了劳动合同书。名表城制定了《关于手表丢失及手表损坏之规定》，内容为：1. 手表丢失……（4）当班的值班组员、店负责人负有连带责任，失职责任人承担零售价的10%……徐某婷在该规定上签字确认。2009年5月3日17时34分，徐某婷在工作期间，名表城内一块价格为214000元的江诗丹顿品牌手表被盗。该案目前尚在公安机关的侦查中。2009年5月4日起，徐某婷未到单位工作。2009年6月10日，名表城向徐某婷邮寄送达了《解除劳动合同通知书》，内容为：由于您在2009年5月3日工作中丢失公司价值人民币214000元的手表一只，给公司造成重大损失，且您在2009年5月期间累计旷工已达9天，现决定自2009年6月1日起解除与您2007年12月1日签订的劳动合同。

2009年10月，名表城向北京市东城区劳动争议仲裁委员会申请仲裁，要求1. 确认双方劳动合同关系于2009年6月1日解除；2. 要求徐某婷赔偿名表城因其工作失职造成的损失21400元。2011年10月10日，北京市东城区劳动争议仲裁委员会做出京东劳仲字（2010）第2830号裁决书，裁决：1. 确认名表城与徐某婷的劳动合同于2009年6月1日解除；2. 徐某婷自裁决书生效之日起15日内支付名表城遗失手表损失共计21400元。

---

① （2012）二中民终字第03525号。

原告徐某婷对该劳动争议仲裁不服，诉至法院要求确认原告无须支付遗失手表损失（遗失手表零售价的10%）21400元并由被告承担本案的诉讼费用。被告名表城辩称：手表丢失是原告过失所致，依照法律和劳动合同之规定，原告应负赔偿责任。被告用以计算原告手表丢失之规定，是在手表遗失前经公示程序制定的规章制度。

本案争议焦点为，工作人员因执行工作任务造成用人单位损害的，何种情况下可向工作人员追偿。

一审法院认为，名表城提出徐某婷在工作中存在严重失误致使手表丢失，应根据公司所制定的《关于手表丢失及手表损坏之规定》承担相应的责任主张，因名表城未就徐某婷存在不符合工作流程以及造成被告财产的损失数额提供相应证据予以证实，故一审法院不予支持。徐某婷要求确认无须支付遗失手表损失的诉讼请求，理由正当，一审法院予以支持。

二审法院另查明，名表城主张员工入职后，其对每名员工都进行了防盗抢的工作培训，事发时徐某婷正在为丢失的江诗丹顿手表贴膜，在有客人在场的情况下，根据工作流程，徐某婷应将展示的手表放回至展示台的表托上，但徐某婷未将手表放置于指定的位置上，给犯罪分子造成可乘之机。另查，该表已上保险，保险公司已进行了赔付，保险公司对此表的赔付数额为101708.12元。二审法院认为，名表城主张徐某婷在工作中存在重大过失，导致手表丢失，依据徐某婷签字认可的规定，应该承担相应责任，并提交监控录像光盘和《关于手表丢失及手表损坏之规定》予以证明。但监控录像不足以充分证明徐某婷在工作中存在重大过失，《关于手表丢失及手表损坏之规定》亦没有对失职行为作出具体规定，故二审法院对名表城的主张不予采信，并对其要求徐某婷支付遗失手表损失的上诉请求不予支持。二审法院驳回上诉、维持原判。

【关联法条】

《侵权责任法》第34条，《最高人民法院关于审理人身损害赔偿案件适用法律若干问题的解释》第8条

（撰稿人：李超）

第一千一百九十二条　【个人劳务关系中的侵权责任】个人之间形成劳务关系，提供劳务一方因劳务造成他人损害的，由接受劳务一方承担侵权责任。接受劳务一方承担侵权责任后，可以向有故

意或者重大过失的提供劳务一方追偿。提供劳务一方因劳务受到损害的，根据双方各自的过错承担相应的责任。

提供劳务期间，因第三人的行为造成提供劳务一方损害的，提供劳务一方有权请求第三人承担侵权责任，也有权请求接受劳务一方给予补偿。接受劳务一方补偿后，可以向第三人追偿。

【释义】

本条是关于个人之间形成劳务关系时，提供劳务一方造成他人损害以及提供劳务者自己遭受损害的责任承担的规定。个人劳务关系中的侵权责任，在以往常被称为“雇佣责任”。

从本条规定的历史沿革来看，《最高人民法院关于审理人身损害赔偿案件适用法律若干问题的解释》第 9 条第 1 款规定：“雇员在从事雇佣活动中致人损害的，雇主应当承担赔偿责任；雇员因故意或者重大过失致人损害的，应当与雇主承担连带赔偿责任。雇主承担连带赔偿责任的，可以向雇员追偿。”第 11 条第 1 款、第 2 款规定：“雇员在从事雇佣活动中遭受人身损害，雇主应当承担赔偿责任。雇佣关系以外的第三人造成雇员人身损害的，赔偿权利人可以请求第三人承担赔偿责任，也可以请求雇主承担赔偿责任。雇主承担赔偿责任后，可以向第三人追偿。雇员在从事雇佣活动中因安全生产事故遭受人身损害，发包人、分包人知道或者应当知道接受发包或者分包业务的雇主没有相应资质或者安全生产条件的，应当与雇主承担连带赔偿责任。”《侵权责任法》第 35 条规定：“个人之间形成劳务关系，提供劳务一方因劳务造成他人损害的，由接受劳务一方承担侵权责任。提供劳务一方因劳务自己受到损害的，根据双方各自的过错承担相应的责任。”《最高人民法院关于审理人身损害赔偿案件适用法律若干问题的解释》第 11 条第 1 款确立了雇主对雇员自身遭受损害的无过错责任，但《侵权责任法》第 35 条第 2 句的规定改变了这一立场，接受劳务一方对提供劳务者自身遭受损害承担过错责任，本条规定维持了过错责任的立场。同时，本条规定接受劳务一方向提供劳务一方享有追偿权。此外，由于个人劳务与劳动关系有着重大区别，提供劳务一方一般不存在请求工伤保险赔偿的可能性，所以，本条第 2 款规定了“因第三人的行为造成提供劳务一方损害”的责任承担问题。

劳务关系或者称雇佣关系，是指提供劳务一方为接受劳务一方提供劳务服务，由接受劳务一方按照约定支付报酬而建立的民事权利义务关系。它与劳动关系相比有以下特点：（1）劳务关系由民法进行规范和调整；（2）劳务关系的主体必然有一方为自然人，本条规定的仅系个人之间形成的劳务关系；（3）劳务关系中不存在隶属关系；（4）劳务关系中，接受劳务一方无须为提供劳务一方缴纳社会保险。（5）劳务关系中的报酬完全由当事人自由约定。（6）劳务关系中，劳务关系解除后，接受劳务一方无须为提供劳务一方提供失业保障。本条规定的是个人劳务侵权责任，它是一种特殊的用人者责任。需要特别注意，只有在两个自然人之间形成的劳务关系，才适用本条关于个人因劳务造成他人损害或者自己受到伤害产生的责任主体认定问题。对于个人与提供劳务的一方所在单位，其他组织之间签订承揽合同，在履行合同期间提供劳动一方因劳务造成他人损害或者自己受到损害的，接受劳务一方不承担责任，但是接受劳务一方在选任、指示等方面存在过失的，应当承担相应的责任。

一、对本条第1款的理解与适用

本条第1款第1句规定的是提供劳务一方致人损害侵权责任规则，这一规则与《民法典》第1191条规定的用人单位责任基本一致，提供劳务一方因劳务造成他人损害的，由接受劳务一方承担侵权责任。这里，接受劳务一方负担的是替代责任，无论其是否有监督、选任上的过失，只要提供劳务一方给他人造成实际损害，接受劳务一方都要承担责任，在外部责任上属于无过错责任。

在内部责任上，本条第1款第2句规定了接受劳务一方的追偿权。对于追偿权的问题，原《侵权责任法》第35条回避了这个问题。在《民法典》侵权责任编编纂过程中，有建议增加此种情形下的追偿权。立法者认为，个人之间形成的劳务关系，双方经济能力都较为有限，接受劳务一方对外承担责任后，原则上是可以向有过错的提供劳务一方追偿的①，所以，才增加了这一规定。当然，只有在提供劳务一方有故意或者重大过失，接受劳务一方才可以行使追偿权。这与第1191条规定的用人单位的追偿权的条件是一致的。之所以把追偿权的条件设定为提供劳务一方有故意或者重大过失，理由是，如果提供劳务一方稍有过失就允许接受劳务一方追偿，则会过分打击提供劳务一方的积极性，为了弥补接受劳务一方所遭受的损失同时督促个人劳务者在提供劳务过程中恪尽职守、规范行事、积极作为②，本条规定在赋予用人者追偿权的同时，又对行使追偿权的条件作了限定。

本条第1款第3句规定了提供劳务一方自身遭受损害的责任承担问题，这一

---

① 黄薇主编：《中华人民共和国民法典侵权责任编解读》，中国法制出版社2020年版，第115页。

② 杨立新、李怡雯：《中国民法典新规则要点》，法律出版社2020年版，第626页。

规定沿用《侵权责任法》第 35 条第 2 句的规定，有学者称如此规定是对《最高人民法院关于审理人身损害赔偿案件适用法律若干问题的解释》第 11 条第 1 款规定的倒退[①]，将对提供劳务者非常有利的无过错责任改变为过错责任。应当看到，司法实践中较为常见的诸如家庭雇用保姆、小时工、家教等劳务合同中，与提供劳务一方相比，接受劳务一方并无显著地位优势，其对提供劳务一方的控制力并不强。如果要求接受劳务一方为提供劳务一方所受损害承担无过错责任，则责任过重，有失公平，司法实践的效果并不一定好。所以，本条第 1 款第 3 句规定的根据双方各自的过错承担相应的责任，较为公平合理，也符合司法实践的通常做法。

二、对本条第 2 款的理解与适用

本条第 2 款规定了第三人造成提供劳务者损害责任，弥补了《侵权责任法》第 35 条的不足。这种情况下，提供劳务者向第三人主张侵权责任自无异议，提供劳务者能否向接受劳务一方主张赔偿责任，一直是实务中的难题。在个人劳务关系中，一般不会购买相应的保险，提供劳务者寻求保险赔偿救济的渠道走不通。本条第 2 款规定，“提供劳务一方有权请求第三人承担侵权责任，也有权请求接受劳务一方给予补偿”，“接受劳务一方补偿后，可以向第三人追偿”，使提供劳务一方的合法权益得到更为周全、严密的保护。需要注意的是，提供劳务一方受损害时，可以对第三人和接受劳务一方行使请求权，但是接受劳务一方承担的并非全部的赔偿责任，而是“给予补偿”，即接受劳务一方并不承担不真正连带责任。这一规定改变了《最高人民法院关于审理人身损害赔偿案件适用法律若干问题的解释》第 11 条第 1 款的立场，如此规定，还是平衡各方利益的考虑，这项修改也是在 2020 年 5 月民法典草案提请十三届全国人大第三次会议审议时，根据有关意见所做出的。

【相关案例】

单某群与香逸公司等雇佣劳动中损害赔偿纠纷案[②]

单某群系三轮车个体运货人。2012 年 1 月 11 日，聚源公司的法定代表人邓某俊电话联系单某群，要求单某群到香逸公司帮其拖运机器。此后，单某群及邓某俊一起到香逸公司的三楼车间，二人一前一后将机器搬运至升降机内。单某群乘坐升降机监守货物并在香逸公司的工作人员韦某国操控下，行至一楼与二楼中

---

① 程啸：《侵权责任法》，法律出版社 2015 年版，第 425 页。

② （2013）盐民终字第 0496 号，载《江苏省高级人民法院公报》2013 年第 6 辑。

间时被卡住。邓某俊遂要求韦某国将升降机往上升，当升至三楼时，钢绳突然断裂，单某群连同升降机一起摔至一楼。事故发生后，单某群即被送往大丰市人民医院治疗。单某群请求法院判令聚源公司、香逸公司共同赔偿其医疗费、误工费等合计80088.36元。

本案的争议焦点是，香逸公司与聚源公司在本案中的责任形态；雇佣关系以外的第三人造成雇员人身损害的，赔偿权利人同时请求第三人和雇主赔偿的，如何处理。

一审法院经审理认为，聚源公司、香逸公司分别基于雇佣关系和特殊侵权关系应承担赔偿责任。这一抗辩仅与法院受理案件的统计案由有关，而与其责任承担无关，故该抗辩不能阻却其自身应承担的侵权责任；况且，对受害人而言，其均属损害赔偿，法院为便民利民，可以同案受理而不必分案审查。故对单某群的人身损害，聚源公司和香逸公司均应承担赔偿责任。香逸公司与聚源公司对单某群的损害构成民法上的不真正连带责任。聚源公司在本案中承担的是替代责任，香逸公司是本案侵权的直接责任人，故在聚源公司承担责任后有权向香逸公司追偿。

二审法院经审理认为，关于香逸公司与聚源公司在本案中的责任形态问题。聚源公司与单某群在本案中系雇佣关系，香逸公司在损害事故中属于雇佣关系以外的侵权第三人。根据《最高人民法院关于审理人身损害赔偿案件适用法律若干问题的解释》第11条的规定，单某群作为受损害雇员既可以向聚源公司主张雇主赔偿责任，也可以向侵权第三人香逸公司主张侵权赔偿责任，聚源公司承担责任后可向香逸公司追偿。故聚源公司作为雇主身份亦应对香逸公司承担的50%赔偿责任负有不真正连带赔偿责任，即聚源公司对香逸公司承担的50%赔偿责任亦负有给付义务，聚源公司给付后可向香逸公司行使追偿权。

【关联法条】

《侵权责任法》第35条，《最高人民法院关于审理人身损害赔偿案件适用法律若干问题的解释》第9条、第11条

（撰稿人：李超）

第一千一百九十三条　【定作人责任】承揽人在完成工作过程中造成第三人损害或者自己损害的，定作人不承担侵权责任。但是，定作人对定作、指示或者选任有过错的，应当承担相应的责任。

【释义】

本条是关于承揽关系中定作人责任的规定。本条规定主要是吸收了《最高人民法院关于审理人身损害赔偿案件适用法律若干问题的解释》第 10 条的成果，规定定作人仅在“定作、指示或者选任有过错”时，才对承揽人在完成工作过程中造成第三人损害或者自己损害承担相应的责任。

承揽合同系指承揽人按照定作人的要求完成特定的工作，交付工作成果，取得报酬的合同。就种类而言，承揽合同主要包括加工合同、定作合同、修理合同、复制合同、测试合同、检验合同等。典型的承揽合同，一般是对有体物的制作和变更，如房屋的维修、服装的定制；还可以是无体之精神的创作，如电脑软件设计、广告设计、美术作品创作，这些是借有体物予以形体化的体现。[①] 特殊场合下，承揽合同中承揽人所提供的仅仅是劳务的实施，虽然仍然要求此种劳务须具有完成特定结果的特性，但实务上进行合同类型上的区分却颇有难度，这种形态的承揽合同姑且称之为“非典型承揽合同”。这里所谓的典型与非典型的区分，更多的是出于对承揽合同认定难易程度上的考量。

本条适用需要与《民法典》第 1192 条第 1 款第 3 句规定的情况作区分，即提供劳务一方在从事工作任务过程中自己遭受的损害，这一情形究竟属于劳务关系还是承揽关系，如果属于劳务关系则适用《民法典》第 1192 条第 1 款第 3 句规定，如果属于承揽关系则适用本条规定，相对人所承担的责任迥异。

在区别承揽合同与劳务合同的具体处理上，首先是看当事人是否有约定。判断合同性质主要是审查双方约定的权利义务，而不是单纯看合同名称，现实中并不排除有接受劳务一方为了规避承担劳务合同责任，而以“承揽”命名合同的情形。在实务中，承揽合同与劳务合同有时不易区分。据一般的学理认识，区分标准如下：（1）承揽合同以工作成果为目的，劳务供给仅仅是手段或过程，劳务合同的劳务本身即为目的；（2）承揽人完成工作成果获得报酬，劳务合同中提供劳务即获得报酬，有无工作结果在所不问；（3）承揽人提供的劳务具有独立性，而提供劳务一方则须听从接受劳务一方指令，具有从属性；（4）承揽人一定条件下可将劳务转授他人为之，提供劳务一方的劳务则须亲自为之。[②]在非典型承揽合同中，承揽人所提供的仅是劳务的实施，前述标准还需进一步推敲。（1）合同目的

---

① 黄立主编：《民法债编各论》（上册），中国政法大学出版社 2003 年版，第 390 页。

② 崔建远：《合同法》（第三版），北京大学出版社 2016 年版，第 548 页；林诚二：《民法债编各论》（中册），中国人民大学出版社 2007 年版，第 48 页。

的判断。承揽合同在完成一定工作之后一般需要交付工作成果，如工作成果并非有体物，而是无形劳务之结果，则不为一般意义的交付。因而，在判断是否为承揽合同时，就不宜考虑是否具备有体物工作成果或物质形态体现的工作成果的交付。（2）取得报酬方式的判断。定作人按照工作成果而非劳务时间支付报酬，并不是说承揽合同一定要在工作成果完成后再支付报酬，实务中也存在定作人预付部分或全部报酬的情况。当然，在劳务合同中，如果是长期用工，接受劳务一方一般都会定期支付报酬。然而，在某些需要长时间完成工作成果的承揽合同中，并不能排除定作人分期支付报酬的情况。在短期用工中，以是否定期支付报酬为判断标准显然也不可行。（3）所提供劳务是否具有独立性的判断。按照控制理论，判断被接受劳务一方雇请的人在引起他人人身或财产损害时的身份究竟是承揽人还是提供劳务的一方，其最根本的标准是控制标准。如果接受劳务一方对引起损害发生的人享有控制权，则引起他人损害发生的人在侵权法上的身份就是提供劳务一方；反之，则为承揽人。① 在承揽人仅提供劳务的承揽合同中，定作人在关注劳动成果的同时，对劳务过程也很关注，甚至指示整个劳务过程。这又是否能够说明定作人是在“控制”承揽人呢，可以这样理解，定作人因其本身具有检验、监督承揽人的义务，又由于这种合同的特殊性，如果不对劳务过程监督，工作结果就很难保证。换言之，定作人关心的仍是工作结果，对劳务过程的监督仅仅是保证工作成果顺利完成的手段而已，也应认定为承揽合同。（4）由于不具有人身专属性，承揽人可以将工作转予他人执行，这也是认定承揽合同的一个标志，无须赘言。

在合同双方约定条款不全、中性，尤其是在没有约定由谁向第三人承担损害赔偿责任等场合，区分承揽合同与劳务合同十分困难。崔建远教授曾举出两个难以区分的案例：甲请乙每周为其擦拭门窗玻璃，为其支付报酬若干元；或甲请乙将其在 A 地的汽车 20 辆，驾驶到 B 地，为其支付报酬若干元。他给出的解决方案是，“在这种情况下，由于承揽合同为有名合同，《合同法》设置了较为齐备的规定，而劳务合同为无名合同，我国现行法欠缺具体规定，应将系争合同作为承揽合同来处理”。② 有名合同规范针对该合同类别的特殊性，对一些常见的约定条款或交易行为设定确定化的规范，更有利于当事人合法权益的保护。在无法对合同性质做出判断时，依承揽合同这一有名合同相关规则来处理，更能厘清当事人各自承担的权利义务，明确责任承担者。但在涉及第三人利益的场合下，如此处

---

① 张民安：《侵权法上的替代责任》，北京大学出版社 2010 年版，第 303 页。

② 崔建远：《承揽合同四论》，载《河南省政法管理干部学院学报》2010 年第 2 期。

理或许并不妥当。在实际生活中，接受劳务一方往往为了逃避对第三人承担的侵权责任，似乎更乐于接受定作人的身份。因此，笔者认为，在某些难以确定合同性质的场合，如果不涉及第三人利益，宜认可有名合同适用优先，但在有向第三人承担侵权责任的情况下，司法实践上宜依照有利于第三人权益实现的原则来认定合同性质。在区分承揽人与提供劳务一方的标准上，英美法有审判实例遵循了公共政策理论加以甄别。此种理论认为，在决定被接受劳务一方雇请的人究竟是不是承揽人时，法官除了保护当事人享有的契约自由权以外，还考虑契约对第三人的影响，以寻求一种平衡，即使双方签订的是承揽契约，如果发生对第三人不利的情形，法官可以将其转为雇佣契约，让接受劳务一方就承揽人的侵权行为对受害人承担侵权责任。[①] 这种做法的目的是防止接受劳务一方逃避替代责任，从而维护无辜第三人的权益，我们的司法实践也应当考虑到这一点。

关于定作人责任，本条规定确立了定作人对承揽人致人损害的过错赔偿责任。定作人责任属于一般的过错责任，本条规定了三种过错形态即定作过失、指示过失、选任过失。定作过失系指定作人就定作的事项本身存在过失，如违法擅自加工危险物品。定作过失也应当包括定作人所提供的材料本身存在问题，而致承揽人或第三人损害的情形。指示过失系指定作事项本身并无不当，但对承揽人发出的指令存在过失，有致承揽人自身损害或第三人损害的危险。因承揽合同之特征，定作人对承揽人并没有支配性的指令关系，但这只是说定作人无权干预承揽人自行选择完成工作的方法，以及为完成工作而采取的措施，定作人对定作行为本身还是要做出指令和安排的，这时如果出现过失，是需要承担责任的。选任过失系指因所定作工作成果的特殊需求，定作人需要选任符合有关资质要求的承揽人，如果定作人忽略对承揽人资质的检视，即认为存在过失。

定作人承担责任主要有以下两种情况：其一，对于承揽人自身损害或第三人损害，定作人在定作、指示、选任上具有全部过错，而承揽人的行为毫无过错时，定作人应承担全部的赔偿责任，是为定作人的直接责任、自己责任。其二，对于承揽人或第三人的损害，承揽人自身有过错，与此同时，定作人也有定作、指示、选任上的过错，应与承揽人承担连带责任 。换句话说，如果定作人因过错被责令就其承揽人的侵权行为承担损害赔偿责任时，所承担的是共同责任和连带责任，但在实务中，受害人往往选择更具有赔偿能力的定作人来赔偿损失，那么，法院只能判令定作人向受害人承担全部赔偿责任，即定作人承担替代责任。至于追偿问题，定作人只能向承揽人追偿承揽人自身过错的赔偿份额。

---

① 张民安：《侵权法上的替代责任》，北京大学出版社 2010 年版，第 308 页。

【相关案例】

上武汽修厂与董某峰损害赔偿纠纷案①

2009年3月13日，被告董某峰的欧曼重型半挂牵引车在高速公路上出现故障，原告上武汽修厂接到交警队指令遂派其雇员梅某武、沈某浩前去修理，在修理过程中轮胎发生爆炸，导致原告雇员梅某武死亡。事后，原告与死者梅某武的家属达成了赔偿协议。根据交警部门出具的询问笔录认定，梅某武未对故障轮胎进行放气减压，致使轮胎爆炸，直接导致梅某武死亡。后经浙江出入境检验检疫鉴定所鉴定，鉴定意见为车辆使用维护不当、严重超载、轮胎气压过高以及维修操作不当是造成轮胎爆炸的主要原因。

本案的争议焦点为，本案是承揽合同纠纷还是雇员损害赔偿纠纷；如何认定原、被告双方在本案事故中的过错责任。

一审法院认为：承揽合同纠纷作为合同纠纷的一种，主要追究当事人的违约责任，而雇员受害赔偿追偿纠纷属人身损害赔偿纠纷，主要追究当事人的侵权责任，两者各自隶属不同的责任性质。原告上武汽修厂员工为被告董某峰车辆更换轮胎系修理合同法律关系，属于承揽合同法律关系。原告员工在修理过程中意外死亡，原告向其家属赔偿，属雇员受害赔偿性质，现向被告追偿，系雇员受损害赔偿纠纷，隶属人身损害赔偿纠纷，不能以提起诉讼的前提是承揽合同，便认定该案为承揽合同纠纷。故本案案由为雇员受害赔偿追偿纠纷，被告认定本案案由应为承揽合同的意见不予采纳。关于原、被告在事故中过错责任的认定，法院认为，首先，本案中轮胎爆炸与车辆超载无因果关系，车辆装载的货物重量经车辆的轮胎传至地面，当千斤顶在地上将轮胎顶离地面时，该轮胎所承受的重量已经由千斤顶负载传至地面，已顶离地面的轮胎不再承受车载重量，因此，原告上武汽修厂员工在为已顶离地面的轮胎拧松固定螺母时发生的轮胎爆炸致死，与被告董某峰车辆装载的重量无因果关系。其次，更换受损车辆轮胎，只有先行对受损轮胎放气减压，才能拆卸轮胎并进行更换，上武汽修厂员工在明知轮胎损伤的情况下，未先行对轮胎放气减压，即拧松轮胎固定螺母进行拆卸，当最后一颗轮胎固定螺母被拧松时，受内侧轮胎内高气压的挤压，易破碎的轮胎钢圈不能承受其压力，遂发生轮胎爆炸。原告方员工未先行对受损轮胎放气减压即拆卸，是发生轮胎爆炸的原因，其行为显属违反操作程序，具有过错。董某峰雇用的驾驶员，

---

① 载《最高人民法院公报》2011年第6期。

对内侧轮胎钢圈破碎发生轮胎爆炸没有过错。根据《最高人民法院关于审理人身损害赔偿案件适用法律若干问题的解释》第10条的规定，本案中董某峰无定作、指示或选任的过失，车辆是否超载与本案的轮胎爆炸不具有关联性，上武汽修厂以车辆超载、董某峰所雇驾驶员有过错为由，要求董某峰赔偿的请求法院不予支持。一审法院判决驳回原告上武汽修厂的诉讼请求。

二审法院认为：根据《最高人民法院关于审理人身损害赔偿案件适用法律若干问题的解释》第11条规定，本案中上诉人上武汽修厂指派雇员梅某武、沈某浩前往高速公路对被上诉人董某峰的车辆进行维修，在修理过程中因轮胎爆炸致梅某武死亡。现上武汽修厂向董某峰追偿，应以确定雇员所受的人身损害是否因雇佣关系以外的第三人造成为基础，因此需对涉案事故的原因进行认定。对于涉案事故发生的主要原因，根据浙江出入境检验检疫鉴定所出具的鉴定报告，“维修操作不当造成人身伤亡是后果亦是关键因素”。同时，在本案中，董某峰所雇用的驾驶员魏某峰在发现车辆故障后向浙江省公安厅高速公路交通警察部门求助，上武汽修厂雇员梅某武、沈某浩在修理时已明确轮胎损伤，根据《最高人民法院关于审理人身损害赔偿案件适用法律若干问题的解释》第10条的规定，董某峰所雇用的驾驶员魏某峰已经尽到了妥善处理事故车辆、及时联系公安交警大队维修以及告知轮胎损伤的义务，不存在定作、指示或者选任上的过失。上武汽修厂主张轮胎爆炸系因涉案车辆使用不当且存在多处不符合国家相关强制标准导致，对此，二审法院认为，涉案车辆发生故障后，董某峰雇佣的驾驶员魏某峰停车寻求帮助，并采取适当措施予以预防，而上武汽修厂派员前往修理也是为了解决车辆故障，在其修理过程中，应查清原因，查勘故障状况，并采取有效措施避免修理过程中发生意外。现事故的发生与处置不当直接关联，与车辆受损原因无关。一审法院据此认定车辆是否超载与本案轮胎的爆炸不具有直接关联性，并无不当。二审法院维持一审判决。

【关联法条】

《最高人民法院关于审理人身损害赔偿案件适用法律若干问题的解释》第10条

（撰稿人：李超）

第一千一百九十四条　【网络侵权一般条款】网络用户、网络服务提供者利用网络侵害他人民事权益的，应当承担侵权责任。法律另有规定的，依照其规定。

【释义】

从本条开始至第1197条是关于网络侵权的规定。《侵权责任法》用1条（第37条，共3款）对网络侵权作了规定，确立了我国网络侵权基本规则。民法典在此基础上进一步丰富了网络侵权规则，并扩展为4条。

1. 关于本条的定位，至少有三种解读：一是将本条解释为网络用户和网络服务提供者直接侵权行为的规定。[①] 之后3条，是间接侵权行为的规定。所谓间接侵权，指为直接侵权人实施侵权行为提供帮助、诱导等。二是将本条解释为是对网络用户、网络服务提供者单独侵权的规定。之后的3条，即通知规则（第1195条）、反通知规则（第1196条）和知道规则（第1197条），是适用于网络用户和网络服务提供者数人侵权的规定。换言之，本条仅适用于网络用户侵权而网络服务提供者不构成侵权的情形，或者仅网络服务提供者侵权的情形（多表现为网络服务提供者主动发布了侵权内容）。三是将本条定位为网络侵权一般条款，其既可适用于网络用户、网络服务提供者单独侵权的情形，也可适用于网络用户和网络服务提供者数人侵权时，用于认定其各自的责任构成。上述三种解释，第一种解释是从网络服务提供者角度作出的解读，因为对网络用户而言，只存在直接侵权，并无间接侵权。另外，我国立法中并未直接承认直接侵权和间接侵权之分，故本解释不佳。后两种解释并无明显优劣之别。鉴于本条的立法目的在于“突出显示网络并非法外之地”[②]，将本条定位为网络侵权一般条款似乎更可取。

2. “网络用户”指区别于为其提供网络服务的主体。网络用户并不以自然人为限。相反，司法裁判中的“网络用户”多为法人。同时，网络用户的身份判断，取决于具体语境和相对的另一方主体。比如，微信小程序的开发者，相对于微信平台，是网络用户；但相对于使用该小程序的自然人，则又是网络服务提供者。故网络用户的身份并非静态固定不变，而是随着主体间的关系而变动。

“网络服务提供者”指为网络用户提供网络服务的主体。与网络用户概念相同，网络服务提供者的身份也随主体间的关系而变动。另外，本条中的“网络服务提供者”应采广义理解，泛指所有提供了网络服务的主体，包括仅仅提供网络通信服务的主体，比如电信公司。

本条对网络用户和网络服务提供者的侵权责任采过错责任原则。尽管本条并

---

① 最高人民法院民法典贯彻实施工作领导小组主编：《中华人民共和国民法典侵权责任编理解与适用》，人民法院出版社2020年版，第261页。

② 黄薇主编：《中华人民共和国民法典侵权责任编解读》，中国法制出版社2020年版，第120页。

未如侵权过错责任一般条款明确提及“过错”二字，但理论和实务界的共识是，网络侵权仍采过错责任原则。在解释上，可通过本条的“利用”二字将过错要件纳入其中。从规范适用角度而言，本条可有可无，因为本条只是再次表达了过错责任原则。即便没有本条，仍可适用侵权过错责任一般条款（《民法典》第1165条第1款）。本条的主要价值在于宣示“网络并非法外之地”。

过错要件的认定，与网络用户或网络服务提供者是否知道所涉内容密切相关。一般而言，知道或应当知道所涉内容侵权而仍导致该内容传播，可认定为过错。但需特别强调的是，不可将知道/应当知道侵权内容和过错直接等同。知道/应当知道侵权内容只是过错的必要条件，但非充分条件。认定过错的另一重要条件是，网络服务提供者在知道侵权后，负有采取必要措施的义务。若其并无该义务，则即便其知道侵权内容，也不构成过错。典型的情形，是网络通信服务提供者（比如电信公司）往往并无采取措施的义务，即就算权利人向网络通信服务提供者投诉其所服务的用户侵权，而服务提供者未采取措施，也往往不构成过错。之所以如此，原因往往在于，网络通信服务提供者除能采取“全有或全无”式的“断网”措施外，并不具备针对侵权内容的“精准打击”能力。因此，在认定过错要件时，除要判断网络服务提供者是否知道/应当知道侵权外，还要考虑其是否负有采取措施的义务，而后者与其对侵权内容的控制能力等因素相关。

3. 本条第1句与《侵权责任法》第37条第1款的内容相同，但第2句是新增内容。之所以增加第2句，“是为了与著作权法、专利法、商标法、电子商务法等法律衔接，根据侵害客体的不同，适用不同的法律规定和归责原则”。[①] 为此，需简要说明《民法典》网络侵权条文与其他法律中网络侵权条文的适用关系。在《民法典》实施后，《侵权责任法》和最高院基于《侵权责任法》而作出的相关司法解释（主要是《关于审理侵害信息网络传播权民事纠纷案件适用法律若干问题的规定》）和《关于审理利用信息网络侵害人身权益民事纠纷案件适用法律若干问题的规定》将失效（当然，这并不意味着司法解释中的所有规则都不再被实践所遵循），故我国有效的规范网络侵权的法源将主要有三：《民法典》《电子商务法》和《信息网络传播权保护条例》。

这三者的适用关系说明如下：（1）《民法典》和《电子商务法》都是新近的立法，且二者规定的网络侵权规则并无实质差别，故二者的适用关系可根据权利类型和适用情形做区分：对电子商务情境下的知识产权侵权，适用《电子商务法》，其他情形则适用《民法典》。（2）至于《信息网络传播权保护条例》，其中

① 黄薇主编：《中华人民共和国民法典侵权责任编解读》，中国法制出版社2020年版，第122页。

的网络侵权规则，不应再适用，理由在于：其一，相较于《信息网络传播权保护条例》中的网络侵权规则，新近的《民法典》中相关规则已作了较大幅度的改变。比如，典型的变化是将反通知的法律后果从《信息网络传播权保护条例》的“立即恢复”改为“合理期限”后未收到通知才能恢复。此外，通知的法律后果也从《信息网络传播权保护条例》的删除、断开链接改为内涵更加丰富的“必要措施”。其二，《信息网络传播权保护条例》制定于2006年，距今已十余年。信息网络领域的发展日新月异，《信息网络传播权保护条例》中的部分规则已有些不合时宜。事实上，实践中的不少操作早已不再遵循《信息网络传播权保护条例》的规定。比如，《信息网络传播权保护条例》第14条要求合格通知包含的内容应包括权利人地址、侵权内容的网络地址，但实践中鲜有企业将权利人地址作为合格通知的必备材料，同时法院也早已不再将权利人地址和侵权内容网络地址的缺失作为否定通知效力的理由。基于上述考虑，当《信息网络传播权保护条例》与《民法典》/《电子商务法》就同一事项出现不一致时，应优先适用《民法典》/《电子商务法》，不应再适用《信息网络传播权保护条例》。同时，也建议国务院对《信息网络传播权保护条例》的内容尽快作出修订，以避免可能出现的法律适用上的混乱局面。

【相关案例】

兰世达公司、黄某兰与赵某名誉权纠纷案①

兰世达公司在北京市顺义区某小区一层开有一家美容店，黄某兰系该公司股东兼任美容师。2017年1月17日，赵某与黄某兰因美容服务问题发生口角。赵某系小区业主微信群群主，双方发生纠纷后赵某多次在业主微信群中对兰世达公司、黄某兰进行造谣、诽谤、污蔑、谩骂，并将黄某兰从业主群中移出，兰世达公司因赵某的行为生意严重受损。

本案的争议焦点为，被告赵某在微信群中针对兰世达公司、黄某兰的言论是否构成名誉权侵权。

北京市顺义区人民法院认为，传统名誉权侵权有四个构成要件，即受害人确有名誉被损害的事实、行为人行为违法、违法行为与损害后果之间有因果关系、行为人主观上有过错。对于微信群中的言论是否侵犯他人名誉权的认定，要符合传统名誉权侵权的全部构成要件，还应当考虑信息网络传播的特点并结合侵权主

---

① 指导案例143号。

体、传播范围、损害程度等具体因素进行综合判断。本案中，赵某在与黄某兰发生纠纷后，在两个业主微信群发布信息时使用了明显带有侮辱性的言论，并使用了黄某兰的照片作为配图，而对于兰世达公司的“美容师不正规”“讹诈客户”“破仪器”“技术和产品都不灵”等贬损性言辞，赵某未提交证据证明其所发表言论的客观真实性；退一步讲，即使有相关事实发生，其亦应通过合法途径解决。赵某将上述不当言论发至有众多该小区住户的两个微信群，其主观过错明显，从微信群的成员组成、对其他成员的询问情况以及网络信息传播具有便利、广泛、快捷等特点来看，涉案言论确易引发对兰世达公司、黄某兰经营的美容店的猜测和误解，损害小区公众对兰世达公司的信赖，对二者产生负面认识并造成黄某兰个人及兰世达公司产品或者服务的社会评价降低，赵某的损害行为与兰世达公司、黄某兰名誉受损之间存在因果关系，故赵某的行为符合侵犯名誉权的要件，已构成侵权。

【关联法条】

《侵权责任法》第36条第1款，《最高人民法院关于审理利用信息网络侵害人身权益民事纠纷案件适用法律若干问题的规定》第11条，《电子商务法》第37条

（撰稿人：徐伟）

第一千一百九十五条　【网络侵权中的通知规则】 网络用户利用网络服务实施侵权行为的，权利人有权通知网络服务提供者采取删除、屏蔽、断开链接等必要措施。通知应当包括构成侵权的初步证据及权利人的真实身份信息。

网络服务提供者接到通知后，应当及时将该通知转送相关网络用户，并根据构成侵权的初步证据和服务类型采取必要措施；未及时采取必要措施的，对损害的扩大部分与该网络用户承担连带责任。

权利人因错误通知造成网络用户或者网络服务提供者损害的，应当承担侵权责任。法律另有规定的，依照其规定。

【释义】

本条是关于网络侵权中的通知规则。相较于《侵权责任法》，《民法典》中的通

知规则主要作了以下调整：其一，明确了合格通知的要件；其二，提出了转通知义务；其三，规定了必要措施的考量因素；其四，增加了错误通知的侵权责任。

1. 合格通知的要件。本条第 1 款提及的通知要件包括“构成侵权的初步证据”和“权利人的真实身份信息”。

第 1 款是对合格通知要件的完全表达，抑或典型列举，我国法上对合格通知要件有着混乱的表述，《信息网络传播权保护条例》第 14 条列举的要件有：权利人的姓名（名称）、联系方式和地址；要求删除或者断开链接的侵权作品、表演、录音录像制品的名称和网络地址；构成侵权的初步证明材料。《电子商务法》第 42 条第 1 款第 2 句仅提及“构成侵权的初步证据”是通知要件。“指导案例 83 号”裁判要点 1 中提出：“包含被侵权人身份情况、权属凭证、侵权人网络地址、侵权事实初步证据等内容的，即属有效通知。”据此，明确本条对合格通知要件的规定是否是完全列举，是妥当解释本条的前提。鉴于第 1 款第 2 句并无“等”字，且《民法典》制定过程中曾将合格通知要件从“通知应当包括构成侵权的初步证据”改为目前的表述，故可认为，第 1 款并非只是要强调这两项要件，而是要以此涵盖完整的合格通知要件。

据此，第 1 款中的“构成侵权的初步证据”应做广义理解，包含了权属凭证（主要针对知识产权情形）、证明侵权成立的初步证明材料、足以定位侵权内容的信息。其中，“足以定位侵权内容的信息”不以提供网络地址（URL 地址）为限，其他足以定位侵权内容的信息亦可。“身份证明”包含两类信息：一是自然人姓名或法人等组织的名称；二是有效联系方式。

另外，实践中若网络服务提供者对投诉材料提出了“额外”要求，该要求不得影响权利人依法维护其自身合法权利。详言之，若该要求与本条规定的要件在规范目的上一致，且以合理方式予以公示，则一般应尊重该要求。但若该要求与侵权投诉无关（比如要求投诉人提供被投诉产品的销售记录），或与规范目的相悖（比如要求必须提供确认侵权的司法裁判文书或行政查处材料），或对投诉人而言过重的要求（比如要求在投诉前必须公证被投诉内容），则不应予以认可。

2. 转通知义务和采取必要措施的义务。本条第 2 款规定了网络服务提供者的转通知义务和采取必要措施的义务。

这两项义务以通知合格为前提。但需注意：（1）“合格通知”并不必然导致这两项义务。若通知仅形式上合格，但实质上并不合格，比如网络服务提供者有理由怀疑通知人伪造了权属凭证或是恶意通知者，则网络服务提供者并不负有本款的两项义务。故本条的合格通知应解释为实质上合格。（2）不合格通知亦可能产生法律后果。其一，若通知不合格，网络服务提供者是否有告知通知人，要求其补充缺失的材料的义务，目前我国立法上并未对网络服务提供者提出此项要求。其二，若不合格的通知足以让网络服务提供者知道或应当知道侵权内容存在，比如通知缺少了权利人真实身份信息，但包含了构成侵权的初步证据（如生效的法院判决），则网络服务提供者仍可能负有采取必要措施的义务。其法律依据并非本条第 2 款，而是《民法典》第 1197 条。有疑问的是，此时是否要类推适用本条第 2 款，要求网络服务提供者负有转通知的义务，从尽可能减少错误通知的角度而言，可要求网络服务提供者负有此义务。但如此会导致规则复杂化，使网络服务提供者合规成本提高。综合权衡，似没有必要对网络服务提供者课以转通知义务。

本款适用于所有权利类型。最高院曾认为，涉人身权益的通知，无须转通知。《最高人民法院关于审理利用信息网络侵害人身权益民事纠纷案件适用法律若干问题的规定》第 7 条第 2 款规定："被采取删除、屏蔽、断开链接等措施的网络用户，请求网络服务提供者提供通知内容的，人民法院应予支持。"官方释义书中认为："本司法解释未采用知识产权领域通行的赋予网络服务提供者一般性通知义务的做法。"[①] 这一做法不应再被遵循。

3. 必要措施。第 2 款除与《侵权责任法》第 37 条第 2 款一样列举了"删除、屏蔽、断开链接等必要措施"外，还规定网络服务提供者应"根据构成侵权的初步证据和服务类型采取必要措施"。这是我国在法律层面首次明确提出必要措施的考量因素。传统上，我国多将必要措施理解为删除等能直接阻止侵权行为，避免损害扩大的措施。[②] 但"指导案例 83 号"打破了这一理解。该案裁判要点 2 提出："侵权责任法第三十六条第二款所规定的网络服务提供者接到通知后所应采取的必要措施包括但并不限于删除、屏蔽、断开链接。'必要措施'应遵循审慎、合理的原则，根据所侵害权利的性质、侵权的具体情形和技术条件等来加以综合确定。"具体而言，在该案中，法院否定了删除等义务在本案中的适用，而是将"转通知"作为必要措施之一。

构成侵权的初步证据何以影响必要措施，详言之，初步证据影响对侵权成立可能性大小的判断，进而影响必要措施；同样的初步证据，在不同权利类型中证明力也可能有所不同；初步证据的证明力强度还要与潜在的被投诉人利益影响相权衡；若初步证据表明网络用户存在重复侵权，则可能导致比删除措施更严厉的

---

① 最高人民法院民事审判第一庭编著：《最高人民法院利用网络侵害人身权益司法解释理解与适用》，人民法院出版社 2014 年版，第 124 页。

② 最高人民法院侵权责任法研究小组编著：《〈中华人民共和国侵权责任法〉条文理解与适用》，人民法院出版社 2010 年版，第 267 页。

必要措施。服务类型何以影响必要措施，详言之，不同服务类型下网络服务提供者对相关内容在技术上的控制能力不同，进而导致必要措施不同；不同服务类型下网络服务提供者对相关内容在法律义务和行业伦理上的要求不同。[①]

4. 连带责任。若网络服务提供者未及时采取必要措施，则可能与网络用户承担连带责任。（1）仅就损害的扩大部分承担连带责任。所谓扩大部分，以网络服务提供者知道侵权后合理期限内未采取措施时，才开始计算。实务中由法官裁量决定。（2）为何是连带责任，就侵权人的关系而言，网络用户与网络服务提供者间是无意思联络的数人侵权，依一般原理，应根据责任大小各自承担相应的责任（《民法典》第1172条）。若将网络服务提供者视为安全保障义务人，则在第三人故意侵权时，依安全保障义务规则，其应承担相应的补充责任（《民法典》第1198条第2款）。解释上一般将网络服务提供者作为帮助侵权人以正当化其连带责任。[②]

5. 错误通知。本条第3款规定了错误通知的法律后果。（1）本款所称“权利人”实为“通知人”，未必确实是权利人。（2）本款为网络服务提供者向错误通知人主张侵权责任提供了请求权基础。在《民法典》之前，法律仅明确规定网络用户享有此权利。（3）何为“错误通知”，传统上，凡通知内容与客观事实不符的，皆为错误通知。但这一见解目前面临重大挑战。主要争议在于，是否要将善意发送错误通知的情形排除在外。之所以出现此争议，是因2020年1月15日签订的中美经贸协议中，第1.13条之二规定中国应“免除善意提交错误下架通知的责任”。该要求是针对“电子商务平台上的盗版与假冒”，而非针对所有网络侵权。鉴于我国需要履行经贸协议中的承诺，故问题在于：在我国传统上并不免除善意通知者责任的背景下，本条第3款在解释时是否要作目的性限缩，将本款所称的“错误通知”仅限于通知人非善意的情形，以便与经贸协议要求保持一致。

为此，又需结合本款第2句来综合考虑。该句规定：“法律另有规定的，依照其规定”。官方释义书中提及，增加“这一衔接性表述，主要是考虑到本条为一般规定，根据被侵权的权利类型的不同，其他法律可能作出细化或者特别规定”。比如，《电子商务法》区分错误通知和恶意通知，并对恶意通知者设置了惩罚性赔偿责任。[③] 若对本句采此种解释，则本句意义不大。本句更重要的意义在于，其是否会对“错误通知”的解释产生影响。详言之，本句可为我国在延续传

---

① 徐伟：《〈民法典〉中网络侵权制度的新发展》，载《法治研究》2020年第4期。

② 薛军：《民法典网络侵权条款研究：以法解释论框架的重构为中心》，载《比较法研究》2020年第4期。

③ 黄薇主编：《中华人民共和国民法典侵权责任编解读》，中国法制出版社2020年版，第128页。

统“错误通知”含义的同时，又遵守中美经贸协议中的要求“解套”，即在电子商务领域，可适用其他法律，免除善意通知者责任，但在电子商务以外的领域，可仍采传统规则，即本款的“错误通知”仍可延续传统理解，无须作限缩解释。鉴于本句在2019年12月公布的民法典草案中并不存在，是立法最后所加，而期间发生的正是1月15日中美经贸协议的签订。故若对本句作此种解释，亦“合情合理”。

基于我国长期以来试图在网络侵权领域建立起一般性规则的思维传统，可合理推断，我国可能会对本款中的“错误通知”作限缩解释，将善意通知排除在外。

【相关案例】

嘉易烤公司与金仕德公司、天猫公司侵害发明专利权纠纷案[①]

原告嘉易烤公司是涉案专利的专利权人。被告金仕德公司未经原告许可，在天猫商城等网络平台上宣传并销售侵害原告专利权的产品。原告起诉金仕德公司和天猫公司承担连带赔偿责任。由于原告在起诉前曾向天猫平台发送过侵权投诉，法院认为，关于天猫公司是否构成侵权，应结合对天猫公司的主体性质、嘉易烤公司“通知”的有效性以及天猫公司在接到嘉易烤公司的“通知”后是否应当采取措施及所采取的措施的必要性和及时性等加以综合考量。

本案争议焦点有二：一是未提交侵权分析对比表和购买订单编号的投诉，是否是一个有效的通知。二是本案中天猫平台应采取何种措施才满足“必要措施”的要求。

关于通知是否合格，裁判要点1指出：“网络用户利用网络服务实施侵权行为，被侵权人依据侵权责任法向网络服务提供者所发出的要求其采取必要措施的通知，包含被侵权人身份情况、权属凭证、侵权人网络地址、侵权事实初步证据等内容的，即属有效通知。网络服务提供者自行设定的投诉规则，不得影响权利人依法维护其自身合法权利。”具体到本案中，二审法院认为，天猫公司要求专利投诉人提供的两项要求：侵权分析对比表、购买订单编号或双方会员名，与法律规定的有效通知要件不符，投诉材料中缺失并不影响通知的有效性。[②]

关于必要措施，裁判要点2指出：“《侵权责任法》第三十六条第二款所规定

① 最高人民法院指导案例83号。

② 需特别说明的是，目前法院已普遍认可提交“侵权分析对比表”可作为合格通知的要求之一。参见浙江省高级人民法院民三庭发布的《涉电商平台知识产权案件审理指南》第11条。

的网络服务提供者接到通知后所应采取的必要措施包括但并不限于删除、屏蔽、断开链接。‘必要措施’应遵循审慎、合理的原则，根据所侵害权利的性质、侵权的具体情形和技术条件等来加以综合确定。”具体到本案，二审法院认为，将有效的投诉通知材料转达被投诉人并通知被投诉人申辩当属天猫公司应当采取的必要措施之一。

【关联法条】

《最高人民法院关于审理涉及计算机网络著作权纠纷案件适用法律若干问题的解释》第 3 条、第 4 条，《信息网络传播权保护条例》第 14 条、第 15 条，《侵权责任法》第 36 条第 2 款，《最高人民法院关于审理利用信息网络侵害人身权益民事纠纷案件适用法律若干问题的规定》第 5 条、第 7 条、第 8 条，《电子商务法》第 42 条

（撰稿人：徐伟）

第一千一百九十六条　【网络侵权中的反通知规则】 网络用户接到转送的通知后，可以向网络服务提供者提交不存在侵权行为的声明。声明应当包括不存在侵权行为的初步证据及网络用户的真实身份信息。

网络服务提供者接到声明后，应当将该声明转送发出通知的权利人，并告知其可以向有关部门投诉或者向人民法院提起诉讼。网络服务提供者在转送声明到达权利人后的合理期限内，未收到权利人已经投诉或者提起诉讼通知的，应当及时终止所采取的措施。

【释义】

本条是关于网络侵权中反通知的规定。《侵权责任法》并未规定反通知，《信息网络传播权保护条例》第 16 条和第 17 条规定了反通知，但《民法典》中的反通知规则与《信息网络传播权保护条例》有显著差别。《电子商务法》第 43 条中的反通知规则，与本条相似，但并不完全相同。

1. 反通知规则的适用范围。共识是，知识产权领域可适用反通知规则，有疑问的是，人身权益是否适用反通知，最高院曾对此给出否定回答。“本司法解释

未采纳知识产权领域的反通知程序，主要基于如下原因：首先，反通知程序不符合人身权益保护即时性的要求。在知识产权领域，侵权行为造成的后果主要是财产权益的损失，大多可以通过赔偿损失来弥补。但是，在名誉权、隐私权等人身权益领域，网络用户反通知后网络服务提供者恢复相关信息这种程序，恰恰会造成难以弥补的损害后果。其次，不采纳反通知程序并不会置网络用户的权利于不顾，被采纳措施的网络用户仍有维护自己权益的途径。最后，从实践来看，反通知程序在实践中发生的概率很小。”① 据此，本条在解释时是否要作目的性限缩，将人身权益排除出本条的适用，这取决于最高院的上述理由是否仍成立。总体而言，最高院的上述理由自始便难以成立。本条的适用不应排除人身权益。

2. 反通知的要件。本条提及的要件包括不存在侵权行为的初步证据及网络用户的真实身份信息。在“民法典（草案）”中，对反通知的规定曾只提及了“初步证据”，在最终审议通过时才加上了“网络用户的真实身份信息”，这一变化值得肯定，理由在于：网络服务提供者能够提供反通知的网络用户的身份信息，系第 1196 条的应有之义。根据第 1196 条，投诉人收到反通知后，若欲避免对网络用户所采取的措施被终止，需在合理期限内向有关部门投诉或向法院起诉。为确定诉讼对象和管辖法院等，网络用户的身份信息必不可少。据此，网络服务提供者应当掌握反通知用户的身份信息，并在必要时向投诉人提供。

3. 反通知的法律后果。传统上，网络服务提供者在收到反通知后，义务有二：一是应立即恢复被删除或断开链接的内容，二是将反通知转送投诉人（《信息网络传播权保护条例》第 17 条）。本条对此作了重大修改。网络服务提供者在收到反通知后，不再立即终止所采取的措施，而是要为权利人提供合理期限。在合理期限届满而未收到权利人投诉或起诉的通知后，才应终止所采取的措施。

为何要作此修改，从规范目的来看，本修改显然是为了强化对权利人的保护，避免权利人因网络用户的反通知而继续遭受侵害。同时，也应意识到该规则带来的副作用：因错误通知或恶意通知而不当遭受措施的网络用户，将因此而遭受更长时间的损害。这一损害虽然较之过去的规则可能只是延长了 15 日（《电子商务法》第 43 条第 2 款），但在某些特殊时期，比如双 11 等大促期间，损害也可能非常可观。② 因此，合理期限的加入，可以视为立法者在权衡利弊后最终作出的价值选择，即相较于部分网络用户因无法立即终止相关措施遭受的损害，权

① 最高人民法院民事审判第一庭编著：《最高人民法院利用网络侵害人身权益司法解释理解与适用》，人民法院出版社 2014 年版，第 125 页。

② 实践中为了缓解这一问题，可能通过对“必要措施”做多样化解释来实现。比如，对大促期间的投诉，电商平台允许被投诉的平台内经营者提供担保或允许冻结其账户来避免被投诉的商品被下架。

利人因反通知而立即终止所采取的措施遭受的损害可能更为常见和突出。

4. 如何确定合理期限。合理期限首次出现于“民法典（草案）征求意见稿”，在此之前，民法典草案中使用的都是“十五日”的表述。此外，与《民法典》第1196条规则相似的《电子商务法》第43条第2款规定的也是十五日。据此，十五日可作为确定合理期限的基准点，并根据具体情况作适当调整。但中美经贸协议第1.13条之二第3项要求中国：“将权利人收到反通知后提出司法或行政投诉的期限延长至20个工作日。”这显然是针对我国《电子商务法》所规定的十五日提出的要求。因此，未来判断合理期限的基准点将可能从十五日转变为二十个工作日。需注意的是，这并非只是延长了五日，因为经贸协议是以“工作日”，而非“日”提出的要求。在这个基准点上，网络服务提供者可根据具体情况，比如涉嫌侵害的权利类型、通知和反通知的详细程度及侵权可能性大小、错误采取措施对当事人而言利益影响的大小等，作出适当调整。

【相关案例】

曳头公司与丁某梅、天猫公司等侵害外观设计专利权纠纷案①

丁某梅以曳头公司、苏奥公司在天猫网购平台上销售的产品侵害其外观设计专利权为由，将曳头公司、苏奥公司、天猫公司诉至南京中院。因丁某梅向天猫公司投诉，天猫公司于2019年4月8日删除了被诉侵权产品在天猫网购平台的销售链接。在前述侵害外观设计专利权纠纷一案审理过程中，曳头公司以其被诉侵权产品没有使用涉案专利设计要点，故制造销售行为不构成侵权为由，向南京中院申请先予恢复被天猫公司删除的链接。

本案的争议焦点是，电子商务平台内经营者能否通过诉讼要求电子商务平台立即恢复因投诉而被采取了必要措施的商品。

法院认为，(1) 天猫公司对丁某梅的投诉依规依法进行了处理。天猫公司接到丁某梅的投诉后，一方面听取了投诉商家和被投诉商家的意见，另一方面又由其关联公司委托第三方对侵权行为能否成立进行评判，并认为被诉侵权行为不成立，故未对销售链接采取删除等措施。丁某梅在提起本案诉讼后，再次投诉，坚持认为天猫公司应当采取删除链接等必要措施。天猫公司遂采取了删除销售链接之措施。(2) 根据当事人举证情况，曳头公司制造、销售被诉侵权产品构成侵权的可能性较小。(3) 不恢复销售链接可能给曳头公司造成难以弥补的损失。被诉

---

① (2019) 苏01民初687号。本案系2019年江苏法院知识产权司法保护十大典型案例。

侵权产品的销售很大程度上依赖于商誉和口碑的积累以及时机的把握。被诉侵权产品的销售具有较强的季节性，且构成侵权的可能性较小。因此，若不及时恢复被删除的销售链接可能造成曳头公司及其被诉侵权产品所积累的商誉和口碑的持续消减和损失，以及交易机会的丧失，可能造成难以弥补的损失。（4）曳头公司提供了一定的现金担保。因此，曳头公司的申请符合法律规定。

【关联法条】

《信息网络传播权保护条例》第 16 条、第 17 条，《电子商务法》第 43 条，《最高人民法院关于审理利用信息网络侵害人身权益民事纠纷案件适用法律若干问题的规定》第 8 条

（撰稿人：徐伟）

第一千一百九十七条　【网络侵权中的知道规则】 网络服务提供者知道或者应当知道网络用户利用其网络服务侵害他人民事权益，未采取必要措施的，与该网络用户承担连带责任。

【释义】

本条是关于网络侵权中的知道规则。与《侵权责任法》第 36 条第 3 款相比，《民法典》只作了一处修改：将原来的“知道”改为“知道或者应当知道”。这一修改更多的是在《民法典》层面确认了实践中已行之多年的做法，而非实质上改变了过去的规则。

1. 知道与应当知道之争。在《侵权责任法》制定过程中，对网络服务提供者过错采何种要求曾出现很大分歧。“侵权责任法草案二审稿”首次出现了网络侵权条款，其规定网络服务提供者明知网络用户利用其网络服务实施侵权行为，未采取必要措施的，与该网络用户承担连带责任。但三审稿中将“明知”改为“知道”。四审稿又将“知道”改为“知道或者应当知道”。最终通过的侵权责任法又改为“知道”。可见立法者在这一问题上摇摆不定。

在《侵权责任法》颁布后，如何解释第 36 条第 3 款的“知道”一词，再次引发了争议。最高院的释义书中曾基于上述立法变迁认为，既然立法者将四审稿的“知道或者应当知道”改为“知道”，意味着“知道”并不包括“应当

知道”。[①] 但之后的司法实践则逐渐采取了知道包括应当知道的见解。最高院很快也不再采释义书中的立场。在 2012 年发布的《最高人民法院关于审理侵害信息网络传播权民事纠纷案件适用法律若干问题的规定》第 8 条第 1 款中，明确规定“网络服务提供者的过错包括对于网络用户侵害信息网络传播权行为的明知或者应知”。

然而，2014 年发布的《最高人民法院关于审理利用信息网络侵害人身权益民事纠纷案件适用法律若干问题的规定》中，最高院的态度又有了新的发展。该规定并未明确提及《侵权责任法》第 36 条第 3 款的知道包括应当知道，而是在第 9 条规定了人民法院依据《侵权责任法》第 36 条第 3 款认定网络服务提供者是否“知道”时应当综合考虑的因素。换言之，最高院在该规定中并未强调“应当知道”。就此，最高院释义书中在回顾了过往关于“应当知道”的争论后提出，《侵权责任法》中的“知道”可区分为“已知”和“推定知道”两类判断标准。其中，推定知道系判断应当知道的标准。[②] 这与过去最高院区分推定知道和应当知道的观念有所不同。

此次民法典起草过程中，从最初的室内稿开始，便采取的是“知道或者应当知道”的表述，直至最终审议通过。故可认为，在网络服务提供者过错的判断上，立法者虽然在侵权责任法制定时曾有犹豫，但现在则已有定见。

2. 知道的解释。本条中的“知道”，应作狭义理解，指网络服务提供者明知，即事实上知道。实务中，除非网络服务提供者自认，否则原告欲证明网络服务提供者知道并不容易。有疑问的是，向网络服务提供者发送侵权通知是否可作为认定网络服务提供者知道的方式之一，若回答是肯定，则意味着本条与第 1195 条（通知规则条款）之间是包含关系，因为通知是判断知道与否的方式之一。换言之，《民法典》中规定的两项网络侵权规则——通知规则和知道规则——并非并列关系，而是后者包含了前者。这一解释虽与逻辑相符，但与长期以来我国“重通知规则而轻知道规则”的观念有所不同。其实，无论是否将通知作为判断知道与否的方式之一，对实践中当事人的实质利益状况并无影响。就此而言，延续公众的普遍见解（将通知规则和知道规则并列），似更可取。

3. 应当知道的判断。本条中的“应当知道”，指网络服务提供者事实上知道与否不明，但其未尽到合理注意义务，应当要知道侵权内容存在。尽管在抽象观

---

① 最高人民法院侵权责任法研究小组编著：《〈中华人民共和国侵权责任法〉条文理解与适用》，人民法院出版社 2010 年版，第 265～266 页。

② 最高人民法院民事审判第一庭编著：《最高人民法院利用网络侵害人身权益司法解释理解与适用》，人民法院出版社 2014 年版，第 133～139 页。

念上可采一般理性人标准来判断应当知道，但在具体案件中如何认定网络服务提供者是否应当知道仍不免尺度不一。因此，认定应当知道的影响因素便成了相关司法解释的重点之一。最高院发布的《最高人民法院关于审理侵害信息网络传播权民事纠纷案件适用法律若干问题的规定》第8条至第12条，《最高人民法院关于审理利用信息网络侵害人身权益民事纠纷案件适用法律若干问题的规定》第9条，以及部分地方高院发布的指南（如北京高院的《关于涉及网络知识产权案件的审理指南》第26条）等，都试图提供判断“应当知道”的相关因素。

总结而言，判断“应当知道”的因素至少有：（1）网络服务提供者提供服务的性质、方式及其引发侵权的可能性大小，应当具备的管理信息的能力。（2）侵害的权益类型、所涉内容的类型、知名度及侵权信息的明显程度。比如，所涉内容是否处于网站首页。所涉内容的社会影响程度或者一定时间内的浏览量。所涉内容是否是专业制作且内容完整的作品。（3）网络服务提供者是否主动对所涉内容进行了人工或者自动方式的选择、编辑、整理、修改、推荐等。只是出于便于公众查询而对网络用户上传内容进行分类引导或整理，不构成对内容的整理。在所涉内容上插入一般性的广告、增加显示网站标志的水印、改变内容的存储格式等，不构成对内容的修改。（4）网络服务提供者采取预防侵权措施的技术可能性及其是否采取了相应的合理措施。（5）网络服务提供者是否设置便捷程序接收侵权通知并及时对侵权通知作出合理的反应。（6）网络服务提供者是否针对同一网络用户的重复侵权行为或者同一侵权信息采取了相应的合理措施。（7）网络服务提供者是否从所涉内容中直接获得经济利益。在直接获得经济利益时，其应负有较高的注意义务。网络服务提供者因提供网络服务而收取一般性广告费、服务费、管理费等，不构成直接获得经济利益。（8）被投诉网页内容中是否存在自认侵权的信息及其明显程度。比如，网页中自认相关内容是破解版。（9）是否以明显不合理的价格出售相关商品或服务。虽然实践的发展和经验的积累，上述因素也会逐渐变化。

【相关案例】

庄某栋、佐某与隐志公司侵害作品信息网络传播权纠纷案①

原告庄某栋、佐某诉称，原告是《邓小平批准我们结婚》一书作者，被告隐志公司经营的verycd网不仅提供涉案侵权作品的网络链接服务，而且制作了专门

① （2011）沪一中民五（知）终字第33号。本案是最高人民法院“2011年中国法院知识产权司法保护50件典型案例”之十三、上海2011年知识产权十大案件之十。

的版面，进行分类显示、图片展示、内容介绍，并植入商业性广告，吸引用户浏览其网站和下载资料，故要求被告承担侵权责任。被告隐志公司辩称：其提供的是基于P2P技术的互联网资源分享平台，用户将资源链接发布在隐志公司网站上，隐志公司只对上传的资源链接进行区域性划分，但不会进行编辑、保存和修改，不存在制作专门版面的事实。由于用户上传的资源是海量的，不可能逐一进行审查。隐志公司不可能明知或应知该有声读物系侵权作品。

本案争议焦点是，被告网络平台是否知道用户上传的是侵权内容。

一审法院认为，涉案有声读物由用户nobodyvssomebody发布。鉴于用户提供的链接内容海量，不可能要求隐志公司逐一下载用户的资源进行一一审核。而且，有声读物不同于影视作品，制作成本较低，一般爱好者也可将其自行制作的有声读物的链接资源上传至网上供网络用户分享。从用户发布的信息来看，不能当然地推断出，隐志公司明知或应知涉案有声读物未经权利人授权而仍然提供链接，故隐志公司不构成帮助侵权。

二审法院认为，被告构成侵权。理由在于：（1）网络用户nobodyvssomebody作为verycd网的高级用户，曾因在verycd网上发布《黑道》一书的有声读物而引发崔某斌诉维西公司、黄某孟侵犯著作财产权纠纷一案。隐志公司对于网络用户nobodyvssomebody曾经涉嫌侵犯他人著作权的情况清楚了解。（2）网络用户nobodyvssomebody在verycd网上发布的资源涉及诸多名家著作，即使一名普通的网络用户，也能够意识到该用户发布的资源存在着重大的侵权嫌疑，更何况隐志公司作为一家专业从事互联网资源分享的网络服务商。（3）网络用户上传资源的受关注程度与网络服务商通过出售广告位谋取商业利润的大小密切相关，上传资源的点击率越高，广告主投放广告的积极性也就越高，网络服务商也因此可以获得较高利润。而权利和义务的对等性也就进一步加重了网络服务商对点击率较高的所谓精华资源的注意义务和审查职责。

【关联法条】

《侵权责任法》第36条第3款，《最高人民法院关于审理涉及计算机网络著作权纠纷案件适用法律若干问题的解释》第4条，《电子商务法》第45条，《信息网络传播权保护条例》第23条，《最高人民法院关于审理侵害信息网络传播权民事纠纷案件适用法律若干问题的规定》第8～12条，《最高人民法院关于审理利用信息网络侵害人身权益民事纠纷案件适用法律若干问题的规定》第9条

（撰稿人：徐伟）

第一千一百九十八条　【违反安全保障义务的侵权责任】 宾馆、商场、银行、车站、机场、体育场馆、娱乐场所等经营场所、公共场所的经营者、管理者或者群众性活动的组织者，未尽到安全保障义务，造成他人损害的，应当承担侵权责任。

因第三人的行为造成他人损害的，由第三人承担侵权责任；经营者、管理者或者组织者未尽到安全保障义务的，承担相应的补充责任。经营者、管理者或者组织者承担补充责任后，可以向第三人追偿。

【释义】

本条是关于安全保障义务的一般性规定。安全保障义务借鉴自德国。我国因银河宾馆案[①]引发对此制度的广泛关注，《最高人民法院关于审理人身损害赔偿案件适用法律若干问题的解释》第 6 条首次确立了该制度。《侵权责任法》第 37 条在该司法解释的基础上，扩展了该制度的适用主体和保护的权利类型，扩大了该制度的适用范围。《民法典》本条延续了《侵权责任法》的规则，并进一步明确了安全保障义务人的追偿权。

除本条外，《民法典》还有两处提及了安全保障义务，即第 1176 条（自甘风险条款）和第 1254 条规定（高空抛物条款）。此外，《民法典》第 1199 条至第 1201 条等不作为侵权规则，虽未明确采用安全保障义务的表述，但解释上也多将其作为安全保障义务的情形之一。除《民法典》外，我国《电子商务法》第 38 条第 2 款、《消费者权益保护法》第 18 条等，也规定了特定情境下的安全保障义务规则。

1. 功能定位。安全保障义务指在社会交往中，义务人负有采取措施保障他人免受侵害的义务。若将该义务作一般化理解，则安全保障义务基本等同于注意义务，安全保障义务的违反，则基本等同于构成过错。但无论是本条的表述，抑或本条在“民法典侵权责任编”中所处的位置来看，我国并未试图将安全保障义务作如此宽泛的理解。故欲厘清安全保障义务的适用边界，需明确该制度在我国的功能定位。

---

① 王某毅、张某与银河宾馆赔偿纠纷案，载《最高人民法院公报》2001 年第 2 期。

我国建立安全保障义务的初衷，是为了解决第三人侵权问题[①]，这不同于安全保障义务制度的发源地德国当时的制度需求。德国确立安全保障义务的早期案件，如枯树案、撒盐案等，都不涉及第三人侵权。[②] 换言之，德国提出安全保障义务的首要考虑，是为了突破其民法典采三个小的一般条款对认定侵权责任的诸多限制，尤其是其危险责任一般条款在民法典中的缺失。但在我国，基于传统的过错侵权规则，在不涉及第三人时，认定安全保障义务人存在过错，进而认定其侵权责任并无太多困难。我国的真正难题在于，当损害是因第三人的行为而直接造成时，安全保障义务人是否要承担以及如何承担责任。[③] 当然，自安全保障义务提出后，该制度在我国同样也适用于不存在第三人的场合。

2. 不涉第三人时的安全保障义务规则。安全保障义务规则可基于损害是否由第三人的行为造成而细分为两类：一是不存在第三人时，安全保障义务人应承担的侵权责任（本条第 1 款）；二是损害由第三人行为造成时，安全保障义务人应承担的责任（本条第 2 款）。就规则而言，第一类是更一般性的规则，第二类是在第一类的基础上增加了第三人因素（无意思联络的数人侵权）。下文分别对这两类展开说明。

在不涉及第三人时，安全保障义务人的责任需注意以下几个方面：

第一，侵害的客体和保护对象。侵害的客体不以人身权益为限，也可以是财产权益，这已有共识。但对本条保护的对象，则存在争议。以消费或参加活动为目的，合法进入相关场所或参加相关活动的主体，当属保护对象。但对不以消费或参加活动为目的（如进入餐馆只为用洗手间），甚至是为非法目的（如为盗窃而进入宾馆）的主体，是否适用安全保障义务，立法者因争议较大而回避了对此作出直接规定。[④] 若认为安全保障义务是为应对风险社会而对风险控制者提出的要求，则并无必要将保护对象作出区分。但对不同类型的对象，安全保障义务人所应尽到的义务程度，可有所不同。同时，若受害人自身有过错（如非法进入），也可减轻安全保障义务人的责任（《民法典》第 1173 条）。

第二，义务来源。安全保障义务主要适用于不作为侵权，那么如何判断是否

---

① 我国主要是因为“社会生活中出现了一系列犯罪分子在宾馆、酒店、银行等经营场所杀人越货、伺机作案的事件，经营者在安全保障上存在的问题给犯罪分子以可乘之机”，才出现了对安全保障义务规则的迫切需求。详见陈现杰：《〈最高人民法院关于审理人身损害赔偿案件适用法律若干问题的解释〉的若干理论与实务问题解析》，载《法律适用》2004 年第 2 期。

② 德国确立安全保障义务的早期案件，如枯树案、撒盐案，都系不涉及第三人的案件。详见李昊：《交易安全义务论》，北京大学出版社 2008 年版，第 78 ~ 85 页。

③ 冯珏：《安全保障义务与不作为侵权》，载《法学研究》2009 年第 4 期。

④ 黄薇主编：《中华人民共和国民法典侵权责任编解读》，中国法制出版社 2020 年版，第 139 页。

存在安全保障义务，以及安全保障义务的界线？对此，需结合安全保障义务的正当性基础来加以判断。一般而言，安全保障义务的正当性基础包括收益与风险相一致原理、危险控制理论等。[①] 故在具体判断安全保障义务时，需结合相关主体的获益情况、对危险的控制力强弱等综合判断。若法律、行政法规、部门规章等对安全保障义务人应尽到的义务有更明确、具体的规定，可作为判断安全保障义务的参考。实践中，常将安全保障义务分为两类加以观察：一是损害发生前应采取的预防措施，二是损害发生之后应采取的补救措施。

第三，责任主体。（1）安全保障义务人既包括场所的经营者、管理者，也包括群众性活动的组织者。（2）场所既包括了以营利为目的的经营场所，也包括不以营利为目的的公共场所。同时，负有义务的是对场所有控制力的经营者、管理者，场所所有权人若不对该场所进行经营管理，则并非责任主体。（3）所谓群众性活动，指向不特定人开放的，非国家机关组织的活动。若是国家机关组织的活动，则适用国家赔偿规则。（4）本条列举的宾馆等，是开放式列举，实务中不以本条列举的主体为限。事实上，从 2003 年《最高人民法院关于审理人身损害赔偿案件适用法律若干问题的解释》到 2020 年的《民法典》，我国条文中对安全保障义务人的具体列举，呈现出不断扩大的趋势。

第四，责任承担。安全保障义务人需对因自己未履行安全保障义务而造成的损害承担责任。若受害人也有过错的，可减轻安全保障义务人的责任（《民法典》第 1173 条）。

3. 涉第三人时的安全保障义务规则。在涉及第三人时，安全保障义务人侵权责任的构成问题仍适用本条第 1 款的规定，唯在责任承担方面，适用第 2 款的规则。

在责任构成上，注意两点：（1）第三人应与安全保障义务人不存在雇佣等隶属关系。若安全保障义务人需对第三人的行为承担替代责任（如第三人是其雇员），则应适用本条第 1 款的规定。（2）安全保障义务人对损害的发生负有一定原因力。应避免“结果责任”的思维，即认为只要有损害，则安全保障义务人必然没有尽到安全保障义务。安全保障义务人是否尽到了义务，可通过“若非”原则加以判断，即若安全保障义务人尽到了义务，损害是否可以避免或减少。唯安全保障义务人对损害的发生或扩大有原因力时，才需承担侵权责任。

在责任承担上，是第 2 款的重点所在，对此说明如下：

第一，安全保障义务人承担的是“相应的补充责任”。所谓“补充责任”，意

---

① 张新宝、唐青林：《经营者对服务场所安全保障义务》，载《法学研究》2003 年第 3 期。

味着安全保障义务人享有顺位利益，即受害人应首先向第三人求偿，在第三人不明或无力承担时，才能向安全保障义务人求偿。当然，为减少诉累，受害人可在一个案件中同时起诉第三人和安全保障义务人，法院可一次性判决第三人和安全保障义务人应承担的责任金额。有疑问的是，为何安全保障义务人承担的是补充责任？一般的解释是，“毕竟直接实施侵权行为的是第三人，而非管理人或组织者，就算管理人或组织者没有尽到安全保障义务，与第三人的侵权行为也是两个独立的法律关系，不应加以混淆”。[①]

一般认为，本条的补充责任适用于所有第三人侵权场合。但本书持不同意见。安全保障义务人应仅在第三人故意侵权时才享有顺位利益。在第三人是故意侵权，而安全保障义务人的不作为并不会直接导致损害发生时，基于故意侵权人是损害发生的直接原因，且主观可非难性较高等考量，赋予安全保障义务人顺位利益可接受。但若第三人是过失时，尤其是当第三人的过失只是造成损害的次要原因时，此时赋予安全保障义务人顺位利益似不具正当性。相反，此时可适用无意思联络数人侵权一般规则（《民法典》第1172条），由第三人和安全保障义务人各自承担相应的责任。[②] 因此，此处“补充责任”的适用情形应作限缩解释，仅适用于第三人故意侵权的情形。

第二，所谓“相应”的，既指安全保障义务人所承担的责任应与其过错和原因力大小相匹配，即“在其能够防止或者制止损害的范围内”承担责任，也意味着安全保障义务人只在其不作为对损害有因果关系时才承担责任。实务中，“相应”的责任如何计算？至少有两种方案：一是先确定第三人需承担的赔偿金额，然后确定安全保障义务人的份额和金额；二是先确定第三人和安全保障义务人的份额，再确定赔偿金额。比如，受害人损失是10万元，且受害人也有过错，需自行承担20%份额，第三人承担80%份额，安全保障义务人对30%的份额承担补充责任。依第一种方案，安全保障义务人承担的金额是10万元×80%×30%，即2.4万元。依第二种方案，安全保障义务人承担的金额是10万元×30%，即3万元。两种方案的差异在于：安全保障义务人所承担的“相应”份额，是相对于受害人，还是相对于第三人？从补充责任的规范目的来看，其是为了强化对受害人的保护，且影响安全保障义务人责任大小的过错和原因力，也是针对造成受害人损害的过错和原因力，故应采上述第二种方案。

第三，安全保障义务人赔偿后，可以向第三人追偿。此处亦需明确安全保障

① 程啸：《侵权责任法》（第二版），法律出版社2015年版，第467～468页。

② 孙维飞：《论安全保障义务人相应的补充责任——以〈侵权责任法〉第12条和第37条2款的关系为中心》，载《东方法学》2014年第3期。

义务人是否在所有情形下都有追偿的权利，换个角度而言，第三人是否在所有情形下都需对损害承担全部责任，在2003年的《最高人民法院关于审理人身损害赔偿案件适用法律若干问题的解释》第6条第2款中，曾明确规定“安全保障义务人承担责任后，可以向第三人追偿”。但2009年的《侵权责任法》第37条第2款并没有明确规定追偿权。现《民法典》对追偿权再次予以明确，应解读为立法者认可追偿权有存在的必要。但无法就此得出追偿权应适用于所有情形。鉴于追偿权以安全保障义务人承担了补充责任为前提，而补充责任仅适用于第三人故意侵权的情形，故追偿权也仅适用于第三人故意场合。事实上，在最高院正当化追偿权的理由中，也早已体现了这一判断。最高院释义书中认为，追偿权的正当性理由在于：实施积极加害行为的第三人理应对受害人的损害结果承担赔偿责任。比较两者的过错程度，第三人的过错明显重于安全保障义务违反人。不赋予安全保障义务违反人追偿权不符合过错责任原则尤其是比较过错责任原则的要求。①

追偿权在解释上的另一难题在于，若安全保障义务人因未尽义务而承担责任，意味着其是对自己的过错承担责任，为何还会享有追偿权。对此，可解释为：“安全保障义务人要承受追偿不能的风险，这已经是其对自己过错责任的体现。”② 详言之，就理论而言，并非只有在终局意义上承担了赔偿责任才是侵权责任法上的责任。在一定阶段承担责任的，也是一种侵权责任，典型如不真正连带责任。就实务而言，安全保障义务人是因第三人不明或无力赔偿而承担补充责任，故其承担责任后，十有八九无法向最终责任人追偿。故即便是补充责任，安全保障义务人仍为自己的过错承担了责任。

【相关案例】

李某某等与某村委会违反安全保障义务责任纠纷案③

案涉某村为国家3A级旅游景区，不收门票，该村内河堤旁边栽种有杨梅树，该村村委会系杨梅树的所有人。杨梅树仅为观赏用途，该村委会未向村民或游客提供杨梅采摘旅游项目。吴某某系该村村民，其私自上树采摘杨梅不慎从树上跌落受伤。随后，该村委会主任拨打120救助，在急救车到来之前又有村民将吴某某送往市区医院治疗，吴某某于摔倒当日抢救无效死亡。吴某某子女李某某等人

① 最高人民法院民事审判第一庭编著：《最高人民法院人身损害赔偿司法解释的理解与适用》，人民法院出版社2015年版，第102页。

② 周友军：《侵权法学》，中国人民大学出版社2011年版，第207页。

③ 指导案例140号。

以某村委会未尽安全保障义务为由起诉该村委会承担赔偿责任共计60余万元。

本案争议焦点是，被告村委会是否需对私自上树的原告承担安全保障义务。

一审广州市花都区人民法院认为，村委会对采摘杨梅及攀爬杨梅树的危险性未作出一定的警示告知，也没有设立必要的突发事件处理预案，未尽到安全保障义务，应承担5%的责任。二审广州市中级人民法院维持了一审判决。广州市中级人民法院再审认为，安全保障义务内容的确定应限于管理人的管理和控制能力范围之内。案涉景区属于开放式景区，未向村民或游客提供采摘杨梅的旅游项目，杨梅树本身并无安全隐患，若要求某村委会对景区内的所有树木加以围蔽、设置警示标志或采取其他防护措施，显然超过善良管理人的注意标准。吴某某作为完全民事行为能力的成年人，应当充分预见攀爬杨梅树采摘杨梅的危险性，并自觉规避此类危险行为。吴某某私自爬树采摘杨梅，不仅违反了该村村规民约中关于村民要自觉维护村集体的各项财产利益的村民行为准则，也违反了爱护公物、文明出行的社会公德，有悖公序良俗。吴某某坠落受伤系其自身过失行为所致，某村委会难以预见并防止吴某某私自爬树可能产生的后果，不应认为某村委会未尽安全保障义务。事故发生后，某村委会亦未怠于组织救治。吴某某因私自爬树采摘杨梅不慎坠亡，后果令人痛惜，但某村委会对吴某某的死亡不存在过错，不应承担赔偿责任。

【关联法条】

《侵权责任法》第37条，《消费者权益保护法》第18条，《最高人民法院关于审理人身损害赔偿案件适用法律若干问题的解释》第6条

（撰稿人：徐伟）

第一千一百九十九条　【教育机构对无民事行为能力人人身损害所承担的责任】无民事行为能力人在幼儿园、学校或者其他教育机构学习、生活期间受到人身损害的，幼儿园、学校或者其他教育机构应当承担侵权责任；但是，能够证明尽到教育、管理职责的，不承担侵权责任。

【释义】

本条是关于无民事行为能力人遭受人身损害时，教育机构承担的侵权责任的

规定。本条来源于《侵权责任法》第38条，《民法典》延续了该条规定。本条的适用，需注意以下几个方面。

第一，受害人是就读于教育机构的无民事行为能力人。(1)《民法典》区分无民事行为能力人和限制民事行为能力人而对教育机构设置了不同的规则。(2)若无民事行为能力人并非就读于该教育机构，比如只是陪同兄姐来学校，但在教育机构内受到人身损害，不应适用本条。此时，若损害是因教育机构工作人员履行职务过程中造成，教育机构应根据《民法典》第1191条第1款承担替代责任；若损害是因教育机构的设施等物件原因造成，比如秋千存在安全隐患，则教育机构应根据《民法典》第1198条第1款安全保障义务承担责任；若损害是因教育机构内在读的学生造成，比如在读学生撞倒受害人造成损害，教育机构应基于其对在读学生的教育管理职责（但非监护职责①）而承担责任。②

第二，侵权人是教育机构或教育机构内就读的学生。(1)教育机构的工作人员在履行职务过程中造成损害的，由教育机构承担责任，因为是职务行为（《民法典》第1191条）。(2)家庭教师等个人教育者不适用本条，而应适用侵权过错责任一般条款（《民法典》第1165条第1款）。(3)个人开设教育机构，但并未办理法人登记等手续的，仍应适用本条规定，因为是否办理行政登记等手续，不应影响此类机构对学生应尽到的教育管理职责。(4)若加害人是教育机构内的其他人员，比如受害人的同学，能否适用本条，抑或适用第三人造成损害的条款（第1201条）。从体系解释来看，应适用本条规定，理由在于：第1201条是针对外来的第三人造成损害时，鉴于第三人过错程度较高，给予了教育机构一定的“优待”，即其只需承担“相应的补充责任”。但若是教育机构内的学生造成了另一学生损害，则教育机构至少可能存在两个层面的过错：一是对实施了加害行为的学生未尽教育、管理职责；二是对受损害的学生也未尽教育、管理职责。可见，此时教育机构的过错程度较高。据此，不应适用第1201条赋予教育机构优待的条款，而应适用本条规定。教育机构内学生的行为造成受害人损害，教育机构应基于两个方面而对受害人承担侵权责任：一是因未对实施加害行为的学生采取教育管理职责而对受害人承担侵权责任，但法律依据并非本条；二是因未对受害

---

① 我国并未采教育机构是无民事行为能力人、限制民事行为能力人的监护人的观点，比如《学生伤害事故处理办法》第7条第2款规定：“学校对未成年学生不承担监护职责，但法律有规定的或者学校依法接受委托承担相应监护职责的情形除外。”当然，这并不影响当事人间自行约定由教育机构承担监护职责。

② 依据可参考《最高人民法院关于审理人身损害赔偿案件适用法律若干问题的解释》第7条第1款的规定：“对未成年人依法负有教育、管理、保护义务的学校、幼儿园或者其他教育机构，未尽职责范围内的相关义务致使未成年人遭受人身损害，或者未成年人致他人人身损害的，应当承担与其过错相应的赔偿责任。”

人尽到教育管理职责而承担侵权责任，依据是本条。（5）教育机构以外第三人造成人身损害的，在确定教育机构是否尽到职责问题上，适用本条；在责任形态（补充责任）问题上，适用《民法典》第 1201 条。

第三，责任主体是教育机构。教育机构指对学生进行教育的幼儿园、学校、培训机构等。有疑问的是，本条是否可适用于精神病院、福利院等机构。最高院的释义书中曾认为，本条主要解决无民事行为能力人和限制民事行为能力人在受他人管理期间所受损害的责任问题。因此，虽然本条在表述上仅列举了幼儿园、学校，但本条中的“其他教育机构”应当包括精神病院、福利院等对无民事行为能力人、限制民事行为能力人负有管理、保护义务的机构。[①] 但在最高院民法典的释义书中，则未再提及这一点。就法律解释而言，将精神病院纳入教育机构的范围，似已超过“教育机构”的文义射程。查我国现有规范性文件，对教育机构的理解多仅限于教育服务提供者。据此，精神病院和福利院等机构不应纳入本条“教育机构”的含义中。但这些机构的侵权责任，或许可类推适用本条的规定。

第四，本条采过错推定责任原则。理由在于：“无民事行为能力人智力发育还很不成熟，对事物的认知和判断上存在较大不足，不能辨认或者不能充分理解自己行为的后果，必须加以特别保护。”[②] 相较而言，教育机构对限制民事行为能力人承担的是过错责任（《民法典》第 1200 条）。有疑问的是，若教育机构没有过错，是否还会因其他原因，比如基于公平分担损失，而承担责任。比如，《上海市中小学校学生伤害事故处理条例》第 13 条规定：“对学生伤害事故的发生，当事人均无过错的，可以根据实际情况，按照公平责任的原则，由当事人适当分担经济损失。”仅就法律适用角度而言，若地方性法规有此类规定，自然可适用公平分担损失规则。[③] 但就实务而言，此争论意义不大，因为实务中若欲要求教育机构承担责任，鲜有无法找出其教育管理职责上“瑕疵”的情形。

第五，本条仅适用于人身权益受到侵害。若是无民事行为能力人的财产权益受侵害，适用何种规则。解释上有两种选择：一是类推适用本条规定；二是适用侵权过错责任一般条款，教育机构承担过错责任。就文义来看，若立法者有意将本条规则同样适用于财产权益，则大可不必将本条表述为“人身损害”，故本条

---

① 最高人民法院侵权责任法研究小组编著：《〈中华人民共和国侵权责任法〉条文理解与适用》，人民法院出版社 2010 年版，第 298～299 页。

② 黄薇主编：《中华人民共和国民法典侵权责任编解读》，中国法制出版社 2020 年版，第 146 页。

③ 唯《民法典》第 1186 条对《侵权责任法》第 24 条的公平分担损失条文作了修改，意在限制该条文的适用。参见黄薇主编：《中华人民共和国民法典侵权责任编解读》，中国法制出版社 2020 年版，第 88～90 页。

不应作类推适用。但就规范目的来看，若本条采过错推定责任原则的正当性在于对智识能力不足的无民事行为能力人的倾斜性保护，则该正当性基础不仅可适用于人身损害，同样也可适用于财产损害。据此，似无必要将保护对象区分为人身和财产而差别对待。[①] 当然，若基于人身和财产在权利位阶上的差异，亦可为对二者差别对待提供基础。综合而言，对财产权益适用侵权过错责任一般条款是更可取的解释结论，也基本是共识。[②]

第六，损害应发生在教育机构学习、生活期间。（1）学习、生活期间的判断，应以无民事行为能力人是否处于教育机构的教育管理之下为准，不受是否放学、是否发生在校园内为限。（2）一般而言，该期间自无民事行为能力人的监护人将其交予教育机构工作人员开始，至监护人接到无民事行为能力人止，即“门至门”原则。[③] 若教育机构提供班车的，则班车期间也应是学习、生活期间。若周末或寒暑假期间，学生并未选择回家，而是住宿于校园内，则仍应属于学习、生活期间，只是教育机构所应尽到的教育、管理职责可根据情况有所降低。（3）若监护人已接到放学的无民事行为能力人，但自行停留于校园内玩耍，此时发生人身损害，不应属于学习、生活期间，不能适用本条。当然，若发生损害是因教育机构相关器械等原因造成（如放学后玩校园内的秋千受伤），受害人可基于《民法典》第 1198 条第 1 款的安全保障义务条款主张教育机构的侵权责任。

第七，如何判断教育机构是否尽到了教育、管理职责。总体而言，教育、管理职责可分为两大类：一是对物的管理职责，比如教育设施、生活设置等需达到相关标准或符合相关要求。二是对人的教育管理职责。对此，又可细分为两方面：一是事前的预防措施，比如提醒、告知、制订应急预案等措施；二是事后的补救措施，比如事故发生后的及时救治等措施。我国《未成年人保护法》、教育部的《学生伤害事故处理办法》等规范中对教育机构设定的义务，可作为判断教育机构是否尽到教育、管理职责的参考。

第八，若受害人对损害的发生也存在过错，则可基于过失相抵而减轻教育机构的责任（《民法典》第 1173 条）。

---

① 全国人大常委会法制工作委员会民法室编：《侵权责任法立法背景与观点全集》，法律出版社 2010 年版，第 641 ~642 页。

② 最高人民法院民法典贯彻实施工作领导小组主编：《中华人民共和国民法典侵权责任编理解与适用》，人民法院出版社 2020 年版，第 298 页。

③ 杨立新：《侵权责任法》，北京大学出版社 2014 年版，第 259 页。

【相关案例】

李某某与梁某某生命权、健康权、身体权纠纷案①

李某某与梁某某系方城五小三年级一班的同班同学。2013 年 10 月 15 日上午第三节体育课接近下课时，在方城五小的体育教师把体育器材放回器材室期间，梁某某将李某某绊倒，致使李某某牙齿碰到篮球杆上受伤。事发后李某某即到南阳市口腔医院进行治疗，经诊断李某某面部受伤，后李某某起诉梁某某、方城五小承担侵权赔偿责任。

本案争议焦点是，被告方城五小是否要对该校学生造成原告损害的行为承担侵权责任。

法院认为，涉案时梁某某是无民事行为能力人。根据《侵权责任法》第 32 条的规定，梁某某造成他人伤害的，应当由其监护人承担侵权责任，即由梁某某的父母承担侵权责任。如果梁某某的父母尽到监护责任的，可以减轻其侵权责任。梁某某在学校学习期间，没有证据证明梁某某的父母未尽到监护责任，所以对于梁某某对他人造成的伤害，应当减轻梁某某的父母承担的责任。《侵权责任法》第 39 条规定，"限制民事行为能力人在学校或者其他教育机构学习、生活期间受到人身损害，学校或者其他教育机构未尽到教育、管理职责的，应当承担责任"。本案中李某某作为无民事行为能力人受到的损害是同校学生所致，并非学校以外的人员所致，所以本案不适用《侵权责任法》第 40 条的规定。方城五小应按照其未尽到管理职责的程度，承担民事赔偿责任，而不是承担补充赔偿责任。本案发生时，梁某某将李某某绊倒是造成李某某伤害的主要原因，梁某某的监护人应承担主要责任。同时，由于事故发生在学校上体育课期间，且事故发生时体育教师不在现场，学生处于脱管状态，学校当课教师没有尽到教育、管理职责，对造成李某某伤害也具有一定的因果关系，但系次要原因，方城五小应承担次要责任。法院酌定梁某某负担 60% 的责任，方城五小负担 40% 的责任。

【关联法条】

《侵权责任法》第 38 条，《未成年人保护法》第 22 条，《最高人民法院关于审理人身损害赔偿案件适用法律若干问题的解释》第 7 条，《最高人民法院关于

① （2018）豫民再 927 号。

贯彻执行〈中华人民共和国民法通则〉若干问题的意见（试行）》第160条，《学生伤害事故处理办法》第7条、第9条

（撰稿人：徐伟）

第一千二百条　【教育机构对限制民事行为能力人人身损害所承担的责任】限制民事行为能力人在学校或者其他教育机构学习、生活期间受到人身损害，学校或者其他教育机构未尽到教育、管理职责的，应当承担侵权责任。

【释义】

本条是关于限制民事行为能力人遭受人身损害，教育机构应承担的侵权责任的规定。本条来源于《侵权责任法》第39条，《民法典》延续了该条规定。本条应与第1199条相对照来理解。

第一，受害人是限制民事行为能力人。所谓“教育机构”和“学习、生活期间”的理解，与第1199条相同，不再赘述。对于完全民事行为能力人在教育机构学习、生活期间遭受人身损害的处理，应适用安全保障义务规则（《民法典》第1198条）。

第二，教育机构的“教育、管理职责”的判断方式（事前与事后两方面），与第1199条相同，但在具体判断标准上，可根据案情而有所差别，因为不同年龄未成年人的智识水平不同，教育机构应尽到的职责也应有所不同。其实，即便是同为限制民事行为能力人，8周岁与17周岁者，教育机构应尽的职责也应不同。

第三，本条与第1199条的主要区别在于归责原则不同。对无民事行为能力人，教育机构承担过错推定责任。但对限制民事行为能力人，教育机构承担过错责任。要求教育机构承担过错责任或过错推定责任各有利弊，学界对此曾有过争论[①]，我国立法上也有过不同选择。过错推定责任在理论上更有助于保护受害人，但也可能导致教育机构因此而减少学生活动的开展，限制学生的玩耍等不利后果。[②]

另外，尽管在理论上采何种归责原则差异显著。但就实务而言，二者的差别其实并不明显，因为即便是采过错责任原则，在受害人初步证明损害是因教育机

---

① 高圣平主编：《中华人民共和国侵权责任法立法争点、立法例及经典案例》，北京大学出版社2010年版，第476～480页。

② 黄薇主编：《中华人民共和国民法典侵权责任编解读》，中国法制出版社2020年版，第144～146页。

构未尽到教育、管理职责导致后，仍需由教育机构对否定该主张承担举证责任，原因至少有二：（1）基于事物本性，应由主张积极事实的一方当事人承担举证责任。教育机构未尽到教育、管理职责往往表现为不作为，即消极事实。故受害人一般只需主张教育机构未采取相关措施即可，教育机构若欲否定受害人的主张，需举证证明其已积极采取了措施。（2）由于损害往往发生在教育机构内，教育机构往往是证据的持有者，比如记录了事故过程的摄像视频等，故应由证据持有的一方承担举证责任。基于上述理由，本条与第1199条在实务中并无显著差别。从已有判决来看，无论是采过错推定抑或过错责任，教育机构在大多数案件中都未能证明自身没有任何教育、管理上的不当。

其实，确定教育机构责任的关键，并不在于根据行为能力的差别而作归责原则上的差别对待，而在于合理界定教育机构应尽到的教育管理职责。受害人的年龄（而非二分的民事行为能力）至少会在两个方面影响教育机构的责任：一是受害人自身的过错程度，及由此而应自行承担的责任份额。教育机构侵权责任纠纷中，受害人自身亦有一定过错的现象所在多有，比如受害人不遵守规则或不听从指挥。二是教育机构应尽到的职责。教育机构应尽到的对物的管理职责一般并不会因受害人年龄的变化而不同。但其应尽到的对人的管理职责应是一条渐变的光谱，而非以8岁为界的截然二分。一般而言，教育机构对人应尽到的管理职责会随着学生年龄的增大而逐渐降低。

【相关案例】

伍某升与青华中学人身损害赔偿纠纷案①

原告伍某升于2010年9月起全托就读于被告青华中学的寄宿制学校。2012年5月29日凌晨，原告从学校的床上掉到地上摔伤眼睛，经治疗确诊左眼失明。伍某升以在校期间学校应确保学生人身安全，上下铺床长期存在安全隐患，且伍某升系未成年人为由起诉青华中学，要求承担侵权赔偿责任。

本案争议焦点是，被告青华中学是否要对该校学生从床上掉落负侵权责任。

宿城区人民法院认为，原告伍某升作为限制民事行为能力人，其在学校住宿时，被告应当提供符合国家规定标准或者行业标准的教育生活设施、设备，并排除各类不安全因素，尽到安全注意义务。被告提供的双层床上铺的安全栏板高度和长度均不符合国家规定的标准，存在安全隐患。且被告将年仅12周岁的小学生

① （2013）宿城民初字第1213号。本案是江苏省（2013）参阅案例102号。

安排在高达149.5厘米的上铺睡觉，对于存在的安全隐患认识不足，其应当承担相应的严格看护和管理责任。被告在原告头朝没有护栏的一头睡觉时未能予以及时提醒和制止，明显未尽到管理、教育职责，对原告此次损伤存在较大过错。关于原告的过错，原告本人陈述以前宿管员曾要求不要头朝没有护栏的一头睡觉。法院认为，原告受伤时系刚满12周岁的小学生，虽然其年龄和智力状况不能使其完全预测到可能出现的安全隐患，但是对于宿管员已经交代过的事项，应当予以遵守，其对于头朝没有护栏一头睡觉的危险性应该具有一定的认识，因此，原告亦存在一定的过错。综上，结合原、被告双方的过错程度，一审法院酌情确定被告承担80%的赔偿责任。

【关联法条】

《侵权责任法》第39条，《未成年人保护法》第22条，《最高人民法院关于审理人身损害赔偿案件适用法律若干问题的解释》第7条，《学生伤害事故处理办法》第7条、第9条

（撰稿人：徐伟）

第一千二百零一条 【第三人侵害时教育机构所承担的责任】 无民事行为能力人或者限制民事行为能力人在幼儿园、学校或者其他教育机构学习、生活期间，受到幼儿园、学校或者其他教育机构以外的第三人人身损害的，由第三人承担侵权责任；幼儿园、学校或者其他教育机构未尽到管理职责的，承担相应的补充责任。幼儿园、学校或者其他教育机构承担补充责任后，可以向第三人追偿。

【释义】

本条是关于第三人侵权时，教育机构应承担的责任。本条来源于《侵权责任法》第40条，《民法典》延续了该条规定，并增加了追偿权（本条第2句）的规定。关于本条的适用，说明如下：

第一，本条的规则逻辑与《民法典》第1198条第2款（安全保障义务条款）的规则逻辑相同。本条是安全保障义务一般原理在教育机构领域的具体应用。故关于安全保障义务的原理，尤其是关于补充责任的理解，也可用于本条的解释与

适用。就此而言，本条其实并无规定的必要，适用安全保障义务一般条款即可。

第二，教育机构是否尽到管理职责的判断，应适用第 1199 条和第 1200 条的规定，即对无民事行为能力人，应采过错推定责任原则；对限制民事行为能力人，采过错责任原则。

第三，受害人是无民事行为能力人或限制民事行为能力人，包括不能辨认或不能完全辨认自己行为的成年人，不应将本条理解为仅适用于未成年人。

第四，本条仅适用于受害人人身损害的情形，若受害人遭受的是财产损害，应适用何种规则？解释上至少有三种选择：一是类推适用本条的规则。但若本条可类推适用于财产权益，则立法者大可不必对本条适用的权利类型作明确限制。二是适用安全保障义务一般条款（《民法典》第 1198 条第 2 款），因为安全保障义务一般条款不仅适用于人身权益，也适用于财产权益受侵害，且两种权利类型的规则相同。因此，本方案与第一种方案对当事人的实质利益并无影响，唯在解释路径和适用的法律条文上有所不同。三是适用无意思联络数人侵权的一般规则（《民法典》第 1172 条），由第三人和教育机构根据其责任大小各自承担相应的责任。相较而言，适用安全保障义务一般条款是既能避免因法律漏洞而从事法律续造，又能保持教育机构责任特殊性的方案，或许是更可取的选择。需提醒的是，安全保障义务中的补充责任，仅适用于第三人故意侵权的情形。若第三人系过失，则应适用数人侵权一般条款。

第五，所谓“第三人”，指教育机构工作人员和教育机构内学生以外的其他人。若是教育机构内的学生造成了另一学生的损害，应适用《民法典》第 1199 条或第 1200 条。

第六，所谓“学习、生活期间”，不以损害发生在校园内为限。实务中常发生第三人将受害人带离校园后再实施加害行为。若教育机构在校园进出管理等方面未尽到管理职责，也可适用本条。

【相关案例】

徐某 1 与骆驼坳中心小学、胡某先教育机构责任纠纷案①

徐某 1 就读于骆驼坳中心小学六（一）班，另一同学付某也就读于该校，因父母外出务工，付某的学习生活由胡某先（付某的外婆）照料，因其饭卡丢失，2015 年 6 月 26 日上午，胡某先来到学校找到相关校领导反映此事，校领导告诉

① （2017）鄂 11 民终 549 号。

她已查明饭卡被另一同学叶某同学拿走。后胡某先来到六（一）班找叶某，当时正在举行期终考试，徐某1及其他同学进入教室就座准备考试，胡某先将坐在后排的徐某1误认成叶某，几句口角之后，徐某1情绪激动肢体动作过大，右手碰碎了教室窗户玻璃，同时玻璃碎片又将右腕部割伤。受伤后徐某1被送至医院治疗，经司法鉴定构成八级残疾。双方就赔偿事宜协商未果，徐某1将胡某先与罗田县骆驼坳中心小学诉至法院，要求赔偿并赔礼道歉。

本案争议焦点是，被告胡某先的行为与原告徐某1受伤之间是否存在因果关系，以及被告罗田县骆驼坳中心小学是否有尽到教育管理职责。

法院认为，胡某先因误认为徐某1拿走付某饭卡到教室找徐某1，因当天全班同学都在教室准备考试，徐某1作为限制民事行为能力的未成年人，在全班同学面前，自尊心受到较大伤害，为此，用手击打玻璃受伤，对徐某1由此受到的伤害造成的损失，胡某先应当承担主要赔偿责任。骆驼坳中心小学未尽到管理职责，让胡某先在正常的教学时间擅自到教室找人，亦有一定的责任，应当承担相应的补充责任。徐某1尽管系限制民事行为能力人，但根据其年龄、认知判断能力，应当知道用手击打玻璃产生的危害后果，因其未控制自己的情绪，致本案损害的发生，有一定的过错，可以减轻侵权人的责任。

【关联法条】

《侵权责任法》第40条，《最高人民法院关于审理人身损害赔偿案件适用法律若干问题的解释》第7条

（撰稿人：徐伟）

第四章 产品责任

【导读】

产品责任是现代工业生产的产物，旨在救济因产品缺陷而受损的产品使用人。在《民法典》之前，产品责任已经为《民法通则》《侵权责任法》《产品质量法》《消费者权益保护法》《食品安全法》等多部法律所规定。本章沿袭了《侵权责任法》的主要规范内容，并进行了部分修订。

本章共六条，分别规定了生产者责任、生产者和销售者的连带责任和相互追偿权、产品生产者、销售者对运输者、仓储者等第三人的追偿权、预防性产品责任、产品追踪观察义务、惩罚性赔偿等内容。对于这六个条文的理解，应着重把握以下几个要点：

关于第1202条规定的生产者责任。本条沿袭了《侵权责任法》第41条的规定，未做任何变动。

关于第1203条规定的生产者和销售者的连带责任和相互追偿权。相较于《侵权责任法》第43条第1款，本条第1款在“损害”前增加了“他人”的表述。本条第2款则合并了《侵权责任法》第43条第2款和第3款。

关于第1204条规定的产品生产者、销售者对运输者、仓储者等第三人的追偿权。本条源自《侵权责任法》第44条，未做任何变动。

关于第1205条规定的预防性产品责任。本条源自《侵权责任法》第45条，增加了“停止侵害”这一责任形式。在产品责任领域引入预防性侵权责任，主要是为了充分发挥侵权责任的预防功能，在危害招致实际损害之前将危险排除或消灭，更周全地保护民事主体的合法人身或财产权益，本条更有意义之处是在产品缺陷给他人的人身造成危险时发挥预防性的救济作用。在产品缺陷给他人的物等造成危险时，会发生与本法第236条规定的物权请求权的竞合问题，二者在构成要件和法律效果上都一致，本条其实无须重复规定。

关于第1206条规定的产品追踪观察义务。本条源自《侵权责任法》第46条，第1款中增加了“停止销售”这一补救措施，并在第1款第2句将责任限定为“损害扩大”的情形，同时增加了第2款，明确了召回费用的承担。本条规定的承担产品追踪观察义务的主体包括生产者和销售者，不像《消费者权益保护法》第63条那样将义务主体仅限于经营者，将受保护的主体仅限于消费者，与《食品安全法》第63条相比，它的适用范围也扩展到所有产品。这一规定实际上确立了统一的产品后续追踪观察义务，特别是统一的缺陷产品召回制度，能够更好地敦促产品的生产者改进其生产技术，并有力地保护使用者免受产品缺陷的损害。

关于第1207条规定的惩罚性赔偿。本条源自《侵权责任法》第47条，增加“或者没有依据前条规定采取有效补救措施”的规定。值得注意的是，《民法典》第1207条规定的产品责任的惩罚性赔偿与《消费者权益保护法》第55条第2款、《食品安全法》第148条第2款在适用上可能会产生竞合：（1）在消费者因为所购买的产品存在缺陷而死亡或遭受严重健康损害时，若产品的生产者、销售者明知产品存在缺陷仍然向消费者提供的，本条就会和《消费者权益保护法》第55条第2款出现竞合，二者区别主要体现在赔偿数额上。此时，《消费者权益保护法》第55条第2款作为本条的特别法，应当优先适用。而在医疗产品的情况下，《最高人民法院关于审理医疗损害责任纠纷案件适用法律若干问题的解释》第23条实际上是《消费者权益保护法》第55条第2款的具体适用，可以依照上述规则处理。（2）《食品安全法》第148条第2款亦赋予不符合食品安全标准的食品消费者对食品生产者、经营者的惩罚性赔偿请求权，但该款与《消费者权益保护法》第55条第2款的区别在于，前者未要求食品生产者明知，也未要求造成消费者死亡或严重健康损害，同时该款还规定了一项抗辩事由，即食品的标签、说明书存在不影响食品安全且不会对消费者造成误导的瑕疵，该款规定的惩罚性赔偿的数额为消费者支付价款的十倍或者损失的三倍，并且最低额为1千元（三倍损失的赔偿标准及1千元的最低赔偿额是《食品安全法》在2015年修订时增加的内容）。该款作为《消费者权益保护法》第55条第2款的特别法，应当优先于后者适用。在与本条的关系上，该款亦应优先适用。①

（撰稿人：李昊）

---

① 不过，2014年3月15日施行的《最高人民法院关于审理食品药品纠纷案件适用法律若干问题的规定》第15条针对2009年《食品安全法》第96条第2款（仅规定了价款十倍的惩罚性赔偿金），认为在生产不符合安全标准的食品或者销售明知是不符合安全标准的食品的情形，消费者既可以向生产者、销售者主张支付价款十倍赔偿金，也可以依照法律规定的其他赔偿标准要求惩罚性赔偿，后者主要指2013年修订的《消费者权益保护法》第55条第2款规定的损失二倍以下的惩罚性赔偿。这一规定在法条竞合问题上明显采用了择一适用的态度。

第一千二百零二条 【生产者责任】 因产品存在缺陷造成他人损害的，生产者应当承担侵权责任。

【释义】

本条确立了产品生产者的无过错责任。在现代工业社会，产品主要批量生产自工厂流水线，若产品存在缺陷投入市场流通，极易造成大量消费者遭受损害。与掌握生产过程和科技知识的生产者相比，消费者明显处于弱势地位，若其无法有效证明产品缺陷及缺陷与其遭受的损害之间的因果关系，将无法就所遭受的人身或财产损害获得求偿。面对这种强弱失衡的状况，现代各国侵权法基本都承认了产品生产者或制造者的无过错责任。本条遵循了国外的立法通例，确立了产品生产者的无过错责任。

本条形式上为完全性法条，规定了生产者的产品责任，结合第 1203 条的规定，本条规定的责任应当为产品生产者的最终责任和对内责任。对这一责任需要明确责任主体、归责原则、构成要件和责任形式。

本条并未像《产品质量法》第 2 条第 2 款、第 3 款和第 46 条那样对这一责任构成中的产品、缺陷以及抗辩事由进行定义，因此仍需要借助于《产品质量法》的相关规定来加以阐明。

（一）责任主体为生产者

生产者是指制造、加工产品的自然人、法人或非法人组织。生产者包括了最终产品的生产者、原材料的生产者和零配件的生产者。[①]

除真正的生产者、制造者、加工者外，任何人只要在产品上标示其姓名或名称、商标或其他文字、符号，足以表彰自己是生产者的，就应当被视为生产者，也常常被称为“表见的生产者”。[②] 如将商标授权他人使用时，商标所有人也属于生产者，《最高人民法院关于产品侵权案件的受害人能否以产品的商标所有人为被告提起民事诉讼的批复》（法释〔2002〕22 号）即对此有明确规定。此外，当缺陷产品是由国外进口时，产品的进口商也应当作为产品的生产者。[③]

（二）生产者产品责任的归责原则

对于生产者产品责任的归责原则，目前我国的理论和实务并无分歧，都认为

---

① 王利明：《侵权责任法研究》（第二版）（下卷），中国人民大学出版社 2016 年版，第 255 页。
② 王利明：《侵权责任法研究》（第二版）（下卷），中国人民大学出版社 2016 年版，第 255 页。
③ 程啸：《侵权责任法教程》（第三版），中国人民大学出版社 2017 年版，第 242 页。

生产者应承担无过错责任。[①]《侵权责任法》第 41 条采用了无过错责任的归责原则，即只要产品存在缺陷造成他人损害，除存在法定的抗辩事由外，不论缺陷产品的生产者是否存在过错，都应当承担侵权责任，《民法典》第 1202 条继承了侵权责任法的归责原则及规定。[②]

（三）生产者产品责任的构成要件

本条规定的生产者产品责任的构成要件包括：产品存在缺陷、他人遭受损害、产品缺陷与他人损害之间存在因果关系、不存在抗辩事由。我国侵权法理论和司法实践谈及产品责任的构成要件时主要谈前三项要件[③]，结合《民法典侵权责任编》第一章一般规定的体例，抗辩事由应当作为侵权责任构成的内容放入。

1. 产品存在缺陷

本法对产品并未作出任何限定。根据《产品质量法》第 2 条第 2 款规定，该法所称产品是指经过加工、制作，用于销售的产品。（1）产品应当是经过加工、制作的物。加工、制作应当是指生产者使用一定的工艺技术，改变了物的某些基本特性，从而使其能够符合一定的用途[④]，而原材料、初级农产品等没有经过加工制作的物，就不属于产品的范畴。[⑤]（2）产品必须是用于销售的。有学者认为，所谓用于销售要做广义的理解，即产品被投入流通，产品的生产者将产品合法地交付给他人使用。至于此等交付是基于有偿的还是无偿的法律关系，在所不问。[⑥]最高人民法院在民法典侵权责任编的官方释义书中认为，应将赠送、试用买卖等行为视为销售行为，并可考虑将产品出租等行为准用“销售”的规定。[⑦]

---

① 黄薇主编：《中华人民共和国民法典侵权责任编解读》，中国法制出版社 2020 年版，第 155 页；最高人民法院民法典贯彻实施工作领导小组主编：《中华人民共和国民法典侵权责任编理解与适用》，人民法院出版社 2020 年版，第 313 页；王利明：《侵权责任法研究》（第二版）（下卷），中国人民大学出版社 2016 年版，第 225 页；程啸：《侵权责任法教程》（第三版），中国人民大学出版社 2017 年版，第 227 页。

② 王胜明主编：《中华人民共和国侵权责任法释义》（第二版），法律出版社 2013 年版，第 246 页；黄薇主编：《中华人民共和国民法典侵权责任编解读》，中国法制出版社 2020 年版，第 155 页。

③《陈某金、林某鑫与三菱株式会社损害赔偿纠纷案》，载《最高人民法院公报》2001 年第 2 期（总第 71 期）；最高人民法院侵权责任法研究小组编著：《〈中华人民共和国侵权责任法〉条文理解与适用》，人民法院出版社 2010 年版，第 313 页（该书将责任主体也作为了一个要件，但仅就生产者责任而言，已无须讨论这一要件）；王利明：《侵权责任法研究》（第二版）（下卷），中国人民大学出版社 2016 年版，第 225～226 页；程啸：《侵权责任法教程》（第三版），中国人民大学出版社 2017 年版，第 228 页以下；张新宝：《侵权责任法》（第四版），中国人民大学出版社 2016 年版，第 233～239 页；杨立新：《侵权责任法》（第三版），法律出版社 2018 年版，第 327～330 页。

④ 王利明：《侵权责任法研究》（第二版）（下卷），中国人民大学出版社 2016 年版，第 213 页。

⑤ 我国有民法典学者建议稿建议应当将初级农产品和猎获物包括在产品定义之内，参见梁慧星主编：《中国民法典草案建议稿附理由·侵权行为编》，法律出版社 2013 年版，第 163 页（第 1685 条）。

⑥ 程啸：《侵权责任法教程》（第三版），中国人民大学出版社 2017 年版，第 229 页。

⑦ 最高人民法院民法典贯彻实施工作领导小组主编：《中华人民共和国民法典侵权责任编理解与适用》，人民法院出版社 2020 年版，第 312 页。

比较特殊的产品类型有：种子[①]；药品（《药品管理法》（2019年修订）第2条第2款）、消毒药剂（《消毒管理办法》第32条第5项）、医疗器械（《医疗器械监督管理条例》（2017年修订）第76条第1项）、血液（《血站管理办法》（2017修订）第65条第1项）[②]；用于销售的微生物制品、动植物制品、基因工程制品[③]；食品（《食品安全法》第150条第1项）；农产品（《农产品质量安全法》第2条第1款、第54条）；机动车（《最高人民法院关于审理道路交通事故损害赔偿案件适用法律若干问题的解释》第12条）；智力产品；自动驾驶软件和自动驾驶汽车。[④]

但以下几种情形并不属于产品：动物[⑤]；军工产品[⑥]；核设施、核产品（《民法典》第1237条、《产品质量法》第73条第2款）；电力（《民法典》第1240条、《电力法》（2018年修订）第60条）；建设工程（《产品质量法》第2条第2款）；人体器官。

本法对缺陷未下定义。《产品质量法》第46条则将缺陷定义为，产品存在危及人身、他人财产安全的不合理的危险；产品有保障人体健康和人身、财产安全的国家标准、行业标准的，是指不符合该标准。由此产生了双重标准说和单一标准说之争。单一标准说认为，《产品质量法》确立了单一的缺陷认定标准，即产品存在危及人身、财产安全的不合理的危险，保障人体健康和人身、财产安全的国家标准、行业标准只是认定是否存在不合理的危险的参考因素。双重标准说则认为，产品具有不合理的危险或者不符合国家标准、行业标准，都应当属于缺

① 陈某军等与金丹隆公司等产品质量损害赔偿纠纷案（假种子致损的责任认定）［（2009）二中民终字第17677号］，载国家法官学院、中国人民大学法学院编：《中国审判案例要览》（2010年民事审判卷），中国人民大学出版社2011年版，第268页。

② 血液在人体中尚未与人体分离之前，其不属于产品，而是人体的组成部分。但其一旦与人体相分离，就已经不再是人体的组成部分，在输血之前，血液需要经过一定的加工和处理，符合《产品质量法》对“产品”的定义。王利明：《侵权责任法研究》（第二版）（下卷），中国人民大学出版社2016年版，第230页。另参见王利明主编《中国民法典学者建议稿及立法理由·侵权行为编》（法律出版社2005年版）第1950条［产品］第2款第3项。但也有学者建议稿将输血用血液排除出产品责任的适用范围。参见梁慧星主编：《中国民法典草案建议稿附理由·侵权行为编》，法律出版社2013年版，第164页。

③ 王利明主编《中国民法典学者建议稿及立法理由·侵权行为编》（法律出版社2005年版）第1950条［产品］第2款第3项。

④ 王乐兵：《自动驾驶汽车的缺陷及其产品责任》，载《清华法学》2020年第2期。

⑤ 动物虽然目前属于物，但野生动物并非加工、制造的产物，不属于产品范畴，而对饲养动物致害责任则应适用侵权责任编第9章的规定。程啸：《侵权责任法教程》（第三版），中国人民大学出版社2017年版，第231～232页。

⑥ 根据《产品质量法》第73条第1款规定：“军工产品质量监督管理办法，由国务院、中央军事委员会另行制定。”目前有关军工产品责任的特殊规定主要为《武器装备质量管理条例》（2010年）第53条第2款和第56条。

陷，二者属于并列的两种标准。[①] 从消费者保护角度而言，单一标准说应当更为合理，即便产品符合保障人体健康和人身、财产安全的国家标准、行业标准，是合格的产品，也只能初步表明该产品没有缺陷，并不等于该产品是没有缺陷的产品。如果能够证明产品存在危及人身、财产安全的不合理危险，仍应认定其存在缺陷。[②]

关于缺陷的类型。我国学者通常将产品缺陷区分为三类：（1）设计缺陷。产品的设计缺陷是指产品因其设计上存在的欠缺而带来的危及他人人身、财产安全的不合理危险。[③] 判断产品是否存在设计缺陷，应当考虑其所设计的用途，如果将产品用于其所设计的用途以外的情形，即使该产品存在“不合理危险”，也不能认为存在设计缺陷，同时，应考虑当时的科学技术发展状况、有无类似的可以替代的设计方案等因素。[④] （2）制造缺陷。制造缺陷是指因产品使用的原材料、零部件等存在缺陷或者因加工、装配等制造上的原因，导致产品存在危及人身、他人财产安全的不合理危险。[⑤] 可分为两种情况：一是，制造该产品的原材料或零部件存在物理上的缺陷；二是，尽管单个的配件并无缺陷，但在装配成最终产品时犯了某种错误。[⑥] （3）警示缺陷。警示缺陷也称指示缺陷、说明缺陷、警告缺陷[⑦]或营销缺陷[⑧]等，是指因产品的标识、标注、使用说明中未全面、妥当地说明或警告，而使产品存在危及人身、他人财产安全的不合理危险。[⑨] 《产品质量法》第 27 条、第 28 条就生产者对产品的标识和警示说明义务做出了明确规定。

除上述三类缺陷外，我国还有学者认为缺陷的类型中应包含：（1）跟踪观察

---

① 王利明：《侵权责任法研究》（第二版）（下卷），中国人民大学出版社 2016 年版，第 232 页，该书支持单一标准说。支持单一标准说的，还如最高人民法院民法典贯彻实施工作领导小组主编：《中华人民共和国民法典侵权责任编理解与适用》，人民法院出版社 2020 年版，第 314 页；黄薇主编：《中华人民共和国民法典侵权责任编解读》，中国法制出版社 2020 年版，第 157 页。认为《产品质量法》采用了双重标准的如梁慧星主编：《中国民法典草案建议稿附理由·侵权行为编》，法律出版社 2013 年版，第 165 页，但该建议稿采用了单一标准（第 166 页）。支持双重标准说的如最高人民法院侵权责任法研究小组编著：《〈中华人民共和国侵权责任法〉条文理解与适用》，人民法院出版社 2010 年版，第 301 页、第 312 ~ 313 页。

② 程啸：《侵权责任法教程》（第三版），中国人民大学出版社 2017 年版，第 233 页；周友军：《侵权法学》，中国人民大学出版社 2011 年版，第 322 页。对此，存在不同观点，参见最高人民法院侵权责任法研究小组编著：《〈中华人民共和国侵权责任法〉条文理解与适用》，人民法院出版社 2010 年版，第 303 页。

③ 程啸：《侵权责任法教程》（第三版），中国人民大学出版社 2017 年版，第 236 页。

④ 张新宝：《侵权责任法》（第四版），中国人民大学出版社 2016 年版，第 235 页。

⑤ 程啸：《侵权责任法教程》（第三版），中国人民大学出版社 2017 年版，第 236 页。

⑥ 张新宝：《侵权责任法》（第四版），中国人民大学出版社 2016 年版，第 235 页。

⑦ 梁慧星主编：《中国民法典草案建议稿附理由·侵权行为编》，法律出版社 2013 年版，第 166 页。

⑧ 营销缺陷（marketing defect/defective marketing）为张新宝教授所使用。参见张新宝：《侵权责任法》（第四版），中国人民大学出版社 2016 年版，第 236 页。

⑨ 程啸：《侵权责任法教程》（第三版），中国人民大学出版社 2017 年版，第 236 页。

缺陷/跟踪缺陷。[①] 跟踪观察缺陷是指产品投入流通以后，生产者和销售者应当继续跟踪观察，如果产品在使用中发现存在危害使用者人身、财产安全的危险，生产者和销售者就有义务对此种危险采取停止销售、警示、召回等补救措施，以避免或减少危险的发生。[②]（2）包装缺陷。有学者认为，包装缺陷亦可能涉及上述设计缺陷、制造缺陷、警示缺陷、追踪观察缺陷等各种类型，不一定单独作为产品缺陷类型。[③] 此外，我国在实践中还使用了“安装缺陷”的概念。[④]

2. 损害（侵害的民事权益）

本条仅要求造成他人损害，并未明确该损害的内容。但实际上，本条中的损害应包括：（1）人身损害。人身损害主要指因产品缺陷造成他人人身伤害或死亡，即被侵害的人身权益主要限于生命、身体和健康，其他人身权益（如名誉权、隐私权等）不可能成为产品责任中受侵害的人身权益。[⑤] 具体的赔偿规则，《产品质量法》第44条第1款和本法第1179～1181条已经做出了明确规定。（2）财产损害。缺陷产品造成的财产损害，并非是所有类型的财产损害，通常限于有体物的损害。[⑥] 至于产品缺陷造成的财产损害的认定，最高人民法院的民法典侵权责任编释义书认为，财产损失不是指缺陷产品本身的损失，而是指缺陷产品外的其他财产的损失，其范围包括直接损失和间接损失。[⑦]（3）精神损害。本条并未排斥在产品责任中适用精神损害赔偿。本法第1183条第1款明确规定了自然人人身权益受到侵害造成严重精神损害的，被侵权人可以请求精神损害赔偿。因此，因产品存在缺陷致使他人的生命权、健康权、人身权等人身权益受到损害造成严重

---

① 王利明：《侵权责任法研究（下）》（第二版），中国人民大学出版社2016年版，第238页；张新宝：《侵权责任法》（第四版），中国人民大学出版社2016年版，第237页；冉克平：《产品责任理论与判例研究》，北京大学出版社2014年版，第158页。跟踪缺陷为张新宝教授所使用，参见张新宝：《侵权责任法》（第四版），中国人民大学出版社2016年版，第237页。

② 王利明：《侵权责任法研究》（第二版）（下卷），中国人民大学出版社2016年版，第238页；最高人民法院民法典贯彻实施工作领导小组主编：《中华人民共和国民法典侵权责任编理解与适用》，人民法院出版社2020年版，第318页。

③ 王利明：《侵权责任法研究》（第二版）（下卷），中国人民大学出版社2016年版，第239页。

④ （2009）花民一初字第0605号。另参见“覃某娟、詹某前、詹某与胡某江、奇田公司等产品责任纠纷案”，（2014）浙衢民终字第519号。参见方帅：《燃气热水器产品缺陷的扩张认定——覃某娟、詹某前、詹某与胡某江、奇田电器有限公司等产品责任纠纷案》，载最高人民法院民事审判第一庭编：《民事审判指导与参考》2015年第1辑（总第61辑），人民法院出版社2015年版，第264～265页。

⑤ 王利明：《侵权责任法研究》（第二版）（下卷），中国人民大学出版社2016年版，第241页。

⑥ 王利明：《侵权责任法研究》（第二版）（下卷），中国人民大学出版社2016年版，第241页。

⑦ 最高人民法院民法典贯彻实施工作领导小组主编：《中华人民共和国民法典侵权责任编理解与适用》，人民法院出版社2020年版，第313页。

精神损害的，被侵权人可以请求精神损害赔偿。[①]

3. 缺陷与损害之间存在因果关系

产品责任的承担需要产品缺陷和他人所遭受的损害之间存在因果关系。此处因果关系的认定可以遵循侵权责任因果关系判断的一般准则，即以条件说+相当因果关系为准。在司法实践中，产品责任中的因果关系常委托鉴定机构进行鉴定。

4. 抗辩事由

本章未对生产者产品责任的抗辩事由作出规定，对此，《产品质量法》第41条仍应适用。[②] 根据《产品质量法》第41条第2款，生产者的抗辩事由包括如下三项：

（1）未将产品投入流通

“未将产品投入流通”，是指生产者生产的产品虽然经过了加工制作，但是没有投入市场流通。[③] “投入流通”包括任何形式的出售、出租、租赁、租卖以及抵押、质、典当。如果产品仍处于生产阶段或紧接着生产完毕后的仓储阶段则不认为已投入流通。[④] 产品是否投入流通应以最初的生产者是否将产品投入流通为准。[⑤]

（2）产品投入流通时，引起损害的缺陷尚不存在

“产品投入流通时，引起损害的缺陷尚不存在”，是指生产者能够证明其将产品投放市场，转移到销售商或者直接出售给购买者时，产品并不存在缺陷。[⑥] 这一抗辩事由应当仅适用于生产者[⑦]，但其适用具有一定的限制，根据本法第1203条、第1204条的规定，产品的生产者对产品脱离自己控制之后，因运输者或者销售者的原因造成产品缺陷的，并不能当然免责。如果产品在投入流通时引起损害的缺陷尚不存在，生产者在承担责任之后有权向销售者、运输者、仓储者追偿。[⑧] 也即这一抗辩事由免除的是生产者的最终责任（实质责任）[⑨]，或称对内责任。

（3）将产品投入流通时的科学技术水平尚不能发现缺陷的存在

这一抗辩即发展风险抗辩（Development Risk Defense）。所谓“产品投入流通

---

① 最高人民法院民法典贯彻实施工作领导小组主编：《中华人民共和国民法典侵权责任编理解与适用》，人民法院出版社2020年版，第313页；王利明：《侵权责任法研究》（第二版）（下卷），中国人民大学出版社2016年版，第266页。

② 王利明：《侵权责任法研究》（第二版）（下卷），中国人民大学出版社2016年版，第248页。

③ 王胜明主编：《中华人民共和国侵权责任法释义》（第二版），法律出版社2013年版，第255~256页。

④ 张新宝：《侵权责任法》（第四版），中国人民大学出版社2016年版，第240页。

⑤ 王利明：《侵权责任法研究》（第二版）（下卷），中国人民大学出版社2016年版，第248~253页。

⑥ 王胜明主编：《中华人民共和国侵权责任法释义》（第二版），法律出版社2013年版，第255页。

⑦ 认为这一抗辩同样适用于消费者的如周友军：《侵权法学》，中国人民大学出版社2011年版，第333页。

⑧ 王利明：《侵权责任法研究》（第二版）（下卷），中国人民大学出版社2016年版，第250页。

⑨ 张新宝：《侵权责任法》（第四版），中国人民大学出版社2016年版，第240页。

时的科学技术水平”有两方面含义：一方面，应当以“产品投入流通时”这一时间点上的科学技术水平作为判断标准，而非以投入流通后被提升的科学技术水平作为标准。① 另一方面，科学技术水平既不是指生产者自身所掌握的科学技术，也不是指当时世界上最先进的科学技术水平，而是指我国社会整体具有的科学技术水平。②

这一抗辩同样适用于产品的生产者和销售者，否则销售者对被侵权人承担了直接责任后，却无法从生产者那里获得追偿。③

【相关案例】

武某与贝亲株氏会社产品责任纠纷案④

原告的母亲张某购买了一个由被告贝亲株式会社生产的微波炉奶瓶消毒盒，原告的家人在使用该产品进行奶瓶消毒的过程中，未遵守微波加热后在微波炉内进行冷却的操作规程，而是打开了微波炉炉门；在消毒盒尚未冷却的情况下，又打开了消毒盒盒盖，且未按使用说明的要求在打开盒盖前先将盒内残积水放掉。这时，原告进入厨房，伸手抓到了打开了盒盖的奶瓶消毒盒，导致该奶瓶消毒盒整体翻起，盒内覆出的热水将原告的脸部、颈部、前胸部多处烫伤。原告以奶瓶消毒盒存在严重缺陷为由，要求贝亲株式会社作为生产商承担侵权赔偿责任。本案争议焦点为所涉产品是否存在缺陷。法院认为，生产者承担产品责任的前提是产品存在缺陷，同时该缺陷与损害之间具有因果关系。所谓缺陷，是指产品存在危及人身、财产安全的不合理的危险。本案所涉奶瓶消毒盒，其工作原理为通过微波炉加热盒内给水盘的水，使之产生高温水蒸气，以达到消毒的效果。经过加热的消毒盒在一段时间内尚处于高温状态，此时该消毒盒无疑存在一定的危险，但该危险是消毒盒达到其功能的必然结果，故属于合理的危险。作为本身具有一定合理危险的产品，其使用规程具有相当之重要性，判断其是否存在缺陷不能与使用规程相分离，尤其是不能与防范危险转化为现实的基本规程相分离。该案所涉消毒盒的中文说明书，明确指示了两个重要的操作步骤：一是要求消毒后消毒

① 程啸：《侵权责任法教程》（第三版），中国人民大学出版社 2017 年版，第 245 页。

② 程啸：《侵权责任法教程》（第三版），中国人民大学出版社 2017 年版，第 245 页；王胜明主编：《中华人民共和国侵权责任法释义》（第二版），法律出版社 2013 年版，第 255～256 页。

③ 张新宝：《侵权责任法》（第四版），中国人民大学出版社 2016 年版，第 241 页。

④ （2005）浦民一（民）初字第 16681 号，参见蔡东辉：《武某与贝亲株氏会社等产品责任纠纷案》，载最高人民法院中国应用法学研究所编：《人民法院案例选》2008 年第 2 辑（总第 64 辑），人民法院出版社 2009 年版，第 100 页以下。

盒继续置于微波炉内一段时间等待冷却；二是要求将消毒盒放在水平面上，打开放水拴并倾斜盒身将残积的水放出。并且该两个操作步骤均作了防烫警示。同时，中文说明书注意事项部分还对从微波炉中取出消毒盒时一定要保持水平作了专门提示。上述操作步骤和注意事项提示，系为防止烫伤事件发生而设定的关键，也是基本的使用规程，而且操作起来并无难度。使用者应当遵守产品的基本使用规程，这是生产者合理的期待；对生产者在产品设计方面是否已经尽到足够的审慎注意义务的衡量，不能脱离这一合理期待。该案所涉奶瓶消毒盒在结构设计上，通过给水盘与奶瓶架、奶瓶、盒盖、盒体内底侧的突起物的空间位置关系、给水盘本身的形状、消毒盒盒身的弧度部分、盒盖与盒身的重量比较、支点位置等设计细节，已经足以保障在使用者基本遵守使用规程的前提下不会发生烫伤的危险。故此，本案所涉产品并无生产设计上的缺陷。本案所涉消毒盒的中文产品说明书，已经通过文字结合图示的方法，对产品的结构、使用步骤、注意事项作了明确的说明。一个正常的成年人，通过参阅该中文说明书，已经足以安全驾驭、使用该产品。原告的家人在原告烫伤前的长达21个月的时间内，遵守了中文说明书的要求使用该产品，故未发生任何问题，便是明证。中文说明书对于使用消毒盒的成年人亦多次提出防烫的警示，因而让缺乏认知能力的幼儿远离高温状态下的消毒盒，是一个正常成年人没有理由不知晓的常识。说明书中是否有“勿让儿童靠近”的警示语，并不构成一个正常成年人尽到该项注意义务的依赖。故此，日文说明书中关于“勿让儿童靠近”的警示语在中文说明书中未出现，只能说明日文说明书更加完善，但不能得出中文说明书存在指示缺陷的结论。故此，法院认定，本案所涉产品并无指示上的缺陷。

【关联法条】

《产品质量法》第2条、第4条、第41条、第44条、第45条、第46条

（撰稿人：李昊）

第一千二百零三条　【生产者和销售者的连带责任和相互追偿权】 因产品存在缺陷造成他人损害的，被侵权人可以向产品的生产者请求赔偿，也可以向产品的销售者请求赔偿。

产品缺陷由生产者造成的，销售者赔偿后，有权向生产者追

偿。因销售者的过错使产品存在缺陷的，生产者赔偿后，有权向销售者追偿。

【释义】

本条第 1 款将产品生产者和销售者都确立为产品责任的直接责任人或对外的责任人，被侵权人可以择一选择。这一规定能够充分保护受害人利益，也比较符合公平原则。[①] 产品缺陷最常见的是制造、设计或指示缺陷，往往是生产者领域的原因肇致的，生产者根据第 1202 条的规定应当承担无过错责任。因此，在销售者对被侵权人承担责任后赋予其对生产者的追偿权才能实现侵权责任法的矫正、惩罚、威慑和遏制功能，同理，若产品缺陷是因为销售者的过错造成的，产品生产者在赔偿被侵权人后也应享有对销售者的追偿权。这即为本条第 2 款的立法宗旨。

（一）销售者的责任

销售者是指实施了产品销售行为包括代销行为的人，即产品生产者以外的产品供应商[②]，如产品的批发商、零售商、以保留所有权、融资租赁、易货贸易等方式销售产品者。[③] 从本条的规范目的而言，销售者无论采取何种方式销售，仍应限定于以销售作为经营活动的主体，即其销售行为具有营利性和持续性，在私人之间偶尔从事买卖的人不是产品责任中的销售者。[④]

除上述以转移产品所有权的方式进行销售者外，还存在视为产品销售者的情形：违法允许他人使用自己营业执照的持有人（《消费者权益保护法》第 42 条）及展销会的举办者、柜台的出租者（《消费者权益保护法》第 43 条）。[⑤] 还有学者将《最高人民法院关于审理食品药品纠纷案件适用法律若干问题的规定》第 9 条规定的网络交易平台的提供者纳入特殊的销售者的范围。[⑥] 与该规定类似的还有

---

① 最高人民法院民法典贯彻实施工作领导小组主编：《中华人民共和国民法典侵权责任编理解与适用》，人民法院出版社 2020 年版，第 323 页。

② 最高人民法院民法典贯彻实施工作领导小组主编：《中华人民共和国民法典侵权责任编理解与适用》，人民法院出版社 2020 年版，第 326 页。

③ 张新宝：《侵权责任法》（第四版），中国人民大学出版社 2016 年版，第 232 页；王利明：《侵权责任法研究》（第二版）（下卷），中国人民大学出版社 2016 年版，中国人民大学出版社 2016 年版，第 256、257 页。

④ 王利明：《侵权责任法研究》（第二版）（下卷），中国人民大学出版社 2016 年版，第 256 页。

⑤ 程啸：《侵权责任法教程》（第三版），中国人民大学出版社 2017 年版，第 242 页；王利明：《侵权责任法研究》（第二版）（下卷），中国人民大学出版社 2016 年版，第 256 ~ 258 页。

⑥ 王利明：《侵权责任法研究》（第二版）（下卷），中国人民大学出版社 2016 年版，第 257 页。

《消费者权益保护法》第 44 条第 1 款以及《食品安全法》第 131 条第 2 款。

根据本条第 1 款规定，销售者向被侵权人承担的是无过错责任，根据第 2 款规定，销售者对内承担的最终责任的性质是过错责任。[①]

（二）生产者与销售者对外承担的责任

根据本条第 1 款的规定，对于因产品缺陷遭受损害的被侵权人，生产者和销售者承担直接责任（表面责任），归责原则为无过错责任。[②] 被侵权人既可以起诉生产者，也可以起诉销售者，按照最有利于自己行使权利的要求进行选择。生产者和销售者中具体由谁承担责任，根据受害人的主张来确定，二者承担的责任一样，都是严格责任。[③]

对本规定，存在的主要争议是产品生产者和销售者对外承担的直接责任的性质究竟是连带责任还是不真正连带责任。目前，主流学说都认为产品生产者和销售者对外承担的是不真正连带责任。[④] 其理由主要有：（1）一般的连带责任中并不存在终局责任人，连带责任人之间也不可能全部追偿。[⑤]（2）作为民事责任中最严厉的责任，连带责任必须有当事人的约定或者法律的规定为依据。

（三）销售者和生产者之间的相互追偿权

本条第 2 款为先行垫付赔偿费用的一方向另一方行使追偿权提供了法律依据。根据第 1202 条和本条第 2 款的规定，生产者和销售者承担最终产品责任的归责原则不同，生产者承担的是无过错责任，销售者则仅承担过错责任。因此，先行垫付赔偿费用的一方只有在另一方符合承担最终产品侵权责任的条件时，才可以向对方行使追偿权。[⑥]

根据本条第 2 款的规定，生产者、销售者之间的互相追偿区分为两种情形：（1）销售者向生产者追偿时。基于第 1202 条的规定，生产者承担最终责任是基于无过错责任，因此，销售者根据本条第 2 款第 1 句向生产者追偿时，仅需证明产品缺陷是由生产者造成的，即销售者应当证明，产品在投入流通之前存在设

---

① 程啸：《侵权责任法教程》（第三版），中国人民大学出版社 2017 年版，第 228 页；王利明：《侵权责任法研究》（第二版）（下卷），中国人民大学出版社 2016 年版，第 227 页。

② 张新宝：《侵权责任法》（第四版），中国人民大学出版社 2016 年版，第 239 页。

③ 最高人民法院民法典贯彻实施工作领导小组主编：《中华人民共和国民法典侵权责任编理解与适用》，人民法院出版社 2020 年版，第 322 页。

④ 王利明：《侵权责任法研究》（第二版）（下卷），中国人民大学出版社 2016 年版，第 260 页；程啸：《侵权责任法教程》（第三版），中国人民大学出版社 2017 年版，第 243 页；周友军：《侵权法学》，中国人民大学出版社 2011 年版，第 335 页；杨立新：《论不真正连带责任类型体系及规则》，载《当代法学》2012 年第 3 期；李永军：《论侵权责任法关于多数加害人的责任承担方式》，载《法学论坛》2010 年第 2 期。

⑤ 王利明：《侵权责任法研究》（第二版）（下卷），中国人民大学出版社 2016 年版，第 260 页。

⑥ 王胜明主编：《中华人民共和国侵权责任法释义》（第二版），法律出版社 2013 年版，第 260 页。

计、制造、警示缺陷[①]，同时自己已向被侵权人承担赔偿责任即可。[②]（2）生产者向销售者追偿。[③] 根据本条第2款的规定，销售者承担最终责任的基础是过错责任，因此产品生产者向销售者追偿时，应当证明产品缺陷是因销售者过错造成的[④]，并且他已向被侵权人承担了赔偿责任。如果被侵权人直接请求销售者承担了责任，而且产品缺陷是因为销售者的过错造成的，则销售者不得再向生产者追偿。[⑤]

【相关案例】

刘某平与湘宇公司产品责任纠纷案[⑥]

刘某平从湘宇公司购买CY150－8型挖掘机一台。刘某平在使用过程中，挖掘机出现自燃起火，当地消防中队赶到现场时，挖掘机已基本烧毁。消防中队证实，从燃烧的痕迹看，发动机部位烧毁最为严重，疑从发动机部位引发火灾。本案争议焦点为湘宇公司是否应当承担产品责任。再审法院认为，在产品责任纠纷中，消费者相较于生产者、销售者来说，无论是经济实力，还是对相关产品技术、工艺等问题的了解情况，均处于弱者地位，其距离证据较远、举证能力较弱，因此在产品责任纠纷中，应当遵循社会风险管控领域中让最有能力承担风险者承担风险的规则。在原审过程中，刘某平提供了工地工人的证明、桃江县消防中队的《证明》以证实涉案挖掘机是在使用过程中突然起火。虽然湘宇公司再审过程中提交的桃江县公安消防大队出具的《情况说明》否认了《证明》中疑似挖掘机发动机起火原因的说法，但也未对挖掘机起火的原因进行认定。作为普通的消费者，刘某平提交的其他证据已经可以达到证明挖掘机系使用过程中起火的目的，其证明挖掘机存在缺陷、缺陷导致其财产损失的举证责任已经完成。湘宇公司作为销售者，应当就其存在免责事由进行举证，但湘宇公司未能举证证明挖掘机起火非因产品缺陷造成，应当承担举证不能的后果。原审基于本案纠纷性质以及各方当事人的身份地位分配举证责任，并无不当。另外，生产者和销售者对被侵权人的责任形态为不真正连带责任，如湘宇公司能够证明产品缺陷系因生产者造成的，其有权向生产者追偿。

---

① 王利明：《侵权责任法研究》（第二版）（下卷），中国人民大学出版社2016年版，第261页。

② 最高人民法院民法典贯彻实施工作领导小组主编：《中华人民共和国民法典侵权责任编理解与适用》，人民法院出版社2020年版，第323页。

③ 最高人民法院民法典贯彻实施工作领导小组主编：《中华人民共和国民法典侵权责任编理解与适用》，人民法院出版社2020年版，第324页。

④ 最高人民法院民法典贯彻实施工作领导小组主编：《中华人民共和国民法典侵权责任编理解与适用》，人民法院出版社2020年版，第324页。

⑤ 张新宝：《侵权责任法》（第四版），中国人民大学出版社2016年版，第239页。

⑥ （2019）湘民再327号。

【关联法条】

《产品质量法》第 42 条、第 43 条、第 44 条、第 45 条，《消费者权益保护法》第 40 条、第 41 条、第 42 条、第 43 条、第 44 条、第 45 条、第 48 条、第 49 条，《食品安全法》第 131 条、第 148 条，《最高人民法院关于审理食品药品纠纷案件适用法律若干问题的规定》第 2 ~ 10 条

（撰稿人：李昊）

第一千二百零四条　【产品生产者、销售者对运输者、仓储者等第三人的追偿权】 因运输者、仓储者等第三人的过错使产品存在缺陷，造成他人损害的，产品的生产者、销售者赔偿后，有权向第三人追偿。

【释义】

本条源自《侵权责任法》第 44 条，未做任何变动。本条最早的雏形是《民法通则》第 122 条第 2 句，与之相比，本条明确了运输者、仓储者责任的归责原则是过错责任，并明确了产品生产者、销售者得行使的权利性质和行使条件，同时本条也未将责任主体限定为运输者、仓储者，还扩及至其他第三人。本条也构成第 1175 条和第 1193 条规定的作为侵权责任抗辩事由的第三人原因的例外情形。

（一）最终责任人的范围

最终责任人的范围包括：（1）运输者。运输者是负责将产品从起运地点运输到约定地点的人。（2）仓储者。仓储者是负责储存存货人交付的仓储物的人。（3）其他责任人。其他责任人如产品设计者、合作生产者、检验者等。[①] 还有学者将原材料提供者、零部件提供者以及进口商等也纳入第三人的范围里。[②]

（二）运输者和仓储者等第三人责任的归责原则和责任性质

运输者、仓储者等第三人承担的过错责任有两个面向，一是如果受害人有证

① 最高人民法院侵权责任法研究小组编著：《〈中华人民共和国侵权责任法〉条文理解与适用》，人民法院出版社 2010 年版，第 321 页。

② 杨立新：《侵权责任法》（第三版），法律出版社 2018 年版，第 359 页。

据证明其具有过错，可以要求其根据本法第 1165 条第 1 款承担过错责任[①]；二是他们在产品生产者或者销售者承担产品责任后，应基于过错责任受到后者的追偿。这两种责任并不互相排斥，被侵权人向产品生产者、制造者主张严格产品责任并不妨碍其依据本法第 1165 条第 1 款直接向第三人主张过错侵权责任，二者可以择一行使。如果选择前者，被侵权人对第三人享有的请求权则由承担了责任的产品生产者、销售者代位行使，即本条规范的产品生产者或者销售者对有过错的第三人的追偿权实际上仍来源于被侵权人对后者可主张的侵权责任。

如上所述，产品生产者或者销售者对有过错的第三人的追偿权是基于后者应承担的侵权责任，但运输者、仓储者等第三人和产品生产者、销售者之间可能还存在合同关系，此时可能存在侵权责任和违约责任的竞合，应当允许产品生产者、销售者在赔偿被侵权人后根据本法第 186 条的规定进行选择。[②]

（三）运输者和仓储者等第三人的责任承担

根据本条的规定，产品生产者、销售者向第三人行使追偿权的要件包括：

1. 产品生产者、销售者已经对被侵权人承担了赔偿责任。参考《最高人民法院关于贯彻执行〈中华人民共和国民法通则〉若干问题的意见（试行）》第 153 条第 3 句的规定，运输者和仓储者对产品质量负有责任，制造者或者销售者请求赔偿损失时，可以在消费者向产品制造者或者销售者提起的产品责任诉讼中将运输者和仓储者列为第三人一并处理，也就是对产品责任诉讼和追偿权诉讼可以一起审理并做出判决。这里的产品生产者、销售者承担了赔偿责任并非仅指他们已经实际向被侵权人履行了赔偿义务，如果生产者、销售者已经与被侵权人达成了赔偿协议，或者是已经有生效的法律文书，产品生产者、销售者也可以行使追偿权。

2. 产品存在缺陷是因为运输者、仓储者等第三人的过错造成的。第三人介入导致产品缺陷的情形主要是在产品进入流通后因为运输、仓储等行为存在不当，而使得产品出现了危及人身、他人财产安全的不合理的危险，即这里的缺陷应当根据缺陷认定的一般标准（《产品质量法》第 46 条）来判断。如果产品的缺陷是因为生产者生产制造过程或销售者的过错和第三人的过错一起造成的，则产品的生产者、销售者在追偿时只能请求第三人承担因其过错造成的损害。

① 王利明：《侵权责任法研究》（第二版）（下卷），中国人民大学出版社 2016 年版，第 263 页。
② 王利明：《侵权责任法研究》（第二版）（下卷），中国人民大学出版社 2016 年版，第 263 页。

【相关案例】

齐鲁公司与天元公司产品责任纠纷案[①]

天元公司生产销售的棚膜涉嫌质量问题，天元公司为此先行向消费者进行了赔偿。另查明，齐鲁公司向天元公司出售的棚膜原材料（二辛酯）存在质量问题。经公安机关侦查，齐鲁公司与谢某忠签订运输合同并由后者将二辛酯运送至天元公司，但谢某忠在向天元公司运输二辛酯时采取抽出二辛酯掺入二异丁酯的方式倒换货物赚取差价，因而齐鲁公司的货物在运至天元公司之前就已经被掺入了二异丁酯而存在缺陷。本案争议焦点是齐鲁公司是否应当对天元公司的损失承担赔偿责任。再审法院认为，《侵权责任法》第44条规定，因运输者、仓储者等第三人的过错使产品存在缺陷，造成他人损失的，产品的生产者、销售者赔偿后，有权向第三人追偿。《产品质量法》第44条第2款规定，因产品存在缺陷造成受害人财产损失的，侵害人应当恢复原状或者折价赔偿。受害人因此遭受其他重大损失的，侵害人应当赔偿损失。本案中，谢某忠系齐鲁公司指定的运输货物的司机，运输车辆受齐鲁公司管理并加装GPS，齐鲁公司收取相应的管理费，因此，谢某忠的运输行为应视为齐鲁公司交付行为的一部分，对于运输者谢某忠在运输过程中掺假行为所导致产品存在缺陷而造成的损失，齐鲁公司应依法承担赔偿责任。齐鲁公司在承担赔偿责任后，可以依法向运输者追偿。

【关联法条】

《民法典》第1175条、第1193条

（撰稿人：李昊）

第一千二百零五条　【预防性产品责任】因产品缺陷危及他人人身、财产安全的，被侵权人有权请求生产者、销售者承担停止侵害、排除妨碍、消除危险等侵权责任。

---

① （2017）最高法民申2339号。

【释义】

本条属于《民法典》侵权责任编第 1167 条（《侵权责任法》第 21 条）规定的预防性侵权责任在产品责任领域的具体化[①]，它明确了危险源自产品缺陷，具体侵权人也被明确为生产者、销售者。同时在产品缺陷危及他人人身安全（生命权、身体权、健康权）时，本条还可经由《民法典》人格权编第 995 条第 1 款引致适用。

（一）预防性产品责任的主体

根据本条的规定，预防性产品责任的责任人与第 1203 条第 1 款规定的产品责任的责任人一致，即产品的生产者和销售者，而权利人为人身或财产安全受到产品缺陷危及的人，条文中称之为“被侵权人”，他包括但不限于产品的购买者，其他合法使用产品的人也可以依据本条提出请求。有学者将之限定为与产品买卖合同有密切关联的人，至少应当是合同可预见范围内的潜在消费者。[②]

本条没有明确受害人在责任主体上是否有选择权，但本条与第 1203 条第 1 款的规范目的类似，在解释上应当保持一致，受害人应当享有自由选择权。[③] 这实际上是加重了产品销售者的责任。

（二）预防性产品责任的构成要件

本条规定的预防性产品责任的构成要件包括两项：

1. 产品存在缺陷

本条构成要件中的产品和缺陷的内涵和类型与第 1202 条一致，此处不予赘述。应当注意的是，本条规定的预防性产品责任的产生还以缺陷产品仍然存在为前提，如果缺陷的产品已经毁损或者灭失，被侵权人只能请求产品生产者、销售者赔偿损失，而不能主张预防性请求权。[④]

2. 危及人身、财产安全

本条在表述中采用了人身、财产的宽泛表述，有学者认为，这里的“人身、财

---

① 不过有学者认为，《侵权责任法》第 45 条的首要意义在于确立了消费者对产品生产者、销售者的非损害赔偿请求权，这是一项全新的实体请求权，消费者可以据此启动主动预防救济程序。这项请求权在无意中完成了对产品损害预防体系的根本改造，使得中国的产品责任法呈现出与欧美侵权法截然不同的面貌。而《侵权责任法》第 21 条与第 45 条不是简单重复与重点强调的包容关系，而是并行不悖的并列关系。参见杨彪：《论侵权责任法对产品损害预防体系的改造》，载《法商研究》2011 年第 3 期。

② 杨彪：《论侵权责任法对产品损害预防体系的改造》，载《法商研究》2011 年第 3 期。

③ 王利明：《侵权责任法研究》（第二版）（下卷），中国人民大学出版社 2016 年版，第 265 页。

④ 最高人民法院侵权责任法研究小组编著：《〈中华人民共和国侵权责任法〉条文理解与适用》，人民法院出版社 2010 年版，第 323 ~ 324 页。

产”应当解释为限于权利，否则，可能给责任主体带来过重的负担。[①] 所谓的危及是指产品存在的缺陷有给他人的人身、财产造成损害的现实的、迫近的危险。最高人民法院的《侵权责任法》释义书认为，对于“危及”的标准必须从宽掌握，因为人身生命健康安全是无价的，是公民最大的权利，不能因为对“危及”标准要求过严，放纵和忽视了潜在危险，从而对不特定的他人造成无可避免的损失。[②]

（三）预防性产品责任的责任形式

1. 停止侵害

停止侵害针对的是持续进行的侵害行为，被侵权人可以要求侵害人停止实施侵害，从而避免损害的发生或扩大。

但停止侵害针对的是行为妨害的情形，采用这种责任方式以侵害正在进行或者仍在延续为条件，对于未发生或者已终止的侵害则不适用。[③] 在产品存在缺陷时，因为制造、销售等行为已经完成，并无侵害行为在继续，而仅存在产品缺陷造成的状态妨害，并无停止侵害的适用空间。

2. 排除妨碍

妨碍是指侵权人实施的妨碍他人合法权益的行为或者造成的妨碍他人合法权益正常行使的某种有害状况。排除妨碍是指依据被侵权人的请求，侵权人以一定的积极行为除去妨碍，以使被侵权人正常行使合法权益的民事责任方式。[④] 在产品缺陷造成危险的情况下，并不存在妨碍被侵权人行使权利的情况，排除妨碍也无适用余地。

3. 消除危险

产品缺陷引发的是给他人的人身、财产造成损害的现实危险，此时最合适的救济方式就是消除危险，诸如修复、退货、更换等。

【相关案例】

刘某萍与和室润风经销部产品责任纠纷案[⑤]

刘某萍从和室润风经销部处购买榻榻米及橱柜，后者为其进行了安装。经鉴定，榻榻米产品存在质量缺陷，对人体会产生危害。故刘某萍诉至法院，要求和

---

① 王利明：《侵权责任法研究》（第二版）（下卷），中国人民大学出版社 2016 年版，第 264 页。

② 最高人民法院侵权责任法研究小组编著：《〈中华人民共和国侵权责任法〉条文理解与适用》，人民法院出版社 2010 年版，第 323～324 页。

③ 王胜明主编：《中华人民共和国侵权责任法释义》（第二版），法律出版社 2013 年版，第 88 页。

④ 黄薇主编：《中华人民共和国民法典侵权责任编解读》，中国法制出版社 2020 年版，第 163 页。

⑤ （2020）京民申 998 号。

室润风经销部退款退货并将该榻榻米拆除。本案争议焦点为被侵权人是否有权请求销售者消除危险。再审法院认为，《侵权责任法》第45条规定，“因产品缺陷危及他人人身、财产安全的，被侵权人有权请求生产者、销售者承担排除妨碍、消除危险等侵权责任”。本案中，刘某萍主张其在和室润风经销部购买并分别安装于北京市顺义区樱花园三区×号楼×门602室（以下简称602室）、河北省廊坊市大厂回族自治县潮白家园二期囊颖园×号楼×门2804室（以下简称2804室）的榻榻米2套、橱柜1套属质量不合格产品。根据鉴定意见，602室二层南向卧室榻榻米产品中的底板不符合GB/T18584－2001《室内装饰装修材料木家具中有害物质限量》中甲醛释放限量的要求，对人体会产生危害，属于缺陷产品，原审法院判决和室润风经销部退款退货并将该榻榻米拆除，于法有据。

【关联法条】

《民法典》第236条、第995条、第1167条

（撰稿人：李昊）

第一千二百零六条　【产品追踪观察义务】 产品投入流通后发现存在缺陷的，生产者、销售者应当及时采取停止销售、警示、召回等补救措施；未及时采取补救措施或者补救措施不力造成损害扩大的，对扩大的损害也应当承担侵权责任。

依据前款规定采取召回措施的，生产者、销售者应当负担被侵权人因此支出的必要费用。

【释义】

（一）产品追踪观察义务

在传统产品责任中，产品跟踪观察义务是指在产品投入流通以后，生产者应当对产品进行持续观察，了解产品是否存在未知的危险，以及在产品使用中是否存在其他危险；如果产品存在缺陷，生产者应当采取警示、召回等措施，以防免产品的危险。[1] 这一义务是生产者注意义务的延伸，从提供产品前，延伸到提供

① 周友军：《论侵权法上的产品跟踪观察义务》，载《法律科学》2014年第4期。

产品后。根据本法的规定，除产品生产者外，产品销售者也负有产品追踪观察义务，实际上强化了产品销售者的义务。

根据我国学者的归纳，产品追踪观察义务可以进一步区分为狭义的产品追踪观察义务和反应义务（Reaktionspflicht），前者是指生产者应当负有持续观察，以了解产品是否存在危险的义务，后者是指如果产品存在危险，生产者负有采取警示、召回等措施的义务。①

（二）违反产品追踪观察义务的侵权责任

根据本条第1款第2句，在产品生产者、销售者违反产品后续观察义务，未及时采取补救措施或采取补救措施不力的情况下，若造成损害的扩大，应就该部分损害承担侵权责任。这一侵权责任的构成要件应包括如下几项：

1. 产品生产者、销售者违反了其负有的产品追踪观察义务

产品在投入流通后，产品生产者、销售者就负有了产品后续追踪观察义务，他们应该根据产品缺陷的具体情形及时采取相应的补救措施（反应义务），但未及时采取补救措施，或者采取补救措施不力。对于被侵权人而言，他们只需要证明产品在流通后发现存在缺陷造成损害，无须证明产品生产者、销售者未及时采取补救措施或采取补救措施不力，而应由产品生产者、销售者证明其履行了产品追踪观察义务来抗辩。是否及时、有力地采取了补救措施则由法官根据当事人证明的案件事实进行自由裁量。

2. 被侵权人所受损害发生扩大

3. 被侵权人所受损害的扩大与产品生产者、销售者违反产品后续追踪观察义务之间存在因果关系

这里的被侵权人是指因产品缺陷而遭受人身、财产损害的人，包括产品使用人以及其他因产品缺陷而遭受损害的人，在直接受害人死亡的情形则为其近亲属（第1181条）。

对于产品投入流通后才发现的缺陷造成的损害，产品生产者和销售者可以提出发展风险抗辩，对该缺陷造成的损害不承担严格的产品责任。但若该损害因为产品生产者、销售者违反产品后续追踪观察义务而造成时，他们则应对造成的损害承担责任。但本条将《侵权责任法》第46条规定的“造成损害”修订为“造成损害扩大”，实际上限缩了产品生产者、销售者的赔偿责任范围。

4. 产品生产者、销售者存在过错

虽然本条未提及过错要素，但产品生产者、销售者在发现产品存在缺陷的情

---

① 周友军：《论侵权法上的产品跟踪观察义务》，载《法律科学》2014年第4期。

况下违反产品追踪观察义务，即表明其存在过错。这里的过错无须由被侵权人举证证明，应采取推定的形式，由产品生产者、销售者证明其在发现产品存在缺陷后及时、有效地采取了补救措施来推翻这一推定。

【相关案例】

本草公司与贝斯迪药厂产品责任纠纷案①

本案争议焦点为，本草公司是否有权请求贝斯迪药厂履行产品召回义务。生产商贝斯迪药厂指定香港的 Aprontech 公司作为在中国的独家经销商销售其生产的“兰菌净”，而本草公司则是从 Aprontech 公司购买“兰菌净”在中国内地销售。国家食药监管总局在发布相关文件中明确指出“兰菌净”存在安全隐患并责令召回，本草公司在收回了已出售给大陆公司的“兰菌净”后向 Aprontech 公司主张权利。最高人民法院一审认为，本草公司作为已经履行了召回义务的销售商，享有依据产品召回相关法律规定，直接向生产商贝斯迪药厂主张召回的权利。产品召回制度之宗旨在于维护消费者的合法权益不因为产品缺陷遭受损害。产品召回程序的启动是由于产品存在可能伤害消费者的缺陷，而这种缺陷的产生当然是产品生产者的责任，因此，法律规定生产者应当承担产品召回责任，乃属题中应有之义。法律同时规定，消费者可以向销售者主张召回，系为方便消费者而设立的一个桥梁。换言之，经销商在产品召回的制度设计中，仅是一个中间环节，是产品召回制度中连接消费者和生产商之间的一条纽带，而生产者对于产品召回应承担终极责任。理由是，首先，生产者是可能导致消费者受到伤害之缺陷产品的制作者，因产品缺陷而启动的召回费时、费力、费钱，生产者作为始作俑者理应承担由此产生的不利后果。其次，产品召回一般均涉及缺陷产品的修理或再利用，这也是产品召回制度的重要内容，以最大限度地降低因产品召回导致的社会财富之损失，对此，生产者最具条件和便利。最后，销售者履行了产品召回义务之后，若因为与生产者没有合同关系而不能向其主张召回，而与之有合同关系的卖方又因故难以承担责任，因此造成的损失将全部由对于产品缺陷之产生并无责任的销售者承担，实难言公允。

【关联法条】

《消费者权益保护法》第 19 条，《食品安全法》第 63 条

（撰稿人：李昊）

---

① （2019）最高法商初 1 号。

第一千二百零七条　【惩罚性赔偿】 明知产品存在缺陷仍然生产、销售，或者没有依据前条规定采取有效补救措施，造成他人死亡或者健康严重损害的，被侵权人有权请求相应的惩罚性赔偿。

【释义】

本条将惩罚性赔偿引入产品责任中，旨在惩罚、威慑和遏制恶意造成严重人身损害的产品侵权行为，以弥补单纯的填补型损害赔偿在功能上的不足。从个案上看，被侵权人虽然得到了高于实际损害的赔偿数额，但从侵权人角度来看，这种赔偿能够提高其注意义务，从而避免类似情况再次发生[①]，并且有可能进一步震慑其他潜在的不法行为人效法这种行为。[②]

（一）惩罚性赔偿的功能

对于惩罚性赔偿的功能，存在不同的观点，但都承认它具有惩罚、威慑和遏制功能，[③] 它一方面惩罚了不法行为，另一方面通过提高违法成本，产生示范效应，震慑其他潜在的不法行为人[④]，可以实现侵权责任的一般预防和个别预防功能。[⑤] 也有观点认为惩罚性赔偿具有补偿功能[⑥]，它是在实际损害不能准确地确定、通过补偿性赔偿难以补偿受害人所遭损失的情况下适用的。[⑦]

（二）惩罚性赔偿的适用条件

根据第 1207 条的规定，在产品责任中适用惩罚性赔偿需要具备以下要件：

1. 产品存在缺陷

这一要件和第 1202 条中的“产品存在缺陷”在内容上一致，区别仅在于，本条所要求的产品缺陷包括了将产品投入流通时的科学技术水平尚不能发现但之

---

① 黄薇主编：《中华人民共和国民法典侵权责任编解读》，中国法制出版社 2020 年版，第 168 页。

② 最高人民法院民法典贯彻实施工作领导小组主编：《中华人民共和国民法典侵权责任编理解与适用》，人民法院出版社 2020 年版，第 346 页。

③ 最高人民法院民法典贯彻实施工作领导小组主编：《中华人民共和国民法典侵权责任编理解与适用》，人民法院出版社 2020 年版，第 346 页；黄薇主编：《中华人民共和国民法典侵权责任编解读》，中国法制出版社 2020 年版，第 168 页；王利明：《侵权责任法研究》（第二版）（下卷），中国人民大学出版社 2016 年版，第 278 页。

④ 最高人民法院民法典贯彻实施工作领导小组主编：《中华人民共和国民法典侵权责任编理解与适用》，人民法院出版社 2020 年版，第 347 页。

⑤ 王利明：《侵权责任法研究》（第二版）（下卷），中国人民大学出版社 2016 年版，第 278 页。

⑥ 王利明：《侵权责任法研究》（第二版）（下卷），中国人民大学出版社 2016 年版，第 278 页。

⑦ 王利明：《侵权责任法研究》（第二版）（下卷），中国人民大学出版社 2016 年版，第 280 页。

后发现的缺陷，否则无法要求产品生产者、销售者及时采取补救措施。

2. 发生他人死亡或者健康严重损害的后果

要适用本条规定的惩罚性赔偿，须已实际造成他人死亡或者健康严重损害，即已造成严重的人身伤害。这里所称的造成健康严重损害，并不一定体现为残疾，但造成残疾的，可以认定为造成了健康的严重损害。[①] 如果产品缺陷未造成严重的人身伤害，而仅造成轻微的人身伤害或财产损害，则不适用本条规定的惩罚性赔偿。

3. 因果关系

本条中的因果关系是指产品缺陷与他人死亡或健康严重损害之间存在的因果关系。[②]

4. 产品生产者、销售者存在恶意

所谓的恶意是指产品生产者、销售者明知产品存在缺陷仍然生产、销售，或者没有根据第 1206 条规定采取停止销售、警示、召回等补救措施。

所谓的明知，从本条的表述看，并不要求行为人明知一定会造成损害，而是指明知产品存在缺陷。[③] 在明知产品存在缺陷的情况下仍然生产或销售，可以表明产品的生产者或销售者对所造成的严重后果持放任甚或追求的态度。

5. 惩罚性赔偿是否以补偿性赔偿为前提

在美国，惩罚性赔偿是依附于补偿性赔偿存在的。[④] 美国法院常常认为，任何惩罚性赔偿均应受限制，使其与补偿性赔偿额具有某种合理的关联性，即所谓的比例性原则（the Ratio Rule）。[⑤] 我国也有学者认为，惩罚性赔偿是以补偿性赔偿的存在为前提的，只有符合补偿性赔偿的构成要件，才能请求惩罚性赔偿。受害人原则上不能单独请求惩罚性损害赔偿，而必须以补偿性损害赔偿的成立为前提。[⑥] 而且，如果能够通过补偿性赔偿补救受害人的损害并发挥制裁效果的，也不必适用惩罚性赔偿。惩罚性赔偿是在实际损害不能准确地确定、通过补偿性赔偿难以补偿受害人遭受的损失的情况下适用的。[⑦]

从本条适用的前提看，惩罚性赔偿的适用一则以造成他人死亡或健康严重损

---

① 王利明：《侵权责任法研究》（第二版）（下卷），中国人民大学出版社 2016 年版，第 282 页。

② 王利明：《侵权责任法研究》（第二版）（下卷），中国人民大学出版社 2016 年版，第 283 页。

③ 王利明：《侵权责任法研究》（第二版）（下卷），中国人民大学出版社 2016 年版，第 281 页；最高人民法院侵权责任法研究小组编著：《〈中华人民共和国侵权责任法〉条文理解与适用》，人民法院出版社 2010 年版，第 342 页。

④ 王胜明主编：《中华人民共和国侵权责任法释义》（第二版），法律出版社 2013 年版，第 269 页。

⑤ 王利明：《侵权责任法研究》（第二版）（下卷），中国人民大学出版社 2016 年版，第 277 页。

⑥ 王利明：《侵权责任法研究》（第二版）（下卷），中国人民大学出版社 2016 年版，第 277 页。

⑦ 王利明：《侵权责任法研究》（第二版）（下卷），中国人民大学出版社 2016 年版，第 280 页。

害为前提，此时，已经会产生补偿性赔偿请求权，并可以依据第1179～1181条对之加以确定。同时本条中的相应的要求，也应考虑补偿性赔偿的数额。[①]《消费者权益保护法》第55条第2款以及《食品安全法》第148条第2款规定的惩罚性赔偿也都包括了以损失的倍数为基础的计算标准。

（三）惩罚性赔偿数额的确定

和现行《消费者权益保护法》第55条、《食品安全法》第148条、《最高人民法院关于审理医疗损害责任纠纷案件适用法律若干问题的解释》第23条明确了惩罚性赔偿的计算依据和赔偿倍数甚或辅之以最低赔偿额不同，本条仅规定被侵权人有权请求相应的惩罚性赔偿，提供了一个弹性的概括性标准。这里就涉及对“相应的”这一表述的理解。

对此，全国人大法工委的民法典侵权责任编释义书认为，这里的“相应”，主要指被侵权人要求的惩罚赔偿金的数额应当与侵权人的恶意相当，应当与侵权人造成的损害后果相当，与对侵权人的威慑相当，具体赔偿数额由人民法院根据个案具体判定。[②] 最高人民法院的民法典侵权责任编释义书也认为，在确定惩罚性赔偿数额时可以考虑以下因素：侵权人的主观过错程度；侵权行为的具体细节；所造成的后果；侵权人的获利情况；侵权人承担责任的经济能力；不法行为发生后的态度；原告或者潜在原告的数量；侵权人因其行为已经承担和将要承担的其他财产性责任。[③]

可以说，“相应地”其实构成一项给法官的空白授权委托书，赋予法官根据案件的具体情况来综合判断惩罚性赔偿倍数的自由裁量权。

【相关案例】

陈某平与雅迪公司侵权责任纠纷案[④]

本案争议焦点为雅迪公司是否应对消费者陈某平承担惩罚性赔偿责任。陈某平在卫青经营部购买雅迪牌电动摩托车一辆，其在行驶过程中出现交通事故。陈

---

① 黄薇主编：《中华人民共和国民法典侵权责任编解读》，中国法制出版社2020年版，第167页；最高人民法院民法典贯彻实施工作领导小组主编：《中华人民共和国民法典侵权责任编理解与适用》，人民法院出版社2020年版，第353页；王利明：《侵权责任法研究》（第二版）（下卷），中国人民大学出版社2016年版，第285页。

② 黄薇主编：《中华人民共和国民法典侵权责任编解读》，中国法制出版社2020年版，第167页。

③ 最高人民法院民法典贯彻实施工作领导小组主编：《中华人民共和国民法典侵权责任编理解与适用》，人民法院出版社2020年版，第354页；张晓梅：《中国惩罚性赔偿制度的反思与重构》，上海交通大学出版社2015年版，第128页。

④ （2019）渝民申2714号。

某平以雅迪公司明知产品存在缺陷仍然生产、销售并造成其健康严重损害为由，要求雅迪公司承担惩罚性赔偿责任。再审法院认为，《侵权责任法》第47条规定，明知产品存在缺陷仍然生产、销售，造成他人死亡或者健康严重损害的，被侵权人有权请求相应的惩罚性赔偿。《消费者权益保护法》第55条第2款规定，经营者明知商品或者服务存在缺陷，仍然向消费者提供，造成消费者或者其他受害人死亡或者健康严重损害的，受害人有权要求经营者依照本法第49条、第51条等法律规定赔偿损失，并有权要求所受损失二倍以下的惩罚性赔偿。根据上述法律的规定，产品责任中的惩罚性赔偿需要考虑经营者是否明知商品或者服务存在缺陷仍然向消费者提供。本案中，雅迪公司在销售之前已委托了有权机构对车辆进行抽样检验，整车系合格产品，雅迪公司对涉案车辆主观上并不存在明知产品存在缺陷而销售的情形，不符合上述法律关于经营者承担惩罚性赔偿责任的规定，故陈某平关于雅迪公司应对其承担惩罚性赔偿责任的申请再审理由不能成立。

【关联法条】

《民法典》第1206条，《消费者权益保护法》第55条，《食品安全法》第148条

（撰稿人：李昊）

第五章　机动车交通事故责任

【导读】

本章（第 1208～1217 条）规定了机动车交通事故责任。本章的背景在于，机动车交通事故责任成立（Haftungsbegründung）规定在另一部单行法中，即《道路交通安全法》第 76 条，第 1208 条首先宣示了这种关联。《道路交通安全法》第 76 条解答了在什么前提下成立机动车交通事故责任，但对责任主体的具体身份却有意留白，体现在该条使用了“机动车一方”这样一个同义反复的词语来称呼责任主体。因此，本章第一个要解决的问题也就浮出了水面，即《道路交通安全法》第 76 条的“机动车一方”究竟是谁，尤其是当同一机动车上存在多个牵连人时，谁应作为“机动车一方”承担《道路交通安全法》第 76 条的责任。

对此，本章贯彻了“使用人责任原则”，意味着《道路交通安全法》第 76 条的“机动车一方”指的是机动车使用人，决定责任归属的是机动车上的使用关系（而非所有权关系），使用者指的是独立行使对机动车实际支配力之人，通常是机动车的直接占有人（而非间接占有人或占有辅助人）。按照使用人责任原则，无论是谁，只要取得对机动车的实际支配力，就成为机动车的使用人。

本章还分离出了对《道路交通安全法》第 76 条责任主体确定没有影响的因素。第一项没有影响的因素是使用人是否同时成为机动车的所有权人，第 1209 条第 1 分句明确了在机动车出租、出借的场合（即不同时发生机动车所有权变化），第 1210 条规定了在机动车所有权移转的场合，都由取得机动车实际支配力的一方（租赁方、借用方、受让方）承担《道路交通安全法》第 76 条的责任。第二项没有影响的因素是使用人取得对机动车的实际支配力是否符合机动车处分权人的意愿。也就是说，有权使用人要承担机动车一方的责任（如第 1209 条第 1 分句、第 1210 条），无权使用人同样要承担责任（第 1212 条第 1 分句、第 1215 条第 1 款第 1 句）。

在明确由机动车使用人承担《道路交通安全法》第 76 条的机动车一方责任之后，本章也对其他与机动车有牵连关系之人的责任作出了专门规定。对此需要引入对机动车“前使用人”和“现使用人”的区分，在笔者看来，这组区分对理解本章最为关键。如前所述，本章基于使用人原则，挑选出现使用人作为机动车一方承担《道路交通安全法》第 76 条的责任。对前使用人，即条文中所称的与使用人相对的“机动车所有人、管理人”，法律则规定，其对损害的发生有过错的，应承担相应的责任（第 1209 条第 2 分句、第 1212 条第 2 分句前段）。这种责任应当被归入违背机动车安全保障义务而产生的责任，如机动车所有权人将机动车借给不具有驾驶许可之人，此时借用方按照第 1209 条第 1 分句成为机动车使用人，承担《道路交通安全法》第 76 条的机动车一方责任；机动车所有权人则作为前使用人，因其违背了机动车安全保障义务而承担相对应的部分责任（第 1209 条第 2 分句）。机动车擅自驾驶的情况同样如此，现使用人（即无权使用人）成为机动车一方承担《道路交通安全法》第 76 条的责任（第 1212 条第 1 分句）。前使用人是否承担责任，同样取决于其对损害的发生是否存在过错，这里的过错指的是前使用人是否尽到了防范自己控制下的机动车被他人控制的义务，如果没有尽到，前使用人需要按照第 1212 条第 2 分句前段承担过错责任，例外在于第 1212 条第 2 分句后段、第 1215 条所规定的情况，即在严重的无权使用中（当无权使用人系通过盗窃、抢劫、抢夺等方式取得机动车时），法律免除前使用人的责任，其背后的考量是，法律认为在严重的无权使用中，现使用人（即无权使用人）的责任是如此大地超越了前使用人的责任，以至于免除前使用人的责任是正当合理的。

在责任主体方面，需注意的是机动车一方下复数主体的现象。例如，当机动车上存在多个牵连人时，法律的通常做法是令现使用人单独作为机动车一方承担《道路交通安全法》第 76 条的责任，前使用人仅在违背机动车安全保障义务时才承担相应的按份责任。但是在例外情况下，法律将前使用人和现使用人全部归入“机动车一方”，由此出现“机动车一方”下复数主体的结果，复数主体作为整体承担《道路交通安全法》第 76 条的责任，对外呈现为连带责任人。这种使得责任主体范围扩张的作法，往往出于一定政策目的考量，旨在防范惩治特定行为。比如，第 1211 条为了维护道路交通运营的国家管控制度，阻止机动车挂靠经营，令挂靠人和被挂靠人共同作为机动车一方承担连带责任；又如，第 1214 条为了阻止对高度危险机动车（条文中所说的拼装车、报废车）的市场交易，令转让人和受让人承担连带责任。

机动车上通常同时存在交强险保险人和商业险保险人，再加上民事侵权责任人，对三者在交通事故损害赔偿的关系，第 1213 条作出了规定。同时，第 1216 条还作出了补充性的规定，即如果涉及关系交通事故受害人最根本利益的抢救、丧葬等服务项目，且这些服务又因为种种原因无法及时从交强险保险人或者侵权责任人处获得赔偿，相关方可以申请道路交通事故社会救助基金垫付费用，确保受害方不至于无法获得这些涉及切身利益的服务。第 1217 条的好意同乘规则本质是非营运机动车一方对无偿搭乘人的责任减轻事由。

《最高人民法院关于审理道路交通事故损害赔偿案件适用法律若干问题的解释》(2012 年 12 月 21 日施行）是对本章规定的重要补充，适用上应当注意。

第一千二百零八条　【责任成立的转引规定】机动车发生交通事故造成损害的，依照道路交通安全法律和本法的有关规定承担赔偿责任。

【释义】

一、概说

本条是对机动车交通事故侵权责任成立（Haftungsbegründung）的转引性规定。机动车交通事故责任是具有高度实践意义的一类专门侵权责任，我国法没有将这类专门责任整合入民事基本法，而是将其放在另外一部法律即《道路交通安全法》中。在这种格局下，第 1208 条首先作出了转引，条文中所说的“道路交通安全法律”指的就是《道路交通安全法》第 76 条。

需要注意的是，本条相较于其前身——《侵权责任法》第 48 条增加了“和本法的”，也就是说要适用本法（《民法典》）的规定。按照起草者的解释，应当首先适用总则编对“不承担民事责任”所规定的事由，如不可抗力（第 180 条）、正当防卫（第 181 条）、紧急避险（第 182 条），其次适用侵权责任编第一章“一般规定”所规定的责任减轻或者免除事由，如受害方过错（第 1173 条、第 1174 条）[①]、第三人侵权（第 1175 条）。[②] 这一新增内容只具有宣示性或者说提示性的意义，因为这些规范在《民法典》“总—分”结构中处于“总”的部分，自然对处于“分”部分中的机动车交通事故责任具有可适用性。

二、适用范围

《道路交通安全法》第 76 条作为专门的责任条款，其适用范围有特殊的限制，适用范围又可分为“物上适用范围”（sachlicher Anwendungsbereich）和“人

---

① 注意指导案例 24 号“荣某英诉王某、永诚保险江阴支公司机动车交通事故责任纠纷案”的限定：受害人的体质状况（如高龄引发的骨质疏松）对损害后果的影响不属于可以减轻侵权人责任的情形。

② 黄薇主编：《中华人民共和国民法典侵权责任编解读》，中国法制出版社 2020 年版，第 173 页。

上适用范围”（persönlicher Anwendungsbereich）。物上适用范围在第 1208 条前半句有集中体现，即“机动车发生交通事故造成损害的”。

首先，《道路交通安全法》第 76 条适用于机动车引发或者参与的交通事故，需注意的是，“机动车”是一个拥有法定定义的概念（因此不能用“汽车”这类术语替代），《道路交通安全法》在“车辆”这一上位概念下区分了“机动车”和“非机动车”。[①] 随后将机动车规定为“是指以动力装置驱动或者牵引，上道路行驶的供人员乘用或者用于运送物品以及进行工程专项作业的轮式车辆”（《道路交通安全法》第 119 条第 3 项）。非机动车则为“是指以人力或者畜力驱动，上道路行驶的交通工具，以及虽有动力装置驱动但设计最高时速、空车质量、外形尺寸符合有关国家标准的残疾人机动轮椅车、电动自行车等交通工具”（《道路交通安全法》第 119 条第 4 项）。因此如果交通事故没有机动车的参与，或者说仅有非机动车的参与，那么就不在《道路交通安全法》第 76 条的适用范围之内。另外，机动车也可作为牵引车引导挂车，此时挂车同样属于《道路交通安全法》第 119 条第 3 项所规定的机动车。[②]

对《道路交通安全法》第 76 条的物上适用范围体现在“交通事故”这一概念上，对此同样存在一个法定定义，即《道路交通安全法》第 119 条第 5 项规定的“是指车辆在道路上因过错或者意外造成的人身伤亡或者财产损失的事件”。交通事故概念由两大要素构成，即“机动车参与”和“出现损害结果”。[③] 需注意的是，“在道路上”并非《道路交通安全法》第 76 条的限制条件。尽管道路同样是一个法定概念[④]，但是《最高人民法院关于审理道路交通事故损害赔偿案件适用法律若干问题的解释》第 28 条规定“机动车在道路以外的地方通行时引发的损害赔偿案件，可以参照适用本解释的规定”。因此，即便机动车引发的交通事故发生在“道路”以外的空间，《道路交通安全法》第 76 条的可适用性同样应予肯定。

《道路交通安全法》第 76 条在人上的适用范围同样存在限定。该条仅适用于向机动车一方（及其保险人）提出的损害赔偿请求，如果相对方并非机动车一

---

① 《道路交通安全法》第 119 条第 2 项，“车辆”，是指机动车和非机动车。

② 将挂车与作为牵引车的机动车等同对待，见《机动车交通事故责任强制保险条例》第 42 条第 2 款：“发生道路交通事故造成人身伤亡、财产损失的，由牵引车投保的保险公司在机动车交通事故责任强制保险责任限额范围内予以赔偿；不足的部分，由牵引车方和挂车方依照法律规定承担赔偿责任。”

③ 详细分析见王琦：《什么是侵权法意义上的交通事故？——对中国机动车责任体系基石范畴的建构与阐释》，载《私法研究》第 23 卷，法律出版社 2018 年版，第 17 ~ 33 页。

④ 《道路交通安全法》第 119 条第 1 项，“道路”，是指公路、城市道路和虽在单位管辖范围但允许社会机动车通行的地方，包括广场、公共停车场等用于公众通行的场所。

方，那么该求偿请求已经超出了《道路交通安全法》第76条的人上适用范围。但是，机动车本车上的人员（主要指乘客）如果因交通事故受损，是否可以依据《道路交通安全法》第76条向所搭乘的机动车一方主张损害赔偿，对此应当予以肯定，因为从第1217条可以看出，机动车一方需对本车搭乘人承担责任。所以本车搭乘人员不应当被排除在《道路交通安全法》第76条的人上适用范围之外，也就是机动车交通事故的所有受害人都可以依据该条向机动车一方主张损害赔偿，无论该人是在车上还是在车外。

三、依《道路交通安全法》第76条的责任成立

现行《道路交通安全法》第76条是内涵高度密集的一项条文，可以从保险法和侵权法两个层面看待。

（一）保险法层面：受损害方对机动车交强险保险人的直接请求权

《道路交通安全法》第76条第1款第1分句规定，机动车发生交通事故造成人身伤亡、财产损失的，由保险公司在机动车第三者责任强制保险责任限额范围内予以赔偿。这一条其实是保险法上的规定，其意义在于赋予受损害方对机动车交强险保险人的直接请求权（Direktanspruch）。这一请求权在程序上的保障体现在《最高人民法院关于审理道路交通事故损害赔偿案件适用法律若干问题的解释》第25条第1款："人民法院审理道路交通事故损害赔偿案件，应当将承保交强险的保险公司列为共同被告。但该保险公司已经在交强险责任限额范围内予以赔偿且当事人无异议的除外"。

需注意的是，我国交强险的现行赔偿上限比较低，因此即便有交强险的存在，也经常需要依靠侵权责任来进行损失的补偿。

（二）侵权法层面

《道路交通安全法》第76条第1款第2分句和第2款则是关于侵权责任的规定。第1款第2分句规定了共3项责任基础。理解的出发点是区分受损害方是机动车一方还是非机动车一方，法律采取了弱者保护的立场，将非机动车一方作为弱势一方看待，法律对其（仅对非机动车一方）动用多种侵权法上的"非常规手段"增大保护力度。

如果加害方和受损害方都属于机动车一方，那么适用第76条第1款第2分句第1项，即"机动车之间发生交通事故的，由有过错的一方承担赔偿责任；双方都有过错的，按照各自过错的比例分担责任"。这一规定采取了一种常规的立场：既然双方都是机动车一方，那么对任何一方都不给予特殊待遇，而是按照过错这一最通常的责任成立要素来承担责任。可以说，第76条第1款第2分句第1项不过是第1165条第1款（一般过错责任）的延伸。

另外，其中“双方都有过错的，按照各自过错的比例分担责任”的文字看似是多余的，因为第 1173 条已作出了关于受害人共同过错的一般规定。背景在于，《道路交通安全法》（2003 年）早于《侵权责任法》（2009 年），因此《道路交通安全法》第 76 条如此规定是有历史原因的。

如果受害方为非机动车一方，即条文中所称的“非机动车驾驶人、行人”，则适用第 76 条第 1 款第 2 分句第 2 项。这一规定遵照弱者保护的价值判断，使用了两种侵权法上的特殊手段，从而形成了两种责任，即处于第一序列的过错推定责任和第二序列的无过错责任。

第一种手段是过错推定（对应条文：“机动车与非机动车驾驶人、行人之间发生交通事故，非机动车驾驶人、行人没有过错的，由机动车一方承担赔偿责任”），即只要受害方是非机动车一方，就推定机动车一方具有过错，受害方由此得以在相当大程度上被免除举证负担，机动车一方必须积极主动地举证以推翻这种推定。第 2 项中“有证据证明非机动车驾驶人、行人有过错的，根据过错程度适当减轻机动车一方的赔偿责任”同样是对受害方过错一般规则的重述，其背景和第 1 项条中有关内容类似，也是因为《道路交通安全法》早于《侵权责任法》的缘故。

即便机动车成功证明了自身没有过错，也不能完全免除责任。因为第 76 条第 1 款第 2 分句第 2 项还针对这种情况规定了一种兜底性责任，对应条文内容为“机动车一方没有过错的，承担不超过百分之十的赔偿责任”。这种责任是一种无过错责任，体现了法律对作为弱势者的非机动车一方受害人的保护力度。

第 76 条第 2 款规定了一种免责事由，即“交通事故的损失是由非机动车驾驶人、行人故意碰撞机动车造成的，机动车一方不承担赔偿责任”。这一款有很强的法政策意图，即打击社会现实中“碰瓷”讹诈的行为。在《民法典》体系中，这一款应当与第 1174 条（受害人故意）作相同解释，即责任的完全免除不但要求受害方的故意，还要求加害方不存在重大过失。否则至多只能发生责任减轻的后果。

【相关案例】

荣某英与王某、永诚保险江阴支公司机动车交通事故责任纠纷案①

本起交通事故的引发系肇事者驾驶机动车穿越人行横道线时，未尽到安全注

① 最高人民法院指导案例 24 号。

意义务碰擦行人荣某英所致；本起交通事故造成的损害后果系受害人荣某英被机动车碰撞、跌倒发生骨折所致，事故责任认定荣某英对本起事故不负责任，其对事故的发生及损害后果的造成均无过错。

本案争议焦点在于，受害人荣某英年老骨质疏松，是否应减轻机动车一方责任。

法院认为，受害人自身特殊体质仅是事故造成后果的客观因素，并无法律上的因果关系。因此，受害人荣某英对于损害的发生或者扩大没有过错，不存在减轻或者免除加害人赔偿责任的法定情形。同时，机动车应当遵守文明行车、礼让行人的一般交通规则和社会公德。本案所涉事故发生在人行横道线上，正常行走的荣某英对将被机动车碰撞这一事件无法预见，而肇事者驾驶机动车在路经人行横道线时未依法减速慢行、避让行人，导致事故发生。因此，依法应当由机动车一方承担事故引发的全部赔偿责任。

【关联法条】

《道路交通安全法》第 76 条，《最高人民法院关于审理道路交通事故损害赔偿案件适用法律若干问题的解释》第 16 条、第 25 条、第 28 条

（撰稿人：王琦）

第一千二百零九条　【机动车使用人与所有权人、管理人相分离时的责任承担】因租赁、借用等情形机动车所有人、管理人与使用人不是同一人时，发生交通事故造成损害，属于该机动车一方责任的，由机动车使用人承担赔偿责任；机动车所有人、管理人对损害的发生有过错的，承担相应的赔偿责任。

【释义】

一、概说

该条规定了两个问题，第一个问题的背景在于，《道路交通安全法》第 76 条使用了“机动车一方”这一术语来称呼责任主体，由此产生的问题是谁是机动车一方。机动车是具有高度经济价值的动产，往往会因各种原因（比如买卖、出借、租赁、甚至盗窃、抢劫）辗转于不同人之间，因此对同一机动车可能有多人

作为“机动车一方”的候选人出现。这一责任主体在第1209条第1分句获得了规定，该条确立了“使用人责任”原则（“由机动车使用人承担赔偿责任”）。从内在联系上来说，该分句其实是《道路交通安全法》第76条的一部分，补完了后者所留白的“机动车一方”的具体身份。

其他与机动车有牵连关系的人虽然无须承担《道路交通安全法》第76条的机动车一方责任，但并不意味着可以置身事外，如果他们对交通事故的发生有过错，同样需依照其过错承担责任，这是第1209条第2分句的内涵。这种责任的基础是安全保障义务。由此，第1209条的整体意义也就浮现出来了：第1分句挑出了机动车使用人去承担《道路交通安全法》第76条的责任，后半句则为机动车安全保障义务人设定了一个专门的责任基础。[①]

本条与其前身《侵权责任法》第49条相比[②]，首先，删去了关于由交强险保险公司承担赔偿责任的文字，原因在于这些内容在别的条文中已有，起草者认为无须在此处重复。[③] 其次，在使用人之外增加了“管理人”，这源自《最高人民法院关于审理道路交通事故损害赔偿案件适用法律若干问题的解释》第1条的规定，因此本条应该与上述司法解释放在一起理解。

二、使用人作为《道路交通安全法》第76条的责任主体（第1分句）

第1分句虽然表面上是对“租赁、借用”等个案类型而言的，但从中可以提取出一般性原则，即决定《道路交通安全法》第76条的机动车一方责任主体归属的不是机动车的所有权关系或者管理关系，而是使用关系。使用关系的特征在于独立享有机动车事实上的支配力，这也符合侵权法上的责任分配一般原则，应当为一种风险源引发的损害负责的不是该风险源财产法上的归属者（所有权），而应该是对其享有实际控制力（并因此能够阻止风险发生）之人。对此，物权法上的占有人分类可以发挥指南作用。第1209条第1分句意义上一般是机动车的直接占有人。由此首先排除了机动车的间接占有人，包括出租人、出借人、所有权保留的出卖方、出质人等，其次排除了机动车的占有辅助人。

尤其需要强调的是，机动车的驾驶人尽管通常是第1209条第1分句意义上的使用人，但是在特定情况下，驾驶人并非机动车使用人，即驾驶人不能独立行使对机动车的事实上支配力。如果驾驶人仅为占有辅助人，比如驾驶人系作为雇员

---

① 详见王琦：《机动车交往安全义务人对交通事故的侵权责任——对立法、司法解释以及比较法资源的整合性建构》，载《政治与法律》2017年第2期。

② 《侵权责任法》第49条的条文为，因租赁、借用等情形机动车所有人与使用人不是同一人时，发生交通事故后属于该机动车一方责任的，由保险公司在机动车强制保险责任限额范围内予以赔偿。不足部分，由机动车使用人承担赔偿责任；机动车所有人对损害的发生有过错的，承担相应的赔偿责任。

③ 黄薇主编：《中华人民共和国民法典侵权责任编解读》，中国法制出版社2020年版，第175页。

执行工作任务驾驶机动车时，承担机动车一方责任的应当是驾驶人作为占有辅助人所效劳的占有主（Besitzherr）。[①] 这一点可以从《最高人民法院关于审理道路交通事故损害赔偿案件适用法律若干问题的解释》第7条和第8条获得证明。第7条规定，接受机动车驾驶培训的人员，在培训活动中驾驶机动车发生交通事故造成损害，属于该机动车一方责任，当事人请求驾驶培训单位承担赔偿责任的，人民法院应予支持。显然按照该条，承担机动车一方责任的不是具体的驾驶人员（教练或者学员），而是其身后的“驾驶培训单位”。同理，第8条第1句规定，机动车试乘过程中发生交通事故造成试乘人损害，当事人请求提供试乘服务者承担赔偿责任的，人民法院应予支持。也就是说，承担责任同样不是具体的驾驶人，而是作为机动车直接占有人的“试乘服务提供者”。

另外，此处所谓的机动车的使用是一个纯粹事实状态，不考虑使用人是否有权。如果说有权使用人都需承担《道路交通安全法》第76条的机动车一方责任，无权使用人就更需承担责任。对此，第1212条、第1215条第1款第1句都明确作出规定。

值得专门讨论的是网约车责任。网约车引发交通事故，在法律后果层面需要区分合同关系上的承运人责任[②]和侵权法责任（主要是《道路交通安全法》第76条的责任）。对于前者即合同承运人责任，《网络预约出租汽车经营服务管理暂行办法》第16条明确规定，网约车平台公司承担承运人责任，因此已经不成问题。需要讨论的仅仅是侵权责任，问题在于，在网约车事故中，究竟谁才是机动车一方。对此必须根据网约车服务的类型作出区分，区分关键在于驾驶者是否有独立的地位。如果网约车服务属于快车、顺风车，一般而言，网约车平台并不介入机动车使用关系，所以应当将驾驶机动车的使用者认定为机动车一方。如果是专车类服务，那么驾驶人在极大程度受到网约车平台指挥，因此应当认为网约车平台经营者才是机动车的使用人并应承担《道路交通安全法》第76条的责任。如果是代驾服务，鉴于代驾人通常受到被服务方的指挥，不具备独立使用机动车地位，因此应当认为，代驾人的介入并不改变机动车上的现有使用关系。

三、机动车安全保障义务人责任（第2分句）

（一）责任基础

第2分句（“机动车所有人、管理人对损害的发生有过错的，承担相应的赔偿责任”）规定了一类非常专门的侵权责任，即因违反机动车安全保障义务而产

---

① 某公司与孔某某等财产损害赔偿纠纷案，（2011）沪一中民一（民）终字第839号。

② 《民法典》第823第1款第1分句，承运人应当对运输过程中旅客的伤亡承担赔偿责任。

生的责任。机动车是一种典型的可以证成安全保障义务的危险源。至于第1209条第2分句与《道路交通安全法》第76条的关系，最好的理解方式是从使用关系的变化入手，对此需要区分机动车“现使用人”和“前使用人”。《道路交通安全法》第76条针对的是机动车现使用人的责任，第1209条第2分句则针对的是前使用人的责任。条文中所称的“所有权人、管理人”的共同特征是曾经拥有过机动车的实际支配力。正是因为这一“曾经拥有”，他们必须对机动车尽必要的注意，比如应当使机动车在技术上保持安全状态，当将机动车交付他人使用时，应当注意“托付得人”，避免将机动车交给不具有驾驶资质之人或者依照其身心状态不适宜使用机动车之人。可见，《道路交通安全法》第76条和第1209条第2分句着眼于机动车在多人间的流转，织就了一张严密的责任之网，《道路交通安全法》紧缚现使用人，第1209条则负责网罗前使用人。这也再次确证了上文提出的两项主张，第一，应将机动车使用关系作为机动车责任主体判定的基本单元；第二，机动车安全保障义务提供了追究机动车全体前手或者说全体前使用人责任的渠道。

（二）重要类型

违反安全保障义务通常涉及不作为致害（Unterlassung），第1209条第2分句同样属于此类情况，其责任成立的元素并不在于责任人亲自或者指派他人驾驶机动车由此引发交通事故（这是《道路交通安全法》第76条的机动车一方责任），而是其作为机动车前使用人将机动车托付给他人时，没有尽到必要的注意，导致机动车的危险升高并实现。关于案件类型的建构，《最高人民法院关于审理道路交通事故损害赔偿案件适用法律若干问题的解释》第1条已经作出了重要的探索，该条举出了3种案件类型，另外还有一个兜底规定。[①]

第一种类型是机动车不具备技术安全性，对应司法解释条文为“知道或者应当知道机动车存在缺陷，且该缺陷是交通事故发生原因之一的”。这里的违反安全保障义务体现在，义务人未能确保机动车的技术安全性，或者说机动车处于一种技术上的危险过度状态。需要指出的是，不能将《产品质量法》上的标准等同

① 该条内容为：“机动车发生交通事故造成损害，机动车所有人或者管理人有下列情形之一，人民法院应当认定其对损害的发生有过错，并适用侵权责任法第四十九条的规定确定其相应的赔偿责任：（一）知道或者应当知道机动车存在缺陷，且该缺陷是交通事故发生原因之一的；（二）知道或者应当知道驾驶人无驾驶资格或者未取得相应驾驶资格的；（三）知道或者应当知道驾驶人因饮酒、服用国家管制的精神药品或者麻醉药品，或者患有妨碍安全驾驶机动车的疾病等依法不能驾驶机动车的；（四）其它应当认定机动车所有人或者管理人有过错的。”

于此处的标准。[①] 这是因为，《产品质量法》上的技术安全标准或者说“无缺陷状态”是为产品责任的首要责任主体——产品生产者（Hersteller）设定的，它预设了生产者的人、财、物、知识技术资源以及对产品生产过程的影响力。而对占机动车安全保障义务人绝大多数的普通消费者来说，他们并不具备这些资源和能力，所以将适用于机动车生产者的技术安全标准套用于他们显然是不妥当的。因此在援引《产品质量法》上的缺陷判定规则时，应区分绝对适用和相对适用两种情况。只有当机动车安全保障义务人同时也是产品责任主体时，才有缺陷概念的绝对适用。当安全保障义务人并非产品责任主体时，只有缺陷概念的相对适用。此时《产品质量法》上的规则只有参考价值，裁判者需要做的是根据义务人的具体情况，如职业、经济条件等，确定其应当为何种程度的机动车技术安全性负责。一般而言，当安全保障义务人为普通消费者时，其所需确保的是机动车技术安全状态低于机动车生产者在产品责任法的框架下需确保的机动车无缺陷状态。

第二种类型是将机动车托付给了不适当的使用人，对应司法解释的内容为“知道或者应当知道驾驶人无驾驶资格或者未取得相应驾驶资格的”（第 2 项），以及“知道或者应当知道驾驶人因饮酒、服用国家管制的精神药品或者麻醉药品，或者患有妨碍安全驾驶机动车的疾病等依法不能驾驶机动车的”（第 3 项）。从上述规定可以提取出机动车安全保障人在将机动车交付他人使用时须做的两步检查工作。第一步，义务人须检查受托付人是否拥有必要的驾驶许可，即法律规定的机动车驾驶证。第二步，义务人须检查受托付人是否因某种原因丧失了安全驾驶的能力，实践中最常见的原因在司法解释中获得了列举，即“饮酒”“服用国家管制的精神药品或者麻醉药品”“患有妨碍安全驾驶机动车的疾病”。也就是说，义务人在交付机动车之前，不仅须确认对方拥有法律规定的驾驶许可，而且必须确信对方依其身心状态具备安全驾驶的能力。

最后司法解释还确认了机动车安全保障义务不限于上文中所描述的类型，对应司法解释内容为“其他应当认定机动车所有人或者管理人有过错的”（第 4 项）。一种重要的违反机动车安全保障义务的情形是义务人未能防止他人对机动车无权使用。这规定在第 1212 条，请参阅该条的释义。

---

① 最高人民法院民法典贯彻实施工作领导小组主编：《中华人民共和国侵权责任编理解与适用》，人民法院出版社 2020 年版，第 368 页。

【相关案例】

孙某瑞与何某军等机动车交通事故责任纠纷案[①]

本案中车主将机动车出租给他人使用，承租人在驾驶机动车时引发交通事故，后发现承租人所持驾驶证系伪造。

争议焦点在于，车主与承租人应当如何承担责任。

法院认为，本案中车主在车辆出租时，未严格审查车辆承租人是否具有驾驶资格，存在过错，原审法院判决承租人承担主要责任，车主承担部分赔偿责任，二审法院维持了一审判决。

【关联法条】

《道路交通安全法》第 76 条，《最高人民法院关于审理道路交通事故损害赔偿案件适用法律若干问题的解释》第 1 条、第 2 条

（撰稿人：王琦）

第一千二百一十条 【机动车所有权转让时的机动车一方认定】当事人之间已经以买卖或者其他方式转让并交付机动车但是未办理登记，发生交通事故造成损害，属于该机动车一方责任的，由受让人承担赔偿责任。

【释义】

一、概说

本条的规范对象和第 1209 条第 1 分句本质上相同，即“机动车一方”的认定，当机动车一方存在多个候选人时，谁应作为“机动车一方”承担《道路交通安全法》第 76 条的交通事故责任。本条所贯彻的认定基础和第 1209 条第 1 分句一样，都是“使用人责任原则”，决定责任承担的不是机动车上的所有权关系，而是机动车的使用关系。在机动车所有权发生变更的场合，只要受让人取得了对

① （2014）庆中民终字第 591 号。

机动车的实际支配力，那么即便未进行机动车移转登记，也不妨碍受让人取代出让人成为使用人从而承担《道路交通安全法》第 76 条的“机动车一方责任”。

第 1210 条和第 1209 条第 1 分句在适用前提上的相同之处在于，两者都预设了机动车实际支配力出现了从一人到另一人的转移即使用关系的变更，不同之处在于，在第 1209 条第 1 分句预设了机动车实际支配力的移转并未伴随所有权的变化（条文中称“因租赁、借用等情形”），第 1210 条则预设了机动车实际支配力的移转伴随着所有权的变化。但是正如在第 1209 条的释义中已经论述过的，机动车所有权是否变化，以及机动车所有权变化是否及时在机动车登记上有所反映，对《道路交通安全法》第 76 条意义上机动车一方的认定没有决定性意义。因此可以说，第 1209 条第 1 分句和第 1210 条之间就机动车是否发生所有权变化所做的区分，并无本质重要性，因为所有权（以及机动车登记）本来就不是对机动车一方认定有影响力的变量。

相较于其前身《侵权责任法》第 50 条[①]，第 1210 条有三处修改。第一处修改是增加了“以其他方式转让”的文字，对此详见释义第二部分。第二处修改是将《侵权责任法》第 50 条中的“未办理所有权转移登记”改为“未办理登记”，这背后的考虑是我国法对机动车的物权变动采取登记对抗主义（第 225 条），因此登记并非机动车所有权变动的前提，或者从物权法的意义上来说，对机动车而言并不存在所谓的“所有权转移登记”。[②] 第三处修改是将原条文中的“发生交通事故后属于该机动车一方责任的，由保险公司在机动车强制保险责任限额范围内予以赔偿”删去，这和第 1209 条的立法变动类似，仅仅是为了避免重复，《民法典》将相关规则收集规定在第 1213 条第 1 分句。[③]

二、第 1210 条的构成要件与法律后果

对第 1210 条可以区分构成要件和法律后果两部分。

（一）构成要件之一：机动车的所有权变更（“转让”）

第 1210 条预设了当事人之间合意的对象除机动车实际支配力的移转，还包括机动车的所有权变动。如果双方间的合意不包括所有权变动，那么不适用本条，而适用第 1209 条第 1 分句。第 1210 条不仅适用于普通的机动车买卖，也适用于

---

① 《侵权责任法》第 50 条规定：“当事人之间已经以买卖等方式转让并交付机动车但未办理所有权转移登记，发生交通事故后属于该机动车一方责任的，由保险公司在机动车强制保险责任限额范围内予以赔偿。不足部分，由受让人承担赔偿责任。”

② 黄薇主编：《中华人民共和国民法典侵权责任编解读》，中国法制出版社 2020 年版，第 178 页。

③ 黄薇主编：《中华人民共和国民法典侵权责任编解读》，中国法制出版社 2020 年版，第 177 页。

以所有权保留方式进行的交易。[①] 这一点早在《最高人民法院关于购买人使用分期付款购买的车辆从事运输因交通事故造成他人财产损失保留车辆所有权的出卖方不应承担民事责任的批复》中就获得了规定，按照该批复[②]，即便出卖方依然保留所有权，但是只要机动车已经交付给买受人，那么承担侵权责任的依然是买受人（作为机动车的使用人），而非出卖方。

第1210条中的“以买卖或者其他方式”（其中的“其他方式”为《民法典》的新增），意味着本条不限于因买卖、互换等有偿行为而发生的机动车所有权变动，同样适用于因赠与、遗赠等无偿行为而发生的所有权变动。[③] 从另一个角度来说，无论机动车的所有权变动是有偿或无偿的，都不影响取得机动车实际支配力的受让人成为机动车使用人。

（二）对机动车的实际支配力移转至受让人（“交付”）

如前所述，决定《道路交通安全法》第76条的责任承担的仅是机动车上的使用关系，即对机动车实际支配力的归属。因此真正使得“机动车一方”身份从出让人转到受让人的，并非是所有权的变化，而是作为机动车所有权移转伴随后果的机动车实际支配力移转。

据此，第1210条意义上的“交付”必须受限缩解释，即限于对机动车直接占有的移转，排除了所谓的“观念交付”即指示交付（第227条）和占有改定（第228条）。[④] 后两者对机动车所有权的移转是足够的，但对机动车使用人（“机动车一方”）身份的移转却是不够的。因此，如果机动车以让与担保的形式被转让给了债权人，出让人继续保有对机动车的实际支配力（第228条），那么不满足第1210条的“交付”要件，出让人虽然已经不再是机动车所有权人，但依然是机动车使用人即《道路交通安全法》第76条意义上的机动车一方。

（三）构成要件之三：未办理机动车移转登记（“未办理登记”）

如前所述，我国法上对机动车的物权变动采取登记对抗主义，未经登记时不得对抗善意第三人（第225条）。对机动车国家也建立了一套相对精密的行政管理体系，其中包括较为完备的机动车登记制度，具体操作规范为《机动车

---

① 最高人民法院民法典贯彻实施工作领导小组主编：《中华人民共和国侵权责任编理解与适用》，人民法院出版社2020年版，第374页。

② 其内容摘要为：“采取分期付款方式购车，出卖方在购买方付清全部车款前保留车辆所有权的，购买方以自己名义与他人订立货物运输合同并使用该车运输时，因交通事故造成他人财产损失的，出卖方不承担民事责任”。

③ 最高人民法院民事审判第一庭编著：《最高人民法院关于道路交通损害赔偿司法解释理解与适用》，人民法院出版社2012年版，第62～63页。

④ 黄薇主编：《中华人民共和国民法典侵权责任编解读》，中国法制出版社2020年版，第178～179页。

登记规定》（2012 年修订）。对机动车所有权的变更《机动车登记规定》中有专门的“移转登记”一节。由此而生的可能性是，在机动车所有权转让中，当事人已经交付了机动车并由此发生所有权的变更，但是没有去登记机关（车辆登记地的车辆管理所）办理移转登记，因此机动车登记证书依然显示出让人为所有权人。

（四）法律后果：“机动车一方”的身份随机动车实际支配力移转而移转

如果满足了上面的构成要件，依照第 1210 条规定，未办理移转登记不妨碍机动车一方身份变更为受让人，受让人不能以机动登记证书的内容为理由主张应由出让人承担《道路交通安全法》第 76 条的机动车一方责任。

如果机动车转让发生了不止一次而是多次，那么同样，无论欠缺几次移转登记，都由取得机动车实际支配力的受让人承担《道路交通安全法》第 76 条的机动车一方责任，这在《最高人民法院关于审理道路交通事故损害赔偿案件适用法律若干问题的解释》第 4 条获得了规定：“被多次转让但未办理转移登记的机动车发生交通事故造成损害，属于该机动车一方责任，当事人请求由最后一次转让并交付的受让人承担赔偿责任的，人民法院应予支持。”①

三、第 1210 条的反面推论

第 1210 条构成要件较为细致，这在一定程度上限制了该条的管辖范围。通过该条的反面推论，或者更准确地说，通过诉诸作为第 1210 条背后根据的“使用人责任原则”，可以对一种相反的情况作出规制。第 1210 条的特点是对机动车“已交付未登记”，一种相反的情况则是“已登记未交付”，即当事人已经完成了移转登记，但并未交付，可设想的例子首先是机动车让与担保，其次如实践中偶见的“责任规避”，即在交通事故发生后将机动车转让给赔偿能力较弱的人，试图借此让自己从责任中抽身而出。② 对此，反推第 1210 条可知，只要机动车在发生交通事故时并未移转其实际支配力，那么依然由原所有人承担机动车一方责任，无须考虑出让人和受让人之间的合同是否有效③，也无须考虑他们是否办理移转登记。具有决定意义的仅是在发生交通事故时机动车上的使用关

---

① 更早的司法解释为《最高人民法院关于连环购车未办理过户手续，原车主是否对机动车发生交通事故致人损害承担责任的请示的批复》，其中明确：“连环购车未办理过户手续，因车辆已经交付，原车主既不能支配该车的营运，也不能从该车的营运中获得利益，故原车主不应对机动车发生交通事故致人损害承担责任。”

② 最高人民法院民法典贯彻实施工作领导小组主编：《中华人民共和国侵权责任编理解与适用》，人民法院出版社 2020 年版，第 374 页。

③ 有论者认为，这种情况下，转让合同会因为违背第 154 条（恶意串通损害第三人利益）而无效，这一主张是不必要的，因为即便允许所有权移转，也不妨碍出让人作为交通事故发生时的机动车一方承担责任。

系，而不是所有权关系，更不是机动车登记证书上或“滞后”或“超前”的登记内容。

考虑到当事人通过移转登记来规避责任的可能性，在实践中应当允许受损害方起诉登记上显示的“前手”，但是在这种情况下，受损害方必须证明前手才是发生交通事故时的机动车使用人。①

四、机动车出让人的责任：类推适用第1209条第2分句

如果在机动车所有权变动的场合，确认受让人已经取得机动车使用人的地位，则《道路交通安全法》第76条上的机动车一方责任归其承担。随之而来的一个问题是，对机动车登记证书上显示的所有权人或者说出让人又当如何，对此，应当类推适用第1209条第2分句，即“对损害的发生有过错的，承担相应的责任”。无论是第1209条第1分句还是第1210条，本质上都涉及机动车使用关系的变化，即出现了前使用人和现使用人，只不过前者中没有发生所有权的变化（租赁、借用），而后者中发生了所有权的变化（机动车买卖或者赠与），这构成了第1209条第1分句类推适用的基础。据此，机动车登记证书上显示的所有权人（作为前使用人）按照安全保障义务规则承担责任，最基本的责任前提是违背某种机动车安全保障义务，如将技术上有缺陷的机动车转让给他人，又或者将机动车转让给不具有驾驶资质之人时，对此可参阅第1209条的释义。

五、第1214条作为相对于第1210条的特别法

需注意的是，如果被转让的是“拼装或者已经达到报废标准的机动车”，那么第1214条具有特别法（lex specials）法的地位。该条出于打击对禁止行驶的机动车的流通行为的目的，规定了一种加重的法律后果，即“由转让人和受让人承担连带责任”。按照特殊法优先于特别法的一般法理，如果转让的机动车属于正常的机动车，那么适用第1210条，由取得对机动车实际支配力的受让人承担《道路交通安全法》第76条的责任，登记上显示的所有权人（出让人）仅当存在违反机动车安全保障义务时才需依据类推适用的第1209第2分句承担责任。如果转让的对象属于禁止转让的机动车，那么应当认为第1214条使得机动车的全体转让人（前手）和受让人作为整体承担《道路交通安全法》第76条的责任，这些人对受损害方承担连带责任，对此详见第1214条的释义。

① 最高人民法院民事审判第一庭编著：《最高人民法院关于道路交通损害赔偿司法解释理解与适用》，人民法院出版社2012年版，第66~67页。

【相关案例】

程某某与罗某某、贺某某机动车交通事故责任纠纷案[①]

本案中，机动车出让人已经将机动车交付受让人，但始终未办理机动车变更登记。

争议焦点在于，在发生交通事故后，应由谁承担责任。

法院认为，机动车出让人提供了其与受让人之间签订的车辆买卖协议，从该协议中可以看出，该车辆于涉案事故发生近三年前就已以合理价格转让给受让人。双方虽未办理车辆所有权转移登记，但受让人驾驶的涉案车辆已经实际脱离出让人的管控。再结合本案中的其他证据能够证明涉案车辆的所有权已经通过买卖的方式由出让人转移给受让人，因此受让人应对该车辆导致的涉案事故给受害人造成的损失承担赔偿责任，转让人不应承担赔偿责任。

【关联法条】

《道路交通安全法》第 76 条，《最高人民法院关于审理道路交通事故损害赔偿案件适用法律若干问题的解释》第 4 条，《民法典》第 1209 条、第 1214 条

（撰稿人：王琦）

第一千二百一十一条　【挂靠经营情形中的机动车一方认定】 以挂靠形式从事道路运输经营活动的机动车，发生交通事故造成损害，属于该机动车一方责任的，由挂靠人和被挂靠人承担连带责任。

【释义】

一、概说

本条和第 1209 条第 1 分句、第 1210 条一样，预设了依据《道路交通安全法》第 76 条的责任成立，未决的问题是，谁应当作为“机动车一方”承担责任。

① （2015）宿中民再终字第 0020 号。

本条针对“机动车挂靠”这一实践中常见的现象，规定了挂靠情形中机动车一方的认定结果。本条和第 1209 条第 1 分句、第 1210 条的区别在于，后两者都是在多个候选主体中挑出一个作为“机动车一方”，而本条出于法政策上的目的（即打击挂靠行为），令挂靠人和被挂靠人同时为“机动车一方”所覆盖，对外以连带责任人的形式承担《道路交通安全法》第 76 条的责任，由此也出现了一种独特的“机动车一方”内部复数主体的结果。从这个角度来说，第 1211 条纯粹是责任主体层面的特殊规定，特殊在使得“机动车一方”覆盖多个主体。

本条系《民法典》立法新增，但本质上并非全新条文，其内容来自《最高人民法院关于审理道路交通事故损害赔偿案件适用法律若干问题的解释》第 3 条。[①]另外，需注意的是，更早的一部司法解释即《最高人民法院关于实际车主肇事后其挂靠单位应否承担责任的复函》（2001 年 11 月 8 日〔2001〕民一他字第 23 号）虽然尚未正式废止，但已经不再适用。[②]

二、第 1211 条的构成要件：“以挂靠形式从事道路运输经营活动”

条文中涉及构成要件的内容为“以挂靠形式从事道路运输经营活动”。挂靠的背景是国家对道路交通运输经营采取行政许可管控，这在客观上使得某些未获得道路经营许可的主体不得不依托其他获得经营许可的主体才有可能开展经营。常见的形态为，挂靠人出资购买机动车，然后登记在被挂靠人名下，由被挂靠人办理各种行政管理手续，挂靠人以被挂靠人的名义开展经营活动。挂靠通常是有偿的（以管理费或者“份子钱”等名称出现），但也可能是无偿的。本条并未区分有偿或者无偿，因此无论是有偿挂靠还是无偿挂靠都满足本条的构成要件。[③]

第 1211 条意义上的挂靠本质是为法律所禁止的名义出借。道路交通运输作为具有相当公共危险性的行业，出于危险管控的目的，国家只允许通过审核的主体进入，这一许可不得出租或者出借（《道路运输条例》第 66 条规定了专门的惩罚后果）。

三、法律后果：“由挂靠人和被挂靠人承担连带责任”

如果确认挂靠关系的存在，第 1211 条并非在挂靠人和被挂靠人之间挑出一个，而是令两者全部居于“机动车一方”地位，对外承担连带责任。对这样一种

---

① 该条内容为：“以挂靠形式从事道路运输经营活动的机动车发生交通事故造成损害，属于该机动车一方责任，当事人请求由挂靠人和被挂靠人承担连带责任的，人民法院应予支持”。

② 最高人民法院民事审判第一庭编著：《最高人民法院关于道路交通损害赔偿司法解释理解与适用》，人民法院出版社 2012 年版，第 56 页。

③ 最高人民法院民法典贯彻实施工作领导小组主编：《中华人民共和国侵权责任编理解与适用》，人民法院出版社 2020 年版，第 377 页；最高人民法院民事审判第一庭编著：《最高人民法院关于道路交通损害赔偿司法解释理解与适用》，人民法院出版社 2012 年版，第 53 页。

具有非常规的法律后果规定，从法政策角度而言存在多种论据：从支配力的角度来说，挂靠关系形成后，被挂靠人对挂靠的机动车获得了一定程度的支配力；从运行利益的角度来说，被挂靠方往往也会从机动车运营中分得部分利益；从对外信赖的角度来说，道路运输经营的相对方有可能是基于对被挂靠方的信赖，甚至是将挂靠方误以为是被挂靠方，才选择与之交易；从法律的行为引导功能发挥角度来说，连带责任增加挂靠行为的违法成本，从而降低被挂靠方接受挂靠的动机。

至于连带责任在法释义学上如何实现，存在不同的主张。第一种观点主张，挂靠人和被挂靠人之间是共同侵权，第二种观点主张，挂靠人和被挂靠人之间是工作人员和用人单位的关系。[①] 这两种观点难以赞同。第一种观点的问题在于，共同侵权本来就是侵权法上争议非常大的部分，引入共同侵权，也就将有关的理论争议引入进来，增加了额外的复杂性。第二种观点的问题在于，即便挂靠人之间和被挂靠人之间可以认定存在劳动关系，但按照第 1191 条第 1 款第 1 句（“用人单位的工作人员因执行工作任务造成他人损害的，由用人单位承担侵权责任”），也只是由用人单位承担责任，找不到两者承担连带责任的依据。这两种观点共同的缺陷在于试图为本条的连带责任寻找一个新的责任基础，这恰恰忽视了第 1211 条在责任成立并没有独立的内涵，而是建立在《道路交通安全法》第 76 条责任成立的基础上。本文的主张则可称为“机动车一方扩展说”，被挂靠方需要和挂靠方承担连带责任，并非因为被挂靠方满足某种专门的责任基础，而仅是基于挂靠关系的存在，第 1211 条扩展了“机动车一方”的范围，使其同时涵盖挂靠方和被挂靠方。“机动车一方扩展说”以简明贴切，不制造任何额外困难的方式解释了第 1211 条的法律后果。

四、诉讼上的实现

按照共同诉讼的一般规则，受损害方既可以选择挂靠方或者被挂靠方其中一方作为被告，也可以选择同时起诉两者。[②] 如果受害方只选择起诉一方，如被挂靠方，并且被选择的一方要求追加另一方为共同被告，此时依然应当尊重受损害方的选择权；如果受损害方不同意追加为共同被告，人民法院至多可以将另一方追加为第三人。[③]

---

① 最高人民法院民法典贯彻实施工作领导小组主编：《中华人民共和国侵权责任编理解与适用》，人民法院出版社 2020 年版，第 379 页。

② 金某才等与王某等因连续撞击交通事故致被害人死亡损害赔偿纠纷案，(2013) 常民终字第 234 号。

③ 最高人民法院民法典贯彻实施工作领导小组主编：《中华人民共和国侵权责任编理解与适用》，人民法院出版社 2020 年版，第 380 页。

五、内部追偿

关于挂靠方和被挂靠方的内部追偿，适用第 178 条第 2 款的一般规则，即按照责任大小来确定内部的责任份额。在侵权责任中，责任大小由对各方过错程度和原因力大小的综合权衡决定。如果双方之间关于责任承担作出了约定，那么需要首先审查约定是否（以及在多大范围内）违背法律的禁止性规定或者违背公序良俗（第 153 条）。可以设想的无效情形如约定将责任全部或者绝大部分划给经济上弱势一方（通常是挂靠方）。如果确认双方关于责任承担的约定违法，那么该约定无效，依然适用第 178 条第 2 款的法定规则。

六、本条的类推适用：机动车号牌出借人与借用人的连带责任

指导案例 19 号“赵某明等与卫某平等机动车交通事故责任纠纷案”的要旨称：机动车所有人或者管理人将机动车号牌出借他人套牌使用，或者明知他人套牌使用其机动车号牌不予制止，套牌机动车发生交通事故造成他人损害的，机动车所有人或者管理人应当与套牌机动车所有人或者管理人承担连带责任。但是《民法典》中没有对应于这一案例的规则，鉴于号牌出借和挂靠行为的相似性，可以考虑将本条类推适用至此种情况，以在法律层面填补漏洞。

【相关案例】

熊某某与王某某等机动车交通事故责任纠纷案①

被告王某某所有的货车挂靠在被告物流公司名下，并签订车辆挂靠合同，合同约定物流公司对该车进行管理、代办保险等事项，被告支付运营费用。后王某某将该车转让给被告谭某甲，并将转让事宜通知了物流公司，物流公司表示同意。随后谭某甲又将该车转让给被告谭某乙。谭某乙驾驶该车发生交通事故致原告熊某某伤残。发生本次事故时，车辆登记车主为物流公司，实际车主为谭某乙。

争议焦点在于，挂靠人将车辆转让给第三人，但被挂靠人并未变更车辆登记，亦未与挂靠人解除挂靠合同，发生交通事故致人损害，被挂靠人是否仍应与第三人承担连带赔偿责任。

法院经审理认为：物流公司应与谭某乙承担连带责任，如物流公司不承担连带责任，必须到车管所变更车辆所有权登记，并解除挂靠合同，将车辆所有权登记在第三人名下，否则无论合同是否解除，当第三人对外还是以被挂靠人名义经营，发生交通事故时，被挂靠人依然要与第三人承担连带责任。

---

① 载《人民法院报》2017 年 11 月 16 日。

【关联法条】

《最高人民法院关于审理道路交通事故损害赔偿案件适用法律若干问题的解释》第3条

（撰稿人：王琦）

第一千二百一十二条 【机动车无权使用中的责任】 未经允许驾驶他人机动车，发生交通事故造成损害，属于该机动车一方责任的，由机动车使用人承担赔偿责任；机动车所有人、管理人对损害的发生有过错的，承担相应的赔偿责任，但是本章另有规定的除外。

【释义】

一、概说

本条涉及未经允许驾驶他人机动车引发交通事故的责任，具体包括两个问题，分别在本条的两个分句中获得规定。第一个问题是无权使用中《道路交通安全法》第76条的责任由谁承担，即谁是“机动车一方”，对此第1212条第1分句贯彻了使用人原则，明确无权使用人是这种情况下的责任主体。第1212条第2分句前段——与第1209条第2分句相类似——针对前使用人（条文中所称的“所有人、管理人”）的责任进行规定，按照该分句，仅当前使用人未尽到妥善保管机动车的义务（作为机动车安全保障义务的一种）使得他人的无权驾驶成为可能时，才须承担机动责任，其本质上同样是一种因违反机动车安全保障义务而产生的责任，这种情况的特殊性在于，第2分句末段规定了一种免责情形，即“严重的无权使用”。

本条系《民法典》立法新增，内容源自《最高人民法院关于审理道路交通事故损害赔偿案件适用法律若干问题的解释》第2条。①

二、第1212条的构成要件：“未经允许驾驶他人机动车”

“未经允许驾驶他人机动车”作为构成要件，包括两大部分，第一部分是发

① 该条内容为：“未经允许驾驶他人机动车发生交通事故造成损害，当事人依照侵权责任法第四十九条的规定请求由机动车驾驶人承担赔偿责任的，人民法院应予支持。机动车所有人或者管理人有过错的，承担相应的赔偿责任，但具有侵权责任法第五十二条规定情形的除外。”

生机动车实际支配力的移转，即出现使用关系的变化，由此区别“前使用人”和“现使用人”，这和第1209条第1分句、第1210条的构成要件相同。第二部分体现在，机动车实际支配力的移转并非基于机动车前使用人的意愿，而是行为人擅自为之（“未经允许”），这和第1209第1分句、第1210条的情况不同，在后两者中，机动车的实际支配力从前使用人移转到后使用人都是前使用人自愿选择的结果（出租、出借或者出售等）。

在适用第1212条之前，首先需要审查现使用人取得对机动车的实际支配力是否确实未经前使用人许可。基于意思表示一般规则的类推适用（第140条），许可既可以明示方式作出，也可以默示方式作出，鉴于此，尤其需要注意是否可以认定前使用人以默示的方式作出了许可。如果确认前使用人作出了允许，那么就不存在无权使用，而是有权使用，此时则应适用第1209条而非本条。

三、第1212条的法律后果之一：无权使用人承担“机动车一方”责任（第1分句）

如果确认无权使用的构成，最基本的法律后果涉及《道路交通安全法》第76条的责任主体，这时同时出现了多个候选主体，即无权使用人和机动车的所有权人、管理人。对此第1212条第1分句规定，无权使用人（而非机动车的所有权人）作为机动车一方承担《道路交通安全法》第76条的责任。从使用人责任原则的一般原理也可以推导得出相同的答案：谁拥有对机动车的现实支配力，就需作为“机动车一方”，这里仅取决于现实支配力本身，取得现实支配力是否符合机动车处分权人（前使用人）的意愿没有决定意义。机动车的有权使用人（如第1209条第1分句，第1210条）需要依据《道路交通安全法》第76条为交通事故负责，无权使用人（本条）同样如此。

四、法律后果之二：前使用人的安全保障义务责任及其免除

只要发生了使用关系的变更即有了“现使用人”和“前使用人”的区别，那么现使用人承担《道路交通安全法》第76条机动车一方责任，前使用人仅当违背某种机动车安全保障义务时，才需承担“相应的责任”。在第1209条第1分句、第1210条、本条前段皆是如此，本条的特殊性在于规定了一种免责情形即本条后段。

（一）前使用人的责任（第2分句前段）

任何对机动车掌握现实操纵力的人（即第2分句前段中所说的“机动车所有人、管理人”），都负有妥善保管机动车以避免被未授权人擅自使用的义务，这是机动车安全保障义务之一种。如果未能做到，则需审查义务人（即前使用人）对此是否有过错，第2分句前段中所提的过错的具体对象就是防范对机动车的无权使用。义务人是否有过错需要根据个案情况判断，比如对机动车的停放位置是否安全，是否采取了必要的安保措施等。除此之外，也需注意无权使用人和义务人之间是否存在某种较为密切的社会关系（如亲属、友人、雇员等）。这类密切社会关系的存在支持的结论是义务人对他人擅自驾驶的发生具有过错或者具有较大的过错，因为基于这种社会关系的存在，义务人有更好的条件去阻止擅自使用的行为；反之，如果前使用人和擅自使用人之间并不存在密切社会关系，支持的结论是前使用人并不具有过错或者只具有较小程度的过错。① 当然无论如何，始终需要对个案事实进行综合分析和衡量。

如果前使用人对他人擅自驾驶机动车具有过错，那么第 2 分句中“承担相应的赔偿责任”一语表明其承担按份责任而非连带责任。

（二）前使用人在“严重的无权使用”情形下的免责（第 2 分句后段）

迄今为止，第 1212 条（非基于当事人意愿的机动车实际支配力移转）和第 1209 条、第 1210 条（基于当事人意愿的机动车实际支配力移转）的法律后果并无不同，即都由现使用人承担《道路交通安全法》第 76 条的机动车一方责任，前使用人按照安全保障义务承担责任。真正的区别在于，法律针对无权使用为前使用人规定了一种免责情形，即第 2 分句末段所说的“但是本章另有规定的除外”。这里的“本章另有规定”，指的是第 1215 条。② 第 1215 条第 1 款第 1 句规定“盗窃、抢劫或者抢夺的机动车发生交通事故造成损害的，由盗窃人、抢劫人或者抢夺人承担赔偿责任”，即当无权使用系基于盗窃、抢劫、抢夺等犯罪行为发生，无权使用人单独承担责任。

为了理解第 1212 条第 2 分句前段和后段的不同规定，需要区分“一般的无权使用”和“严重的无权使用”。前者是无权使用的基本形态，后者则是加重形态。两者的差别在于：第 1212 条第 2 分句后段将严重的无权使用规定为前使用人的一种免责事由。对此可作如下论证：在严重的无权使用中，无权使用人的主观过错和客观原因力是如此之大，以至于再让机动车安全保障义务人（即前使用人）承担责任是不合理、不公平的。或者说，在这种情形下，机动车安全保障义务人的有责性被无权使用人的有责性远远超过。③

---

① 最高人民法院民法典贯彻实施工作领导小组主编：《中华人民共和国侵权责任编理解与适用》，人民法院出版社 2020 年版，第 383 页。

② 黄薇主编：《中华人民共和国民法典侵权责任编解读》，中国法制出版社 2020 年版，第 183 页。

③ 由此而生的一个问题是，严重的无权使用是否仅限于第 1215 条所列举的几种情形，这涉及如何理解第 1215 条的规范模式，对此详见第 1215 条的释义。

总结而言，按照第1212条第2分句的规范层次，一旦发生对机动车的擅自使用，就必须判定发生的是一般的无权使用还是严重的无权使用。如果是一般的无权使用，那么适用第2分句前段，前使用人需为未尽到安全保障义务承担相应的责任，如果是严重的无权使用，则适用第2分句，前使用人得以免责。

五、雇员无权驾驶的特殊问题

实践中经常发生用人单位的工作人员擅自驾驶单位用车导致交通事故。对此不能认为，只要工作人员违背了上级指令或者单位内部的规章制度就构成第1212条意义的无权使用，应由工作人员自己承担《道路交通安全法》第76条的责任。这里的关键是，只要工作人员依然在执行工作任务的范围内，那么居于机动车使用人地位的就不是驾驶人而是用人单位，第1209条的释义中已经说过，在例外情况下，机动车驾驶人并非机动车的使用人，这种例外指的主要就是工作人员在执行工作任务的范围内对机动车的驾驶。按照辅助人责任（Gehilfenhaftung）的一般观念，辅助人在执行工作范围的责任应当由用人者承担，这种观念具体到《道路交通安全法》第76条机动车一方的承担意味着，只要是在执行工作范围内，作为机动车使用人承担责任的是用人者，而非实际驾驶机动车的工作人员。只有超出执行工作的范围，即辅助人责任的观念不再适用时，工作人员自己才成为机动车使用人承担《道路交通安全法》第76条的责任。

关于何为“执行工作范围”，我国司法上长期以来采取一种侧重外观主义，较为宽松的立场，《最高人民法院关于审理人身损害赔偿案件适用法律若干问题的解释》第9条第2款规定，如果雇员的行为超出授权范围，但其表现形式是履行职务或者与履行职务有内在联系的，应当认定为“从事雇佣活动”。因此即便雇员的行为按照工作单位内部的管理制度或者其上级的指示已经逾越了许可，但是只要外在看来依然可以被归入“履行职务”的行为，那么就仍然处于辅助者责任的界限内，用人单位依然构成机动车一方。由此可见按照司法解释的立场，雇员超出许可范围驾驶机动车的风险在相当大的程度上被分配给了雇主承担。

只有从外在看来雇员的行为脱离了“执行工作任务”的范围，才构成无权使用，此时才适用第1212条，雇员自己作为（无权）使用人承担《道路交通安全法》第76条的机动车一方责任，其雇主（用人单位）作为机动车前使用人承担补充责任。可见，相较于其他人员无权驾驶的情况，雇员驾驶的情况，由于司法解释对“执行工作任务”制定的标准较为宽松，导致雇员无权驾驶的认定可能性降低，第1212条适用范围被大大压缩。

【相关案例】

胡某与金某等机动车交通事故责任纠纷案①

被告金某在未得到机动车驾驶员许可的情形下，擅自驾车造成损害，法院认定其为造成事故损害的直接侵权人，负有损害赔偿责任。

争议焦点在于机动车驾驶员应负何种责任。

法院认为，机动车驾驶员停车后，在未拔车钥匙、挂倒挡且未锁车门的情况下，自行离车办事，对机动车的管理未尽到基本的注意义务，也正是由于此基本义务的违反，间接地导致了交通事故的发生，该驾驶员具有一定的主观过错，应该承担相应的损失。

【关联法条】

《民法典》第 1215 条，《最高人民法院关于审理道路交通事故损害赔偿案件适用法律若干问题的解释》第 2 条

（撰稿人：王琦）

第一千二百一十三条　【交强险保险人、商业险保险人和侵权责任人之间的关系】机动车发生交通事故造成损害，属于该机动车一方责任的，先由承保机动车强制保险的保险人在强制保险责任限额范围内予以赔偿；不足部分，由承保机动车商业保险的保险人按照保险合同的约定予以赔偿；仍然不足或者没有投保机动车商业保险的，由侵权人赔偿。

【释义】

一、概说

本条规定了在交通事故责任承担中，交强险保险人、商业险保险人和民事侵权责任人之间的关系。本条的实质并不是如某些论述中所描述的仅是对责任顺序

① 载杨心忠等主编：《交通事故责任纠纷裁判精要与规则适用》（法官裁判智慧丛书），北京大学出版社 2016 年版。

的规定，而是对责任的划分，即将交通事故责任总额分成了三份。第一份的承担者是交强险保险人（第 1 分句），具体数额按照交强险的专门规则确定。刨除了交强险保险人承担部分后剩下的责任本应由民事侵权人承担，但是当机动车上存在商业保险时，保险合同通常会使得保险人承担全部或者部分责任（第 2 分句），由此分出第二份责任。剩下的第三份责任则由民事侵权责任人承担（第 3 分句）。

基于本条的责任划分，交强险保险人仅为按照交强险规则确定的那一部分责任份额负责，受损害人也只有权请求其支付这一范围内的赔偿金；同理，商业保险的保险人负责的也只是刨除了交强险保险人承担的责任份额后再依据保险合同确定的部分，对超出这一范围的赔偿请求，商业保险人同样有权拒绝。

从立法沿革上来说，本条的前身为《最高人民法院关于审理道路交通事故损害赔偿案件适用法律若干问题的解释》第 16 条第 1 款。

二、交强险保险人的责任（第 1 分句）

我国 2006 年出台《机动车交通事故责任强制保险条例》（2019 年修订），正式设立机动车强制保险。鉴于交强险的存在，如果发生机动车事故，需要首先明确交强险保险人应当承担的份额，对此按照《机动车交通事故责任强制保险条例》第 23 条："机动车交通事故责任强制保险在全国范围内实行统一的责任限额。责任限额分为死亡伤残赔偿限额、医疗费用赔偿限额、财产损失赔偿限额以及被保险人在道路交通事故中无责任的赔偿限额。机动车交通事故责任强制保险责任限额由国务院保险监督管理机构会同国务院公安部门、国务院卫生主管部门、国务院农业主管部门规定。"的规定执行。

现行的机动车交通事故责任强制保险责任限额，按照银保监会《关于实施车险综合改革的指导意见》（2019 年 9 月 2 日发布），自 2019 年 9 月 19 日起执行如下标准：

	死亡伤残赔偿限额	医疗费用赔偿限额	财产损失赔偿限额
被保险机动车在交通事故中有责任时	180000 元	18000 元	2000 元
被保险机动车在交通事故中无责任时	18000	1800	100 元

如上表所示，限额是针对不同分项（"死亡伤残赔偿限额""医疗费用赔偿限额""财产损失赔偿限额"）确定的。这就带来分项限额是否可以突破的问题，比如在被保险机动车有责任时，受害人并未死亡也并未定残，但医疗费用已经超过了 18000 万元，那么是否可以将（未使用的）"死亡赔偿限额"挪至医疗费用赔

偿这一分项。尽管实践中部分法院有突破分项限额的作法，理论上也不乏对分项限额固定化的批评，但是最高人民法院在2012年的一部司法解释中肯定了分项限额的约束力，即不同分项的额度之间彼此并不互通。[①] 之后又多次重申和论证了上述立场，主要理由是，分项限额是保险监督管理部门进行专业判断后确定的结果，司法机构应当尊重。[②]

由此，需要一方面根据“机动车一方”是否有责任，另一方面根据特定类型的损失数额，来确定交强险保险人应当承担的责任总额。

程序法上的相关问题是交强险保险人在诉讼程序中的地位。对此司法解释的立场非常明确，《最高人民法院关于审理道路交通事故损害赔偿案件适用法律若干问题的解释》第25条第1款规定：“人民法院审理道路交通事故损害赔偿案件，应当将承保交强险的保险公司列为共同被告。但该保险公司已经在交强险责任限额范围内予以赔偿且当事人无异议的除外。”按照该款第1句，即便受害方仅起诉侵权责任人，法院也可以在查明交强险保险人的身份后，根据原告的请求或者依职权追加保险人为第三人。[③] 对该司法解释中的除外规定即“但该保险公司已经在交强险责任限额范围内予以赔偿且当事人无异议的除外”应当严格适用，比如交强险保险人虽然已经按照机动车一方无责的标准支付了赔偿金，但是在诉讼中被侵害方和民事侵权责任人就机动车是否有责发生了争议，此时为了提升纠纷处理的效率，也为了保障交强险保险人的诉讼利益，应当适用该款第1句，再将交强险列为共同被告。

三、商业险保险人、民事侵权人的责任（第2、3分句）

机动车一方对交通事故的责任，在去除应由交强险保险人按照交强险规则承担的部分之后，余下的部分本应由侵权责任人自行承担。但如果机动车上除了存在交强险之外还存在商业性责任保险。基于保险合同，保险人负有按照合同约定分担责任的义务。

第1213条第2分句（“不足部分，由承保机动车商业保险的保险人按照保险

---

① 《最高人民法院关于在道路交通事故损害赔偿纠纷案件中机动车交通事故责任强制保险中的分项限额能否突破的请示的答复》（〔2012〕民一他字第17号）：“根据《中华人民共和国道路交通安全法》第十七条、《机动车交通事故责任强制保险条例》第二十三条，机动车发生交通事故后，受害人请求承保机动车第三者责任强制保险的保险公司对超出机动车第三者责任强制保险分项限额范围予以赔偿的，人民法院不予支持。”

② 最高人民法院民法典贯彻实施工作领导小组主编：《中华人民共和国侵权责任编理解与适用》，人民法院出版社2020年版，第387页；最高人民法院民事审判第一庭编著：《最高人民法院关于道路交通损害赔偿司法解释理解与适用》，人民法院出版社2012年版，第216页。

③ 最高人民法院民事审判第一庭编著：《最高人民法院关于道路交通损害赔偿司法解释理解与适用》，人民法院出版社2012年版，第335页。

合同的约定予以赔偿”）之中需要重点突出的部分是“依照保险合同的约定”，这意味着，商业险保险人是否以及在多大范围内承担责任，首先是由保险合同规定的。按照保险合同，商业险保险人可能需要承担余下责任的全部，也可能只需承担余下责任的一部分，甚至可能完全无须承担责任（比如发生了合同约定的免责事由时）。当然商业保险合同——和任何一个合同一样——本身也受到法秩序的生效控制，关键在于审查合同中免除或者限制保险人责任的条款是否有效。

如果说受害方对交强险保险人享有直接请求权（Direktanspruch）目前已经在学理上达成共识①，那么受害方是否对商业险保险人同样享有直接请求权却还存有争议，因为按照合同相对性的一般原理，有权向保险人提出主张的是作为合同相对方的投保人。但是如果拘于相对性，十分不利于受害方保护以及纠纷的高效解决。为了回避合同相对性带来的限制，一种观点试图借助《保险法》第 65 条第 2 款第 2 句，该条规定了特殊情形下责任保险的第三人（求偿方）对保险人的直接请求权，即“被保险人怠于请求的，第三者有权就其应获赔偿部分直接向保险人请求赔偿保险金”。这种观点通过对“保险人怠于请求”作柔性解释，来实现《保险法》第 65 条第 2 款第 2 句的适用范围扩大。

随着第 1213 条的生效，这种“曲线救国”式的做法似乎已经不再必要。因为第 1213 条将机动车强制保险和商业保险等同提及，这支持的解释是，对这两者在交通事故责任承担范围内应作等同对待，因此受损害方不仅可以向交强险保险人，也可以向商业险保险人直接主张损害赔偿。从法政策上而言，赋予受害人对商业险保险人的直接请求权，也有助于道路交通事故纠纷一体化处理目标的实现。②

基于同样的考量，在诉讼主体安排上，应当尽量使商业险保险人和交强险保险人一同作为民事侵权人的共同被告。不仅求偿方可以请求将商业险承保人列为共同被告③，法院也可依职权自行追加商业险保险人为共同被告。④

最后，在去除商业险保险人依据保险合同应当承担的部分之后，余下的则由

---

① 最高人民法院民事审判第一庭编著：《最高人民法院关于道路交通损害赔偿司法解释理解与适用》，人民法院出版社 2012 年版，第 337 页。

② 最高人民法院办公厅、公安部办公厅、司法部办公厅、中国银行保险监督管理委员会办公厅关于印发《道路交通事故损害赔偿纠纷“网上数据一体化处理”工作规范（试行）》的通知（2018 年 9 月 10 日）、《最高人民法院、公安部、司法部、中国银行保险监督管理委员会关于在全国推广道路交通事故损害赔偿纠纷“网上数据一体化处理”改革工作的通知》（2020 年 5 月 6 日）。

③ 这一点在《最高人民法院关于审理道路交通事故损害赔偿案件适用法律若干问题的解释》第 25 条第 2 款中已经得到规定：“人民法院审理道路交通事故损害赔偿案件，当事人请求将承保商业三者险的保险公司列为共同被告的，人民法院应予准许。”

④ 最高人民法院民法典贯彻实施工作领导小组主编：《中华人民共和国侵权责任编理解与适用》，人民法院出版社 2020 年版，第 389 页。

民事侵权责任人承担（第3分句）。至于侵权责任人的具体身份，即谁是《道路交通安全法》第76条意义上的机动车一方，则依据第1209条、第1210条、第1211条、第1212条、第1214条、第1215等条文确定。

【相关案例】

杜某与郭某机动车交通事故责任纠纷案[①]

本案焦点为，能否就交强险与商业三者险在一案中合并审理。

受害方认为为了减轻当事人的诉累，避免一事多案，应当将交强险与商业险合并审理，这样能及时救济受害方的合法权益。被告（保险公司）认为，商业险不应与交强险合并审理，不同意在本案中对商业险进行处理。法院支持了原告要求保险公司在交强险和商业三者险责任限额内进行赔偿的诉讼请求，判决被告首先在交强险责任限额范围内进行赔偿，不足部分，由其根据商业三者险保险合同的约定进行赔偿；仍有不足，依照《道路交通安全法》和《侵权责任法》的相关规定，由机动车驾驶人（侵权责任人）承担责任。

【关联法条】

《最高人民法院关于审理道路交通事故损害赔偿案件适用法律若干问题的解释》第16条、第25条

（撰稿人：王琦）

第一千二百一十四条 【禁止流通机动车被转让时的责任主体】以买卖或者其他方式转让拼装或者已经达到报废标准的机动车，发生交通事故造成损害的，由转让人和受让人承担连带责任。

【释义】

一、概说

本条和第1209条第1分句、第1210条、第1211条、第1212条类似，同样

---

① 载杨心忠等主编：《交通事故责任纠纷裁判精要与规则适用》（法官裁判智慧丛书），北京大学出版社2016年版。

预设了依据《道路交通安全法》第 76 条的责任成立，所针对的问题是谁是该条意义上的“机动车一方”责任的主体。按照本条规定，如果转让的对象属于技术安全性上高度危险因而被法律禁止流通的机动车，那么法律令转让人和受让人作为整体构成机动车一方，承担《道路交通安全法》第 76 条的责任，因此对外呈现连带责任人的形态。

在本章的规范体系中，第 1214 条是第 1210 条的特别法。在构成要件层面两者的相同点在于，机动车实际支配力的移转同时伴随所有权的变更，由此区别于仅有实际支配力移转的第 1209 条的情况（机动车出租、出借）；在构成要件层面两者的区别在于，在第 1210 条的情况中，转让的标的物是法律允许流通的机动车，而在第 1214 条的情况中，转让的标的物是法律禁止流通的机动车。在法律后果层面，第 1210 条遵循使用人责任的一般原则，规定由实际取得机动车支配力的受让人单独承担《道路交通安全法》第 76 条的机动车一方责任，出让人仅在违反机动车安全保障义务时承担相应的责任（见第 1210 条的释义）；第 1214 条出于预防和打击转让高度危险机动车的行为，规定由转让人和受让人同时构成“机动车一方”，对外以连带责任人的形式向受害方负责。这种“机动车一方”下复数主体的法律结果并非首见于第 1214 条，而是在第 1211 条中已经出现，即在机动车挂靠经营时，挂靠人和被挂靠人共同作为“机动车一方”对外承担连带责任。另外也见于第 1215 条第 1 款第 2 分句，即如果机动车的盗窃人、抢夺人、抢劫人再将机动车交给他人使用，那么盗窃人、抢夺人、抢劫人和现使用人一同作为机动车一方承担连带责任（详见第 1215 条的释义）。

本条的前身为《侵权责任法》第 51 条[①]，司法解释层面的相关规定为《最高人民法院关于审理道路交通事故损害赔偿案件适用法律若干问题的解释》第 6 条。[②]

二、构成要件之一：“以买卖或者其他方式转让”

第 1214 条意义上的“买卖或者其他方式”指的是，转让不限于有偿行为（如买卖、互易），同样包括无偿行为（如赠与）。[③] 这可以从第 1214 条的法政策目的获得解释：只要机动车在技术安全性处于高度危险的状态，法律禁止以任何一种形式将其投入流通，无论流通是否会给转让人带来经济上的对价或者收益。

---

① 条文内容为：“以买卖等方式转让拼装或者已达到报废标准的机动车，发生交通事故造成损害的，由转让人和受让人承担连带责任。”

② 条文内容为：“拼装车、已达到报废标准的机动车或者依法禁止行驶的其他机动车被多次转让，并发生交通事故造成损害，当事人请求由所有的转让人和受让人承担连带责任的，人民法院应予支持”。

③ 黄薇主编：《中华人民共和国民法典侵权责任编解读》，中国法制出版社 2020 年版，第 188 页。

另外一个问题是，如果仅发生所有权变动，但并未发生机动车实际占有的移转，比如以占有改定方式（第228条）完成机动车所有权变动，此时是否可以认为同样满足“以买卖或者其他方式转让”这一前提，因此受让人即便未取得对机动车实际占有，也需依据第1214条同转让人一道承担连带责任。一种观点对此表示肯定[①]，本文则主张，按照使用人责任的一般规则，决定《道路交通安全法》第76条责任归属的是对机动车的实际支配力而非所有权，因此如果一个人从来没有获得过对机动车的现实支配力，那么即便他取得对机动车的所有权，也不成为机动车使用人。因此在上面所描述的情况中，在受让人未取得对机动车的实际占有之前，不属于第1214条所规定的“以买卖或者其他方式转让”，因此也不承担连带责任。从这个角度可以说，第1214条中的转让人应被解释为曾经拥有过对机动车实际支配力之人（前使用人），受让人应被解释为当下正对机动车行使实际支配力之人（现使用人）。

三、构成要件之二：“拼装或者已经达到报废标准的机动车”

第1214条针对的是法律禁止流通的机动车，即条文中所称的“拼装或者已经达到报废标准的机动车”，包括拼装车和报废车两种情况。因此需要审查的是所转让的具体机动车究竟是否属于拼装车或者报废车。相关的现行行政法规为《报废机动车回收管理办法》（2019年）。

拼装车主要指的是利用报废机动车的发动机、方向机、变速器、前后桥、车架（所谓的“五大总成”）及其零部件制造的机动车。[②] 至于报废车，指的是在超过报废期限后未及时进行检验或者虽进行但未通过检验的机动车。《道路交通安全法》第14条第1款规定：“国家实行机动车强制报废制度，根据机动车的安全技术状况和不同用途，规定不同的报废标准。”现行的报废标准规定见《国家经济贸易委员会、国家发展计划委员会、公安部、国家环境保护总局关于调整汽车报废标准若干规定的通知》（国经贸资源〔2000〕1202号，2000年12月18日），该规定又经由《公安部关于实施〈关于调整汽车报废标准若干规定的通知〉有关问题的通知》（公交管〔2001〕2号）获得了部分修正。

一方面，值得注意的是，《最高人民法院关于审理道路交通事故损害赔偿案件适用法律若干问题的解释》第6条除了规定“拼装车”“已到达报废标准的机动车”之外，还兜底性地规定了“依法禁止行驶的其他机动车”。这一兜底规定

---

① 最高人民法院民事审判第一庭编著：《最高人民法院关于道路交通损害赔偿司法解释理解与适用》，人民法院出版社2012年版，第91页。

② 《报废机动车回收管理办法》第15条第1款：“禁止任何单位或者个人利用报废机动车“五大总成”和其他零部件拼装机动车，禁止拼装的机动车交易。”

值得赞同，可以想见，应当被禁止流通的机动车不限于拼装车和报废车，比如对机动车进行改装，虽然这种改装车既非“拼装车”，也没有“达到报废标准”，但只要基于改装行为其危险性已经提升到足以与拼装车、报废车相比的程度，那么也应当在第 1214 条的框架内将其与拼装车、报废车作等同对待。①

另一方面，由于关于机动车的法律、行政法规、地方性法规、部门规章的数量繁多，其中不少条文的内容都涉及禁止使用具有某种缺陷的机动车，因此需要强调，并非任何一种在法规中被提及的机动车瑕疵都足以使得机动车被禁止流通，比如排污过量、未及时参加年检、未购买机动车交强险、没有环保标志、证照遗失等情况就其本身并不足以使得机动车危险性提升②，因此转让此类机动车，不适用第 1214 条，而仅适用第 1210 条，即转让人无须和受让人承担连带责任，至多因违背机动车安全保障义务而承担部分责任。总而言之，“依法禁止行驶的其他机动车”的标准并非形式性的，也就是不取决于特定的机动车瑕疵是否能在法规渊源中找到依据，而是实质性的，也就是取决于这种瑕疵是否使得该机动车的危险性提升到足以同拼装车、报废车相提并论的程度。

四、法律后果：“由转让人和受让人承担连带责任”

在法律后果层面，第 1214 条规定了转让人和受让人的连带责任。对这一连带责任的实现机理应作和第 1211 条（挂靠人和被挂靠人的连带责任）相同的解释，即转让人之所以需要和受让人承担连带责任，并非第 1214 条为其设立了一个独立的责任，而是将其和受让人共同纳入“机动车一方”，作为一个整体承担《道路交通安全法》第 76 条的责任，因此对外而言呈现连带责任人的形态。可以说，第 1214 条在法律后果层面不是生成另外的责任，而是预设了已经成立的责任（即《道路交通安全法》第 76 条的责任），随后利用“机动车一方”的可容纳性将更多主体纳入其中，由此使得多数主体作为连带责任人承担同一责任。第 1214 条所做的不是责任的新设，而是同一责任的责任主体的扩张。

第 1214 条没有将法律后果系于责任人的过错，这意味着，转让人或者受让人即便证明自己不知道且不应当知道所交易的机动车属于禁止流通的机动车，都不足以免责。但是，过程程度并非毫无意义，其可以在责任人的内部责任分担中作为因素考虑，通常而言，较低过错会使得责任人分担较小份额的责任。③

---

① 最高人民法院民法典贯彻实施工作领导小组主编：《中华人民共和国侵权责任编理解与适用》，人民法院出版社 2020 年版，第 392 页。

② 最高人民法院民事审判第一庭编著：《最高人民法院关于道路交通损害赔偿司法解释理解与适用》，人民法院出版社 2012 年版，第 87 页以下。

③ 最高人民法院民事审判第一庭编著：《最高人民法院关于道路交通损害赔偿司法解释理解与适用》，人民法院出版社 2012 年版，第 94 页。

如果禁止流通的机动车被多次转让，那么是由造成交通事故前最后一次流通的转让人和受让人负责，还是由之前全体转让人和受让人负责。《最高人民法院关于审理道路交通事故损害赔偿案件适用法律若干问题的解释》第6条给出的答案是第二种，即“当事人请求由所有的转让人和受让人承担连带责任的，人民法院应予支持”。最高院民一庭在撰写的释义中表示，这种解释并未超出《侵权责任法》第51条的语义范围。尽管第1214条没有相似的提法，但是司法解释的规定似乎更有利于实现法律所追求的目的：让所有交易的参与人，而非仅是其中一次交易的参与人承担连带责任，这样显然会给市场主体带来更大的压力，促使他们拒绝参与高度危险机动车的交易。

至于连带责任人的内部分担则适用一般规则，即通过综合权衡各责任人的过错程度和原因力大小来确定各自应承担的份额。

【相关案例】

夏某京等与朱某敏等交通肇事罪刑事附带民事赔偿案①

被告驾驶的肇事车辆系从邳州市交通局以1万元价格购买的，当时已属于报废的车辆，邳州市交通局、被告对交易时的车辆状况均属明知。

争议焦点在于，邳州市交通局是否应承担连带责任。

原判决认定，邳州市交通局不应承担连带赔偿责任，而应根据其过失大小及原因力的比例来确定其应承担的赔偿责任，判决肇事人承担70%的赔偿责任，邳州市交通局承担30%的赔偿责任。江苏省人民检察院经审查，向江苏省高级人民法院提出抗诉。江苏省高级人民法院受理后提审本案，改判邳州市交通局对该交通事故造成的损失承担连带责任。

【关联法条】

《最高人民法院关于审理道路交通事故损害赔偿案件适用法律若干问题的解释》第6条

（撰稿人：王琦）

---

① （2014）苏刑抗字第0001号。

第一千二百一十五条 【严重的无权使用时的责任承担】 盗窃、抢劫或者抢夺的机动车发生交通事故造成损害的，由盗窃人、抢劫人或者抢夺人承担赔偿责任。盗窃人、抢劫人或者抢夺人与机动车使用人不是同一人，发生交通事故造成损害，属于该机动车一方责任的，由盗窃人、抢劫人或者抢夺人与机动车使用人承担连带责任。

保险人在机动车强制保险责任限额范围内垫付抢救费用的，有权向交通事故责任人追偿。

【释义】

一、概说

从规范体系上来说，本条和第1212条共同规制机动车无权使用的责任问题。为了理解这两者之间的关系，需要引入一般的无权使用和严重的无权使用这组概念。第1211条的规范对象是前者即一般的无权使用，本条的规范对象是后者即严重的无权使用，主要包括条文中所说的通过盗窃、抢劫、抢夺等犯罪行为取得机动车实际支配力的情况。

本条第1款第1句针对“机动车一方”的身份，明确由无权使用人承担《道路交通安全法》第76条的责任，同时也免除了机动车前使用人即“所有权任、管理人”的安全保障义务责任（第1212条第2分句末段的除外规定）。第1款第2句系《民法典》新增规定，该句出于惩治无权使用人之目的，规定如果无权使用人再将机动车交付他人使用，无权使用人与现使用人作为整体承担机动车一方责任，对外呈现出连带责任人的形态。第2款立基于《机动车交通事故责任强制保险条例》第22条第1款第2项，明确在无权使用的情况下，交强险保险人的损失赔偿义务依然在一定范围内存在。

本条的前身为《侵权责任法》第52条。相似的内容亦见于一部较早的司法解释即《最高人民法院关于被盗机动车辆肇事后由谁承担损害赔偿责任问题的批复》，其内容为：“使用盗窃的机动车辆肇事，造成被害人物质损失的，肇事人应当依法承担损害赔偿责任，被盗机动车辆的所有人不承担损害赔偿责任。”

二、构成要件：严重的无权使用

本条的构成要件包括两方面。第一，机动车实际支配力的移转不符合机动车前使用人的意愿，由此区别于第1209条第1分句、第1210条的情况，在后两者，机动车实际支配力从前使用人移转到现使用人是符合前使用人自己意思的结果（出租、出借、出售）。第二，现使用人通过一种严重违法的行为取得对机动车的支配力，或者说是“擅自驾驶中最极端的情形”[①]，由此区别于第1212条，在后者，行为人是通过一种违法性程度较低的行为取得对机动车的实际支配力。

因此关键在于是否存在一种无权使用的加重情节，使得一种行为不能再被归入第1212条的一般无权使用，而应被归入本条意义上的严重无权使用。至于哪些属于无权使用的加重情节，第1215条直接列举了《刑法》上的盗窃、抢夺、抢劫等犯罪行为，上述三者分别规定在《刑法》第264条、第267条、第263条。问题在于如何理解该条的列举，[②] 一种解释将其理解为一种“封闭性列举”，也就是说严重的无权使用限于行为人通过盗窃、抢夺、抢劫这三类犯罪行为取得机动车的情况。封闭性列举的长处是能带来较大的可预期性，对裁判者而言也易于操作，但缺点也同样明显，即比较机械，无法最大限度地顾及个案特性。可以设想，一方面，在所列举的三种犯罪行为之外，同样可能存在行为违法性的加重情节；另一方面，即便在所列举的范围之内，也可能因为特定事由（比如前使用人的极大过错）而使得其有责性无法被忽略不计。

本文主张运用德国刑法上的“通常事例方法”（Regelbeispielsmethode）来解释该条。按照这种解释方法，第1215条的列举既不具有封闭性，也不具有强制性，它仅是举出无权使用加重形态的“通常事例”。这意味着，一方面，严重的无权使用不限于该条所列举的三种犯罪行为（“非封闭性”）；另一方面，并非只要出现了该条所列举的一种犯罪行为，就必定会构成严重的无权使用（“非强制性”）。出现了一种列举情形不过意味着，通常而言可肯定严重无权使用的成立；同理，未出现所列举的情形也不过意味着，通常而言可否认严重无权使用的成立。

三、法律后果一：无权使用人作为机动车一方（第1款第1句）

第1215条的法律后果是，无权使用人即条文中所说的“盗窃人、抢劫人或者抢夺人”构成“机动车一方”，承担《道路交通安全法》第76条的责任。这其实是使用人责任原则的逻辑结果。如前面多次所强调的，谁拥有对机动车的实际支配力，谁就需作为机动车使用人承担机动车一方责任，无论其取得机动车实际支配力是否获得机动车前使用人的同意。机动车的有权使用人需承担责任（如第1209条第1分句、第1210条），机动车的无权使用人同样需承担责任（第1212

① 黄薇主编：《中华人民共和国民法典侵权责任编解读》，中国法制出版社2020年版，第189页。

② 详见王琦：《机动车交往安全义务人对交通事故的侵权责任——对立法、司法解释以及比较法资源的整合性建构》，载《政治与法律》2017年第2期。

条第 1 分句、本条第 1 款第 1 句)。在《道路交通安全法》第 76 条的责任主体即机动车一方的身份确定问题上，一般的无权使用（第 1212 条第 1 分句）与严重的无权使用（本条第 1 款第 1 句）并无差别，即都由取得机动车实际支配力的无权使用人承担机动车一方责任，行为人行为的违法性程度对此并无影响。

四、法律后果二：机动车前使用人被免除责任（第 1212 条第 2 分句末段）

一般的无权使用和严重的无权使用的真正区别不在于现使用人（即无权使用人）的责任，而在于前使用人的责任。这一区别体现在第 1212 条第 2 分句，该分句前段首先确认了“机动车所有人、管理人对损害的发生有过错的，承担相应的赔偿责任”，这里的过错针对的是特定一类的机动车安全保障义务，即避免机动车被未授权人使用的义务。因此一旦发生对机动车的擅自使用，行为人作为现使用人承担机动车一方责任，机动车所有人、管理人作为前使用人如果没有尽到上述安全保障义务，则应承担相应的责任（按份责任）。

同时第 1212 条第 2 分句末段也规定了一个例外，即“但是本章另有规定的除外”，这里的“本章另有规定”指的就是本条。[①] 这一例外规定意味着，在严重无权使用的情况，机动车安全保障义务人的责任被免除。对这一免责后果可以提出的正当化论证如即便安全保障义务人（前使用人）采取了必要之预防措施，也无法阻止他人以盗窃、抢夺、抢劫等极端方式擅自使用机动车。另外的论据是，在严重无权使用的情况中，行为人的有责性是如此大地超越了机动车安全保障义务人（前使用人）的有责性，以至于免除后者的责任，让前者独自承担责任是合理得当的。这样一种观念对本条构成要件的建构同样有意义，即安全保障义务人和无权使用人之间有责性的显著落差，构成了第 1215 条未明言的一项前提条件。如果这一前提不满足的话，即机动车安全保障义务人的有责性相对于无权使用人的有责性并不可忽略不计，那么则应当回到第 1212 条的规则，前使用人（“机动车所有权人、管理人”）依然需要为未尽到机动车安全保障义务担责。

五、法律后果三：无权使用人再将机动车交付他人使用时的连带责任（第 1 款第 2 句）

如果无权使用人即条文中所说的“盗窃人、抢劫人或者抢夺人”再将机动车交付给他人使用，比如采取出租、出借、出售等方式，本来按照使用人责任的一般规则，取得机动车实际支配力之人应成为机动车的新使用人，承担《道路交通安全法》第 76 条的机动车一方责任，无权使用人只需为违背机动车安全保障义

---

① 黄薇主编：《中华人民共和国民法典侵权责任编解读》，中国法制出版社 2020 年版，第 190 页。

务承担相应的责任。但这却意味着，只要行为人将机动车交付他人使用，就能回避掉相当大的责任。针对于此，为了加大对无权使用人的惩罚力度，本条第 1 款第 2 句规定，这种情况下无权使用人和新使用人承担连带责任。这种连带责任的实现机理和第 1211 条、第 1214 条相同，都是“机动车一方”的扩张，覆盖复数主体，这些复数主体对外承担连带责任。法律旨在通过这种后果上的责任加重，阻止无权使用人通过将机动车交付他人来规避责任。

需强调的是，按照体系解释，本条第 1 款第 2 句作为一种责任加重规定仅适用于严重的无权使用，不适用于第 1212 条意义上的一般无权使用。如果出现的是一般的无权使用，比如机动车所有权人的家属擅自使用机动车，又将机动车借给其友人使用，此时不适用第 1 款第 2 句，而适用第 1212 条，由此无权使用人不承担连带责任，而只需按照一般规则即为违反安全保障义务承担按份责任。

六、法律后果四：交强险保险人的赔偿义务（第 2 款）

本条第 2 款复述了《机动车交通事故责任强制保险条例》第 22 条第 1 款第 2 项的规定。[①] 据此，在机动车被盗抢后引发交通事故的情况，交强险保险人依然负有承担抢救费用的义务。问题在于，交强险保险人的义务是否仅仅限于此，也就是说保险人无须赔偿如死亡赔偿金、伤残赔偿金等项目。通说观点对此做出肯定，首先可以从《机动车交通事故责任强制保险条例》第 22 条第 2 款获得支持，该款规定“有前款所列情形之一，发生道路交通事故的，造成受害人的财产损失，保险公司不承担赔偿责任”，其次《最高人民法院关于对安徽省高级人民法院如何理解和适用〈机动车交通事故责任强制保险条例〉第二十二条的请示的复函》（〔2009〕民立他字第 42 号）也对此表示了肯定。

另外一种观点则认为，交强险保险人的责任不限于抢救费用。[②] 这种观点更加值得赞同，因为机动车被盗抢属于典型的社会风险，应该由交强险来分担。另外从交强险的社会保障功能来说，对交通事故的受害方而言，其受救济的需求，并不应因机动车是有权使用或无权使用而有所区别。至于商业险保险人的责任，则不受本款限制，依保险合同确定。

---

① 《机动车交通事故责任强制保险条例》第 22 条：“有下列情形之一的，保险公司在机动车交通事故责任强制保险责任限额范围内垫付抢救费用，并有权向致害人追偿：（一）驾驶人未取得驾驶资格或者醉酒的；（二）被保险机动车被盗抢期间肇事的；（三）被保险人故意制造道路交通事故的。有前款所列情形之一，发生道路交通事故的，造成受害人的财产损失，保险公司不承担赔偿责任。”

② 最高人民法院民法典贯彻实施工作领导小组主编：《中华人民共和国侵权责任编理解与适用》，人民法院出版社 2020 年版，第 397 页。

【相关案例】

袁某联与林某祥等机动车交通事故责任纠纷案[①]

被告所有的机动车遭遇盗窃，被身份不明之人驾驶造成原告的房屋受损。原告向被告提出损害赔偿请求。

争议焦点在于，被告是否应当承担责任。

法院认为，公安机关出具的《报警回执》《机动车辆被盗抢证明》证实涉案车辆已于事故发生前被盗抢，因此应由实施盗抢行为的人承担赔偿责任，故原告请求被告承担赔偿责任没有法律依据，法院不予支持。

【关联法条】

《最高人民法院关于审理道路交通事故损害赔偿案件适用法律若干问题的解释》第2条

（撰稿人：王琦）

第一千二百一十六条　【交强险保险人和交通事故社会救助基金的赔偿义务】机动车驾驶人发生交通事故后逃逸，该机动车参加强制保险的，由保险人在机动车强制保险责任限额范围内予以赔偿；机动车不明、该机动车未参加强制保险或者抢救费用超过机动车强制保险责任限额，需要支付被侵权人人身伤亡的抢救、丧葬等费用的，由道路交通事故社会救助基金垫付。道路交通事故社会救助基金垫付后，其管理机构有权向交通事故责任人追偿。

【释义】

一、概说

本条规定了交强险保险人和道路交通事故社会救助基金的损失赔偿义务，从体系上来说，本条系对第1213条的补充。

---

① （2017）粤20民终5075号。

本条第1句第1分句明确了，机动车驾驶人逃逸行为不影响交强险保险人责任的承担。第1句第2分句规定了，在特定前提下，道路交通事故社会救助基金负有费用垫付的义务。本条第2句同时规定垫付了有关费用的救助基金的追偿权。

本条的前身为《侵权责任法》第53条。

二、交强险保险人的赔偿义务（第1句第1分句）

交通事故肇事人驾驶机动车逃逸，这种现象在实践中并不罕见。第1句虽然将这一现象突出（“机动车驾驶人发生交通事故后逃逸”），但其实逃逸行为对交通事故责任没有任何影响。只要能够查明肇事机动车的信息，并且该机动车已经投保了交强险，那么交强险保险人一样需要按照交强险规则承担责任（第1213条第1分句）。相对立的一种法律结果根本无从主张，即如果逃逸，交强险保险人就可以减轻或者免除责任，这是一个荒谬的结果，无异于鼓励逃逸行为。另外需指出的是，本句仅适用于交强险保险人，对商业险保险人而言，驾驶人逃逸的法律后果依照保险合同确定（第1213条第2分句）。

三、道路交通事故社会救助基金的赔偿义务（第1句第2分句）

道路交通事故社会救助基金，是指依法筹集用于垫付机动车道路交通事故中受害人人身伤亡的丧葬费用、部分或者全部抢救费用的社会专项基金。《道路交通安全法》第17条规定设立道路交通事故社会救助基金，作为交强险的补充，该法第75条进一步规定，医疗机构对交通事故中的受伤人员应当及时抢救，不得因抢救费用未及时支付而拖延救治。肇事车辆参加机动车第三者责任强制保险的，由保险公司在责任限额范围内支付抢救费用；抢救费用超过责任限额的，未参加机动车第三者责任强制保险或者肇事后逃逸的，由道路交通事故社会救助基金先行垫付部分或者全部抢救费用，道路交通事故社会救助基金管理机构有权向交通事故责任人追偿。道路交通事故社会救助基金的具体规范为《道路交通事故社会救助基金管理试行办法》（2010年1月1日施行）。

道路交通事故社会救助基金的目的是确保欠缺其他赔偿来源的情况下，交通事故的受害方依然能够在抢救、丧葬费用这一关系自己最根本利益或者尊严的项目上获得基本保障。第1句第2分句规定了三种情况，在这些情况下，道路交通事故社会救助基金应当介入，即条文中所说的“机动车不明、该机动车未参加强制保险或者抢救费用超过机动车强制保险责任限额”，这三种情况的共性是，抢救或者丧葬费用的补偿无法从侵权责任人和交强险保险人处获得。

至于道路交通事故社会救助基金的介入方式，则因抢救费用和丧葬费用而有所不同。对抢救费用，按照《道路交通事故社会救助基金管理试行办法》第13

条规定，公安机关交通管理部门应当在 3 个工作日内书面通知救助基金管理机构，按照该办法第 14 条规定，医疗机构在抢救受害人结束后，对尚未结算的抢救费用，可以向救助基金管理机构提出垫付申请，并提供有关抢救费用的证明材料。第 15 条规定，救助基金管理机构收到公安机关交通管理部门垫付通知和医疗机构垫付尚未结算抢救费用的申请及相关材料后，应当在 5 个工作日内，按照本办法有关规定、《道路交通事故受伤人员临床诊疗指南》和当地物价部门制定的收费标准，进行审核，并将审核结果书面告知处理该道路交通事故的公安机关交通管理部门和医疗机构。

有疑问的是，交通事故受害人是否可以直接向救助基金申请垫付。对此，各地的救助基金多允许受害人直接申请，比如北京市道路交通事故社会救助基金就在其官方微信公众号上提供专门的救助申请渠道，为受害人一方自行申请提供便利。这一做法值得鼓励，因为对申请救助有最大积极性和需求的显然是受害人本人。

至于丧葬费用的补偿，《道路交通事故社会救助基金管理试行办法》第 17 条规定，由受害人亲属凭处理该道路交通事故的公安机关交通管理部门出具的《尸体处理通知书》和本人身份证明向救助基金管理机构提出书面垫付申请。第 18 条规定，救助基金管理机构收到丧葬费用垫付申请和有关证明材料后，对符合垫付要求的，应当在 3 个工作日内按照有关标准垫付丧葬费用，并书面告知处理该道路交通事故的公安机关交通管理部门。对不符合垫付要求的，不予垫付，并向申请人说明理由。

四、道路交通事故社会救助基金的追偿权

本款第 2 句规定了救助基金的追偿权。需要明确的是追偿权的对象。追偿对象首先是全体民事侵权责任人，既包括机动车的现使用人（即“机动车一方”），也包括违背了安全保障义务的前使用人。

如果机动车的交强险投保义务人和使用人并非同一人，那么在交强险赔偿范围内，投保义务人和侵权责任人都是追偿的对象。[①] 比如机动车所有权人甲未为机动车投保交强险，将车出租给乙使用，乙造成交通事故，救助基金在垫付后，可以提出追偿请求的不仅是作为民事侵权人的乙（第 1209 条第 1 分句），同样也包括投保义务人甲。[②]

---

① 最高人民法院民法典贯彻实施工作领导小组主编：《中华人民共和国侵权责任编理解与适用》，人民法院出版社 2020 年版，第 397 页。

② 实证法上的基础为《最高人民法院关于审理道路交通事故损害赔偿案件适用法律若干问题的解释》第 19 条，其条文为：“未依法投保交强险的机动车发生交通事故造成损害，当事人请求投保义务人在交强险责任限额范围内予以赔偿的，人民法院应予支持。投保义务人和侵权人不是同一人，当事人请求投保义务人和侵权人在交强险责任限额范围内承担连带责任的，人民法院应予支持。”

【相关案例】

天平保险苏州中心支公司与王某忠追偿权纠纷案[①]

本案中，机动车一方肇事后逃逸，交强险保险人在承担了赔偿责任之后，向逃逸的肇事主张追偿。

本案焦点在于，交强险保险人是否和道路交通事故社会救助基金一样，对实施了逃逸行为的责任人享有追偿权。

江苏省高级人民法院再审后对此给出了否定的答案，主要理由是，《机动车交通事故责任强制保险条例》第 22 条规定保险公司享有追偿权的情形并不包括交通肇事后逃逸，亦未规定其他情形可以参照适用。另外，这也是由社会救助基金和保险公司不同的功能定位决定的，社会救助基金管理机构的经费来源于行政拨款或社会捐助，支付交通事故受害人抢救等费用系无偿垫付，而保险公司的经费来源于投保人的缴费，保险公司向受害人支付费用属于履行保险合同义务，系有偿赔付，故保险公司不应享有救助基金管理机构的追偿权。

【关联法条】

《民法典》第 1213 条、《道路交通安全法》第 75 条

（撰稿人：王琦）

第一千二百一十七条　【好意同乘作为责任减轻事由及其例外】非营运机动车发生交通事故造成无偿搭乘人损害，属于该机动车一方责任的，应当减轻其赔偿责任，但是机动车使用人有故意或者重大过失的除外。

【释义】

一、概说

本条将好意同乘规定为机动车一方的责任减轻事由，系《民法典》中的新增

① 载《最高人民法院公报》2018 年第 5 期（总第 259 期）。

规定。在立法史上，《最高人民法院关于审理道路交通事故损害赔偿案件适用法律若干问题的解释》（征求意见稿）第 8 条曾尝试对无偿搭乘行为作出规定，但由于分歧较大，最终被删去。法律先前对好意同乘采取谨慎立场避免表态，一个重要的原因在于早年“黑车”常借好意同乘的名义，导致真正的好意搭乘行为难以辨别。随着网约车业务的发展和规范化，私家车的有偿运输服务在很大范围内被纳入网约车体系，这也就使得真正的好意同乘易于被识别。除此之外，机动车数量的增加以及道路交通负担的增大，也构成了鼓励私家车发挥运力的一个背景因素。最重要的是，无偿搭乘体现了一种互帮互助、为他人纾患解困的社会行为，应当鼓励。为此需要适当减轻机动车一方的责任，因为机动车一方的常规责任较为严格，这种较严的责任将使得机动车使用人裹足不前，不敢向他人伸出援手。

需说明的是，本条的用语“应当减轻其赔偿责任”，表明法官需主动适用本条，无待机动车一方主张。除此之外，本条的责任减轻限于机动车一方的责任，其他主体（比如机动车前使用人、机动车产品责任主体）应负的责任不能依据本条减轻。

二、构成要件

本条的构成要件由多部分组成。

第一部分对应条文中“非营运机动车”的文字。一辆机动车是否属于“非营运机动车”，具有决定意义的不是机动车登记证书中使用性质一栏的描述，而是机动车在交通事故发生的时间点所处的实际状态。出租车等从事有偿运输业务的机动车一般而言自然是营运机动车，但如果出租车司机在非营运时间驾驶机动车，也属于“非营运机动车”。[①] 反过来，即便机动车登记证书将该车描述为家庭自用或者非营运，但只要其实际处于营运活动中（比如开展网约车服务），那么就不属于本条意义上的“非营运机动车”。

构成要件的第二部分体现在“无偿搭乘人”的“无偿”二字。运输活动是否有偿，需要做广义的理解。如果搭乘人直接支付金钱，那么通常应当肯定有偿性，但是需要注意的是金钱的数额，如果金钱数额远远低于通常的市场价格，那么即便有金钱的支付，也不能否认运输活动的无偿性。对价也可以采取别的给付形式，常见的如分担运输费、过路费等费用。没有决定意义的是对价的支付方式或者时间，对价可以在单次支付，也可以在一段时间后集中支付。无偿最重要的标准是，为运送搭乘人，机动车使用人并未直接获得某种作为交换对象的经济利

① 黄薇主编：《中华人民共和国民法典侵权责任编解读》，中国法制出版社 2020 年版，第 197 页。

益，或者虽然获得了某种经济利益，但这种经济利益显著低于作为参照对象的市场价格。

构成要件的第三部分是“无偿搭乘人”的搭乘人。搭乘人意味着车上人员，排除了车外人员，由此第1217条的减责效果限于车上人员，机动车一方不能依据第1217条对车外受害人主张责任减轻。进一步而言，如果车上存在多名搭乘人，其中部分为有偿搭乘，部分为无偿搭乘，那么第1217条也只适用于无偿搭乘人。

三、法律后果

（一）先决问题：责任基础

需要明确的是，在无偿搭乘人和机动车使用人之间不存在合同关系，因此无偿搭乘人如果在交通事故中受害，对机动车使用人只能以侵权责任为基础提出损害赔偿。至于具体的请求权基础，一种观点认为应当适用一般过错责任。[①] 一个重要的理由是，对车内人员和车外人员应做区分对待，车外人员可以被评价为相对机动车一方的物理上的弱者，但车内人员则不能被认为是物理上的弱者。这种论据颇成疑问，机动车的乘客只要不能操纵机动车，那么所面临机动车风险和车外人员并无不同，而且，乘客置身车内，性命安全在搭乘时间内几乎完全掌握在机动车使用人手上。近年来发生的多起备受关注的交通事故悲剧中（如安顺公交车司机故意操作机动车坠湖事件），受害的几乎全为车上人员。而且，交强险不保车上人员的损失[②]，这使得车上人员的救济更依赖于民事侵权责任机制。

鉴于此，笔者认为，车上人员同样需要强化保护，一般侵权责任的模式并不适合。恰当的解释是，无偿搭乘人同样构成非机动车一方，在《道路交通安全法》第76条第2项的适用范围之内[③]，同样享有该项提供的特别保护。《道路交通安全法》第76条第2项出于加强对非机动车一方受害人保护的目的，一共配置了两种责任，第一线的责任是机动车一方对非机动车一方的过错推定责任，如果机动车一方证明自己没有过错，那么还面临第二线的责任，即一种具有法定上限的无过错责任（不超过10%的损害赔偿）。另外，从形式上来说，这种解释有利于维持本章的齐整，既然本章其他全部条文都以《道路交通安全法》第76条为责任基础，那么本条也不应有异。

---

① 最高人民法院民法典贯彻实施工作领导小组主编：《中华人民共和国侵权责任编理解与适用》，人民法院出版社2020年版，第407页。

② 按照《机动车交通事故责任强制保险条例》第21条第1款，交强险保险人需要赔偿的仅是“本车人员、被保险人以外的受害人人身伤亡、财产损失”。

③ 其条文为：“……（二）机动车与非机动车驾驶人、行人之间发生交通事故，非机动车驾驶人、行人没有过错的，由机动车一方承担赔偿责任；有证据证明非机动车驾驶人、行人有过错的，根据过错程度适当减轻机动车一方的赔偿责任；机动车一方没有过错的，承担不超过百分之十的赔偿责任。”

（二）依据第 1217 条的责任减轻及其例外

从此切入，可见第 1217 条的减轻责任的法律效果指向的是《道路交通安全法》第 76 条第 2 项规定的两类责任。当交通事故引发车内搭乘人受害时，其初始性的法律地位和车外受害人并无不同。首先推定机动车一方如果有过错，如果机动车一方不能证明自己没有过错，那么就应当承担全部责任。但是，如果机动车一方能够证明第 1217 条的构成要件，即本车为“非营运机动车”、受害人为“无偿搭乘人”，那么应当减轻机动车一方的责任。反过来，无偿搭乘人如果想避免责任的减轻，就必须证明机动车一方存在故意或者重大过失（第 1217 条末段）。

如果机动车一方证明了自己没有过错，那么依照《道路交通安全法》第 75 条只需对车内受害人承担不超过 10% 的责任。但是基于第 1217 条，即便是这一本身已经弱化的责任，依然应再依据第 1217 条进一步减轻。

【相关案例】

钱某生、钱某东等与李某军等好意同乘机动车交通事故责任纠纷案[①]

本案中，多人免费搭乘被告茅某驾驶的客车由南京前往安徽省天长市，途中与李某军的车辆发生相撞，公安局交通管理大队认定李某军负事故主要责任，茅某负次要责任。

案件焦点在于，是否应当适当减轻驾驶人的责任。

法院认为，为了鼓励助人为乐、相互帮助的施惠行为，应当对施惠者采取宽容的态度，正如《合同法》第 189 条、第 374 条、第 406 条对赠与人、无偿保管人、无偿受托人均采取宽容的态度一样，对驾驶人提供无偿搭乘情谊行为发生交通事故的，也应当酌情宽容、减轻其侵权赔偿责任。本案中，应适当减轻茅某对免费搭乘人的赔偿责任，综合全案案情，法院认为对本案中茅某责任的减轻比例以 5% 为宜。

【关联法条】

《最高人民法院关于审理道路交通事故损害赔偿案件适用法律若干问题的解释》第 8 条

（撰稿人：王琦）

---

① （2016）苏 0102 民初 1002 号。

第六章　医疗损害责任

【导读】

本章医疗损害责任内容位列侵权责任编中第六章，从民法典体系上看属于侵权编中单独规定的七种特殊侵权类型中的一种，具体排序为第三位。本章共十一个条文，重点规定了医疗损害责任的归责原则、医疗机构说明义务和患者知情同意权、紧急情况下实施的医疗措施、医务人员过错的医疗机构赔偿责任、医疗机构过错推定的情形、因药品、消毒产品、医疗器械的缺陷或输入不合格的血液的侵权责任、医疗机构的免责事由、医疗机构对病历的义务及患者对病历的权利、患者隐私和个人信息的保护、不必要检查禁止义务、医疗机构及医务人员合法权益的维护等内容。

对本章，总体上应当把握以下的关键内容：

首先，本章总体上沿用了《侵权责任法》第七章中的规定，从体系来看并没有作规范顺序上的调整，从内容来看，对于《侵权责任法》第七章中的内容也没有太多实质性修改。本章条文对《侵权责任法》修改较大的条文是：第1219条医疗机构的说明义务和患者知情权内容对《侵权责任法》第55条内容稍作修改，使得医疗机构的说明义务更加明确；第1222条关于医疗机构推定过错的情形对《侵权责任法》第58条内容稍作修改，主要是增加了遗失病历资料这一情形；第1223条关于因药品、消毒产品、医疗器械的缺陷或者输入不合格的血液的侵权责任亦总体上继受了《侵权责任法》第59条的内容，增加了药品上市持有人这一责任主体；第1225条关于医疗机构对病历的义务及患者对病历的权利的内容对《侵权责任法》第61条稍作修改，去除了医疗费用这一资料种类；第1226条关于患者隐私和个人信息的保护内容总体上沿用了《侵权责任法》第62条的内容，增加了个人信息这一客体。

其次，本章虽然属于侵权责任编中关于特殊侵权类型的一个章节，但是该章规定具有内在严密的体系和内在的逻辑。由于本章规范也存在于一种多层和分割配置的体系设计之中，适用上需要通过复杂的体系整合和合理的体系解释。从体系上看，本章主要规定了两项归责原则、三项免责事由和五项义务。

第一，本章规定的两项归责原则具体为：过错归责原则和无过错归责原则。本章节的一个核心内容是确立了医疗损害归责原则，即以过错归责原则为基础，以无过错责任归责原则为例外，其中过错原则中还包括过错推定责任这一内容。

对于过错责任，第1218条确立了医疗损害责任的归责原则，即过错责任原则。本条延续了《侵权责任法》第54条之规定，摒弃了此前我国医疗损害责任的“双轨制”。在过错原则的一般规定之外，第1222条还规定了过错责任中的过错推定这一特殊的形式。对于无过错责任，第1223条规定了因药品、消毒产品、医疗器械的缺陷或输入不合格的血液时药品上市许可持有人、药品消毒产品、医疗器械的生产者和血液提供机构的严格责任，医疗机构此时负有不真正连带责任。

第二，本章规定的三项免责事由具体为：患者或者其近亲属不配合医疗机构进行符合诊疗规范的诊疗；医务人员在抢救垂危的患者等紧急情况下已经尽到合理诊疗义务；限于当时的医疗水平难以诊疗。这三项免责事由集中规定于第1224条，其中第一项免责事由为相对的免责事由，当医疗机构或者其医务人员有过错时仍需要承担相应的赔偿责任。

第三，本章规定的五项义务是：第1219条规定了医疗机构的说明义务，其中该说明义务又分为一般的说明义务和特殊的说明义务；第1221条规定了医务人员诊疗活动中的诊疗义务，即与当时的医疗水平相应的诊疗义务；第1225条规定了医疗机构对病历的填写、保管义务；第1226条规定了医疗机构对患者隐私和个人信息的保护义务；第1227条规定了禁止医疗机构实施不必要检查的义务；如果医疗机构及其医务人员违反本章中规定的以上义务，可以认定医疗机构或者其医务人员具有相应的过错。

总之，本章对医疗侵权作了体系严密、内容周全的规定，既为患者维护自身的权益提供了一定依据，也为医疗机构及其医务人员的医疗活动提供了规范指引，对于本章条文内容的理解具有重要的社会意义和实践价值。

第一千二百一十八条　【医疗损害责任的一般条款】 患者在诊疗活动中受到损害，医疗机构或者其医务人员有过错的，由医疗机构承担赔偿责任。

【释义】

本条是医疗损害责任的一般规定，采用了过错责任原则，明确了患者在诊疗活动中受到损害时，医疗机构或者医务人员有过错的，医疗机构须承担赔偿责任。

本条承继了《侵权责任法》第 54 条的规定，但与之不同的地方在于，将《侵权责任法》第 54 条中的“医疗机构及其医务人员”修改为“医疗机构或者其医务人员”，此处修改意在与本法第 1191 条第 1 款规定的用人单位责任相统一。

本条的意义在于构建了医疗损害责任的请求权基础，是医疗损害赔偿责任的一般条款。对本条可做如下几点理解：

首先，本条明确了医疗损害责任的过错归责原则。我国关于医疗损害责任归责原则的规定经历了由过错推定到一般过错原则的转变。2001 年《最高人民法院关于民事诉讼证据的若干规定》第 4 条第 8 项规定：“因医疗行为引起的侵权诉讼，由医疗机构就医疗行为与损害结果之间不存在因果关系及不存在医疗过错承担举证责任。”在此条文中，最高人民法院规定了医疗过错的举证责任倒置规则，在此确立了过错推定的归责原则。这一原则在我国《侵权责任法》立法时得以改变，我国 2010 年 7 月 1 日生效的《侵权责任法》第 54 条规定：患者在诊疗活动中受到损害，医疗机构及其医务人员有过错的，由医疗机构承担赔偿责任。从该条文内容来看，我国《侵权责任法》由此确立医疗损害责任的过错归责原则。民法典侵权责任编则完全继承了这一归责原则。在此归责原则下，只有当医疗机构或者其医务人员存在过错时，医疗机构才承担赔偿责任。

其次，本条摒弃了医疗损害责任与医疗事故责任的双轨体制。在我国《侵权责任法》施行之前，对于医疗损害赔偿长期实行的是双轨制。一方面是《民法通则》第 106 条第 2 款和第 119 条确立的医疗过失责任。另一方面则是 2002 年国务院颁布的《医疗事故处理条例》第 49 条第 2 款确立的医疗事故责任，该条规定：“不属于医疗事故的，医疗机构不承担赔偿责任”。对于二者之间的关系，2003 年 1 月《最高人民法院关于参照〈医疗事故处理条例〉审理医疗纠纷民事案件的通知》规定：“条例施行后发生的医疗事故引起的医疗赔偿纠纷，诉到法院的，参照条例的有关规定办理；因医疗事故以外的原因引起的其他医疗赔偿纠纷，适用民法通则的规定。”《侵权责任法》生效后，改变了我国医疗损害责任双轨制的局面。2018 年国务院颁布了《医疗纠纷预防和处理条例》，正式取消了医疗事故损害赔偿制度。本条沿用了《侵权责任法》第 54 条中确立的医疗损害责任制度，并未提及任何有关医疗事故这一概念。《民法典》生效后，医疗损害赔偿责任将主要依据本章确立的相关原则和制度来解决。

再次，本条是医疗损害责任的一般条款，本章中接下来围绕过错责任原则详细规定了可能引起过错的具体情形。本条要求“医疗机构或者医务人员有过错”，此处并未区分过错的类型，在具体实践中可以解释为组织过错和诊疗过错。组织过错具体是指医疗机构和具有管理职责的医务人员违反组织义务时的过错形态。[①]诊疗过错则指医务人员在诊疗活动中的过错。对此，本章具体涉及六个条文，其中五个条文规定了具体的义务，一个条文规定了过错推定的情形。五项具体义务分别是：第 1219 条中规定的医疗机构的说明义务，第 1221 条中规定的医务人员需要遵守与当时的医务水平相应的诊疗义务，第 1225 条规定的医疗机构及其医务人员对于病历的义务，第 1226 条规定的医疗机构及其医务人员对于患者隐私和个人信息的保护义务，第 1227 条规定的禁止不必要检查的义务，这些义务都是法定的义务，如果医疗机构及其医务人员违反这些义务都可被认定存在过错。至于过错推定的三种情形，则规定于第 1222 条，即①违反法律、行政法规、规章以及其他有关诊疗规范的规定；②隐匿或者拒绝提供与纠纷有关的病历资料；③遗失、伪造、篡改或者违法销毁病历资料。从适用价值来看本条确立了医疗损害的适用条件。在诉讼中，原则上由原告承担过错的举证责任。

从本条的适用条件来看，医疗损害责任仅限于患者在诊疗活动中受到的损害。诊疗活动是一个内涵和外延并不确定的概念，各国立法对此规定不一。对诊疗活动的确定直接决定着是否适用本章规定的医疗损害责任规范，对此，我国 2017 年原国家计生委修改的《医疗机构管理条例实施细则》第 88 条中作了规定，即指通过各种检查，使用药物、器械及手术等方法，对疾病作出判断和消除疾病、缓解病情、减轻痛苦、改善功能、延长生命、帮助患者恢复健康的活动。

从侵权的事实构成来看，本条文中并未提及对医疗机构或者其医务人员的医疗行为与患者损害之间的因果关系，但是并不表明二者之间可以不具有因果关系，对此仍需要适用侵权责任的一般事实构成要件，即侵害行为、损害后果、因果关系和医疗过错。在实践中常常出现医疗机构及其医务人员的过错行为与损害后果之间因果关系的确定问题，这对损害赔偿范围的确定具有重要意义。比如在

---

① 郑晓剑：《〈侵权责任法〉第 54 条解释论之基础》，载《现代法学》2014 年第 1 期；刘志阳：《医疗过错责任的新发展——组织过错责任分析》，载《北方法学》2018 年第 3 期。

黄某与北京妇产医院医疗损害责任纠纷案中，经法院多次委托多家鉴定机构后，仍无法就北京妇产医院的医疗行为是否存在过错，该过错与黄某主张之损害后果之间是否存在因果关系及责任程度进行鉴定，结合北京市红十字会急诊抢救中心司法鉴定中心及北京通达首诚司法鉴定所出具的多份鉴定结论，就黄某目前提供的证据，法院难以认定北京妇产医院的过错及程度，以及该过错与黄某损害后果之间的因果关系。据此，此案经过再审，仍被北京市高级人民法院判决败诉。①

鉴于患者本身所具有的基础疾病，会给患者带来身体上的损害，因此在具有医疗过错的情况下，患者所遭受的损害往往具有复合因素，在损害赔偿数额确定中应综合分析各种因素。《最高人民法院关于审理医疗损害责任纠纷案件适用法律若干问题的解释》第 12 条规定，诊疗行为或者医疗产品等造成患者损害的原因力大小可以分为全部原因、主要原因、同等原因、次要原因、轻微原因或者与患者损害无因果关系。例如：在于某与威海市立医院医疗损害责任纠纷案中，鉴定意见认为医院的诊疗行为在患者死亡结果中的原因力为次要原因，过错参与度为 21% ~40%，一、二审法院据此认为威海市立医院应承担 24% 的赔偿责任。②在易某良、易某君等与某雅二医院医疗损害责任纠纷案中，鉴定意见认为患者自身的基础疾病严重，系死亡的主要原因。医方在患者病情变化时，会诊医师未及时到位，相关检查未完善，延误患者病情的及时诊断处理。其诊疗行为存在过错，该过错与患者病情恶化死亡存在因果关系，系次要原因。法院根据患者陈某凤自身基础疾病及司法鉴定意见，酌情确定某雅二医院对陈某凤死亡造成的损失承担 30% 的责任，原告自行承担 70% 的责任。③

从责任承担主体来看，本条规定由医疗机构承担责任。此处与本法第 1191 条第 1 款的用人单位责任原理相同，即“用人单位的工作人员因执行工作任务造成他人损害的，由用人单位承担侵权责任”。依据本条内容，医疗机构有过错的，由医疗机构承担赔偿责任；医务人员在执行工作任务中有过错的，也应当由医疗机构承担赔偿责任。

关于损害赔偿责任的方式，本编第 2 章作了详细规定，既包括物质损害赔偿，也包括非物质损害赔偿。对于物质损害赔偿，本法第 1179 条规定，侵害他人造成他人人身损害的，应当赔偿医疗费、护理费、交通费、营养费、住院伙食补助费等为治疗和康复支出的合理费用，以及因误工减少的收入。造成残疾的，还

① （2020）京民申 2003 号。
② （2020）鲁 10 民终 1565 号。
③ （2020）湘 0102 民初 1427 号。

应当赔偿辅助器具费和残疾赔偿金；造成死亡的，还应当赔偿丧葬费和死亡赔偿金。对于非物质损害赔偿，本法第1183条规定，侵害自然人人身权益造成严重精神损害的，被侵权人有权请求精神损害赔偿。

最后，从法律适用来看，需要注意以下事项：

一、关于医疗美容活动的适用问题。对此，最高人民法院在《最高人民法院关于审理医疗损害责任纠纷案件适用法律若干问题的解释》中将医疗活动作了扩大解释，将美容医疗活动纳入本条的医疗活动之中。《最高人民法院关于审理医疗损害责任纠纷案件适用法律若干问题的解释》第1条第2款规定，患者以在美容医疗机构或者开设医疗美容科室的医疗机构实施的医疗美容活动中受到人身或者财产损害为由提起的侵权纠纷案件，适用本解释。至于医疗美容如何界定，《医疗机构管理条例实施细则》第88条规定，医疗美容是指使用药物以及手术、物理和其他损伤性或者侵入性手段进行的美容。

二、关于共同侵权问题。《最高人民法院关于审理医疗损害责任纠纷案件适用法律若干问题的解释》第19条规定，两个以上医疗机构的诊疗行为造成患者同一损害，患者请求医疗机构承担赔偿责任的，应当区分不同情况，依照《侵权责任法》第8条、第11条或者第12条的规定，确定各医疗机构承担的赔偿责任。从《民法典》来看，《侵权责任法》第8条、第11条、第12条分别对应《民法典》第1168条、第1171条和第1172条。例如：北京市高级人民法院在杨某1与上海医学中心等医疗损害责任纠纷案中裁定认为，华中协和医院在为杨某1实施的医疗行为中存在未能充分履行足够的注意义务之医疗过失，该过失是导致患儿需要进行二次手术治疗，并由此发生缺血缺氧性脑病手术并发症的不利后果的很轻微原因；上海医学中心在为杨某1实施的医疗行为中存在未尽到必要的注意义务之医疗过失，该过失是导致杨某1 2011年12月1日心脏手术后发生缺血缺氧性脑病手术并发症的不利后果的轻微至次要之间的原因，综合认定华中协和医院对杨某1的损害后果承担10%的赔偿责任，上海医学中心对杨某1的损害后果承担30%的赔偿责任。①

至于患者同时起诉两个以上医疗机构承担赔偿责任，人民法院经审理，受诉法院所在地的医疗机构依法不承担赔偿责任，其他医疗机构承担赔偿责任的，对此如何计算残疾赔偿金、死亡赔偿金，《最高人民法院关于审理医疗损害责任纠纷案件适用法律若干问题的解释》第24条规定，需要按下列情形分别处理：（一）一个医疗机构承担责任的，按照该医疗机构所在地的赔偿标准执行；

① （2020）京民申1573号。

（二）两个以上医疗机构均承担责任的，可以按照其中赔偿标准较高的医疗机构所在地标准执行。

三、关于医疗损害赔偿诉讼中的鉴定问题。由于诊疗行为的专业性，法院一般难以判断医疗机构及其医务人员在诊疗活动中是否具有过错、医疗行为与损害之间是否具有因果关系、医疗机构及其医务人员的过错行为对患者损害所造成的原因力的大小等，因此法院一般依据专业的鉴定结论来认定。《最高人民法院关于审理医疗损害责任纠纷案件适用法律若干问题的解释》第 4 条第 2 款规定，患者无法提交医疗机构及其医务人员有过错、诊疗行为与损害之间具有因果关系的证据，依法提出医疗损害鉴定申请的，人民法院应予准许。但是，是否申请鉴定是当事人对自己诉讼权利的处分范畴，人民法院不得干涉。

鉴定意见属于《民事诉讼法》第 63 条规定的法定证据种类之一，理论上属于专家证词，为言辞证据。鉴定结论往往具有关键性的证据价值，一般在医疗损害纠纷的解决中不可或缺。例如，甘肃省高级人民法院在人民医院与杨某玲等医疗损害责任纠纷案审理中认为，虽然司法鉴定意见仅仅是人民法院审理案件时是否应当采信的证据之一，但由于鉴定意见是相关专业鉴定人员运用科学手段和专业知识对诉讼过程中出现的专门性问题作出鉴别判断，进而得出的结论性意见。即使不能对该鉴定意见完全采信，但亦是人民法院认定事实的重要证据之一。[①]虽然鉴定结论为医疗侵权责任纠纷案件审理中重要的证据，但是法院在审判中亦会改变鉴定结论中的内容。比如在新广丰社区卫生服务站与蔡某烟医疗损害责任纠纷案中，云南省高级人民法院认为，昆明法医院司法鉴定中心作出的［2018］LC 鉴字第 0935 号司法鉴定意见书，认定申请人有过错，其过错行为与患者朱某明的死亡具有因果关系，建议过错参与度为 40%。原审法院结合本案的实际情况，在庭审查明事实的基础上，综合考虑申请人的过错程度，酌情将申请人所应承担的责任调整为 60% 并无不当。[②]

从我国的鉴定体系来看，目前对于医疗损害的鉴定主体为二元体系，即医学会医疗事故技术鉴定办公室对医疗事故技术的鉴定、法医鉴定机构对法医学医疗问题的鉴定。两种鉴定各有侧重、各有特色，二者的鉴定意见在案件审理中都可以被作为证据使用。关于医疗事故鉴定与医疗损害鉴定的部分区别可见下表：

---

① （2017）甘民申 1615 号。
② （2019）云民申 3843 号。

	鉴定主体	鉴定专家	鉴定内容
医疗事故鉴定	医学会	医疗卫生专业技术人员、法医	（一）双方当事人的基本情况及要求；（二）当事人提交的材料和负责组织医疗事故技术鉴定工作的医学会的调查材料；（三）对鉴定过程的说明；（四）医疗行为是否违反医疗卫生管理法律、行政法规、部门规章和诊疗护理规范、常规；（五）医疗过失行为与人身损害后果之间是否存在因果关系；（六）医疗过失行为在医疗事故损害后果中的责任程度；（七）医疗事故等级；（八）对医疗事故患者的医疗护理医学建议。（参见：《医疗事故处理条例》第31条）
医疗损害鉴定	法医鉴定机构	法医	（一）实施诊疗行为有无过错；（二）诊疗行为与损害后果之间是否存在因果关系以及原因力大小；（三）医疗机构是否尽到了说明义务、取得患者或者患者近亲属书面同意的义务；（四）医疗产品是否有缺陷、该缺陷与损害后果之间是否存在因果关系以及原因力的大小；（五）患者损伤残疾程度；（六）患者的护理期、休息期、营养期；（七）其他专门性问题。（参见：《最高人民法院关于审理医疗损害责任纠纷案件适用法律若干问题的解释》第12条）

对于鉴定主体的确定方式，我国《民事诉讼法》第76条第1款规定，当事人可以就查明事实的专业性问题向人民法院申请鉴定。当事人申请鉴定的，由双方当事人协商确定具备资格的鉴定人；协商不成的，由人民法院指定。对此，《最高人民法院关于审理医疗损害责任纠纷案件适用法律若干问题的解释》第9条作了进一步规定，当事人申请医疗损害鉴定的，由双方当事人协商确定鉴定人。当事人就鉴定人无法达成一致意见，人民法院提出确定鉴定人的方法，当事人同意的，按照该方法确定；当事人不同意的，由人民法院指定。

从鉴定的依据来看，《最高人民法院关于审理医疗损害责任纠纷案件适用法律若干问题的解释》第10条规定：委托医疗损害鉴定的，当事人应当按照要求提交真实、完整、充分的鉴定材料。提交的鉴定材料不符合要求的，人民法院应当通知当事人更换或者补充相应材料。在委托鉴定前，人民法院应当组织当事人对鉴定材料进行质证。对此，2020年9月1日施行的《最高人民法院关于人民法院民事诉讼中委托鉴定审查工作若干问题的规定》中第二部分规定：未经法庭质证的材料（包括补充材料），不得作为鉴定材料。当事人无法联系、公告送达或当事人放弃质证的，鉴定材料应当经合议庭确认。对当事人有争议的材料，应当由人民法院予以认定，不得直接交由鉴定机构、鉴定人选用。

从鉴定意见的法律效力来看，鉴定意见属于证据范畴，需要经过当事人质证。《最高人民法院关于审理医疗损害责任纠纷案件适用法律若干问题的解释》第13条规定："鉴定意见应当经当事人质证。当事人申请鉴定人出庭作证，经人民法院审查同意，或者人民法院认为鉴定人有必要出庭的，应当通知鉴定人出庭作证。双方当事人同意鉴定人通过书面说明、视听传输技术或者视听资料等方式作证的，可以准许。鉴定人因健康原因、自然灾害等不可抗力或者其他正当理由不能按期出庭的，可以延期开庭；经人民法院许可，也可以通过书面说明、视听传输技术或者视听资料等方式作证。无前款规定理由，鉴定人拒绝出庭作证，当事人对鉴定意见又不认可的，对该鉴定意见不予采信。"

【相关案例】

宋某等与沭阳县人民医院等医疗损害责任纠纷案①

赵某2于2014年至2015年因"背痛两年"先后在沭阳县人民医院、上海长海医院及上海市肺科医院医治，患者出院后于2015年8月14日死亡。法院依职权查明：1. 患者死亡原因为恶性胸膜间皮瘤晚期病情发展所致。2. 上海市肺科医院、上海长海医院、沭阳县人民医院存在对该病延误诊疗的不足；该不足可能导致患者生存期缩短，其原因力大小为次要因素。

本案的争议焦点为：1. 沭阳县人民医院、上海长海医院及上海市肺科医院的诊疗行为是否存在过错，其诊疗行为与赵某2的死亡之间是否存在因果关系；2. 沭阳县人民医院、上海长海医院及上海市肺科医院是否应承担宋某、赵某1所主张各项费用的赔偿责任。

一审法院判决认为，沭阳县人民医院、上海长海医院、上海市肺科医院在对患者进行医治时应尽到全面检查义务且应对患者病情确诊后再行治疗，而该三家医院均在诊疗依据不足的情况下即对赵某2实施多次不当的医疗行为，应当承担相应的侵权责任。二审法院认为，该三家医院未尽注意义务，在诊疗活动中对患者的病症未及时作出分析和病理检查，其诊疗行为存在延误不足，且与患者赵某2生存期缩短存在因果关系，故应承担与其过错程度相应的赔偿责任。

---

① （2017）苏13民终1779号。

【关联法条】

《民法典》第1191条，《民事诉讼法》第76条，《最高人民法院关于审理医疗损害责任纠纷案件适用法律若干问题的解释》第1条、第4条、第9条

（撰稿人：刘志阳）

第一千二百一十九条 【医疗机构的说明义务与患者的知情同意权】 医务人员在诊疗活动中应当向患者说明病情和医疗措施。需要实施手术、特殊检查、特殊治疗的，医务人员应当及时向患者具体说明医疗风险、替代医疗方案等情况，并取得其明确同意；不能或者不宜向患者说明的，应当向患者的近亲属说明，并取得其明确同意。

医务人员未尽到前款义务，造成患者损害的，医疗机构应当承担赔偿责任。

【释义】

本条规定了医疗机构的说明义务和患者的知情权。本条的内容基本上继承了《侵权责任法》第55条，但作了部分修改，修改内容主要体现在以下三个方面：1. 对说明义务作了“具体”化要求；2. 将“书面”同意修改为“明确”同意；3. 将“不宜向患者说明”修改为“不能或者不宜向患者说明”，增加了相应的说明义务客观障碍的免责情形。

本条在性质上属于义务性规范，主要规定了医务人员在诊疗活动中所需遵守的向患者的说明义务，其意义在于对诊疗活动中的医务人员直接规定义务，医务人员若违反该义务，造成患者损害的，医疗机构应当承担损害赔偿责任。

对本条可做以下几点理解：

首先，从比较法来看，许多国家的法律中都规定了医疗机构的说明义务和患者的知情权。医疗机构的说明义务与患者的知情权相对应，医疗机构的说明义务是指医疗机构对相关医疗行为实施前对有关事项进行说明的义务，以取得患者对该医疗行为的同意。基于诊疗活动中的专业性，以及医疗机构与患者之间的信息不对称，为了改变患者在法律上的弱势地位，更好地保护患者的权益，本条规定了患者的知情权和医疗机构的说明义务。但是医疗机构并非需要对所有的医疗行

为进行说明，而是主要针对医疗过程中具有严重损伤后果的医疗行为，该行为可能影响身体机能甚至危及生命，患者需要知晓自己病情并了解相应的医疗风险，并据此作出判断是否接受该医疗行为。例如，在李某泉、李某林与湘乡市人民医院、湖南省胸科医院医疗损害责任纠纷案中，湘乡市人民医院医生在使用可待因30mg前，向患者家属告知了相关风险，患者家属签署了《麻醉药品、第一类精神药品使用知情同意书》。患者在住院当天，鉴于患者病情的特殊性，湘乡市人民医院出示《住院病人告知书》并告知了患者住院期间相关注意事项，包括患者住院期间不可外出、外宿，特殊情况需要请假外出者，必须签署《劝阻住院患者外出告知书》并征得主管医师的同意。基于以上事实，湖南省高级人民法院在再审裁定书中认为湘乡市人民医院已充分履行告知义务。①

其次，本条第1款中规定的说明义务属于医院组织义务的内容之一。从合规的角度来看，医疗机构应当对此说明义务进行详细地规定，并对医务人员进行专门地培训，让医务人员清楚需要作出说明义务的情形以及相应的说明义务内容，并对履行该说明义务所需的程序、操作方法进行设置，以满足本条规定的组织义务的要求。此外，说明义务需要医务人员在医疗活动中去履行该义务，医务人员履行该义务时需要结合具体情形来实施，不可一概而论。本条第2款规定，医务人员未尽到前款义务，造成患者损害的，医疗机构应当承担赔偿责任。

最后，从适用价值来看，本条第2款属于请求权基础条款，该条款内容包含了相应的请求权基础，患者若因医疗机构违反说明义务造成损害，则其可以直接援引本条请求医疗机构承担损害赔偿责任。但是，此条文仅仅针对医务人员未履行说明义务所承担的赔偿责任，此处并非指医疗机构尽到说明义务，医疗机构就可以在后续的诊疗活动中造成损害免除自己的全部责任。本章相应的请求权基础条文还有第1212条、第1221条等。

从本条规定来看，医院在对说明义务的履行中应注意以下内容：

1. 本条对于一般情形和特殊情形作了不同的规定，不同情形下医疗机构的说明义务亦不同。对于一般情形，医务人员需要说明“病情”和“医疗措施”。对于特殊情形，即“需要实施手术、特殊检查、特殊治疗”时，医务人员需要向患者说明“医疗风险”“替代医疗方案”，并且在时间上要“及时”。对于“特殊检查、特殊治疗”，《医疗机构管理条例实施细则》第88条规定是指具有下列情形之一的诊疗活动：具有一定危险性，可能产生不良后果的检查和治疗；由于患者特殊体质或者病情危笃，可能对患者产生不良后果和危险的检查和治疗；临床试

① （2020）湘民申431号。

验性检查和治疗；收费可能对患者造成较大经济负担的检查和治疗。比如，在樊某席与肿瘤医院医疗损害责任纠纷案中法院判决认为，被上诉人肿瘤医院确诊患者于某菊为肝癌晚期患者后，对其实施介入手术没有达到延缓肿瘤进程、提高生存质量的医疗目的，于某菊于术后不久死亡。对于这种手术不能达到治疗目的的风险，被上诉人不能提供充分证据证明其尽到了提示和说明的义务，由此造成上诉人樊某席医疗费用损失，被上诉人应承担一定的过错责任。①

2. 医务人员说明病情和医疗措施时应当“具体”，以便患者能够清楚地获知医疗风险和替代医疗措施，并据此准确地作出相应的决定。医务人员在说明病情和医疗措施时不得模糊、夸大或者遗漏，以误导患者作出不当的决定，侵犯患者的“自主决定权”。比如，四川省高级人民法院在大竹时代医院与周某1医疗损害责任纠纷案的民事裁定书中认为，大竹时代医院在毛某分娩出现难产时，并未充分履行与患者及其家属沟通，告知分娩方案及分娩过程中可能遭受的医疗风险后果的义务，因此认定大竹时代医院存有过错。②

3. 本条文要求医务人员在对医疗风险和替代医疗方案进行说明时需要得到患者或者近亲属的“明确”同意。从《侵权责任法》的规定来看，需要“书面”同意来认定。对此，《最高人民法院关于审理医疗损害责任纠纷案件适用法律若干问题的解释》第5条第2款规定，实施手术、特殊检查、特殊治疗的，医疗机构应当承担说明义务并取得患者或者患者近亲属书面同意。医疗机构提交患者或者患者近亲属书面同意证据的，人民法院可以认定医疗机构尽到说明义务，但患者有相反证据足以反驳的除外。但是本条对此作了修改，本条中的“明确”说明，并非“书面”同意。“明确”说明与“书面”并不相同。“明确”同意强调的是同意对象和内容的明确性，而“书面”同意所指的是同意的形式。从立法理由来看，主要是基于实践考虑。近年来我国发生了一些医疗纠纷中很重要的矛盾点是医院机械地要求患者或者近亲属签署“书面”同意，一旦无法获得则不敢或者不愿开展紧急救治措施，因此会延误治疗时机。因此，《民法典》改变了《侵权责任法》第55条中对于“书面”同意的要求，对于同意形式并无明确要求，可以结合诊疗规范和操作经验等各种因素来综合认定。实践中一般情形下可以继续沿用书面形式，特殊情形下口头形式亦可，但是不管采取何种形式，都要符合“明确”的要求。例如，上海市高级人民法院在茅某其与公利医院医疗损害责任纠纷案审理中认为，因公利医院未将茅某其的病情、手术方法、效果和术后可能

① （2017）湘31民终702号。
② （2019）川民申6547号。

存在的问题与茅某其进行良好的沟通，未取得茅某其充分的理解，原审法院酌情判令公利医院一次性补偿茅某其人民币 15000 元，已考虑了公利医院存在告知和沟通不足的欠缺。[①] 此处上海市高级人民法院并未要求书面形式，而是要求医院与患者作了“良好”沟通。

4. 从说明义务的履行对象来看，本条规定了患者或者近亲属。从履行的顺位来看，医务人员应当首先向患者履行说明义务，只有当客观上不能或者主观上认定不宜向患者说明的，才可以向近亲属说明，这既体现了自然人对自己身体、健康、生命的处分权，又考虑到了医务人员的医疗特权。对于医疗特权的行使，本条规定了“不能”和“不宜”向患者说明这两种情形。与《侵权责任法》第 55 条相比，此处增加了“不能”向患者说明这一情形，此种情形主要是考虑到患者昏迷或者由于生理、精神等原因无法作出有效判断等情况。从说明对象来看，此处只有“近亲属”，并未规定监护人。

5. 本条第 2 款中规定的医疗机构承担损害赔偿的条件为医务人员未尽到前款义务，并造成了损害。对此理解在实践和理论中存在两种观点。一种观点认为，只要医疗机构及其医务人员违反说明义务，医疗机构就应当承担相应的损害赔偿责任。另一种观点认为，即使医务人员未尽到说明医务，但是并未造成患者人身伤害的，医疗机构无须承担赔偿责任。很明显，第二种观点对此处的“损害”作了限缩解释，将此处的损害限制在人身损害。[②] 对于上述争论，最高人民法院在《最高人民法院关于审理医疗损害责任纠纷案件适用法律若干问题的解释》中采纳了第二种观点。《最高人民法院关于审理医疗损害责任纠纷案件适用法律若干问题的解释》第 17 条中规定，医务人员违反《侵权责任法》第 55 条第 1 款规定义务，但未造成患者人身损害的，患者请求医疗机构承担损害赔偿责任的，不予支持。鉴于《最高人民法院关于审理医疗损害责任纠纷案件适用法律若干问题的解释》是依据《侵权责任法》作出，具有历史局限性。在《民法典》将人格权独立成编，强化对人格权专门保护的背景下，对于自然人的人格利益保护在民法典中具有特殊的意义，如果此处作出限制性解释势必影响人格权编的体系功能。因此，在《民法典》生效后，对于本条不应简单地依据《最高人民法院关于审理医疗损害责任纠纷案件适用法律若干问题的解释》来作出限制解释，而是应该依据《民法典》中各编，特别是人格权编的规定来进行体系解释。

---

① （2017）沪民申 2591 号。

② 杜万华等编著：《最高人民法院审理医疗损害责任纠纷司法解释规则精释与案例指导》，法律出版社 2018 年版，第 227 页。

【相关案例】

范某与第一医院医疗损害责任纠纷案[①]

2009年10月8日，范某因车祸致左膝肿痛、活动受限6月余，入住第一医院骨科治疗。第一医院术前小结和手术同意书中手术名称笼统称为半月板成形术。手术同意书中交代根据术中具体情况决定具体术式。在关节镜检查所见与术前MRI检查报告和术前诊断不完全一致，手术部位和方式发生重大变更，原内侧半月板术式变更为外侧半月板，并增加了髌上囊滑膜切除术的情况下，第一医院未及时向范某或其家属告知，并征得他们的同意。

本案焦点之一在于，院方南京第一医院是否已经对患者尽到了说明义务。

一审法院审理认为，第一医院实施的关节镜手术未违反相关诊疗规范，南京第一医院存在的诊疗过错行为与范某目前损害后果间无因果关系；根据《医疗事故处理条例》的规定，不属于医疗事故。综上，范某要求第一医院赔偿医疗费、交通费、住院伙食补助费、残疾赔偿金等相关费用缺乏相应依据，一审法院不予支持。二审法院认为，医务人员在诊疗活动中应当向患者说明病情和医疗措施。需要实施手术的医务人员应当及时向患者说明医疗风险等情况，并取得其书面同意。医务人员未尽到前款义务，造成患者损害的，医疗机构应当承担赔偿责任。本案中医方未及时向范某或其家属告知，亦未能补充交代并取得范某书面同意，未充分履行告知义务，侵害了范某的知情同意权。

【关联法条】

《执业医师法》第26条，《最高人民法院关于审理医疗损害责任纠纷案件适用法律若干问题的解释》第5条第2款

（撰稿人：刘志阳）

第一千二百二十条　【紧急情况下实施的医疗措施】因抢救生命垂危的患者等紧急情况，不能取得患者或者其近亲属意见的，经医疗机构负责人或者授权的负责人批准，可以立即实施相应的医疗措施。

---

① （2016）苏01民终5355号。

【释义】

本法第1219条规定了一般情况下患者的知情同意权，本条则属于特殊规定，对特殊情况下医院实施医疗措施的要求作了详细规定。本条内容沿用了《侵权责任法》第56条中的内容，并未加以修改。本条的意义在于为医疗机构在特殊情况下抢救病人设定了特殊的程序，据此可以免除一般情况下所要求的患者同意，为医疗机构能及时地抢救病人提供了法律保障。

对本条可做以下几方面的理解：

首先，对于医疗机构而言，在特殊情况下对患者进行救治既是其相应的职业伦理要求，也是其法定义务，本条只是规定了其不能取得患者亲属同意时的免责事由。《执业医师法》第24条规定："对急危患者，医师应当采取紧急措施进行诊治；不得拒绝急救处置。"《医疗机构管理条例》第31条规定，医疗机构对危重病人应当立即抢救。对限于设备或者技术条件不能诊治的病人，应当及时转诊。《最高人民法院关于审理医疗损害责任纠纷案件适用法律若干问题的解释》第18条第2款规定，医疗机构及其医务人员怠于实施相应医疗措施造成损害，患者请求医疗机构承担赔偿责任的，应予支持。

其次，法律规范依据所规定的情形有一般与特殊之分，本法第1219条规定了患者同意权的一般性规则，本条则规定了相应的特殊规则。本特殊规则的制定主要是基于医疗活动中情况的复杂性，基于医疗伦理与医疗机构的社会功能定位作出的特殊规定。本条文中特殊情形下实施的医疗行为需要满足以下几方面条件：第一，从适用的条件来看，医疗机构只可以在抢救生命垂危的患者等紧急情况下适用该特殊规则。第二，医疗机构无法取得患者及其近亲属同意，如爆炸事故、交通事故发生后对伤者的救治。第三，实施本特殊规则需要经医疗机构负责人或者授权的负责人批准，未经授权的普通医生一般无权作出决定。

本条对此特殊规则的内容的确立主要基于立法中的衡量方法，即对于患者健康权、生命权的维护与患者知情同意权之间的衡量，立法者为了患者生命和健康，在特殊情形时对患者或其近亲属同意权作了免除。从比较法来看，各国对此具有不同的选择。一种选择是，当患者具有生命危险时，为了体现对生命保护的需要，医疗机构可以在未经代理人或者监护人同意时对患者进行救治。还有一种选择是，即使在紧急情况下医生不能无视患者家属拒绝治疗的意思表示，但是可以请求法院对此作出裁定。本法基于我国的实践和国情，最终认定在二者存在冲突时，对于患者健康权、生命权维护的价值优先于患者知情权的价值。基于此，本条规定打破了第1219条中规定的患者知情权优先的一般性规定，确立了紧急情况下医疗机构可以实施相应医疗措施的权利。此权利的设定可以使得医疗机构免除相应的损害赔偿责任。例如，在陈某玲、陈某与第三人民医院医疗损害责任纠纷案中，云南省昆明市中级人民法院认为，患者李某回已经出现病情危重、呼吸心跳微弱的情况，而此时医院无法联系上患者的亲属，在此情况下医院按照医疗原则对患者实施相应的医疗措施符合法律规定。①

最后，从本条的适用价值来看，实践中紧急救治情形下对于患者或者近亲属明确拒绝的情形是否应该救治，较为复杂。比如，身患癌症的病人需要化疗、或者进ICU插管治疗，如果患者及家属明确表示拒绝，此时医疗机构应当尊重患者及其近亲属的意见。但是对于一些特殊的情形应区别对待，如因情感问题自杀的患者，即使患者明确拒绝，医疗机构亦应当进行救治。本条文为医疗机构在紧急情况下抢救生命垂危的病人提供了法律保障，医疗机构若依据本条对生命垂危的患者进行救治，则可以免除相应的损害赔偿责任。对此，《最高人民法院关于审理医疗损害责任纠纷案件适用法律若干问题的解释》第18条规定，因抢救生命垂危的患者等紧急情况不能取得患者意见时，医务人员经医疗机构负责人或者授权的负责人批准立即实施相应医疗措施，患者因此请求医疗机构承担赔偿责任的，不予支持。

对于不能取得患者亲属意见的具体情形，《最高人民法院关于审理医疗损害责任纠纷案件适用法律若干问题的解释》第18条中作了详细规定，主要情形有：1. 近亲属不明的；2. 不能及时联系到近亲属的；3. 近亲属拒绝发表意见的；4. 近亲属达不成一致意见的；5. 法律、法规规定的其他情形。对于“近亲属”的范围，本法第1045条作了相应规定，即“配偶、父母、子女、兄弟姐妹、祖父母、外祖父母、孙子女、外孙子女”。对于本条规定的近亲属的意见并无法律上的顺位要求。

【相关案例】

鄢某与北京大学人民医院侵权责任纠纷案②

2012年9月26日，鄢某光在北京大学人民医院住院治疗，2014年12月28日，鄢某光死亡。在此期间，鄢某作为鄢某光亲属，在多项诊疗措施《知情同意

① （2014）昆民三终字第706号。

② （2017）京02民终9552号。

书》上签名。2014年7月9日，北京大学人民医院向鄢某发出告知书，内容为：我院6B病房主管医师郭某向您交代有关患者鄢某光入住ICU病房，一切在ICU病房内进行的诊治及操作可能会发生的医疗风险以及入住该病房后如果需要进行一些有创检查或治疗，这些措施有可能产生一些医疗风险，具体内容见病历中医生给您交代知情同意书，您同意或不同意采取这些措施的意见都可以直接表达。在这些知情同意书中，如果您不表达意见或拒绝签字，我们只能视为您拒绝接受这些检查、治疗措施。鄢某表示其作为病人家属，始终同意院方采取必要、有效的诊疗措施，院方多次要求其填写多份同意书，主要是单项检查、治疗措施及合并症的同意书，其认为其中存在多项错误，损害其合法权益，不能填写等内容；院方告知相关诊疗措施是应尽的义务，其不可能同意可能出现的损害结果。院方要求其书面表示同意或不同意是损害其知情和自主表达真实意愿的权利，也是推卸本身应承担的法律责任等内容。

本案的争议焦点为：紧急情况下医院实施相关医疗活动是否必须取得近亲属同意。

一审法院认为：《侵权责任法》第55条规定，医务人员在诊疗活动中应当向患者说明病情和医疗措施。需要实施手术、特殊检查、特殊治疗的，医务人员应当及时向患者说明医疗风险、替代医疗方案等情况，并取得其书面同意；不宜向患者说明的，应当向其近亲属说明，并取得其书面同意。2014年7月9日，北京大学人民医院向鄢某发出告知书，告知其就北京大学人民医院对鄢某光进行诊治措施及可能发生的医疗风险的具体意见可以直接表达在知情同意书中，北京大学人民医院的该行为并未违反法律规定。

二审法院认为：行为人因过错侵害他人民事权益，应当承担侵权责任。医务人员在诊疗活动中应当向患者说明病情和医疗措施。需要实施手术、特殊检查、特殊治疗的，医务人员应当及时向患者说明医疗风险、替代医疗方案等情况，并取得其书面同意；不宜向患者说明的，应当向其近亲属说明，并取得其书面同意。因抢救生命垂危的患者等紧急情况，不能取得患者或者其近亲属意见的，经医疗机构负责人或者授权的负责人批准，可以立即实施相应的医疗措施。本案中，北京大学人民医院向鄢某发出的告知书系医院就医疗风险以及是否签署知情同意书向患者家属进行的告知，作为患者家属，鄢某可以根据该告知书的内容，选择同意或者不同意对患者进行相关检查或治疗。即使鄢某未对知情同意书进行表态，根据《侵权责任法》第56条的规定，在符合相应条件的情况下，医院仍然可以对患者实施相应医疗措施，因此，该告知书与《侵权责任法》第56条并不冲突。综上，北京大学人民医院向鄢某发出告知书不存在过错，该告知书并未侵犯鄢某如实表达个人意愿的权利，鄢某的诉讼请求缺乏事实和法律依据，法院不予支持。

【关联法条】

《执业医师法》第 24 条，《最高人民法院关于审理医疗损害责任纠纷案件适用法律若干问题的解释》第 18 条

（撰稿人：刘志阳）

第一千二百二十一条　【医务人员违反诊疗义务时医疗机构的赔偿责任】

医务人员在诊疗活动中未尽到与当时的医疗水平相应的诊疗义务，造成患者损害的，医疗机构应当承担赔偿责任。

【释义】

本条规定了医务人员存在过错造成损害时医疗机构的赔偿责任。本条规定沿用了《侵权责任法》第 57 条的内容，并未作出任何修改。本条的意义在于确立了医务人员过错的界定方法，便于司法机关在案件审理中确定医务人员的过错。

对于本条内容，可以作以下理解：

首先，本条确立了医务人员过错认定的客观标准。本法第 1218 条规定，医务人员有过错的，由医疗机构承担赔偿责任。虽然该条确立了医疗损害的过错归责原则，但是如何确定医务人员的过错，在医疗侵权中则需要结合本条来作判断。实践中，对医务人员的过错判断并非易事。这一方面是由于疾病的复杂性和患者身体素质的差异性所决定的，另一方面也是由医务人员业务素质和医疗机构的医疗条件所决定的。对于医务人员是否具有过错的认定可以分为主观标准和客观标准。主观标准以医务人员自身的业务素质和医疗机构自身的条件为基础加以判断。客观标准则以统一的标准来确立。本法以客观标准为基础进行了规定。

在以客观标准为基础来界定过错时，如何确立客观标准的衡量基准在立法中需要进行选择。衡量基准的高低设定需要综合各种因素，一方面是患者的健康、生命利益，另一方面是医疗机构的医疗成本和本国的经济承载力。如果设定较高的衡量基准，虽然对患者有利，利于提高本国的医疗水平，但是也受制于本国的医疗教育水平、医护人员的培训机制、医疗机构的发展规模以及本国的经济发展水平。如果设定的衡量基准较低，则会导致患者的健康和生命利益受损。本法基

于各种因素的综合衡量，最终确立了“与当时的医疗水平相应的医疗义务”这一客观标准的衡量基准。

其次，从注意义务的分类来看，注意义务可以分为一般的注意义务和专业的注意义务。本法中所规定的“诊疗义务”属于专业的注意义务。该专业的注意义务需要专业的评断标准，因此履行此类专业的注意义务的人员一般需要受到专业的训练。例如，吉林省高级人民法院在妇婴医院与杨某秋医疗损害责任纠纷案的民事裁定书中认为，医务人员在实施特定医疗行为时，不得低于其行为时临床上应有的医疗水准，否则，医务人员就违反了其应负的注意义务，而存在医疗上的过失。本案中鉴定人的答复证明医务人员在麻醉过程中存在失误，而非诊疗活动已尽到与当时的医疗水平相应的诊疗义务，那么患者的损害后果，不应属于正常的医疗风险，医疗机构对此应当负有损害赔偿责任。①

再次，本条中所规定的“诊疗义务”承担者为医务人员，该专业的诊疗义务要求医护人员应当凭借自己的专业知识谨慎地实施医疗行为，以避免患者受到损害，医务人员因违反相应的诊疗规范使得患者遭受损害的，相应的赔偿责任由医疗机构承担。例如，在通化矿业医院与徐某君医疗损害责任纠纷案中，吉林省高级人民法院在案件审理中认为，通化矿业医院未提供充足的证据证明其对徐某发尽到了相应的巡视、观察、护理义务，二审法院根据徐某发病历资料，参考有关护理规范，认定通化矿业医院对徐某发的护理存在一定工作疏忽，未能有效发现并制止徐某发的自杀行为，应当承担相应的民事责任，并不违法。②

最后，从法的适用角度来看，主要需要注意以下几个方面：

1. 本条文对于“诊疗义务”的认定作了时间上的限制，即以“当时”为标准来界定一国的医疗水平是一个动态发展的过程，而且医疗水平一般是持续上升式发展的。对于具体的医疗侵权案件而言，从一审到终审一般持续时间较长，因此如何在案件审理中确立“诊疗义务”的界定标准需要明确加以界定，否则会在案件中存有争议。一般而言患者希望以较高的“诊疗义务”来要求医疗机构，而“医疗机构”则一般会以较低的标准来为自己减轻或者免除责任。本法中所言的“当时”并非判决作出之时，而是指造成损害的医疗行为实施之时。

2. “当时的医疗水平”这一客观标准的认定需要依据医疗相关的法律、行政法规、部门规章和诊疗规范来确定。但是对于当时的医疗水平存在适用全国统一标准还是适用地方特殊标准之争。采用全国统一标准的观点认为，这些对于医疗

① （2020）吉民申1251号。
② （2020）吉民申689号。

水平要求的抽象性规范应当在全国得到普遍遵守，在认定医务人员是否符合“当时的医疗水平”时不能因地域差异和医疗机构的等级差异而适用不同的客观标准。[①] 采用地方特殊标准的认为，应依据医疗机构及其医务人员的资质及其地区差异因地制宜。对此，最高人民法院作出的《最高人民法院关于审理医疗损害责任纠纷案件适用法律若干问题的解释》第16条中规定：“对于医疗机构及其医务人员的过错，应当依据法律、行政法规、规章及其他有关诊疗规范进行认定，可以综合考虑患者病情的紧急程度、患者个体差异、当地的医疗水平、医疗机构与医务人员资质等因素。”此解释中的内容确立了一些主观性的标准，即需要参照地域差异、医疗机构等级差异等因素。[②] 至于司法实践中如何适用，则需要从《民法典》的立法资料中寻找答案。

由于本条是继受《侵权责任法》第57条而来，在该条立法中，《侵权责任法》（草案）曾规定：“判断医务人员注意义务时，应当适当考虑地区、医疗机构资质、医务人员资质等因素。”但是后来考虑到诊疗行为的实际情况很复杂，删去了这一规定。全国人大常委会法制工作委员会民法室认为，法律、行政法规、规章以及诊疗规范规定了具体要求的诊疗行为，医疗机构和医务人员一般都应当遵守，不应当因地区、资质的不同而有差别。但是不能一概而论，有的诊疗行为属于基本性操作，也不一定要考虑这些。有的诊疗行为也需要结合地区、资质等因素来判断“与当时的医疗水平相应的诊疗义务”。[③] 在民法典侵权责任编纂过程中，仍有建议将“当时的医疗水平”修改为“当时、当地、不同资质的医疗水平”，但是最终并未被采纳。黄薇在其主编的《中华人民共和国民法典侵权责任编解读》中认为，本条的立法目的在于解决医务人员的过错判断问题。医务人员的诊疗行为有行政法规、规章和医疗行业的操作规程，这些应当普遍遵守，全国皆准。诊疗行为是否具有过错，不能依据医疗机构处在何地、医疗资质如何而不同。否则，同样的手术在西藏没有过错，在北京可能被认定有过错；在二级医院被认定无过错，在三级医院被认定有过错。因此在探究医务人员是否尽到诊疗义务，不宜考虑地区、医疗机构资质的差异。[④] 从我国目前公布的立法信息来看，我国立法中明确否定了地方特殊标准，一直坚持全国统一

---

① 黄薇主编：《中华人民共和国民法典侵权责任编解读》，中国法制出版社2020年版，第211页。

② 中国审判理论研究会民事审判理论专业委员会编：《民法典侵权责任编条文理解与司法适用》，法律出版社2020年版，第214页及以下；杜万华等编著：《最高人民法院审理医疗损害责任纠纷司法解释规则精释与案例指导》，法律出版社2018年版，第206页。

③ 全国人大常委会法制工作委员会民法室编：《中华人民共和国〈侵权责任法〉条文说明、立法理由及相关规定》，北京大学出版社2010年版，第232页。

④ 黄薇主编：《中华人民共和国民法典侵权责任编解读》，中国法制出版社2020年版，第211页。

标准。因此，当医务人员的诊疗行为有行政法规、规章和医疗行业的操作规程时，这些法律规范应当全国适用；当法律法规没有相应规定时，可以适用《最高人民法院关于审理医疗损害责任纠纷案件适用法律若干问题的解释》第16条之规定来加以判断。

3. 关于“医生走穴”和“飞刀”造成的患者损害赔偿问题。“医生走穴”意指医生受邀到其他医疗机构参与医疗活动，“飞刀”一般是有经验、有名气的医生到其他医院主刀。“医生走穴”和“飞刀”在实践中经常发生，对于因此造成患者损害的赔偿问题，《最高人民法院关于审理医疗损害责任纠纷案件适用法律若干问题的解释》第20条对此作了专门规定，具体内容为：医疗机构邀请本单位以外的医务人员对患者进行诊疗，因受邀医务人员的过错造成患者损害的，由作出邀请的医疗机构承担赔偿责任。

【相关案例】

张某、张仁某与中心医院医疗损害责任纠纷案[①]

2012年5月22日，张某入住中心医院进行扁桃体切除手术，术前化验报告显示肾功能异常，原告认为中心医院未尽告知义务，致使张某错过肾病最佳治疗期，对此中心医院应负全部责任。

本案焦点在于：中心医院是否具有过错，中心医院应否对涉案损害后果承担医疗事故赔偿责任问题。

一审审理期间，经双方当事人同意，一审法院委托四川华西法医鉴定中心就中心医院对张某的医疗行为是否存在过错、行为与损害后果之间的因果关系、过错的参与度进行鉴定。鉴定结论认为，中心医院对张某的医疗行为存在过错，其过错与损害后果之间存在一定因果关系，医方过错参与度为20%～30%。该鉴定结论明确、具体。四川华西司法鉴定中心虽在《司法鉴定意见书》中对张某当时的病情作出相应可能性分析说明，但该分析说明与鉴定结论并不相悖。张某、张仁某对四川华西法医鉴定中心的资质及鉴定人员资质、鉴定程序不持异议，鉴定材料真实。最高人民法院认为，原判决认定《司法鉴定意见书》可以作为认定案件事实的依据并无不当。根据《侵权责任法》第57条规定：“医务人员在诊疗活动中未尽到与当时的医疗水平相应的诊疗义务，造成患者损害的，医疗机构应当承担赔偿责任。”原审法院根据鉴定结论，判决中心医院对张某、张仁某的损失

---

① （2016）最高法民申3333号。

承担30%的赔偿责任有事实依据和法律依据。张某、张仁某主张《司法鉴定意见书》不具有合法性、中心医院应承担全部赔偿责任的申请再审理由不能成立。

【关联法条】

《执业医师法》第22条，《最高人民法院关于审理医疗损害责任纠纷案件适用法律若干问题的解释》第16条

（撰稿人：刘志阳）

第一千二百二十二条 【医疗机构过错推定的情形】 患者在诊疗活动中受到损害，有下列情形之一的，推定医疗机构有过错：

（一）违反法律、行政法规、规章以及其他有关诊疗规范的规定；

（二）隐匿或者拒绝提供与纠纷有关的病历资料；

（三）遗失、伪造、篡改或者违法销毁病历资料。

【释义】

本条规定了医疗机构过错推定的法定情形。从本条的来源来看，本条是从《侵权责任法》第58条稍作修改而来。从修改的内容来看，主要体现在以下几个方面：其一，本条将《侵权责任法》中“患者有损害”修改为“患者在诊疗活动中受到损害”。其二，将“因下列情形之一”改为“有下列情形之一”。其三，将“伪造、篡改或者销毁”病历资料修改为“遗失、伪造篡改或者违法销毁病历资料”。本条文的意义在于确立了医疗机构推定过错的具体情形，在案件审判实践中有利于改变患者举证的相对弱势地位，构建诉讼中相对平等的诉讼主体地位。

本条包括以下几方面理解：

首先，本条是关于推定医疗机构具有过错的规定。推定过错属于过错责任中的一种特殊规定，一般是从诉讼实践角度来作出相应规定以改变诉讼中的不平等地位。在实践中患者证明医务人员存在过错比较困难，由于医疗机构具备专业知识和技术手段，掌握相关的证据材料，具有较强的证据能力，患者则处于相对的弱势地位。推定过错在举证责任上对被侵权人有利，但是对侵权人不利。推定过

错改变了诉讼中原有的谁主张谁举证原则，因此对于推定过错需要有法律明确规定。本条即规定了医疗侵权中的过错推定的三种适用情形，司法机关不得超出这三种情形扩大适用过错推定规则。

其次，对本条中的过错推定情形应该区别对待。依据是否可以对过错推定加以推翻，可以分为相对推定和绝对推定。

相对推定是指推定过错并不等同于最终认定医疗机构具有过错，如果医疗机构能够提出反证来证明自己没有过错，则不可以认定医疗机构具有过错。本法第1165条第2款规定，依照法律规定推定行为人有过错，其不能证明自己没有过错的，应当承担侵权责任。比如，依据本条第1款第1项，如果医疗机构“违反法律、行政法规、规章以及其他有关诊疗规范的规定”，则医疗机构的行为具有违法性，可以推定医疗机构具有过错。但是如果医疗机构提出反证，证明自己之所以违反相关规定是因为存有抢救病危患者这种特殊情况，且为了能够更好地抢救危重病人才没有顾及严格的相关规定，那么此时就可能认定医疗机构没有过错。[①]

绝对推定则是出现该情形即应认定医疗机构具有过错，不可推翻。比如，本法中第2项、第3项情形。当出现该两项情形时即应“直接认定”医疗机构具有过错，是“不可推翻的过错推定”，此处过错推定不同于本法第1165条第2款中规定的情形。[②]

最后，从法律适用角度来看，病历资料在医疗侵权纠纷中一般是必不可少的书面证据，其真实性和完整性决定着医疗侵权事实的成立与否，也直接决定医疗侵权纠纷双方当事人的诉讼成败。本条专门规定了医疗机构对病历资料的相关义务，对此主要涉及以下几种情形：

1. 医疗机构应当依据相关规定保存好病历资料，不得遗失。对于病历，《医疗机构病历管理规定》第2条规定，病历是医务人员在医疗活动过程中形成的文字、符号、图表、影像、切片等资料的总和，包括门（急）诊病历和住院病历。对病历资料的书写、保管，我国的《病历书写基本规范》《中医病历书写基本规范》《电子病历应用管理规范（试行）》等进行了详细的规定。我国《医疗机构病历管理规定》第29条规定，门（急）诊病历由医疗机构保管的，保存时间自患者最后一次就诊之日起不少于15年；住院病历保存时间自患者最后一次住院之

---

① 黄薇主编：《中华人民共和国民法典侵权责任编解读》，中国法制出版社2020年版，第213页，与此不同观点可参见：杜万华等编著：《最高人民法院审理医疗损害责任纠纷司法解释规则精释与案例指导》，法律出版社2018年版，第41页。

② 杜万华等编著：《最高人民法院审理医疗损害责任纠纷司法解释规则精释与案例指导》，法律出版社2018年版，第41页；黄薇主编：《中华人民共和国民法典侵权责任编解读》，中国法制出版社2020年版，第213页。

日起不少于30年。如果医疗机构违反上述规定的保管时间，则可以推定医疗机构具有过错。

2. 医疗机构不得伪造、篡改或者违法销毁病历资料。实践中，伪造、篡改病历资料的形式常常表现为涂改病历资料、伪造患者签名等形式。客观、全面、规范、完整的病历资料是进行医疗过错鉴定最基本、最重要的素材，医疗机构应当为鉴定机构、患者与患者亲属提供客观、全面、规范、完整的病历资料。[①]《医疗机构病历管理规定》第14条规定，医疗机构应当严格病历管理，任何人不得随意涂改病历，严禁伪造、隐匿、销毁、抢夺、窃取病历。《医疗事故处理条例》第8条规定："医疗机构应当按照国务院卫生行政部门规定的要求，书写并妥善保管病历资料。因抢救急危患者，未能及时书写病历的，有关医务人员应当在抢救结束后6小时内据实补记，并加以注明。"第16条规定："发生医疗事故争议时，死亡病例讨论记录、疑难病例讨论记录、上级医师查房记录、会诊意见、病程记录应当在医患双方在场的情况下封存和启封。"

3. 医疗机构不得隐匿或者拒绝提供与纠纷有关的病历资料。在实践中，患者可以向人民法院申请医疗机构提交其保管的与纠纷有关的病历资料，医疗机构应在人民法院指定期限内提交，否则人民法院可以推定医疗机构具有过错。对此，《医疗事故处理条例》第28条规定："医疗机构提交的有关医疗事故技术鉴定的材料应当包括下列内容：（一）住院患者的病程记录、死亡病例讨论记录、疑难病例讨论记录、会诊意见、上级医师查房记录等病历资料原件；（二）住院患者的住院志、体温单、医嘱单、化验单（检验报告）医学影像检查资料、特殊检查同意书、手术同意书、手术及麻醉记录单、病理资料、护理记录等病历资料原件；（三）抢救急危患者，在规定时间内补记的病历资料原件……医疗机构无正当理由未依照本条例的规定如实提供相关材料，导致医疗事故技术鉴定不能进行的，应当承担责任。"同样，《最高人民法院关于审理医疗损害责任纠纷案件适用法律若干问题的解释》第6条第2款亦规定：患者依法向人民法院申请医疗机构提交由其保管的与纠纷有关的病历资料等，医疗机构未在人民法院指定期限内提交的，人民法院可以推定医疗机构有过错，但是因不可抗力等客观原因无法提交的除外。例如，天津市高级人民法院在蓟州医院与李某霞医疗损害责任纠纷案的民事裁定书中认为，因蓟州医院在封存病历时未能封存完整病历，未能证明其依照相关诊疗规范补记了病历，其一审提供的病历无法确认真实性，二审判决推定蓟州医院存在过错，具有法律和事实依据。因蓟州医院未按照规定书写病历，部

① （2016）最高法民再285号。

分病历资料无法确认真实性，导致司法鉴定无法进行。蓟州医院虽称其在抢救张某军时尽到了合理诊疗义务，但在本案未能进行司法鉴定的情况下，无法认定蓟州医院该项主张成立。①

4. 在诉讼中，患者对于本条中规定的具体事项具有证明责任。比如，在张某梅与惠民医院医疗损害责任纠纷案中，黑龙江高级人民法院作出的裁定书中认为，患者应当举证证明医疗机构存在法定推定医疗机构有过错的情形，或医疗机构及其医务人员有过错，及诊疗行为与损害之间具有因果关系。在该案中，张某梅主张惠民医院存在违反法律、行政法规、规章及其他有关诊疗规范、篡改、伪造病历的情形，其应当对此承担举证证明责任，但其举示的证据不足以证明该主张及该情形与损害有因果关系，故对其主张的事实不予认定，亦无法推定惠民医院存在过错并无不当。②

【相关案例】

曹某某、丁某1与人民医院医疗损害责任纠纷案③

患者丁某，系曹某某之夫、丁某1之父。2011年6月26日，丁某因“颈部疼痛10年，加重伴双上肢疼痛、麻木、乏力、头痛头昏、左下肢无力1周”，入住人民医院治疗。丁某有高血压病史，曾于2010年行结节性甲状腺肿切除术。入院后头颅MRI平扫未见异常，C3/4、C4/5、C5/6椎间盘突出、变性。BP145/90mmHg，于2011年7月2日9时许进行颈椎前路减压植骨内固定术，11时50分手术结束。当晚22时17分，丁某诉咽喉部不适，呼吸困难，面色潮红。经立即抢救，至22时20分，丁某面色青紫，唇发绀，呼吸骤停。经给予气管切开、呼吸机辅助呼吸等抢救后，于22时43分恢复自主心跳、无自主呼吸。2011年7月3日，丁某出现血压不稳定、急性肾衰竭、肝衰竭等。经给予对症支持治疗，至2011年7月11日凌晨3时，丁某血压0/0mmHg。经抢救无效于2011年7月11日4时4分死亡。

本案争论焦点在于，医院向已经封存的病历资料中加塞新的材料后病历资料的证明效力问题。

一审法院在审理过程中，人民医院与曹某某、丁某1分别申请进行医疗事故鉴定和医疗过错鉴定。在对鉴定资料进行质证时，曹某某、丁某1认为双方于

① （2019）津民申997号。

② （2020）黑民申249号。

③ （2016）最高法民再285号。

2011 年 7 月 22 日在人民医院启封复印原封存的病历资料时，人民医院医疗安全办公室的工作人员加入了若干材料，致使发生纠纷，患方为此报警。现封存件中的长期医嘱单、临时医嘱单存在两个不同的版本，证明人民医院确实向原封存的病历中加插了材料，且加入了哪些材料无法辨别。

一审法院认为，丁某死亡后，双方在封存病历资料时，均未列出清单保存，以至于无法分清哪些是原来封存的资料，哪些是新加入的资料，导致医疗过错鉴定程序被迫终结。双方在封存病历资料过程中都未尽到应有的谨慎注意义务，因而都应承担相应的过错责任。考虑到患者本身原发疾病的固有风险及医患关系中信息不对等等因素，酌情确定医患双方的过错比例为 6：4，即人民医院应对丁某的死亡后果承担 60% 的赔偿责任，其余 40% 由患方自行承担。

二审法院认为，客观、全面、规范、完整的病历资料是进行医疗过错鉴定（或者医疗事故鉴定）的最基本和最重要素材。而封存病历是为了及时保存现有病历资料，避免医疗机构伪造、修改、篡改病历资料。人民医院医疗安全办公室的工作人员往已经封存的病历中加插病历的行为，破坏了已封存病历的完整性、真实性和客观性，系篡改病历的行为，会导致鉴定机构对人民医院的医疗行为评价出现偏差，故应当推定人民医院医疗行为有过错。本案确系因为人民医院的加插病历行为导致鉴定结论无法作出，人民医院应当承担不利法律后果和全部法律责任。

再审法院认为，院方对其 2011 年 7 月 22 日未经患方同意擅自加插的所谓完善后的资料是哪些，是否符合补记规定，均无法给出合理解释，致使患方对全部病历资料不认可，医疗过错鉴定或者医疗事故鉴定无法作出。对此，应当承担责任。根据《侵权责任法》第 58 条关于“患者有损害，因下列情况之一的，推定医疗机构有过错……（二）隐匿或者拒绝提供与纠纷有关的病历资料；（三）伪造、篡改或者销毁病历资料”的规定，应推定人民医院存在过错。同时，《医疗事故处理条例》第 49 条规定，医疗事故赔偿，应当考虑医疗事故损害后果与患者原有疾病状况之间的关系。考虑到患者丁某本身患有高血压、颈椎病等多种疾病及原发疾病的固有风险，酌情推定人民医院承担 70% 的过错责任较为适宜，即由人民医院赔偿 518660 × 70% = 363062 元。原二审判决认定人民医院承担全部赔偿责任不妥，应予纠正。

最高人民检察院抗诉认为，再审判决在认定人民医院应对医疗过错鉴定或者医疗事故鉴定无法作出承担责任的情况下，仅判决其承担 70% 的责任，适用法律确有错误。理由如下：一、人民医院在已经封存的病历中加插病历的行为系篡改病历，应当推定人民医院有过错。

最高人民法院再审认为，人民医院的加插病历行为不仅扰乱了正常的病历管理秩序，而且行为性质恶劣，最终导致了鉴定结论无法作出、各方责任无法确定的严重后果。在本案中判令由人民医院承担不利法律后果和完全民事责任，不仅符合《卫生部关于医疗机构不配合医疗事故技术鉴定所应承担的责任的批复》的规定精神，有利于医疗机构的规范管理，更能体现对患者家属的精神抚慰和合法权益的有力保护。长沙市中级人民法院二审判决认定本案确系因为人民医院的加插病历行为导致鉴定结论无法作出，人民医院应当承担不利法律后果和全部法律责任，并无不当，应予维持。

【关联法条】

《执业医师法》第 23 条、第 37 条，《医疗事故处理条例》第 8 条、第 28 条

（撰稿人：刘志阳）

第一千二百二十三条　【医疗产品责任】因药品、消毒产品、医疗器械的缺陷，或者输入不合格的血液造成患者损害的，患者可以向药品上市许可持有人、生产者、血液提供机构请求赔偿，也可以向医疗机构请求赔偿。患者向医疗机构请求赔偿的，医疗机构赔偿后，有权向负有责任的药品上市许可持有人、生产者、血液提供机构追偿。

【释义】

本条规定了因药品、消毒产品、医疗器械的缺陷或者输入不合格的血液造成患者损害时的损害赔偿请求权。本条沿用了《侵权责任法》第 59 条中的内容，并增加了“药品上市许可持有人”这一损害赔偿的被请求权人。本条的意义在于对患者因药品、消毒产品、医疗器械的缺陷或者输入不合格的血液造成损害时确立了多重责任主体之间的不真正连带债务关系，使得患者更容易维护自身的权益。

对于本条内容理解有以下几点：

首先，从归责原则来看，一方面，产品责任属于严格责任，医疗产品的生产者对于患者因产品缺陷造成的损害承担无过错责任，患者无须证明医疗产品生产者的过错。另一方面，虽然患者因药品、消毒产品、医疗器械的缺陷，或者输入

不合格的血液造成损害时，患者可以直接起诉医疗机构让其承担损害赔偿责任，但是并不意味着医疗机构此时适用的是无过错责任，对于医疗机构的归责原则仍然是过错责任原则。

其次，从责任主体角度来看，依据本法第1202条、第1203条，如果这些产品缺陷或者不合格给患者造成损害，患者可以向产品的生产者和销售者主张损害赔偿责任。本条新增了药品许可持有人这一责任主体。依据《药品管理法》第144条第2款，因药品质量问题受到损害的，受害人可以向药品上市许可持有人、药品生产企业请求赔偿损失，也可以向药品经营企业、医疗机构请求赔偿损失。对于药品上市许可持有人的定义，《药品管理法》第30条作了专门规定：药品上市许可持有人是指取得药品注册证书的企业或者药品研制机构等。此外，对于血液提供机构的责任，《献血法》第22条也作了专门规定：医疗机构的医务人员违反法律规定，将不符合国家标准的血液用于患者，给患者健康造成损害的，应当依法赔偿。本条基于既有法律作了综合性规定，即"患者可以向药品上市许可持有人、生产者、血液提供机构请求赔偿，也可以向医疗机构请求赔偿"。此条规定明确地规定了责任主体的范围，使得医疗产品生产、销售、使用各方无法再推诿，从而更好地维护了患者的权益。

从医疗机构与其他责任主体之间的关系的性质来看，本条确立了医疗机构与药品上市许可持有人、生产者、血液提供机构之间的不真正连带关系，不真正连带责任有利于患者选择对自己有利的责任主体来作为赔偿主体。因此，虽然医疗机构与药品上市许可持有人、生产者、血液提供机构之间基于同一给付标的对患者承担责任，但是医疗机构与药品上市许可持有人、生产者、血液提供机构对患者独立地负有全部履行义务，其中一个主体向患者履行了损害赔偿责任，则该赔偿之债消灭，其他主体无须再次向患者履行该损害赔偿责任。

对于上述不真正连带债务人之间的内部追偿问题，本条第2句规定了医疗机构承担损害赔偿责任后向其他责任主体的追偿权。虽然本条只规定了医疗机构的内部追偿权，但是这并不意味着追偿是单向的。依据《产品质量法》第41～43条规定，医疗产品的生产者、销售者都有追偿权，具体为：产品缺陷由生产者造成的，销售者赔偿后，有权向生产者追偿。因销售者的过错致使产品存在缺陷的，生产者赔偿后，有权向销售者追偿。《药品管理法》第144条第2款对此也作了专门规定，即接到受害人赔偿请求的，应当实行首负责任制，先行赔付；先行赔付后，可以依法追偿。因此，如果药品上市许可持有人、生产者、血液提供机构在向患者承担损害赔偿责任后，如果证明因医疗机构的过错导致产品存在缺陷的，可以向医疗机构追偿。对于内部责任份额的确定，《最高人民法院关于审理医疗损害责任纠纷案件适用法律若干问题的解释》第 22 条第 2 款规定，医疗机构或者医疗产品的生产者、销售者承担赔偿责任后，向其他责任主体追偿的，应当根据诊疗行为与缺陷医疗产品造成患者损害的原因力大小确定相应的数额。

再次，从适用范围来看，《最高人民法院关于审理医疗损害责任纠纷案件适用法律若干问题的解释》第 25 条第 2 款将“药品、消毒药剂、医疗器械”统一划入“医疗产品”范围。虽然理论界对于“血液”是否属于产品存在争议[①]，但是本条将“血液”与药品、消毒产品、医疗器械共同列入本条的适用范围，至少在法律适用上视“血液”与“医疗产品”具有同等的法律地位。而且我国《药品管理法》第 23 条、第 61 条等明确将血液制品列入药品的范围，因此依据《最高人民法院关于审理医疗损害责任纠纷案件适用法律若干问题的解释》第 25 条第 2 款中“医疗产品”的范围，可以确定将“血液”视为“医疗产品”并无法律障碍。基于此，与药品上市许可持有人、医疗产品生产者一样，血液提供机构需要承担严格责任。[②]

最后，关于本条的适用主要存在以下几个问题：

1. 关于“缺陷”的认定。本法并未规定“缺陷”认定的具体标准，对此可以结合《产品质量法》中关于缺陷的规定来分析。《产品质量法》第 46 条规定：“本法所称缺陷，是指产品存在危及人身、他人财产安全的不合理的危险；产品有保障人体健康和人身、财产安全的国家标准、行业标准的，是指不符合该标准。”据此，《产品质量法》判断缺陷主要以产品的危险性和产品的不合格性为基准。危险性指存在危及人身、他人财产安全的不合理的危险。不合格则指产品不符合国家标准和行业标准。在判断产品缺陷时先看是否有相关标准，如果符合相关标准则可排除具有缺陷。如果没有相关标准需要看产品是否具有不合理的危险性。此处不合理的危险可能来自设计阶段，即设计缺陷；也可能来自制造阶段，即制造缺陷；此外，产品的缺陷还可能来自运输和保管阶段。

2. 惩罚性赔偿问题。本法第 1207 条规定了产品责任的惩罚性赔偿制度，即“明知产品存在缺陷仍然生产、销售，或者没有依据前条规定采取有效补救措施，造成他人死亡或者健康严重损害的，被侵权人有权请求相应的惩罚性赔偿”。本条中规定的药品、消毒产品、医疗器械与血液都属于产品，因此患者因上述产品受到损害时，可以主张惩罚性赔偿。对于药品可以依据《药品管理法》第 144 条第 3 款之规定，其内容为：生产假药、劣药或者明知是假药劣药仍然销售、使用

---

① 刘鑫主编：《最新医疗侵权诉讼规则理解与案例实操》，中国法制出版社 2018 年版，第 71 页。

② 黄薇主编：《中华人民共和国民法典侵权责任编解读》，中国法制出版社 2020 年版，第 216 页。

的，受害人或者其近亲属除请求赔偿损失外，还可以请求支付价款十倍或者损失三倍的赔偿金；增加赔偿的金额不足一千元的，为一千元。

至于惩罚性赔偿责任是否与补偿性赔偿一样，药品上市许可持有人、生产者、血液提供机构与医疗机构之间为不真正连带责任关系。对此存在两种观点：一种观点认为各责任主体之间为不真正连带关系，患者有权请求任一责任主体或者全部来承担惩罚性赔偿。另一种观点则认为惩罚性赔偿属于制裁，而非赔偿，需要针对特定的主体来实施，否则起不到制裁和威慑功能。因此，惩罚性赔偿的具体实施需要以具体的构成要件为基础，即使各责任主体之间存在不真正连带责任关系，也不能适用于惩罚性赔偿责任。对此，《最高人民法院关于审理医疗损害责任纠纷案件适用法律若干问题的解释》第 23 条亦有相应规定："医疗产品的生产者、销售者明知医疗产品存在缺陷仍然生产、销售，造成患者死亡或者健康严重损害，被侵权人请求生产者、销售者赔偿损失及二倍以下惩罚性赔偿的，人民法院应予以支持。"该司法解释的内容并未将医疗机构纳入惩罚性赔偿请求的主体，因此该解释否定了医疗机构与其他责任主体在惩罚性赔偿责任中的不真正连带关系。①

3. 免责问题。虽然本条并没有规定具体的免责情形，但并非确定此处没有相应的免责情形。鉴于"医疗产品"属于产品的范畴，且法律并无排除"医疗产品"责任免责的明确规定，对此可以适用产品责任中的一般免责情形。我国《产品质量法》第 41 条第 2 款规定："生产者能够证明下列情形之一的，不承担赔偿责任：（1）未将产品投入流通的；（2）产品投入流通时，引起损害的缺陷尚不存在的；（3）将产品投入流通时的科学水平尚不能发现缺陷的存在的。"基于此，本条规定的"药品、消毒产品、医疗器械"或者"血液"的"生产者"可以依据《产品质量法》第 41 条第 2 款中规定的抗辩事由来主张免除自己的责任。

4. 证据问题。《最高人民法院关于审理医疗损害责任纠纷案件适用法律若干问题的解释》第 7 条对患者因医疗产品受损害诉讼中的证据问题进行了专门规定。具体为：患者依据《侵权责任法》第 59 条规定请求赔偿的，应当提交使用医疗产品或者输入血液、受到损害的证据。患者无法提交使用医疗产品或者输入血液与损害之间具有因果关系的证据，依法申请鉴定的，人民法院应予准许。由于产品责任是无过错责任，因此此处无须对医疗产品的生产者、医疗机构是否具有过错进行举证。此外，对于免责情形，医疗机构、医疗产品的生产者、销售者

---

① 杜万华等编著：《最高人民法院审理医疗损害责任纠纷司法解释规则精释与案例指导》，法律出版社 2018 年版，第 310 页。

或者血液提供机构主张不承担责任的，应当对医疗产品不存在缺陷或者血液合格等抗辩事由承担举证责任。

5. 关于诉讼主体问题，虽然本条中并未列出销售者的责任，但是可以依据本法第1203条的规定追求经营者的责任。此外，《最高人民法院关于审理医疗损害责任纠纷案件适用法律若干问题的解释》第3条规定，患者因缺陷医疗产品受到损害，起诉部分或者全部医疗产品的生产者、销售者和医疗机构的，应予受理。患者仅起诉医疗产品的生产者、销售者、医疗机构中部分主体，当事人依法申请追加其他主体为共同被告或者第三人的，应予准许。必要时，人民法院可以依法追加相关当事人参加诉讼。患者因输入不合格的血液受到损害提起侵权诉讼的，参照适用前两款规定。

6. 关于混合损害的诉讼问题，即医疗产品缺陷与医疗过错同时发生时的诉讼问题。《最高人民法院关于审理医疗损害责任纠纷案件适用法律若干问题的解释》第22条第1款规定，缺陷医疗产品与医疗机构的过错诊疗行为共同造成患者同一损害，患者请求医疗机构与医疗产品的生产者或者销售者承担连带责任的，应予支持。该条第3款规定，输入不合格血液与医疗机构的过错诊疗行为共同造成患者同一损害的可参照第1款规定。

【相关案例】

矿总医院与肖某梅、徐州市红十字血液中心医疗损害责任纠纷案①

2017年5月15日，原告因交通事故受伤入住被告矿总医院治疗。入院后多次予以输血、输入白蛋白、抗炎、营养神经等治疗。2017年5月16日检查丙型××病毒抗体IgGO. 100。后原告继续进行治疗。2017年7月28日复查肝功能提示谷丙转氨酶198U/L、谷丙转氨酶88U/L，予以保肝、降酶等对症处理，转氨酶未见明显下降。2017年8月16日进行××免疫检查，显示丙型××病毒抗体Ig28. 190。

本案争议焦点为：矿总医院是否需要为输血中导致的病毒感染承担医疗损害赔偿责任。

一审法院认为，因药品、消毒药剂、医疗器械缺陷，或者输入不合格的血液造成患者损害的，患者可以向生产者或血液提供机构请求赔偿，也可以向医疗机构请求赔偿。患者向医疗机构请求赔偿的，医疗机构赔偿后，有权向负有责任的

---

① （2019）苏03民终4028号。

生产者或血液提供者追偿。本案中，原告在被告矿总医院治疗期间感染丙型××病毒，经南京东南司法鉴定中心鉴定为：被鉴定人肖某梅感染丙型××病毒不能完全排除患者或献血者处于病毒感染后的“窗口期”，首先考虑属于无过错输血感染，输血为完全原因。因此虽然被告血液中心对所采集的血液采用2遍丙型××病毒抗体及1遍丙型××病毒核酸检测，检测结果显示提供的血液属于合格产品，被告血液中心的采供血行为符合法律法规及相关技术规范，但因其提供给被告矿总医院输入原告体内的血液与原告感染丙型××病毒为完全因素，被告矿总医院作为医疗机构应当对输血造成原告的损害承担赔偿责任。二审法院认为，一审法院判决矿总医院作为医疗机构承担受害人肖某梅相关损失的赔偿责任于法有据，依法予以维持。

【关联法条】

《民法典》第1202条、第1203条，《产品责任法》第41～43条，《药品管理法》第144条，《献血法》第46条，《最高人民法院关于审理医疗损害责任纠纷案件适用法律若干问题的解释》第23条

（撰稿人：刘志阳）

第一千二百二十四条　【医疗机构的免责事由】 患者在诊疗活动中受到损害，有下列情形之一的，医疗机构不承担赔偿责任：

（一）患者或者其近亲属不配合医疗机构进行符合诊疗规范的诊疗；

（二）医务人员在抢救生命垂危的患者等紧急情况下已经尽到合理诊疗义务；

（三）限于当时的医疗水平难以诊疗。

前款第一项情形中，医疗机构或者其医务人员也有过错的，应当承担相应的赔偿责任。

【释义】

本条是关于医疗机构免除或者减轻责任的规定。本条内容与《侵权责任法》第60条相近，并无原则性修改。与《侵权责任法》第60条相比，本条修改的地

方主要有：将“患者有损害”修改为“患者在诊疗活动中受到损害”；将“医疗机构及其工作人员也有过错的”修改为“医疗机构或者其医务人员也有过错的”。本条的意义在于确立了医疗机构不承担赔偿责任的具体情形，医疗机构可以直接援引本条规定来主张免除或减轻自己的责任。

对于本条内容有以下几点理解：

首先，从本条规定的免除与减轻责任的事由在侵权损害赔偿法中的体系来看，本条规定的免除或者减轻事由属于适用于医疗损害赔偿责任中的特殊规定，本法第 1173 条、第 1174 条、第 1175 条规定了侵权损害赔偿中的一般性的减轻或免除责任事由。第 1173 条规定，被侵权人对同一损害的发生或者扩大有过错的，可以减轻侵权人的责任。第 1174 条规定，损害是因受害人故意造成的，行为人不承担责任。第 1175 条规定，损害是因第三人造成的，第三人应当承担侵权责任。在医疗损害赔偿中既适用一般性免除或减轻事由，也适用本条中规定的特殊的免除或减轻事由。本条特殊规定与侵权责任的一般性减轻或免责事由冲突时，适用本条中的特殊规定。这一适用规则规定在本法第 1178 条，即“本法和其他法律对不承担责任或者减轻责任的情形另有规定的，依照其规定”。

其次，从本条的内容来看，本条既规定了绝对的免责事由，又规定了相对的免责事由。绝对的免责事由有两个，即医务人员在抢救生命垂危的患者等紧急情况下已尽到合理诊疗义务和限于当时的医疗水平难以诊疗。相对的免责事由，即“患者或者其近亲属不配合医疗机构进行符合诊疗规范的诊疗”，并不可以绝对地免除医疗机构的责任，需要结合本条第 2 款来一同理解，即当“医疗机构或者其医务人员也有过错的，应当承担相应的赔偿责任”。

最后，对本条的适用，需要从以下三方面来理解：

1. 对于本条第 1 款第 1 项中规定的情形，即患者或者其近亲属不配合医疗机构进行符合诊疗规范的治疗需要分两种情形：第一种情形是医疗机构或者其医务人员没有过错的，比如医务人员告知患者术后不得随意走动，结果患者不予配合仍旧随意走动，导致手术感染；患者拒绝医务人员给出的饮食禁忌，在患有糖尿病时仍食用含有高糖的食物；患者拒绝必要的检查或者治疗措施等。此时医疗机构或者其医务人员并没有过错，医疗机构可以依据本条第 1 款第 1 项免除责任。第二种情形是医疗机构或者其医务人员具有一定的过错，比如医务人员并未尽到相应的说明告知义务和诊疗义务，患者因对具体用药方法或者术后注意事项并不理解而导致的损失，此时医疗机构应当承担相应的损害赔偿责任。

2. 本条第 1 款第 2 项规定的免责事由是在抢救生命垂危的患者等紧急情况中医务人员已经尽到了合理的诊疗义务。此处适用的条件是在抢救生命垂危的患者等紧急情况中，由于事项具有紧急性，患者随时具有生命危险，面对复杂的病情如何在短时间内作出精准诊断并采取恰当的医疗措施对于医务人员来说是一个极大的考验。此时医疗机构是否需要承担损害赔偿责任要考虑医疗机构或者其医务人员是否具有过错，但是此时的过错判断要看医务人员是否尽到了合理的诊疗义务。此时法官对于合理的诊疗义务判断具有自由裁量权，法官需要结合医务人员所处的紧急状态和医务人员的专业素质在个案中具体判断。比如在胡某龙与西安区医院医疗损害责任纠纷案中，吉林省辽源市中级人民法院认为胡某龙在西安区医院诊疗期间，西安区医院及时告知了胡某龙家属该医院不具备开颅手术的条件并建议转院，对此胡某龙家属知情并同意保守治疗，故西安区医院以其当时医疗条件和医疗水平采取了保守治疗并请外院专家会诊等措施，并多次向胡某龙家属交待病情。胡某龙主张的延误四天才转院的问题，并非是西安区医院拒绝患者转院造成的，不足以认定西安区医院存在过错行为。[①]

3. 本条第 1 款第 3 项中的免责事由是“限于当时的医疗水平难以诊疗”。人类对自己身体和生活的自然环境的认知尚不全面，人类自身的身体健康和生命面临着各种新的和旧的疾病的威胁，对于人类自身的疾病难以完全治愈。比如对于 COVID－19 病毒的出现人类无法作出预知，对于该病毒对人类身体、健康的影响也难以完全了解。因此人类无法医治所有的疾病是一个客观事实，法律不可要求医疗机构对所有的疾病完全医治，因此对于医治中所造成的损害亦不得完全由医疗机构承担。本法基于人类科学发展的局限性和自然界的复杂性规定了相应的免责事由，将医疗机构的损害赔偿责任限于当时的医疗发展水平之内。对于当时的医疗水平难以诊疗的，医疗机构可以根据本条来主张免除自己的责任。比如重庆市高级人民法院在熊某某等与区中心医院等医疗损害责任纠纷案审理中认为，依据司法鉴定意见书，认为胎儿出生后被诊断为 APERT 综合征，由于目前在胎儿期尚无准确有效的诊断手段，该病一般均在出生后根据具体病情诊断，熊某某在产前检查缺乏患儿存在严重畸形的依据，仅依靠 B 超检查明确胎儿患有 APERT 综合征，目前总体诊疗水平尚不能满足要求。根据《侵权责任法》第 60 条第 1 款第 3 项规定，区中心医院和区妇幼保健院限于医疗水平难以诊断胎儿病症，不承担赔偿责任。[②]

---

① （2020）吉 04 民终 173 号。

② （2017）渝民申 1878 号。

【相关案例】

张渚人民医院与宗某泉、史某芬等医疗损害责任纠纷案[①]

2018年11月23日23时50分许，患者宗某栋因饮酒后恶心、呕吐，感“上腹不适”，在朋友陪同下至被告张渚人民医院急诊就诊，院方初步诊断为“酒精性胃炎”，予以“雷贝拉唑、纳洛酮输液治疗”，输液过程中患者诉“症状无缓解”，0时40分护士报患者不适，复测血压、听诊闻及心律不齐，建议行心电图检查，患者拒绝并有陪同朋友签字，凌晨1时许患者仍诉难受、心前区疼痛，经院方释明后急诊查心电图，显示“窦性心律不齐、ST段有抬高及压低”，考虑“心梗可能”，行血清三合一检查，在等待血清三合一检查结果时，患者于11月24日01时45分突发抽搐，呼吸、心跳骤停、小便失禁，院方考虑“心源性猝死”，立即予以心肺复苏，因抢救无效于2018年11月24日2时48分经院方宣布死亡。

本案争论焦点：医院是否可以因患者或者其近亲属不配合医疗机构的诊疗而免责。

一审法院认为，鉴定机构经鉴定既已确认医方在已考虑急性心肌梗死不排除的情况下所采取的诊疗和抢救措施存在一定的不合理性，而该过错行为与患者的人身损害之间又存在一定的因果关系，且最终造成了患者猝死的损害后果，诊疗机构的过错行为就已对患方构成了侵权，医方张渚人民医院应对其过错行为承担相应的侵权责任。二审法院认为，本案中，虽存在患者前期拒绝心电图检查的情况，但张渚人民医院在诊疗过程中也存在一定的过错，故其依法仍应承担相应的赔偿责任，其并不能因此而免责。一审法院采信该鉴定意见并最终认定张渚人民医院应对患者宗某栋的死亡所造成的损失承担30%的赔偿责任并无不当。

【关联法条】

《最高人民法院关于审理医疗损害责任纠纷案件适用法律若干问题的解释》第4条

（撰稿人：刘志阳）

---

① （2020）苏02民终939号。

第一千二百二十五条 【医疗机构对病历的善管义务及患者对病历的查阅复制权】 医疗机构及其医务人员应当按照规定填写并妥善保管住院志、医嘱单、检验报告、手术及麻醉记录、病理资料、护理记录等病历资料。

患者要求查阅、复制前款规定的病历资料的，医疗机构应当及时提供。

【释义】

本条规定了医疗机构对病历的义务以及患者对病历的权利。本条总体上沿用了《侵权责任法》第61条的内容，但是作了两处修改：一是将《侵权责任法》第61条中规定的“医疗费用”删除；二是将“医疗机构应当提供”改为“医疗机构应当及时提供”，对提供病历资料的时间作了限制。本条的意义在于为患者诉讼中的相关证据搜集提供了法律保障，更有利于患者维护自己的合法权益。

对于本条内容，可作以下几点理解：

首先，从医疗机构及其医务人员对于病历的义务来看，一方面，医疗机构及其医务人员对于病历具有按照规定填写并妥善保管的义务。另一方面，当患者要求查阅、复制本条规定的病历资料时，医疗机构应当及时提供。从交往义务来看，医疗机构对于病历的正确填写及其妥善保管具有组织义务，如果医疗机构并未履行该组织义务需要承担对此的不利后果。本条第2款规定了医疗机构及时提供本法规定的病历资料以供患者查阅、复制的义务，与《侵权责任法》第61条相比，本法对此专门强调了医疗机构提供病历资料的及时性，目的在于防止医疗机构以各种借口拖延向患者提供病历资料的时间，使得患者不能及时地了解相关内容，对患者造成各种不利的后果。

其次，本条规定了患者对病历资料的权利，主要体现在患者可以要求对病历资料进行查阅和复制。本法第一款中规定了患者可以查阅、复制的病历资料的范围，即“住院志、医嘱单、检验报告、手术及麻醉记录、病理资料、护理记录等”。但是与《侵权责任法》第61条规定相比，此处删除了“医疗费用”。从对病历资料的申请主体来看，本条只规定了“患者”，此处应作患者只能申请自己本人的病历资料来理解。当然，患者可以授权他人或者由其法定代理人代为自己查阅、复制。当患者为无民事行为能力人或者限制行为能力人时，其法定代理人可以申请。

最后，对于本条的适用可以作以下分析：

1. 根据立法资料，本条最后通过时删除了医疗费用，以便和病历管理规定相一致，这是否意味着病历资料本身是封闭的，还是可以作扩张解释。《医疗机构病历管理规定》第19条规定，医疗机构可以为申请人复制门（急）诊病历和住院病历中的体温单、医嘱单、住院志（入院记录）、手术同意书、麻醉同意书、麻醉记录、手术记录、病重（病危）患者护理记录、出院记录、输血治疗知情同意书、特殊检查（特殊治疗）同意书、病理报告、检验报告等辅助检查报告单、医学影像检查资料等病历资料。从我国的司法实践来看，最高人民法院颁布的《最高人民法院关于审理医疗损害责任纠纷案件适用法律若干问题的解释》第6条对《侵权责任法》第61条规定的病历资料亦进行了扩大解释，具体包括“医疗机构保管的门诊病历、住院志、体温单、医嘱单、检验报告、医学影像检查资料、特殊检查（治疗）同意书、手术同意书、手术及麻醉记录、病理资料、护理记录、医疗费用、出院记录以及国务院卫生行政主管部门规定的其他病历资料”。从我国司法实践中的扩张解释来看，本法第1225条中的病历资料范围并非穷尽性列举。

2. 本条规定内容对于诉讼具有重要的证据意义。由于医疗行业的专业性和闭锁性，医疗机构对于病历资料的管理具有严格的规定，公民难以从医疗机构中获取病历资料。从医疗诉讼来看，病历资料是重要的诉讼证据，医疗机构或者其医务人员的过错一般需要从病历资料中分析才能够得出。在实践中，病历资料往往决定着医疗诉讼的成败。但是从患者对证据的获取来看，患者在病历资料的获取中处于被动的地位。本条规定赋予了患者查阅、复制病历资料的权利，因此就改变了患者在举证中的被动地位，为患者对病历资料的举证提供了法律保障。

3. 关于病历资料的封存。鉴于病历资料在诉讼中的重要性，在实践中需要对病历资料进行封存，以免病历资料被篡改、销毁或遗失。对于病历资料的封存需要一定的条件、程序和方法。对此，《医疗事故处理条例》第16条规定，发生医疗事故争议时，死亡病例讨论记录、疑难病例讨论记录、上级医师查房记录、会诊意见、病程记录应当在双方在场的情况下封存和启封。封存的病历资料可以是复印件，由医疗机构保管。此外，《医疗机构病例资料管理规定》第24条规定，依法需要封存病历时，应当在医疗机构或者其委托代理人、患者或者其代理人在场的情况下，对病历共同进行确认，签封病历复印件。医疗机构申请封存病历时，医疗机构应当告知患者或者其代理人共同实施病历封存；但患者或者其代理人拒绝或者放弃实施病历封存的，医疗机构可以在公证机构公证的情况下，对病历进行确认，由公证机构签封病历复制件。

4. 从法律效果来看，医疗机构违反本条规定的法律后果体现在本法第 1222 条，该条规定：患者在诊疗活动中受到损害，有下列情形之一的，推定医疗机构有过错……（二）隐匿或者拒绝提供与纠纷有关的病历资料。因此如果医疗机构违反本条规定的义务会被直接推定医疗机构具有过错。对此，《最高人民法院关于审理医疗损害责任纠纷案件适用法律若干问题的解释》第 6 条第 2 款规定，患者依法向人民法院申请医疗机构提交由其保管的与纠纷有关的病历资料等，医疗机构未在人民法院指定期限内提交的，人民法院可以依照《侵权责任法》第 58 条第 2 项规定推定医疗机构有过错，但是因不可抗力等客观原因无法提交的除外。

【相关案例】

周某 1、周某 2 等与第一人民医院医疗损害责任纠纷案①

患者杨某某因患膝关节炎，从 2010 年 12 月起多次在第一人民医院进行门诊治疗。2015 年 11 月 5 日杨某某最后一次在该院注射消炎镇痛复合液，11 月 8 日至市立医院进行抢救，后因膝关节感染造成全身器官衰竭死亡。但是本案中因无病历资料，市医学会决定不予受理鉴定。

本案争论焦点为：无病历资料时的医疗损害责任应由谁来承担。

一审法院认为：根据《侵权责任法》第 61 条，该病历材料应由第一人民医院在治疗时出具，因缺失病历材料导致无法进行司法鉴定，该责任应由第一人民医院承担，据此，法院确定对周某 1、周某 2、周某 3 的损失由第一人民医院承担赔偿责任。

二审法院认为，第一人民医院无法提供病历资料并无不当，一审判决认定缺失病历资料导致无法鉴定的责任由第一人民医院承担不当，应予纠正。关于杨某某在 2015 年 11 月 5 日在该院的诊疗经过，第一人民医院当事医师汪某远出具了书面答辩，陈述了当日对杨某某进行治疗的过程，并无违反诊疗规范的行为。杨某某的女儿周某 1、周某 2、周某 3 认为第一人民医院于 2015 年 11 月 5 日对杨某某门诊治疗期间使用了不符合规范消毒处理以及不符合保管规范的药品，存在过错，但是第一人民医院提供了档案袋封存的注射针头、注射液等，因未进行医学鉴定，故不能证明周某 1、周某 2、周某 3 的主张，而无法进行鉴定的责任也不能归责于第一人民医院。因此周某 1、周某 2、周某 3 认为杨某某死亡的原因系第一

① （2019）苏民再 106 号。

人民医院违反诊疗规范依据不足。综上，第一人民医院的上诉请求成立，应予支持；一审判决适用法律不当，应予纠正。再审法院认为：杨某某的门诊病历资料的确应当由周某1、周某2、周某3保管，在需要进行医疗损害鉴定时，周某1等应提供相关的病历资料，但前提应当是门诊时医生已经按照规定填写了病历。周某1在一、二审期间已经提供了患者杨某某在第一人民医院就诊时使用的四本门诊病历，病历内容虽为空白，但页数完整，封面上贴有就诊号条形码，与挂号单上的就诊号一致，陪同看病的证人也证明医生询问情况后就直接诊治，并没有书写病历。因此，本案是因第一人民医院的医生未填写门诊病历才导致无法进行医疗损害鉴定，并非患方不提供病历，故相关不利后果应当由第一人民医院承担，其应当对周某1、周某2、周某3承担相应的赔偿责任。

【关联法条】

《医疗机构病历管理规定》第1～32条，《医疗纠纷预防和处理条例》第15条、第16条

（撰稿人：刘志阳）

第一千二百二十六条　【患者隐私和个人信息保护】 医疗机构及其医务人员应当对患者的隐私和个人信息保密。泄露患者的隐私和个人信息，或者未经患者同意公开其病历资料的，应当承担侵权责任。

【释义】

本条规定了对患者隐私和个人信息的保护。本条是对《侵权责任法》第62条的内容稍加修改而来，增加了患者的“个人信息”这一保护内容，并删去了“造成患者损害的”这一后果。本条的意义在于确立医疗机构及其医务人员对于患者的隐私和个人信息的保护义务，切实地维护患者就诊中的信息安全。

对本条的理解应包括以下几方面：

首先，从法典体系来看，《民法典》在人格权编第6章专门规定了隐私权和个人信息保护制度，该章对于隐私权及隐私、侵害隐私权的行为、个人信息保护、个人信息处理的原则、处理个人信息的免责事由、个人信息主体的权利、个

人信息安全等作了一般性规定。在医疗活动中，医疗机构掌握了患者的大量个人隐私和个人信息，对这些个人隐私和个人信息的保护对于患者具有特殊的意义，比如患者的身体检查影像、患有性病、艾滋病的病历资料等。鉴于此，本法对于患者隐私和个人信息的保护进行了专门的规定。

其次，对于本条中的“隐私”应当结合本法第1032条第2款的规定来理解，即“隐私是自然人的私人生活安宁和不愿为他人知晓的私密空间、私密活动、私密信息。”对于个人信息应当结合本法第1034条来理解，该条第2款规定：“个人信息是以电子或者其他方式记录的能够单独或者与其他信息结合识别特定自然人的各种信息，包括自然人的姓名、出生日期、身份证件号码、生物识别信息、住址、电话号码、电子邮箱、健康信息、行踪信息等。”第1034条第3款规定：“个人信息中的私密信息，适用有关隐私权的规定；没有规定的，适用有关个人信息保护的规定。”

最后，从本条的适用来看，本条涉及医疗机构和负有管理职责的医务人员对于患者的隐私和个人信息保护的组织义务，医疗机构以及医务人员应当妥善收集及保管患者的隐私和个人信息，采取合理的管理方法、管理方式、管理措施防止患者的隐私和个人信息泄露。《医疗机构病历管理规定》第15条规定，除为患者提供诊疗服务的医务人员，以及经卫生计生行政部门、中医药管理部门或者医疗机构授权的负责病案管理、医疗管理的部门或者人员外，其他任何机构和个人不得擅自查阅患者病历。第16条规定，其他医疗机构即医务人员因科研、教学需要查阅、借阅病历的，应当向患者就诊的医疗机构提出申请，经同意并办理相应手续后方可查阅、借阅。查阅后应当立即归还，借阅病历应当在3个工作日归还。查阅的病历资料不得带离患者就诊医疗机构。

此外，医疗机构应当采取一定的安全防范措施，防止患者隐私和个人信息被动地泄露。比如医疗机构对于内部网络应该设置专门的防止黑客入侵的安全防护措施，防止有关患者隐私和个人信息通过网络途径泄露。对于医疗机构和医务人员违反相应的组织义务侵犯了患者的隐私和个人信息的，医疗机构和医务人员应当承担相应的侵权责任。

除医疗机构及其负有管理职责的医务人员的组织义务外，医疗机构及其医务人员还具有相应的行为禁止义务。医疗机构及其医务人员不得违法对外公布、传播、贩卖在诊疗活动中掌握的患者的隐私和个人信息，比如对于明星患者未经同意进行拍照或者拍摄小视频发布在微信、抖音上，或者泄露相关患者的住院信息引来粉丝追星，或者仇家寻仇。未经患者同意，医疗机构以及医务人员不得公开患者的病历资料，比如泄露患者患有性病的病历资料可能会给患者带来名誉损失和精神困扰。

本条不仅适用于正常的医疗活动中，还适用于特殊疫情期间，比如在我国2020年年初对COVID－19的防治中即出现了一些泄露个人隐私和信息的事件。我国《传染病防治法》对此也有相应的规定，该法第12条规定，虽然疾病预防控制机构、医疗机构可以对传染病作出调查、检验、采集样本、隔离治疗等预防、控制措施，但是疾病预防控制机构、医疗机构不得泄露涉及个人隐私的有关信息和资料。

从本条规定的构成要件来看，为了更好地对患者隐私和个人信息予以保护，本条删除了《侵权责任法》第62条中的“造成患者损害”。因此，只要医疗机构泄露了患者的隐私和个人信息，或者未经患者同意公开其病历资料的，无论该行为是否造成患者损害，都要承担侵权责任。在没有损害后果时，患者可以请求侵权人停止侵害。

【相关案例】

周某与和睦妇产医院一般人格权纠纷案①

邹某与董某原系夫妻关系。2014年11月，深圳市中级人民法院作出（2014）深中法民终字第1746号民事判决，判决邹某、董某离婚。2015年年初，深圳市宝安区人民法院受理了董某起诉邹某离婚后财产纠纷案，案号为（2015）深宝法家初字第195号。2015年2月6日，邹某向和睦妇产医院申请调取了周某2013年8月27日至30日在该医院住院病历，并于同年3月26日在该案庭审中进行了举证。周某以医院泄露其隐私为由要求其承担侵权责任。

本案争论焦点为：医院泄露患者病历资料是否需要承担侵权责任。

一审法院认为，周某在和睦妇产医院的住院病历，记载了周某住院治疗情况等信息，属于个人隐私，和睦妇产医院负有严格管理、保存、保密义务。和睦妇产医院向邹某提供病历的行为，违反其作为医疗机构的保密义务，对周某隐私权构成侵害，应承担侵权责任。故对周某要求和睦妇产医院赔礼道歉、消除影响及赔偿精神损害抚慰金诉请的合理部分，予以支持。

二审法院认为：周某的病历资料含有其身体隐秘部位信息，属于其个人隐私。邹某在向和睦妇产医院申请调取材料时，并不符合上述规定的和睦妇产医院应当受理并提供病历复印件的身份条件，和睦妇产医院违反规定向邹某提供周某

---

① （2018）皖04民终133号。

的病历资料，泄露了周某的隐私，给周某精神上造成一定的损害，侵犯了周某的隐私权，应依法承担侵权责任。

【关联法条】

《民法典》第1032～1038条，《执业医师法》第22条，《医疗机构病历管理规定》第6条、第16条，《传染病防治法》第12条

（撰稿人：刘志阳）

第一千二百二十七条 【禁止过度检查】医疗机构及其医务人员不得违反诊疗规范实施不必要的检查。

【释义】

本条规定了医疗机构及其医务人员禁止对患者进行不必要的检查这一义务。本条属于禁止性规范。从内容上看，本条完全继受了《侵权责任法》第63条规定的内容，没有作出任何修改。本条的意义在于医疗活动中保护患者免受不必要的检查，从而阻止医疗机构及其医务人员试图通过过度检查来谋取经济利益，避免患者因过度检查造成的健康、经济上的损害。

对于本条可作如下几点理解：

首先，本条是禁止性规范，目的在于禁止医疗机构及其医务人员对患者实施不必要的检查。从组织义务来看，医疗机构应当设定一定的操作规范来避免医务人员实施不必要的检查。如果医疗机构没有制定相应的制度避免不必要检查的发生，则医疗机构就违反了本条的禁止性规定。医务人员在具体诊疗活动中应该依据诊疗规范，避免不必要的检查，如果违反诊疗规范实施了不必要的检查，则该医务人员违反了本条禁止性规范。

其次，本条并没有规定违反禁止不必要检查义务所需要承担的责任。从本条所述的体系来看，本条处于《民法典》侵权责任编中的医疗损害责任，因此违反本条禁止性规范中的义务需要承担相应的侵权责任。医疗机构及其医务人员如果违反本条规定的禁止不必要检查义务，则可以认定医疗机构及其医务人员具有过错。依据本法第1218条规定，患者在诊疗活动中受到损害，医疗机构或者其医务人员有过错的，由医疗机构承担赔偿责任。因此，如果患者因不必要检查受到损害，医疗机构需要承担赔偿责任。但是此处的损害应限制为身体、健康、生命上

的损害。对于患者因不必要的检查造成的其他损害应该适用本法第 1165 条的规定。本法第 1165 条规定，行为人因过错侵害他人民事权益造成损害的，应当承担侵权责任，此处的损害则可以包括财产损害，比如因过度检查支付的检查费用、交通费用、住宿费用等。

最后，从本条的适用来看，本条在实践中的难点在于如何确定医疗机构及其医务人员实施了“不必要的检查”。对此，患者负有证明责任。对于“不必要的检查”，从抽象标准来看，是“违反诊疗规范”，在具体实践中可以表现为对诊疗疾病所采取的手段超出了疾病诊疗的基本需求，在具体衡量中一般采用所谓的“金标准”，所谓“金标准”是指目前临床医学界公认的疾病诊断最可靠方法，即活检、手术发现、微生物培养、特殊检查和影像诊断，以及长期随访的结果。① 在实践中，“金标准”应当依据具体患者的具体病情来判断，并非对于每个患者都完全适用“金标准”中的全部手段。

对于不必要的检查要根据案件情形具体分析，要根据具体的病症、患者身体特质甚至特定的时期来判断。比如在特定时期下可以作出与常规时期不一样的检查，比如在新冠疫情爆发期间对所有发热患者作出的 COVID－19 病毒核酸检查。对于检查是否必要需要从专业角度来判断，因此对此问题法官一般需要依据专业的鉴定意见来作出判断。

【相关案例】

张某波与三三一医院医疗损害责任纠纷案②

原告张某波因突然头脑发晕于 2018 年 10 月 25 日上午被送往三三一医院门诊治疗，花费西药费、CT 费等各项费用合计 924.53 元。经门诊检查后，医生建议留院观察。同日 11 时 31 分，原告张某波入住该院神经内科住院治疗，12 时 37 分，主治医生与原告张某波的丈夫谈话，告知患者需进行三大常规、肝肾功能、E4A、BS、头颅 CTA、24 小时动态心电图、心脏彩超、脑彩超、脑电图等检查，诊断为短暂性大脑缺血（后循环）、结直肠炎，于 2018 年 11 月 3 日 8 时出院，花费西药费、检查费等各项费用合计 6287.94 元，其中由城乡居民医疗保险报销了 2612 元。现原告认为被告三三一医院在治疗原告张某波的过程中，存在多次收费、反复收费、重复收费等骗取原告的医疗费用以及第三人医疗报销费（骗

① 黄薇主编：《中华人民共和国民法典侵权责任编解读》，中国法制出版社 2020 年版，第 235 页。
② （2019）湘 02 民终 858 号。

保）的事实，被告对此予以否认，双方协商未果，由此酿成本案纠纷。

本案争论焦点为：医院在医疗活动中是否采取了不必要的检查手段。

一审法院认为，根据《侵权责任法》第 63 条“医疗机构及其医务人员不得违反诊疗规范实施不必要的检查”的规定，本案中，原告张某波到被告三三一医院就诊后，医院对其实施了一系列的检查，现原告认为被告在对其进行治疗的过程中存在过度检查、医疗等行为，但被告予以否认，并在庭审中对治疗行为的必要性作了解释。原告对自己的主张未提供证据证实，应承担举证不能的后果，因此，对原告认为被告实施了过度检查、医疗等行为，并要求被告退还医疗费、赔偿经济损失等诉请，原审依法不予支持。二审法院认为，上诉人张某波一、二审中主张三三一医院在诊疗过程中存在过度诊疗行为，但其一、二审中均没有提供证据证明该主张，应当承担举证不能的后果，故其请求三三一医院赔偿其因过度诊疗行为损失，没有事实和法律依据，法院不予采纳。

【关联法条】

《民法典》第 1165 条、第 1218 条

（撰稿人：刘志阳）

第一千二百二十八条　【对医疗机构及医务人员合法权益的保护】 医疗机构及其医务人员的合法权益受法律保护。

干扰医疗秩序，妨碍医务人员工作、生活，侵害医务人员合法权益的，应当依法承担法律责任。

【释义】

本条属于宣示性条款，意在强调对医疗机构及医务人员合法权益的保护。本条内容继受了《侵权责任法》第 64 条的内容，在第 2 款中增加了“侵害医务人员合法权益的”这一侵害类型。本条的意义主要是突出本法对医务人员人身财产安全的重视。

对于本条可作如下理解：

首先，虽然医疗损害责任主要是调整患者在诊疗活动中受到损害的赔偿关系，但是由于我国医患关系复杂，医患纠纷逐渐增多，在医患纠纷产生后会出现

一些极端的侵犯医疗机构及其医务人员合法权益的事件。对此，《执业医师法》第40条规定，阻碍医师依法执业，侮辱、诽谤、威胁、殴打医师或者侵犯医师人身自由、干扰医师正常工作、生活的，依照治安管理处罚法的规定处罚；构成犯罪的，依法追究刑事责任。从本法来看，侵权责任编的保护对象为“民事权益”，医疗机构及其医护人员的合法权益亦受到侵权法的保护，但是并非基于本章的医疗损害责任，而是基于一般的侵权责任。

其次，对于侵犯医疗机构和医务人员合法权益的行为具有以下法律后果：

1. 从民法角度来看，医疗机构及其医务人员的合法权益受到侵犯可以依据本法第1165条请求损害赔偿。本法第1165条规定，行为人因过错侵害他人民事权益造成损害的，应当承担侵权责任。如果行为人通过自己的行为阻碍医疗机构正常营业，医疗机构可以向侵权人主张经济上的损害赔偿。如果行为人对医务人员的人身造成了伤害，则医务人员可以向行为人请求损害赔偿。

2. 从行政法角度来看，我国《治安管理处罚法》对于侵犯他人人身、财产权益、扰乱社会秩序等违法行为的处罚作了专门的规定。该法第2条规定，扰乱公共秩序，妨害公共安全，侵犯人身权利、财产权利，妨害社会管理，具有社会危害性，依照《中华人民共和国刑法》的规定构成犯罪的，依法追究刑事责任；尚不够刑事处罚的，由公安机关依照本法给予治安管理处罚。

对于“医闹”扰乱医疗机构正常医疗活动的行为处罚，我国《治安管理处罚法》第23条第1款规定：扰乱机关、团体、企业、事业单位秩序，致使工作、生产、营业、医疗、教学、科研不能正常进行，尚未造成严重损失的，处警告或者二百元以下罚款；情节较重的，处五日以上十日以下拘留，可以并处五百元以下罚款。该条第2款规定：聚众实施前款行为的，对首要分子处十日以上十五日以下拘留，可以并处一千元以下罚款。

对于侵犯医务人员人身权益的行为处罚，《治安管理处罚法》第43条规定，“殴打他人的，或者故意伤害他人身体的，处五日以上十日以下拘留，并处二百元以上五百元以下罚款；情节较轻的，处五日以下拘留或者五百元以下罚款。有下列情形之一的，处十日以上十五日以下拘留，并处五百元以上一千元以下罚款：（一）结伙殴打、伤害他人的；（二）殴打、伤害残疾人、孕妇、不满十四周岁的人或者六十周岁以上的人的；（三）多次殴打、伤害他人或者一次殴打、伤害多人的。”

3. 从刑法角度来看，《刑法修正案（九）》已经正式将“医闹”入刑。依据我国《刑法》第290条第1款规定，聚众扰乱社会秩序，情节严重，致使医疗无法进行，造成严重损失的，对首要分子，处三年以上七年以下有期徒刑；对其他积极参加的，处三年以下有期徒刑、拘役、管制或者剥夺政治权利。此外，对于侵犯医护人员合法权益的，适用刑法中的相关规定，比如《刑法》第234条故意伤害罪、《刑法》第232条故意杀人罪等。

【相关案例】

毕某强与王某等生命权、健康权、身体权纠纷案[①]

2018年11月20日7时许，在第八人民医院心内科三楼，五名被告因滕某恕在此就医猝死，以向医院讨说法为由，从病房内拿出两捆黄纸并点燃，焚烧十分钟左右，造成医院走廊大量迷烟，众多群众围观，扰乱医院单位秩序。滕某云又带头对医院工作人员毕某强进行殴打，致其左耳听力下降，目前评为十级伤残。

本案争议焦点为患者家属侵犯医院工作人员的责任问题。

一审法院认为，公民的生命权、健康权、身体权受法律保护，行为人因过错侵害他人民事权益，应当承担侵权责任。二人以上共同实施侵权行为，造成他人损害的，应当承担连带责任。被告亲属在原告所在单位住院治疗期间死亡，被告作为家属如对死者的死因存有疑虑，存在医患纠纷应当通过正当途径主张权利，而不应当在医院走廊内焚烧纸钱，造成医院走廊大量迷烟，众多群众围观，扰乱医院单位秩序，对公共安全造成威胁。原告作为所在单位的医患沟通办主任到达现场后对现场情况拍摄照片，并未对被告做出人身或言语攻击和威胁，被告即上前殴打原告致伤，应当承担侵权赔偿责任。

二审法院认为，王某等五人的行为严重扰乱了医疗秩序，对公共安全和公共秩序亦造成威胁。毕某强作为第八人民医院医患沟通办主任到达现场后，对现场情况进行拍摄，并未对王某、滕某红、庄某凤、滕某苓、滕某云进行言语威胁或人身攻击即遭到多人殴打。毕某强对于本案纠纷的发生并无任何过错，对其遭受的人身伤害，相关侵权人依法应当承担赔偿责任。

【关联法条】

《民法典》第1165条，《职业医师法》第21条、第40条，《治安管理处罚法》第2条、第23条，《刑法》第290条

（撰稿人：刘志阳）

---

① （2020）鲁02民终5077号。

第七章　环境污染和生态破坏责任

【导读】

本章规定了环境污染和生态破坏侵权责任，主要包括环境污染和生态破坏责任的调整对象、归责原则、构成要件、举证责任分配、共同侵权、第三人过错，惩罚性赔偿以及生态环境修复等内容，总共七个条款。对该章的理解，应当注意把握以下几点：

第一，本章的内容，一方面承袭了《侵权责任法》第八章“环境污染责任”的既有规定，即第65条环境污染责任的一般条款、第66条举证责任特殊规则、第67条共同侵权和第68条第三人过错；另一方面回应了生态文明建设的政治要求以及生态环境保护的现实需要，在《最高人民法院关于审理环境民事公益诉讼案件适用法律若干问题的解释》《最高人民法院关于审理环境侵权责任纠纷案件适用法律若干问题的解释》等实践基础上做了立法上的创新性规定，即对环境侵权行为类型做了扩展，新增了“生态破坏”类型，并以第1234条和第1235条专门规定了生态环境损害的后果以及救济方式。另外，还将惩罚性赔偿规则首次引入环境侵权责任之中。

第二，本章所规定的环境污染与生态破坏责任属于侵权责任的一种特殊类型，属于《民法典》第1166条“法律规定”的“不论行为人有无过错”的无过错责任类型。该责任类型在构成要件方面有诸多需要注意之处。比如，在归责方面，责任的成立是否取决于法律规定的违反，在理论和实践中颇有争议，对此应当予以功能区分。在侵权法上，只要有损害的存在，就适用完全赔偿原则，而不会因行政管理规定的设置而削减或增强其救济功能。在因果关系方面，举证责任的设置也有其特殊性。环境污染或生态破坏行为、损害后果与因果关系应由被侵权人进行举证，达到初步程度后，再由侵权人进行反证。此特殊规则的设置是为法官最终对因果关系等事项做出合理的裁判做准备，并不免除法官对相关事项的裁决职责。在共同侵权方面，较之一般情况下的多人侵权，多人环境侵权的责任确定更为复杂，涉及污染物的种类、浓度、排放量，破坏生态的方式、范围、程度，以及行为对损害后果所起的作用等因素。该规定为司法裁判提供弹性指引，法官在具体适用时应当通过证据分析、理由说明等方式尽量避免在责任份额的判断上可能出现的偏差。在第三人过错问题上，赋予被侵权人请求损害赔偿救济的选择权以及侵权人的追偿权，可以较为妥当地处理当事人之间的利益。另外，惩罚性赔偿规则的引入，除了为弥补被侵权人所受损害之外，还实现针对主观上存在故意的侵权人施以更高的违法成本，从而达到惩戒、警示的目的。但是，由于该规则与侵权损害论体系所秉持的损害填补原则存在偏差，因此要注意惩罚性赔偿在具体适用中的限制，其规定的有权请求惩罚性赔偿的主体是“被侵权人”，这仅指民事权益受到侵害的民事主体，而不包括国家规定的机关或者法律规定的组织。“法律规定”仅指全国人大及其常委会颁行的狭义法律，不包括行政法规、部门规章、地方性法规、自治条例和单行条例、规章。法官需根据具体情况酌定惩罚性赔偿数额，使之与故意、严重后果等情节“相应”。

第三，本章引入的生态环境损害以及修复、赔偿等救济规定在一定程度上突破了原来侵权法针对个人权益进行保护和救济的体系。对生态环境损害的引入及其救济的确认，是为了类推适用民法损害及其救济的规则，毕竟在损害的认定、恢复原状的方式等方面在理论和实践中都运用了民法损害救济理论。“生态环境修复责任”属于《民法典》总则编第179条所规定的“恢复原状”的一种特别形式，二者本质特征是相同的，只是“生态环境修复责任”相比“恢复原状”更强调恢复生态功能，生态环境损害的修复是专业性的系统工程。另外，应当注意区分环境污染和生态破坏责任的个人利益损害责任以及公共利益损害责任。虽然在个案裁判中，针对同一环境侵权行为所造成的损害后果，法院注意到了不同主体主张不同损害后果救济的区分，但是，如何系统性解决环境污染和生态破坏情况下各种类型利益的救济，仍然是公私法理论和实践要努力协调的重点。

第一千二百二十九条　【环境污染与生态破坏责任的一般规定】因污染环境、破坏生态造成他人损害的，侵权人应当承担侵权责任。

【释义】

本条直接来源于《侵权责任法》第65条的规定，“因污染环境造成损害的，污染者应当承担侵权责任。”本条规定的首要规范目的对民事主体因污染环境或破坏生态而遭受的财产损害、人身损害予以救济。与其他侵权类型不同，环境侵权中，环境本身的损害是污染行为或破坏行为直接导致的，而民事主体的财产损害、人身损害则是污染行为或破坏行为所导致的间接后果。在《民法典》之前，保护环境的目的是通过追究侵权人的侵权责任，对社会产生一般的震慑作用，从而防止类似行为的产生。这是侵权法一般性预防功能的衍生。[①] 而《民法典》“环境污染与生态破坏责任”章中的第 1234 条、第 1235 条则直接将生态环境损害本身纳入救济范围，那么，保护环境就从《侵权责任法》的间接规范目的成为《民法典》的直接规范目的。

本条在适用上主要包含以下内容：

第一，关于归责原则，对侵权人的归责应适用无过错原则。无过错归责在环境侵权事件中具备多重效用，一是环境污染具有原因复杂等特征，避免被侵权人因举证困难而得不到救济；二是无过错责任的效果在于促使其采取更有效的预防措施。有观点认为生活污染侵权应适用过错责任，而生产污染侵权则适用无过错责任。[②] 但是，生活污染与生产污染在实践中通常难以区分，再者污染机理一致，对过错的证明难度并无差别，因此不应做此区分。就噪声、光、电磁辐射等污染问题以及生态破坏问题，与环境污染一样都适用无过错责任。这里需指出，无过错责任并不影响在特殊情况下对过错因素的考虑，比如在《民法典》第 1232 条中惩罚性赔偿的适用，其要件就是侵权人的“故意”。

此外，对环境事件的侵权人进行归责是否取决于法律规定的违反。排放标准以及环境质量标准属于公法上判断排污者是否承担行政责任乃至刑事责任的依据。就侵权法而言，损害是客观后果，只要有损害的存在，就不会因政策问题而削减。司法裁判对此应具有独立评价的空间。就各项环境类标准而言，法院在环境侵权案件裁判时可以将其作为证据，提供一定的科学依据用于证明行为对生态环境产生消极性影响，这样可以在一定的范围内减轻被侵权人对行为事实等要件的举证难度，但却不能将其作为判断是否存在侵权责任构成要件的准则。

第二，本条明确规定了环境污染行为和生态破坏行为。一方面，这是基于法律体系协调一致的要求，因为在《环境保护法》等现行法中明确规定了此分类。另一方面，从法理和科学角度看这种区分是合理的，尽管污染环境也可能导致生态的损害，但并非所有的生态损害后果都是由环境污染行为所致。[③] 对两种行为的界定是确定构成本章侵权的必要条件。环境污染行为的事实特征是直接或间接地向环境排放的物质或能量超出了环境的自净能力或生物的承受限度，破坏了原有的健康、安宁的状态。而生态破坏行为的事实特征是不合理地使用、破坏自然

---

① 王泽鉴：《侵权行为》（第三版），北京大学出版社 2016 年版，第 10 页。

② 全国人大常委会法制工作委员会民法室编：《中华人民共和国侵权责任法解读》，中国法制出版社 2010 年版，第 320 页以下。

③ 需指出的是，两种行为对损害后果的确定以及救济方式、程度的影响并没有本质的区别。

环境，以致生态失衡、资源枯竭而危及人类和其他生物生存与发展。对某种行为判断是否属于污染行为抑或破坏行为，可以从行为样态等方面做出认定。

实践中，常常有法院认为，如果某种行为没有超出该领域国家标准所要求的限值，就不属于污染行为。① 也有学者认为判断环境是否被污染或被污染的程度，是以环境质量标准为尺度的。本书认为，国家标准属于行政管理性规定，这些标准为判断某种行为是否对生态环境产生消极影响提供了证据，有助于认定侵权责任的行为要件，但是并不能以此作为标准，即符合标准的即构成行为要件，不符合标准的就否认，而应根据事实样态以及损害后果予以综合判断。另外，应将本条与相邻关系中存在的排放污染物行为相区别。相邻关系的目的在于保护居住安宁与生活环境，调和邻接不动产的利用。② 在相邻关系中，如果没有造成环境污染，则不属于本条范围。

第三，在环境侵权案件中，保护客体包括人身权（通常是健康权）、财产权（通常是所有权、用益物权），需指出的是，即使私益在行政管理上的合法性存疑，仍可作为环境侵权责任保护的客体。侵权责任的形式主要是损害赔偿，以完全赔偿为原则，或者是恢复原状。在适用“恢复原状”时，应当与《民法典》第1234条生态环境损害修复进行衔接以及区分。

在个案裁判中，针对同一环境侵权行为所造成的损害后果，法院注意到了不同主体主张不同损害后果救济的区分，如“北京市朝阳区自然之友环境研究所、福建省绿家园环境友好中心与谢某锦等破坏林地民事公益诉讼案”。③ 此外，因污染环境、破坏生态造成他人损害，与造成生态环境损害在诉讼上并不冲突，也并非竞合处理，而是依据各自的规则可以分别提起公益诉讼和私益诉讼。不过，对此类案件的处理也并非必须以分别提起公益诉讼和私益诉讼的方式。从目前的司法实践来看，这类案件有的是以公益诉讼的方式解决，有的情况可能会仅以私益诉讼的方式出现。除此之外，在实践中也有私益权利人代表与公益组织一起参与诉讼的情况，对环境公益诉讼的原告主体资格问题进行了有益的探索和实践。④

---

① 例如，顾某、顾某元与佛吉亚红湖公司噪声污染责任纠纷案［（2014）沪二中民一（民）终字第2487号］、陆某堂与宁阳县文庙街道办事处关王庙村民委员会噪声污染责任纠纷案［（2014）泰民一终字第517号］、任某均与联通信阆中分公司、联通南充分公司健康权纠纷案［（2015）阆民初字第139号］、沈某俊与机械工业第一设计研究院噪声污染责任纠纷案［（2015）蚌民一终字第00679号］。

② 谢在全：《民法物权论》（上册），中国政法大学出版社2011年版，第183～184页。

③ （2015）闽民终字第2060号。

④ 最高人民法院环境资源审判庭编：《环境资源审判指导》（总第1辑），人民法院出版社2015年版，第112～113页。

【相关案例】

王某英与王某海土壤污染责任纠纷案[①]

原告王某英于承包涉案土地种植涉案的槟榔。因种植园地理位置较低，上方生活污水直接排入园内，种植园周边虽有小沟，但沟浅排水不畅。被告王某海家的生活污水全部按自然地势往该涉案土地排放。导致王某英种植的槟榔被污水浸泡，死亡缺株多，已无产量收获。

本案的争议焦点是：被告王某海排放的污水是否造成了原告王某英种植的槟榔死亡，是否应赔偿王某英的损失。

一审法院认为，综合案件事实，王某英的槟榔受到损害的原因，除王某海排污造成外，还受村里自然地势、历史排水习惯、村里修建公益的环村路抬高路面、全村住户多人（包括王某英）排放生活污水等影响造成。故根据《侵权责任法》第26条、第28条的规定，王某海请求减轻其责任的辩解成立，予以支持。参照2018年王某英当年的槟榔经济损失为15847.44元的鉴定结论，王某海应赔偿王某英槟榔受到损害2016年至2018年三年损失的60%即28525.39元。

二审法院认为，福建智立司法鉴定所出具的《司法鉴定意见书》证实：槟榔树根系在污水长期浸泡下严重缺氧。导致根系发黑，根肉发红，最终烂根，致使槟榔树死亡。可以判定槟榔树死亡、绝收与污水污染、浸泡构成因果关系。福建智立司法鉴定所及鉴定人员具有相应的鉴定资质，鉴定程序合法，该鉴定意见本院予以采信。本案王某英种植的槟榔死亡，与王某海排放的污水浸泡死亡损害事实之间有直接的因果关系。根据《环境保护法》第64条及《侵权责任法》第65条的规定，王某海应承担相应的赔偿责任。关于损害赔偿的计算，二审法院认为原审判决并无不当。综上，判决驳回上诉，维持原判。

【关联法条】

《最高人民法院关于审理环境侵权责任纠纷案件适用法律若干问题的解释》第1条，《侵权责任法》第65条，《物权法》第90条，《最高人民法院关于审理环境民事公益诉讼案件适用法律若干问题的解释》第29条

（撰稿人：窦海阳）

---

① （2019）琼民终319号。

第一千二百三十条 【环境污染与生态破坏责任的举证责任分配】 因污染环境、破坏生态发生纠纷，行为人应当就法律规定的不承担责任或者减轻责任的情形及其行为与损害之间不存在因果关系承担举证责任。

【释义】

本条直接来源于《侵权责任法》第66条的规定。本条是环境污染与生态破坏责任中因果关系、减免情形的举证责任的专门规定，通过对举证责任一般规则的调整，做出有利于被侵权人一方的倾斜，减轻被侵权人的举证负担，由行为人就因果关系不存在以及责任减免等事项承担举证责任。这样既可以起到救济被侵权人的作用，也可以产生督促行为人预防损害的效果。

第一，就本条而言，较为常见的观点认为本条是对当事人举证责任的倒置，即由对方当事人针对本来的证明责任对象从相反的方向承担举证责任。在环境侵权中，由侵权人承担污染行为或破坏行为与损害之间不存在因果关系等事项的证明责任，从而减轻被侵权人的举证负担。① 至于被侵权人是否还要承担一定的证明责任，观点不一。从本条的文本表述来看，虽然条文不存在基础事实的规定，也没有包含由基础事实到推定事实的推理描述，但结合相关的解释来看，其逻辑是被侵权人首先要进行基础事实的举证并以此推定因果关系成立。然后，由侵权人证明被侵权人所主张的推定事实不存在。法官则基于双方提出的证据以及各种因果关系的判断方法，对相关证明事项是否满足证明要求以及最终的确证进行裁断。需强调的是，本条并不排除被侵权人自行举证的权利。本条对举证责任做特殊的设置是旨在个案的某些事实处于真伪不明的情况下，通过对证明责任一般分配规则的修正，将本该由权利请求人证明的要件转变成由权利相对人来证明，从而使权利相对人在举证不能时承担败诉的风险，帮助法官最终做出合理的裁判。

第二，实践中环境污染或生态破坏行为、损害后果与因果关系应由被侵权人进行举证，达到初步程度后，再由侵权人进行反证。关于侵害行为，被侵权人应证明侵权人实施了环境污染行为或生态破坏行为。这里仅要求被侵权人对侵害行为的事实描述。但是就一些特殊的环境侵害行为而言，比如噪音、电磁辐射类的

---

① 王利明：《侵权责任法研究》（第二版）（下卷），中国人民大学出版社2016年版，第455页。

侵害行为，被侵权人不能仅举证侵权人设置了某种仪器设备，还需要结合是否符合环境标准、损害是否与此有关联等事项。[①] 就上述证明事项而言，被侵权人可以通过向法庭提交相关机构的鉴定意见、相关行政机关的函件等材料予以证明。[②]《最高人民法院关于审理环境民事公益诉讼案件适用法律若干问题的解释》第13条强调了侵权人关于污染排放内部情况的法定信息提供义务，进一步减轻了被侵权人的证明负担。

至于侵害行为的具体情况，被侵权人只需提供侵权人所排污染物中有可能导致其损害的任一物质，或者所实施的破坏行为概括地可能导致最终的损害，就满足其举证义务，而没有必要去证明损害是由特定物质引发以及侵权人排放了该种特定物质等具体内容。这一证明事项应当由被告承担举证责任进行反证。

关于损害后果，被侵权人应当证明自己在环境污染或生态破坏事件中所遭受的人身损害、财产损害。另外，国家规定的机关或者法定组织需证明生态环境损害，具体内容可见第1235条所规定的损失与费用。

关于行为与损害之间的关联性，一般情况下，可以仅依社会生活经验即可对环境污染和损害结果的关联性做出判断。而在很多情况下，需要借助科学技术进行验证。在科学层面上，侵权人排放的污染物质或实施的破坏行为中包含了能够引起被侵权人损害的因素，只要该行为是损害后果的原因之一，就可以确立这种关联性。另外，污染或破坏行为能够导致被侵权人的人身或其财产产生损害的程度、其他因素加重被侵权人损害的程度等事项的证明不应加于被侵权人，因为这已经使其负担的举证义务超出初步关联的程度。

第三，关于侵权人的举证事项和证明程度。一旦被侵权人提供的证据达到了初步程度，就可以推定因果关系成立，侵权人应当反证排除存在因果关系的可能性。依据《最高人民法院关于审理环境侵权责任纠纷案件适用法律若干问题的解释》第7条的规定，侵权人可以证明其所排放物质没有致害性或虽有致害性但不足以造成损害等事实进行抗辩。否定因果关系中的致害可能性、传播事实等事项，属于侵权人的证明手段，也是其举证事项。[③] 除了因果关系之外，侵权人还

① 例如，在“徐某与重庆移动公司环境污染责任纠纷案”［（2014）渝一中法环民终字第05242号］中，移动公司设置基站用以传播通信信号，这在科学上的确存在电磁辐射，但对电磁辐射是否污染环境存在争议。原告认为移动公司设置基站就是侵权行为，但并未举证该基站的电磁辐射污染其居住环境，且拒绝申请电磁辐射监测。移动公司取得了无线电台执照以及电磁辐射环境验收合格证。根据现有证据，法院没有认定移动公司存在环境污染行为，且徐某诉称的头痛、心悸等不适以及心律不齐，根据医学常识属于正常的生理现象。最后法院判定原告承担举证不能的后果。

② 吕某奎与周某权海上、通海水域污染损害责任纠纷案，（2014）津高民四终字第22号；韩某林、管某华等环宇公司、昊华公司等水污染责任纠纷案，（2016）皖11民终513号。

③ 韩某林、管某华等与环宇公司、昊华公司等水污染责任纠纷案，（2016）皖11民终513号。

可以通过举证法律规定的不承担责任或者减轻责任的情形进行抗辩。环境污染与生态破坏责任属于特殊侵权类型，《民法典》侵权责任编的一般规定并不能一概适用于特殊情况，需考察特别法关于环境污染和生态破坏不承担责任和减轻责任的规定。[①] 在不同类型的环境侵权中，关于不承担责任或者减轻责任的法律规定不尽相同。比如，《水污染防治法》第 96 条规定以及《海洋环境保护法》第 91 条的规定。

第四，举证责任的特殊规则设置是为法官最终对因果关系等事项做出合理的裁判做准备。在现代型侵权诉讼证明实践中提出了诸多因果关系的判断理论，如疫学因果关系论、市场份额因果关系论等，突破了传统的因果关系理论以“必然关联”做标准的弊端，强调了“相当性”，即以相同情况下有发生同样结果的可能性来判断因果关系的存在。另外，在环境因果关系的判断中，由于涉及诸多专业性问题，需要依仗科学技术，但是由于我国目前进行环境科学鉴定条件和机构不足，法官不能过度依靠鉴定结论等证据。法官对环境侵权因果关系的判断，应是一个综合考量各种证据，结合特定背景知识以达到“内心确信”的判断过程。

【相关案例】

韩某春与中石油吉林分公司水污染责任纠纷案[②]

原告韩某春从事渔业养殖。被告中石油吉林分公司位于韩某春鱼塘附近的大—119 号油井发生泄漏，泄漏的原油流进韩某春的鱼塘。韩某春要求中石油吉林分公司赔偿遭拒后，遂成诉。

本案的争议焦点之一在于是否构成环境污染侵权责任。

一审法院认为，原告韩某春自认鱼塘内鱼的流失系因排水并决堤造成，在其没有充分证据证明系中石油吉林分公司造成水污染导致其鱼的死亡或相应损失的情况下，本案并不适用特殊侵权归责原则，应适用一般侵权归责原则，而一般侵权事实的成立须由原告方举证证明，并且要进一步证明所受损害的具体数额。而韩某春提供的所有证据均不能证实因中石油吉林分公司油井泄漏造成其实际损失的存在及具体数额，因此判决驳回原告的诉讼请求。

二审法院认为，本案系因污染环境发生的纠纷，依据《侵权责任法》第 66

---

① 王利明：《侵权责任法研究》（第二版）（下卷），中国人民大学出版社 2016 年版，第 459 页。

② （2018）最高法民再 415 号。

条“因污染环境发生纠纷，污染者应当就法律规定的不承担责任或者减轻责任的情形及其行为与损害之间不存在因果关系承担举证责任”的规定，韩某春无须承担因果关系的举证责任，但仍然需要证明有损害事实。综合本案事实，可以认定造成韩某春养鱼损失的原因除中石油吉林分公司大—119号油井泄漏原油污染鱼塘外，客观上还与洪水漫进韩某春鱼塘冲走部分鱼等因素有关。因此，洪水系本案污染事件发生的重要媒介以及造成韩某春养鱼损失的重要原因，可以作为中石油吉林分公司减轻责任的考虑因素。综合考虑上述多种因素和本案具体情况，中石油吉林分公司应承担部分赔偿责任。

最高人民法院再审认为，依据《侵权责任法》第65条、第66条以及《最高人民法院关于审理环境侵权责任纠纷案件适用法律若干问题的解释》第6条的规定，韩某春主张环境侵权污染责任纠纷，应就中石油吉林分公司存在污染行为、自己遭受了损害承担举证责任，此外还应举出初步证据证明污染物或者其次生污染物与损害之间具有关联性。中石油吉林分公司应就其行为与损害之间不存在因果关系承担举证责任。第一，韩某春提供的证据及相关事实，足以认定中石油吉林分公司存在污染行为；第二，根据韩某春提供的证据，查明其鱼塘因原油污染而遭受损害事实客观存在；第三，根据韩某春提供的证据及相关事实，足以认定原油泄漏造成的污染与韩某春鱼塘遭受损害之间具有关联性；第四，中石油吉林分公司未能证明其排污行为与韩某春所受损害之间不存在因果关系。因此，本案系因原油泄漏使鱼塘遭受污染引发的环境污染侵权责任纠纷。中石油吉林分公司大—119号油井泄漏原油造成韩某春财产损失，应承担相应的损害赔偿责任。

综上，再审认定韩某春、中石油吉林分公司的再审请求均部分成立，二审判决认定事实部分错误。判决如下：

一、撤销吉林省高级人民（2016）吉民终460号民事判决、吉林省白城市中级人民法院（2015）白民三重字第1号民事判决；

二、中国石油天然气股份有限公司吉林油田分公司于本判决生效之日起十日内赔偿韩某春经济损失共计1678391.25元；

三、驳回韩某春的其他诉讼请求。

【关联法条】

《最高人民法院关于审理环境侵权责任纠纷案件适用法律若干问题的解释》第6条、第7条，《最高人民法院关于审理生态环境损害赔偿案件的若干规定（试行）》第6条，《最高人民法院关于审理环境民事公益诉讼案件适用法律若

干问题的解释》第 13 条，《水污染防治法》第 96 条，《海洋环境保护法》第 91 条

（撰稿人：窦海阳）

第一千二百三十一条　【数人环境侵权】 两个以上侵权人污染环境、破坏生态的，承担责任的大小，根据污染物的种类、浓度、排放量，破坏生态的方式、范围、程度，以及行为对损害后果所起的作用等因素确定。

【释义】

本条直接源自《侵权责任法》第 67 条的规定。本条是关于多人侵权在环境污染或生态破坏责任情况下的特殊规定。多人实施环境污染、生态破坏导致损害的情况在实践中较为常见。生态环境本身具有一定的自净能力，能够在容量范围内承受污染。多人实施污染行为更容易在特定时空里导致污染物超出生态系统所能够承受的限度，更容易发生环境污染的后果。生态破坏也是如此，较之单个人，多个破坏生态者所实施的破坏行为更容易导致超出生态环境自身的修复能力，更容易产生生态破坏的后果。较之一般情况下的多人侵权，多人环境侵权的责任确定更为复杂，涉及污染物的种类、浓度、排放量，破坏生态的方式、范围、程度，以及行为对损害后果所起的作用等因素。故本条在《民法典》第 1171 条、第 1172 条等多人侵权一般规定的基础上做了特殊性规定。本条通过明确规定责任承担大小所需考量的因素，为司法裁判提供弹性指引，尽量避免在责任份额的判断上可能出现的偏差。

第一，本条的侵权人是复数，指两个及两个以上实施环境污染行为或生态破坏行为的人。复数侵权人是因其环境侵权行为导致同一损害后果而关联在一起的，侵权人之间的具体关联形态有多种较为复杂的类型。最高人民法院《最高人民法院关于审理环境侵权责任纠纷案件适用法律若干问题的解释》中有具体的分类，相关学者对此也有诸多学理阐述。[①] 多人侵权中有一种类型是复数侵权人之间有共同意思联系的情况，如《最高人民法院关于审理环境侵权责任纠纷案件适

① 竺效：《论无过错联系之数人环境侵权行为的类型——兼论致害人不明数人环境侵权责任承担的司法审理》，载《中国法学》2011 年第 5 期；程啸：《多人环境污染损害中的因果关系形态及责任承担》，载《暨南学报》（哲学社会科学版）2014 年第 2 期。

用法律若干问题的解释》第 2 条，这不属于本条的适用情形。在司法实践中，也多持此观点。[①] 除此之外，多人侵权还有一种类型是复数侵权人之间没有共同意思联系的情况。这属于《最高人民法院关于审理环境侵权责任纠纷案件适用法律若干问题的解释》第 3 条所规定的三种情况。

第二，本条中所规定的“承担责任”究竟是复数侵权人对被侵权人承担责任的规定，还是指复数侵权人内部责任的分担？这在理论上存在一定的争议。本书认为本条的责任承担性质不能一概而论，既不能为了救济而认定完全属于对内的按份责任，也不能因为在概率上区分出大小企业实施环境侵权的可能性而认定完全属于对外的按份责任，应当根据共同侵权的一般原理，结合环境侵权行为的“共同”以及损害后果的具体情况予以确定。

两个以上侵权人分别实施污染行为或破坏行为造成同一损害后果，侵权人之间不具有过错的关联，每一个侵权人的污染行为或破坏行为都足以造成全部损害，则根据《民法典》第 1171 条的规定，由复数侵权人对被侵权人承担连带责任。至于侵权人之间承担责任大小，则可以适用本条，具体斟酌污染物的种类、浓度、排放量，破坏生态的方式、范围、程度，以及行为对损害后果所起的作用等因素予以确定。

两个以上侵权人分别实施污染行为或破坏行为造成同一损害后果，每一个侵权人的污染行为或破坏行为都不足以造成全部损害，则复数侵权人对被侵权人承担按份责任，各自责任份额的确定适用本条的规定。需注意的是，这种情况不同于共同危险行为。共同危险行为是多人实施危及他人人身、财产安全的行为，只有其中一人或数人而非全部造成损害结果，无法确定具体的侵权人。而本条的这种情况是全部的行为人均对损害后果有贡献，因此不能将其归为共同危险行为而追究连带责任。

两个以上侵权人分别实施污染行为或破坏行为造成同一损害后果，部分侵权人的污染行为或破坏行为足以造成全部损害，而部分侵权人的污染行为或破坏行为仅造成部分的损害，则足以造成全部损害的侵权人与其他造成部分损害后果的侵权人就共同造成的损害部分向被侵权人承担连带责任，并对全部损害承担责任。对内最终责任份额的确定仍然可以适用本条的规定。

第三，本条对数人侵权责任承担大小的考量因素做了明确列举，包括“污染物的种类、浓度、排放量，破坏生态的方式、范围、程度，以及行为对损害后果所起的作用”，但此列举并非完全列举，还有其他“等”的因素，这可以由法官

---

① 杨某胜等污染环境罪案，（2019）云 01 刑终 824 号。

在个案裁判中根据具体情况酌定增加。另外，如果无法证实或确定排放上述因素，则可适用《民法典》第1172条的规定，由各个侵权人平均承担赔偿责任。[①]在举证责任方面，污染物的种类、浓度、排放量，破坏生态的方式、范围、程度，以及行为对损害后果所起的作用等因素，属于损害行为的具体情况，可以适用《最高人民法院关于审理环境民事公益诉讼案件适用法律若干问题的解释》第13条的规定，即原告请求被告提供其排放的主要污染物名称、排放方式、排放浓度和总量、超标排放情况以及防治污染设施的建设和运行情况等环境信息，法律、法规、规章规定被告应当持有或者有证据证明被告持有而拒不提供，如果原告主张相关事实不利于被告的，人民法院可以推定该主张成立。做如此推定，进一步减轻了被侵权人的证明负担。

【相关案例】

张某均与大屯公司、丰源公司等环境污染责任纠纷案[②]

本案的争议焦点为大屯公司、丰源公司、华丰公司、三环公司承担赔偿责任以及承担责任的比例如何确定。张某均同微山县高楼乡小闸村村民委员会签订了合同书，承包了村集体管理的顺堤河进行养鱼。因江苏省沛县沛西节制闸开闸放水，大量城市综合污水由沛县沿河流入下级湖，致使张某均144亩水面养殖的鱼死亡，而污水来源绝大部分是大屯公司、丰源公司、华丰公司、三环公司排放在河道内的。

一审法院认为，张某均所养殖的鱼类灭绝性死亡，这一损害结果根据证据应予认定。此外，可确定该次污染事件的污染源来自大屯公司、丰源公司、华丰公司、三环公司的排污行为。大屯公司、丰源公司、华丰公司、三环公司均未提交充分证据证明其存在免责的情形，亦不能证实其行为与损害之间不存在因果关系。故对于张某均因此次水质污染导致鱼类死亡事件的损失，大屯公司、丰源公司、华丰公司、三环公司应当承担侵权赔偿责任。因被告三方均不认可存在排放污水的行为，无法按照污染物的排放量等因素确定承担赔偿责任的大小。根据公平原则，被告大屯公司、丰源公司、华丰公司、三环公司应平均承担按份赔偿责任。

二审法院认为，关于污染者承担责任比例的划分问题。原审考虑到涉案污染

① （2014）鲁民一终字第577号。
② （2014）鲁民一终字第577号。

事件的发生不能完全排除还有其他污染者等因素，并据此酌情减轻大屯公司、丰源公司、华丰公司、三环公司的赔偿责任并无不当。《侵权责任法》第67条规定："两个以上污染者污染环境，污染者承担责任的大小，根据污染物的种类、排放量等因素确定。"本案中，大屯公司、丰源公司、华丰公司、三环公司均未提供有效证据证实排放污染物种类、排放量或致害参与度小于其他污染者，原审基于公允角度，酌定大屯公司、丰源公司、华丰公司、三环公司平均承担按份赔偿责任，不超出合理范围，并无不当。二审判决驳回上诉，维持原判。

【关联法条】

《最高人民法院关于审理环境侵权责任纠纷案件适用法律若干问题的解释》第2条、第3条，《最高人民法院关于审理环境民事公益诉讼案件适用法律若干问题的解释》第13条

（撰稿人：窦海阳）

第一千二百三十二条　【惩罚性赔偿】侵权人违反法律规定故意污染环境、破坏生态造成严重后果的，被侵权人有权请求相应的惩罚性赔偿。

【释义】

关于污染环境、破坏生态情况下惩罚性赔偿的规定，本条尚属首次，此前法律法规中并没有关于环境侵权方面的惩罚性赔偿。一般认为，惩罚性赔偿是侵权人向受害人给付超过其实际损害的金钱赔偿。① 民法损害救济制度的主要功能在于弥补受害人的损害，秉承损害填补原则。在《侵权责任法》的立法过程中就有意见认为民事责任的损害赔偿以填平为原则，行为人情节严重的，可以追究其行政责任或刑事责任，而不宜在民事法律中规定惩罚性赔偿。② 实际上，惩罚性赔偿制度只是在通常损害赔偿制度之外形成的辅助性救济，并非是对补偿性赔偿制度的否认或反对。惩罚性赔偿属于民事责任，不同于行政、刑事这类公法责任，

---

① 王利明：《侵权责任法研究》（下卷），中国人民大学出版社2016年版，第276～277页。

② 全国人大常委会法制工作委员会民法室编：《中华人民共和国侵权责任法解读》，中国法制出版社2010年版，第233页。

因为惩罚性赔偿制度只是给予受害人一种获得超出所受损害的金钱赔偿的权利，并没有给予其处罚他人的权力。受害人是否可以获得惩罚性赔偿以及得到何种程度的赔偿，都是由法院最终裁决的。

就环境侵权而言，侵权人污染环境或破坏生态违法成本较低且可能获利巨大，同时还可能存在逃脱被追责的侥幸心理，而受害人却无法确知损失，那么补偿性损害赔偿制度的功能可能无法有效发挥。而且在很多情况下，微薄的赔偿金相比较高的诉讼成本，也让被侵权人不愿提起诉讼。由此，在环境侵权中引入惩罚性赔偿制度，可以弥补补偿性赔偿制度的缺陷以及诉讼机制对侵权责任的消极影响，从而产生对环境污染和生态破坏行为的遏制效果。不过，对惩罚性赔偿的适用需要有较为苛刻的条件。本条的目的既要使惩罚性赔偿产生妥当的惩戒救济效果，又要避免其消极影响的扩大。

本条在适用中需要注意以下几点：

第一，本条规定的有权请求惩罚性赔偿的主体是“被侵权人”，这仅指民事权益受到侵害的民事主体，而不包括国家规定的机关或者法律规定的组织。关于违法性要件，《民法典》第1229条并未将违反法律规定作为环境侵权责任成立的条件，这是因为环境污染和生态破坏是现代社会不可避免的副产品。但是，就环境侵权中惩罚性赔偿的适用而言，却应以违法性为前提，即环境污染行为或生态破坏行为的恶劣程度达到社会所不能容忍的地步，对此情形适用惩罚性赔偿以达到惩戒效果。

第二，本条中的“法律规定”是指全国人大及其常委会颁行的狭义法律，不包括行政法规、部门规章、地方性法规、自治条例和单行条例、规章。从法律的内容来看，现行法律的相关规定对禁止性规范已经有较为全面的覆盖，其他的行政法规、规章等只是在此基础上的细化。因此，即使限定在狭义的法律范畴，也不会产生惩罚性赔偿适用上的缺漏。而“故意”是指明知其行为违反法律规定并可能会导致环境污染或生态破坏，却仍然为之。环境污染和生态破坏责任属于无过错责任，在责任的构成要件中无须侵权人的过错，而惩罚性赔偿在于对具有主观恶性的侵权人施以惩戒，并产生社会威慑效果。因此，应当以“故意”这类具有极强恶性的主观表现作为惩罚性赔偿适用的要件。[①]

---

① 在民法典编纂过程中，有的观点建议删除“故意”要件，以此扩大惩罚性赔偿的适用，从而达到加强对环境侵权人惩罚的效果。参见2019年1月25日《十三届全国人大常委会第七次会议审议民法典侵权责任编草案》(法工办字〔2019〕20号)。但是，删除“故意”要件会导致惩罚性赔偿制度的惩戒目的难以实现，而且可能导致惩罚性赔偿金在一般过失甚至无过错情况下的滥用，容易伤及无辜。另外，本条对主观要件的要求较高，即使具有较大恶性程度的“重大过失”也不构成惩罚性赔偿的要件。

第三，本条对于污染环境、破坏生态所致损害后果要求的程度是“严重后果”，但并未明确“严重”的具体程度。就此，可类比《侵权责任法》第 47 条、《消费者权益保护法》第 55 条中所明确规定的“造成死亡或者健康严重损害”。那么，在污染环境、破坏生态导致死亡或者严重的健康损害的情况下才可以适用惩罚性赔偿。当然，如果环境侵权行为导致的受害人人数众多，造成大规模的人群健康隐患，即使未显现出严重的病症，也应视为“严重后果”。另外，由于本条的被侵权人是自身权益受到侵害的民事主体，而非国家规定的机关或者法律规定的组织，因此仅有生态环境污染或破坏而不涉及民事主体伤亡的，不属于本条的调整范围。

第四，为了防止滥用惩罚性赔偿，被侵权人要求的赔偿数额过高，本条在表述中使用了“相应”的限定要求。① 为避免因自由裁量的随意性而导致司法不公的现象，法官对“相应”的考虑需与下列因素相关联，以确定赔偿金的数额，并应在裁判理由中详细说明，具体有三个方面：（一）“相应”与补偿性损害赔偿金的关系，争议点在于两者之间是否需要保持比例关系。本书认为，旨在贯彻过罚相当的原则②，惩罚性赔偿应当以被侵权人所受损害为基础，损害后果的大小是体现侵权行为程度的一个重要指标，只有在补偿性损害赔偿之后，才能进一步提出惩罚侵权人的权利主张。（二）私法上的惩罚性赔偿与公法上罚款或罚金的体系关联。惩罚性赔偿作为私法责任，可以和公法责任并用。但为避免惩罚过度，在裁量确定惩罚性赔偿金时，法官应考虑侵权人的同一环境侵权行为被有关行政部门处以多少罚款，或被刑事法庭判处多少罚金。（三）侵权人的行为方式、主观动机、赔偿能力可以作为数额确定的参考因素。

【相关案例】

郑州市人民检察院与刘某民环境污染责任纠纷案③

被告刘某民在未取得《危险化学品经营许可证》《危险化学品安全使用许可证》的情况下，违法进行危化品生产、经营，造成饮用水源保护区的土壤污染，构成非法经营罪。在刑事案件审判过程中，针对土壤污染，郑州市人民检察院依法提起本案民事公益诉讼。

---

① 在民法典编纂过程中，有意见建议对惩罚性赔偿的范围、额度和计算方法进行界定。参见 2019 年 1 月 25 日《十三届全国人大常委会第七次会议审议民法典侵权责任编草案》（法工办字〔2019〕20 号）。

② 朱广新：《惩罚性赔偿制度的演进与适用》，载《中国社会科学》2014 年第 3 期。

③ （2019）豫民终 778 号。

本案争议焦点之一为：公益诉讼起诉人起诉要求刘某民在省级媒体发布污染警示的诉讼请求的问题。

对于公益诉讼起诉人起诉要求刘某民在省级媒体发布污染警示的诉讼请求，一审法院认为，《环境保护法》第5条规定了环境保护要坚持保护优先、预防为主、综合治理、公众参与、损害担责的原则，本案中，土壤污染存在隐蔽性、累积性、不可逆转性和难治理性，会给人体健康和生态环境带来极大的危害。考虑上述原则，判令刘某民在省级媒体上发布污染警示，可以起到警示他人、预防污染环境事件发生、便于公众参与监督等作用，故对该诉讼请求予以支持。

此外，判令刘某民承担修复费用和鉴定费用仅是对公共利益的损害起到了最低限度的填平作用，事实上从刘某民从事非法经营活动对土壤造成污染以来，污染物残留在土壤中，其化学成分会有下渗或迁移，按照鉴定评估报告确定的“换土法”这一修复方案，并不能完全弥补土壤环境污染损害，因此，在此类环境污染侵权中，适用特殊的赔偿原则，即惩罚性赔偿原则更为适宜，但囿于诉讼请求和司法谦抑原则的限制，本院仍以填平原则为基础对本案进行审查。

二审法院认为，原审法院判决刘某民承担相应的土壤修复费用、鉴定费用并向社会公众发布污染警示，事实和法律依据充分，依法应予维持。故判决驳回上诉，维持原判。

【关联法条】

《侵权责任法》第47条

（撰稿人：窦海阳）

第一千二百三十三条　【第三人过错】因第三人的过错污染环境、破坏生态的，被侵权人可以向侵权人请求赔偿，也可以向第三人请求赔偿。侵权人赔偿后，有权向第三人追偿。

【释义】

本条直接来源于《侵权责任法》第68条的规定。在民法典编纂中，本条除语言表述稍微调整外主要的规范内容并未有改变。本条的规范目的是在因第三人的过错污染环境、破坏生态的情况下赋予被侵权人请求损害赔偿救济的选择权以及侵权人的追偿权。至于第三人过错是否为环境污染和生态破坏责任的抗辩事由，在我国理论界存有一定的争议。从本条规定来看，《民法典》并未对第三人的过错作为抗辩理由予以肯定，但也并未将责任完全归由侵权人来承担，而是赋予侵权人在承担赔偿责任后向第三人的追偿权。

本条规定赋予被侵权人选择权，这对涉及环境侵权法律关系的各方而言最为公平合理。一是在因第三人过错导致损害的情况下，就被侵权人而言，相较于未知的第三人，向侵权人主张损害赔偿通常更为有利和方便。二是因为在实践中涉事民事主体通常是大企业，具备较强的赔偿能力，同时也会通过购买保险分散风险。而第三人的身份则不确定，在很多情况下是个人，其赔偿能力较弱。另外，通过赋予涉事民事主体向有过错的第三人以追偿权，最终落实了“污染者负担”的基本原则，可以很好地平衡救济与追责之间的关系。

同时，在环境污染或生态破坏情况下，第三人的过错不作为抗辩理由也是无过错责任的使然。与过错责任不同，无过错责任是在强弱对比的前提下确立的，其基本理念并非是对具有“反社会性”行为的制裁，不是对侵权人行为的否定性评价。[①] 侵权人负有控制并防范危险现实化的义务，第三人的过错行为当然属于侵权人需要控制与防范的危险。[②] 如果违反了上述义务而导致损害的产生，那么侵权人就应该向被侵权人承担损害赔偿责任，即便损害完全是由于第三人的过错行为所致，责任人也不能免责。

另外，从环境类法律的相关规定来看，2017 年新修订的《海洋环境保护法》第 89 条规定的“完全由于第三者的故意或者过失，造成海洋环境污染损害的，由第三者排除危害，并承担赔偿责任”，主要是受我国参加的 1992 年《国际油污损害民事责任公约》和 2001 年《国际燃油污染损害民事责任公约》的影响，但是这两部公约所涉及的问题仅限于船舶油污致害事件，而不涉及其他的海洋污染问题。而且，这两部公约的立法模式是缔约各方妥协的结果，是在当时条件下能够达成的最高程度的严格责任立法，目的是得到最大范围的接受，以便实现国际统一，但其自身已引起了很多的争议。[③]《水污染防治法》等其他环境单行法不存在上述问题，从修订情况来看，修订后的条款大多否定了第三人过错作为抗辩

① 程啸：《论侵权法上的第三人行为》，载《法学评论》2015 年第 3 期。

② 在“韩某春与中石油吉林分公司水污染责任纠纷案”中，这个理由也被写入了判决书中，参见（2018）最高法民再 415 号。

③ 在有些案件中，如在“晟敏公司、普罗旺斯公司申请设立海事赔偿责任限制基金案”［（2018）最高法民再 367－370 号］中，最高人民法院认为，《最高人民法院关于审理船舶油污损害赔偿纠纷案件若干问题的规定》第 4 条规定，主要沿袭 2001 年《国际燃油污染损害民事责任公约》等有关国际条约不涉及第三人责任之旨意，并无排除其他有过错者可能承担责任之意，对该条文作通常理解也显然不能得出受损害人仅可以请求漏油船舶所有人承担责任或者受损害人不可以请求其他有过错者承担责任的结论。

理由。

本条在适用中需注意以下几个问题：

第一，第三人是指除环境污染行为人、生态破坏行为人和被侵权人外的民事主体。该第三人并非环境污染行为或生态破坏行为的直接实施者，与被侵权人和侵权人之间也不存在法律上的隶属关系，如雇佣关系、劳务关系等。[①]第三人的过错是指第三人对环境污染、生态破坏的发生并致被侵权人的损害具有过错，包括故意或过失。第三人和侵权人之间并不存在任何的意思联络。

第三人的过错在实践中分为两种情况，一种是第三人实施侵权行为是损害发生的全部原因，另一种是第三人实施侵权行为是损害发生的部分原因。就第一种情况而言，侵权人与损害后果之间并无法律上的因果关系，但存在行为、客体或主体上关联的侵权行为。对于这类侵权行为，本应由第三人单独承担侵权责任，但考虑到此类事件的特殊性，让侵权人与第三人承担不真正连带责任。[②] 就第二种情况而言，第三人的过错行为与侵权人的直接致害行为共同造成最终的损害后果，第三人与侵权人对损害的发生都具有原因，这原本属于多数人侵权行为的范畴，应当适用《民法典》第1231条的规定。但是，考虑到方便被侵权人的救济，仍适用不真正连带责任，可以由被侵权人选择。基于此，《最高人民法院关于审理环境侵权责任纠纷案件适用法律若干问题的解释》第5条第2款规定，被侵权人请求第三人承担赔偿责任的，应当根据第三人的过错程度确定其相应赔偿责任。[③]

第二，因第三人的过错污染环境或破坏生态造成损害后果的，被侵权人可以基于自己的利益考虑，通常是举证的便利以及最终执行的方便，既可以向侵权人请求赔偿，也可以向第三人请求赔偿。另外，在诉讼中，请求并非绝对的二选一关系，而是可以同时起诉。根据《最高人民法院关于审理环境侵权责任纠纷案件适用法律若干问题的解释》第5条第1款的规定，被侵权人可以分别或者同时起诉污染者、第三人。如果第三人的身份无法确认，被侵权人则向侵权人主张赔偿。[④] 另外，被侵权人能否请求侵权人和第三人承担连带责任？由于连带责任在

---

① 如果第三人与侵权人之间存在雇佣关系，则适用《民法典》第1191条。例如，“铜鑫公司、伊东公司环境污染责任纠纷案”中对张某良的责任问题的认定，参见（2017）豫民终232号。

② 在司法实践中，“不真正连带责任”的表述也被经常使用，如郝某昌与郑某环境污染责任纠纷案，（2019）辽11民终446号。

③ 例如，“透平公司与润尔华公司、鼓风机公司财产损害赔偿纠纷案”［（2014）民申字第324号］，因透平公司生产的压缩机存在质量缺陷而发生故障，致使润尔华公司所有生产线全线停机，并发生有毒气体泄漏的污染事件，周边群众多人入院治疗。润尔华公司向淮安市青浦区浦楼街道办事处支付污染赔偿款696000元，润尔华公司因事故所造成的污染赔偿损失为30万元并判令由透平公司予以赔偿。

④ “韩某春与中石油吉林分公司水污染责任纠纷案”，（2018）最高法民再415号。

没有法律规定或合同约定的情况下不得产生，因此应当按照本条的规定，承担不真正连带责任。

第三，关于侵权人的追偿权。如果被侵权人选择要求侵权人承担责任，那么侵权人在承担了全部赔偿责任后，有权向第三人进行追偿，由第三人成为终局的责任人。追偿权只能向符合条件的第三人主张，否则不予确认。此外，如果被侵权人向侵权人或者第三人主张损害赔偿，则原被告双方应根据《民法典》第1230条的规定承担举证责任。如果侵权人在承担赔偿责任后向第三人追偿，应当由侵权人证明第三人存有过错促成了侵权人的侵权行为，否则不能进行追偿。[①]

【相关案例】

铜鑫公司与伊东公司环境污染责任纠纷案[②]

东兴公司委托铜鑫公司进行危险废物的处置。保运公司与铜鑫公司约定由保运公司承运铜鑫公司经营范围内的危险货物，而与铜鑫公司签订有《含汞废物业务提成合作协议》的张某良代表铜鑫公司委托董某军将两车废汞触媒运到铜鑫公司。董某军遂联系一家货运部，由毛某强负责将废汞触媒倾倒至碧水源公司院内。在倾倒、存放过程中，部分废物包装破损，危险废物散落在地，造成环境污染。原告河南省企业社会责任促进中心就此提起诉讼。

本案争议焦点之一为铜鑫公司及东兴公司提出的案外人张某良、董某军、谢某岭、碧水源公司的主体资格及责任问题。

一审法院认为，根据《侵权责任法》第13条的规定，社会责任中心作为原告有权利选择以铜鑫公司等五方当事人为被告提起诉讼，且本案中的相关事实已经过多级环保部门调查证实，不追加董某军、张某良、碧水源公司为被告不影响本案的审理。张某良对外代表铜鑫公司回收含汞废物，相应民事责任应由铜鑫公司承担。因此，社会责任中心选择起诉部分侵权人未违反法律规定，本案不需要追加董某军、张某良、碧水源公司为共同被告。铜鑫公司、东兴公司、毛某强、范某业非法处置危险废物，造成了环境污染和生态破坏的结果，且二者之间存在因果关系，应该承担修复生态环境的法律责任。庭审中原告明确不再主张要求铜鑫公司立即排除危害，将非法倾倒的危险废物依法安全转移或承担相应的代履行费用的诉讼请求，予以准许。

---

① “北京市人民检察院第三分院与赵某赞环境污染责任纠纷案”，（2017）京03民初177号。

② （2017）豫民终232号。

二审法院认为，根据《侵权责任法》第68条“因第三人的过错污染环境造成损害的，被侵权人可以向污染者请求赔偿，也可以向第三人请求赔偿。污染者赔偿后，有权向第三人追偿”的规定，社会责任中心有选择被告进行起诉的权利。铜鑫公司及东兴公司、毛某强等承担责任后，如认为董某军、谢某岭、碧水源公司的行为具有过错，其赔偿后，有权向其追偿。关于张某良的责任问题，因其系铜鑫公司的业务员，根据《侵权行为法》第34条“用人单位的工作人员因执行工作任务造成他人损害的，由用人单位承担侵权责任”的规定，其行为后果由铜鑫公司承担。铜鑫公司、东兴公司的上诉请求没有事实及法律依据，应予驳回。判决驳回上诉，维持原判。

【关联法条】

《最高人民法院关于审理环境侵权责任纠纷案件适用法律若干问题的解释》第5条

（撰稿人：窦海阳）

第一千二百三十四条　【生态环境修复责任】违反国家规定造成生态环境损害，生态环境能够修复的，国家规定的机关或者法律规定的组织有权请求侵权人在合理期限内承担修复责任。侵权人在期限内未修复的，国家规定的机关或者法律规定的组织可以自行或者委托他人进行修复，所需费用由侵权人负担。

【释义】

本条的规定在原来的民事立法中未曾出现，而是源于最高人民法院的司法解释，其中包括《最高人民法院关于审理环境民事公益诉讼案件适用法律若干问题的解释》第20条、《最高人民法院关于审理环境侵权责任纠纷案件适用法律若干问题的解释》第14条、《最高人民法院关于审理生态环境损害赔偿案件的若干规定（试行）》第11条等规定。值得注意的是，2016年6月《民法总则（草案）》（一审稿）第160条第5项将“修复生态环境”作为民事责任承担方式，与“恢复原状”并列。而在2016年10月《民法总则（草案）》（二审稿）中又被删除。《民法总则》最终没有采纳“修复生态环境”这一责任承担方式。《民法典》第

179 条沿用此规定。由此，本条的修复责任属于《民法典·总则编》“恢复原状”的一种具体形式。

在民法典编纂过程中，除了语言表述的修正之外，历次草案中都明确规定了侵权人承担“生态环境修复”的方式以及替代修复费用的承担。本条予以采纳。

本条包含以下几点理解：

第一，生态环境为人类世代所依存，应当保持完整状态，这就决定了它被侵害后应当尽可能恢复平衡状态。这种恢复在于恢复其稳定运行的状态，而不是恢复原有的价值。生态环境只有在无法修复的极端情况下，才可以责令侵权人予以赔偿。这可以总结为“修复优先”。因此，本条规定了生态环境修复及其替代的责任承担方式，其规范目的在于当造成生态环境损害时，赋予国家规定的机关和法律规定的组织以请求权，使其可以向侵权人请求生态环境修复或相关费用，以此实现对生态环境的保护。① 决策者对环境问题逐渐重视以及明确的要求，促使本条对此问题做出直接的回应。

第二，本条对造成生态环境损害产生修复或其他替代责任规定了一个前提，即“违反国家规定”，其反义解释为，如果不违反国家规定，那么就不产生相关责任。从整个法律体系来看，在《刑法》中的“国家规定”较为多见，而刑法中明确并限制“国家规定”的范围，其功能在于避免因范围过大而导致罪责追究宽泛。就本条而言，并无惩戒性过泛的忧虑。相反，本条的责任基于损害赔偿原理，要对全部损害进行恢复性救济。那么，只要生态环境损害存在，就应当进行修复。由此，本条对“国家规定”的解释需尽可能宽泛，尽量将发生生态环境损害的情况都解释为“违反国家规定”。另外，这种解释并不违反法律体系一致性原则，因为《刑法》中对“国家规定”仅限于“本法所称”，而并不一定扩及其他法律。

第三，关于生态环境损害。通说认为，侵权救济应当限定于民事主体权益的损害，生态利益无法归类到个人权利范畴，因此无法在传统民法体系中加以妥当保护，而是通过公法加以保护。② 但众多学者认为民法应反映环境恶化的社会特

---

① 在《民法典》基本原则中，第 9 条规定了“民事主体从事民事活动，应当有利于节约资源、保护生态环境”。根据学者的观点，第 9 条是民法社会化的新表现和新动向，具有在民法中确立绿色发展、生态安全价值理念，协调发展与环保、交易安全与生态安全等功能。（参见吕忠梅课题组：《“绿色原则”在民法典中的贯彻论纲》，载《中国法学》2018 年第 1 期。）也有学者指出该原则在保护生态环境的结合适用、补充适用等方面并无用武之地。（参见贺剑：《绿色原则与法经济学》，载《中国法学》2019 年第 2 期。）仅就本条而言，其与第 9 条的关系可以确定为：对第 9 条基本原则中“保护生态环境”的具体化。

② 王利明：《侵权责任法研究》（下卷），中国人民大学出版社 2016 年版，第 437～443 页；李昊：《对民法典侵权责任编的审视与建言》，载《法治研究》2018 年第 5 期；张新宝：《侵权责任编起草的主要问题探讨》，载《中国法律评论》2019 年第 1 期；尹志强：《侵权法的地位及与民法典各编关系的协调》，载《华东政法大学学报》2019 年第 2 期。

点，对环境问题的冲击予以回应。[①]本条规定了生态环境损害，正式将这类损害规定于民法典之中。同时，在2018年12月23日全国人大宪法与法律委员会的修改说明中，明确要区分“民事主体人身、财产损害”与“生态环境本身的损害”这两类损害。[②] 由此，可行的解释是本条规定生态环境损害及其救济，是为了类推适用民法损害及其救济的规则，毕竟在损害的认定、恢复原状的方式等方面在理论和实践中都运用了民法损害救济理论。

如何界定生态环境损害，原环保部《环境损害鉴定评估推荐方法（第Ⅱ版）》第4.5条对此予以明确，即“指由于污染环境或破坏生态行为直接或间接地导致生态环境的物理、化学或生物特性的可观察的或可测量的不利改变，以及提供生态系统服务能力的破坏或损伤”。由此，生态环境损害包括两个方面：一是损害表现为生态环境的物理、化学、生物特性的不利改变以及提供生态系统服务能力的破坏或损伤。二是损害应可评估。生态系统具有一定的纳污能力和自我修复功能，如果环境污染或生态破坏行为没有超过生态系统的自净能力或没有破坏其自我修复功能，不需要加以人为干预。因此，一般通过权威机构发布技术指南或者标准的方式确定“基线”，以便于对损害进行观察和测量。

第四，本条对生态环境损害救济的规定是由国家规定的机关或者法律规定的组织才能向侵权人提出请求承担修复责任。

就国家规定的机关而言，其范围应当广于法律规定，不仅包括各部门法律，还包括两高的司法解释、党和政府的决定、方案等规定。根据《生态环境损害赔偿制度改革方案》，行政机关从公权力主体转换成公益维护主体，借助民事手段实现生态损害的救济。检察机关也属于本条的“国家规定的机关”。就检察院的履职顺位而言，检察院在履行职责中发现破坏生态环境和资源保护领域损害社会公共利益的行为，在相关机关和组织不提起诉讼的情况下，可以向法院提起诉讼。而法律规定的组织，参照《环境保护法》第58条规定的符合条件的社会组织，依法在设区的市级以上人民政府民政部门登记；专门从事环境保护公益活动连续五年以上且无违法记录。

第五，本条的“生态环境修复”只能作为《民法典》“总则编”第179条所

---

① 马俊驹、舒广：《环境问题对民法的冲击与21世纪民法的回应》，载《中国民法百年回顾与前瞻学术研讨会文集》，法律出版社2003年版，第232～251页；王利明：《民法典的时代特征和编纂步骤》，载《清华法学》2014年第6期；张新宝、庄超：《扩张与强化：环境侵权责任的综合适用》，载《中国社会科学》2104年第3期；吕忠梅：《环境法新视野》，中国政法大学出版社2000年版，第1页以下；曹明德、徐以祥：《中国民法法典化与生态保护》，载《现代法学》2003年第4期。

② 2018年12月23日《全国人民代表大会宪法和法律委员会关于〈民法典侵权责任编（草案）修改情况的汇报〉》。

规定的恢复原状的一种特别形式。应注意生态环境与普通物在“恢复”上的差别。生态环境损害的修复是专业性的系统工程。既要对单个环境要素的物理、化学、生物特性的不利改变做出应对，更要注重对被破坏的整个生态环境稳定、平衡状态的恢复。既需要依据损害程度、修复的步骤方法及所需的设备等因素，按照科学的方法对损害进行评估，又需要具体的标准以及相应的验收程序。

修复的方式包括责任人直接针对受损环境进行修复的方式和责任人不履行修复义务时支付生态环境修复费用的方式。就修复标准而言，修复是要将生态环境修复到损害发生之前的状态和功能，但从严格意义上来说，生态环境受到污染和破坏后，恢复到损害之前的状态几无可能，功能也只是最可能地接近。此外，如果受到损害前的生态环境并不处于良好状态，要求加害者恢复原状也并非受害者利益所需。因此，对生态环境损害修复标准中的“原有状态”不能机械地理解，否则可能会造成过度修复或者修复不足。

最后，就生态环境损害案件的举证责任而言，同样适用《民法典》第1230条规定。由于环境污染和生态破坏事件的复杂性，且在发生生态环境损害的事件中尤甚，国家规定的机关或法律规定的组织就举证能力而言并无太大优势，因此适用举证责任推定规则并不影响当事人之间的公平。

【相关案例】

重庆市人民检察院第五分院与红动公司环境污染责任纠纷案①

红动公司渔箭分公司时任负责人卢某清联系罗某，将喷釉车间循环池的废水当一般生活废水用罐车拉出公司随意处置。罗某系重庆市荣昌县昌元街道宏顺环卫设施服务部的临时司机，擅自驾驶属于环卫服务部的中型吸粪罐车，将红动公司渔箭分公司的废水分三车转运到重庆市荣昌区安富街道青年路金富苑小区外家具店门口及安富绕城公路与三矿井岔路口附近，通过人行道的雨水井口直接排放，废水经市政雨水管网流入安富街道通安河，造成河水污染。重庆市人民检察院第五分院就此提起公益诉讼。

本案争议焦点为民事责任如何确定，其中，原告市检察五分院请求判令二被告赔偿生态修复费13459.2元。

一审法院认为，根据《最高人民法院关于审理环境侵权责任纠纷案件适用法律若干问题的解释》第14条之规定，加之环境民事公益诉讼的目的是修复受损

① （2019）渝民终377号。

环境，维护社会公众环境权益。虽然案涉污染河流经初步治理水质有所改善，但因红动公司渔箭分公司的污染行为所造成的水体功能损失客观存在，二被告仍应对本次污染行为造成的生态损害后果承担赔偿责任。而根据《最高人民法院关于审理环境民事公益诉讼案件适用法律若干问题的解释》第 20 条“人民法院可以在判决被告修复生态环境的同时，确定被告不履行修复义务时应承担的生态环境修复费用；也可以直接判决被告承担生态环境修复费用”之规定，本案中司法鉴定意见书认定本次污染造成的生态损失为 13459. 2 元，市检察五分院要求判令红动公司渔箭分公司赔偿生态修复费 13459. 2 元，红动公司对此应承担补充责任。二审法院判决驳回上诉，维持原判。

【关联法条】

《最高人民法院关于审理环境民事公益诉讼案件适用法律若干问题的解释》第 20 条,《最高人民法院关于审理环境侵权责任纠纷案件适用法律若干问题的解释》第 14 条,《最高人民法院关于审理生态环境损害赔偿案件的若干规定（试行)》第 11 条

（撰稿人：窦海阳）

第一千二百三十五条　【生态环境损害的赔偿项目】违反国家规定造成生态环境损害的，国家规定的机关或者法律规定的组织有权请求侵权人赔偿下列损失和费用：

（一）生态环境受到损害至修复完成期间服务功能丧失导致的损失；

（二）生态环境功能永久性损害造成的损失；

（三）生态环境损害调查、鉴定评估等费用；

（四）清除污染、修复生态环境费用；

（五）防止损害的发生和扩大所支出的合理费用。

【释义】

本条对生态环境损害赔偿范围的规定在原来的民事立法中未曾出现，而是见诸于政策文件之中。在相关实践以及政策的基础上，最高人民法院在《最高人民

法院关于审理环境民事公益诉讼案件适用法律若干问题的解释》中较为全面地规定了生态环境损害的赔偿范围，以第 20 条、第 21 条、第 22 条、第 23 条、第 24 条列举了期间损失、生态环境修复费用、诉讼辅助类费用等。而《最高人民法院关于审理生态环境损害赔偿案件的若干规定（试行）》做了全面的总结。《民法典》沿用司法解释的规定。

第一，本条所列五项损失和费用，其性质以及使用的情况并不一致。前两项属于传统民法意义上的金钱赔偿，即以支付货币等方式进行对价弥补，此处是针对生态环境服务功能丧失期间的价值损失以及永久性损害的价值损失做出的对价补偿。第三项属于辅助性费用，在调查审理生态环境损害事件中都会涉及的程序辅助类费用。第四项属于传统民法意义上的恢复原状的范畴。但是，由于我国民法中恢复原状被狭义化，其意指仅为"当所有权人的财产被非法侵害而损坏时，能够修理的，所有权人有权要求加害人通过修理，恢复财产原有的状态"。[①] 恢复原状费用请求权这种恢复原状的替代方式也就必然不会被肯定，在大多数情况下是将恢复费用的支付与金钱赔偿的责任方式相混同。[②] 这种混同需要在恢复原状成本过高的情况下注重在恢复原状的必要性与生态环境系统的良好运行之间妥当确定相关费用。第五项适用于生态环境损害事件发生后防止损害的发生和扩大所支出的费用，这无论是可以恢复的情况还是不可恢复的情况都能适用。

第二，关于生态环境受到损害至恢复原状期间服务功能丧失导致的损失。根据原环保部《环境损害鉴定评估推荐方法（第 II 版）》［以下简称推荐方法（第 II 版）］的界定，这项损失是指生态环境损害发生至生态环境恢复到基线状态期间，生态环境因其物理、化学或生物特性改变而导致向公众或其他生态系统提供服务的丧失或减少，即受损生态环境从损害发生到其恢复至基线状态期间提供生态系统服务的损失量。生态环境有其服务功能，一旦生态环境损害事件发生，事件未发生时原本能够由生态系统或环境、自然资源提供的生态服务功能将暂时或永久丧失。如果被损害的生态环境可以通过基础性生态损害修复措施或补充性生态损害修复措施予以修复或恢复到生态损害发生前的水平，则从生态环境损害发生时起到生态服务功能基线水平时止的期间所丧失的功能，可以通过临时的替代措施暂时提供相应的生态系统服务功能。对此因填补损失而产生的费用应当由侵权人承担赔偿。需注意的是，生态环境的服务功能具有复杂性、多样性、动态性、系统性等特质。生态环境损失难以用单一市场价格确定，需根据科学机理选

① 王利明：《民法总则研究》（第三版），中国人民大学出版社 2018 年版，第 713 页。
② 程啸、王丹：《损害赔偿的方法》，载《法学研究》2013 年第 3 期。

择合适的方式妥当确定。

第三，生态环境功能永久性损害造成的损失。尽管对于污染环境和破坏生态的后果是以修复为原则，但并非所有的生态环境损害都可恢复，要先确认损害是否可恢复。永久性损害即不属于修复的范围。这类损害并不等于绝对不具有可恢复性，而是“难以恢复”。因为损害的可恢复性既取决于技术上的可行性，也取决于经济上的可行性。此外，一些有毒有害物质、危险化学品污染所产生的生态破坏后果，虽然在治理的科研方面取得了一定的经验和效果，但并未找到彻底恢复治理的良策，难以简单评定损害是否可以恢复，从而不能直接采取生态恢复措施。对这种情况，只能请求生态环境功能永久性损害的赔偿。

第四，生态环境损害调查、鉴定评估等费用。与一般侵权损害后果的确定不同，生态环境损害的确定过程包括现场预调查、勘察监测、污染场地调查、风险评估、损害评估费用等环节，每一个环节都需要专业的人员和科学设备，因此会产生各种相关费用，应当由侵权人承担。① 此类费用的确定方式，可以通过鉴定单位提供的鉴定费用清单确定。如果不能提供确定清单的，可以由法院依据相关指导价和鉴定标的额酌情确定。②

第五，清除污染、修复生态环境费用。在责任人应承担生态环境修复责任但确无能力或者明确表示不履行时，法院可以直接判决责任人承担生态环境修复费用。囿于环境修复的专业性，在大多数情况下由责任人直接承担修复义务难以达到相应的标准。在这样的情形下，以责任人支付修复生态环境费用的方式代替其修复义务的直接履行，由专业人员在环境资源管理机关主导下进行生态环境修复，能够更好地实现修复效果。③

需要指出的是，修复生态环境损害的费用并非损害赔偿。民法上恢复原状费用的请求旨在重建被损害的利益，实现法益状态的完整，以保持利益或完整利益为价值导向；而损害赔偿仅在弥补法益价值的差额，旨在保障受害人的价值利益。因此，这种费用性质上仍属恢复原状的评价范畴④，不属于损害赔偿范畴，而是恢复原状的变形。修复生态环境的费用也是同理，旨在修复受损的生态环

① 此类费用在不同判决中的表现以及名称不同，但都属于辅助查明损害过程中所产生的费用。例如，我国法院在塔斯曼海轮生态损害案件中，法院判令被告赔偿调查、监测评估费用及其生物修复研究经费等项目。参见天津海事法院（2003）津海法事初字第183号民事判决书。

② 竺效主编：《环境公益诉讼实案释法》，中国人民大学出版社2018年版，第102页。

③ 例如，“镇江市生态环境公益保护协会与唐某海环境污染侵权赔偿纠纷案”，（2015）镇民公初字第00002号；“常州市环境公益协会与储某清、博世尔公司等环境污染责任纠纷公益诉讼案”，（2014）常环公民初字第2号；“中华环保联合会与振华公司环境污染责任纠纷案”，（2015）德中环公民初字第1号。

④ ［德］迪特尔·梅迪库斯：《德国债法总论》，杜景林、卢谌译，法律出版社2003年版，第432页以下；邱聪智：《民法研究（一）》，中国人民大学出版社2002年，第375页。

境，而非此损害不可修复而转化为金钱赔偿。就此类费用的确定方式，法院可以结合污染环境、破坏生态的情况、受损环境要素的类型及其功能等因素予以合理确定。

第六，防止损害的发生和扩大所支出的合理费用。在针对防止污染物扩散迁移、降低环境中污染物浓度等方面，为减轻或消除对公众健康、公私财产和生态环境造成的危害，各级政府与相关单位针对可能或已经发生的突发环境事件而采取的行动和措施所发生的费用，以及开展环境监测、信息公开、现场调查、执行监督等相关工作所支出的费用。此类费用应当遵循合理性标准，需要法官根据个案的情况进行具体核算，而没有统一的参照数据，也不能机械地照搬先例。比如在“天乙公司与丹灶镇政府环境污染侵权纠纷案”中，天乙公司主张丹灶镇政府为治污支出的费用已超过了必要、合理的限度。① 在有的情况下，合理的费用可能高于虚拟治理标准确定的费用。如果符合个案事故的处理需求，且得到专业技术人员的肯定，那么法院通常也会认定这类超出虚拟治理标准的费用为合理费用并予以支持。②

【相关案例】

海德公司与江苏省人民政府环境污染责任纠纷案③

海德公司营销部经理杨某将该公司在生产过程中产生的29.1吨废碱液，交给无危险废物处置资质的李某生等人处置。李某生等人将上述废碱液交给无危险废物处置资质的孙某才处置。而孙某才与朱某等人在江苏省泰兴市虹桥镇大洋造船厂码头将废碱液倾倒进长江，造成了严重的环境污染。

本案争议焦点为被告海德公司是否应当承担生态环境损害赔偿责任以及生态环境损害赔偿数额的计算问题。

一审法院认为，海德公司作为化工企业，对其在生产经营过程中产生的危险废物废碱液，负有防止污染环境的义务。海德公司放任该公司营销部负责人杨某将废碱液交给不具备危废物处置资质的个人进行处置，导致废碱液被倾倒进长江和新通扬运河，严重污染环境。依照《侵权责任法》第65条、《最高人民法院关

---

① 佛山市南海区丹灶镇人民政府与天乙公司等环境污染侵权纠纷案，(2010) 佛中法民一终字第587号。在该案审理中，法院将4·21污染事故与其类似的4·4污染事故做了对比，并认定镇政府所主张的4.21事故损失数额是合理的。

② 苏州市吴江区震泽镇人民政府与沪光公司环境污染责任纠纷案，(2013) 吴江民初字第1809号。

③ (2018) 苏民终1316号。

于审理环境侵权责任纠纷案件适用法律若干问题的解释》第1条第1款之规定，应当承担侵权责任。关于生态环境损害赔偿数额的计算问题，《生态环境损害赔偿制度改革试点方案》明确规定，生态环境损害赔偿范围包括清除污染的费用、生态环境修复费用，生态环境修复期间服务功能的损失、生态环境功能永久性损害造成的损失以及生态环境损害赔偿调查、鉴定评估等合理费用。海德公司应当赔偿污染行为所导致的生态环境修复期间服务功能的损失。江苏省人民政府主张以生态环境损害修复费用3637.90万元的50%计算该项费用，该主张合理，应当支持。有关部门实际支出了26万元的调查、评估费用，且有相应票据予以证实，该费用属于合理支出费用，江苏省人民政府要求海德公司赔偿该项费用的请求应当支持。二审法院认为，《靖江市饮用水源地污染事件环境污染损害评估报告》采用的评估方式适当，依据充分，结论可信，可以作为认定靖江水污染事件生态环境损害的依据。同时，通过类比的方式计算新通扬运河污染事件生态环境损害方法合理。因此，一审判决认定事实清楚，适用法律正确，应予维持。

【关联法条】

《最高人民法院关于审理环境民事公益诉讼案件适用法律若干问题的解释》第20条、第21条、第22条、第23条、第24条

（撰稿人：窦海阳）

第八章　高度危险责任

【导读】

民事主体参与民事生活，难免给他人带来损害风险。若该风险以合理注意即得避免，就风险实现造成的损害应以过错归责；若风险纵使尽到合理注意仍无法消除，就风险实现造成的损害当以无过错归责为宜。这是逻辑上的当然道理。

高度危险，即尽到合理注意亦无法消除的剩余风险。事实上，除了核能利用，很少有什么活动是尽到了最大注意还不能安稳无虞的；只是对大量危险活动来说，以最大注意苛求危险源控制人于社会而言缺乏效率，不如以无过错责任来抑制其活动水平。

由于各种高度危险源性质不一，在危险程度、可保性等方面相差甚大，天然地适宜特别立法①，比如《民法典》中写明的各危险责任类型。为了应对诸特别立法未曾虑及新涌现出来的高度危险类型，比较法上亦有立法例引入兜底条款以策万全，如《民法通则》第 123 条规定，在立法政策上也值得肯定。这样的条款应具备两个特征：第一，补充性质，只有案涉具体危险不能被诸特别立法规则覆盖的，该条款方予适用，如此方能实现诸特别立法的目的；第二，概括性质，这是由补充性质决定的，即凡是未受特别立法规制的高度危险皆适用统一条款以保持立场连贯，个案中具体危险的细节差异交由法官自由裁量，而不该将概括条款进一步类型化，机械地强行区分法律效果。

《侵权责任法》第九章“高度危险责任”对《民法通则》第 123 条动了大手术，将单一概括条款拆分为数条：以经过改造的高度危险责任概括条款领衔，以高度危险物责任与高度危险活动责任的双轨制为特色，创立了高度危险责任立法的新范式。这个新范式整体迁入《民法典》，未有任何实质变化，表明立法者对新范式颇为自信。但这个新范式整体上的谋篇布局背离了高度危险责任的规范定位，很难得到太多赞美。

---

① 德国模式即为如此，可参见李昊：《危险责任的动态体系论》，北京大学出版社 2020 年版，第 47 页以下。

首先是民用核设施致害责任与民用航空器致害责任。这两类危险源皆极富自己的特色，有必要而且事实上已经专门立法。纵有不完备处，亦应于专门法中修补，而不该纳入高度危险责任章从而破坏本来的兜底定位。这个编纂错误部分源于对“高度”危险的理解偏差。事实上，无过错责任领域里的致害风险皆为“危险”，也就是超过“普通生活风险”。[①] 所谓“高度”危险并不是如法律起草机关理解的，从自然科学角度挑选出最为危险的部分[②]，而是指足够危险本应专门规制但又尚未有特别立法而只好纳入概括条款的那部分风险。

其次是高度危险物责任与高度危险活动责任的双轨制。在高度危险责任领域，不同法域用以把握法律素材的标准有危险物进路和危险活动进路之别。1942年《意大利民法典》确立了危险物与危险活动的双轨制，1966年《葡萄牙民法典》从之。双轨制试验并不成功，“欧洲立法者一般认为，在一部法典中同时出现两个概念是不可取的。除某些军事策划或雇主选择一个不称职的雇员的情形外，几乎不可能出现一个人的行为不涉及有体物而被认为是危险行为的情况”。[③] 危险物责任和危险活动责任的区分既不轻松，也无甚意义。以“单一制度合并严格的监管责任和对危险行为的责任”是适当的。[④]

《侵权责任法》放弃《民法通则》单一概括条款模式，分设危险物责任与危险活动责任，在规范设计上多少有其“意义”。拆分理由在于危险程度不同，体现在责任减轻事由方面：在高度危险物责任条，被害人对损害发生有“重大过失”的，才可以减轻被告人的责任，而在危险活动条适用的情形，“过失”即可。[⑤] 当然，这里的意义限于法律技术，在法律政策上很让人生疑。起草机关并没有提供什么统计数据，来说明高度危险活动的致害风险要比高度危险物小。待到《民法典》第1240条将“过失”改为“重大过失”[⑥]，双轨制若有还无的一丝

---

① ［德］埃尔温·多伊奇、汉斯－于尔根·阿伦斯：《德国侵权法》（第五版），叶名怡、温大军译，中国人民大学出版社2016年版，第173页。

② 黄薇主编：《中华人民共和国民法典侵权责任编解读》，中国法制出版社2020年版，第265页（“大致按照危险程度的高低，区分不同的高度危险作业类型”）。

③ ［德］克里斯蒂安·冯·巴尔：《欧洲比较侵权行为法》（上卷），张新宝译，法律出版社2004年版，第172页。另一处写道，“危险作业责任亦属于对物的责任，因为除了体育运动外，无物的介入的危险作业是不存在的”。［德］克里斯蒂安·冯·巴尔：《欧洲比较侵权行为法》（下卷），焦美华译，张新宝审校，法律出版社2004年版，第388页。

④ ［德］克里斯蒂安·冯·巴尔：《欧洲比较侵权行为法》（上卷），张新宝译，法律出版社2004年版，第174页。

⑤ 全国人大常委会法制工作委员会民法室编著：《中华人民共和国侵权责任法解读》，法制出版社2010年版，第363～346页。

⑥ 黄薇主编：《中华人民共和国民法典侵权责任编解读》，中国法制出版社2020年版，第281页［“两者的危险程度应当差不多，建议两条在因被侵权（人）过失免责上，规定一致”］。

合理性也就丧失殆尽，继续保留自然有碍概括条款定位。

最后是高度危险作业区域管理人的责任。危险作业区域的管理人同样是危险源的控制人，实质是与作业人协力控制危险源，理当与作业人承担连带责任，并非独立责任类型，也没有必要书写为单独的条款。

从立法论角度看，本章的理想构造是：第一，迁出民用核设施责任条、民用航空器责任条；第二，合并高度危险责任概括条款、危险物责任条与危险活动责任条，回归《民法通则》单一概括条款模式，也可以补充对高度危险的说明条款；第三，删除高度危险作业区域管理人责任条；第四，遗失、抛弃高度危险物情形的责任承担，写为概括条款的第二款；第五，改造第1241条第2句为他主占有情形责任承担的一般规则；第六，改造第1242条为无权占有情形责任承担的一般规则。

第一千二百三十六条　【高度危险责任的概括条款】从事高度危险作业造成他人损害的，应当承担侵权责任。

【释义】

本条规范主旨在于应对现代社会层出迭见的各式剩余风险，为补充性质的概括条款，仅在《民法典》及其他单行法针对具体危险形态的特别规则不敷使用的情形充任请求权基础。[①] 法官于适用法律时宜同时援引《民法典》第1166条与本条，即经由该条之指引而找到本条。本条源于《侵权责任法》高度危险责任章首条（第69条），一字不易。

高度危险责任构成不考虑过错和违法性[②]，只要求法律所欲防范的特定风险果然实现，受保护的法益因之而受侵害。本条及本章各条在适用中有三点应予特别重视，即警惕高度危险责任的扩张潜能、在因果关系认定上以典型损害标准取代相当性标准、从经营角度确定高度危险作业人，以下稍作阐释。

---

① 最高人民法院民法典贯彻实施工作领导小组主编：《中华人民共和国民法典侵权责任编理解与适用》，人民法院出版社2020年版，第588页。

② ［德］埃尔温·多伊奇、汉斯－于尔根·阿伦斯：《德国侵权法》（第五版），叶名怡、温大军译，中国人民大学出版社2016年版，第174页。最高人民法院编写的释义书则主张仍应以违法性为要件，参见最高人民法院民法典贯彻实施工作领导小组主编：《中华人民共和国民法典侵权责任编理解与适用》，人民法院出版社2020年版，第582页。

（一）高度危险的判断

高度危险系不确定法律概念，蕴含着扩张冲动，可能危及法律安定。为了将不确定概括条款束缚于立法政策容忍的限度内，比较法上可考虑的立法技术有二。第一，采例示技术，选取最为典型的危险类型写入概括条款，以同类解释规则约束法官。这个模式渊源于1922年《俄罗斯苏维埃联邦社会主义共和国民法典》第404条，并为《民法通则》第123条忠实继受。第二，专设说明性法条以界定高度危险，见于几部学术性质的法典，如《欧洲侵权法原则》第5：101条第2款、《奥地利损害赔偿法（讨论草案）》第1304条第3款、《关于瑞士联邦责任法之修订与统一的草案》第50条第2款。[①] 危险责任以无过错归责，旨在通过降低危险源控制人的活动水平以减少预期事故成本，而预期事故成本为事故发生概率乘以所生损害的货币价值，故而顺理成章，这些说明性法条就高度危险的认定皆着眼于损害发生概率较大以及损害一旦发生后果十分严重这两点。

中文著述多借助美国《侵权法重述》（第二版）第520条对"异常危险活动"的界定来理解中国法上的"重大危险"。[②]《侵权法重述》（第二版）第520条就异常危险活动列举六项特征，以资界定："决定某项活动是否为异常危险，应考虑下列因素：（a）致他人身体、土地或动产受某种伤害的危险程度很高；（b）因该危险而致伤害的可能性很大；（c）虽尽合理注意亦无法消除该危险；（d）该活动之为非通常做法的程度；（e）就从事该活动的地点，活动之不适当性；（f）该活动对社会的价值与该活动的危险性质不成比例的程度。"这些因素在个案中皆应考虑，但不必同时具备。大概是担心第二版的弹性体制有碍法律安定，《侵权法重述》（第三版）抛弃了多因素判断标准，代之以更为直截了当的两因素标准。第三版第20条第2款写道："满足以下条件的，为异常危险活动：（ⅰ）虽所有行为人尽到合理注意义务，活动依然有可预见的、极显著的人身伤害风险，且（ⅱ）活动并非通常做法。"

"非通常做法（not a matter of common usage）"是美国《侵权法重述》这套规整的核心概念，很大程度上决定着无过错责任的宽窄。这个术语源自英国19世纪判例法，最初主要指称城市工业化带来的那些农业社会不曾见的风险活动；但在

---

① 相关条文可参见于敏、李昊主编：《中国民法典侵权行为编规则》，社会科学文献出版社2012年版，附录。

② 例如，全国人大常委会法制工作委员会民法室编著：《中华人民共和国侵权责任法解读》，中国法制出版社2010年版，第376页；黄薇主编：《中华人民共和国民法典侵权责任编释义》，法律出版社2020年版，第208页；最高人民法院民法典贯彻实施工作领导小组主编：《中华人民共和国民法典侵权责任编理解与适用》，人民法院出版社2020年版，第583页；程啸：《侵权责任法》（第二版），法律出版社2015年版，第189页；李昊：《危险责任的动态体系论》，北京大学出版社2020年版，第117页以下。

今天的美国规整里，“非通常做法”不再是描述性概念，更多充任法律政策的传感器。《侵权法重述》（第三版）评注提出了认定“非通常做法”的几点考虑。第一，创造了不对等风险。加害人单方面地将风险加诸受害人，而受害人的活动并没有给加害人施加相似风险，即可能令危险源控制人承担无过错责任。第二，得到了不对等利益。倘活动风险全加在他人头上，好处却集中到少数人手里，对此加以严格责任的呼声就会更强烈，也就是说，加害人主要靠牺牲受害人而获益。第二版以“活动的社会价值”为考量因素，第三版评注代之以不对等利益。前者只考虑利益大小，后者更关注利益如何分布。利益不对等强调只惠及少数人群，并不当然意味着利益的社会价值小。第三，倘被告人是损害的“唯一”或“几乎唯一”原因，也是课加严格责任的理由。第四，在判断是否应该加以严格责任时，要考虑社会的公平观念。照一般的公众态度，可以接受熟悉的、传统的风险，就罕见的、新奇的风险，不免担惊受怕。法律自应尊重这样的公众态度。[①]可以看到，对“非通常做法”概念的理解，已从字面上的常见与否转向分配正义的角度。倘活动带来的利益与负担未能在所有受到影响的当事人之间公平配置，得以无过错责任来纠偏。不过，“非通常做法”这一术语的文义本身难以揭橥分配正义的原理，而且“非通常做法”本身也是高度不确定概念。

本条（前身《侵权责任法》第69条）摒弃了《民法通则》第123条的例示技术，又不设说明性法条来辅佐，自然蕴含着巨大风险。对法官来说，仍得依同类解释规则，参照高度危险活动责任条与高度危险物责任条的例示来摸索高度危险的外延。不管是学说上[②]，还是在司法实务中[③]，高度危险责任的扩张势能都让人隐隐担忧。最高司法机关可以考虑利用最高人民法院公报刊载典型案例或者专门发布指导性案例，系统阐释高度危险责任的内在机理，节制概括条款的适用。

---

① 唐超：《论高度危险责任的构成——〈侵权责任法〉第69条的理解与适用》，载《北方法学》2017年第4期。

② 比如学术著作中，游乐场的太空迷航设备发生故障致消费者发生伤亡，热气球爆炸致乘客伤亡，都被认作高度危险作业；甚至“救治特殊的高危传染病人”也算（王利明：《论高度危险责任一般条款的适用》，载《中国法学》2010年第6期）。水库为发电排水、投掷铅球、煤堆坍塌，也构成高度危险（参见王军：《侵权法上严格责任的原理和实践》，法律出版社2006年版，第297～298页）。

③ 法院系统当作高度危险作业责任典型编选的一些案例实为过错责任。如汤某青与林某新生命权、健康权、身体权损害赔偿纠纷案，被告为了杀虫，在龙眼树上喷洒了禁止用于水果的高毒农药，第三人汤某婵偷摘龙眼后分给多人食用，原告中毒；潘某喜与农八师一五零团人身损害赔偿纠纷案，原告见单位有一空库房，遂全家迁入居住，在长达4年的时间里，单位都未告知原告曾利用此库房以农约拌棉种，后原告全家人中毒。参见最高人民法院中国应用法学研究所著：《人民法院案例选（分类重排本）·民事卷9》，人民法院出版社2017年版，第5126页以下。

（二）因果关系

就责任范围的因果关系，也就是法益受侵害与损害后果之间的因果关系，危险责任法制并无任何殊异之处。但就责任成立的因果关系，也就是危险实现与法益受侵害之间的因果关系，相当性标准得让位给典型性标准。

危险责任法制所赔偿的损害，必须是危险责任规范所针对之特定危险果然实现所造成的损害。正是为了防范该种危险，立法者方才设计出相关危险责任规整，令该种危险源的控制人承担无过错责任。故在危险责任领域，正如在过错侵权法中一样，也要考察法律规范的保护目的。从规范保护目的理论出发，危险源控制人应就该特定危险的一切“典型”后果负赔偿责任，即在因果关系上适用典型损害标准，不再考虑因果关系的相当性。

可以认为，危险源的开启人与国家订立了假想的契约。国家许可开启特定危险源，但开启人必须就“双方于订立契约之际可以合理预见到的”一切损害承担全部责任。所谓订立契约之际，也就是国家许可之时，并不考虑以后果然发生损害时是不是过错所致。也就是说，在行为人开启危险源之际，知道典型损害难免发生，此点可以预见、可以避免（只要不开启危险源即可）。但不同于过错责任，不是预见特定过失行为的后果，而是预见到特定危险的“一般损害类型”不能消除。保护潜在受害人免遭此种典型损害，正是相关危险责任规范的目的所在。不同于过错责任中的可预见性标准（相当性标准），典型损害标准正揭示出了危险责任的基本原理：危险责任是为了获准从事危险活动而向社会付出的代价。①

（三）责任人

高度危险责任的主体是高度危险作业的实际控制人或者经济上的控制人，比较法上多称保有人或者营运人。就高度危险责任主体的理解，最为重要的在于《欧洲示范民法典草案》危险物责任条讲到的一点，也就是将私人使用排除在外。危险物的保有或危险设施营运，若无关被告人之“贸易、经营或业务（trade, business or profession）”，即非危险物责任（第 VI. －3：206 条第 5 款 a 项）。立法者针对的还是工业生产或者商业储存，不消说，数量是重要因素。②《荷兰民法典》将这一要件揭橥甚明。依《荷兰民法典》第 6：175 条，危险物责任之责任人，乃是“于其业务或经营当中使用或者保有危险物质之人”。任何法人，只要

① 唐超：《论高度危险责任的构成——〈侵权责任法〉第 69 条的理解与适用》，载《北方法学》2017 年第 4 期。

② 就《欧洲示范民法典草案》相关条款及评注，可参见欧洲民法典研究组、欧盟现行私法研究组编著：《欧洲私法的原则、定义与示范规则》（第六卷），李昊等译，法律出版社 2014 年版，第 558 页以下。

保有这种物质或者为完成工作而使用了这种危险物质，即视为于经营中使用。非职业的占有人（non－professional possessor），也就是非以职业身份利用危险物质的自然人或消费者，并不承担这里的危险责任。[①]

本条及本章的责任人亦应依这个立场来解释，非出于“贸易、经营或业务”需要而控制危险源的，适用过错责任规整。《民法典》第1239条将危险物责任的责任人称为“占有人或者使用人”，法律起草机关编写的释义书虽未强调，但也是从“生产、储存、运输”角度理解[②]；民用核设施责任条、民用航空器责任条、危险活动责任条更是直接以“经营者”指称责任人。在核事故责任场合，《国务院关于核事故损害赔偿责任问题的批复》亦明确，“依法取得法人资格”，营运核设施的“单位”或者从事民用核燃料生产、运输和乏燃料贮存、运输、后处理且拥有核设施的“单位”，为营运者（第1条）。最高人民法院编写的《侵权责任法》释义书特别援引《国家废物名录》第6条，认为“家庭日常生活中产生的”危险废物不构成侵权法上的高度危险物[③]，应是出于相同立场。

【相关案例】[④]

王某宸与中国人民武装警察8721部队等赔偿案[⑤]

1998年4月19日，中国人民武装警察8721部队安排铁路机械学校的学生到部队过军营一日生活，其中一项活动内容为打靶训练。当日上午，原告王某宸携家人在距打靶场约400米远的山上扫墓，被铁路机械学校学生打靶时发射的子弹击伤。

本案有两个争议焦点：第一，射击活动是否构成“高度危险作业”。应该强调的是，这是规范判断事宜而不能完全以自然科学为标准，尤其要考虑案涉活动

① 唐超：《论高度危险责任的构成——〈侵权责任法〉第69条的理解与适用》，载《北方法学》2017年第4期。

② 黄薇主编：《中华人民共和国民法典侵权责任编解读》，中国法制出版社2020年版，第278页。

③ 最高人民法院侵权责任法研究小组编著：《侵权责任法条文理解与适用》，人民法院出版社2010年版，第510页。

④ 2020年6月7日，利用中国裁判文书网，将案件类型设为“民事案件”，文书类型设为“判决书”，法院层级设为“高级法院”，以“高度危险”全文检索，得到131件案例，除少数不属高度危险责任范畴外，其他要么是危险物责任，要么是危险活动责任，表明《民法典》第1236条适用空间甚小。

⑤ 最高人民法院中国应用法学研究所著：《人民法院案例选（分类重排本）·民事卷9》，人民法院出版社2017年版，第5126页以下。

的地方性因素。① 第二，两个被告人也就是部队和学校的责任形态是否一致。射击活动当然属部队的“贸易、经营或业务”，对学校而言则不然。

无锡市郊区人民法院认为：中国人民武装警察8721部队在其范围内设置打靶场，并在禁区内采取了警戒措施，其从事的打靶训练符合有关军事法规规定。其在和铁路机械学校组织的打靶过程中，将距离禁区400米外的原告王某宸击伤，主观上无过错。但王某宸中弹受伤是事实，依据法律规定，二被告应负无过错责任。铁路机械学校的学生在学校安排的打靶训练中造成王某宸受伤，铁路机械学校是直接行为人，对王某宸的伤害应负赔偿责任，中国人民武装警察8721部队负连带责任。

【关联法条】

《民法典》第1166条

（撰稿人：唐超）

第一千二百三十七条　【民用核设施损害责任】 民用核设施或者运入运出核设施的核材料发生核事故造成他人损害的，民用核设施的营运单位应当承担侵权责任；但是，能够证明损害是因战争、武装冲突、暴乱等情形或者受害人故意造成的，不承担责任。

【释义】

本条源于《侵权责任法》第70条，只有一些细节上的改动。本条旨在为民用核设施致害责任提供请求权基础，在形式上为完全法条，但又并不足够完备，至少在以下几点上需要《核安全法》《国务院关于核事故损害赔偿责任问题的批复》补充：受侵害的法益；在责任主体上的责任集中规则以及多个营运人的连带责任规则；责任限额规则以及国家财政补偿规则。

核设施、核材料当然高度危险，核损害也需要诸多特别制度设计，格外适宜

① 在某些案件中，所涉活动并不是通常构想的极端危险活动，但检视了活动与环境之间的相互关系，仍可能认为属严格责任范畴；而在另一些案件中，传统上被视为极端或本质上危险的活动，若是在僻远之地从事，也可能不令被告人承担严格责任。参见［美］亚伯拉罕、泰特选编：《侵权法重述——纲要》，许传玺、石宏等译，法律出版社2006年版，第146页、第149页。

特别立法。惜乎2017年9月通过的《核安全法》只是草草应付。[①] 2018年9月20日，《原子能法（征求意见稿）》对外公开征求意见，对民事责任同样敷衍了事。[②] 依本书意见，本章高度危险责任的请求权基础只应该是补充性质的概括条款，凡需要特别规制的，如核事故责任及民用航空器责任，皆以迁出本章而安置于特别法中为宜。

（一）责任主体相关规则

核设施损害责任的主体为核设施营运单位，指在中华人民共和国境内，申请或者持有核设施安全许可证，可以经营和运行核设施的单位（《核安全法》第93条）。[③] 核事故责任贯彻责任集中或者唯一责任原则，即在有复数责任主体的场合，由其中之一承担赔偿责任，其他责任人不直接对受害人承担损害赔偿责任。有关核损害责任的国际公约以及各国的核损害责任立法普遍采纳这一原则，将核事故责任全部归结于核营运人，如供应商、设计方、制造商或者建设方之类任何其他人等都不承担责任。[④] 除了法律允许的情形，甚至都不得向这些人追偿。[⑤]

依《国务院关于核事故损害赔偿责任问题的批复》第2条，“营运者应当对核事故造成的人身伤亡、财产损失或者环境受到的损害承担赔偿责任。营运者以外的其他人不承担赔偿责任”。第9条规定，“营运者与他人签订的书面合同对追索权有约定的，营运者向受害人赔偿后，按照合同的约定对他人行使追索权。核事故损害是由自然人的故意作为或者不作为造成的，营运者向受害人赔偿后，对该自然人行使追索权”。《核安全法》第90条第2款也特别写明，“为核设施营运单位提供设备、工程以及服务等的单位不承担核损害赔偿责任”。

在涉及多个核设施营运人的场合，依《国务院关于核事故损害赔偿责任问题

---

① 《核安全法》第90条第1款写道，“核设施营运单位应当按照国家核损害责任制度承担赔偿责任”。全国人大法律委员会称，“有些常委会组成人员还对增加核损害赔偿责任的豁免情形、建立核损害赔偿基金、明确国家的核损害赔偿责任等规定提出建议。考虑到核损害赔偿问题较为复杂，本法可只对核损害赔偿制度作原则规定，有的问题可按照国家有关规定执行，有的问题可在今后通过专门立法作出规定”。《全国人民代表大会法律委员会关于〈中华人民共和国核安全法（草案三次审议稿）〉修改意见的报告》。全国人民代表大会官网：http://www.npc.gov.cn/zgrdw/npc/xinwen/2017－09/01/content_2028115.htm，2020年7月31日访问。

② 司法部官网：http://www.chinalaw.gov.cn/subject/content/2018－09/20/530_43489.html，2020年7月31日访问。该意见稿第50条只一句话：“因核事故造成他人人身伤亡、财产损失或者环境损害的，依法给予赔偿。”

③ 另见《国务院关于核事故损害赔偿责任问题的批复》第1条，“中华人民共和国境内，依法取得法人资格，营运核电站、民用研究堆、民用工程实验反应堆的单位或者从事民用核燃料生产、运输和乏燃料贮存、运输、后处理且拥有核设施的单位，为该核电站或者核设施的营运者”。

④ 李雅云：《核损害责任法律制度研究》，载《环球法律评论》2002年秋季号。

⑤ 蔡先凤：《核损害民事责任中的责任集中原则》，载《当代法学》2006年第4期；刘风景、郑建保：《核损害赔偿的基本原则》，载《科技与法律》2014年第2期。

的批复》第5条，“不能明确区分各营运者所应承担的责任的，相关营运者应当承担连带责任”。这个条款跟《民法典》第1172条的多数人责任规则有冲突嫌疑；不过考虑到核损害的严重性，可以认为属于聚合因果关系范畴（《民法典》第1171条），从而令多数被告人承担连带责任。

不涉及核设施的核活动，“例如在教学科研、医学、工农业生产中运用放射性同位素，所造成的损害不包含在核损害责任中”[①]，视具体情形而适用高度危险物责任甚至过错责任的规则。

（二）责任限制原则

核事故会带来巨额赔偿费用，为保护核工业发展，核事故责任法贯彻责任限制原则，体现为三点：第一，法律保护的权益受限制。传统立场仅及于“人身伤亡、财产损失”，但中国法同样保护“环境受到的损害”（《国务院关于核事故损害赔偿责任问题的批复》第2条，《核安全法》第90条）。就环境损害，参见本法“环境污染和生态破坏责任”章相关规定。

第二，损害赔偿的范围受限制，往往设有责任限额。依《国务院关于核事故损害赔偿责任问题的批复》第7条，“核电站的营运者和乏燃料贮存、运输、后处理的营运者，对一次核事故所造成的核事故损害的最高赔偿额为3亿元人民币；其他营运者对一次核事故所造成的核事故损害的最高赔偿额为1亿元人民币”。学界普遍认为，这个额度过低，不匹配中国的核大国地位及经济发展水平。[②]

第三，损害赔偿请求权时效期间受限制，多设短期时效。[③] 1963年《关于核损害的民事责任的维也纳公约》第6条第1款设定的时效期间为不少于3年，最长保护时间为10年。1997年《修正〈关于核损害民事责任的维也纳公约〉的议定书》一方面延长权利丧失期间至30年（生命丧失和人身伤害）和10年（其他损害），另一方面又压制诉讼时效期间为不超过3年（第8条）。就普通时效期间，中国法的立场与维也纳公约议定书一致。就最长保护期间，主要在人身伤害情形上，学说上多主张，核损害具有潜伏期，这个期间应该长一些。[④]

（三）财务保证与强制责任保险

核设施营运者的偿付能力有限，而核事故的处理相当复杂，需要长期巨额资

---

① 陈刚、李光磊：《论我国核损害责任制度的建立与架构》，载《学术交流》2019年第1期。

② 刘风景、郑建保：《核损害赔偿的基本原则》，载《科技与法律》2014年第2期；刘久：《核安全法背景下我国核损害赔偿制度立法研究》，载《法学杂志》2018年第4期。

③ 李雅云：《核损害责任法律制度研究》，载《环球法律评论》2002年秋季号。

④ 李雅云：《核损害责任法律制度研究》，载《环球法律评论》2002年秋季号；刘风景、郑建保：《核损害赔偿的基本原则》，载《科技与法律》2014年第2期。

金投入，故核事故责任条约及各国立法普遍有强制财务保证的要求。核责任保险即为全球核设施营运者的共同选择。国务院 2007 年批复也要求“营运者应当做出适当的财务保证安排，以确保发生核事故损害时能够及时、有效的履行核事故损害赔偿责任。在核电站运行之前或者乏燃料贮存、运输、后处理之前，营运者必须购买足以履行其责任限额的保险”（第 8 条）。《核安全法》第 90 条第 3 款同样规定：“核设施营运单位应当通过投保责任保险、参加互助机制等方式，作出适当的财务保证安排，确保能够及时、有效履行核损害赔偿责任。”目前，中国商业运行或即将进入商业运行的商用核电反应堆均投保了运营阶段的商业保险。[①]

（四）国家干预

国家干预是指国家介入、参与到核损害赔偿工作中，担当调停责任或支付赔偿金的责任。[②] 在核事故责任领域，负责任的国家不可避免地要扮演“额外性、补充性与基本性的角色”。[③] 依《国务院关于核事故损害赔偿责任问题的批复》第 7 条，“核事故损害的应赔总额超过规定的最高赔偿额的，国家提供最高限额为 8 亿元人民币的财政补偿。对非常核事故造成的核事故损害赔偿，需要国家增加财政补偿金额的由国务院评估后决定”。

（五）免责事由

本条写明两项免责事由。《核安全法》第 90 条第 1 款只提及“战争、武装冲突、暴乱等情形”，法律起草机关对“受害人故意”的态度颇为犹豫。[④] 事实上依《关于核损害的民事责任的维也纳公约》第 4 条，不要说故意，就是受害人的重大过失，亦允许减免被告人的责任。

第三人故意造成核事故的，营运者不能以此为抗辩，仍应对受害人承担责任，只是可以向第三人追偿。这里的问题是如何区分第三人行为与得用为抗辩的社会现象类型不可抗力（“战争、武装冲突、暴乱”）。按照《核安全法》的要求，“核设施营运单位应当依照法律、行政法规和标准的要求，设置核设施纵深防御体系，有效防范技术原因、人为原因和自然灾害造成的威胁，确保核设施安

---

① 刘久：《核安全法背景下我国核损害赔偿制度立法研究》，载《法学杂志》2018 年第 4 期。

② 李雅云：《核损害责任法律制度研究》，载《环球法律评论》2002 年秋季号。

③ 刘久：《核安全法背景下我国核损害赔偿制度立法研究》，载《法学杂志》2018 年第 4 期。

④ “有的常委委员提出，将‘受害人故意’造成核事故作为排除核设施营运单位赔偿责任的情形，容易引起不同理解，建议再作研究。法律委员会经研究，建议删去‘受害人故意’的规定”。《全国人民代表大会法律委员会关于〈中华人民共和国核安全法（草案三次审议稿）〉修改意见的报告》。全国人民代表大会官网：http：//www. npc. gov. cn/zgrdw/npc/xinwen/2017 – 09/01/content_ 2028115. htm，2020 年 7 月 31 日访问。

全”（第 16 条）。若第三人行为的强度超过防范标准，如一些恐怖活动，即构成不可抗力。

【关联法条】

《核安全法》第 2 条、第 90 条

（撰稿人：唐超）

第一千二百三十八条　【民用航空器损害责任】民用航空器造成他人损害的，民用航空器的经营者应当承担侵权责任；但是，能够证明损害是因受害人故意造成的，不承担责任。

【释义】

本条源于《侵权责任法》第 71 条，只是调整了个别字和标点。

本条从形式上看是典型完全法条，为民用航空器致害责任提供了统一的请求权基础。但考察《民用航空法》可知，民用航空器损害实分为诸多类型，危险性大小不一，减免责事由宽窄不齐，甚至时效期间都不同于民事基本法。在民用航空器损害赔偿规则上遂生新一般法与旧特别法关系问题。法律起草机关针对本条减免责机制说，“本法虽然没有同《民用航空法》一样，把所有不承担责任的情形都一一列出来，是因为侵权责任法作为处理侵权纠纷的基本法，对民用航空器致害责任的基本原则作出规定，对《民用航空法》中关于不承担责任情形的具体规定，仍然适用”。[①] “仍然适用”实际意味着旧特别法排除了本条适用机会。《侵权责任法》颁布后，《民用航空法》从 2015 年到 2018 年经历四次修改，从旧特别法变为新特别法；在民事责任规则上一直没有变化，表明立法者对该法中民用航空责任规则的立场很坚定。《民法典》的颁布又让《民用航空法》民事责任规则成为旧法，但已有充分理由相信，新旧无关紧要，特别法在这个场合优先。[②]

民用航空分为公共航空与通用航空两类。公共航空运输指“公共航空运输企业使用民用航空器经营的旅客、行李或者货物的运输，包括公共航空运输企业使

① 黄薇主编：《中华人民共和国民法典侵权责任编解读》，中国法制出版社 2020 年版，第 276 页。

② 最高人民法院民法典贯彻实施工作领导小组主编：《中华人民共和国民法典侵权责任编理解与适用》，人民法院出版社 2020 年版，第 599 页。

用民用航空器办理的免费运输”（《民用航空法》第106条第1款）。通用航空指“使用民用航空器从事公共航空运输以外的民用航空活动，包括从事工业、农业、林业、渔业和建筑业的作业飞行以及医疗卫生、抢险救灾、气象探测、海洋监测、科学实验、教育训练、文化体育等方面的飞行活动”（《民用航空法》第145条）。依法律起草机关的立场以及实务界、学术界普遍看法[①]，本章的民用航空器损害责任包括《民用航空法》规制的两类责任：对旅客、行李、货物损害的赔偿责任，以及对地面第三人所受损害的赔偿责任。前一类责任置于该法第九章“公共航空运输”之下，故只涉及公共运输承运人；后一类责任专设一章（第十二章），同时适用于公共运输和通用航空场合。基于前面阐明的立场即《民用航空法》的责任规则排除本章适用，可以得知，实则本条只能适用于极为狭窄的情形，也就是在通用航空场合，航空器上人员和财产因航空器的典型风险而遭受损害。《民用航空法》为何未涉及此类事故，想来《民用航空法》重视参考国际条约，而此种事故类型并非国际条约考虑的内容。

此外，实务界和学术界还多有主张，在旅客遭受损害的情形，违约责任与侵权责任竞合（并将《民用航空法》相关规则理解为侵权法的内容），原告得择一主张。[②] 本书以为，《民用航空法》中的民事责任规则构成独立法定规整，在减免责事由、赔偿限额、时效期间等方面多有特别设计，为实现立法目的，自然排除《合同法》的适用。

从立法论角度看，民用航空器损害责任与民用航空器运营紧密相关，不宜与其他民用航空事务分开规制，兼之类型多样、规则分量大，尤其是考虑到与国际条约保持立场一致[③]，由《民用航空法》调整乃是恰当路径。从立法技术上讲，若一定要写入本条，亦宜仿机动车交通事故责任章的首条（第1208条），以引用性法条指向《民用航空法》，并于该法中完善相关责任规则。在本条适用的狭窄

---

① 黄薇主编：《中华人民共和国民法典侵权责任编解读》，中国法制出版社2020年版，第275页；中国审判理论研究会民事审判理论专业研究会编著：《民法典侵权责任编条文理解与司法适用》，法律出版社2020年版，第264页；最高人民法院侵权责任法研究小组编著：《侵权责任法条文理解与适用》，人民法院出版社2010年版，第492页；王利明：《侵权责任法研究》（下卷），中国人民大学出版社2011年版，第569页；程啸：《侵权责任法》（第二版），法律出版社2015年版，第601页。最高人民法院编写的民法典释义书表述得不太清楚，参见最高人民法院民法典贯彻实施工作领导小组主编：《中华人民共和国民法典侵权责任编理解与适用》，人民法院出版社2020年版，第601页。

② 最高人民法院侵权责任法研究小组编著：《侵权责任法条文理解与适用》，人民法院出版社2010年版，第494页；程啸：《侵权责任法》（第二版），法律出版社2015年版，第601页。

③ 1958年6月5日全国人民代表大会常务委员会第九十七次会议根据国务院提出的议案，决定加入1929年10月12日在华沙签订的《统一国际航空运输某些规则的公约》。2005年2月8日第十届全国人民代表大会常务委员会第十四次会议决定：批准国务院提请审议批准的1999年5月28日经国际民航组织在蒙特利尔召开的航空法国际会议通过的《统一国际航空运输某些规则的公约》。

情形，只有受害人故意一项免责事由，严厉程度甚至超过民用核设施责任，政策上无法为之辩护。比较合适的办法是删除本条，径直适用高度危险责任概括条款；倘认为确有区别规制的必要，亦以迁出一般法，在《民用航空法》中添加相应条款为宜。

【相关案例】

通用公司与冠华公司财产损害赔偿纠纷案①

2015 年 5 月 11 日，案外人传媒公司（甲方）与通用公司（乙方）签订《直升机包租机合同》，约定“甲方租用乙方一架贝尔 407GX 型直升机实施航拍作业”。2015 年 6 月 25 日，传媒公司与冠华公司签订《2015 鸟瞰新重庆城市航拍服务合同》，约定由冠华公司向传媒公司提供航空拍摄及成片制作等服务，服务项目中包括冠华公司提供航拍陀螺仪稳定平台及支架等。冠华公司于 2015 年 6 月 28 日与案外人光影时代公司签订《航拍制作服务合同》，向光影时代公司租赁 SHOTOVERF1 一套及支架系统用于《2015 鸟瞰新重庆》城市航拍。2015 年 9 月 13 日，直升机在执行万州至梁平的航拍任务时坠毁，直升机和航拍设备全部毁损，机上人员全部遇难。冠华公司赔偿光影时代公司财产损失近 180 万元后，转而要求通用公司赔偿。

本案争议焦点：在通用航空场合，航空器上人员和财产因航空器典型风险而受损害的，恰当的请求权基础何在。是适用过错责任概括条款、高度危险责任概括条款还是本条，《民用航空法》是否提供了相应请求权基础。

重庆市渝北区人民法院依照《侵权责任法》第 6 条规定，判决通用公司赔偿冠华公司设备毁损所受损失共计 1718030.17 元。重庆市第一中级人民法院援引《侵权责任法》第 71 条规定，认为被告人未举证证明案涉航拍陀螺仪稳定平台及支架毁损是由受害人故意造成，应当依法承担相应的赔偿责任，维持原判。

【关联法条】

《民用航空法》第 124～144 条、第 157～172 条

（撰稿人：唐超）

---

① （2018）渝 01 民终 8168 号，载中国裁判文书网，http://wenshu.court.gov.cn/website/wenshu/181107ANFZ0BXSK4/index.html?docId=9742a60e9ca34f1684beaa3a00f423a9，2020 年 8 月 11 日访问。

第一千二百三十九条　【占有、使用高度危险物损害责任】占有或者使用易燃、易爆、剧毒、高放射性、强腐蚀性、高致病性等高度危险物造成他人损害的，占有人或者使用人应当承担侵权责任；但是，能够证明损害是因受害人故意或者不可抗力造成的，不承担责任。被侵权人对损害的发生有重大过失的，可以减轻占有人或者使用人的责任。

【释义】

《民事案件案由规定》第四级案由353（3）为“占有、使用高度危险物损害责任纠纷”，本条即为高度危险物致人损害时寻求救济的请求权基础。本条源于《侵权责任法》第72条，只是增加了例示的危险物类型，没有实质变动。

本条适用中的要点在于如何认定案涉致害物质是否系本条所说“高度危险物”。法律起草机关的说法是，“一般根据国家颁布的三个标准”，也就是《危险货物分类和品名编号》《危险货物品名表》《常用危险化学品分类及标志》。[①] 这第三件标准已改名为《化学品分类和危险性公示通则》。

质量监督检验检疫总局、国家标准化管理委员会2012年发布的《危险货物分类和品名编号》（GB 6944—2012）将“危险货物（也称危险物品或危险品）”界定为，“具有爆炸、易燃、毒害、感染、腐蚀、放射性等危险特性，在运输、储存、生产、经营、使用和处置中，容易造成人身伤亡、财产损毁或环境污染而需要特别防护的物质和物品”。这份规范性法律文件将危险货物分为9类：第1类，爆炸品，包括爆炸性物质、爆炸性物品以及“为产生爆炸或烟火实际效果而制造的”其他物质或物品；第2类，气体，“包括压缩气体、液化气体、溶解气体和冷冻液化气体、一种或多种气体与一种或多种其他类别物质的蒸气混合物、充有气体的物品和气雾剂”；第3类，易燃液体，包括易燃液体和液态退敏爆炸品；第4类，易燃固体、易于自燃的物质、遇水放出易燃气体的物质；第5类，氧化性物质和有机过氧化物；第6类，毒性物质和感染性物质；第7类，放射性物质，“指任何含有放射性核素并且其活度浓度和放射性总活度都要超过GB 11806规定限值的物质”；第8类，腐蚀性物质，“指通过化学作用使生物组织

① 黄薇主编：《中华人民共和国民法典侵权责任编解读》，中国法制出版社2020年版，第277页。另见最高人民法院民法典贯彻实施工作领导小组主编：《中华人民共和国民法典侵权责任编理解与适用》，人民法院出版社2020年版，第605页。

接触时造成严重损伤或在渗透时会严重损害甚至毁坏其他货物或运载工具的物质”；第9类，杂项危险物质和物品。对照这个分类，可以看到各类别都写入了本条。

就如何把握“高度危险”，比较法上有危险物进路与危险活动进路之别。危险物进路的主要立场就是，危险活动模糊而不易厘清，危险物则必定有危险物名录可供依靠，故有利于法律安定。法律起草机关似乎也是如此理解高度危险物，依易爆、易燃、剧毒、放射、腐蚀的顺序援引了《危险货物分类和品名编号》《放射性物品运输安全管理条例》若干内容，至于这些技术性规定对本条“高度危险物”的意义，未置一词[①]，仿佛这里隐藏着引用性法条，“本条所谓高度危险物，从国务院主管部门之界定”。恰当的认识是，如第1236条释义部分指出的，高度危险的判断是规范性事宜，主要考虑分配正义，而不是纯粹物理或者化学性质的度量。列入名录的物质造成损害的，并不必然适用本条。当然，若案涉物质列入前述名录，法官往往“初步”形成内心确信，认为应以危险为归责原则，亦无可厚非；但被告人得据具体案情下的风险与收益分配予以反驳，而主张应以过错归责。

本条有“等高度危险物”的表述，事实上完全可以充任高度危险责任概括条款，遂令《民法典》第1236条的合法性大为存疑。为了维护第1236条高度危险责任概括条款的地位，使其在规范上发挥作用，本条的“等”字在解释上应极为克制，严格遵从同类解释规则。基本上可以认为，凡有危险物不得归入本条各类型的，皆以适用高度危险责任概括条款为宜。援引本条时，得同时援引第1166条，即经由该条之引导而找到本条。不得同时援引第1236条（高度危险责任的概括条款），盖该条为补充性质的请求权基础。

【相关案例】

何某平与峨眉某燃气公司侵权责任纠纷案[②]

原告何某平于2010年12月购买了峨半家园×栋×单元2楼1号房屋，并到峨半家园物业管理公司登记，申请开通天然气。2011年8月4日9时30分，峨眉某燃气公司通过申请开通天然气用户名册检修管道，在何某平的房屋，工作人

---

① 黄薇主编：《中华人民共和国民法典侵权责任编解读》，中国法制出版社2020年版，第277～278页。

② （2014）川民申字第2263号，载中国裁判文书网，http：//wenshu. court. gov. cn/website/wenshu/181107ANFZ0BXSK4/index. html？docId = a914d8a9ff7942a2ab5160507 a15f459，2020年8月11日访问。

员发现入室总阀后端六方的两端有漏气现象，随即关闭入室总阀和两个支阀，并告知何某平等待公司派人维修，但未关闭集中表箱内的总阀。13时50分，峨眉某燃气公司工作人员罗某堂、胡某到达201室检修入室总阀，何某平及其妻子王某容在场。胡某检修完毕后用喷肥皂水检测法再次检验。因何某平所安装的燃器具不属峨眉某燃气公司安装范畴且当日未安装完毕，尚不具备用气条件，罗某堂、胡某遂关闭入室总阀并嘱咐何某平一定不要动总阀门。次日，何某平因201室的电灯开关出现问题请电工万某明检修，10时55分，何某平和刘某、张某琼来到201室，何某平闻到空气中有异味，随即将客厅窗户打开。11时左右，万某明进入室内，何某平递给万某明一支香烟，万某明拿出打火机打燃点烟时发生爆炸。峨眉山市公安消防大队出具爆炸事故分析报告：初步结论为由于201室天然气阀门处于开启状态，致使天然气泄露、蔓延扩散至房间和楼梯间，形成爆炸性混合气体，遇火星发生爆炸，该事故先爆炸后燃烧。

本案有两个争议焦点。第一，因天然气泄露引发爆炸致人员、财产损害，属过错责任还是高度危险责任范畴。关键在于不能单纯从物的自然属性而应从规范角度来理解高度危险的意义。[①] 第二，天然气是否构成民法上的“物”。若输送天然气构成高度危险，是适用高度危险物责任条款，还是高度危险作业责任的概括条款。

四川省高级人民法院再审认为：峨眉某燃气公司为天然气供应者，为峨半家园201号房屋提供天然气通气作业。天然气具有易燃、易爆属性，峨眉某燃气公司从事的行业为易燃、易爆等高度危险之作业，峨眉某燃气公司为高度危险作业者。根据建设部《燃气燃烧器具安装维修管理规定》第21条“未通气的管道燃气用户安装燃气燃烧器具后，还应当向燃气供应企业申请通气验收，通气验收合格后，方可通气使用”之规定，燃气专业供应企业应当对用户安装的燃气燃烧器具通气验收，以确保燃烧器具符合安全使用要求，亦是其法定义务。峨眉某燃气公司在用户的燃气燃烧器具尚未安装完毕，且通气软管亦未正确连接燃气燃烧器具情况下，仅仅关闭了201号房内入室总阀，却未及时关闭户外集中表箱内天然气总阀门，致天然气输送到用户室内，存在严重过错。峨眉某燃气公司为专业燃气供应企业，在作业中应当负有高度安全注意义务。即使检修人员履行了安全提示义务，峨眉某燃气公司亦未充分尽到对天然气所具有的危险性的高度安全注意义务，致使天然气因201房内入户阀门被打开而发生泄漏，留下重大安全隐患。

① 燃气公司为用户输送天然气使用户得到利益，天然气的危险性质为用户熟知且用户在相当程度上可以控制风险，故比较法上并不认为向住户输送天然气构成高度危险。参见［美］亚伯拉罕、泰特选编：《侵权法重述——纲要》，许传玺等译，法律出版社2006年版，第148页。

根据《侵权责任法》第69条的规定，从事高度危险作业造成他人损害的，应当承担侵权责任。再根据《侵权责任法》第26条，充分考量双方过错大小，认定峨眉某燃气公司承担75%的赔偿责任，何某平自行承担25%的损失，符合相关法律、法规的规定。一审、二审认定事实和适用法律无误。

【关联法条】

《放射污染防治法》第59条、第62条，《安全生产法》第111条、第112条

（撰稿人：唐超）

第一千二百四十条　【高度危险活动损害责任】从事高空、高压、地下挖掘活动或者使用高速轨道运输工具造成他人损害的，经营者应当承担侵权责任；但是，能够证明损害是因受害人故意或者不可抗力造成的，不承担责任。被侵权人对损害的发生有重大过失的，可以减轻经营者的责任。

【释义】

最高人民法院《民事案件案由规定》第四级案由353（4）为“高度危险活动损害责任纠纷”，本条即为高度危险活动损害责任的请求权基础。本条虽提到“挖掘活动”，但未使用“高度危险活动”术语，直到第1243条方才将“高度危险活动”与“高度危险物”并举，这是立法技术上的瑕疵。本条源于《侵权责任法》第73条，无实质改动。援引本条时，得同时援引第1166条，即经由该条之引导而找到本条。不得同时援引第1236条，盖该条为补充性质的请求权基础。

下面对法条中列举的高空、高压、地下挖掘、高速轨道运输工具这四类高度危险活动的规范意义稍加阐释。

（一）高空作业

法律起草机关对“高空作业”的理解，完全依据质量监督检验检疫总局、标准化管理委员会发布的国家标准《高处作业分级》（GB/T 3608—2008）。[①] 依该

① 黄薇主编：《中华人民共和国民法典侵权责任编解读》，中国法制出版社2020年版，第281页。

标准：高处作业指“在距坠落高度基准面 2 米或 2 米以上有可能坠落的高处进行的作业”。高处作业高度分为四个区段：2 米至 5 米，5 米以上至 15 米，15 米以上至 30 米，30 米以上。若是没有引起坠落的其他危险因素介入，即依上述四个区段将高处作业分为Ⅰ、Ⅱ、Ⅲ、Ⅳ级，称 A 类法分级；若是有列举的 11 种危险因素介入，前述四个区段即分别对应Ⅱ、Ⅲ、Ⅳ、Ⅳ级，称 B 类法分级。这 11 种危险因素包括：阵风风力五级以上；GBT/4200—2008 规定的Ⅱ级或以上高温作业；平均气温低于或等于 5℃的作业；接触冷水温度等于或低于 12℃的作业；作业场地有冰、雪、霜、水、油等易滑物；作业场所光线不足，能见度差；作业活动范围与危险电压带电体的距离小于规定；摆动、立足迹不是平面或只有很小的平面；GB 3869—1997 规定的Ⅲ级或以上体力劳动强度；存在有毒气体或空气中含氧量低于 0. 195 的作业环境；可能会引起各种灾害事故的作业环境和抢救突然发生的各种灾害事故。

从以上内容可以看出，这套国家标准针对的是高处坠落风险：并非作业工具、材料等坠落造成他人损害的风险，而是作业人员从高处坠落的风险。当然，这两种风险并非毫不相关，故仍得用作参考。可以肯定的是，绝非作业高度达到 2 米即为本条所谓“高空”作业，仍应于个案情境下，结合作业高度、作业内容、周边环境等因素综合判断，该作业是否造成了以合理注意亦难避免的剩余风险。

（二）高压作业

据法律起草机关解释，本条所谓“高压”作业意指“工业生产意义上的高压，包括高压电、高压容器等”。

就高压容器，起草机关称，“高压容器的设计压力为 10MPa 以上低于 100MPa；100MPa 以上为超高压容器”。[①] 这里“超高压”容器的标准当出自国家质量监督检验检疫总局、国家标准化管理委员会发布的国家标准《超高压容器》（GB/T 34019—2017），指称同时满足以下条件的容器：a）设计压力大于或等于 100MPa；b）设计温度范围在负 40℃到 400℃之间。就“高压”容器，似未发布过国家标准。学说上主张，参考国务院颁布的《特种设备安全监察条例》，涉及生命安全、危险性较大的锅炉、压力容器（含气瓶）、压力管道致人损害的，得考虑适用高压致害责任。[②] 这里的问题在于，这些压力设备若致人损害，必然是以爆炸或者有毒物质泄露等形式，从而与高度危险物责任构成法条竞合，显示危险物责任与危险活动责任实无区别必要。

---

① 黄薇主编：《中华人民共和国民法典侵权责任编解读》，中国法制出版社 2020 年版，第 282 页。

② 程啸：《侵权责任法》（第二版），法律出版社 2015 年版，第 610 页。

就高压电，依国家电网公司企业标准《电力安全工作规程：线路部分》（Q/GDW 1799.2—2013），高压电“通常指超过低压的电压等级”，而低压电指“用于配电的交流系统中1000V及其以下的电压等级”。此前，国家电网公司于2005年2月发布的《电力安全工作规程（变电站和发电厂电气部分、电力线路部分）（试行）》将“电气设备分为高压和低压两种”，电压等级1000V及以上的为高压电气设备。可见1000V一直是界定高压电的行业标准。《电力设施保护条例》采纳了这个标准：1千伏以上的架空电力线路即要设置保护区；且电压越高，保护区范围越大（第10条第1项）。最高人民法院曾于2000年11月13日发布《最高人民法院关于审理触电人身损害赔偿案件若干问题的解释》（法释〔2001〕3号），亦以“1千伏（KV）”为高压电标准（第1条）。该司法解释虽遭废止，但无关高度危险责任法制中高压电的认定标准。①

高压电责任的主体，该司法解释表述为“电力设施产权人”（第2条第1款），《侵权责任法》及《民法典》表述为“经营者”，在解释上都应以实际控制危险源为判断标准；是否赚取了利润，是否是设施所有权人，并无决定意义。整个发电、输电、配电、用电过程会涉及电力生产企业、电网经营企业、供电企业、用户等不同主体（《电力法》第三章、第四章），造成损害的电力设施产权归谁，原则上谁就是责任主体。电力工业部《供电营业规则》（电力工业部令第8号）第47条详细写明电力设施产权归属及责任分界点：“供电设施的运行维护管理范围，按产权归属确定。责任分界点按下列各项确定：1. 公用低压线路供电的，以供电接户线用户端最后支持物为分界点，支持物属供电企业。2. 10千伏及以下公用高压线路供电的，以用户厂界外或配电室前的第一断路器或第一支持物为分界点，第一断路器或第一支持物属供电企业。3. 35千伏及以上公用高压线路供电的，以用户厂界外或用户变电站外第一基电杆为分界点，第一基电杆属供电企业。4. 采用电缆供电的，本着便于维护管理的原则，分界点由供电企业与用户协商确定。5. 产权属于用户且由用户运行维护的线路，以公用线路分支杆或专用线路接引的公用变电站外第一基电杆为分界点，专用线路第一基电杆属用户。在电气上的具体分界点，由供用双方协商确定。”

前述规则之所以将责任人表述为“产权人”，是因为危险源控制人多半就是危险设施的产权人。倘若危险设施产权人并非危险源实际控制人，自当以实际控制人为责任人。

① 《最高人民法院关于废止1997年7月1日至2011年12月31日期间发布的部分司法解释和司法解释性质文件（第十批）的决定》（法释〔2013〕7号）第32条，废止理由为“与《最高人民法院关于审理人身损害赔偿案件适用法律若干问题的解释》相冲突”。

（三）地下挖掘活动

“地下挖掘活动就是在地表下向下一定深度进行挖掘的行为”[①]，主要是地下采矿、地下铁路施工等活动。

依本法第 1258 条规定，在地表挖掘施工致人损害的，采过错推定责任，盖危险性相对较小。本条针对地下挖掘活动，地表不易察觉，危险性更大。地下挖掘的深度并不需要考虑，只要在地表无法采取防范措施即可。

（四）使用高速轨道运输工具

高速轨道运输工具是沿着固定轨道行驶的车辆，包括铁路、地铁、轻轨、磁悬浮、有轨电车等。这类运输工具有两个特点，一是速度快，二是不可避让（轨道），故而构成高度危险源。法条中的“高速”，亦应本规范目的以解释，列车于出入站时速度未必很快，但动能大，危险大，致人损害时仍在本条涵摄范围内。

就铁路运营致害责任，主要问题是处理本条与《铁路法》第 58 条的关系。依该条第 1 款，“因铁路行车事故及其他铁路运营事故造成人身伤亡的，铁路运输企业应当承担赔偿责任；如果人身伤亡是因不可抗力或者由于受害人自身的原因造成的，铁路运输企业不承担赔偿责任”；第 2 款特别例示了第 1 款但书“受害人自身原因”的一种具体情形，即“违章通过平交道口或者人行过道，或者在铁路线路上行走、坐卧造成的人身伤亡”。这种情形属于典型的受害人重大过失。依本条但书，受害人故意造成损害的，方得免除经营者责任；受害人重大过失的，只得减轻责任。《铁路法》第 58 条与本条遂生冲突。

法律起草机关编写的侵权责任法释义书认为立法意图很明确，不能以受害人的过失为由而令铁路企业完全不承担责任，否则“对受害人不公平，而且也不符合将铁路运输本身作为高度危险作业的立法目的”[②]；在《民法典》本条更是将《侵权责任法》第 73 条但书的“过失”改为“重大过失”，强化责任的立场明显。法律起草机关编写的《民法典》释义书却主张，特别法对减免责事由有专门规定的，从其规定，并举《铁路法》第 58 条为例。[③] 法律起草机关前后表述冲突更多是写作态度所致，起决定作用的还是法的客观目的。[④] 在机动车

---

① 黄薇主编：《中华人民共和国民法典侵权责任编解读》，中国法制出版社 2020 年版，第 283 页。

② 全国人大常委会法制工作委员会民法室编著：《中华人民共和国侵权责任法解读》，中国法制出版社 2010 年版，第 369 页。

③ 黄薇主编：《中华人民共和国民法典侵权责任编解读》，中国法制出版社 2020 年版，第 268 页。

④ 最高人民法院编写的释义书即主张本条优先于《铁路法》第 58 条适用，参见最高人民法院民法典贯彻实施工作领导小组主编：《中华人民共和国民法典侵权责任编理解与适用》，人民法院出版社 2020 年版，第 618 页。

责任场合，纵使事故由行人造成，机动车一方也要承担一定责任（《道路交通安全法》第76条第1款第2项），对铁路运输企业过于优待难免破坏法律秩序的价值体系。

【相关案例】

徐某华与供电公司触电人身损害责任纠纷案①

2010年7月14日，原告徐某华在大塘公司位于重庆市秀山土家族苗族自治县钟灵乡大塘村中岭山组七号洞井附近10KV美复线208—1杆旁被高压电击伤。经鉴定，徐某华左上肢为五级伤残，颈、胸、腹部瘢痕为十级伤残。

供电公司与大塘公司签订的《高压供用电合同》约定：供电公司以10KV电压经#069—4—16—54号杆向大塘公司供电；经双方协商确认，供用电设施产权分界点设在10KV美复线#069—4—16—54号杆，分界点电源侧供电设施属供电公司，由供电公司运行、维护、管理，分界点负荷侧供用电设施属大塘公司，由大塘公司运行、维护、管理；根据国家节能减排要求，依照《重庆市电力负荷管理装置装用管理办法》规定，为便于设备维护管理，大塘公司出资的电力负荷管理装置自愿移交给供电公司，由供电公司负责运行维护。事故发生地点的电线、变压器等电力设施的产权人为大塘公司。

大塘公司因停业，于2009年6月1日向供电公司提出报停供电申请，申请线路名称为10KV美复线。供电公司当天同意大塘公司的报停申请。事故发生地的电杆上记载为10KV美复线208—1。在事故发生时208—1杆上已无变压器，但承载变压器的平台未拆除，跌落开关连接变压器的三根电线下垂，现场无安全警示标志，无安全防护措施。

本案争议焦点为：在高压电致人伤害案件中，若电力设施产权人与经营者不是同一人，应以谁为责任主体。供电业务服务于谁，谁从中得到经济利益，是否应予考虑。

一审法院秀山县人民法院根据《侵权责任法》第6条等规定，判令供电设施产权人大塘公司承担10%的责任，驳回原告其他诉讼请求。二审重庆市第四中级人民法院根据《侵权责任法》第73条等规定，撤销一审判决并判令高压电事业经营者供电公司赔偿原告各项损失共计644113元。重庆市高级人民法院提审本案

---

① （2016）最高法民再140号，载中国裁判文书网，http：//wenshu. court. gov. cn/website/wenshu/181107ANFZ0BXSK4/index. html？docId = e42b706dd7334ed28f31a812010 16c7a，2020年8月11日访问。

并维持二审判决。最高人民检察院抗诉认为，应依据《侵权责任法》第12条，令供电公司和大塘公司分别承担相应的责任。

最高人民法院再审认为，从事高压电活动的经营者，无论是发电企业、供电公司，还是用电单位，在其从事高压电活动进行经营的高度危险作业过程中，造成他人损害的，均应依法承担损害赔偿责任。在很多情况下，电力设施确实是为其产权人的生产经营活动服务，但本案并非如此。早在2009年6月1日大塘公司就因停产而申请停止供电，供电公司也同意并停止向大塘公司供应高压电，此后携带高压电并击伤徐某华的电力设施已经不再为产权人大塘公司的生产经营服务，事故发生时并非大塘公司出于经营需要才导致其电力设施携带高压电，故大塘公司不是从事高压电活动的经营者。按照合同约定大塘公司将其电力负荷管理装置自愿移交给供电公司，由供电公司负责电力负荷管理装置的运行维护，供电公司采取了不能证明已拆除跌落开关或者通过正确规范断开操作措施的具体高压电经营行为，导致徐某华被高压电击伤。《供电营业规则》第51条规定，“按供电设施产权归属确定”电力伤害责任人，并非只能解释为在任何情况下都必须由供电设施产权人承担法律责任，还需要查明事故发生的真正原因，才能确定由谁承担责任。原判决认定供电公司是经营者，结论正确。根据本案已经查明的事实，徐某华被大塘公司电力设施携带的高压电击伤，是在供电公司同意大塘公司停电申请并停止供应高压电之后发生的，事故发生的原因是供电公司采取的具体停止供电措施不当造成的，而非大塘公司未尽管理者义务造成的。故大塘公司不应当对徐某华的损害承担侵权赔偿责任。维持重庆市高级人民法院判决。

【关联法条】

《电力法》第60条，《铁路法》第58条

（撰稿人：唐超）

第一千二百四十一条　【遗失、抛弃高度危险物损害责任】 遗失、抛弃高度危险物造成他人损害的，由所有人承担侵权责任。所有人将高度危险物交由他人管理的，由管理人承担侵权责任；所有人有过错的，与管理人承担连带责任。

【释义】

本条是关于遗失、抛弃高度危险物造成他人损害的侵权责任的规定。本条源于《侵权责任法》第 74 条，没有变动。

高度危险物责任条（第 1239 条）适用的情形是实际控制下的危险源致人损害。但危险源亦可能脱离实际控制，本条第一句及第二句前半部即明确，在高度危险物遗失、抛弃情形，仍由原实际控制人（“所有人”“管理人”）承担责任，是对第 1239 条构成要件中危险源控制人（“占有人或者使用人”）的补充，性质为说明性法条，并非独立请求权基础。在立法技术上，第二句前半部最好与第一句合并，总归是由原控制人承担责任。

若基于占有媒介关系而转移危险物的控制，实际控制人又将危险物遗弃，依侵权责任编“一般规则”的多数人责任规则，无法得出前后控制人承担连带责任的结论。本条第二句后半部特意写明，若在前控制人有过错，与在后实际控制人承担连带责任，从而提供了独立的请求权基础。本条文义未使用“占有媒介关系”之类抽象概括表述，而是称“交由他人管理”，应当以扩张解释为宜。

（一）责任人

损害发生之际，谁为危险源的控制人，谁即为责任人。危险源的控制人自不得以放弃实际支配的方式来逃避无过错责任，如《欧洲示范民法典草案》第 VI.—3：208 条评注所说，任何人不得通过单纯的“丢弃”而逃避身为所有权人、保有人或者占用人的责任。[①]

《欧洲示范民法典草案》所用术语为“丢弃”，意为有意且自愿之行为，指向放弃对物的控制[②]，外延显然广于以放弃所有权为效果意思的术语“抛弃”。危险物责任的责任人不必为所有权人，本条第一句只言及所有权人之抛弃，自然涵盖不足，应当依第 1239 条解释为“占有人或者使用人”。第二句说，所有权人将危险物交由他人管理，管理人将物“遗失、抛弃”并致他人损害的[③]，由管理人承

① 欧洲民法典研究组、欧盟现行私法研究组编著：《欧洲私法的原则、定义与示范规则》（第六卷），李昊等译，法律出版社 2014 年版，第 578 页。

② 欧洲民法典研究组、欧盟现行私法研究组编著：《欧洲私法的原则、定义与示范规则》（第六卷），李昊等译，法律出版社 2014 年版，第 578 页。

③ 这个意思在法条文义上并不清晰，但法律起草机关明确这样解释。参见黄薇主编：《中华人民共和国民法典侵权责任编解读》，中国法制出版社 2020 年版，第 287 页。最高人民法院编写的释义书亦如此解释，参见最高人民法院民法典贯彻实施工作领导小组主编：《中华人民共和国民法典侵权责任编理解与适用》，人民法院出版社 2020 年版，第 622 页。

担责任。可管理人不能为有效之抛弃，可见术语使用不恰当。

所谓“交由他人管理”，法律起草机关举有两例，交付保管与运输。[①] 这里应做宽泛解释，其他如设质、出租、出借等皆属之，他主占有情形都算数。在多层次间接占有情形，得类推适用。

（二）责任形态

依《欧洲示范民法典草案》第 VI. —3：208 条，在他人对丢弃物施加独立控制或成为保有人或营运人之前，原控制人仍应负责。能否反面解释：一旦为他人实际控制，原控制人即不必再负责任。本书以为，要考察新控制人（一般是先占人）之目的，是否系为“贸易、经营或业务”而保有。新控制人若是出于经营目的而控制，由新控制人依第 1239 条承担危险物损害责任。否则，新控制人依过错责任概括条款承担过错责任；此时，丢弃人因有过错，不能免其责任：类推适用本条第二句令其与直接占有人负连带责任，甚至有可能独立负责任（主要是在新控制人不知道物之危险性的场合）。

非出自有意而丧失实际支配的（遗失），在他人实际控制前，亦由遗失人承担危险物责任。危险物由他人拾得的，拾得人若系出于为他人意思而控制，积极寻找失主，构成无因管理（他主占有），仅就过失负责；拾得人若以所有的意思占有（自主占有），则为恶意占有，依第 1242 条处理。

据法律起草机关的解说，本条第二句规范的情形为，管理人（直接占有人）将危险物“遗失、抛弃”，该物造成他人损害。此时，前面阶层的间接占有人有过错的，应与直接占有人负连带责任。这里所谓有过错，系指所托非人、未尽告知义务之类。[②] 此种情形应属所谓结合的因果关系，依《民法典》第 1172 条本为按份责任。立法者于本条令直接占有人与间接占有人承担连带责任，是为了更好地保护受害人。

（三）第二句的扩张解释

如前所述，依立法意图，本条第二句适用于管理人将物抛弃的情形。从法条文义看，很难轻易得出这个结论。

这里要解决的问题是：基于占有媒介关系而发生占有移转，但并非丢弃，危险物致人损害的，如圆通“夺命快递”事件[③]，如何处理。建议本着法的客观目

---

① 黄薇主编：《中华人民共和国民法典侵权责任编解读》，中国法制出版社 2020 年版，第 287 页。

② 黄薇主编：《中华人民共和国民法典侵权责任编解读》，中国法制出版社 2020 年版，第 287 页。

③ 冯洁、彭利国、李一帆：《圆通生化危机：快递藏毒，一个公开的秘密》，载《南方周末》（综合版）2013 年 12 月 26 日。荆门市熊兴化工有限公司生产厂长杨某睿通过圆通快递，将装有 25 公斤氟乙酸甲酯的蓝色塑料桶寄给山东潍坊的鸣冉化工。寄送人与圆通快递公司都清楚，快递企业并不具备运输危险化学品的资质。化学品在货车里泄露，污染了一双鞋，鞋的收货人中毒死亡。

的，如同机动车责任法制中机动车移转占有情形（第1209条），将本条第二句扩张到他主占有的一般情形：直接占有人为“贸易、经营或业务”而取得控制的（比如专门从事此类业务的仓储人、运输人），依第1239条承担高度危险物责任，否则负过错责任。间接占有人有过错的，不免其责任：与直接占有人负连带责任（较第1209条的机动车责任严格），甚至有可能独立负责任（直接占有人无过错的情形）。

不过经如此解释，前后两句便不甚相谐，盖前句为丧失或放弃占有，而后句为他主占有，写为两款甚至两条更为合适。但逻辑上的小瑕疵不影响解释学上的正当性。

【相关案例】

保险公司与刘某伟、联谊公司、瑞阳公司遗失、抛弃高度危险物损害责任纠纷案①

2016年8月3日，联谊公司到瑞阳公司购买液体二氧化碳，充装过磅后已快到中午下班时间，因未办理完财务结算手续，无法取得出门证，故将罐车停放在厂区磅房附近。该罐车设有自动减压安全阀，如罐内压力过大安全阀会自动打开减压到安全压力后自动关闭。根据联谊公司提供的安全检测报告，该罐车允许充装量为23.63吨，当日实际充装量为24.76吨。超量充装加上高温影响，中午十二点左右，从罐车安全阀处溢出液态二氧化碳，并固化成干冰。瑞阳公司的工作人员发现后，联系罐车司机，让司机将车辆开出厂区，车辆开出后在厂区北门口又有部分溢出。原告刘某伟是瑞阳公司季戊四醇车间的干燥工人，当天吃完午饭后到车间外抽烟，发现厂区内及北门口外均有散落的干冰，有几个工人觉得好玩，正在用帽斗等器具装干冰，刘某伟也用饮料瓶装了些干冰带回车间，拧上盖子。大概四十分钟左右后，刘某伟拿起瓶子玩，瓶子爆炸，将刘某伟左手炸伤。联谊公司所用罐车在保险公司投保了第三者责任保险，每次事故每人人身伤亡责任限额为30000元。刘某伟请求两家企业及保险公司赔偿损失12万余元。

本案争议焦点为：在危险化学品买卖过程中，买受人已将危险物装车，但尚未获准离开出卖人工厂，此际化学品泄露致人损害，谁是危险源的控制人，出卖人与买受人是承担按份责任还是连带责任。

---

① （2018）内04民终1114号，载中国裁判文书网，http：//wenshu.court.gov.cn/website/wenshu/181107ANFZ0BXSK4/index.html？docId=aa27e9d6330c47d787ada8f00120c246，2020年8月11日访问。

一审赤峰市元宝山区法院认为：对散落干冰未及时采取清理措施，造成安全隐患，买卖双方均负有过错。考虑干冰泄露发生在瑞阳公司厂区及门口，采取管控措施相对方便有效，特别是发现有工人装带后，瑞阳公司未有效制止和排查以避免安全事故发生，过错较重。刘某伟本人未尽到安全注意义务，对事件的发生负有一定过错，瑞阳公司对职工的安全教育工作有欠缺。结合本案的起因、发展及各方的过错，对刘某伟的各项损失，以原告、联谊公司、瑞阳公司分别按10%、30%、60%的比例承担责任为宜。

保险公司提起上诉。赤峰市中级人民法院驳回上诉，维持原判。

【关联法条】

《民法典》第1209条、第1249条

（撰稿人：唐超）

第一千二百四十二条　【非法占有高度危险物损害责任】 非法占有高度危险物造成他人损害的，由非法占有人承担侵权责任。所有人、管理人不能证明对防止非法占有尽到高度注意义务的，与非法占有人承担连带责任。

【释义】

本条源于《侵权责任法》第75条，无实质改动。

本条规制高度危险物致害的另一种非典型情形，即危险物被他人非法占有并致人损害。受害人得以本条第1句为请求权基础主张由实际控制危险物的占有人承担侵权责任。

若受害人主张由危险物的原控制人承担责任，本条第2句实为第1239条的但书。也就是说，该条写明了两项抗辩事由，受害人过错和不可抗力，本条第2句又补充了一项抗辩，第三人非法占有。第三人非法占有要起到抗辩法律效果，还要求原控制人证明自己并未犯下额外过错，否则仍要与非法占有人承担连带责任。

建议本着法的客观目的扩张解释本条，使之适用于无权占有高度危险物的一切情形。如此，前条及本条即得全面涵盖各种非典型案型：无人占有、他主占有及无权占有。

（一）责任人

法律起草机关解释本条之“非法占有”，是指“明知自己无权占有，而通过非法手段将他人的物品占为己有”，如“盗窃、抢劫、抢夺”[①]，即恶意占有的一部分。拾得危险物而以所有意思占有的，或者通过非法途径购得危险物的，当然也应该包括在内。还需要讨论，虽不明知，但对于有无占有权产生怀疑的，是否包括在内；进一步地，不知无占有权且无怀疑的（善意占有人），是否亦当负责任。善意占有与恶意占有之区分，意义在于权利取得以及权利人—占有人关系的构造，对于危险物致人损害时责任人的确定，并不产生影响。这里只看谁是实际控制人，是否系为“贸易、经营或业务”而控制。在将第 1241 条第 2 句改造为他主占有情形责任人确定的一般规则后，本条亦应改造为无权占有情形责任人确定的一般规则。

“按照高度危险物致害责任原理，一般由实际控制人承担侵权责任”[②]，故在非法占有进而整个无权占有情形下，以无权占有人为责任人。至于原控制人是否仍应承担责任，实质上是《民法典》第 1175 条（“损害是因第三人造成”）如何适用的问题。原控制人未尽到防范义务，致第三人无权占有的，不得主张第三人介入而免除责任。

（二）责任形态

无权占有人对危险物致害承担责任，是否仍应以从事“营运”为要件。以色列的基列教授主张，窃贼、恐怖分子和非法侵入人并不会因其身份本身而负严格责任，盖“惩罚”并非课加严格责任的正当理由。[③]《民法典》起草机关则称，“为了加重非法占有人的责任”，令其承担无过错责任[④]，体现了惩罚意图。

在本书看来，无权占有人依本章规定承担危险物责任，还是应以出于“贸易、经营或业务”目的而保有为要件；否则应只承担过错责任（此际请求权基础并非本条，而是《民法典》第 1165 条）。如此解释方合乎高度危险责任的法理：为营运目的而控制危险源，方会造成以合理注意无法防范的风险；非出于营运目的，风险总是能够得以合理注意防范的。至于条文中写明的“非法占有人”，纵非出于营运目的，但在典型情境下都是有过错的，而且这个过错往往由案情事实本身即得自证，并不会增加原告证明负担，不必担心被告逃脱责任。

---

① 黄薇主编：《中华人民共和国民法典侵权责任编解读》，中国法制出版社 2020 年版，第 289 页。

② 黄薇主编：《中华人民共和国民法典侵权责任编解读》，中国法制出版社 2020 年版，第 289 页。

③ See Koch & Koziol (eds.) Unification of Tort Law: Strict Liability, Kluwer Law International, 2002, p. 197.

④ 黄薇主编：《中华人民共和国民法典侵权责任编解读》，中国法制出版社 2020 年版，第 289 页。

原控制人对于危险物的丧失占有不能证明自己无过错的，依本条第2句明文，“与非法占有人承担连带责任”。但如上段所述，无权占有人若非出于营业目的，应只负过错责任。倘无权占有人无过错，自应由原控制人独自承担高度危险物责任，此时请求权基础应当为经过恰当解释的前条第1句，而非依本条第2句承担连带责任。故在解释上应认为本条仅适用于无权占有人出于营运目的而占有危险物的情形。

法律起草机关解释说，因为这些物高度危险，故“应当加重”原控制人的责任，“使其对自己的过失行为负责”；又说，“非法占有人可能没有赔偿能力”，为了更好地保护受害人，也有必要令原控制人承担连带责任。[①] 似乎本条第二句的立场乃是出于特别政策考虑。实则，原控制人对于危险物的管理尽到注意义务的，第三人之取得无权占有（尤其是非法占有）在规范地位上即相当于不可抗力；此际，原控制人不负侵权责任乃是本章整体构造的当然之理。若原控制人未尽到注意义务，自不能以第三人介入为免责事由，亦是逻辑上的当然结论。

由于高度危险物的性质使然，诸如《化学危险品安全管理条例》《放射性物品运输安全管理条例》之类安全管理规范繁多。在事实层面，可以预见这些安全管理规范的要求“高度”严格；但在规范层面，也只是善良管理人的注意而已。规范层面并不存在比善良管理人的注意更高度的注意，盖善良管理人本来视案情而定，可以是普通民众，也可以是高度专业化的职业人。故而，本条第2句所谓“高度注意义务”，实务界及学说上或以为是高于善良管理人注意义务水平的义务[②]，本书以为并非如此。

（三）举证责任

在本条规制的情形，若原告仍起诉危险物原控制人，或者将原控制人与实际占有人同时列为被告，原控制人得援引第三人介入抗辩。若原控制人能证明，其对于防范第三人无权占有已尽到合理注意义务，那么第三人之取得无权占有即相当于不可抗力，在本章的构造之下，原控制人自得免去责任。在立法技术上，将本条设计为第1239条的但书更为合理。

但是本条文义过于狭窄。例如，若第三人并无占、使用意图，如只是引燃、引爆高度危险物，当如何处理；再或者，第三人若是非法控制了第1240条的高度

---

① 黄薇主编：《中华人民共和国民法典侵权责任编解读》，中国法制出版社2020年版，第289页。另见最高人民法院民法典贯彻实施工作领导小组主编：《中华人民共和国民法典侵权责任编理解与适用》，人民法院出版社2020年版，第628页。

② 最高人民法院侵权责任法研究小组编著：《侵权责任法条文理解与适用》，人民法院出版社2010年版，第515页；程啸：《侵权责任法》（第二版），法律出版社2015年版，第610页。

危险活动，致人损害，又当如何处理。故而，最好是通过扩张解释，将本条构建为第三人介入高度危险作业的一般规则：衡量第三人过错大小及介入强度与所涉危险源的危险性质，并考虑危险源控制人是否犯下额外过错，以此厘定受害人、危险源控制人与第三人之间的法律关系。

【相关案例】

窦某伟与大港油田分公司生命权、健康权、身体权纠纷案[①]

案涉“6—55”油井属大港油田分公司下设第一采油厂作业四区采注三组管理，该井于2006年10月因井杆断转为长停井管理。案涉盗油事件发生时，该井井口（地面以上）只有250型采油树一具，没有抽油机等设备，亦无围墙或其他防护设施或者相关警示、提示标志。油井所处原先以荒芜空地为主，附近也有一些油田企业废弃厂房曾对外出租。自20世纪80、90年代开始，陆续有外地务工人员在该油井周围空地上私自搭建平房院落居住生活。原告窦某伟系山东省东平县人，2001年退役后便来到大港油田地区务工，并在案涉油井偏北方向约15米处搭设违建平房一处，在内居住生活。2014年9月25日凌晨2时许，窦某伟早起洗漱外出准备上货，出门至数米处，户外由“中6—55”油井中泄漏的天然气忽然发生爆炸起火，窦某伟全身大面积烧伤。2017年1月4日，天津市滨海新区人民法院做出刑事附带民事判决，认定爆炸起火事件系郑某海、孟某东等五人窃取该油井原油过程中井内天然气泄漏引发，并以破坏易燃、易爆设备等罪名判处五人相应有期徒刑。窦某伟要求大港油田分公司承担损害赔偿责任，法院将五位盗窃人追加为第三人。

本案争议焦点为：犯罪人从长停油井盗窃石油，油井中泄露的天然气爆炸致人损害，此种情形是否属于非法占有高度危险物造成损害。

二审法院天津市第三中级人民法院认为：油井套管放油期间会产出大量天然气，措施不当会发生爆炸事故，天然气和原油都是列入《危险货物品名表》的危险物品，故一审法院认为本案应适用《侵权责任法》第75条、第76条等相关规定处理，并无不当。案涉“中6—55号”油井虽建设在先，但大港油田分公司对此后大量社会人员在油井周边危险区域范围内陆续违法搭建平房的行为未能采取相应的安全隔离、警示或拆除、清理等有效措施，油井采油树裸露地面，以致无

① （2019）津03民终108号，载中国裁判文书网，http：//wenshu. court. gov. cn/website/wenshu/181107ANFZ0BXSK4/index. html？docId = fb6d0a969ab341ceb77caa 7e008d89c4，2020年8月11日访问。

须具备太多相关专业技能或知识的人员亦能打开套管阀门放油放气。大港油田分公司未能“对防止他人非法占有尽到高度注意义务”，故一审法院认定大港油田分公司与五名第三人承担连带责任，并无不当。原告窦某伟系非专业人士，对油井高度危险的属性缺乏了解，案涉临建平房虽系违法建筑，但事故发生前，窦某伟已在该房屋居住多年，基于该情节不足以推定窦某伟对自身损害存在故意或重大过失，窦某伟不宜承担责任，故一审法院未支持免除、减轻上诉人责任的主张，并无不当。大港油田分公司的上诉请求不能成立，应予驳回。

【关联法条】

《民法典》第1215条

（撰稿人：唐超）

第一千二百四十三条　【高度危险作业区域管理人责任】未经许可进入高度危险活动区域或者高度危险物存放区域受到损害，管理人能够证明已经采取足够安全措施并尽到充分警示义务的，可以减轻或者不承担责任。

【释义】

本条是在高度危险作业致人损害的某些情形，即高度危险作业人与高度危险作业区域管理人非为同一人的情形，在作业人之外增添新的责任主体，为受害人向管理人主张权利提供请求权基础，令管理人亦对受害人承担无过错责任，旨在强化对受害人的保护。本条源于《侵权责任法》第76条，没有实质改动。

（一）不必要的请求权基础

法律起草机关认为高度危险责任分为两类：一类针对高度危险作业，即“积极、主动地对周围环境实施具有高度危险的活动”；另一类是“高度危险活动区域或者高度危险物存放区域责任”，也就是“将对高度危险场所、区域的控制和管理也视为高度危险活动”，这类活动是“静态的”。[①] 这个解读的问题在于，高度危险不是来自危险活动，而是来自危险物，除此之外并不存在其他危险源，高

① 黄薇主编：《中华人民共和国民法典侵权责任编解读》，中国法制出版社2020年版，第291页。

度危险作业区域本身并不会带来高度危险，故不能将所谓高度危险区域责任与高度危险作业责任并列。最高人民法院《民事案件案由规定》并未针对本条设置专门案由。

立法者本意是为受害人向管理人主张权利提供请求权基础，但在立法技术上存在错误：并未书写主文也就是权利构成要件，只留下但书及但书的但书。这个法条的完整形式应为：高度危险作业致人损害的，高度危险作业区域的管理人亦应承担侵权责任（主文），管理人能够证明受害人未经许可进入高度危险活动区域或者高度危险物存放区域从而受到损害的，可以减轻或者不承担责任（但书），管理人未采取足够安全措施或者未尽到充分警示义务的除外（但书的但书）。欠缺的权利成立要件是通过文义解释及体系解释解读出来的，完全等同于高度危险作业责任的要件，即高度危险作业的典型风险实现从而致人受损害；当然要补充一点，就是本条适用于作业人与管理人非为同一主体的情形。责任形态由立法意图及文义解释可知，乃是无过错责任；至于"管理人能够证明已经采取足够安全措施并尽到充分警示义务"那句话，法律构造上实为但书的但书，不能被误认作过错推定责任的经典表述。①

进一步分析，须知管理人是以高度危险源控制人的身份为危险实现而承担责任，并非因未尽到安全保障义务而承担责任。② 管理人往往是基于业务合作关系而与作业人协力控制同一危险源，是替危险作业人分担了一部分管控工作，故并非第 1172 条所说"二人以上分别实施侵权行为"，而应当扩大解释第 1168 条将之纳入共同加害行为范畴，故就典型风险实现所致损害逻辑上理所当然应负连带责任，也意味着本条实际上并无书写必要。

若作业人与管理人为同一主体，原告自然只得依高度危险物责任条款、高度危险活动责任条款以及高度危险责任概括条款寻求救济。

（二）高度危险作业区域

本条适用中的一个疑难问题是"高度危险活动区域或者高度危险物存放区域"是否正对应前面法条中的"高度危险物"和"高空、高压、地下挖掘活动或者使用高速轨道运输工具"。《最高人民法院关于审理道路交通事故损害赔偿案件适用法律若干问题的解释》第 9 条第 2 款将高速公路理解为本条所说的高度危险

---

① 最高人民法院编写的释义书将受害人未经许可进入危险作业区域从而受到损害，同时理解为构成要件与免责事由。参见最高人民法院民法典贯彻实施工作领导小组主编：《中华人民共和国民法典侵权责任编理解与适用》，人民法院出版社 2020 年版，第 631、633 页。

② 例如，中国审判理论研究会民事审判理论专业研究会编著：《民法典侵权责任编条文理解与司法适用》，法律出版社 2020 年版，第 273 页（将本条理解为"高度危险场所安全保障责任"）。

活动区域，学说上亦多以高速公路为本条适用的恰当例证。① 可是在高速公路上驾驶机动车并非本章所谓“高度危险”，而有专章规制。司法解释的立场本质上是将高速公路管理人营运高速公路这件事情本身理解为本章所谓“高度危险”，管理人本身即为高度危险作业人，也就失去适用本条的前提，恰当的请求权基础应为高度危险责任的一般条款（第1236条）。故本书以为，本条所说“高度危险”应专指本章所谓“高度危险”。

还可以探讨的是，将营运高速公路理解为本章所谓“高度危险”是否合理。从《民法通则》第126条、《侵权责任法》第85条，直到《民法典》第1253条，立场明确而连贯，即建筑物、构筑物或其他设施脱落、坠落造成他人损害的，推定所有人、管理人有过错，并不令其承担无过错责任。《最高人民法院关于审理人身损害赔偿案件适用法律若干问题的解释》第16条明确，“道路、桥梁、隧道等人工建造的构筑物因维护、管理瑕疵致人损害的”，亦属此条适用情形。这个解释是合理的，盖此处立体物与平面物在评价上没有区分价值。《最高人民法院关于审理道路交通事故损害赔偿案件适用法律若干问题的解释》第9条第1款、第10条沿袭这个立场，道路管理人承担过错推定责任。第9条第2款为何令高速公路管理人承担无过错责任，高速公路当然更危险，管理人的义务理当水涨船高（比如《公路工程技术标准》的细密规定），这是事实层面，但事物的性质没有改变，在规范上也没有更改归责原则的道理，管理人不论要尽到多么高的注意义务，在判例法上甚至得使之无比接近无过错责任，也仍然只是善良管理人的注意义务。依《最高人民法院关于审理人身损害赔偿案件适用法律若干问题的解释》第16条第1款规定，道路维护管理瑕疵责任、堆放物倒塌责任、林木折断责任皆属物件脱落、坠落损害责任范畴。《侵权责任法》“物件损害责任”章写入了后两种情形，《民法典》第1256条第2句又将第一种情形补入，皆采过错推定责任，想必可杜绝纷争。

（三）受害人过错

下面将阐释受害人过错抗辩在危险责任领域的适用。

第一，在“高度危险责任章”高度危险物责任条、高度危险活动责任条，受害人有重大过失的，危险作业人不能免除责任，只能减轻责任。相较《道路交通安全法》第76条第1款，由于高度危险作业的危险程度胜过机动车，故只有受害人“重大过失”方能发生减轻责任的法律效果。这两条中受害人过错抗辩的适

---

① 王利明：《侵权责任法研究》（下卷），中国人民大学出版社2011年版，第608页；程啸：《侵权责任法》（第二版），法律出版社2015年版，第617页；中国审判理论研究会民事审判理论专业研究会编著：《民法典侵权责任编条文理解与司法适用》，法律出版社2020年版，第274页。

用有个隐含前提，即作业人未犯额外过错，虽如此，也只能减轻责任，不能免除责任，跟《道路交通安全法》第76条第1款保持了立场协调。倘若作业人犯下额外过错，应认为不能援引受害人过错抗辩，跟《民法典》第1243条步调一致，比机动车责任严厉。

《铁路法》第58条第1款“受害人自身的原因”应限制解释，指受害人故意。通过法律解释工作，明确《民法典》高度危险活动责任条（“高速轨道运输工具”）排除《铁路法》第58条第2款的适用。

第二，在《民法典》第1243条适用的情形下，管理人必须未犯额外过错，方能以受害人过错抗辩。虽然法律写明“可以减轻或者不承担责任”，法院系统应形成共识，在个案裁判中只能减轻责任，不能免除责任，使得实际运行的法律给予管理人责任与作业人责任以同样评价，盖管理人与作业人承担的是连带责任。

第三，被告人的额外过错要素是法院应予重视的。尤其在受害人故意造成伤害的场合，得严格认定危险作业人的注意义务，不让作业人轻易免除责任。

【相关案例】

杨某波、侯某素与中铁上海公司、南京站铁路运输人身损害责任纠纷案[①]

2017年3月26日，杨某乘坐G7248次列车由苏州至南京南，该次列车于15时22分到达。杨某下车后在第22站台徘徊。15时43分，D3026次列车沿21站台以约每小时37公里的时速驶入车站。杨某由22站台跃下并进入轨道线路，向21站台方向奔跑，并越过站台间立柱，于列车车头前横穿线路。站台值班工作人员发现后向杨某大声示警。列车值乘司机发现后立即采取紧急制动措施并鸣笛示警。杨某横向穿越轨道，在列车车头前，努力向21站台攀爬，未成功。15时43分，列车将杨某腰部以下挤压于车体与站台之间，由于惯性裹挟杨某向前行驶35米后停止，距正常机车停车位93米。杨某死亡。

本案有两个争议焦点。第一，在列车致人损害的情形下，是适用《民法典》第1240条（《侵权责任法》第73条）还是《铁路法》第58条。若受害人有重大过失，这两条减免责的力度不同。第二，高度危险作业人（铁路运输企业）与危险作业区域管理人（火车站）是承担按份责任还是连带责任。

---

① 载《最高人民法院公报》2019年第10期。

南京铁路运输法院认为：本案第一被告中铁上海公司、第二被告南京站尽到了各自的注意义务，本次事故完全由杨某未经许可进入高度危险活动区域造成，依据《侵权责任法》第76条、《铁路法》第58条等规定，驳回原告杨某波、侯某素的诉讼请求。

【关联法条】

《铁路法》第58条

（撰稿人：唐超）

第一千二百四十四条　【高度危险责任的赔偿限额】 承担高度危险责任，法律规定赔偿限额的，依照其规定，但是行为人有故意或者重大过失的除外。

【释义】

本条源于《侵权责任法》第77条，添加了但书。

《侵权责任法》起草机关针对该法第77条称，“本条是关于高度危险责任赔偿限额的规定”。[①] 事实上该条本身并未限制高度危险责任的赔偿额度，故并非限制性法条。其他法律中关于赔偿限额的具体规定，如《民用航空法》第129条，性质为限制性法条，被限制的是损害赔偿法的一般规定。目前包含相关限制性法条的规范法律文件，颁布施行时间都早于《侵权责任法》，这些限制性法条的效力亦不依赖《侵权责任法》第77条，即该条在法律适用上实则并无意义。

《民法典》第1244条在《侵权责任法》第77条的基础上补充了但书，“但行为人有故意或重大过失的除外”。这个但书使得本条成为限制性法条，被限制的是其他法律中有关高度危险责任赔偿限额的具体规定。高度危险源控制人犯下额外过错的，法官援引本条以排除责任限额相关条款的适用。

（一）赔偿限额的具体规定

依本条，“承担高度危险责任，法律规定赔偿限额的，依照其规定”。“法律”

① 全国人大常委会法制工作委员会民法室编著：《中华人民共和国侵权责任法解读》，中国法制出版社2010年版，第377页。

又往往授权位阶更低的规范性文件，如《铁路法》第 17 条第 1 款授权国务院铁路主管部门规定赔偿限额；《民用航空法》第 128 条第 1 款授权国务院民用航空主管部门规定赔偿限限额。目前设定了赔偿限额的领域有三：（1）核事故损害责任；（2）铁路损害责任；（3）民用航空器损害责任。

（1）核事故损害责任。依《国务院关于核事故损害赔偿责任问题的批复》第 7 条，“核电站的营运者和乏燃料贮存、运输、后处理的营运者，对一次核事故所造成的核事故损害的最高赔偿额为 3 亿元人民币；其他营运者对一次核事故所造成的核事故损害的最高赔偿额为 1 亿元人民币”。

（2）铁路损害责任。依《铁路法》第 17 条第 1 款第 2 项，对承运的货物、包裹、行李自接受承运时起到交付时止发生的灭失、短少、变质、污染或者损坏，限额赔偿。限额适用的前提条件有三：一是非保价运输；二是非因铁路运输企业的故意或者重大过失造成；三是该赔偿限额由国务院铁路运输主管部门规定。铁道部《铁路货物运输规程》（铁运〔1991〕40 号）第 56 条第 3 款规定：“不保价运输的，不按件数只按重量承运的货物，每吨最高赔偿 100 元，按件数和重量承运的货物，每吨最高赔偿 2000 元；个人托运的搬家货物、行李每 10 公斤最高赔偿 30 元，实际损失低于上述赔偿限额的，按货物实际损失的价格赔偿。”

对于旅客的人身及自带行李，除旅客外第三人的人身和财产损失，按照实际损失赔偿。

（3）民用航空器损害责任。国务院 2006 年批准中国民用航空总局发布《国内航空运输承运人赔偿责任限额规定》，依该规定第 3 条，国内航空运输承运人的赔偿责任限额为：1. 对每名旅客的赔偿责任限额为人民币 40 万元；2. 对每名旅客随身携带物品的赔偿责任限额为人民币 3000 元；3. 对旅客托运的行李和对运输的货物的赔偿责任限额为每公斤人民币 100 元。

依《民用航空法》第 129 条，国际航空运输承运人的赔偿责任限额为：1. 对每名旅客的赔偿责任限额为 16600 计算单位；但是，旅客可以同承运人书面约定高于本项规定的赔偿责任限额。2. 对托运行李或者货物的赔偿责任限额，每公斤为 17 计算单位。旅客或者托运人在交运托运行李或者货物时，特别声明在目的地点交付时的利益，并在必要时支付附加费的，除承运人证明旅客或者托运人声明的金额高于托运行李或者货物在目的地点交付时的实际利益外，承运人应当在声明金额范围内承担责任。托运行李或者货物的一部分或者托运行李、货物中的任何物件毁灭、遗失、损坏或者延误的，用以确定承运人赔偿责任限额的重量，仅为该一包件或者数包件的总重量；但是，因托运行李或者货物的一部分或者托运行李、货物中的任何物件的毁灭、遗失、损坏或者延误，影响同一份行李票或者同一份航空货运单所列其他包件的价值的，确定承运人的赔偿责任限额时，此种包件的总重量也应当考虑在内。3. 对每名旅客随身携带的物品的赔偿责任限额为332 计算单位。

（二）赔偿限额与责任竞合

就危险责任与过错责任的关系，比较法上一般允许原告自由选择依哪套法制来主张权利。我国学界和实务界亦普遍认为，过错责任与危险责任构成并立二元归责体制，两者并非一般法与特别法的关系，故受害人得自由选择依何种责任规制寻求救济；若乞援于过错责任体制，得突破严格责任的封顶。① 这是德国法的思路，也就是将责任封顶看作受害人享受严格责任优待所付出的代价，但中国法的责任封顶主要见于运输领域，封顶的正当性或有别解。

以铁路货物运输来讲，当事人可以选择保价运输。仅在不保价场合，方适用限额赔偿条款。《民用航空法》第 129 条和《蒙特利尔公约》第 22 条的思路不也一样吗，托运人如果特别声明了在目的地交付时的利益，并在必要时支付了附加费，即依其声明金额负责任，而不受限额约束。再想想邮政赔偿规则：保价的按保价额赔偿；不保价的按资费的倍数赔偿（《邮政法》第 47 条）。由这些规则可以窥知，运输、邮寄场合的赔偿限额设计，实际是为了明确责任范围：保了价或者特别声明了利益，责任范围即可预见；没有保价或者没有特别声明利益，即以限额为可预见之损害范围。故本书并不认为可以乞援于过错责任规整，从而绕过这些限额条款。

至于航空运输场合对人身损害赔偿额的限制，主要是为了保护航空业的发展并与国际条约保持一致，《民用航空法》第 131 条明确规定，“只能依照本法规定的条件和赔偿责任限额提出”。核设施责任对于受害人来讲原本就是全部赔偿；总的赔偿限额不能打破，不足赔偿的，由财政补贴。②

---

① 薛军：《高度危险责任的法律适用探析》，载《政治与法律》2010 年第 5 期；王利明：《论高度危险责任一般条款的适用》，载《中国法学》2010 年第 6 期；最高人民法院侵权责任法研究小组编著：《侵权责任法条文理解与适用》，人民法院出版社 2010 年版，第 521 页；陈现杰主编：《侵权责任法条文精义与案例解析》，中国法制出版社 2010 年版，第 264 ~ 265 页；最高人民法院民法典贯彻实施工作领导小组主编：《中华人民共和国民法典侵权责任编理解与适用》，人民法院出版社 2020 年版，第 637 页。

② 相同立场，参见最高人民法院侵权责任法研究小组编著：《侵权责任法条文理解与适用》，人民法院出版社 2010 年版，第 521 页。

【相关案例】

曹某甲、朱某与航空公司民用航空器损害责任纠纷案①

原告朱某系死者曹某乙之妻，原告曹某甲为死者曹某乙之女。2011 年 11 月 26 日，两原告及曹某乙等人乘坐航空公司 ZH9425 次航班从广州飞往沈阳。飞机起飞后，曹某乙发病，机组人员得知曹某乙患有心脏病、糖尿病、脑血栓等既往疾病史后，为曹某乙戴好氧气面罩并广播寻找同机乘客中的医务人员帮忙施救。乘务长向空管局和地面指挥中心同时发出求救信号，请求安排紧急备降。航班紧急降落武汉天河机场，机场急救中心医生携带医疗设备登机抢救，但未能成功。武汉市卫生局出具的《居民病伤死亡医学证明（推断）书》载明，死亡原因是高血压、冠心病导致的猝死。两原告认为航空公司未尽到注意义务，请求赔偿各项损失合计 70 余万元。

本案争议焦点为：乘客在从事公共运输的民用航空器上死亡引发纠纷，恰当的请求权基础是《民用航空法》第 124 条还是《侵权责任法》第 71 条。《民用航空法》中各请求权基础关于构成要件及赔偿责任限额的规定是否具有强制性，当事人可否通过依据《合同法》《侵权责任法》提起诉讼而规避这些规定。

深圳市宝安区人民法院认为：根据最高人民法院《民事案件案由规定》第九部分侵权责任的规定，在民用航空器致害责任中，因航空器经营者与乘客之间同时存在运输合同关系，由此产生违约责任和侵权责任竞合，法院应当按照当事人自主选择行使的请求权并根据诉争的法律关系的性质，确定相应的案由。结合原告提出的诉讼请求，确定本案案由为民用航空器损害责任纠纷，属于“乘客损害赔偿责任”。本案原告选择侵权责任来寻求救济是其对自身权利的处分。目前我国适用的国内航空运输赔偿标准是 2006 年《国内航空运输承运人赔偿责任限额规定》，对每名旅客的赔偿责任限额为人民币 40 万元。

曹某乙在乘坐被告公司 ZH9425 当次航班的过程中发病致死，系因死者自身健康问题造成，与民用航空器使用无因果关系，被告公司在曹某乙发病之时已采取了必要的、合理的救助措施，无须承担责任。依据《民用航空法》第 124 条、第 127 条第 1 款以及《侵权责任法》第 71 条之规定，驳回原告曹某甲、朱某的诉讼请求。

---

① （2012）深宝法民一初字第 1579 号，载中国裁判文书网，http：//wenshu. court. gov. cn/website/wenshu/181107ANFZ0BXSK4/index. html? docId =9dede3941c 7c4b808ff98f02a37cdb8c，2020 年 8 月 11 日访问。

【关联法条】

《铁路法》第 17 条，《民用航空法》第 128～131 条，《国内航空运输承运人赔偿责任限额规定》第 3 条，《国务院关于核事故损害赔偿责任问题的批复》第 7 条

（撰稿人：唐超）

第九章　饲养动物损害责任

【导读】

我国从2009年《侵权责任法》继受《民法通则》第127条的规定开始，专章规定了饲养动物致害责任，不仅填补了既存法律漏洞，也拓展了饲养动物致害责任的具体类型。《民法典》第七编第九章基本继承了《侵权责任法》的全部条文，仅对个别条文进行了补充或者修订，如第1246条对《侵权责任法》第79条进行了补充，增加了但书“但是，能够证明损害是因被侵权人故意造成的，可以减轻责任”；第1245条和第1248条相对于《侵权责任法》第78条和第81条，仅仅是把原条文中的“但”改为“但是”；第1251条则是把《侵权责任法》第84条中的“法律”改为“法律法规”。

本章规定的饲养动物致害责任具有如下特点：

第一，我国的动物致害责任中的动物限于饲养的动物。这就与野生动物致害责任区分开来。饲养动物不仅包括私人饲养的动物，也包括动物园饲养的动物；不仅包括处于饲养人现实管领下的动物，也包括遗失和逃逸期间的曾被饲养的动物。

第二，我国的饲养动物致害责任具有独特的类型划分。我国民法从《侵权责任法》开始就没有遵循德国民法中按照饲养目的作出的使用类动物致害责任和奢侈类动物致害责任的立法模式，而是独创普通的饲养动物致害责任（第1245条）、饲养动物违规行为的致害责任（第1246条）、禁止饲养的危险动物致害责任（第1247条）、动物园的动物致害责任（第1248条）以及遗失或逃逸的动物致害责任（第1249条）的立法模式，看似是一种“就事论事”式的、不周延的事实列举，实际上有其内在的逻辑。①

第三，我国的饲养动物致害责任以危险责任为原则、以过错推定责任为例

---

① 有学者基于《侵权责任法》中的规定梳理出了饲养动物侵权的二元归责原则体系，实际上仍未把握住《民法典》第1246条变化的核心意图。参见王强：《饲养动物归责体系在侵权责任法中的全息式探究》，载《山东社会科学》2020年第8期。

外。其中，过错推定责任仅适用于动物园的动物致害责任，而其他的饲养动物致害责任则适用危险责任。

第四，我国的饲养动物致害责任的抗辩事由各异。禁止饲养的危险动物致害责任未规定任何抗辩事由，实质上成为绝对的危险责任；违规的饲养动物致害责任以受害人故意而减责，是相对的危险责任；而普通的饲养动物致害责任则以不可抗力、受害人故意或者重大过失为抗辩事由。[①]

第五，本章对于动物损害责任的规定，既规定了一般条款，也规定了特殊责任条款，实行的是一般条款下的特殊责任的立法体例。一般条款是第1245条，规定了动物损害责任的一般规则，在此之下，对于四种不同的特殊责任分别加以规定，形成了“一带四”的立法例。这样，对于一般的动物损害责任适用一般性规定，对于特别规定的特殊责任适用特别规定，体现了实事求是的原则，既能够做到具体情况具体对待，又体现了公平和公正的立法原则，体现了科学化的要求。

第一千二百四十五条　【饲养动物损害责任的一般条款】 饲养的动物造成他人损害的，动物饲养人或者管理人应当承担侵权责任；但是，能够证明损害是因被侵权人故意或者重大过失造成的，可以不承担或者减轻责任。

【释义】

本条被认为是饲养动物致人损害的一般条款，包括了饲养动物致人损害责任的归责原则、构成要件和普通免责事由。

一、饲养动物致人损害责任的归责原则

饲养动物致害责任的归责事由，是基于危险责任的法理，对于占有危险动物所生损害应负赔偿责任[②]，由《民法典》第1245条规定的饲养动物致害责任基本规则可知，饲养动物致害责任适用无过错责任原则，但第1248条规定的动物园的动物致害责任则适用过错责任原则，只不过是推定过错，动物饲养人或者管理人可以通过举证没有过错而免责。

---

① 李昊教授在其新书中系统梳理了饲养动物致人损害赔偿责任的归责原则，参见李昊：《危险责任的动态体系论》，北京大学出版社2020年版，第236～237页。

② 曾隆兴：《详解损害赔偿法》，中国政法大学出版社2004年版，第108页。

二、饲养动物致人损害责任的构成要件

（一）致害物必须为饲养动物

所谓“饲养的动物”，是相对于野生动物而言，是指被人所占有、控制并喂养的动物，但不应局限于“供给食物的喂养”，凡处于人的照料、控制、管束之下的均应包括在内。①

有学者指出，“饲养的动物”应同时具备以下条件：（1）它为特定的人所有或占有，质言之，它为特定的人所饲养或管理；（2）饲养或管理者对动物具有适当程度的控制力；（3）该动物依其自身的特性，有可能对他人的人身或财产造成损害；（4）该动物为家畜、家禽、宠物或驯养的野兽、爬行类动物。据此可断，处于野生状态的虎、豹、狮子、毒蛇等不属于饲养的动物；自然保护区（或野生动物保护区）的野兽，虽可能为人们在一定程度上所饲养或管理（如定期投放食物），但人们对它的控制力较低，而不能认为是“饲养的动物”，但是某些封闭管理而收费的场所，如“虎园”里的动物属于“饲养动物”，因为人们对它有较强的控制力；动物园里驯养的猛兽，同时符合上述四个条件，而属于“饲养的动物”。②

（二）须因动物危险的实现造成他人损害

由前所述，饲养动物致害责任为危险责任，必须以特定危险的实现为其归责事由。饲养动物致害责任的归责事由是动物危险的实现。本书认为，所谓“动物危险”，是指动物基于其本能的自主动作而具有侵害他人权益的危险性。因此，不论其是动物的自主加害动作还是在外界刺激下的加害动作，亦不论其是积极状态的加害举动，还是消极状态的加害举动。

动物危险的判断关键在于，动物招致的危险，是基于动物本能的自身动作，在不受人的外力驱使下或强制下所为。尽管在外界的刺激下，若是因动物本性而使他人受损，仍不失为动物危险，如马受惊吓后而狂奔伤人，猫受惊吓而乱咬人、抓人等，皆是。上述动物的积极行为固然可以构成动物危险，其消极状态即自身的静止状态，也是动物的独立动作，亦可以构成动物危险。例如，牛卧铁轨而致火车颠覆，亦为动物引起的侵权行为。③

但是，动物在人的驾驭、支配下所实施的致人损害的行为，如主人唆使其狗扑咬他人，则不属于动物致人损害的独立动作，即不存在动物危险的实现，而属

---

① 马俊驹、余延满：《民法原论》（第三版），法律出版社 2007 年版，第 1083 页；程啸：《侵权责任法》（第二版），法律出版社 2015 年版，第 623 页。

② 张新宝：《侵权责任法》（第四版），中国人民大学出版社 2016 年版，第 303 页。

③ 杨立新：《侵权法论》（第三版），人民法院出版社 2005 年版，第 500 页。

于人为加害。如果因动物带有某种传染病菌而致人损害，则是以动物为媒介所致的损害，不属于动物危险的实现。例如，某人购回患口蹄疫之牛而致全村牲畜受传染；如果因动物带有病菌加重动物致损后果的，则仍应为动物独立动作致人损害。如狗咬伤人，若该狗患有狂犬病，咬伤人后致人死亡，该损害仍为动物危险实现招致的损害后果。

（三）受害人必须遭受人身或者财产损害

由于侵权责任是损害填补的同质救济措施，饲养动物致害责任的承担必须以损害的发生为前提。动物致害责任中的损害事实，主要是人身伤害事实和财产损害事实。就动物致害责任的侵害对象而言，动物危险实现必须侵害了法律明确列举的权益类型，即常见的动物致人损害有《侵权责任法》第 2 条第 2 款规定的生命权、健康权等物质性人格权以及有体物。此外，因动物危险实现使人格尊严受到侵害的，也应可构成动物致人损害的民事责任，如鹦鹉辱骂客人或揭露他人隐私，致受损人名誉受损、社会评价降低的。权威学者认为，民法之所以规定动物致害责任，是因为动物具有危险性，而纯经济损失不是动物危险的保护范围。①

动物致损害的客观事实除人身伤害或财产损害事实外，还包括某种动物造成的妨害状态。例如，学童因某家恶犬常立于其赴校必经之路而不敢上学，邻人之猫撬开鸟笼，纵未伤鸟而致鸟飞出，或者为邻家每夜犬之狂吠而妨害安眠②等，均构成损害事实。

（四）动物危险实现与受害人遭受的损害存在因果关系

在法律责任构成要件中，因果关系是其基本构成要件，侵权责任也概莫能外。因此，饲养动物致害责任必须以动物危险的实现与受害人遭受损害之间存在因果关系为必要。此因果关系的举证责任应由受害人承担，以彰显因果关系限制责任的功能。

某些饲养动物对他人的人身和财产具有内在危险性，这种内在危险性爆发出来导致他人损害。如果饲养的动物根本就不具有对他人人身、财产的内在危险，则不能证明损害是动物危险的实现造成的。同样还需要证明的是，动物的内在危险以一定的方式爆发出来（如狗确实咬了受害人）。如果不能证明饲养的动物之内在危险曾爆发出来、它“实施”了加害“举动”，也不能证明承担责任所需要的因果关系。

---

① 王泽鉴：《侵权行为》（第三版），北京大学出版社 2016 年版，第 556 页。

② 史尚宽：《债法总论》，中国政法大学出版社 2000 年版，第 198 页。

在认定因果关系时，并不要求动物危险的实现是损害发生的唯一原因，即使动物危险的实现，与其他原因相结合而导致损害危险的实现，只要动物危险的实现与损害之间存在因果关系，饲养人或管理人就要承担责任。如果受害人自己的行为也是导致损害发生的因素之一，只要受害人的行为没有导致因果关系中断，就不能否定动物危险的实现与损害之间的因果关系。此为过失相抵规则在动物致害责任领域的适用提供了可能。

三、普通抗辩事由①

饲养动物致人损害的民事责任的抗辩事由，是指动物的饲养人或者管理人依法用以减轻或者免除其承担民事责任的事由或者理由。也就是说并非动物的饲养人或者管理人对其饲养或者管理的动物造成的一切损害都要承担赔偿责任。本条规定，因被侵权人自己故意或者重大过失造成损害的，动物的饲养人或者管理人可以不承担或者减轻责任。

在动物致害中，有时候被侵权人的故意或者重大过失是诱发动物致害的直接原因，是引起损害的全部或者主要原因。也就是说，被侵权人致害，是因自己挑逗、刺激等诱发动物的行为直接造成的，如果被侵权人的行为不足以诱发动物损害，其过失只是引起损害的部分原因或者次要原因，则不能认为被侵权人在该损害中存在故意或者重大过失。例如，甲明知乙有一条性情暴躁的狗且经常咬人，但甲必须从乙的家门路过，当甲路过乙的门口时，乙的狗突然蹿出来把甲咬伤。此案中就不得认定甲明知乙的狗有咬人的恶习、有危险的存在、疏于防范，因此而认为甲是有重大过失的。因为甲的行为本身不能直接诱发动物损害，与动物损害没有必然的因果关系，因此，动物饲养人或者管理人就不能认为被侵权人有重大过失而减轻或者不承担责任。

被侵权人是否存在故意或者重大过失，具体行为在不同的案件中是不相同的。在动物侵权案件中，对于被侵权人有故意或者重大过失的认定都是非常严格的，否则，任何主动接近动物的行为如果都被认定为是故意或者重大过失的行为，就会造成对动物饲养人或者管理人的偏袒，失去社会的公平。同时，被侵权人有故意或者重大过失的，动物饲养人或者管理人可以不承担或者减轻责任，这对饲养人或者管理人也是公平的。

---

① 所谓普通抗辩事由，是指适用《民法典》第1245条规定需要承担侵权责任的饲养动物侵权类型，不包括法条中明确了特殊抗辩事由的第1246条和第1247条，饲养动物违规行为的致害责任和禁止饲养动物的致害责任不适用第1245条的规定。

【相关案例】

欧某珍与高某饲养动物损害责任纠纷案[①]

2017年8月13日20点许，欧某珍途经被告高某经营的台城旭诚驾培信息咨询服务中心档口门前时，遇趴在台阶上休息的由高某饲养的一只棕色“泰迪犬”；“泰迪犬”见欧某珍夫妻接近，站立起来向欧某珍方向走了两步，此时欧某珍与“泰迪犬”相距约3米；欧某珍见“泰迪犬”靠近，惊慌往其左侧避让时摔倒受伤。欧某珍受伤后即被送往台山市人民医院住院治疗，翌日转佛山市中医院住院治疗。

本案争议焦点是饲养动物未实际接触原告的，被告是否需要承担侵权责任。

法院裁判认为：饲养动物损害责任纠纷案件中，饲养动物虽未直接接触受害人，但因其追赶、逼近等危险动作导致受害人摔倒受伤的，应认定其损害与受害人发生结果身体之间存在因果关系。动物饲养人或管理人不能举证证明受害人对损害的发生存在故意或者重大过失的，应当承担全部的侵权责任。

【关联法条】

《民法典》第1166条、第1182条、第1183条

（撰稿人：丁海俊）

第一千二百四十六条　【饲养动物行为违规的侵权责任】 违反管理规定，未对动物采取安全措施造成他人损害的，动物饲养人或者管理人应当承担侵权责任；但是，能够证明损害是因被侵权人故意造成的，可以减轻责任。

【释义】

本条由《侵权责任法》第79条修订而来，但增加了但书规定，即“能够证明损害是因被侵权人故意造成的，可以减轻责任”的减责事由。本条规范对象是

① 载《最高人民法院公报》2019年第10期（总第276期）。

合规饲养，也是饲养行为违规的动物损害责任。饲养行为违规，主要体现为未对饲养动物采取安全措施。未对动物采取安全措施造成他人损害的饲养动物损害责任，适用无过错责任确定侵权责任。动物饲养人或者管理人违反管理规定未对动物采取安全措施造成他人损害，就无须考察动物饲养人或者管理人的过错，直接按照无过错责任原则确定侵权责任。

未对饲养动物采取安全措施损害责任的构成要件是：1. 动物饲养人在饲养动物中，违反国家法律、法规和管理规章的管理规定；2. 对应当按照规定采取安全措施的饲养动物，没有采取安全措施；3. 饲养的动物造成了被侵权人的人身损害或者财产损害。例如，在城市饲养大型犬，没有按照规定采取安全措施进行饲养，造成他人损害，应当承担赔偿责任。

在责任减免事由上，《侵权责任法》第 79 条未作规定。违规的动物致害责任独立成条的立法目的，在于对动物的饲养人或管理人的行为加以规范，而课以较重的责任。因此，在逻辑体系上，《民法典》第 1246 条和第 1247 条都是第 1245 条的特别规定，故在法律适用上应当优先适用第 1246 条或者第 1247 条的规定，以符合特别规定优于普通规定的法律适用规则。因此，违规的动物致害责任不能适用第 1245 条的责任减免事由，这与动物饲养人或管理人无视管理规定未采取安全措施所造成的巨大危险是匹配的。但是违规与禁止饲养仍然有所不同，所以，此次《民法典》第 1246 条增加了一个但书，规定受害人故意的可以减轻责任，以区别于禁止饲养的烈性犬之绝对责任。① 如此一来就使得第 1245 条、第 1246 条和第 1247 条形成了一个从故意可免责、故意可减责到故意不免责的递进式责任体系。虽然同样都是无过错责任，但是由于饲养动物是否违规以及违规程度的不同，在免责事由或者减责事由上还是有所不同。

【相关案例】

谢某德与雷某华饲养动物损害责任纠纷案②

谢某德与雷某华居住在同一小区。雷某华饲养有一只宠物犬。2015 年 9 月 6 日早上，谢某德在居住小区内散步，雷某华饲养的犬被其亲属带到小区，但未系犬绳。犬见着谢某德就奔向他，谢某德害怕，便拿出钥匙串晃动，以图吓走犬，但不慎跌倒。谢某德受伤后，先被送往四川护理职业学院附属医院检查、治疗，

---

① 周友军：《我国〈侵权责任法〉修订入典的初步构想》，载《政治与法律》2018 年第 5 期。

② （2016）川 01 民终 8266 号。

于次日转至四川省骨科医院住院治疗，于2015年9月22日出院。

本案的争议焦点为，在饲养动物损害责任纠纷案件中，被侵权人的体质状况能否作为不承担侵权责任的免责事由。

一审法院四川省成都市龙泉驿区人民法院经审理认为：被告饲养的犬只在被他人放出时，未按规定使用犬绳牵领，犬在见到原告时不受约束地奔向原告，导致原告受惊吓跌倒受伤，对此，被告作为饲养人应承担侵权责任，原告不应承担责任。被告对原告的合法损失应承担全部赔偿责任。

二审法院四川省成都市中级人民法院经审理认为：根据《侵权责任法》第78条“饲养的动物造成他人损害的，动物饲养人或者管理人应当承担侵权责任，但能够证明损害是因被侵权人故意或者重大过失造成的，可以不承担或者减轻责任”的规定，饲养动物致人损害适用无过错责任的归责原则，只有在被侵权人存在故意或者重大过失的情况下，动物饲养人或者管理人才可以不承担或减轻责任。本案中，雷某华携犬外出时未为犬只使用犬绳，违反养犬管理规定，导致犬只造成谢某德损害，雷某华所为饲养人和管理人应当承担侵权责任。雷某华并未提供证据证实谢某德在本案中存在故意或者重大过失，故不能免除或者减轻赔偿责任。本案损害后果系未系犬绳的犬使谢某德跌倒发生骨折所致，谢某德对损害的发生及损害后果的造成均无过错，其骨质疏松的自身体质状况与其损害后果并无法律上的因果关系。故本案中，谢某德无过错，其体质状况不属于可以免除或减轻雷某华责任的法定情形。综上，雷某华应对谢某德的损失承担赔偿责任。

【关联法条】

《民法典》第1166条、第1182条、第1145条

（撰稿人：丁海俊）

第一千二百四十七条 【禁止饲养的危险动物致害责任】

禁止饲养的烈性犬等危险动物造成他人损害的，动物饲养人或者管理人应当承担侵权责任。

【释义】

一、禁止饲养的危险动物致害责任的界定

禁止饲养的危险动物致害责任，是指禁止饲养的危险动物造成他人损害，动

物饲养人或管理人应当承担的危险责任。《侵权责任法》第 80 条首次确立此种责任，是更为严格的无过错责任，《民法典》第 1247 条未作任何改动。因为禁止饲养的动物的特殊危险性，要求饲养人或管理人承担更重的责任，这既符合无过错责任的法理，也有利于避免损害的发生。

二、禁止饲养的危险动物致害责任的构成要件

与饲养动物致害责任的一般构成要件类似，禁止饲养的危险动物致害责任的构成要件也包括：（1）禁止饲养的危险动物的特别危险的实现；（2）受害人遭受损害；（3）禁止饲养的危险动物的特别危险的实现与受害人遭受损害之间存在因果关系。此处需要明确以下两点：

第一，禁止饲养的危险动物的认定。首先，禁止饲养的危险动物，是指依照规范性法律文件禁止饲养的动物。如果是当事人之间通过法律行为禁止饲养的动物，则不属于《民法典》第 1247 条的适用范围。例如，小区业主通过管理规约禁止饲养的危险动物，则不能适用。其次，禁止饲养的动物必须是危险动物。第 1247 条通过具体列举和兜底规定结合的方式来予以明确，即与烈性犬具有类似特点的动物。

第二，禁止饲养的危险动物的特别危险的实现。这是禁止饲养的危险动物致害责任成立的前提。因为该条规定的目的就是，避免因禁止饲养的危险动物的特殊危险实现而导致对社会公众的威胁。

三、禁止饲养的危险动物致害责任的承担

依据本条的规定，禁止饲养的危险动物致害的责任主体是动物的饲养人或管理人。在满足禁止饲养的危险动物致害责任的构成要件后，由动物的饲养人或管理人承担侵权责任，适用饲养动物致害责任的一般规则。

本条未规定禁止饲养的危险动物致害责任的减免事由。因为该条为特别规定，所以排除第 1245 条规定的责任减免事由的适用。因此，禁止饲养的危险动物致害责任是绝对的无过错责任，即使受害人具有故意或者重大过失，也不允许其主张责任减免。

【相关案例】

刘某 1 与叶某容饲养动物损害责任纠纷案①

叶某容系北碚区香山翠谷 12 幢 1 单元 ×—× 号房屋的业主，刘某 1 租赁北碚

① （2020）渝 01 民终 2490 号。

区香山翠谷12幢2单元×—×号房屋居住。2019年7月24日9时许，叶某容途经小区12栋2单元底楼门口时，被刘某1饲养的一只大型犬从屋内窜出后扑到，叶某容受伤后被送往重庆市北碚区中医院住院治疗，至2019年8月12日出院（住院19天），产生医疗费14671.84元。

本案争议焦点为：禁止饲养的危险动物致人损害是否应该赔偿损失。

一审法院认为：《侵权责任法》第79条规定，违反管理规定，未对动物采取安全措施造成他人损害的，动物饲养人或者管理人应当承担侵权责任。第80条规定，禁止饲养的烈性犬等危险动物造成他人损害的，动物饲养人或者管理人应当承担侵权责任。本案中，2019年7月24日9时许，叶某容途经小区12栋2单元底楼门口时，被刘某1饲养的大型犬从屋内窜出扑到后受伤，刘某1应依法承担赔偿责任。二审法院维持了一审判决。

【关联法条】

《民法典》第1166条、第1182条、第1145条

（撰稿人：丁海俊）

第一千二百四十八条　【动物园的动物致害责任】动物园的动物造成他人损害的，动物园应当承担侵权责任；但是，能够证明尽到管理职责的，不承担侵权责任。

【释义】

一、动物园的动物致害责任的界定

动物园的动物致人损害责任，是指动物园的动物造成他人损害，应由动物园承担的侵权责任。《侵权责任法》第81条首次确立此类特殊的饲养动物致害责任。此种责任具有如下特点：

第一，它是动物园作为责任主体所承担的侵权责任。此种责任的主体是特定的，必须是动物园。第二，它是过错推定责任。与其他的饲养动物致害责任不同，动物园的动物致害原因由动物基于本能的危险实现和动物园未尽到管理职责的不作为两部分构成，因此动物园的动物致害责任的归责原则采取过错责任原则，但为了充分救济受害人而对动物园的过错采取举证责任倒置技术。第三，它属于自己责任。动物园是就自己的行为承担责任，即就自己没有尽到管理职责

（即作为义务）所承担的责任，属于不作为侵权责任。第四，它是动物园违反安全保障义务产生的责任。[①] 动物园承担责任的基础在于，其开启或持续了危险，而危险的具体产生原因是保有危险动物。有学者对本条，即《侵权责任法》第81条提出了批评，认为动物园的动物致害责任采取过错推定原则不利于保护人民群众的权益，也不利于发挥侵权责任法的预防功能。[②] 本书作者认为，动物园保有动物与普通大众保有动物的目的与功用并不相同，动物园保有动物甚至是野生动物，是为了大众教育与娱乐目的并非仅仅是为了盈利，而普通大众保有动物仅仅是为了一己私利，二者的目的与功用不同，采取不同的归责原则，无可厚非。

二、动物园的动物致害责任的构成要件

动物园的动物致害责任为过错推定责任，因此，与本章其他适用危险责任的饲养动物致害责任相比，在构成要件上具有责任主体和归责事由两大方面的不同：

第一，致害动物必须是动物园的动物。依据建设部颁布的《城市动物园管理规定》第2条规定，动物园包括综合性动物园、专类性动物园、野生动物园、城市公园的动物展区、珍稀濒危动物饲养繁殖研究所。“动物园”不是严格的法律概念，需要结合一般社会观念对其认定。

《民法典》第1248条中的动物仅限于动物园的动物，对于马戏团的野生动物或者个人驯养的野生动物均不能适用。对于动物园的动物，不限制其种类，只要属于动物园管理的动物，均处于该条的规范范围内。

对于动物园的动物危险的实现地点，《民法典》第1248条也有所限制，即在动物园实际控制的区域内：应当限制在动物园内；对于在运送、转移动物途中受动物园控制的动物致人损害的，也属于该条的适用范围。

关于动物的危险实现，不仅包括动物的直接致害举动，比如动物园的大猩猩抓伤孩童，还包括动物的间接致害举动，比如动物园的老虎冲出围栏，游客为躲避而摔伤。但是，动物危险的实现应限于动物园所能管理的动物的独立动作，即动物的致害举动是由于动物的本性或者受到外部刺激造成的。如果动物的致害举动并非出于动物本身的独立举动，则不构成动物危险的实现，如以动物园的动物作为武器来投掷他人，就不属于动物危险的实现。

此外，对于动物园动物的噪音或者气味，如果超出了一般人的容忍限度，危及他人人身财产安全的，也属于动物危险的实现，可以根据《民法典》第1167

① 有学者梳理了动物园安全保障义务的类型，提出了将动物园责任类型化的观点。参见王竹：《动物园饲养动物损害赔偿责任的类型化与规则设计》，载《求是学刊》2017年第6期。

② 张燕：《比较法视野下动物致害归责原则研究》，载《研究生法学》2019年第4期。

条的规定要求停止侵害、排除妨碍或者消除危险，造成损害的，还可根据本条要求赔偿损失。

第二，动物园不能证明其已尽到管理职责。《民法典》第1248条规定，动物园能够证明其尽到管理职责的，不承担责任。这就是说，动物园负有举证责任，证明其已经尽到管理职责，否则应当对受害人承担侵权责任。

动物园的管理职责，就是动物园对动物的看管义务。动物园应当考虑动物的特点和动物利用的目的，采取一般社会观念所要求的措施，以避免动物危险的实现。动物园的看管义务取决于动物的种类、特性和其他情况，当然，规范性法律文件也可能对动物园的管理职责作出规定，此时动物园的管理职责的判断应适用该规范性法律文件。

三、动物园的动物致害责任的承担

动物园承担侵权责任时，应当适用侵权责任承担的一般规则。动物园的动物致害责任的主体是动物园。

依据《民法典》第1248条的规定，在受害人证明致害动物为动物园管理的动物、动物危险的实现、受害人遭受损害、损害与动物危险的实现之间存在因果关系、动物园没有尽到管理职责等法定的基础事实后，法律推定动物园具有过错，由动物园承担证明自己尽到管理职责的举证责任，从而减轻受害人的举证负担，提高胜诉几率。

至于责任减免事由，《民法典》第1248条并未作出规定。鉴于动物园的动物致害责任，是过错推定责任，因此，《侵权责任法》第三章规定的在过错责任领域具有普遍适用效力的责任减免事由，同样适用于动物园的动物致害责任。这也是《民法典》第1248条未单独规定责任减免事由的原因之一。

【相关案例】

谢某某与上海动物园饲养动物致人损害纠纷案[①]

2011年4月10日上午，原告谢某某与其父母至被告上海动物园游玩，当日15时许，原告及其家人行至灵长类动物展区时，原告穿过笼舍外设置的防护栏，给猴子喂食食物时，右手中指被猴子咬伤。事发时，上海动物园无工作人员在场，原告父亲向动物园相关部门投诉后，因情况紧急，自行带原告至上海市儿童医院医治并报警。原告当日住院，于2011年4月13日出院。

① 载《最高人民法院公报》2013年第8期（总第202期）。

本案争议焦点为：被告上海动物园能否以尽到管理职责来免除其责任。

一审、二审法院均判决动物园承担赔偿责任。法院认为：被告的管理职责应根据具体动物的种类和性质来定，并且鉴于动物园所承担的独特社会功能，其不应该只是承担善良管理人的注意义务，而应该承担更高的符合其专业管理动物的注意义务。具体可从以下几点考量：1. 是否尽到了告知提醒义务。被告在动物园门口张贴了《上海市公园游园守则》，并在灵长馆笼舍等处悬挂了禁止跨越栏杆”“禁止敲打”“禁止嬉弄”等图文并茂的警示牌。原告谢某某认为上述警示牌事发时没有，位置不合理，但原告未提供相反证据予以佐证，法院不予采信，且游览动物是从远至近，挂于2米处的位置，适合游客从远处明显观察到，且被告配置了儿童较易识别的图文警示，其已尽到了告知义务。2. 管理人员是否有巡视制度，已尽到对游客擅自翻越、穿越栏杆靠近动物等行为的劝阻义务。被告提供的值班表、饲养员值班表等皆反映了事发当日，被告员工正常上班、巡视。对动物园的看管义务应当在具体情况下以一个谨慎、小心的动物保有人的标准来确定，不能要求其尽到所有的注意义务。原告受伤事发于瞬间，显不能苛求被告员工在事发时在场，故法院认为被告人员在巡视方面尽到了其职责。3. 动物园灵长馆设施、设备有无安全问题。对于动物园来说，需要安装特殊的防患设备将游客与动物隔离，避免动物因为游客的挑动而加害他人。动物园更应履行必要的防护义务，避免行人在过失的情况下擅入动物侵害范围之内，从而造成他人损害。被告给灵长类动物安装了网状的铁质笼舍，并在外加装了防护栏，保持了1.50米的安全间距，确实起到了一定的防护作用。但金属防护栏之间间距在15厘米左右仅仅能避免成年人钻入，并不能防止幼童的钻入，现原告穿过防护栏，用手喂食猴子导致右手中指受伤。动物园是一所对公众开放的公共场所，每年要接待成千上万名的学龄前儿童，根据其专业能力应能预见此危险发生的可能性，而未采取必要补救措施，动物园有过错，未尽到其管理职责。

【关联法条】

《民法典》第1165条、第1182条

（撰稿人：丁海俊）

第一千二百四十九条 【遗弃或逃逸的动物致害责任】遗弃、逃逸的动物在遗弃、逃逸期间造成他人损害的，由动物原饲养人或者管理人承担侵权责任。

【释义】

（一）遗弃或者逃逸的动物致害责任的界定

遗弃或者逃逸动物致害责任，是指动物在遗弃或逃逸期间造成他人损害，原动物饲养人或管理人应当承担侵权责任。2009 年《侵权责任法》第 82 条新增此类责任以解决实践中出现的流浪动物致害问题。此条规定与《侵权责任法》第 74 条遗弃、抛弃高度危险物损害责任具备相同的法理基础，即让原保有人承担无过错责任，以保障公众安全，避险其给社会带来的现实威胁。

（二）遗弃或者逃逸的动物致害责任的构成要件

被遗弃或逃逸动物致害责任的构成要件无法一般性地确定，而应当考虑逃逸或者被遗弃的动物的类型来确定。尤其是对于动物园的动物逃逸或被遗弃的情形，应当考虑动物园是否尽到其管理职责，来确定其是否承担侵权责任。①

遗弃或者逃逸的动物致害责任尽管存在类型的不同，但其构成要件中都必须考虑的因素是遗弃或者逃逸的动物在被遗弃或者逃逸期间致害。

1. 致害动物是被遗弃或者逃逸的动物

所谓遗弃，是指基于动物饲养人或管理人的意思而抛弃其动物。例如，将患病的宠物狗丢弃在公园里。所谓逃逸，是指饲养人暂时地丧失了对动物的占有和控制。例如，带着宠物狗逛公园，因疏忽导致狗走失。

2. 在被遗弃或者逃逸期间动物危险得以实现

从危险责任的角度看，在遗弃或者逃逸期间，并不改变动物原饲养人或管理人的责任主体地位，因为此种情况加剧了动物危险，更需要动物饲养人或管理人承担危险责任。

（三）遗弃或者逃逸的动物致害责任的承担

遗弃、逃逸的动物在遗弃、逃逸期间造成他人损害的，由原动物饲养人或者管理人承担侵权责任。

---

① 王竹：《动物园饲养动物损害赔偿责任的类型化与规则设计》，载《求是学刊》2017 年第 6 期。

【相关案例】

孟某耀等与王某梅等饲养动物损害责任纠纷案①

2015年4月21日6时11分左右，孟某耀驾驶二轮摩托车（车后乘坐孟某伟）途经海安县江苏鹏飞集团门前地段由西向东行驶，遇徐某兰牵引的萨摩犬（未办理登记手续）挣脱牵引后进入机动车道，孟某耀驾驶的二轮摩托车与萨摩犬相碰，致孟某耀、孟某伟跌倒受伤，萨摩犬死亡、车辆部分损坏。交警大队经现场勘查、当事人陈述、视听资料等证据证实：当事人徐某兰牵着萨摩犬上路，未对其牵引的萨摩犬尽到管理和监护的责任；孟某耀驾驶二轮摩托车上路行驶，未在最右侧机动车道内通行。徐某兰应承担本起事故的主要责任，孟某耀承担次要责任，孟某伟无责任。经查明，徐某兰岁数较大，自身患有疾病，事发时没有有效控制住萨摩犬。王某玉与徐某兰系夫妻关系，二人婚后育有一女即王某梅。王某梅与贲某明系夫妻关系。

本案争议焦点为：王某玉、王某梅、贲某明与徐某兰是否属共同动物饲养人或管理人，王某梅、贲某明是否应承担赔偿责任。

一审法院认为，案涉萨摩犬系由王某玉、徐某兰夫妇饲养和管理，贲某明、王某梅与王某玉、徐某兰并不正常生活居住于海安县大公镇王院村，故案涉萨摩犬的饲养人或管理人应为王某玉、徐某兰夫妇。且本起损害的发生系由徐某兰遛狗不善致其脱逃所致；徐某兰、王某玉夫妇作为萨摩犬的饲养和管理责任人，应能够通过自己的控制行为掌控相关危险性发生和扩散。故孟某耀要求王某梅、贲某明承担赔偿责任无事实依据，法院难以支持。判决徐某兰、王某玉赔偿孟某耀2015年5月14日以前产生的医疗费88859元。

二审法院认为，虽无法确定孟某耀在事故发生时的车速，但结合其将萨摩犬撞死的后果及孟某耀在机动车道的快速车道内通行行为，综合分析可以确认其车速过快，且未能仔细观察路况，遇情况时处置不力，也负有责任。而其在快速车道内通行，客观上导致了事故的发生，故依法可以减轻侵权人的责任。判决撤销一审判决；改判徐某兰、王某玉赔偿孟某耀医疗费损失53315.4元。

---

① （2015）通中民终字第02249号。

【关联法条】

《民法典》第1165条、第1182条、第1245条

（撰稿人：丁海俊）

第一千二百五十条 【第三人过错导致动物致害时的侵权责任承担】 因第三人的过错致使动物造成他人损害的，被侵权人可以向动物饲养人或者管理人请求赔偿，也可以向第三人请求赔偿。动物饲养人或者管理人赔偿后，有权向第三人追偿。

【释义】

（一）因第三人过错导致动物致害责任的界定

因第三人过错导致动物致害责任，是指第三人的过错致使动物造成他人损害，动物饲养人或管理人应当承担的侵权责任。

第三人过错导致动物致害责任具有如下特点：（1）它以动物饲养人或管理人为责任主体。虽然第三人也可能承担责任，但是，第三人所承担的责任并不是因第三人过错导致动物致害责任的范畴。（2）它是特殊类型的饲养动物致害责任，涉及第三人与动物饲养人或管理人之间的关系。（3）它可以适用于所有类型的饲养动物的责任。（4）它原则上是无过错责任。因第三人过错导致动物致害责任的归责原则取决于致害动物的类型，原则上适用无过错责任原则，但因第三人过错导致动物园的动物致害，则应当承担过错推定责任，适用过错责任原则。

（二）因第三人过错导致动物致害责任的构成要件

在因第三人过错导致动物致害时，无论是何种动物，其责任构成要件中，都必须由如下两项要件，即第三人实施了具有过错的行为；第三人具有过错的行为与动物危险共同构成受害人所受损害的原因。具体而言：

第一，第三人实施了具有过错的行为。《民法典》第1250条使用了“第三人的过错致使动物造成他人损害”的表述，明确了此类动物致害责任的构成要件中，必然包括第三人实施的具有过错的行为。这里的“第三人”，是指动物饲养人或者管理人之外的人。动物饲养人或管理人是法人或者其他组织的，其工作人员不是第三人。受害人是被监护人时，其监护人也不属于这里所说的第三人，因

为监护人的过错要视为受害人的过错，直接适用过失相抵规则。第三人实施的具有过错的行为，可以是作为，也可以是不作为。前者如第三人故意驱使他人的动物攻击第三人；后者如第三人负有避免动物致害行为的作为义务而未尽到该义务。

第二，第三人具有过错的行为与动物危险相结合。动物饲养人或管理人之所以要承担责任，是因为其动物危险的实现导致受害人的损害。这是饲养动物致害责任之危险责任的本质使然。如果仅有第三人具有过错的行为，没有其与动物危险的实现相结合，就不能要求动物饲养人或管理人承担责任。例如，第三人将他人的宠物狗当作武器，将楼下的行人砸伤，此时因没有动物危险的实现，动物的饲养人或管理人就无须承担责任。

（三）因第三人过错导致动物致害责任的承担

本条规定，因第三人的过错致使动物造成他人损害的，被侵权人可以向动物饲养人或者管理人请求赔偿，也可以向第三人请求赔偿。动物饲养人或者管理人赔偿后，有权向第三人追偿。该条规定符合不真正连带责任的适用规则。在因第三人过错导致动物致害责任中，第三人是终局责任人，承担责任后的动物饲养人或者管理人，有权向第三人追偿。①

【相关案例】

刘某龙等与大地财险公司等机动车交通事故责任纠纷案②

2012 年 4 月 24 日，河南省邓州市构林镇魏集村村民魏某超驾驶陈某华所有的“东风”小型客车，沿邓州市邓襄路自北向南行至该市构林镇魏集街十字路口处，撞到横穿道路的一条狗，狗随即窜至路东边，与刘某龙驾驶的三轮摩托车（由南向北行驶）前轮相撞，致使三轮车翻倒，刘某龙及乘坐人崔某芝受伤。

本案争议焦点为：因第三人（魏某超）原因致使动物造成他人刘某龙和崔某芝的损失，是否应该由该第三人承担赔偿损失的侵权责任。

河南省邓州市法院认为，魏某超驾驶小型客车与横穿道路的狗相撞，狗又与对向行驶的刘某龙驾驶的三轮摩托车相撞，造成三轮车翻倒，驾驶人刘某龙及乘坐人崔某芝受伤的事故，双方之间的纠纷属于机动车交通事故责任纠纷。依照相关法律规定，刘某龙、崔某芝因该交通事故遭受的医疗费、误工费、护理费、住

---

① 张新宝：《侵权责任法》（第四版），中国人民大学出版社 2016 年版，第 305 页。

② （2013）南民三终字第 00265 号。

院伙食补助费、营养费五项损失应该由事故车辆的保险公司在保险范围内予以赔偿。河南省南阳市中级人民法院在上诉审中认为，本案中魏某超驾驶车辆与狗相撞，所撞的狗在惊吓之中，慌不择路又撞上刘某龙驾驶的三轮摩托车，并造成刘某龙驾驶的三轮摩托车翻倒，致刘某龙、崔某芝受伤，所以刘某龙、崔某芝的受伤与肇事车辆存在因果关系。驳回上诉，维持原判。

【关联法条】

《民法典》第1166条、第1245条

（撰稿人：丁海俊）

第一千二百五十一条　【饲养动物应该履行的义务】饲养动物应当遵守法律法规，尊重社会公德，不得妨碍他人生活。

【释义】

动物的一切行为约束全部靠动物饲养人或者管理人的管制。本条规定，饲养动物应当遵守法律，尊重社会公德，不得妨碍他人生活。既然饲养了动物，饲养人就应该意识到自己担负着遵守社会公德和保护公共环境的双重社会责任，不能放任宠物侵扰他人的正常生活。动物饲养人应当自觉规范自己的行为，应该按照规定饲养动物：（1）动物饲养人或者管理人在携犬出户时，应当对犬束犬链，由成年人牵领，并应当避让老年人、残疾人、孕妇和儿童。（2）动物饲养人或者管理人不得让动物干扰他人正常生活。犬吠影响他人休息时，养犬人应当采取有效措施予以制止。（3）不得携宠物进入市场、商店、商业街区、饭店、公园、公共绿地、学校、医院、展览馆、影剧院、体育场馆、社区公共健身场所、游乐场、候车室等公共场所；不得携宠物乘坐除小型出租汽车外的公共交通工具；携宠物乘坐小型出租汽车时，应征得驾驶员的同意，并做好防护安全措施。（4）饲养宠物要定期注射预防疾病疫苗、狂犬病疫苗和必要的医疗保健措施；不抛弃、不放弃饲养的宠物。（5）携宠物出户时，对在户外排泄的粪便应当立即清除，等等。

人与宠物和谐相处，是社会和谐、社会安定的一种体现。一个社区鸡飞狗跳，人与宠物、宠物与环境冲突不断，老百姓如何安居乐业。饲养动物的问题可以说涉及千家万户，涉及不同群体的利益。因此，对于动物饲养人或者管理人来讲，应当严格履行饲养动物的一些必要义务，规范自己的行为，不要给他人的生活带来不便，要充分考虑到不饲养动物人的利益，要依法、科学、文明地饲养动物。如果动物饲养人或者管理人都能遵守规范，能设身处地的处理因养犬所造成的邻里纠纷，对社会的和谐、安宁也是一份不小的贡献。希望动物饲养人或者管理人为和谐社会的文明建设做出努力，为创造良好的社会环境尽到应尽的义务。

本书作者认为，本条规定的内容很好，体现了立法者的美好愿望。但是本条规定的规范性质与地位却仍然有待探讨，即本条规定与第 1146 条的关系如何，是否违反了本条的规定，就属于第 1146 条所规定的“违反管理规定”，可能还有进一步探讨的余地。当然，也有学者认为，本条中采用的“不得妨碍他人生活”术语，表明了本条可以构成防御性请求权基础。[①]

【相关案例】

徐某山与朱某前饲养动物损害责任纠纷案[②]

2019 年 9 月 15 日早上 7 时许，朱某前骑电动车经过海州区富强路徐某山家门前时，朱某前左腿被徐某山家饲养的牧羊犬所咬，朱某前报警并在新海社区卫生服务中心治疗伤口，花费医疗费用 2278 元。

本案争议焦点是饲养动物违反应该履行的义务，是否应该赔偿。

一审法院认为，饲养动物应当遵守法律，尊重社会公德，不得妨害他人生活。饲养的动物造成他人损害的，动物饲养人或者管理人应当承担侵权责任。涉案牧羊犬系徐某山饲养，徐某山未尽到安全管理义务，导致朱某前受伤，其对于朱某前的损伤依法应承担相应赔偿责任。二审法院认为，饲养的动物造成他人损害的，动物饲养人或者管理人应当承担侵权责任，判决维持原判。

【关联法条】

《民法典》第 1166 条、第 1245 条

（撰稿人：丁海俊）

① 茅少伟：《防御性请求权相关语词使用辨析》，载《法学》2017 年第 4 期。

② （2020）苏 07 民终 112 号。

第十章　建筑物和物件损害责任

【导读】

在工作物高层化、地下化的现代社会，普通民众的人身和财产权益动辄受到来自高空之物、地面之物和地下之物的威胁，如何为普通民众提供全方面、立体化的保护，是《民法典》侵权责任编第十章“建筑物和物件损害责任”需要面对的重要课题。第十章“建筑物和物件损害责任”位于《民法典》侵权责任编体系中的最后一章，作为特殊侵权责任的一种类型予以规制。本章关于“建筑物和物件损害责任”没有设置一般性的概况条款，而是采取具体类型化的并列规定模式。由于本章的责任主体、责任客体、归责原则等方面彼此差异较大，可以说是侵权责任编特殊侵权类型中最为复杂的类型之一。[①] 本部分导读目的在于对“建筑物和物件损害责任”进行体系化构造，清晰界定七种责任类型之间的区分，提炼构成要件和法律效果的一般性判断基准，为以下七个条文的具体适用提供统领性的规则。

第一，立法规则演变。从立法发展来看，建筑物和物件损害责任规制类型由少到多，规制体系也愈加丰富。《民法通则》第125条和第126条规定了地面施工致人损害和建筑物或者其他设施以及搁置物、悬挂物致害责任两种类型。2003年《最高人民法院关于审理人身损害赔偿案件适用法律若干问题的解释》第16条对《民法通则》第126条进行扩大解释和类推适用，拓展了道路、桥梁、隧道等人工建造构筑物，堆放物品滚落、滑落、倒塌和树木倾倒、折断或者果实坠落等类型。2009年《侵权责任法》第十一章“物件损害责任”以专章形式用七个条文规定物件致人损害责任，基本上塑造了我国物件损害责任的总体框架。《民法典》侵权责任编在承继《侵权责任法》规制模式的基础上，吸收了司法解释和近年来司法实践成果，对物件致人损害责任规则进行修改完善。首先，从用语表达上看，《民法典》将《侵权责任法》第十一章的章名“物件损害责任”改为“建筑物和物件损害责任”，将建筑物概念从物件中脱离出来，与物件并列处理；

① 韩世远：《物件损害责任的体系位置》，载《法商研究》2010年第6期。

其次，从条文结构来看，《民法典》对《侵权责任法》中建筑物等脱落、坠落损害责任和建筑物等倒塌损害责任两个条文的位次进行互调，将建筑物等倒塌损害责任置于本章之首，彰显立法者对建筑物等倒塌损害责任的重视；最后，从规则实质性变化来看，增设了建筑物等倒塌、塌陷损害责任的免责条款，完善了高空抛物、坠物损害责任规则，增加了建筑物、堆放物和林木等损害责任的致害方式，补增了公共道路管理人责任等。

第二，统一归责基础。《最高人民法院关于审理人身损害赔偿案件适用法律若干问题的解释》第6条创设了安全保障义务，《侵权责任法》第37条正式以立法形式确立了安全保障义务，《民法典》第1198条基本承继了《侵权责任法》规定，仅增设了追偿权的规则。从条文位置和规范表达上看，立法上意图将违反安全保障义务的侵权责任定位为特殊侵权责任中的一种，并无意将安全保障义务作为一般性义务。因此，有观点认为立法者力求使建筑物和物件损害责任与安全保障义务分开，使其有各自的规范领域。[①] 本书认为，安全保障义务是《民法典》上的一般性义务，侵权责任编第1198条关于违反安全保障义务的侵权责任仅是违反安全保障义务的示例性规定，因其责任主体的特殊性而予以特别规定。此次《民法典》在高空抛物损害责任中增设了建筑物管理人“承担履行安全保障义务的侵权责任”的规定，与侵权责任编第1198条进行勾连，表明了立法者的规范意旨。因此，本章的共同责任基础是安全保障义务，规范目的在于要求建筑物等工作物的所有人等责任主体采取必要的措施去防范和避免工作物损害他人。[②]

1. 安全保障义务与本章的责任类型区分。安全保障义务是指在自己责任领域内，开启或持续某一危险之人，负有依情形采取必要且具有期待可能性的预防措施保护第三人免受此种危险的义务。安全保障义务有三个归责基础：一是开启或持续危险的范围（领域责任）；二是任务的承担；三是行为人的先行行为。[③] 本章建筑物和物件损害责任中，建筑物等倒塌、塌陷损害责任中既有所有人、管理人、使用人或者第三人承担的领域责任，也有建设单位与施工单位等主体负有因任务承担而引发的责任；建筑物等脱落、坠落损害责任、林木损害责任和地下设施损害责任等属于领域责任；堆放物损害责任、妨碍通行物损害责任、地面施工损害责任属于因行为人的先行行为而引发的责任类型。

2. 安全保障义务与本章的责任主体认定。本章关于责任主体的规定纷繁复

---

① 韩世远：《物件损害责任的体系位置》，载《法商研究》2010年第6期。

② 王洪亮：《交往安全义务基础上的物件致损责任》，载《政治与法律》2010年第5期。

③ 李昊：《交易安全义务论——德国侵权行为法结构变迁的一种解读》，北京大学出版社2008年版，第2页、第109~112页。

杂，有建设单位与施工单位，所有人、管理人、使用人或者第三人，堆放人、行为人、施工人等责任主体。在外部关系上，既有明确规定数个主体之间承担连带责任的，如建设单位和施工单位承担连带责任，也有未明确规定的；在内部关系上，既有明确责任主体之间的追偿权的，也有未作规定的情形。在确定具体责任类型中由谁承担责任，需要回归到本章各个责任类型的归责基础。其中，领域责任的承担主体是对危险源享有支配力之人，即该人控制危险，并且通常推动或促使危险发生，因而负有采取必要安全措施的义务。任务承担和先行行为的义务主体是承担相应任务之人和通过先行行为开启危险之人。① 责任主体的判断基准有危险制造、危险控制和利益获取等要素，这种要素以动态协作的组合方式发挥作用。在具体认定建筑物与物件损害的责任主体时，需要结合上述三个判断因素的有无以及程度大小，来确认在具体案件场景中由谁来承担责任。比如，在建筑物等倒塌、塌陷损害责任中，如若因质量问题导致损害，因为建设单位和施工单位制造风险，危险在其实际控制范围内，且对此获得利益，所以首先推定建设单位和施工单位承担因建筑质量瑕疵而产生的侵权责任。同时，责任主体判定还有层次位序上的区分，其可以通过举证支配力、控制力等要素已经移转他人而免责。比如，建设单位和施工单位可以通过证明危险制作和危险控制等要素已经移转给勘察、设计、监理单位等主体而免责。但这类情形究竟是连带责任、不真正连带，还是按份责任，抑或第一顺位责任，需要根据立法规定具体认定。

3. 安全保障义务与本章的责任主体主观状态的判断。安全保障义务的基本内涵是危险避免和危险防范义务。责任主体对建筑物等工作物享有事实上支配力，较其他人更具防范风险的能力和可能性，且享受建筑物等带来的利益，因此对建筑物等工作物负有维护并防止危险的义务。责任主体采取的防范措施需是一个考虑周到且理性的谨慎之人认为足够保护他人免受损害的措施。② 若责任主体违反此种义务，则认定具有过错。另外，责任发生的空间场景对主观状态判定也有影响。本章既有责任类型规定损害需发生在公共领域，比如第1256条将责任场景限定为公共道路，第1258条将责任场景限定为公共场所或者道路上；也有责任类型没有空间场景的限定。通常而言，对发生在公共空间的责任类型，其责任主体应负有相对更高的注意义务，应采取更为严格有效的防范危险的举措，也更容易认定其具有过错。

---

① 李昊：《交易安全义务论——德国侵权行为法结构变迁的一种解读》，北京大学出版社2008年版，第130页。

② 李昊：《交易安全义务论——德国侵权行为法结构变迁的一种解读》，北京大学出版社2008年版，第140页。

第三，外在体系归类。从本章的体系布局来看，主要以工作物类型和致害方式作为主要排序的标准，且遵循从高空到地面再到地下的排列顺序。另外，对不同责任类型也区分了不同归责方式。

1. 在工作物类型方面。既有建筑物、构筑物或者其他设施，林木、窨井等地下设施等不动产，也有搁置物、悬挂物、抛掷物、坠落物、妨碍通行物等动产。但这些工作物之间区分标准并非泾渭分明，类型之间可能存在包含或者交叉关系。比如，第1258条规定的地下设施从类型归类上应当属于第1252条和第1253条意义上的“建筑物、构筑物或者其他设施”。但由于建筑物等致害责任严格限定于“倒塌、塌陷、脱落、坠落”四种类型，故另作专门规定。由于不同的工作物致害责任对致害方式、归责原则、责任主体和责任承担形式等方面存在较大区分，因此清晰界定各个工作物内涵和外延十分重要。本章中规定的诸如构筑物、其他设施等工作物均为不确定概念，为法官解释适用预留了空间。值得注意的是，能否通过对本章工作物进行扩大解释或类推适用，从而使位于侵权责任编最后一章的建筑物和物件损害责任发挥对其他物件损害责任的兜底作用，这有待学说和司法实践的检验。

2. 在致害方式方面。本章没有采取比较法上较为常见的“设置或保管有欠缺(瑕疵)”之类概括力较强的措辞，而是采用具体规定更为具象的致害事由。本章致害事由有倒塌、塌陷、脱落、坠落、抛掷、堆放、倾倒、遗撒、折断、倾倒或者坠落、挖掘、修缮等。由于对致害事由采取限定主义而非概况主义的立场，由此产生一个问题，即对本章规定的致害事由之外的原因导致他人损害的，是通过扩大解释、类推适用等方式适用本章的规定，还是认为本章规定是封闭式规范群，对未规定的情形均适用一般侵权责任的规定。对此，不应采取一刀切的方式，而是要在个案中，从平衡行为自由和权益保护的角度出发，根据致害方式具体情况予以整体判断。

3. 在归责原则方面。一般而言，建筑物等工作物的风险程度高于一般动产，而低于高度危险物质、缺陷产品等动产。因此，在归责原则方面也应当区别于一般动产的过错责任，高度危险物质、缺陷产品等动产的无过错责任。应当说，与《侵权责任法》相比，本章更趋向于构建统一的归责原则体系。如《侵权责任法》对建筑物坍塌和坠落两种情形异其归责原则，对建筑物脱落、坠落采过错推定，对建筑物坍塌则适用无过错责任。《民法典》对此均采取过错推定。从本章规范表述上看，对大多数物件采取过错推定责任，但对部分物件致害责任采取无过错责任。

第一千二百五十二条　【建筑物、构筑物或者其他设施倒塌、塌陷损害责任】建筑物、构筑物或者其他设施倒塌、塌陷造成他人损害的，由建设单位与施工单位承担连带责任，但是建设单位与施工单位能够证明不存在质量缺陷的除外。建设单位、施工单位赔偿后，有其他责任人的，有权向其他责任人追偿。

因所有人、管理人、使用人或者第三人的原因，建筑物、构筑物或者其他设施倒塌、塌陷造成他人损害的，由所有人、管理人、使用人或者第三人承担侵权责任。

【释义】

本条是关于建筑物、构筑物或者其他设施倒塌、塌陷损害责任的规定。从体系关联上看，本条与紧接的第1253条密切关联，两者构成比较法上的工作物责任的规范群。《民法通则》第126条对建筑物、构筑物或者其他设施致害责任作了统一的规定。随着近年来工业化和城市化的快速发展，因豆腐渣工程导致严重侵害后果，引发社会广泛关注。《侵权责任法》将《民法通则》第126条一拆为二，在第85条规定了建筑物等脱落、坠落的损害责任，在第86条规定建筑物等倒塌的损害责任，对两种类型设置不同的归责原则，采取区分的保护模式，形成了建筑物等损害责任的双轨制。《民法典》对上述条文顺序进行调换，将建筑物等倒塌损害责任作为开篇第一条，同时新增建设单位与施工单位的免责条款，并对部分规范表述作了调整。

对本条可做以下几点理解：

第一，责任客体为建筑物、构筑物或者其他设施。本章建筑物和物件损害责任主要以责任客体作为排列顺位，并配置不同的责任规则。因此，在判断适用何种责任类型时，需要严格界定责任客体的边界。建筑物、构筑物和其他设施均为人工建造物，因自然现象形成的物体，比如河水冲击而成的物体，不属于本条规制的范围。建筑物、构筑物和其他设施在与土地的结合程度、功能用途等方面均有所不同。建筑物，是指人工建造的、固定在土地上，其空间用于居住、生产或者存放物品的设施。主要功能在于服务人类居住、工作生产、物品储存等，比如住宅、写字楼、车间、仓库等。[1] 构筑物，是指人工建造的、固定在土地上，除

---

① 最高人民法院民法典贯彻实施工作领导小组主编：《中华人民共和国民法典侵权责任编的理解与适用》，人民法院出版社2020年版，第682页。

建筑物外的某些设施，一般不提供人类居住、工作生产或者物品储存的功能。《最高人民法院关于审理人身损害赔偿案件适用法律若干问题的解释》第16条列举了道路、桥梁、隧道等构筑物的示例，实践中还有城墙、纪念碑、水塔、堤坝、烟囱等构筑物。其他设施，是指施工脚手架、起重塔吊、缆车、广告牌、路灯等。[①] 与建筑物、构筑物要求与土地有固定结合关系不同，其他设施放松对土地接着性的要求，不要求与土地有固定的结合关系，也不要求有长期的结合关系。[②] 应当注意的是，建筑物、构筑物和其他设施不以合法建造为前提，非法建造同样构成本条的责任客体。同时，本条所指的建筑物与物权篇的建筑物不同，前者无须要求已经建成，但后者只有在已经合法建设完毕后方才享有所有权。[③] 另外，要注重与侵权责任编其他章节的衔接，服务于高空、高压、易燃、剧毒、放射性和高速运输工具作业的某些设施不属于本条的规范范围，而是属于高度危险作业的设施，造成损害的，则适用第八章高度危险责任的相关规定。[④]

第二，损害是由建筑物、构筑物或者其他设施倒塌、塌陷所致。《侵权责任法》第86条仅规定了倒塌这一致害方式，本条增加了塌陷这一情形。倒塌，是指建筑物、构筑物或者其他设施倾倒、倒覆，造成建筑物、构筑物或者其他设施丧失了基本使用功能。例如，楼房倒塌、桥梁的桥墩倒塌、电视塔从中间折断、烟囱倾倒等。[⑤] 塌陷，指建筑物整体或其主体结构发生倾塌。应当注意的是，本条所指的倒塌、塌陷是由于力学上的坚固性瑕疵造成的，如果因他人故意推倒或者拆除等行为导致倒塌、塌陷的，则不属于本条的规制范围。

第三，归责原则为过错推定。建筑物、构筑物或者其他设施倒塌、塌陷导致他人损害，责任主体违反了建筑、维护、管理瑕疵义务。《侵权责任法》第86条关于建筑物、构筑物等倒塌损害责任规则，没有"过错"或"不能证明"等表述，责任主体承担无过错责任。本条新增了建设单位与施工单位"能够证明自己不存在质量缺陷"的免责条款，明确了建筑物等倒塌、塌陷责任的归责原则为过错推定原则，建设单位、施工单位可以通过举证建筑物等没有质量缺陷来证明自己没有过错。[⑥] 但对第2款并没有增设免责条款，应当认为，既然建设单位、施

---

① 中国审判理论研究会民事审判理论专业委员会编著：《民法典侵权责任编条文理解与司法适用》，法律出版社2020年版，第303页。

② 王洪亮：《交往安全义务基础上的物件致损责任》，载《政治与法律》2010年第5期。

③ 程啸：《侵权责任法》（第二版），法律出版社2015年版，第634页。

④ 张新宝：《侵权责任法》（第四版），中国人民大学出版社2016年版，第314页。

⑤ 王胜明主编：《中华人民共和国侵权责任法释义》（第二版），法律出版社2013年版，第419页。

⑥ 最高人民法院民法典贯彻实施工作领导小组主编：《中华人民共和国民法典侵权责任编的理解与适用》，人民法院出版社2020年版，第684页。

工单位可以举证没有过错而免责，根据举重以明轻的原则，对于其他主体也应当适用过错推定原则。

第四，责任主体的二元模式。立法区分发生损害原因的不同而设置不同的规制模式：第一种情形，因建筑物等质量瑕疵造成倒塌、塌陷的，由建设单位和施工单位承担连带责任。此时，建设单位和建筑单位为第一顺位的责任主体，对建筑物等倒塌、塌陷导致损害承担责任，但损害是其他人造成的，则可以向其他责任人追偿，其他责任人承担最终的侵权责任。建设单位是建设工程的业主和发包人。施工单位不限于总承包方，还包括分承包人、转承包人及违法承包人等。其他责任人，指除建设单位、施工单位外参与建筑工程的主体，如勘察单位、设计单位、监理单位等。第二种情形，因建筑物质量瑕疵之外的原因导致建筑物等倒塌、塌陷。对此种情况，《侵权责任法》第 86 条第 2 款规定责任主体是“其他责任人”，因与第 1 款中的“其他责任人”相混淆，容易造成理解和适用上的歧视，故《民法典》将责任主体明确改为“所有人、管理人、使用人或者第三人”。所有人、管理人、使用人或者第三人对建筑物等因质量之外原因导致倒塌、塌陷承担侵权责任。比如，房屋所有人进行暴力装修，擅自改变承重结构导致房屋坍塌；承租人因违法使用液化气引发爆炸，导致房屋倒塌。“造成他人损害”中的他人是指所有人、管理人、使用人之外的其他人。如果因房屋承租人使用不当等原因导致房屋倒塌、塌陷的，房屋所有权人可以根据一般侵权责任或者房屋租赁合同要求承租人承担责任，而不能主张根据本条要求对方承担责任。

【相关案例】

马某伦与陈某容生命权、健康权、身体权纠纷案①

2016 年 8 月，陈某容在龙岗区岗贝村因马某伦房屋的围墙倒塌被砸伤，在深圳市龙岗区人民医院住院治疗，住院 12 天，支出医疗费若干。

本案争议焦点为房屋的围墙倒塌的责任主体认定问题。

一审法院认为，涉案围墙倒塌与马某伦所属房产相连，隔开了该房产与旁边巷道，连到两村的分界墙上，是涉案房产延伸出去的附着物，即使是以前的租户所搭建的，在马某伦买下涉案房产后，马某伦作为房产权利人，理应对所附围墙加以维护与管理，根据《最高人民法院关于审理人身损害赔偿案件适用法律若干问题的解释》第 16 条的规定，人工建造的构筑物因维护、管理瑕疵致人损害的，

① （2018）粤 03 民终 2613 号。

由所有人或者管理人承担赔偿责任，因设计、施工缺陷造成损害的，由所有人、管理人与设计、施工者承担连带责任。涉事围墙修建已久，也并不牢固，马某伦未举证证明其没有过错，陈某容与证人所述的事发情形合理有据，予以采信。陈某容在事件中没有过错，马某伦应承担陈某容因涉案围墙倒塌造成的损失，如有其他责任主体，马某伦在承担赔偿责任后，可向其他责任主体进行追偿。据此，判决陈某容因涉案事故造成损失122849.12元，由马某伦进行赔偿。二审驳回上诉，维持原判。

【关联法条】

《民法通则》第126条，《侵权责任法》第86条，《合同法》第282条

（撰稿人：叶锋）

第一千二百五十三条　【建筑物、构筑物或者其他设施及其搁置物、悬挂物损害责任】 建筑物、构筑物或者其他设施及其搁置物、悬挂物发生脱落、坠落造成他人损害，所有人、管理人或者使用人不能证明自己没有过错的，应当承担侵权责任。所有人、管理人或者使用人赔偿后，有其他责任人的，有权向其他责任人追偿。

【释义】

本条是关于建筑物、构筑物或者其他设施及其搁置物、悬挂物损害责任的规定。该条和第1252条同属于建筑物等致害责任的规范群，但两者致害方式不同，前者规制的是建筑物、构筑物或者其他设施发生倒塌、塌陷的情形，本条规制的是建筑物、构筑物或者其他设施及其搁置物、悬挂物发生脱落、坠落的情形。

对本条可做以下几点理解：

第一，责任客体为建筑物、构筑物或者其他设施及其搁置物、悬挂物。关于该条中建筑物、构筑物或者其他设施的认定，采取第1252条的判断标准。本条责任客体与第1252条相比，增加了搁置物、悬挂物。搁置物、悬挂物是指搁置、悬挂在建筑物、构筑物或者其他设施上，非建筑物、构筑物或者其他设施组成部分或者从物的物品。搁置物、悬挂物一般具有以下特征：其一，两者不是从属于建筑物、构筑物或者其他设施，而是相互独立的物体；其二，两者与建筑物等存在

物理上的联系，一般摆放或悬挂在建筑物的某一部位，且该位置距离地面有一定高度；其三，两者通常位于建筑物的边沿，但有时也会摆放或悬挂于房间内或走廊通道上。[①] 但搁置物和悬挂物又有所区分：搁置物与建筑物、构筑物或者其他设施通常是两个互相分离的物体，没有固定的连接装置[②]，如搁置在阳台上的花盆、鸟笼；悬挂物通常通过一定的固定方式与建筑物、构筑物或者其他设施进行连接，比如悬挂于房屋天花板上的吊扇，悬挂房屋外墙的空调机，脚手架上悬挂的建筑工具等。

第二，损害是由建筑物、构筑物或者其他设施及其搁置物、悬挂物脱落、坠落所致。建筑物、构筑物或者其他设施及其搁置物、悬挂物造成他人损害的方式有倒塌、塌陷、脱落、坠落四种，前两种情形规定在《民法典》第1252条，本条规制的是后两种情形。脱落、坠落，是指建筑物、构筑物或者其他设施的某一个组成部分以及搁置物、悬挂物从建筑物、构筑物或者其他设施上脱落、坠落。[③] 其中，建筑物、构筑物或者其他设施的加害形态主要是脱落，如房屋墙壁上的瓷砖脱落。搁置物、悬挂物的加害形态主要是坠落，如房屋天花板坠落、吊灯坠落、屋顶瓦片滑落、阳台上放置的花盆坠落等。[④] 应注意的是，脱落、坠落强调物体因自身重力作用而掉落下来，这与《民法典》第1254条中的抛掷有所不同，抛掷强调的是行为人的有意行为。

第三，归责原则为过错推定。与《民法典》第1252条规范保持一致，本条同样采取过错推定原则。只要发生建筑物、构筑物或者其他设施及其搁置物、悬挂物脱落、坠落这一基础事实，即推定所有人、管理人或者使用者违反了对建筑物等的维护和管理义务，其对此具有过错。但所有人、管理人或者使用者可证明自己对建筑物脱落、坠落没有过错而免除赔偿责任，比如证明其已经尽到合理的管理和维护义务，或者损害完全是由第三人、不可抗力等原因造成的。

第四，责任承担主体为所有人、管理人或者使用人。所有人区分两种情形：一是非基于法律行为取得房屋所有权。对此，根据《民法典》第229条至第232条的规定，不以登记为要件，如合法建造房屋，于房屋建造完毕之时即取得所有权，即使未登记亦须承担本条责任。二是基于法律行为取得房屋所有权。对此，以登记为物权变动的生效要件，即采登记生效主义。在此种情形，未经登记者不

---

① 中国审判理论研究会民事审判理论专业委员会编著：《民法典侵权责任编条文理解与司法适用》，法律出版社2020年版，第330页。

② 中国审判理论研究会民事审判理论专业委员会编著：《民法典侵权责任编条文理解与司法适用》，法律出版社2020年版，第330页。

③ 王胜明主编：《中华人民共和国侵权责任法释义》（第二版），法律出版社2013年版，第415页。

④ 王胜明主编：《中华人民共和国侵权责任法释义》（第二版），法律出版社2013年版，第415页。

得作为所有人，但可作为管理人或使用人承担责任，如房屋买卖中，买受人已占有房屋但房屋尚未过户登记，此时买受人可作为房屋的使用人承担责任。管理人，是指依法律或约定对建筑物负有管理、维护义务之人。依法律规定的，如有关机关或单位依法管理国有资产；依约定的，如物业服务公司管理居民小区。使用人，是指因租赁、借用或其他情形而使用建筑物之人。因其他责任人原因导致损害的，所有人、管理人、使用人与其他责任人成立不真正连带责任，在外部关系上前者仍须负赔偿责任，受害人有权同时向两类主体或其中一类主体要求承担责任，非指受害人应先向或者仅得向前者行使其权利。① 但在内部关系上，所有人、管理人或者使用人有权向其他责任人追偿。行使追偿权时，应注意双方各自的过错程度，如所有人、管理人或者使用人没有过错，则可以向其他责任人全部追偿；如所有人、管理人或者使用人对此也有过错的，则仍然应当按照过错程度承担相应的赔偿责任。②

【相关案例】

靖江供电公司与鞠某兴、鞠某松等生命权、健康权、身体权纠纷案③

2018 年 2 月，鞠某兴与包某荣共同修剪位于包某荣屋后槐树的越界树枝，该树距戴某东门前围墙东侧电线杆南北距离约 10 米。包某荣锯树枝时，鞠某兴在一旁协助，王某 2 也在锯树现场。锯树枝过程中，树枝掉落在悬空的电缆线上，电缆线拉扯电线杆，电线杆从底部折断倒下砸中王某 2 的头部，致王某 2 当场死亡。

本案争议焦点为电线杆折断倒下致害的责任主体认定以及责任分配问题。

一审法院认为，《侵权责任法》规定，建筑物、构筑物或者其他设施及其搁置物、悬挂物发生脱落、坠落造成他人损害，所有人、管理人或者使用人不能证明自己没有过错的，应当承担侵权责任。被害人王某 2 死亡的直接原因是被电线杆砸中，应当按照过错推定原则推定电线杆的建设单位即被告靖江供电公司存在过错，除非靖江供电公司能够证明电线杆的倒塌系其他责任人的过错导致，且其对电线杆的倒塌不存在任何责任。电线杆的倒塌确系包某荣、鞠某兴修剪树枝时未尽谨慎义务，致树枝脱落引发，但这不足以证明靖江供电公司不存在过错，因

---

① 韩世远：《建筑物责任的解释论——以〈侵权责任法〉第 85 条为中心》，载《清华法学》2011 年第 1 期。

② 最高人民法院民法典贯彻实施工作领导小组主编：《中华人民共和国民法典侵权责任编的理解与适用》，人民法院出版社 2020 年版，第 693 页。

③ （2019）苏 12 民终 2425 号。

为靖江供电公司未能举证证明电线杆的设置符合相关规定、制造符合相应标准、养护符合相关制度等。综上，靖江供电公司应承担本次事故的主要责任。其他责任人承担次要责任。根据上述各方具体的过错程度，一审法院酌定靖江供电公司承担60%的责任、包某荣承担25%的责任、鞠某兴承担10%的责任、死者王某2自行承担5%的责任。二审裁判结果驳回上诉，维持原判。

【关联法条】

《民法典》第229～232条、第1252条、第1254条

（撰稿人：叶锋）

第一千二百五十四条　【高空抛物及坠物损害责任】禁止从建筑物中抛掷物品。从建筑物中抛掷物品或者从建筑物上坠落的物品造成他人损害的，由侵权人依法承担侵权责任；经调查难以确定具体侵权人的，除能够证明自己不是侵权人的外，由可能加害的建筑物使用人给予补偿。可能加害的建筑物使用人补偿后，有权向侵权人追偿。

物业服务企业等建筑物管理人应当采取必要的安全保障措施防止前款规定情形的发生；未采取必要的安全保障措施的，应当依法承担未履行安全保障义务的侵权责任。

发生本条第一款规定的情形的，公安等机关应当依法及时调查，查清责任人。

【释义】

本条是关于高空抛物及坠物损害责任规则的规定，明确规定直接侵权人、可能加害人和建筑物管理人三类主体的责任。近年来，随着城市现代化发展，楼宇密布、高楼林立，高空抛物、坠物事件频发，因许多情况无法确定具体侵权人，且我国保险制度和社会救助制度还不够完善，导致受害人无法及时获得救济。为此，《侵权责任法》第87条明确“由可能加害的建筑物使用人给予补偿”。但由于该条打击面过广、有悖侵权法基本法理等原因，引发学界广泛批评。《民法典》对相关规则进行完善，在本条第1款第1句即开宗明义规定“禁止从建筑物中抛

掷物品”的禁止性条款，明确表明立法者对高空抛物行为的严厉禁止；明确高空抛物、坠物首先由侵权人承担责任，在经调查难以确定具体侵权人后，才由可能加害人承担补偿责任，且后者有权向前者追偿；增设了建筑物管理人的安全保障责任等。

对本条可做以下几点理解：

（一）直接侵权人的责任

本条在第 1 款中新增了“从建筑物中抛掷物品或者从建筑物上坠落的物品造成他人损害的，由侵权人依法承担侵权责任”的规定，改变《侵权责任法》第 87 条直接把可能加害人承担补偿责任作为一般规则的做法，明确了高空抛物、坠物损害责任由侵权人承担侵权责任为一般规则，由可能加害人承担补偿责任作为例外规则。[①]

1. 致害物品的范围限定。抛掷物品、坠落物品应当从建筑物中抛掷或者坠落，而不是源自构筑物或者其他设施。有疑问的是，本条所指坠落物品与《民法典》第 1253 条中的搁置物、悬挂物坠落是何种关系：第一，本条所谓“坠落”与第 1253 条中“坠落”是否采取同一解释，即非人力介入而仅仅因坠落物本身重力原因导致的，还是本条的坠落要求有人力介入；第二，本条的坠落物品与搁置物、悬挂物的关系，是否包含后者，但不限于后者。对此，本书认为本条所指的“坠落”应与第 1253 条中“坠落”作同一解释，因为在同一部法律内的术语原则上应作同一解释，特别是前后紧挨着的条文更应如此，但有特别事由的除外。因此，本条所指的“坠落”仅指因物品本身重力原因导致的坠落，如果有人力介入时，可通过直接适用或者扩大解释将之纳入“抛掷”范围内。另外，本条的坠落物并未限定物品范围，在解释上包括搁置物、悬挂物等物品。

2. 归责原则。本条究竟适用无过错原则还是过错推定原则存在争议。从文义上看，本条并未规定“不能证明自己没有过错的”等规范表述，似乎可认定责任主体不能通过证明自己没有过错而免责，而适用无过错责任。从体系来看，本条规定抛掷物和坠落物两种类型，前者是行为人有意为之，主观恶性更重，似乎采取无过错责任对行为人也并非过于苛责。但问题是，对于坠落物致人损害的，《民法典》第 1253 条采取过错推定原则。如果本文对此采取无过错责任，如何解释这一体系违反。从立法目的和历史解释来看，本文规定主要是为了解决难以确定具体侵权人的责任承担问题，立法者无意将此规定为无过错责任。因此，基于

---

① 最高人民法院民法典贯彻实施工作领导小组主编：《中华人民共和国民法典侵权责任编的理解与适用》，人民法院出版社 2020 年版，第 697 页。

体系解释、立法目的和历史解释，本书认为本条适用过错推定原则，侵权人可以通过证明其已经尽到相应管理、维护义务或没有抛掷物品而免责。

（二）可能加害人的补偿责任

1. 责任基础。本条规定“由可能加害的建筑物使用人给予补偿”，明确承担补偿责任而非赔偿责任。本文补偿责任不是一种典型的特殊侵权责任类型，而是在侵权人不明的情况下，由可能加害人给予适当补偿的特殊责任。可能加害人之间不是承担连带责任，而是承担按份责任，且进行补偿后，也不得向其他可能加害人进行追偿。

2. 经调查难以确定具体侵权人。由于可能加害人毕竟不是真正侵权人，因此应当尽量限缩“可能加害的建筑物使用人”的范围。本条在《侵权责任法》基础上，增加了“难以确定具体侵权人”必须经过调查后的规定，并明确公安等机关应当依法及时调查，查清责任人。《最高人民法院关于依法妥善审理高空抛物、坠物案件的意见》第 10 条也明确人民法院在审理高空抛物和坠物案件中要履行查找侵权人的职责，应积极主动向物业服务企业、周边群众、技术专家等询问查证，加强与公安部门、基层组织等沟通协调，充分运用日常生活经验法则，最大限度查找确定直接侵权人。

3. 可能加害的建筑物使用人免责事由。建筑物使用人是指在侵权行为发生时建筑物的实际使用人，包括使用建筑物的所有权人、承租人等。[①] 本条将建筑物使用人的加害可能性推定为确定性。加害可能性可以根据与损害发生地的距离、方位、高度、抛掷物方向、抛掷物物理属性等综合情况进行判定。可能加害的建筑物使用人可以通过以下方式证明自己不是侵权人而得以免责：第一，发生损害时，自己不在建筑物内；第二，自己所处位置无法实施损害行为；第三，自己即使实施该行为，也无法使抛掷物或者坠落物到达发生损害的位置；第四，自己没有造成他人损害的物品等。[②]

4. 可能加害人向侵权人追偿。高空抛物、坠物导致发生损害后，如果经调查可明确具体侵权人，其他建筑物使用人自然不用承担责任。无法明确的，则由可能加害人给予补偿。嗣后查明真正的侵权人，则其有权向侵权人追偿已经支付的补偿款。

---

① 最高人民法院民法典贯彻实施工作领导小组主编：《中华人民共和国民法典侵权责任编的理解与适用》，人民法院出版社 2020 年版，第 700 页。

② 周友军：《侵权法学》，中国人民大学出版社 2011 年版，第 226 页。

（三）建筑物管理人违反安全保障义务的侵权责任

本条第2款新增了物业服务企业等建筑物管理人承担安全保障责任的规定。建筑管理人是指对建筑物负有维护和管理职责的主体，最典型的是物业服务企业。建筑物管理人根据物业服务合同约定或法律规定，负有维护、管理等建筑物的义务，其应当采取必要的安全保障措施防止高空抛物、坠物情形的发生。如果未采取必要的安全保障措施，应当承担未履行安全保障义务的侵权责任。此种责任性质是《民法典》第1198条规定的违反安全保障义务的侵权责任。[①]《最高人民法院关于依法妥善审理高空抛物、坠物案件的意见》第12条在总结当前审判经验的基础上，明确了物业服务企业在未尽到法定或者约定义务的情况下，依法承担相应的侵权责任。具体而言，物业服务企业等建筑物管理人责任形态有以下几种：第一，若物业服务企业等建筑物管理人尽到了应尽的安全保障义务，则其无须承担责任，由直接侵权人承担责任或由可能加害的建筑物使用人给予补偿；第二，如果物业服务企业等建筑物管理人未尽到安全保障义务，在能够查明直接侵权人的情况下，其按照过错大小承担的补充责任。承担责任后可以向侵权人进行追偿。第三，如果物业服务企业等建筑物管理人未尽到安全保障义务，无法确定直接侵权人，建筑物管理人承担与其未尽义务相应的责任，若此时无法实现对受害人的充分救济，则继续由可能加害的建筑物使用人对受害人给予补偿。[②]

【相关案例】

重庆烟灰缸案[③]

2000年5月10日深夜，重庆市的郝某在街上被一个高楼上掉下的烟灰缸砸在了头上，基本丧失了生活自理能力。公安机关侦查后，未能查到具体的加害人。郝某将位于出事地点的65号楼和67号楼的开发商及该两幢楼一层以上的24户居民起诉，要求他们共同赔偿自己的医药费、精神损失费等各种费用共计17万余元。

本案为高空抛物损害责任的第一案。本案争议焦点为在高空抛物导致损害，但未能查明具体加害人时，受害人损害赔偿问题。

一审法院驳回郝某对开发商的诉讼请求，根据过错推定原则，判决24户居民中的22户共同分担16万余元的赔偿责任，每户赔偿8000余元。二审法院维持原判。

---

① 程啸：《中国民法典侵权责任编的创新与发展》，载《中国法律评论》2020年第3期。

② 房绍坤、张玉东：《论〈民法典〉中侵权责任规范的新发展》，载《法制与社会发展》2020年第4期。

③ （2002）渝一中民终字第1076号。

【关联法条】

《最高人民法院关于依法妥善审理高空抛物、坠物案件的意见》第 10 条、第 12 条

（撰稿人：叶锋）

第一千二百五十五条　【堆放物损害责任】堆放物倒塌、滚落或者滑落造成他人损害，堆放人不能证明自己没有过错的，应当承担侵权责任。

【释义】

本条是关于堆放物损害责任的规定。《最高人民法院关于贯彻执行〈中华人民共和国民法通则〉若干问题的意见（试行）》第 155 条首次确立堆放物损害责任。《最高人民法院关于审理人身损害赔偿案件适用法律若干问题的解释》第 16 条通过类推适用《民法通则》第 126 条关于建筑物或者其他设施以及建筑物上的搁置物、悬挂物倒塌、脱落、坠落损害责任的规定，细化完善了堆放物损害责任规则。《侵权责任法》第 88 条将堆放物损害责任主体进行调整，本条基本沿袭了《侵权责任法》的规定，同时吸收了《最高人民法院关于审理人身损害赔偿案件适用法律若干问题的解释》关于加害形态的规定，形成了新的堆放物损害责任规则。

对本条可做以下几点理解：

（一）堆放物倒塌、滚落或者滑落

1. 堆放物。与第 1256 条规定不同，本条并未设置空间限定，没有将堆放物的堆放空间限定为公共场所。堆放物是指将动产堆积在土地上或者其他地方而形成的物。堆放物本质上是动产，与土地或其他物体没有结合关系，非固定在土地或者其他物体之上，通常是临时堆积而成。[①] 比如，堆放在土地上或者建筑物内的砖头、水泥、木材、石块等。应当注意，本条的堆放物与第 1256 条的堆放物有所区别，后者对堆放物要求更为严格，必须是在公共道路上堆放且妨碍了通行，

① 最高人民法院民法典贯彻实施工作领导小组主编：《中华人民共和国民法典侵权责任编理解与适用》，人民法院出版社 2020 年版，第 709 页。

本文并无此限制。另外，建筑物、构筑物或者其他设施上的搁置物如果系堆放形成的，也可认定为本条的堆放物，此时存在两种责任的竞合，受害人可以择一行使。①

2. 堆放物倒塌、滚落或者滑落。《最高人民法院关于审理人身损害赔偿案件适用法律若干问题的解释》第16条规定堆放物倒塌、滚落、滑落三种加害形态，《侵权责任法》第88条仅规定了倒塌这一情形，本条吸收了《最高人民法院关于审理人身损害赔偿案件适用法律若干问题的解释》规定，在《侵权责任法》的基础上，增加了堆放物滚落、滑落的情形。其中，倒塌是指堆放物全部或者部分倾倒；滚落，是指高处的堆放物滚下；滑落，是指高处的堆放物滑下。② 比如，码头堆放的集装箱倒塌、建筑工地上堆放的建筑材料倒塌、伐木场堆放的圆木滚落等。③

（二）归责原则

关于堆放物损害责任的归责原则经历一个演变过程。《最高人民法院关于贯彻执行〈中华人民共和国民法通则〉若干问题的意见（试行）》第155条对堆放物损害责任采取公平责任，《最高人民法院关于审理人身损害赔偿案件适用法律若干问题的解释》第16条将此归责原则由公平责任改为过错推定责任。《侵权责任法》第88条在总结司法实践经验基础上，正式将堆放物损害责任确立为过错推定责任。本条沿袭《侵权责任法》规定，明确堆放人的过错推定责任。堆放物发生倒塌、滑落、滚落，通常系由堆放瑕疵或者管理瑕疵所致。堆放人不能证明自己没有过错，则应承担侵权责任。

（三）责任主体

《最高人民法院关于审理人身损害赔偿案件适用法律若干问题的解释》第16条规定责任主体是所有人或者管理人。《侵权责任法》改为规定堆放人为责任主体，《民法典》承继了《侵权责任法》的规制模式。本书认为，堆放人应当解释为对堆放物享有实际支配和控制权的所有人或者管理人。具体而言，首先，推定堆放物品的所有人为本条所指的堆放人；其次，如果堆放物的所有人已经将堆放物的实际控制权和支配权移转给他人，则该他人为堆放物管理人，由其承担堆放物损害责任。但堆放物致人损害系因在不可抗力、第三人过错、受害人故意等的情况下，堆放人不承担责任。《最高人民法院关于处理涉及汶川地震相关案件适

---

① 最高人民法院民法典贯彻实施工作领导小组主编：《中华人民共和国民法典侵权责任编理解与适用》，人民法院出版社2020年版，第712页。

② 最高人民法院民法典贯彻实施工作领导小组主编：《中华人民共和国民法典侵权责任编理解与适用》，人民法院出版社2020年版，第709页。

③ 王胜明主编：《中华人民共和国侵权责任法释义》（第二版），法律出版社2013年版，第479页。

用法律问题的意见（二）》第 9 条规定，因地震灾害致使堆放物品倒塌、滚落、滑落，所有人或者管理人不承担赔偿责任。需要注意的是，在这些情形下，堆放人仍然需要举证证明自己对堆放物的倒塌、滚落、滑落致害没有过错，如果不能证明，仍然要承担侵权责任。[①] 在此情形，堆放人可以类推适用第 1253 条关于所有人、管理人、使用人追偿规则，向其他责任人行使追偿权。

【相关案例】

夏某艾等与农业生产资料公司健康权纠纷案[②]

2011 年 12 月，二原告到被告公司玉美人化肥销售点购买化肥，被堆放的化肥倒塌致伤。受伤后，二原告先到第一人民医院治疗，原告夏某艾因伤势严重，转入第二人民医院住院治疗。原告浦某芬之伤经诊断为脑震荡。原告夏某艾之伤经诊断为腰第二椎体爆裂性骨折，经鉴定机构鉴定伤情达到 8 级伤残，需后期治疗费 16000 元。被告支付部分费用后未继续支付。二原告诉至法院，要求被告赔偿原告夏某艾各项损失人民币 288973.5 元，赔偿原告浦某芬各项损失人民币 7951.76 元。

本案争议焦点为堆放的化肥倒塌导致损害的责任主体认定以及损害赔偿问题。

一审法院认为，堆放物倒塌造成他人损害，堆放人不能证明自己没有过错的，应当承担侵权责任。本案中，被告堆放的化肥倒塌致伤二原告，被告应当承担赔偿责任。原告浦某芬的诉讼时效，应当从其治疗终结之日起计算，被告认为其起诉已超过诉讼时效的主张依法成立。原告夏某艾的诉讼时效应当从其伤残等级确定之日起计算，被告认为其起诉已超过诉讼时效的主张依法不能成立。被告已为原告夏某艾垫付的费用，应当从其应赔偿的数额中予以扣减。二审驳回上诉，维持原判。

【关联法条】

《最高人民法院关于审理人身损害赔偿案件适用法律若干问题的解释》第 16 条，《侵权责任法》第 88 条

（撰稿人：叶锋）

---

① 最高人民法院民法典贯彻实施工作领导小组主编：《中华人民共和国民法典侵权责任编理解与适用》，人民法院出版社 2020 年版，第 712 页。

② （2014）曲中民终字第 1021 号。

第一千二百五十六条 【妨害通行物品损害责任】在公共道路上堆放、倾倒、遗撒妨碍通行的物品造成他人损害的，由行为人承担侵权责任。公共道路管理人不能证明已经尽到清理、防护、警示等义务的，应当承担相应的责任。

【释义】

本条是关于妨害通行物品损害责任的规定。《侵权责任法》第 89 条规定："在公共道路上堆放、倾倒、遗撒妨碍通行的物品造成他人损害的，有关单位或者个人应当承担侵权责任。"本条将责任主体"有关单位或者个人"改为"行为人"，并增设了公共道路管理人责任的规定，形成了行为人和公共道路管理人的二元责任结构。

对本条可做以下几点理解：

（一）公共道路上堆放、倾倒、遗撒妨碍通行的物品

1. 妨碍通行的物品。首先，物品既可以是固体，如在公共道路上非法设置路障、晾晒粮食、倾倒垃圾；也可以是液体，如运油车将石油泄漏到公路上、非法向道路排水等。[①] 其次，物品必须因堆放、倾倒、遗撒而产生妨碍通行的后果。如果物品并未妨碍通行，则不构成本条的侵权责任。堆放、倾倒、遗撒三者有所区分，其中堆放、倾倒是有意识地设置道路障碍物，遗撒是无意识地制造道路障碍物。[②]

2. 责任场景为公共道路。公共道路的使用关系到社会公众的利益。在道路上堆放、倾倒、遗撒妨碍通行的物品，将会给行人和车辆的安全造成不确定的危险。公共道路认定的核心标准在于是否允许不特定社会公众通行，其在单位、小区等管辖范围内且不允许社会公众通行的私人道路所发生的损害责任不适用本条规定，如果允许不特定社会公众通行则适用本条的规定。[③]

（二）行为人承担无过错责任

《民法典》第 1256 条将责任主体区分为行为人和公共道路管理人。本条的行

① 最高人民法院民法典贯彻实施工作领导小组主编：《中华人民共和国民法典侵权责任编理解与适用》，人民法院出版社 2020 年版，第 716 页。

② 张新宝：《侵权责任法》（第四版），中国人民大学出版社 2016 年版，第 322 页。

③ 最高人民法院民法典贯彻实施工作领导小组主编：《中华人民共和国民法典侵权责任编理解与适用》，人民法院出版社 2020 年版，第 716 页。

为人，是指对堆放物、倾倒物、遗撒物具有直接控制权和支配权之人。对于行为人责任的归责原则，学说上存在较大争议，有认为适用过错责任、过错推定和无过错责任。从规范表达上看，本条没有“不能证明自己没有过错”的相关表述。从立法体系上来看，首先在本条内部体系中，对公共道路管理人明确了免责事由，体现了立法对行为人和公共道路管理人两个主体的责任承担的区分模式；其次在与第1255条对比中，本条对致害物品进行严格限制，责任客体限定在公共道路上堆放、倾倒、遗撒妨碍通行的物品，也采取区别模式，而前者立法明确设置免责条款。从立法目的来看，在公共道路上设置妨碍物是异常危险的，可能导致不确定的公共风险，对此课以无过错责任也是合理的。因此，本书认为行为人对妨害通行物品致害责任承担无过错责任。

（三）公共道路管理人承担过错推定责任

《侵权责任法》第89条规定“有关单位或者个人”对妨害通行物品造成他人损害承担侵权责任，但有争议的是此处的“有关单位”是否包括公共道理管理人。本条为避免学说争议和司法适用混乱，在吸收司法解释的基础上，增加了公共道路管理人对妨害通行物品造成他人损害承担责任的规定。公共道路管理人，是指对其管护路段承担管理职责之人，其负有清理、防护、警示等义务。公共道路管理人对此承担过错推定责任，如果在公共道路发生因堆放、倾倒、遗撒妨碍通行的物品造成他人损害的，即推定公共管理人具有过错。但其可以通过举证证明其已经尽到清理、防护、警示等义务而予以推翻。公共道路管理人的责任明确为“相应的责任”，其责任范围根据公共道路管理人的过错程度具体确定。应当注意的是，公共道路管理人责任本质上是违反安全保障义务的侵权责任，但本条并未将责任形式规定为补充责任。受害人可以同时请求行为人和公共道路管理人承担责任，也可以选择其中一方要求其承担责任。[①] 行为人和公共道路管理人之间责任承担，根据在个案中双方过错程度大小进行分配。

【相关案例】

姚某民与东台市城市管理局、东台市环境卫生管理处公共道路妨碍通行责任纠纷案[②]

2011年10月，原告姚某民驾驶电动自行车由西向东行驶至东台市东达路与

① 最高人民法院民法典贯彻实施工作领导小组主编：《中华人民共和国民法典侵权责任编的理解与适用》，人民法院出版社2020年版，第718页。

② 载《最高人民法院公报》2015年第1期。

红兰路交叉路口，实施右转弯向南驶入红兰路的过程中，因路面遗有油污且有水，致原告驾驶的电动自行车滑倒后受伤。

本案争议焦点为城管局、环卫处对公共道路妨碍通行导致损害是否应当承担责任的问题。

一审认为，城管局的主要职责为贯彻和实施国家及本市区有关城市管理方面的法律、法规及规章治理和维护城市管理秩序等。环卫处的职责主要是对辖区建筑垃圾及其他渣土实施管理，负责辖区范围内的主次干道、公共场所和各单位委托的卫生保洁，各种生活废弃物的清运和处置等工作。故城管局并非道路清洁的直接维护单位，不应当承担赔偿责任。根据《江苏省城市市容和环境卫生管理条例》实施办法规定，城市主要街道、广场和公共水域的清扫、清捞和保洁，由环境卫生专业单位负责。故负责事发路段的保洁单位应当为环卫处。被告环卫处未能提供其巡回保洁和及时清理的相关记录，故应当认定环卫处未尽到清理、保洁的义务，对原告姚某民受伤产生的损失，依法应承担相应的赔偿责任。据此，判决被告东台市环境卫生管理赔偿原告姚某民受伤产生的各项损失16890元；驳回原告姚某民的其他诉讼请求。

二审法院认为，上诉人姚某民因路面油污致其在驾驶电动车时滑倒受伤，上诉人环卫处作为直接承担道路清洁义务的维护管理单位应当根据其过错承担相应的责任，环卫处认为其不应承担责任的上诉理由不能成立。姚某民要求被上诉人城管局承担责任的上诉理由亦不能成立，依法不予支持。一审对案涉纠纷责任比例分配不当，依法予以改判。根据本案的实际情况，法院依法判令环卫处承担40%的赔偿责任。据此，改判东台市环境卫生管理处赔偿姚某民受伤产生的各项损失33780元。

【关联法条】

《公路法》第46条,《道路交通安全法》第48条

（撰稿人：叶锋）

第一千二百五十七条　【林木损害责任】因林木折断、倾倒或者果实坠落等造成他人损害，林木的所有人或者管理人不能证明自己没有过错的，应当承担侵权责任。

【释义】

本条是关于林木折断、倾倒或者果实坠落等造成他人损害责任的规定。该条

借鉴了日本民法第717条第2款的规定，承继《最高人民法院关于审理人身损害赔偿案件适用法律若干问题的解释》第16条第1款第3项和《侵权责任法》第90条的规定，并吸收了实践中案件类型而有所发展。

对本条可做以下几点理解：

（一）林木折断、倾倒或者果实坠落

1. 林木的界定。林木与土地紧密相连，属于不动产。因为林木既不属于建筑物，也不属于其他工作物，故在立法上特别设置了林木损害责任的规则。本条所指的林木包括人工种植和自然生长的林木，且并未限定林木生长的具体地域空间，既包括公共空间的林木，比如公共林地中的林木、公道道路旁的林木、公园里的林木等；也包括私人空间的林木，比如私人院落中的林木等。

2. 致害方式。林木致害责任的损害方式为折断、倾倒或者果实坠落等情形。林木折断、倾倒或者果实坠落是林木或者果实的坚固性瑕疵和重力作用相结合的结果。[①] 对于损害方式类型范围，《最高人民法院关于审理人身损害赔偿案件适用法律若干问题的解释》《侵权责任法》采取封闭式的规制模式，《最高人民法院关于审理人身损害赔偿案件适用法律若干问题的解释》第16条第1款第3项对《民法通则》第126条进行扩大解释，列举了“树木倾倒、折断或者果实坠落”三种方式；《侵权责任法》第90条并未吸收司法解释规定，仅列举“林木折断”一种类型。本条采取开放式的规制模式，吸收司法解释的三种类型，并将这三种类型作为示例性类型，扩大条文的适用范围，为以后可能发生的其他致害方式预留了规制空间。另外，林木致害在时间上是否要采取限制，即是否需以林木折断、倾倒或者果实坠落过程中造成他人损害为要件。司法实践中受害人被已经坠落于地的树枝绊倒摔伤等情形仍适用林木损害责任。

（二）林木损害责任的归责原则

林木损害责任的归责原则为过错推定。本条课以林木所有人和管理人对树木的管理和维护义务，如固定好可能倾塌的树木并设置明显警示标志、修剪干枯的树枝、砍伐干枯的树木、清理树上的积雪、采摘成熟的果实等。如果林木所有人和管理人怠于履行管理和维护义务，导致林木折断、倾倒或者果实坠落等造成他人损害的，则推定所有人和管理人具有过错。

对于公共领域的林木和私人领域的林木的管理维护标准应当有所区分。因为在公共领域已经开启了公共领域交往安全，林木折断、倾倒或者果实坠落存在更大危险，对于公共场所的树木所有人和管理人的管理、维护义务要高于私人领域

---

① 周友军：《侵权法学》，中国人民大学出版社2011年版，第243页。

的管理、维护义务。在判断林木所有人和管理人是否存在过错时，审查标准应当体现这种差异性。

（三）责任主体为林木所有人或者管理人

1. 林木所有人。林木的所有人是依法对林木享有占有、使用、收益、处分权利之人。首先，根据登记证书确定林木所有人。《森林法》第 3 条规定，森林资源属于国家所有，由法律规定属于集体所有的除外；国家所有的和集体所有的森林、林木，个人所有的林木，由县级以上地方人民政府登记造册，发放证书，确认所有权或者使用权。根据《民法典》第 274 条规定，建筑区划内的绿地，属于业主共有，但属于城镇公共绿地或者明示属于个人的除外。其次，实际控制人或者支配人。如果树木所有权尚未登记造册，可以将种植林木所属区域的所有权人或者使用人推断为林木所有人。《森林法》第 27 条对此进行了规定。所属区域的所有权或者使用人可以证明林木实际控制和事实支配另有他人，得以排除责任。

2. 林木管理人。如果林木不是由所有人占有、管理的，则由树木管理人承担责任。管理人，是指依据法律规定或者合同约定对树木负有管理职责的主体。比如公园对公园内的树木负有管理职责，公路养护管理部门对公路道路旁的树木负有管理职责，物业公司对小区内的绿化树木负有管理职责等。①

3. 第三人、自然原因致害。因第三人导致林木折断、倾倒或者果实坠落的，林木所有人和管理人已经尽到合理的管理和维护义务的，则受害人应当根据侵权责任编关于过错责任的一般条款向第三人请求侵权损害赔偿。如果林木所有人和管理人疏于维护的，则所有人和管理人仍应承担责任。此时两个主体之间成立不真正连带责任，在外部关系上，受害可同时向两个主体或其中一个主体主张侵权责任；在内部关系上，根据过失大小或者原因力比例各自承担相应的赔偿责任。另外，因台风、暴雪等自然外力导致林木折断、倾倒或者果实坠落的，不能径直认定林木所有人和管理人没有责任，仍需考察在具体情境中其是否履行了相应的管理和维护义务。所有人和管理人已经尽到合理的管理维护义务的情形，则无须承担责任。

【相关案例】

吴某景等与康健旅行社、牛姆林公司人身损害赔偿纠纷案②

2005 年 5 月，原告吴某景、张某逸与受害人张某等 17 人参加了由被告康健

① 程啸：《侵权责任法》（第二版），法律出版社 2015 年版，第 639 页。

② 载《最高人民法院公报》2006 年第 6 期。

旅行社组织的牛姆林二日自驾游。当日，被告牛姆林公司的导游带吴某景、张某逸、张某等一行人进入牛姆林景区。当时天色阴沉，有人提出可能会下雨，建议导游调整行程，先就近游玩，次日再进入林区，但导游称即使下雨也不会持续很长时间，坚持带一行人进入林区。进入迎宾大道后，天色更加阴沉，有人再次建议导游不要前行，但导游借了雨具后仍要求大家继续往林区走。不久即开始刮风，并下起大雨，导游称往回走有一茶馆可以避雨，一行人便折回原路。行至距迎宾大道入口约300米处，张某被一棵折断的马尾松砸伤倒地。张某受伤后，同伴立即联系急救中心及景区工作人员实施救援。一段时间后，景区工作人员抬来一张桌子，将张某抬到牛姆林广场，后又从广场运至停车场。在救护车到来之前，景区工作人员打电话联络景区医生进行救治，但景区的医生始终没有出现，现场未采取任何急救措施。经抢救无效，张某于当日下午死亡。

本案争议焦点为林木折断伤人的责任主体认定以及损害赔偿分配的问题。

一审法院认为，导游不顾恶劣天气坚持带游客冒险进入林区的错误行为，被告牛姆林公司管理不善致使马尾松折断伤人，事件发生后又未尽最大救助努力，这三个因素均是导致被害人张某死亡后果发生的原因。其中，导游的错误行为是导致事故发生的次要原因，其原因力酌定为20%；牛姆林公司管理不善致使马尾松折断以及事后救助不力的行为是导致事故发生的主要原因，原因力酌定为80%。根据《最高人民法院关于审理人身损害赔偿案件适用法律若干问题的解释》第3条的规定，二人以上没有共同故意或者共同过失，但其分别实施的数个行为间接结合发生同一损害后果的，应当根据过失大小或者原因力比例各自承担相应的赔偿责任。本案中，导游既代表被告康健旅行社，又代表牛姆林公司，故基于导游的错误行为而产生的责任应由二被告共同承担，各自负担10%，并互负连带责任；牛姆林公司管理不善致使马尾松折断伤人及事后救助不力，相应责任由牛姆林公司自行承担。二审驳回上诉，维持原判。

【关联法条】

《森林法》第27条

（撰稿人：叶锋）

第一千二百五十八条　【地面施工、地下设施损害责任】 在公共场所或者道路上挖掘、修缮安装地下设施等造成他人损害，施工人不能证明已经设置明显标志和采取安全措施的，应当承担侵权责任。

窨井等地下设施造成他人损害，管理人不能证明尽到管理职责的，应当承担侵权责任。

【释义】

本条是关于在公共场所或者道路上施工等造成他人损害责任和窨井等地下设施造成他人损害责任的规定。立法将地面施工和地下设施损害责任予以类型化，并专门进行规定，这是我国侵权责任编的一个特色。[①] 本条包括两种责任类型：一是地面施工损害责任；二是地下设施损害责任。

对本条可做以下几点理解：

一、地面施工损害责任

（一）在公共场所或者道路上施工

1. 施工行为发生在公共场所或者道路上。与第 1256 条类似，本条对于损害发生场域进行了限定。但不同的是，前者将责任场景限定为公共道路，本条限定于公共场所或者道路。公共场所或者道路是人们经常聚集、活动和通行的地方，人员流动具有不特定性。在此种场地进行施工具有相当的危险性。如果在非公共场所或者道路施工造成他人损害的，则适用一般侵权责任规定。

2. 致害方式为挖掘、修缮安装地下设施等。本条对施工行为采取不完全列举的规制模式，列举了挖掘、修缮安装地下设施的施工行为，实践中还有架设电线、铺设管道、维修公路等。应注意的是，本条适用于地面施工，不包括架设高压输电线路等空中作业，也不包括地下挖掘、隧道施工等纯粹的地下施工。[②] 另外，如果在施工中发生施工工具掉落、防护架倒塌等致人损害的，则应适用《民法典》第 1252 条建筑物、构筑物或者其他设施倒塌、塌陷损害责任的规定或者第 1253 条建筑物、构筑物或者其他设施及其搁置物、悬挂物脱落、坠落损害责任的规定。[③]

---

① 最高人民法院民法典贯彻实施工作领导小组主编：《中华人民共和国民法典侵权责任编的理解与适用》，人民法院出版社 2020 年版，第 727 页。

② 张新宝：《侵权责任法》（第四版），中国人民大学出版社 2016 年版，第 326 页。

③ 最高人民法院民法典贯彻实施工作领导小组主编：《中华人民共和国民法典侵权责任编的理解与适用》，人民法院出版社 2020 年版，第 729 页。

（二）在施工过程中造成他人损害

1. 施工阶段。地面施工导致他人损害，既可能发生在施工阶段，也可能发生在施工结束之后。本条所指的地面施工致害责任仅指在施工过程中导致他人损害的。施工阶段包括施工准备阶段、施工的实施阶段、施工的完成阶段，施工虽已基本完成但未完成竣工验收，仍属于施工的进行阶段。[①]

2. 他人范围。本条中的“他人”仅指施工作业人员以外的其他人，如果施工人员在施工过程中受到损害，则按照侵权责任编等其他规定予以处置。

（三）归责原则

《侵权责任法》第 91 条第 1 款规定，“没有设置明显标志和采取安全措施造成他人损害的，施工人应当承担侵权责任”。这一表述引发学说对施工人承担责任的归责原则的争议，有认为采取一般过错原则或过错推定原则，也有认为采取无过错责任。本条增加了施工人的证明责任，明确规定施工人过错推定责任，其可以证明已经设置明显标志和采取安全措施而免责。设置明显标志和采取安全措施是施工人的法定义务，两者属于并存关系，而非选择关系，施工人必须同时证明已经履行这两种义务。判断施工人是否已经履行了义务，可以采取以下标准：第一，如果法律法规、行业惯例等对安全标志、安全举措的种类、方式等方面有具体规定，施工人设置标准和采取安全举措不符合这些具体规定，即可以认定施工人未尽到管理和维护义务。第二，如果没有具体规定，则根据施工场地所处的具体位置、施工时间、周边环境等因素，具体判断施工人是否尽到管理维护职责。通常而言，设置的警示标志必须具有明显性、醒目性，足以引起他人对施工现场的注意，使得他人可以采取减速、绕行等相应的安全应对措施。[②] 同时，还要采取必要的安全保障措施。例如，在道路上挖坑，除需要设置明显的安全提示外，还需要采取将施工现场用保护设置维护起来等安全措施。

（四）责任主体为施工人

在公共场所或者道路施工致人损害的责任主体是施工人。施工人，是指承包工程项目并组织施工的单位或者个人，其对施工现场具有控制力和支配力，应当承担对施工场地的管理和维护义务。施工人包括承包人、转包人、分包人和实际施工人，施工单位的工作人员或者个人施工工人的雇员不是本条所指的施工人。[③] 关于施工人具体判断如下：直接施工之人是独立承揽人的，则独立承揽人即为施

---

① 张新宝：《侵权责任法》（第四版），中国人民大学出版社 2016 年版，第 327 页。

② 黄薇主编：《中华人民共和国民法典侵权责任编释义》，法律出版社 2020 年版，第 273 页。

③ 最高人民法院民法典贯彻实施工作领导小组主编：《中华人民共和国民法典侵权责任编的理解与适用》，人民法院出版社 2020 年版，第 730 页。

工人；如果直接施工之人不是独立承揽人，则以委托人或者雇主等作为施工人；设施建造人自行施工的，其本身即为施工人。[①]

二、地下设施损害责任

从类型归属上看，地下设施应当属于第1252条和第1253条意义上的“建筑物、构筑物或者其他设施”。但由于建筑物等致害责任的致害形态仅限定于倒塌、塌陷、脱落、坠落四种类型，无法涵盖本条所指情形，故在此对地下设施损害责任另作规定。

（一）窨井等地下设施

地下设施，是指以空间形式与土地相连，位于地面以下的设施。本条把窨井作为地下设施的示例。窨井是上下水道或者其他地下管线工程中，为便于检查或者疏通而设置的井状构筑物。[②] 此外，地下设施还有地窖、水井和下水道等。在实践中，地下设施导致损害比较常见的情形是因窨井盖被盗，导致车辆、行人跌入其中。应当注意的是，本条并未将地下设施致害责任限定于发生在公共场所和道路上，对于非公共空间的地下设施导致损害同样适用本条规定。

（二）损害发生在地下设施交付使用后

如果地下设施致人损害发生于施工过程中，且施工空间不是纯粹的地下空间，则适用地面施工损害责任的规定，由施工人承担侵权责任。但损害发生在地下设施交付使用后，则应适用本条规定，由管理人承担侵权责任。[③]

（三）归责原则为过错推定

地下设施致害责任适用过错推定原则。地下设施管理人不能证明尽到管理职责，则应当承担责任。地下设施地处相对隐蔽的位置，且设施布局相对复杂，如果要求受害人对管理人未尽到管理义务承担举证责任，则过于严苛。管理人对地下设施具有直接控制力，在其管控领域负有管理维护职责，其对此承担举证责任，更具合理性。

（四）责任主体为管理人

地下设施致害责任主体是地下设施管理人。地下设施管理人，是指对地下设施负有管理和维护义务的主体，其对地下设置具有支配控制力和支配权。该条并未把所有人作为责任主体，但应当认为此处管理人既包括地下设施所有人，也包括负有管理维护职责的其他主体。城市地下设施复杂，输水、输气、输电、输油

① 周友军：《侵权法学》，中国人民大学出版社2011年版，第202页。

② 黄薇主编：《中华人民共和国民法典侵权责任编释义》，法律出版社2020年版，第273页。

③ 最高人民法院民法典贯彻实施工作领导小组主编：《中华人民共和国民法典侵权责任编的理解与适用》，人民法院出版社2020年版，第732页。

等设施分别由不同单位进行管理，因此在具体致害场景中，应当查明地下设施的具体管理人，并根据其过错大小确定具体承担侵权责任份额。[①]

【相关案例】

王某与开发区管委会等财产损害赔偿纠纷案[②]

2014 年 12 月，原告王某驾驶小轿车，由南往北行驶至怀柔区雁栖路 15 号门口处时，因路面上窨井（污水井）井盖隆起导致其机动车车轮、前挡风玻璃发生损害，本人身体有痛感。事发后，原告王某为更换报废车辆支付了替代性交通工具租赁费 1 万元，并造成了误工经济损失 1000 元。2015 年 1 月，原告王某持诉状诉至法院，要求被告开发区管委会、祝城物业连带赔偿其交通替代性工具租赁费 1 万元、误工费 1000 元。

本案争议焦点为窨井井盖设置瑕疵导致车辆损坏的责任主体认定问题。

一审法院认为在公共场所或者道路上挖坑、修缮安装地下设施等，没有设置明显标志和采取安全措施造成他人损害的，施工人应当承担侵权责任；窨井等地下设施造成他人损害，管理人不能证明尽到管理职责的，应当承担侵权责任；本案中，原告王某驾驶机动车进入事发路段后，因被告祝城物业管理的路面窨井井盖存在安全隐患，被告未能及时予以看护、管理、维修或者更换，导致原告王某的机动车轧在存有安全隐患的窨井井盖上发生车辆损坏的事故，作为窨井井盖的管理者即被告祝城物业应当承担侵权责任；作为窨井井盖的所有者即被告开发区管委会并非法律规定的责任主体，不应承担相应的侵权责任。

【关联法条】

《治安管理处罚法》第 37 条，《城市道路管理条例》第 23 条

（撰稿人：叶锋）

---

① 最高人民法院民法典贯彻实施工作领导小组主编：《中华人民共和国民法典侵权责任编的理解与适用》，人民法院出版社 2020 年版，第 731 页。

② （2015）怀民初字第 01291 号。

图书在版编目（CIP）数据

中华人民共和国民法典人格权编与侵权责任编释义／龙卫球主编．—北京：中国法制出版社，2021.1
（民法典权威解读丛书／龙卫球主编）
ISBN 978－7－5216－1241－7

Ⅰ.①中…　Ⅱ.①龙…　Ⅲ.①人格－权利－法规－法律解释－中国②侵权行为－民法－法律解释－中国
Ⅳ.①D923.05

中国版本图书馆 CIP 数据核字（2020）第 158964 号

策划编辑　韩璐玮
责任编辑　韩璐玮　王紫晶　　　　封面设计　李　宁

中华人民共和国民法典人格权编与侵权责任编释义
ZHONGHUA RENMIN GONGHEGUO MINFADIAN RENGEQUANBIAN YU QINQUAN ZERENBIAN SHIYI

主编/龙卫球
经销/新华书店
印刷/三河市国英印务有限公司
开本/730 毫米×1030 毫米　16 开　　　　印张/35.25　字数/536 千
版次/2021 年 1 月第 1 版　　　　2021 年 1 月第 1 次印刷

中国法制出版社出版
书号 ISBN 978－7－5216－1241－7　　　　定价：158.00 元

北京西单横二条 2 号
邮政编码 100031　　　　传真：010－66031119
网址：http：//www.zgfzs.com　　　　**编辑部电话：010－66070084**
市场营销部电话：010－66033393　　　　**邮购部电话：010－66033288**

（如有印装质量问题，请与本社印务部联系调换。电话：010－66032926）